CSSCI来源集刊

民间法

【第十二卷】

主　编：谢　晖　陈金钊

执行主编：钱锦宇

中南大学法学院 主办

厦门大学出版社　国家一级出版社
XIAMEN UNIVERSITY PRESS　全国百佳图书出版单位

《民间法》年刊总序

自文明时代以来,人类秩序,既因国家正式法而成,亦借民间非正式法而就。然法律学术所关注者每每为国家正式法。此种传统,在近代大学法学教育产生以来即为定制。被谓之人类近代高等教育始创专业之法律学,实乃国家法的法理。究其因,盖在该专业训练之宗旨,在培养所谓贯彻国家法意之工匠——法律家。

诚然,国家法之于人类秩序构造,居功甚伟,即使社会与国家分化日炽之如今,前者需求及依赖于后者,并未根本改观;国家法及国家主义之法理,仍旧回荡并主导法苑。奉宗分析实证之法学流派,固守国家命令之田地,立志于法学之纯粹,其坚定之志,实令人钦佩;其对法治之为形式理性之护卫,也有目共睹,无须多言。

在吾国,如是汲汲于国家(阶级)旨意之法理,久为法科学子所知悉。但不无遗憾者在于:过度执着于国家法,过分守持于阶级意志,终究令法律与秩序关联之理念日渐远离人心,反使该论庶几沦为解构法治秩序之刀具,排斥法律调节之由头。法治理想并未因之焕然光大,反而因之黯然神伤。此不能不令人忧思者!

所以然者何? 吾人以为有如下两端:

一曰吾国之法理,专注于规范实证法学所谓法律本质之旨趣,而放弃其缜密严谨之逻辑与方法,其结果舍本逐末,最终所授予人者,不过御用工具耳(非马克斯·韦伯"工具理性"视角之工具)。以此"推进"法治,其效果若何,不说也知。

二曰人类秩序之达成,非唯国家法一端之功劳。国家仅借以强制力量维持其秩序,其过分行使,必致生民往还,惶惶如也。而自生于民间之规则,更妥帖地维系人们日常交往之秩序。西洋法制传统中之普通法系和大陆法系,不论其操持的理性有如何差异,对相关地方习惯之汲取吸收,并无沟裂。国家法之坐大独霸,实赖民间法之辅佐充实。是以19世纪中叶、20世纪以降,社会实证观念后来居上,冲击规范实证法学之壁垒,修补国家法律调整之不足。在吾国,其影响所及,终至于国家立法之走向。民国时期,当局立法(民法)之一重大举措即深入民间,调查民、商事习惯,终成中华民、商事习惯之盛典巨录,亦成就了迄今为止中华历史上最重大之民、商事立法。

可见,国家法与民间法,实乃互动之存在。互动者,国家法借民间法而落其根、坐其实;民间法借国家法而显其华、壮其声。不仅如此,两者作为各自自治的事物,自表面看,分理社会秩序之某一方面,但深究其实质,则共筑人间安全之坚固堤坝。即两者之共同旨趣,在构织人类交往行动之秩序。自古迄今,国家法虽为江山社稷安全之必备,然民间法亦为人类交往秩序所必需。故人间秩序者,国家法与民间法相须而成也。此种情形,古今中外,概莫能外。因之,此一结论,可谓"放之四海而皆准"。凡关注当今国家秩序、黎民生计者,倘弃民间法及民间自生秩序于不顾,即令有谔谔之声,皇皇巨著,也不啻无病呻吟、纸上谈兵,终其然于事无补。

近数年来,吾国法学界重社会实证之风日盛,其中不乏关注民间法问题者。此外,社会学界及其他学界也自觉介入该问题,致使民间法研究蔚然成风。纵使坚守国家法一元论者,亦在认真对待民间法。可以肯定,此不惟预示吾国盛行日久之传统法学将转型,亦表明其法治资源选取之多元。为使民间法研究者之辛勤耕耘成果得一展示田地,决定出版《民间法》年刊。

本刊宗旨,大致如下:

一为团结有志于民间法调查、整理与研究之全体同仁,共创民间法之法理,以为中国法学现代化之参照;

二为通过研究,促进民间法与官方法之比照交流,俾使两者构造秩序之功能互补,以为中国法制现代化之支持;

三为挖掘、整理中外民间法之材料,尤其于当代特定主体生活仍不可或缺、鲜活有效之规范,以为促进、繁荣民间法学术研究之根据;

四为推进民间法及其研究之中外交流,比较、推知相异法律制度的不同文化基础,以为中国法律学术独辟蹊径之视窗。

凡此四者,皆须相关同仁协力共进,始成正果。故鄙人不揣冒昧,吁请天下有志于此道者,精诚团结、互为支持,以辟法学之新路、开法制之坦途。倘果真如此,则不惟遂本刊之宗旨,亦能致事功之实效。此乃编者所翘首以待者。

是为序。

谢 晖

目 录

《民间法》年刊总序 ··· 谢 晖（1）

学理探讨

现代乡村社会纠纷解决视域中民间法研究的反思性叙述
　　——基于《民间法》创刊十年的分析考察 ················· 陈 斌（2）
"民间法"近15年以来研究态势
　　——基于CNKI中961篇期刊论文的文献计量学分析
··· 冼志勇 徐 洁（12）
习惯与当代中国国家法关系之思考 ············· 蒋传光 蔺 如（22）
论习惯的法源地位及其实现路径 ····························· 王林敏（31）
民间法复兴论纲 ··· 魏小强（40）
批判意识与民间法研究 ····························· 李瑜青 张 建（55）
权威、团体与原则
　　——试析民间法的效力来源 ····························· 邱 竹（64）
路径依赖与制度变迁机理探究
　　——以正式与非正式规则冲突的消解为视角 ········· 田钒平（74）
无需法律的秩序 ··· 张其山（89）
习惯的法律治理模式之比较研究 ····························· 张洪涛（98）
彝族习惯法研究情况述略 ····································· 李 剑（107）
关于当代中国主流法律观的现象学思考 ····················· 厉尽国（117）

经验解释

潜规则与中国法治发展 ··· 贾焕银（128）
民间司法的"情、理、法" ····································· 吕廷君（141）
传统中国的乡村社会控制方式
　　——兼及宗族的社会控制功能 ························· 黄金兰（150）

内嵌并生成于社会文化结构的法律和秩序
　　——文化结构主义视角下"乡土中国"的法治逻辑 …………… 牟利成(163)
不成文法是法律渊源吗
　　——以民间习惯为例 ……………………………………………… 彭中礼(172)
西部少数民族传统习惯法治化的功能辨析 …………………………… 龚卫东(183)
中国古代相邻关系民间调整机制研究 ………………………………… 周立胜(192)
适应与改造：论习惯法在调解中的适用空间 ………………………… 邵　华(201)
回族习惯法信仰向国家法信仰创造性转换研究
　　——一种法律信仰生成路径的探索 …………………………… 王　文(209)

制度分析

近世宗族制度与民间社会"自治"
　　——一种法律社会史的视野 …………………………… 李其瑞　汤婧沄(220)
"活法"密码
　　——藏族习惯法"董嘉哇"制度生命力探究 …………… 穆赤·云登嘉措(229)
行动中的法
　　——现当代藏族"赔命价"习惯法之实证分析 ………………… 淡乐蓉(242)
清代文斗寨中人制度 ……………………………………………………… 瞿　见(260)
我国遗产资源使用管理规则的重构
　　——一个集体行动的逻辑 ……………………………………… 赵海怡(283)
"六礼"与"婚配"
　　——法文化视域中的中国传统婚仪与基督教婚礼 …………… 乔　飞(293)
宋以来乡约与乡约法探析
　　——以乡约碑刻为考察对象 …………………………… 刘志松　冯志伟(304)
家族规范对家族秩序的建构与维护
　　——以《红楼梦》中的家族规范调整为素材 ………………… 白利寅(315)
交易习惯的性质及其方法
　　——以我国合同法为视角 ……………………………………… 陈文华(328)

社会调研

牯臓节的礼物
　　——黔东南苗族祭祖活动中"礼物往来"仪规研究 …………… 徐晓光(334)

民初至今习惯法的历史变迁分析
　　——基于山东省 H 村的调研 ································ 龚　艳　尚海涛(346)
论转型时期民间治理的规范与心理
　　——从一次基层法律实践调研说开 ································ 陈　光(360)
法律、习惯与村民卫生行为
　　——一个傣族村寨的考察 ·· 沈寿文(370)
侗寨民间防火规范研究 ·· 郭　婧　吴大华(379)
青海藏族婚姻习惯法遗存探微
　　——以青海省黄南藏族自治州同仁藏族婚姻个案为例
　　·· 刘军君　包哲钰(389)
山东安丘、临朐等地的酒宴礼仪风俗 ·· 王月峰(398)

域外视窗

对"习惯"的俘获、重构和排斥 ············· [美]帕特里克·格伦　著　魏治勋　译(410)
法的解释与原则衡量 ································· [日]平野仁彦　著　张小宁　译(418)

学术评论

规范性的民间法道路
　　——《大、小传统的沟通理性》读后 ································ 周　力(430)
基于法律实证主义立场的民间法研究
　　——评王林敏《民间习惯的司法识别》 ································ 姜福东(441)
中国民间法研究学术报告(2012 年) ·· 尚海涛(448)

学理探讨

◎现代乡村社会纠纷解决视域中民间法研究的反思性叙述——基于《民间法》创刊十年的分析考察
◎"民间法"近15年以来研究态势——基于CNKI中961篇期刊论文的文献计量学分析
◎习惯与当代中国国家法关系之思考
◎论习惯的法源地位及其实现路径
◎民间法复兴论纲
◎批判意识与民间法研究
◎权威、团体与原则——试析民间法的效力来源
◎路径依赖与制度变迁机理探究——以正式与非正式规则冲突的消解为视角
◎无需法律的秩序
◎习惯的法律治理模式之比较研究
◎彝族习惯法研究情况述略
◎关于当代中国主流法律观的现象学思考

现代乡村社会纠纷解决视域中民间法研究的反思性叙述
——基于《民间法》创刊十年的分析考察*

陈 斌**

（华东政法大学刑事司法学院 上海 201620）

摘要：通过对十年《民间法》文集的梳理分析，笔者以为，乡村社会纠纷解决视域中的民间法研究，就个案研究而言，亟需由经验解释的重复性向经验解释的创造性转变，同时，当下有关民间法价值功能的制度化研究尚显薄弱，这种研究路向的转变亟需加强与深化——由乡村社会纠纷事实的演绎走向民间法价值层面的演绎，从而深化乡村社会纠纷解决中民间法的制度性归纳研究。此外，民间法的研究要迈向主体性研究，就必须开启理论范式的祛魅，而且必须就有关实体问题进行系统性的社会实证研究。

关键词：经验解释；价值功能；制度性归纳；社会实证研究

一、问题的提出

法律秩序乃立基于事实"说法"与规范"立法"之上的延续与演进，正是这种作为"说法"的生活事实与作为"立法"的法律规范之间的内在张力，彰显出法之为一种人世生活方式及意义的理想图景。而在此演进与构建之中，无论是法律决断论者还是主体选择论者，①皆不可偏执其一而遮蔽作为"说法"的事实与作为"立法"的规范所可能具有的叙事意义与建构意义。诚如谢晖教授于《民间法》年刊总序中所言："自文明时代以来，人类秩序，既因国家正式法而成，亦借民间非正式法而就。"于此情景，便自然赋予了民间法以高昂的话语主权与独特的历史使命。

---

* 本文系上海大学生创新活动项目计划所资助的《现代乡村社会治理基础及纠纷研究》课题研究阶段性成果之一，项目编号：BR021734，本文的写作得到华东政法大学马长山教授的有益指导，特此致谢。

** 【作者简介】陈斌（1992— ），男，华东政法大学刑事司法学院治安学专业2009级本科生。

① 法律决断论与主体选择论是陈金钊教授新近所提，在他看来，法律方法论研究中具有两种代表性的倾向：思维判断的法律决断论和主体选择论。法律决断论认为法律思维具有独断性的特征，强调根据法律进行思考是法律思维的基本形式，法律人思考问题的出发点和归宿都是法律。主体选择论的主流思想在于强调法律人的思维，应该从法律规范的绝对约束下解放出来，主体应该根据案件所涉及的正义、具体的语境、社会的要求等思考法律问题的解决方式。详见陈金钊：《法律人思维中的规范隐退》，载《中国法学》2012年第1期。

以民间作为经验素材本源,借以法律乃地方性知识的原则性共识,①加之法律多元主义的推动以及挥之不去的乡土知识传统回归,使得民间法的研究在乡村社会纠纷解决的场域中备受关注。诸多学者基于不同的理论旨趣演绎着多元的学术路径,并试图构建乡村社会纠纷解决的理想图景。② 这些在一定意义上均使得民间法的研究逐渐深化,由此也创造了民间法研究新的学术增长点。

审视当下乡村社会纠纷解决视域中的民间法研究,纠纷因利益与情感冲突而生——国家法无力全盘推进——民间法自此于缝隙中而生似乎是一切乡村社会纠纷解决中民间法研究的逻辑起点,加之对民间乡土社会纠纷生成抽丝剥茧般的精彩演绎,论者极易匆匆作出对民间法的同情式理解并进而迅速收场。这一切看似"理所当然"的叙述,尽管在一定意义上可以视为民间纠纷生成与解决的一个演绎文本,但是单面式的叙述却极易遮蔽现象背后所遮蔽的更深层的理论叙述意义。基于此,本文将试图通过对当下乡村社会纠纷解决场域中民间法的研究作出一定的梳理,希冀理清在纠纷现象叙述的背后所遮蔽的较为根本性的问题。

一如前所述,在过去十余年中,乡村社会纠纷解决中的民间法研究学术总量显著增长。笔者无意于对所有的学术著述均作出面面俱到的分析评介,基于本文研究的路径安排,以下将以创刊十年的十卷《民间法》为分析文本。《民间法》创刊十年来,迄今已刊集发行十卷,每卷约三十余篇,分诸学理探讨、制度分析、社会调研、经验解释、域外视窗五个板块,涉及民间法本体研究、民间法实证研究、民间法司法运用研究以及民族习惯法研究等有关民间法研究的核心问题。笔者以为,十卷《民间法》中所刊行的民间法研究论述,在总体上可以反映出过去十年间民间法研究的现状与理论走向。纵观十年的研究,无论是制度分析还是社会调研抑或经验解释,有关乡土社会纠纷解决场域中的民间法研究更是居于多数(详见下表),这也进一步使得笔者确信通过对十卷《民间法》的梳理可以作为对民间法研究进行反思的一个经验性诠释文本。

---

① 有关吉尔兹关于地方性知识的探讨,详见[美]吉尔兹:《地方性知识:阐述人类学论文集》,王海龙、张家瑄译,中央编译出版社2004年版。
② 谢晖教授认为,民间法的研究存在六种不同的学术观点和三种不同的学术方法。就学术观点而言,大体有法律文化论、本土资源论、民间规范论、纠纷解决论、生活方式论、非正式制度论。就学术方法而言,大体可以概括为范式建构论、社会实证论以及制度实证论。笔者以为,在六种学术观点中,并非是相互独立的,具体到乡村社会纠纷解决的场域中,以上六种学术观点应该说是存在交叉。详见谢晖:《我国民间法研究的现状与展望——在全国第六届"民间法·民族习惯法"学术研讨会上的致辞》,载中国民商法律网,http://www.civillaw.com.cn/article/default.asp?id=51180,访问时间:2012年9月。

乡村社会纠纷解决视域中的民间法研究分布状况①

栏目版块	经验解释	制度分析	社会调研
学术总量	48	55	48
乡村社会纠纷研究量	19	17	32
所占比例	39%	31%	67%

在乡村社会纠纷解决机制研究的场域中，通过梳理十卷《民间法》文刊，可以清晰看出，在学理探讨上，《民间法》第一卷至第三卷所涉及研究领域主要集中于民间法本体的探讨以及国家法与民间法关系的思考，同时乡土社会与市民社会等分析框架逐渐得以运用，而从第四卷开始研究逐渐向纵深化方向发展，开始对民间法的研究以及理论范式的运用加以反思性批判，并在司法运用、司法识别以及法治发展的路径层面加以分析阐述，同时，在学理探讨上也渐趋走向规范分析，如开始注重与法律方法的贯联。② 在制度分析上，逐渐从单一乡村社会秩序的关注转向多元化的理论研究，如村民自治与司法裁判的研究、乡村调解中民间法的研究等等，同时民间法研究的对象也渐趋多元，不仅限于传统上的纠纷解决规范，更立足于乡村社会的商事习惯的研究。③ 在经验解释与社会调研上，可以看出，立足于个案的诠释与研究仍然是主旋律，即通过对乡村地方纠纷解决的生成与解决的描述，展现乡村纠纷解决的样态，抽象出民间法与国家法二元分离的实践困境，进而突出民间法的积极能动作用。近年来有所变化的是，在时间维度上，不仅着眼于当前的纠纷解决的经验表达，而且亦有些许史实资料的翔实研究；在空间跨度上，尽管民族地方与边疆地区的风俗习惯研究居多，但是普通乡村地区纠纷解决的民间法智识也逐渐得以发掘；在研究视角上，不仅法学研究在开垦民间法研究的疆域，而且立足于社会秩序生成与表达的社会学视野以及立足于地方文化与人类生活品性提升的人类学视野也亦

---

① 为便于乡村社会纠纷及解决视域中的民间法研究的集中显现以及对下文经验解释重复性的有效论证，笔者在此仅就经验解释、社会调研、制度分析板块予以统计。实际上，就总体乡村社会纠纷解决视域中的民间法研究而言，这个数据的获取是比较保守的，因为在其他栏目诸如学理探讨等部分亦会有所表现，而且有关古代纠纷解决中的民间法研究亦被笔者排除在外。

② 其中，较为典型的论着有陈冬春：《民间法研究批判》，载《民间法》第四卷，山东人民出版社2005年版；《民间法研究批判》，载《民间法》第五卷，山东人民出版社2006年版。于语和咸阳：《国家法与民间法互动之反思》，载《民间法》第四卷，山东人民出版社2005年版。樊鹏、刘超：《民间法范式的反思与国家法之于民间法的正效应初探——从对民间法在一个经典法律文本中适用的检讨生发》，载《民间法》第五卷，山东人民出版社2006年版。马长山："民间社会"与"市民社会"的不同旨趣及其对法治进程的影响》，载《民间法》第六卷，山东人民出版社2007年版。李瑜青：《论纠纷解决模式与法治发展的逻辑——以中国大陆农村纠纷解决模式的分析为例》，载《民间法》第六卷，山东人民出版社2007年版。田成有：《民俗习惯在司法实践中的价值与运用》，载《民间法》第七卷，山东人民出版社2008年版。陈会林、范忠信：《中国民间社会纠纷解决权的法源考察——以明清两代为例》，载《民间法》第八卷，山东人民出版社2009年版。王林敏：《论民间规则的司法识别》，载《民间法》第十卷，山东人民出版社2011年版。

③ 此类论述，如张立伟：《乡村社会的秩序与纠纷处理》，载《民间法》第一卷，山东人民出版社2002年版；刘晶：《调解——以乡土社会的纠纷解决机制为视野》，载《民间法》第五卷，山东人民出版社2006年版；马长山、胡金龙：《村民自治司法裁判制度探微》，载《民间法》第六卷，山东人民出版社2007年版；尚海涛、龚艳：《农业特殊雇佣习惯规范研究》，载《民间法》第十卷，山东人民出版社2011年版。

步亦趋稳步推进,尤其是法律民族志的复兴,更是呈现出基层社会纠纷解决的真实逼真样态。此外,在民间法研究的视域中,诸如政治国家与市民社会、大传统与小传统的二分、外部规则与内部规则、精英话语与大众话语、法律教义学有效性与社会学有效性等理论分析框架在乡村社会纠纷解决的场域中亦得以发挥运用。

透过学理探讨、制度分析、社会调研以及经验解释的梳理,尽管在民间法的研究视域中已经相当深入,个案的诠释也丰富多样,但是笔者以为,在民间法与乡村社会纠纷解决结合的研究中,仍有些许问题亟需反思,在研究进路之上,必须迈向研究的话语自主性,明确理论范式的有限性。而且这种反思并不应仅仅是国家法与民间法优劣选择之反思,更应当将二者放至法治进程的全局中予以评判,除却对国家法的盲目不信任与对民间法的绝对痴迷,也不能仅仅停留于个案的代表性层面进行反思,而应当由经验解释的重复性走向经验解释的创造性,不仅关注面向纠纷解决的民间法,更要关注面向司法制度的民间法,不仅关注纠纷解决中民间法运用的事实问题,更应当清醒审视民间法在地方性知识运用中所应具有的"普适价值"问题。①

二、个案的研究——归纳还是演绎?

社会科学研究通常需要借助个案加以诠释,而也就是自个案发端,其代表性常常会受到质疑,个案的代表性似乎是一个无法突破的困境,论者常常于质证与举证之间无力穿梭。在乡村社会纠纷解决的场域中,有学者基于个案的代表性的回应,走向了法律民族志的研究,而即便如此,似乎也还是要回应民族志的代表性问题。② 具体到民间法的研究中,如前文所述,陈冬春先生即较早地对民间法的若干问题进行反思,其中之一即认为当前民间法研究的经验解释重异态而轻常态,③亦有论者认为当前农村纠纷解决机制中

---

① 在笔者有限的阅读范围之内,过去的几年中,已有一些关于民间法研究的反思与批判,如陈冬春先生认为,我国民间法研究中存在四个方面的问题——重应然轻实然,缺乏时间维度,缺乏"具体的人"的维度,重异态轻常态。详见陈冬春:《民间法研究批判》,载谢晖、陈金钊:《民间法》第五卷,山东人民出版社 2006 年版。周赟通过对民间法中社会实证法的研究,指出当前的民间法社会实证研究中常常有以下三个限度:其一,实证对象的非被给定性;其二,实证过程的循环悖论属性;其三,实证结论的个殊性。详见周赟:《反思民间法研究中的社会实证法》,载《甘肃政法学院学报》2007 年第 5 期。陈金钊教授认为当前的法学研究中法律人的思维中出现了规范失落或者说规范的隐退,当然在一定意义上基于民间法的研究。陈金钊:《法律人思维中的规范隐退》,载《中国法学》2012 年第 1 期。李瑜青教授等认为,当下的民间法研究实际上脱离了民间法研究所开启的内在精神,认为民间法的研究实际上开启了一种批判性的精神和立场,但当下的民间法研究却走向了实体化、自我封闭化等研究的理路上。李瑜青、张建:《论民间法研究的内在精神》,载《甘肃政法学院学报》2010 年第 4 期。不同学者的分析均有一定的道理,基于笔者的研究旨趣,笔者以为当前的研究应亟需在经验的重复性与经验的创造性以及民间法研究的事实与价值层面进行审视反思。

② 如新近出版的陈柏峰老师关于鄂南村庄的乡村纠纷秩序研究,参见陈柏峰:《暴力与秩序——鄂南陈村的法律民族志》,中国社会科学出版社 2012 年版。

③ 详见陈冬春:《民间法研究批判》,载谢晖、陈金钊:《民间法》第五卷,山东人民出版社 2006 年版。

的民间法研究缺乏自主性,局限于个案的研究,只见树木不见森林。① 批判者甚多,但似乎均未开出一剂良方。

谢晖教授即曾认为,民间法论在本质上是一种归纳的理论,而不是演绎的理论。② 诚然,笔者以为在乡村社会纠纷解决机制中的民间法研究本质上应当是以归纳的研究为落脚点,但是在这一过程中当然离不开演绎的逻辑,这也似乎正是当前民间法研究的困境所在,即一方面需要个案的演绎堆积,另一方面最终是要以归纳的逻辑为落脚点,而一旦个案堆积,立即会受到常态与异态的辩论以及个案代表性的质疑。实际上,笔者以为,如果仅仅将目光停留于个案的代表性的追问上其意义甚寡。一如前所述,笔者以为当下的民间法研究,仍然需要个案经验的解释,只是这种解释要由经验解释的重复性叙述向经验解释的创造性转变,要从面向纠纷解决的经验研究向面向司法的经验研究转变;要从纠纷解决的事实层面转变,以更大的问题论域迈向民间法运用的技术和价值功能层面的研究。

(一)经验解释的重复性向经验解释的创造性转变

综观十卷《民间法》文集,在所有对乡村社会纠纷解决中民间法研究的论述中,经由对纠纷个案的经验诠释,进而突出国家法与民间法的冲突与背反,进而对民间法达致同情式叙述并进而借助诸如市民社会等理论范式的叙述结尾的论述比比皆是,由此也进入经验解释的重复性路向。③ 论者从不同的分析框架与逻辑起点出发,借助个案进行分析似乎本是研究的应有之义,而由此却招致个案代表性的批判,除却学界对这种同情式的叙述厌倦之外,笔者以为,还因为在这种具体纠纷语境中,论者极易陷入其自身的主观叙述性立场而忽视社会的客观建构性,意即夸大民间法的积极能动性,同时在更深意义上,也体现出民间法研究的范畴中对经验解释的创造性的呼唤,即将目光集中于经由民间法的运用而进入司法领域的裁判个案的诠释。

就我们所生活的社会场景而言,所有的案例尽管发生机制不同,但如若调动我们的生活经验,一切似乎都不难理解甚至很是熟悉,因此,这种快餐式的解读与单面式的描述在一定意义上并不能深化对民间法研究的理解。应清醒地认识到,这种特定生活经验的解读往往仅存在于"民间"的纠纷生成与解决阶段,也即侧重于面向生活经验的民间法却忽视面向司法裁判的民间法。因此,笔者以为,当前的民间纠纷经验解释重要的不是民间生活场域中纠纷实例的描述,更重要的是司法裁判中经由民间法的运用使得纠纷得以消解的个案研究。这也是经验解释向创造性方向发展的应有之义。

事实上,在民间法研究的更为根本性的问题上,一旦仅仅将个案的研究停留于纠纷

---

① 详见李亮:《农村纠纷解决机制中的民间法——以民间法研究学术报告为素材》,载《甘肃政法学院学报》2011年第4期。
② 谢晖:《论民间法研究的学术范型》,载《政法论坛》2011年第4期。
③ 此类研究,如王鑫:《乡土社会纠纷解决中的个人理性、社群意志和国家观念——对一纠纷个案的法人类学分析》,载《民间法》第一卷,山东人民出版社2002年版;陆曦:《民间秩序即价值论析——以陕西南部山区的一场葬礼为起点》,载《民间法》第十卷,山东人民出版社2011年版。

生成的场域即削弱了民间法的应有功能,因为在脱离司法活动的纠纷生成的民间领域,民间法所彰显的仅仅是其功能之一——行为规范,而只有进入司法活动的场域,其另一种功能——裁判规范才能最大化地显现,而后者无疑是研究民间法的最终落脚点。① 因此,仅仅简单描述乡村社会中如何通过民间法的智识运用达致自恰的案例研究,极易裁剪民间法的现实功能。

即言之,经验解释的创造性要摆脱一味叙述乡村社会中仅仅通过民间智识的运用达致村庄社会秩序自恰的个案研究。当然,这里绝不是认为在此场合下民间法的研究不重要或者可有可无,而是在过去十余年的研究历程中,民间法的研究正是以此种方式发端,其中较为典型的便是苏力先生的"秋菊式"解读,这种叙述策略已经比较成熟,而当下亟需解决的也是亟需转变的是对经由司法裁判运用民间法智识进而消解纠纷的个案研究,也即司法实践中案例裁判的个案研究。在一定意义上,也是对民间法"司法判例"的研读。实际上,在制度分析上,通过对近年来《民间法》文集的考察,已有论者就民间法如何进入司法实践的场域作出理论分析,②但是,关乎于此的研究却常常是理论层面的论证,而个案的研究却鲜有出现,尤其是在刑事司法领域以及行政诉讼领域,由此也更是显现出在此领域的经验解释创造性研究的必要性与紧迫性。

(二)由纠纷事实的关怀向民间法的价值功能转变

此外,这里还涉及民间法研究的另一个维度,也是乡村社会纠纷解决中的民间法研究所亟需面临的一个转变,即由对纠纷事实的关怀向民间法运用的价值层面转变。诚如谢晖教授所言,法学视角的研究,必须追求实用和实效,所以,它不唯关心民间法的事实层面,还关心民间法运用的技术层面和价值功能层面。③ 这也是前文所述的归纳逻辑,笔者以为,民间法的研究不论是在乡村社会纠纷解决的研究场域,还是在有关更高视域的法治秩序的达致以及人类社会生活品性的提升中,如果有一个主导的发展路向的话,那么一定要落在法律内部知识的寻求上来,当然这里的法律无疑不是现存的民间习惯智识,而应是经由"法化"了的具有"普适性"的民间智识。

实际上,如果一味沉溺于对纠纷解决事实中民间法运用的研究,极易淡化法律(治)的价值,走向一种法律的虚无。④ 众所周知,法律所蕴含的功能与价值并不仅仅在于调和

---

① 这种行为规范与裁判规范的分析,系借鉴谢晖教授所创之民间法研究的"行为—裁判"范型,详见谢晖:《论民间法研究的学术范型》,载《政法论坛》2011年第4期。
② 民间法进入司法场域的论述,诸如厉尽国:《试论实践法治的方法之路——以习惯法的司法进入为语境》,载《民间法》第七卷,山东人民出版社2008年版;张洪涛:《习惯在我国司法中制度命运的制度分析——一种纯理论的探讨》,载《民间法》第八卷,山东人民出版社2009年版;藤威:《民事审判视野下的民俗习惯及其运用》,载《民间法》第八卷,山东人民出版社2009年版。
③ 详见谢晖:《论民间法研究的学术范型》,载《政法论坛》2011年第4期。
④ 近来,陈金钊教授认为当前的法学研究中法律人的思维中出现了规范失落或者说规范的隐退,此般规范隐退的背后在一定意义上即会导致法律价值的淡化。详见陈金钊:《法律人思维中的规范隐退》,载《中国法学》2012年第1期。

利益冲突,在一定意义上,法律所具有的规范作用以及其独特的建构指引作用似乎才是其更为纯真的价值所在。毕竟,就总体社会秩序而言,纠纷的生成乃是相对的少数,一如欧陆法社会学代表人物埃利希所言,"人类社会的秩序基于通常法律义务会被履行这一事实,而不是基于不履行法律义务将会引发诉由这一事实"。① 更进一步,仅仅依凭民间法的运用是否一定能够促进纠纷的消解?这里涉及一种前提性的追问,即国家法与民间法的二元对立似乎是民间法论者的理论前提之所在,但是却忘记"国家法+民间法=全部社会秩序?"。也就是说如果一定对国家法与民间法进行二元的独立划分,二者之结合却未必就一定能达致秩序之和谐。国家法的有限性不言自明,民间法的限度亦需正视,二者虽非此消彼长的关系,亦非绝对互补的关系,二者的结合也必应有其限度所在。② 而且,退一步而言,人类之于社会交往相互依存,依存依赖于秩序,秩序的达致端赖于相互交往之理性,而这种交往理性的培养必须契合于法律的塑造。如若仅仅立足于纠纷解决事实层面民间法运用的研究,则会忽视一个根本性的问题,即如何从更宏观的规划出发构建法治的社会根基,积极引导民众的行为理性,这绝不是法律中心论的简单重复,而毋宁是推动法治秩序的建构所必须予以考量的。

简而言之,乡村社会纠纷解决中的民间法研究绝不能仅仅停留于纠纷事实层面的描述。如若穷尽法律的价值要素,所有"无须法律的秩序"毋宁是一种乌托邦的幻想。因为即便纠纷最终是经由调解与妥协而解决,法律仍然会作为一种取舍的参照形成于隐性的论证之中。因此,乡村社会纠纷解决场域中民间法的研究一定要落在法律内部知识体系之中,这也是关注民间法运用价值功能的意义之所在。通过梳理十卷《民间法》,笔者看到,自第七卷起,始有在此层面的论述。③ 无疑,在乡村社会纠纷解决研究中针对民间法的价值功能的制度化研究尚显薄弱,这种研究路向的转变亟需加强与深化——即由乡村社会纠纷事实的演绎走向民间法价值层面的演绎,进而达致乡村社会纠纷解决中民间法的制度性归纳研究。

三、话语的自主性——如何迈向主体性研究

(一)理论范式的祛魅

祛魅,源于对宏大叙事与元话语的慎重选择与冷静反思。在乡村社会纠纷解决场域中,存在着诸如政治国家—市民社会、大传统—小传统、哈马贝斯的互动交往理论、韦伯

---

① [奥]尤根·埃利希:《法律社会学基本原理》,叶名怡、袁震译,九州出版社2007年版,第45页。
② 陈柏峰老师在鄂南陈村以实地访谈的方式对乡村社会纠纷所进行的系统实证研究,其研究的结果表明即便运用民间法的资源进行调控,乡民在村庄社会纠纷中仍然是无奈的,这也进一步验证了笔者提出的这种反思:"国家法+民间法=社会秩序?"参见陈柏峰:《暴力与秩序——鄂南陈村的法律民族志》,中国社会科学出版社2012年版。
③ 详见田成有:《民俗习惯在司法实践中的价值与运用》,载《民间法》第七卷,山东人民出版社2008年版。

的权威类型的划分等诸多理论框架/分析框架。在这场中西交融的境况之下,诸多学者表现出显性的暧昧。邓正来先生即曾认为,如果我们对百年来中国论者有关中国现代化问题的研究进行检讨和反思,我们能够发现这样一种基本且持续的取向:中国论者依凭各自的认识向西方寻求经验和知识的支援,用以反思和批判中国的传统,界定和评价中国的现状,建构和规划中国发展的现代化目标及其实现的道路。① 当然,对此我们须正视一点,即在一定意义上理论分析框架的引用,可以更好地描述研究现象,诠释研究对象。但是,一旦将此般理论研究框架在不加质疑、不予反思的情形下便将其视作叙述对象研究的当然前提,极有可能视促成该理论分析框架生成的具体语境而不见,不管何种理论范式的形成都是基于特定社会基本价值与社会制度的抽象演绎。另外,一旦将理论范式的运用前置于现场的观察,极有可能走向"一叶障目",甚至忽略观察对象的本质。我国著名的村治学者贺雪峰教授就曾有益地指出:用一种理论去看待经验时,经验本身就已被理论做遮蔽,实践的逻辑就已被用真理形式组织起来的理论所分割,理论不仅具有认识的功能,而且具有建构的作用,这个时候,要还原实践本身,就不仅需要不同的理论视角及之间的对话,而且需要有对实践及实验本身的尊重,需要在有些时候将理论与经验倒置,让经验站在比理论重要得多的位置。② 笔者以为,这种认知是睿智而稳健的。

  纵观十卷《民间法》文丛,自然有诸多论述通过理论范式的运用,希望展现乡村社会中民间法与国家法的二元互动等研究主旨。③ 限于讨论篇幅,在此仅以市民社会这一分析框架为例予以分析。持此论者常常认为政治国家—市民社会分别构成了国家法与民间法的存在和发展的背景,"政治国家—国家法"及"市民社会—民间法"的关系恰如"背景—制度"的架构且无不深嵌于一定的社会情境之中。在近年来有关民间法的论述中,政治国家与市民社会二元对立的分析框架一直为民间法论者所推崇,但是我们应该追问,市民社会是否可以类推民间法,也即能否认为民间法是市民社会的表征。而另一方面,国家法难道又不是市民社会理性作用的结果吗?国家法一定是政治国家的体验与表征?笔者以为,持此论者对市民社会进行的阐释,仍是以对西方市民社会理论发展的内在路径分析为基础的,而伴随着历史与实践的检验,即便在西方社会,市民社会理论也在不断进行修正,其渐趋彰显的乃是一种理性化的、思辨性的,强调民主自由的精神理念。因此,如果将这种理性化的、思辨性的,强调民主自由的精神理念加之于民间法之上,自然是缺乏其应有解释力的,难免有所牵强。

  当然如前所述,理论范式的运用能够深化对研究对象的阐述,因此笔者在此绝不是反对一切理论范式的运用,笔者所担心的毋宁是在不加反思的情况下,想当然地运用这

---

① 邓正来:《中国法学何处去——建构"中国法律理想图景"时代论纲》,商务印书馆2011年版,第91~92页。
② 贺雪峰:《什么农村 什么问题》,法律出版社2008年版,第255页。
③ 如魏治勋:《市民社会情景与民间法话语》,载《民间法》第二卷,山东人民出版社2003年版;王斐:《大小传统视野下的民间法与习惯法》,载《民间法》第七卷,山东人民出版社2008年版。此外,厉尽国在《法学研究中的民间法范式》一文中对民间法研究范式进行了较长篇幅的讨论,详见厉尽国:《法学研究中的民间范式》,载《民间法》第四卷,山东人民出版社2005年版。

些分析框架,进而极易裁剪研究对象,走向选择性研究的牢笼。笔者以为,在民间法研究的视域中,只有秉承一定的理论自觉,通过警惕理论范式,进而方可建构真正民间,从而才能迈向自主性的民间法研究。

(二)社会实证研究的建构

纵观十卷《民间法》文丛,尽管在社会调研与经验解释板块中,有关乡村社会纠纷解决的民间法研究均为基于实地调研的分析考察,但是,笔者以为当前的民间法研究仍然缺乏系统的社会实证研究。当然,这里的社会实证研究不是前文所述的通过简单的实地调研考察,展现乡村社会纠纷生成及解决的样貌,而是立基于以下两个层次上的实证研究:第一,面向经由司法裁判的民间法实证研究,这一点,前文业已叙述,即走向经验解释的创造性,此不赘述;第二,面向民间法在纠纷解决场域中实际操作运用的系统实证研究,也即突破个案研究的局限性,以大量的经验材料为基础,论证民间法生成的社会基础。后者在十卷《民间法》文丛中似乎尚未得以反映,而在具体的论证场域中,后者恰恰应是持民间法价值论所应有的理论基础。众所周知,民间法在乡村社会纠纷解决中得以运用优势之一即是其具有一定的弹性,强调运用民间智识资源进行谈判、调解与协商。而对支撑这种结论的论据,业已有学者进行追问,如英国学者斯蒂芬·B.戈尔德保等在《纠纷解决——谈判、调解和其他机制》一书中即提出:"纠纷解决方法的那些所谓优势是否具有足够的实证基础?例如,对调解优于判决之处如何进行充分的量化?有没有可能针对替代性纠纷解决方法建立一套精密的成本收益分析机制?"[①]诚然,这种追问是极具启发意义的,当然,不容忽视的是,当前已有学者通过问卷调查等方式对民众选择民间智识的调解进行量化研究,[②]但是笔者以为这种研究结果仍然不能够回答以下诸多问题:民间法在纠纷解决场域中的运用是否一定优于国家法的运用?当我们全神关注寻找民间智识解决民间纠纷的时候,是否又会面对这样一种危险:忽视对公平的解决结果的需要,以及追求民间法的短期利益而忽视对国家法所带来的长期利益的追求?实际上,追问仍可继续,一定意义上这也是当前亟需加强社会实证研究的意义之所在。

实际上,笔者清醒地认识到,以上简单叙述仍不能够回答上述反思性追问,因为它必须依赖于社会实证的研究调查,而且也只有借此路径,方能为民间法所意蕴的价值功能提供基础性的经验支撑。笔者以为,这种实证研究的近路在某种意义上是经验解释的反思性研究,其目的不仅在于试图在具体的纠纷场域中科学认识与提升民间法的专业性知识本身,更在于试图通过实证研究的反思进路,展现出民间法与国家法在乡村社会秩序中各自以及相互存在的困境,并最终解决民间法的社会转型以及知识变迁的问题。如

---

① 参见[英]斯蒂芬·B.戈尔德保、弗兰克 E.A.桑德等《纠纷解决——谈判、调解和其他机制》,蔡彦敏、曾宇、刘晶晶译,中国政法大学出版社 2004 年版,第 11 页。

② 如梁平:《多元化纠纷解决机制的制度构建——基于公众选择偏好的实证考察》,载《当代法学》2011 年第 3 期。

此,方能使得民间法迈向自主性研究。

四、结　语

行文至此,通过对十年《民间法》文丛的梳理分析,笔者以为,乡村社会纠纷解决的民间法研究,就个案研究而言,亟需由经验解释的重复性向经验解释的创造性转变,对民间法价值功能的制度化研究尚显薄弱,这种研究路向的转变亟需加强与深化——即由乡村社会纠纷事实的演绎走向民间法价值层面的演绎,进而达致乡村社会纠纷解决中民间法的制度性归纳研究。此外,民间法的研究要迈向主体性研究,就必须开启理论范式的祛魅,就有关民间法与国家法的实体问题进行系统性的社会实证研究,这也是当前的民间法研究所最为欠缺的。

当然,笔者清醒地认识到,乡村社会纠纷解决中的民间法的研究本身即是一个极其庞大的研究论域,不仅是因为作为前置性研究基础的"民间法"概念在不同研究者的理论场域下难以定位,更是因为作为其研究本体——诸如民间法的功能、价值与使命的各殊迥异;不仅是因为民间法所涉领域极为宽泛,更是因为研究者自身研究路径与分析框架的渐趋多元,因此所有的反思性评述在此意义上也都是"地方性的"。同时应当指出的是,本文以十卷《民间法》为素材,就当前乡村社会纠纷解决视域中的民间法研究予以初步反思,仅在宏观意义上对此领域可能的重要问题予以揭示,并未纠缠于民间法研究所有困境的探究。笔者深知解构甚易,建构弥艰,唯期冀乡村社会纠纷解决视域中相关民间法问题的研究在规范分析法学道路上更加深入,型构一种富于生活品性的社会秩序。

"民间法"近15年以来研究态势
——基于CNKI中961篇期刊论文的文献计量学分析*

冼志勇　徐　洁**

（四川大学法学院　四川　成都　610064）

摘要：针对1998年至2012年间中国学术期刊网络出版总库平台所收录的民间法文献，运用文献计量学方法，从论文数量、关键词、期刊分布、代表作者、学科类别、研究资助基金等六个方面对各种统计数据进行分析，揭示近15年"民间法"领域的研究态势，以期对相关民间法研究人员今后研究工作的开展提供助力。

关键词：民间法；研究态势；文献计量学分析；CNKI

民间法对于规范社会关系的运行与保护公民权利有着极为重要的价值，与实践相伴。理论界在1998年至2012年间对民间法所涉及的各项论题进行了不同程度的研究。本文在此对学者们近15年的研究作一个粗略的梳理，以期能够在已有学术研究成果中归纳出民间法研究的特点和规律，并发现一些值得进一步关注或注意的问题。在结构上，本文主要分为三个部分：研究选题的数据获取与研究方法、研究选题的数据分析及结论，下文中将进行详述。

一、研究选题的数据获取与研究方法

作者选取中国学术期刊网络出版总库平台（以下简称"CNKI期刊库"），作为研究选题的国内研究的数据采集源。① 首先，在CNKI期刊库"检索条件栏"选择"主题"选项，检索词设定为"民间法"，检索度为"精确"，期刊年期设定为"1998年"至"2012年"，共搜索

---

* 本文为2012年国家社科基金青年项目（项目批准号：12CMZ014），2012年四川省哲学社会科学"十二五"规划项目（项目批准号：SC12C026），2012年度四川省哲学社会科学重点研究基地"社会发展与社会风险控制研究中心"一般项目（项目批准号：SR12B03）阶段性成果。

** 【作者简介】冼志勇（1982—　），男，广东佛山人，四川大学人权法律研究中心助理研究员、四川大学法学院博士生，研究方向为决策咨询研究、劳动者权利保护；徐洁（1986—　），女，四川简阳人，四川大学战略与发展研究中心助理研究员、四川大学商学院博士生，研究方向为战略管理。

① 《中国学术期刊网络出版总库》是目前世界上最大的连续动态更新的中国学术期刊全文数据库，收录国内7400种重要学术类期刊，从中得出的数据采集样本具有可靠性与可行性。检索时间截止为2012年11月30日。

到961篇与民间法领域相关的研究文献。① 其次,将上述获得的论文数据信息建成数据库表,内容包括论文的题名、作者、关键词、摘要、基金支持、发表期刊、发表时间等信息。② 在具体的方法运用上,本文利用文献计量分析方法,分析论文的数量、关键词、期刊分布、代表作者、学科类别、研究资助基金等分布情况,对民间法领域的研究热点进行统计与分析。③

二、研究选题的数据分析

(一)论文数量统计

学术领域中文献的数量是反映该领域发展规律的重要指标。图1是1998年至2012年共15年以来民间法领域所研究的论文发表篇数曲线图。据统计,1998年至2012年间CNKI期刊全文数据库收录的规范性研究论文总数为961篇,其中1998年至2002年共计83篇,2002年发文量稍有回落,但可以忽略不计;2003年至2007年共计321篇;2008年至2012年(2012年至检索日期2012年11月30日)共计557篇。

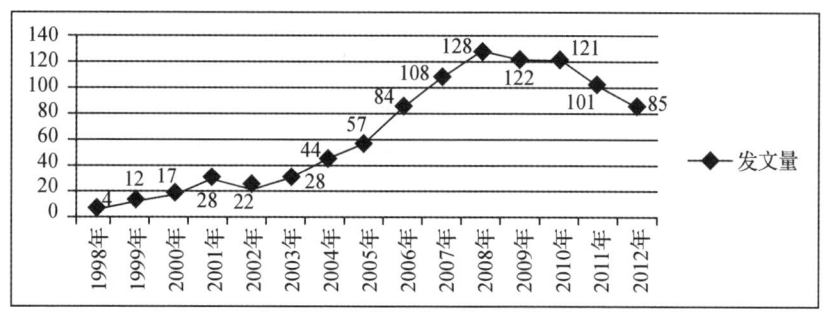

图1 1998—2012年间所发表的论文篇数

从图1可知,1998年至2002年属于"民间法"研究的初步发展期,论文在数量上总体呈现缓和上升的趋势,从1998年的4篇增长到2002年的22篇,说明在此期间学术界对民间法的研究从最初关注度极低到后来关注度逐渐提升。2003年至2007年属于"民间法"研究的加速发展期,论文增长趋势加速,从2003年的28篇增长到2007年的108篇,说明在此期间民间法研究在学术界的关注度迅速提升。2008年至2012年属于"民间法"研究的成熟期,论文数量稳定略有下滑,从2008年的128篇到2012年的85篇,说明在此期间民间法是学术界研究持续关注的热点之一。民间法经过多年的研究依然保持增长的态势,主要原因是民间法领域在我国1998年至2008年社会转型期的大潮中出现了新

---

① 主题为"民间法"的论文包括论文的"篇名"、"关键词"等出现"民间法"一词均会包含在搜索结果中。
② 参见 B.C. Bradford, Sources of information on specific subjects, Engineering, 1934.
③ [比]埃格希(Egghe Leo)、鲁索(Rousseau Ronald)著:《情报计量学引论》,科学技术文献出版社1992年版。

的研究热点和新的研究内容。而值得注意的是,本领域研究在2008年达到高峰后进入"民间法"研究的成熟期,论文发文量连续四年稳中有降。

(二)关键词统计

通过关键词统计,1998年至2012年间CNKI期刊全文数据库收录的民间法研究961篇论文中,共计有40个关键词,关键词出现频次(词频)共计1138次。① 图2显示了1998年至2012年总词频最高的前10个关键词,也体现了学界在论文研究时的研究重点。

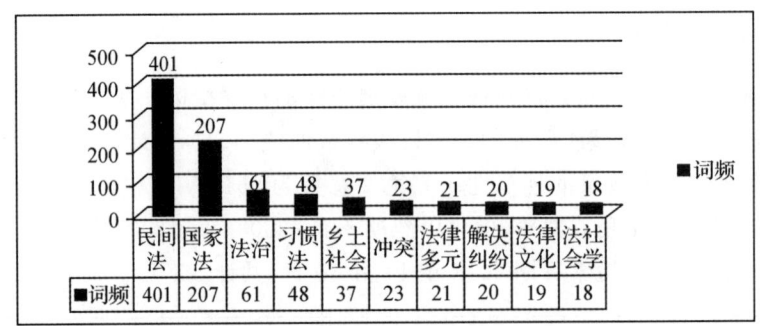

图2 出现频次最高的前10个关键词

从图2可知,出现频次最高的前10个关键词分别为"民间法"、"国家法"、"法治"、"习惯法"、"乡土社会"、"冲突"、"法律多元"、"解决纠纷"、"法律文化"和"法社会学",其中以"民间法"、"国家法"、"法治"与"习惯法"出现频次为最高,证明前者与后面三者在民间法研究中高度相关,其相互关系在民间法领域得到深入研究。

再者,本文将1998年至2012年出现频次最高的前10个关键词,对应纳入前文划分的民间法研究领域的三个重要时期:1998年至2002年的初步发展期,2003年至2007年的快速发展期,以及2008年至2012年的成熟期,这三个时期对应的发文量分别是83篇、321篇和557篇。按照这三个重要时期分段,对不同阶段前十位高频关键词词频分别进行统计(见表1)。1998年至2012年词频排名前十位的关键词为"民间法"、"国家法"、"法治"、"互动"、"本土资源"、"习惯法"、"法社会学"、"法律意识现代化"、"法律意识"和"法律文化",其中频次在10次以上的关键词只有3个,分别为"民间法"、"国家法"和"法治";2003年至2007年词频排名前十位的关键词为"民间法"、"国家法"、"习惯法"、"法治"、"乡土社会"、"法律多元"、"法律文化"、"冲突"、"法社会学"与"和谐社会",其中频次

---

① 具体的40个关键词(出现频次)按词频数从高至低为民间法(401)、国家法(207)、法治(61)、习惯法(48)、乡土社会(37)、冲突(23)、法律多元(21)、纠纷解决(20)、法律文化(19)、法社会学(18)、本土资源(17)、法律(16)、和谐社会(14)、互动(12)、村规民约(12)、民间规范(11)、范式(10)、整合(10)、法制现代化(10)、习惯(10)、市民社会(10)、乡村社会(10)、法律移植(10)、司法运用(9)、文化(9)、国家制定法(9)、秩序(9)、司法(9)、村民自治(8)、法律规避(8)、乡规民约(8)、民间规则(8)、法律方法(8)、民间法研究(7)、法律信仰(7)、农村(7)、社会控制(7)、民族地区(6)、法文化(6)、关系(6)。

在10次以上的关键词增加到6个,是第一个时期的2倍,分别为"民间法"、"国家法"、"习惯法"、"法治"、"乡土社会"和"法律多元";2008年至2012年词频排名前十位的关键词为"民间法"、"国家法"、"法治"、"习惯法"、"乡土社会"、"冲突"、"纠纷解决"、"法"、"法律多元"和"司法运用",其中频次在10次以上的关键词进一步增加至9个,是第一个时期的3倍,分别为"民间法"、"国家法"、"法治"、"习惯法"、"乡土社会"、"冲突"、"纠纷解决"、"法"和"法律多元"。可见,在民间法研究领域,三个时期不仅论文的数量迅速增长,研究的内涵和范围也在不断地深入和扩大,其中,"民间法"、"国家法"、"习惯法"和"法治"等关键词在三个时期中均存在且词频大幅增加。

表1 民间法研究三个时期的前十位关键词(频次)

排序	1998—2002年 初步发展期		2003—2007年 快速发展期		2008—2012年 成熟期	
1	民间法	19	民间法	143	民间法	239
2	国家法	13	国家法	79	国家法	115
3	法治	12	习惯法	19	法治	31
4	互动	5	法治	18	习惯法	26
5	本土资源	3	乡土社会	13	乡土社会	22
6	习惯法	3	法律多元	10	冲突	15
7	法社会学	2	法律文化	8	纠纷解决	15
8	法律意识现代化	2	冲突	8	法	15
9	法律意识	2	法社会学	8	法律多元	10
10	法律文化	2	和谐社会	8	司法运用	9

另外,从表1统计民间法研究三个时期的前十位词频中,可以发现:(1)民间法研究从1998年至2002年初步发展期向2003年至2007年快速发展期迈进的过程中,一方面新出现了4个高频关键词("乡土社会"、"法律多元"、"冲突"以及"和谐社会"),而这些从无到有的关键词中,词频均在8次及以上,表明了其与当时社会领域的高度相关,意味着新增关键词成为该阶段的研究热点。而另一方面,"互动"、"本土资源"、"法律意识现代化"与"法律意识"等4个高频关键词消失,这说明民间法对这些方面的相关研究在快速发展期中反而有所减少。(2)民间法研究从2003年至2007年快速发展期步入2008年至2012年成熟期的过程中,新出现了3个高频关键词("纠纷解决"、"法律"、"司法运用"),凸显了在时代背景下,民间法在纠纷解决与司法运用中的应有探讨,新增的15次"法律"高频关键词,意味着民间法或许从法学研究迈向与历史学、民族学等学科进行交叉研究的新方向。

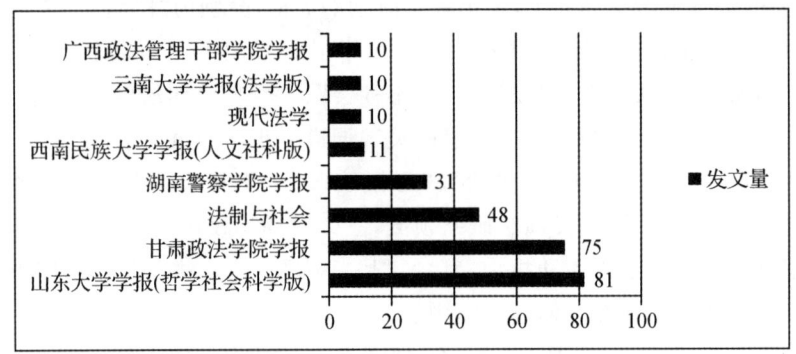

图 3　1998—2012 年间所发表论文在 10 篇以上的期刊

(三)期刊分布统计

经统计,1998 年至 2012 年以"民间法"为主题的 961 篇论文分别发表在 40 种期刊上①。如图 3 所示,其中所发表论文在 10 篇以上的期刊分别是:《山东大学学报》(哲学社会科学版)、《甘肃政法学院学报》、《法制与社会》、《湖南警察学院学报》、《西南民族大学学报》(人文社科版)、《现代法学》、《云南大学学报》(法学版)、《广西政法管理干部学院学报》。

表 2 是不同发文量的期刊种类统计,从表 2 中 40 种期刊所发表的相关文章数据来看,可以总结出比较有价值的规律性判断:《山东大学学报》(哲学社会科学版)(81 篇)、《甘肃政法学院学报》(75 篇)、《法制与社会》(48 篇)、《湖南警察学院学报》(31 篇)等 4 个期刊共刊发以"民间法"为主题的论文 235 篇,占统计论文总数的 24.45%。约 1/4 论文发表在 4 个专业期刊上也足以说明四大期刊非常关注"民间法"的相关问题,已经成为近 15 年民间法领域研究的前沿阵地。②

---

①　民间法研究数据源中 40 种期刊及其具体发表论文数量如下:《山东大学学报》(哲学社会科学版)(81)、《甘肃政法学院学报》(75)、《法制与社会》(48)、《湖南警察学院学报》(31)、《西南民族大学学报》(人文社科版)(11)、《广西政法管理干部学院学报》(10)、《云南大学学报》(法学版)(10)、《现代法学》(10)、《原生态民族文化学刊》(8)、《河北法学》(8)、《求索》(8)、《前沿》(7)、《法制与经济》(中旬刊)(7)、《法制与经济》(下旬刊)(6)、《政法论丛》(6)、《江苏警官学院学报》(6)、《贵州民族学院学报》(哲学社会科学)(6)、《中南民族大学学报》(人文社会科学)(6)、《法制与社会发展》(6)、《经济研究导刊》(6)、《广西社会科学》(6)、《法学评论》(5)、《山东省农业管理干部学院学报》(5)、《河南财经政法大学学报》(5)、《学术研究》(5)、《湖北经济学院学报》(人文社会科学)(5)、《求是学刊》(5)、《山东警察学院学报》(5)、《广西民族大学学报》(哲学社会科学)(5)、《学术探索》(5)、《开放时代》(4)、《上海政法学院学报》(法治论丛)(4)、《云南行政学院学报》(4)、《江海学刊》(4)、《西部法学评论》(4)、《知识经济》(4)、《北方法学》(4)、《黑龙江省政法管理干部学院学报》(4)、《青海民族研究》(4)、《东岳论丛》(4)。

②　《民间法》期刊十年来持续关心民间法领域的研究,在民间法学界研究中地位超然,由于中国学术期刊网络出版总库平台尚不能支持该期刊文献的检索,为了数据统计的统一口径,仅选取中国学术期刊网络出版总库平台所收录的期刊文献。

表2 不同发文量的期刊种类统计

发文量	1—5	6—10	11—30	31—40	41—70	71—80	81—100
期刊种类	19	16	1	1	1	1	1
总发文量	85	116	11	31	48	75	81

(四)代表作者分布统计

笔者在961篇作为数据源的文献中,以"被引频次"作为排序依据,梳理出前30篇与民间法主题相关度强的代表文献。①

表3 民间法主题"被引频次"最高前30篇代表文献

篇名	第一作者	被引频次
双向建构:国家法与民间法的对话与思考	王学辉	85
当代中国的乡民社会、乡规民约及其遭遇	谢晖	81
乡土社会中的国家法与民间法	田成有	71
具体的"民间法"——一个法律社会学视野的考察	刘作翔	64
民间规范与习惯权利	谢晖	58
初论民间规范对法律方法的可能贡献	谢晖	57
国家法和民间法的现实互动与历史变迁——中国西部司法个案的透视	王勇	53
中国民间法研究学术报告(2002—2005年)	李学兰	50
中国法学向何处去(下)——对苏力"本土资源论"的批判	邓正来	50
论当代中国官方与民间的法律沟通	谢晖	48
乡村纠纷中国家法与民间法的互动——法律史和法律人类学相关研究评述	张佩国	46
国家法与民间法二元建构及其互动之思考	陈敬刚	46
乡土社会中的国家法与民间法	田成有	45
乡规民约存在形态刍论	张明新	43
国家法在乡土社会中取得成功的条件与保证	田成有	40
国家法与民间法互动之反思	于语和	37
功能与变迁:中国乡土社会的法治实践	田成有	37

---

① "被引频次"在国内外文献指标中被公认为最能够体现文献权威性的指标之一。本文在以被引频次作为排序依据的前提下,发现有两篇与民间法主题有弱相关性的文献进入前30名,故把被引频次排名高且与民间法主题有强相关性的两篇文献进行依次替换。

续表

篇名	第一作者	被引频次
乡土社会民间法与基层法官解决纠纷的策略	田成有	37
论民族习惯法的渊源、价值与传承——以苗族、侗族习惯法为例	吴大华	34
民间法的变迁与作用——云南25个少数民族村寨的民间法分析	张晓辉	33
民间法:法律的一种民间记忆	谭岳奇	33
论民间法的社会权力基础	吕廷君	32
民间规范与人权保障	谢晖	31
转型期农村法治资源的发现、重组与良性互动	田成有	30
中国传统法的"一统性"与"多层次"之分析——兼论中国传统法研究中应慎重使用"民间法"一词	曾宪义	29
实行法治的代价	陈骏业	27
民俗习惯司法运用的价值与可能性	蔡绍刚	24
"法律下乡":乡土社会的双重法律制度整合	徐勇	22
习惯的价值及其在中国司法中面临的问题	刘作翔	21
冲突与整合:乡土社会视野下的法律信仰	张学亮	21

由表3可知,在这30篇代表文献中,共有20位代表作者(按第一作者统计),其中被引频次排名前十位的作者分别为王学辉、谢晖(第2位、第5位、第6位、第10位)、田成有、刘作翔、王勇、李学兰和邓正来。从数据显示来看,前十位的作者被引频次基本维持在50～90之间。

对作者的"总被引用频次"和"篇数"进行统计分析(见表4),可知发表2篇或以上民间法领域论文且被引频次高的代表作者有3位,分别是发表5篇、文献总被引用频次275次的谢晖教授,发表6篇、文献总被引用频次260次的田成有以及发表2篇、文献总被引用频次85次的刘作翔;而发表1篇并被引频次高的作者有17位,这其中文献总被引用频次在17位学者中最高的是王学辉。

表4　30篇代表文献中作者"总被引用频次"和"篇数"

作者(第一作者)	总被引用频次	篇数	作者(第一作者)	总被引用频次	篇数
谢晖	275	5	于语和	37	1
田成有	260	6	吴大华	34	1
王学辉	85	1	张晓辉	33	1

续表

作者(第一作者)	总被引用频次	篇数	作者(第一作者)	总被引用频次	篇数
刘作翔	85	2	谭岳奇	33	1
王勇	53	1	吕廷君	32	1
李学兰	50	1	曾宪义	29	1
邓正来	50	1	陈骏业	27	1
张佩国	46	1	蔡绍刚	24	1
陈敬刚	46	1	徐勇	22	1
张明新	43	1	张学亮	21	1

(五)学科类别分布统计

笔者在961篇作为数据源的民间法领域文献中,以不同学科所发表的论文数量为依据,整理出民间法研究中不同学科发表论文的数量(如图4)。①

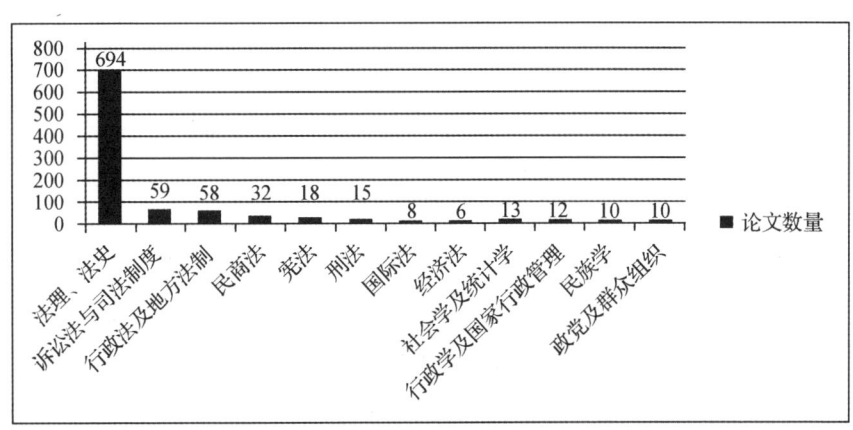

图4 不同学科类别论文数量

从图4可知:(1)在法学学科方面,"法理、法史"是民间法领域主要的研究角度和方向,发表了694篇文献,占数据源文献总数的72.2%;而"诉讼法与司法制度"与"行政法及地方法制"分别以59篇的发表文献数量,占数据源文献总数的6.14%,以及58篇的发表文献数量,数据源文献总数的6.04%,分别位居第二位、第三位。(2)在非法学学科方面,对于民间法的研究,以社会学及统计学、行政学及国家行政管理角度进行探讨的文献

---

① 以二级学科类别作为划分依据,961篇论文中民间法研究的具体学科类别(发表论文数)排名为:法理、法史(694)、诉讼法与司法制度(59)、行政法及地方法制(58)、民商法(32)、宪法(18)、刑法(15)、社会学及统计学(13)、行政学及国家行政管理(12)、民族学(10)、政党及群众组织(10)、农业经济(8)、国际法(8)、经济法(6)、旅游(6)、中国政治与国际政治(6)。

相对较多,分别为13篇和12篇的发表文献数量。但按照学科类别分布统计,法学类和非法学类的文献分别为890篇和71篇,分别占数据源文献总数的92.6%和7.4%。

(六)研究资助基金分布统计

研究资助基金的状况具体体现了民间法研究领域被国家、政府、科研机构支持的状况,在某种程度上很大地影响民间法研究的积极性以及深入度。经过对961篇数据源论文的研究资助基金分布进行数据统计后,发现:(1)共有53篇论文获得研究资助基金支持,占总论文数的5.52%。(2)在国家部委级层面,有39篇论文获得国家社会科学基金支持,1篇获教育部留学回国人员科研启动基金支持,占总论文数的4.16%;在省和直辖市层面,获得山东省软科学研究计划、湖南省社会科学基金、山西省软科学研究计划、湖南省教委科研基金、陕西省教委基金、上海市重点学科建设基金支持的论文数分别为5篇、2篇、1篇、1篇、1篇和1篇,占总论文数的0.94%;在高校等科研机构层面,各有1篇发表论文获得山西农业大学科技创新基金和南京理工大学科研发展基金支持,占总论文数的0.21%。(3)39篇论文获得国家25个国家社科基金的支持,占总论文数的4.06%。① 其中,2002年至2004年连续三年均是1项,到2008年增至4项,并保持相对稳定。

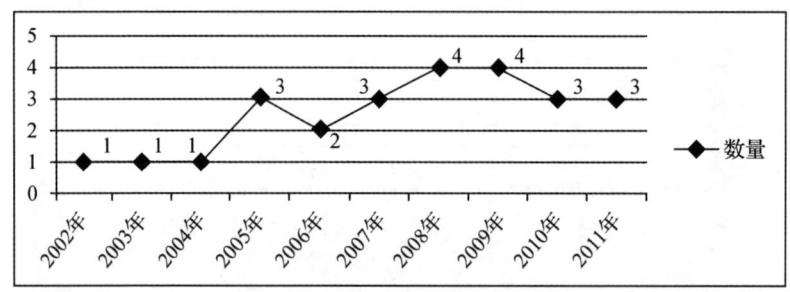

图5 民间法发表论文受国家社科基金支持项目数

三、结　论

本文就中国学术期刊网络出版总库平台中"民间法"研究领域1998年至2012年的论文数量、关键词、期刊分布、代表作者、学科类别、研究资助基金等内容进行统计分析,探索已有丰富的研究成果与知识图谱,并得出一些在未来民间法研究中值得思考的结论。

---

① 25个具体支持民间法论文发表的国家社科基金项目批准号如下:11BFX021、11BFX078、11XFX004、10BFX017、10ZD045、10XZX0010、09BFX073、09CFX059、09XFX031、09CFX060、08BKS035、08CFX006、08BFX061、08ZD001、07BFX008、07AMZ001、07ZD032、06XFX002、06XJC012、05XFX001、05XZS008、05BFX009、04CMZ001、03BMZ020、02BZZ026。由于本文篇幅所限,故未能一一列举详细的国家社科基金信息,可登陆国家哲学社会科学办公室网站进行详细信息查询。此外,上述国家社科基金项目主题与所发表的论文主题之间存在着强弱不等的相关性。

(1)从研究论文数量上看,民间法研究已经日趋成熟,论文数量在2008年达到峰值128篇后,数量保持稳定但略有下降,这说明了民间法研究在某些原有研究领域中的命题研究渐趋饱和,需要寻找新的研究热点以刺激学者特别是青年学者投身于民间法的研究中来。

(2)从研究论文的关键词上看,整理民间法研究的关键词在不同研究阶段的演变可梳理出各阶段的研究特点,如在近五年发展成熟期研究中才新增的"纠纷解决"和"司法运用",就是在时代背景下所产生的新研究点。学者可在民间法研究中结合"十八大",探索与之相关的新研究热点,使民间法研究更为深入与动力不息。

(3)从研究论文的期刊分布上看,论文逐渐向《山东大学学报》、《甘肃政法学院学报》等少数持续刊载民间法研究论文的期刊聚集,稿源质量提升,形成自身鲜明的研究特色。但从研究整体上审视,遗憾的是,如《民间法》、《山东大学学报》、《甘肃政法学院学报》等大比例刊载民间法论文的特色期刊相对较少。

(4)从研究论文的研究力量上看,"被引频次"前30篇的20位论文代表作者中,仅有谢晖等三位学者发表超过两篇的论文,显示其对民间法领域进行着持续的研究,代表作者的持续研究对民间法领域研究的力量推动以及使中青年学者对民间法产生研究兴趣,有着重大的领导和示范作用。

(5)从研究论文的学科类别上看,法学学科特别是法理、法史对民间法进行了大量的持续研究,其发表论文占数据源文献总数的92.6%,法学的研究人员成为民间法的研究主体。这体现出民间法研究主要侧重法学特别以法理和法史研究为主,而其他部门法与跨学科的研究相对较少,其发表论文仅占数据源文献总数的7.4%。这可以作为以后民间法研究深入挖掘的方向。

(6)从研究论文的研究资助基金上看,国家社科基金项目近几年对民间法领域的研究支持保持稳定趋势,但基金支持数量总体较少,基金支持主要集中在国家部委层面,省、直辖市以及高校等科研机构层面支持力度尚待进一步提高。

最后,因篇幅和能力有限,本文研究的结论仍有很多需要改善之处,但本文的结果基本能向民间法研究学界展示出国内民间法研究领域的动态发展过程,该领域的研究也将不断地在理论和实践过程中得到加强,笔者希望通过1998年至2012年间CNKI期刊库所发表论文的统计分析,对相关研究人员今后工作的开展有所裨益。

习惯与当代中国国家法关系之思考

蒋传光　蔺　如[*]

(上海师范大学法政学院　上海　200234)

摘要：当今世界各国的法律体系,尽管表现形式多样化,但它们都不约而同地建立在习惯的基础上,是在本国以及本民族的习惯风俗的基础上进行法典的编纂以及法理的提升。因此,真正优秀的法律,应当是建立在对法律传统尊重的同时,又注重与本国既有的传统文化的衔接。我国的法律体系由于大量借鉴西方法律,使得其与我国的民情习惯之间容易有着隔阂和冲突。在分析习惯与当代中国国家法相冲突产生的根源的同时,应重视发挥习惯在完善国家立法层面和司法层面的功能和作用。

关键词：习惯；法律传统；国家立法；国家司法

从人类最早开始有法律出现的历史来看,习惯应该可以被认为是最早的法律渊源,而习惯法则算是最为古老的法律表现形式。恩格斯说过,"在社会发展某个很早的阶段,产生了这样一种需要:把每天重复的产品生产、分配和交换用一个共同规则概括约束起来,借以使个人服从生产和交换的共同条件。这个规则首先表现为习惯,不久便成了法律"[①]。

对于现今社会的法律体系而言,无论是英美法系还是大陆法系,习惯都经历了从相对分散的地方习惯法向较为统一、规范的法律体系化转变的过程。这种较为统一、规范的法律体系的表现形式不但包括了法典形式,同时也包括了判例汇编的形式。在它们多样化形式的背后,我们应当看到它们都是不约而同地建立在习惯的基础上,在对于本国以及本民族的习惯风俗的基础上进行法典的编纂以及法理的提升。因此,真正优秀的法律,应当是建立在对法律传统尊重的同时,又注重对本国既有的传统文化继受和发展的基础之上的。

我国的法律体系虽已经基本建立,但由于大量的西方法律移植之缘故,使得法律和我国的民情习惯之间容易有着隔阂和冲突,因此近几年来,对于习惯以及关注本土资源化、民间法的研究越来越受到法学界的重视,我国现代法治本土化的呼声也越来越强烈。

---

[*]【作者简介】蒋传光(1963—　),男,上海师范大学法政学院教授,博士生导师,研究方向为法理学、法社会学；蔺如(1986—　),女,上海师范大学法政学院法理学专业2008级硕士研究生。

[①]《马克思恩格斯选集》(第3卷),人民出版社1995年版,第221页。

一、习惯与当代中国国家法关系之考察

(一)习惯与当代中国国家法的融合

从我国现行法律制度来看,习惯虽然没有被明确规定正式的法律渊源,但是在当代中国的立法和司法过程中还是有所涉及和体现的。

在中国的一些法律中存在着关于习惯的相关规定,如中国的根本大法《宪法》第4条就明确规定:"各民族都有保持或者改革自己的风俗习惯的自由。"但此项法条只是对于风俗习惯的简单提及,并不能直接进行援引和适用。

在其他法律中,习惯的相关规定主要体现在民事法律关系之中。如《民法通则》第151条以及《婚姻法》第36条、《继承法》第35条,都相继规定了民族自治地方的人民代表大会可以结合当地民族的特性制定相应变通的单行条例或者补充规定。在《合同法》第22条、第26条、第60条、第61条、第125条、第136条、第293条、第368条里面以及《物权法》第116条里面都相继地出现了有关"交易习惯"的条文,强调了交易习惯在合同法中的重要性。《物权法》第85条规定的"法律、法规对处理相邻关系有规定的,依照其规定;法律、法规没有规定的,可以按照当地习惯",明确了习惯在法律空缺的情况下可以被适用。此外,中国法律还规定了对国际惯例的适用,如《民法通则》第142条规定:"中华人民共和国法律和中华人民共和国缔结或者参加的国际条约没有规定的,可以适用国际惯例。"

在司法方面,习惯的相关法律主要以"社会公德"一词来体现,作为"公序良俗"原则在民商事领域中得到运用。《民法通则》第7条规定了"民事活动应当尊重社会公德,不得损害社会公共利益"。这里所提到的"社会公德",应当可视作为善良的习惯风俗。而《合同法》第7条也有相似的规定,即"当事人订立、履行合同,应当遵守法律、行政法规,尊重社会公德,不得扰乱社会经济秩序,损害社会公共利益"。除此之外,最高人民法院的《关于适用中华人民共和国婚姻法若干问题的解释(二)》第10条将我国民间的习俗习惯——彩礼予以确认,这说明习惯已经越来越受到我国司法机关的重视。

从这些与习惯相关的法律条文中,我们可以发现确认习惯法的重要法律依据。有些地区中的法官会在司法实践中以间接方式对民间习惯进行运用,从而提高法律的信服力和人们的认可度。尤其是在少数民族地区,尽管司法审判机关不会直接适用和援引当地的民族习惯来解决纠纷,但是其却在法官的自由裁量权中常常有所体现,这对维护少数民族的民族性和国家统一稳定是有着积极作用的。

(二)习惯与当代中国国家法的冲突

虽然我们看到我国民间习惯在国家法中发挥积极作用的一面,我们也不能忘记在当前社会,两者是存在着冲突的,而且冲突也是比较严重的。

1. 立法层面之冲突

法治是中国近三十年来期待与追求的理想生活样式,更是我国法律人和学界追求的共同理想。改革开放以来,社会、经济生活日新月异,为了适应新情况、新形势的需求,就必然要求我们进行短期内的大规模立法以及初步构建中国特色社会主义法律体系,而这一切,都是要建立在大规模的法律移植的基础之上的。西方化不仅在 20 世纪上半叶的中国,甚至在 21 世纪的现代社会,仍是中国法律体系带着的挥之不去的文化烙印。尽管包容性是中国传统文化的重要特征,但无论如何,正如《晏子春秋》里所说的,"婴闻之:橘生淮南则为橘,生于淮北则为枳,叶徒相似,其实味不同。所以然者何？水土异也"。这种产生在特殊历史背景下的法律文化的嫁接使得我国现行法律在立法和实施中极易产生水土不服的文化适应问题。

从另外一种角度看,国家法是"作为一种普遍的知识,其追求的是要一般性的对待问题,而民间法则回应的是地方、局部、团体等特殊的要求"[1]。国家法内在的普遍、统一、强制和权威的属性,必然与习惯天然的自发、个体、多样化属性相矛盾,因此单从此角度来说,民间法与国家法的冲突与矛盾是历史条件下存在的客观现象。

2. 司法层面之冲突

现今社会是个复杂多元的社会,多元的规范需求和多元秩序格局客观存在。梁治平先生就曾在《清代习惯法、社会和国家》中提到:"即使是在当代最发达的国家,国家法也不是唯一的法律,在所谓正式的法律之外还存在大量的非正式法律。"当一国的制定法与当地的"非正式法律"——习惯不一致时,往往会产生冲突,最后使得国家法在某种程度上不能不让位于民间习惯。

举一个最生活化的例子,北京、上海等很多城市都曾经制定过禁放烟花爆竹的地方性法规。刚开始公布的时候,政府也好,公安也好,各个机关联合出动,动用警力物力大量手段执行。规定刚出台的时候好像的确有了那么一点效果,但是渐渐地,违规燃放烟花的人多了起来,最后违规的人实在太多了,法不责众,政府不得不屈服于"过年放鞭炮"这一民间习惯,解禁或者分时段燃放烟花。在这个案例中,禁放烟花的法规反映了现代社会文明的需求,而燃放鞭炮属于传统文化、民间习俗。当禁放烟花的国家法与民间习惯产生冲突,并试图改变传统习俗时,实质上就是在强行地改变人们固有的、普遍的生活方式和行为模式。这种人为设计的制度,以其国家强制力的特性,迫使人们严格遵守,却忽视了民众的心理承受程度。如果国家法不符合人们的既有习惯,那么对于民众来说仍"不由自主"地遵循旧的习惯,变相地抵制法律也可以被认为是一种"正当"的行为,除非国家法能作出某种让步或者变通。例如 20 世纪 20 年代美国禁酒令的失败也是习惯与国家冲突的又一例证。

---

[1] 郑君:《国家法与民间法互动之反思及建议》,华中科技大学 2006 年硕士论文。

(三)习惯与当代中国国家法相冲突产生的根源

人们常说中华法系或者中国法律传统属于"伦理法"的法系或传统,为此,范忠信先生就曾指出:"这种说法或许并不准确。任何一个民族皆有自己的伦理,其法律皆体现了各自的伦理。从这种意义上讲,各民族的法律都未尝不可以称之为'伦理法'"①。历史法学派的集大成者萨维尼也认为,"民族精神"不但是民族产生和发展的本原,同时也是有着民族属性的法律的本原和始基。

综观中国历朝历代的立法,其特点就是以刑为主,诸法合体。可以说,这样的法律体系的形成,和我国伦理法的文化传统是密不可分的。我国伦理法"文化形态滥觞于西周,其理论体系形成于春秋战国,它作为中国封建社会的主流法文化,其地位确立于汉,完成于唐,宋代以后,走上了衰微之路,至近代而瓦解"②。而儒家思想则是中国古代伦理法文化的主要思想来源。儒家对法的思考的基本出发点不是公民,而是家庭。儒家的和谐社会不是要求个人广泛地参与政治和法律,而是致力宣扬"父慈、子孝、兄良、弟悌、夫义、妇听、长惠、幼顺"。

儒家伦理文化中强调的家族本位、集体本位思想,与中国人传统的无讼观联系紧密,同时也对民事法律关系中习惯、家族法规、乡保条约、儒家礼教的适用产生了很大的影响。更有甚者,凡属轻微的刑事纠纷不一定按国家律法去告官审理,而是在大多数情况下由民间以家法族规等调处解决。

在古代中国,宗法制的社会、特殊的治理结构、自给自足的自然经济等因素都使得民间习惯在我国社会中占据着重要的地位。儒家正统思想在封建社会的确立,使得法律只能成为礼治的附属品,重礼轻法的中国传统观念得以形成。直至今日,在一些偏远的,国家法律尚未得到完全普及的地区,家规、村规、乡规等民间习惯可能比国家法律有着更深层次的影响。

二、发挥习惯在完善国家立法层面的功能和作用

作为一个法治后进型国家,由于近代以来传统封建因素的影响和西方外来文化的入侵,西方化成为了中国当前现行法律中的基本特征。而西方社会与我国在价值理念、文化传统上的差异,造成了我国现行法律和社会脱节的问题。要怎么样才能让法律不再是纸上的法,而民众乐于在法律之内活动呢?

---

① 范忠信:《中华法系的亲伦精神——以西方法系的市民精神为参照系来认识》,载《南京大学法律评论》1999年春季号。
② 俞荣根:《道统与法统》,法律出版社1999年版,第214页。

(一)构建和完善中国立法前民间的习惯调查机制

早在13世纪开始,法国等国家在民法典编纂以前就已开始了类似"向居民进行的"习惯法依据调查;纵观20世纪前期的中国民商事习惯调查运动,自清末至民国,范围广,耗时长,虽然最终因时局动荡等而未能彻底完成,但对于今日的我们来说,是不无启发的。我国至今尚未制定统一的民法典,因此在民法典编纂之前完成立法前民间的习惯调查,对我们制定出能够展现我国"民族精神"的民法典是有着深远的意义和影响的。

要想制定一部根植民情、符合民意的好法律,我们首先要对其预制定法律关系中的习惯、习俗做一个基本的梳理和统计。正是基于民间习惯对于国家立法,尤其是民商事立法的重要性,北洋政府司法部"鉴于私法制度侧重习惯,令行各省区高等审判厅处责成调查,切实具报"[①]。而在1943年《中华民国习惯调查录(日华对译)》的发刊词中也写到:"造成一国之础本、形成一国之国风,即习惯也。故此如有无视该民族之习惯、而规定各种法令,则不能期待于行政之万全者明矣。原来中华民国注重习惯者颇深,诸般法律皆以此为准,如审判判决之时,在法律内阙欠此种条文时,则尽根据习惯以为通例也。故拟企图于中华民国法令之万全者,不可不洞悉中国固有而在国内现行之习惯。"[②]

由此可见,要构建和完善中国立法前民间的习惯调查机制,这必须要求我们做到以下几个方面:

第一,成立中央统一的习惯调查负责机关,各地方地区的习惯调查协同。既然是要系统地调查全国的民间习惯,这就要求我们形成中央统一、地方具体负责的格局。在这里,我们其实可以借鉴日本的国立国会图书馆及所属调查和立法考查局的经验,可以成立专门的人大立法图书馆,由其下设的调查和立法考查局来负责调配全国的习惯调查事务,统一调查规则。而各个地方也要根据调查和立法考查局的总思路,设置各地区的调查局,从而对本区域内的民间、民族习惯进行深入细致的调查。

第二,调查方式要多样化。基本原则就是以官方为主,民间乡村调查为辅。当前由于学界的重视,也出现了很多民间法、乡村调查,但那基本上都是民间性、自发性的,属于学者们为了研究学术目的之需要而进行的。因此,我们在建立习惯调查机制的时候应当注重官方化,以相关部门牵头,通过派人调查、发放调查问题的方式,使得调查能更加深入全面。

第三,调查结果的统一和整理由专门机关负责。民间习惯调查的结果、数据的整理是建立完善中国立法前民间的习惯调查机制的最关键的环节。民间习惯,抑或是通过民商事习惯调查所获的资料,只能是国家立法时的一种必不可少的资源参考,但绝不能在

---

① 胡旭晟:《20世纪前期中国之民商事习惯调查及其意义》,载《湘潭大学学报》(哲学社会科学版)1999年第2期。

② 《中华民国习惯调查录》(日华对译)"发刊之辞",中华法令编印馆,转引自胡旭晟:《20世纪前期中国之民商事习惯调查及其意义》,载《湘潭大学学报》(哲学社会科学版)1999年第2期。

国家立法时直接搬用或移植规则。从民间习惯向国家法转化的这一过程,其间必然需要我们经过多道"加工",其中既要包括价值判断,更要包括技术提炼。这就需要我们设立专门的机关,专门负责对习惯调查结果进行整理、统计、提炼、提升,为人大的立法提供参考和立法意见。

(二)建构在民商事法律关系中的习惯法确认程序

我们知道,关于习惯法的具体规定及其应用主要体现和集中在民法、婚姻法等私法的领域之中。而在我国《民法通则》、《合同法》中的"社会公德"概念,基本可以理解为是"公序良俗",表现了习惯在民商事领域中占据着重要的地位。因此,在这些私法性质较强的民商事领域,学习和借鉴较为成熟的其他国家民事司法实践经验,通过程序法上的设置确立和完善习惯法确认程序,对我国法治建设更富有中国本土特色有着重要的参考和借鉴意义。

首先,要立法明确习惯认定的要件。在英国的普通法中,习惯成就的条件包括:"形成时间长且人们理解一致;连续而自然和平地发生效力;合乎情理并且确定;有强制性和拘束力,并不是任由选择或抛弃;与其他习惯法相协调。"①我国可以在借鉴他国习惯认定经验的基础上,形成我国本土的习惯认定要件。

其次,设立民商事法律习惯法确认程序。例如在我国台湾地区,确认习惯法的一般做法是:"主张援引习惯法的一方当事人通过各种合法途径举证说明习惯的存在,抑或由负责审案的法官依职权查证习惯的存在。同时,另一方对该习惯法实效性提出抗辩的当事人可以通过相反证据举证,即抗辩说明该习惯不具备习惯确认的某项要件,或者主张习惯与其他现行法律规范、法律原则或法律价值之间存在冲突,从而不产生效力。"②

事实上,我国有些地方法院已经在做将习惯引入审判工作的尝试。例如江苏省姜堰市人民法院在2007年2月6日尝试并制定了《关于将善良风俗引入民事审判工作的指导意见(试行)》,再加上2004年10月28日通过的《关于将善良风俗引入民事审判工作的指导意见一[婚约返还彩礼]》、2005年12月22日通过的《关于将善良风俗引入民事审判工作的指导意见二[赡养]》、2007年2月6日通过的《关于将善良风俗引入民事审判工作的指导意见三[分割家庭共有财产]》以及随后2007年4月3日通过的《关于将善良风俗引入民事审判工作的指导意见四[商事]》、2007年3月16日通过的《关于将善良风俗引入民事审判工作的指导意见五[执行]》和2007年6月1日通过的《关于将善良风俗引入民事审判工作的指导意见六[保密]》。他们已经将关于习惯在司法审判中的运用做了一个创新性的尝试,同时也为我国将来构建民商事关系中的习惯确认程序和运用打下了坚实的理论和实践基础。③

---

① 薛波主编,潘汉典总审订:《元照英美法词典》,法律出版社2003年版,第361页。
② 厉尽国:《习惯法制度化的历史经验与现实选择》,载《甘肃政法学院学报》2009年第1期。
③ 参见刘作翔:《传统的延续:习惯在现代中国法制中的地位和作用》,载《法学研究》2011年第1期。

三、发挥习惯在完善国家司法层面的功能和作用

由于我国法律传统文化与西方法治价值的冲突,导致了司法过程中我国习惯与现有法律运行中的冲突。基层法院的法官一方面要依照法律来审理案件,另一方面还要注重判决结果的满意度,使当事人满意、当事人所在社区满意以及政府、社会舆论等满意,大大加深了基层法官的案件审理难度。

(一)建立最高人民法院案例确认适用规则,健全习惯判例指导制度

虽然我国是大陆法系国家,法律渊源是以成文法为主的,但在实际的司法实践中,已经判决生效的判例尤其是最高人民法院,抑或是上一级人民法院的判例都对我国的人民生活、法院案件审理起着重大的作用。

一方面随着网络、电视等大众传播媒体的普及,典型案例正通过多样化的渠道越来越走近普通百姓的生活,为人们所熟知。比如中央电视台的法制节目《今日说法》、《经济与法》、《庭审现场》等节目,通过其中所报道的典型案例,潜移默化地普及普通百姓的法律知识,影响和塑造着他们的法治观念。

另一方面最高人民法院编辑出版的连续性出版物(诸如《民事审判指导与参考》、《刑事审判指导与参考》等)也对基层司法起到了非常大的示范、引导作用。而一些地方法院也开始有关判例指导制度的尝试,比如 2002 年 10 月天津市高级人民法院制定并开始实行《关于在民商事审判中实行判例指导的若干意见》。根据该规定,"天津市高级人民法院审判委员会将在天津市三级法院审理终结、裁判已经发生法律效力的民商事案件中,选择典型案例作为'判例'进行公布,作为三级法院审理民商事案件的参考"①。

法律的适用和实行,其最基本的体现就是通过判例来完成的。判例生动而具体,能更好地让人们理解和了解法律适用,进而对判决结果的有效遵从和自身的稳定连贯发挥着积极重要的意义。霍贝尔就曾经说过:"研究法律之所以要抓住案例进行分析,是因为法律是在烦恼和预料的困境中发展成熟的,实际上,真正的法律只有在大的诉讼争执中才能得到检验,否则难以确定在其中哪种假定的规则实际上占了优势。一件事如果没有在适用刑罚的法律活动中被承认,我们将永远不会认识它。"②判例为法官在审理案件的时候提供了重要的参照和范例,从而防止一些法官在适用法律相同的情况下审理同类案件时由于个体自身的原因而作出差异很大的判决。而关于民间习惯的判例更是如此,它对推进法律在民众心理的信赖感、法律信仰的确立起着积极的作用。但同样由于习惯自身的地区性、差异性,我们建立健全习惯判例指导制度也要注意以下几点:

---

① 张弢、陈飞霞:《西方判例制度东移的必要性和可行性评析——案例指导制度构建的框架和对司法实践指导的方法》,载《西南政法大学学报》2007 年第 4 期。

② [美]霍贝尔:《原始人的法》,严存生等译,法律出版社 2006 年版,第 4 页。

首先,应当建立最高人民法院案例确认适用规则,对全国范围内的可以被法律适用的民间习惯予以确认,作为国家制定法的一个重要补充。毕竟立法的成本相对比较大,而且我国现行法律中关于习惯要件的认定、习惯确认的程序都尚未有明确的规定和法律,因此,在这段习惯法尚处在空白的时段中,建立最高人民法院公报案例确认适用规则对民间习惯、习俗的确认和法律适用是有着非常积极的意义的。在司法实践中先行引入某些民间习惯并形成先例,从而使习惯判例在同样的情况下能一直被沿用,成为我国正式法律渊源的一部分,比起立法来更显得灵活、快捷。

其次,明确国家制定法与习惯判例指导制度之间的相互关系。我国类似于大陆法系的成文法国家,判例法并不属于我国的正式法律渊源,在司法过程中也不能直接援引和适用判例。因而,习惯判例在我国的法律效力必须要让位于国家制定法,而我们所说的对于习惯判例指导制度的尝试也只能是作为我国现行法律的一种重要补充,其地位是附属于国家法的。这点和普通法系国家是完全不同的。就像我国学者潘华仿指出的那样,和英美法系的法官在遵循先例的基础上以推导和区别有关事实,抑或在无先例可循的情况下以判例形式从而创制新法不同,大陆法系的法官即使是通过自身的裁量权而创制的判例,实质上还是依附于成文法典,只是对于法典的一个具体解释的体现而已。[①] 在目前的我国法律制度下,判例并不具有法律上的约束力,不能替代法律条文本身。但是判例指导制度却为习惯进入司法领域提供了有益的参考和可能的进路,对我们正确适用法律起着"样板"作用。

(二)加强司法能动

民间习惯的法律适用,可以通过法官的自由裁量权得以实现。由于司法在追求形式正义的同时也追求实质正义,法律总是滞后而有限的,它不可能事无巨细、面面俱到地规范到社会生活的每一个方面。因此,当其面对丰富多彩的社会现实之时,必然会出现一定的法律漏洞,这些无法、空白的地带的存在,就为法官不同程度的自由裁量权的存在奠定了实践基础。另一方面,习惯却又广泛、具体地存在于人们生活的每一个角落,上至精神价值,下至衣食住行。无法、空白的法律漏洞地带,却为家规、乡约、社约、民约等民间习惯的大量生成、发展和壮大提供了土壤。

只有承认法官的自由裁量权,才能不因为追求法律的形式正义而丧失了实质正义。法官不沦为法律的机器,而是真真正正地为人民解决纠纷,从而使民众对法律产生一种信赖感和认可感。同时,我们在强调加强司法能动的基础上,还要注意和防止因过度的自由裁量而可能导致的法官权力的滥用。这个时候,类似于"公序良俗"的民间习惯就可以对法官的自由裁量权进行一个方向的引导和权力的制约。除此之外,民间习惯确认的要件和法定程序正义也能对法官权力的扩张进行一定程度的限制。由此可见,习惯以其

---

① 参见潘华仿:《英美法论》,中国政法大学出版社1998年版,第43页。

具体性弥补法律司法的不足,保障实质正义,司法以其程序性又为习惯的法律适用保驾护航,体现程序正义。

(三)情理入法

从我国当前的司法状况来看,我国已经是一个不折不扣的诉讼大国,法院审判工作积案过多、法官审判压力过大。我国是一个社会主义法治国家,法治现代化的要求使得我们注重法律的职业化、程序化、规范化。我们要始终坚持法律至上的观点,培养和提高全民的法律理念和法律意识。但与之同时,我们还要注意到中国传统文化与当前我国国家法律之间存在的矛盾,以及民众与司法机关之间的矛盾。

在社会这个复杂的大系统中,不是单靠国家法就能解决问题的。人民法院必须要在维护整个社会大和谐的背景下,寓于国家稳定与和谐的工作大局之中,力促办案的政治效果、法律效果和社会效果的有机统一。法院的判决不仅要体现法律的理性,更要符合国家、社会的善良民俗民风,更不是一味地僵硬地硬搬硬套法律条文,置民众的心理接受能力于不顾。否则,这必然导致裁判结果虽然法律上说得过去,但老百姓们却不理解、不认同、不接受,使民众与司法机关之间的矛盾不断深化。

因此,我们强调要在民间法文化背景下进行法律本土化的法治转型,走"情理法"的道路。情理入法并不意味着情理的无限扩大,我们要在将法律作为首选的司法评判标准的基础上,让情理有限制地入法,从事实认定、司法解释、司法推理等方面适当增加公序良俗等情理的运用,从中探求法理与情理之间的平衡点。

论习惯的法源地位及其实现路径

王林敏*

(曲阜师范大学法学院　山东　曲阜　273165)

摘要： 在区分法的渊源与法的形式这两个概念的基础上，可以得出一个基本认识：习惯是法律的渊源，而习惯法则是法的形式。无论是在普通法国家，还是在大陆法国家，习惯都曾在法律的进化中扮演过重要角色。在现代法制中，习惯仍然是法的渊源之一，根据法律实证主义的观点，习惯通过两种途径获得法的力量：一是通过立法途径，作为立法者的素材，直接成为法律规则的具体内容；二是通过司法途径，作为法官的判案依据，以判例的形式成为习惯法，从而成为正式制度的组成部分。

关键词： 习惯；习惯法；法律渊源；司法；立法

习惯是法律的渊源。很多学者都探讨过此命题。[①] 笔者认为，准确理解此命题的一个前提是搞清楚法律渊源这个术语的含义，并进一步区分法的渊源与法的形式这两个不同术语所指向的对象。

据罗斯科·庞德总结，法律渊源有五种含义：第一，分析法学立场上被称为法律源泉的东西，即法律规则的权威的现实来源——国家；第二，权威文献，这些权威文献构成法律体系的传统因素在理论和学说方面的发展基础，在普通法系即为权威的案例汇编；第三，原始资料，制定法的或者习惯方面的，法官据以达成判决案件的依据；第四，规则、原则或概念得以形成并使立法和司法机构赋予其权威的方式或者途径；第五，可以从中发现法律规则的文字表达形式，或者法律规则得以表达的形式。[②] 奥斯丁在第一种意义上使用法律渊源概念；而 Salmond 则将国家的司法机构视为赋予法律规则以权威的媒介，并将其称为法的"形式渊源"。解决此分歧的最令人满意的方案是 E. C. Clark 给出的，他

---

* 【作者简介】王林敏(1974—)，男，山东青岛人，曲阜师范大学法学院讲师，法学博士，山东大学哲学与社会发展学院博士后研究人员。

① 参见 John Chipman Gray, *The Nature and Sources of the Law*, New York: the Macmillan Company, 1921, pp. 282~284; Paul Vinogradoff, *Commonsense in Law*, New Jersey: the Lawbook Exchange, ltd, 2006, p. 148; Rosco Pound, *Jurisprudence*, Vol. 3, 1959, West Publishing co., pp. 379~383. 国内学者的观点参见张文显主编：《法理学》，高等教育出版社 2003 年版，第 70 页；沈宗灵：《比较法研究》，北京大学出版社 1998 年版，第 414 页；谢晖、陈金钊：《法理学》，高等教育出版社 2005 年版，第 387~416 页。

② 参见 Rosco Pound, *Jurisprudence*, Vol. 3, 1959, West Publishing co., pp. 379~380.

提出三个问题:(1)法律规则从何处获得其拘束力?(2)是什么决定了争议中的特定法律规则的内容?是什么使立法机关或者法律宣告机关得以表达它们?若国家赋予其效力,那么是什么决定了其内容?(3)如果某人想知道法律,他需要从何处去寻找?它是以何种方式表达出来的?奥斯丁用"渊源"(source)这个术语指称第一个问题的答案;Clark将第二个问题的答案命名为"渊源",而将第三个问题的答案称为"法的形式"(forms of law)。庞德接受了Clark的理论,将怎样以及通过谁而得到法律规则、从何处得到法律规则的内容,称为"法律渊源";而将法律规则和原则得以权威表达的文本样式、法庭在解决纠纷时所援引的以及律师在提供咨询作出预测时所必须参考的权威表述形式,称为"法的形式"。①

区分了法的渊源与形式后,我们可以很清楚地分辨出:习惯是法律的一个渊源;而习惯法则与制定法一样,是法律的一种表现形式。这是习惯和习惯法之间的一个重大区别。

一、习惯作为法源:经验性阐释

"习惯是一种法律渊源"是一个从实然角度切入的经验性命题。我们可以通过对古今中外的法制史的经验观察来佐证这一命题。

英美的普通法传统由于其判例法制度而很强调对各种习惯的遵从。在英国历史上,所谓普通法就是经过王室法院确认的因而能够通行于英格兰全境的习惯法,由此习惯成为英格兰普通法的基本法源。英美学者也格外推崇习惯法,并视普通法为习惯法。② 遵从习惯一直被视为普通法判例制度的法社会学基础,尤其是对于那些通行于全国的"大习惯法"或"历史悠久的习惯法",法官一般都奉若上宪。"无论是在年鉴还是在司法报告中,我们都可以发现基于习惯作出的裁决,这项习惯不管是地方的还是一般的,都被视为具有法律约束力而加以适用,其内容和力量源于共同体或地方社区的持续不断的行为的一致性。"③由此可见,习惯不仅在英美法系国家具有法律渊源地位,而且曾经还处于比较

---

① 参见 Rosco Pound, *Jurisprudence*, Vol. 3, 1959, West Publishing co. , pp. 381~383.

② 在英国和美国,一系列法学者提及这个观点。"理论上认为,整个普通法就是习惯法。"J. T. Cameron, Custom as a Source of Law in Scotland, *The Modern Law Review*, Vol. 27, No. 3(May, 1964), p. 306. ;"伟大的普通法就是法律化的习惯。"Thomas W. Shelton, The Law of Custom, *Virginia Law Review*, Vol. 11, No. 1(Nov. , 1924), pp. 37~51. Allen 认为英格兰普通法至少可以部分认为是习惯法, Pollock 也认为普通法就是习惯法, Blackstone 更是将普通法视为一种通行于全英格兰的习惯。参见 E. K. Braybrooke, Custom as a Source of English Law, *Michigan Law Review*, Vol. 50, No. 1(Nov. , 1951), p. 71, Note. 4.

③ 除了引用 Bracton、Coke、Blackstone、Allen 以及 Salmond 等权威人士的观点之外, Braybrooke 还引证了法律报告中的被 Allen 视为习惯的标准定义,即:"习惯是产生它的地方的人们创造的:他们发现某些行为方式是良善有益的从而不断地运用和践行这种行为方式;习惯就产生自这种行为的不断地重复和递增。"从年鉴和法律报告中不难得见,绝大多数英格兰法律规则都是习惯法。参见 E. K. Braybrooke, Custom as a Source of English Law, *Michigan Law Review*, Vol. 50, No. 1(Nov. , 1951), pp. 71~73.

强势的地位。但是,这只是历史而非现实。习惯的法源地位即使在普通法国家也已经衰落了。①

从构成性方面来看,根据庞德的分析,英格兰法律中的习惯要素包括四种情况:第一,判例法的总体和法系中的所有传统因素,这可以追溯到当年英国王室法庭意图管理英国普通习惯的时代,可以追溯到古代的社会状况,那时法律被认为是对习惯的权威宣告……所以,英国有法律对习惯的权威宣告、惯例以及未经宣告但被法院确认的习惯。第二,曾在教会法院使用并且在一定程度上由遗嘱和婚姻裁决法院使用的教会法和民法、海事法院使用的海事法都被视为习惯。黑尔称这些法律为习惯,因为其权威来自遵守而不是"自身固有的权威",如议会的行为、英国人民的习惯等。第三,一些地方性的或者特殊的习惯因为在特定的地域得到长时间的奉行或遵守,被法律认可和实施。这是一些继承下来的习惯规则和长时间保有的习惯规则,如今在英国法中已经绝迹了。第四,在某些特定的地方或者某个特定的商业领域也有一些特定的习惯和众所周知的做法。当解释法律交易需要提出并证明其他事实而被认为与该惯例有关时,这些习惯就可能被确立。② 事实上,这些经过判例吸收的习惯要素在后人看来已经是法律的固有组成部分,只有经过法制史方面的追溯,判例法中的这些习惯要素才能展现出来。③

在大陆法国家,习惯法规则日益为制定法规则取代,习惯法往往只被作为一种古代的遗产,迟早要被制定法取代。④ 但至少在当下,习惯仍然是支配和调整社会的一个重要的规范体系。

以法国为例,习惯在法国曾是封建时期以及革命前的主要法律渊源。在法国历史进程中,法律和习惯的作用旗鼓相当、时而前者、时而后者起主要作用。在社会稳定的时候习惯的作用增长,而在革命时期法律万能主义主导、法律起主要作用;法国大革命前,习惯在法律中占据主要地位,习惯为数极多,全法兰西有 300 种习惯;习惯具有不准确性,16 世纪时进行的法典编纂才使其内容相对确定。⑤ 法国虽然经过革命的洗礼,但《拿破仑法典》"还是经过深思熟虑吸收了长期历史发展的成果,并且在很大程度上是深受罗马法影响的南部成文法与以日耳曼、法兰克习惯法为基础的北部习惯法这两种传统制度的

---

① 关于此种观点,参见 George Rutherglen, Custom and Usage as Action under Color of State Law: An Essay on the Forgotten Terms of Section 1983, *Virginia Law Review*, Vol. 89, No. 5 (Sep., 2003), p. 929; W. Jethro Brown, Customary Law in Modern England, *Columbia Law Review*, Vol. 5, No. 8, (Dec., 1905), p. 580;[美]昂格尔:《现代社会中的法律》,吴玉章、周汉华译,译林出版社 2001 年版,第 47 页。
② [美]罗斯科·庞德:《法理学》,廖德宇译,法律出版社 2007 年版,第 308~309 页。
③ E. K. Braybrooke 也是从四个方面解析了英格兰法律渊源中的习惯因素:即英格兰的普通习惯、地方或者特别习惯、自治城镇的习惯以及商人习惯。参见 E. K. Braybrooke, Custom as a Source of English Law, *Michigan Law Review*, Vol. 50, No. 1 (Nov., 1951), p. 74.
④ 参见[美]H. W. 埃尔曼:《比较法律文化》,贺卫方、高鸿钧译,清华大学出版社 2002 年版,第 36 页。
⑤ 参见[法]茹利欧·莫兰杰尔:《法国民法的渊源与发展》,肖士诚译,载《外国民法资料选编》,法律出版社 1983 年版,第 40~42 页;[英]梅特兰等:《欧陆法律史概览》,屈文生等译,上海人民出版社 2008 年版,第 170~176 页。

巧妙融合物"①。1804年的一项法令规定:"自现今各法律适用之日起,罗马法规定、国王敕令、一般习惯和地方习惯均失去一般法律和专门法律的效力。"《拿破仑法典》自然也排斥习惯作为法源。② 在把地方习惯吸收入民法典以后,似乎习惯已经被纳入到法律体系当中,由此制定法之外便不存在习惯法。无论是官方的习惯法还是民间的习惯都被废止,不准出现在法官的判决当中。但惹尼证明了习惯仍是法律的渊源。如今,在明确习惯法只具有辅助且有限作用的同时,几乎所有学者都承认其法律渊源资格,争论只限于相对于法律和判例而言习惯法的独立性问题。③ 在现代法国法中,习惯主要通过审判起作用。④

在中国法制史中,习惯始终是一种重要的法律渊源。"官有正条,民有私约","国家没有、不能也无意提供一套民间日常生活所需的规则、机构和组织,在国家法所不及和不足的地方,生长出另一种秩序,另一种法律"。此类法律即指以习惯为主的所谓"民间法"。⑤ 虽然从表面看,中国的制定法中没有提及民间习惯的影子,但是在司法实践中,执法者还是依据当时的法律与习惯排解着民间的纠纷。民国初年,大理院第64号判例规定:"判断民事案件应先依法律所规定,无法律明文者,依习惯法;无习惯法者,依条理……"⑥ 在中国台湾地区,习惯同样是主要的法律渊源,台湾"民法"第1条规定:民事,法律所未规定者,依习惯。⑦ 同样,民间习惯也是当下祖国大陆法律的渊源之一,尽管相对于制定法而言,民间习惯处于一种很边缘的地位,但毫无疑问,习惯是中国立法和司法实践中的一个法律渊源。但遗憾的是,中国法律在整体上并没有类似于瑞士民法和中国台湾"民法"那样关于民间习惯法源资格的规定,只有一些零星的规定。

上述比较法视角的论述旨在说明习惯作为法律渊源的普遍性与重要性,即使在法治发达的欧美国家,习惯仍然在法制中发挥着重要作用;法制后进的中国,在法律制度不完善、法律不能很好地发挥调整作用的领域,习惯也在发挥着补充,甚至替代法律的功能,

---

① [德]K.茨威格特、H.克茨:《比较法总论》,潘汉典等译,法律出版社2003年版,第118页。
② 参见沈宗灵:《比较法研究》,北京大学出版社1998年版,第132页;李可:《论习惯法的法源地位》,载《山东大学学报》2005年第6期。但有学者认为,民法典只是禁止了法典通过之前的习惯而没有对其通过之后的习惯的法律地位作出明确规定;商法典则没有禁止商事习惯的司法适用性。参见 Yvon Loussouarn, The Relative Importance of Legislation, Custom, Doctrine, and Precedent in French Law, *Louisiana Law Review*, Vol.18(1957—1958), p.251~252.
③ 该法国学者认为:"习惯法也是实体法的一种渊源,因为正是社会群体的行为方式,方有权陈述应遵循规则的内容,并且这种法律陈述是有效的、强制性的,而这种效力来源于其他渊源这一点是无足轻重的。"参见[法]雅克·盖斯旦、吉勒·古博:《法国民法总论》,陈鹏等译,法律出版社2004年版,第192~193页。
④ 参见[法]茹利欧·莫兰杰尔:《法国民法的渊源与发展》,肖士诚译,载《外国民法资料选编》,法律出版社1983年版,第62~64页。
⑤ 梁治平:《清代习惯法:国家与社会》,中国政法大学出版社1996年版,第28页。
⑥ 黄源盛:《民初大理院民事审判法源问题再探》,载李贵连主编:《近代法研究》,北京大学出版社2007年版,第5页。民国司法文件中,习惯和习惯法两个术语经常混同,但司法实践所依据的主要是民间的习惯规范。苏永钦认为,术语的混同可能是由于当时的认识所限造成的。参见苏永钦:《"民法"第一条的规范意义》,载苏永钦:《私法自治中的经济理性》,中国人民大学出版社2004年版,第6页。
⑦ 王泽鉴:《民法总则》,中国政法大学出版社2001年版,第56页。

是无可争议的法律渊源。习惯作为法源,这个命题首先指向的是法律渊源的存在形式,即法律的"作者"(author of the law)。① 进一步的问题是,习惯的法源地位是通过何种途径实现的?

对此问题,奥斯丁在其法源理论中认为,习惯可以通过两种途径获得法律的力量:或者通过制定法的吸收或者成为司法判决的基础。② 在人类社会进入近代以后,习惯主要是通过立法成为法律;在法律模糊或者空缺的领域,习惯通过司法成为法律,当然其前提是判例制度。比较世界上两大主要法系,我们可以发现一个明显的历史事实,即大陆法系偏重于通过立法吸收习惯渊源,而普通法系则更偏重于通过司法途径吸收习惯因素。这提示我们,对"作为法律渊源的"习惯,至少可以从两种立场出发进行阐释,从而解读出不同的信息:其一是立法中心主义,即站在立法者的立场看待法律渊源,考察习惯是如何通过立法者成为法律的;其二是司法中心主义,站在司法者的立场上解读法律渊源,看看习惯对法官的作用,进而考察习惯是如何通过司法成为习惯法的。

二、习惯作为立法者的素材

此处,习惯作为法律的渊源,是法律内容的来源之一,即习惯是产生法律的材料,是立法者的素材。在立法过程中充分调查和了解本国习惯,立法者才能制定出适合本民族、本社会的立法。萨维尼历史法学派的主张要旨即大体集中在这一点上。具体而言,在法制史上,立法者在立法过程中对习惯的处理方式大体上有三种。③

其一,习惯的法典化。欧洲历史上的习惯的编纂,有的由私人进行,而到16世纪后期则由官方进行。在欧洲近代,立法权力逐渐集中到君主手中,习惯的编纂便由官方主导。官方主导的习惯编纂事实上是一种立法程序。比如在法国进行的习惯的官方编纂

---

① 奥斯丁在谈及法律渊源时认为,法律的直接创制者即法律渊源。在这个意义上,习惯或者特定社区的人们乃是习惯规则的创制者,因而是法律的渊源。参见[英]John Austin, *Lectures on Jurisprudence*, Vol. 2, Beijing: China Social Sciences Publishing House, pp. 510~511.

② 参见[英]John Austin, *Lectures on Jurisprudence*, Vol. 2, Beijing: China Social Sciences Publishing House, p. 523, p. 536.

③ 王洪平、房绍坤认为,民事习惯的法典化可表现为两种形态,即静态法典化与动态法典化。静态法典化的路径有三:其一,在民法典的总则编中明确规定习惯的法源地位;其二,在民法典分则编的具体条款中明确规定习惯的优先适用地位;其三,将从民间社会采撷来的民事习惯直接转化为民法典分则中的具体法律规范。民事习惯的动态法典化是指建立一种司法机制,将民事习惯经由司法判例导入到法的现实运作中来。所谓的动态法典化,事实上就是本文探讨的民间习惯的司法导入机制;而静态法典化即立法视角的习惯,很明显,其前两种路径是对法官笼统授权,只是承认习惯的法源资格,其第三种"路径"即本文所论的具体民间习惯进入法律体系的最常见的方式,从习惯中提炼和抽取规则。参见王洪平、房绍坤:《民事习惯的动态法典化——民事习惯之司法导入机制研究》,载《法制与社会发展》2007年第1期。谢鸿飞则认为在民法中有两种确认习惯效力的方式:"一是在总则中对民事习惯的效力作一般性规定,即规定在法律无明文规定时,法官可援引民事习惯;二是在分则中,立法者认为可能有与法律规范不同的习惯并能适用时,可规定民事习惯优于法律适用。"谢鸿飞还认为,现有的以司法解释认可民事习惯的做法应予保留,与立法确认相比,这是更为重要的途径。因司法解释具有实践性品格,可以通过一些技术性措施协调法制统一性与民事习惯的地方性。参见谢鸿飞:《论民事习惯在近现代民法中的地位》,载《法学》1998年第3期。

活动,较之于后世的立法,就是简单地把地方习惯整理出来,通过地方议会的审议通过,然后以国王的名义加以公布。这样一来,习惯的效力渊源发生改变,由官方赋予其权威并强制执行,成了名副其实的法律。① 从此之后,习惯与法律之间的界限就渐渐地清晰起来。在现代非洲,也存在着将地方习惯法典化的呼声和实践。②

其二,从习惯中萃取规则。立法者从习惯中抽象出具体规则,此时,该领域的习惯的存在形态与表现形式发生了变化,习惯与法律混同,甚至时过境迁之后,人们只知道其为法律而不再认其为习惯。③ 相比而言,由于当下中国的立法者并不重视民间习惯对立法的渊源功能,也没有深入进行大规模的民间习惯调查,所以,当下的民事立法对中国本土民间习惯的吸收不很明显,更谈不上充分。

其三,笼统地承认习惯的法律地位。如前文所述,这又分为两种情况。一种处理方式是在总体上确认习惯的法源资格,如瑞士民法和中国台湾"民法";有学者认为,殖民地时期的中国香港,华人习惯进入普通法体系也是通过这种方式:一是两个义律宣言,二是法院法的规定。④ 另一种处理方式是在具体条文中规定习惯的司法适用性。中国法律目前多采取此种形式,但相比较而言,中国立法中对习惯和交易惯例的此类引用还是很少的。⑤ 通过后一种方式进入立法者视野的习惯,就成为前文界定的"准用习惯"。此时,习惯的存在形态依然保留,只是法律地位发生了变化。

进一步的问题是,在相关制定法吸收习惯规范之前或者相关制定法对有关习惯未予重视甚至漠视,但是习惯却仍然有效地调整着相关领域,因而与制定法形成竞争态势的情形中,立法者该对此类习惯采取何种姿态?假如立法者的目的在于通过制定法改造固

---

① 参见 John P. Dawson, The Codification of the French Customs, *Michigan Law Review*, Vol. 38, No. 6 (Apr., 1940), pp. 765~800;[英]梅特兰等:《欧陆法律史概览》,屈文生等译,上海人民出版社 2008 年版,第 205~207 页。

② 非洲习惯法的法典化以及存在的问题,参见 T. W. Bennett and T. Vermeulen, Codification of Customary Law, *Journal of African Law*, Vol. 24, No. 2 (Autumn, 1980), pp. 206~219.

③ 例如,清末民事立法中就大量吸收了传统的习惯规则。关于权利能力和行为能力,《大清民律草案》从尊重夫权的传统习惯出发,在第 4 条、第 9 条、第 26 条等条文中,限制了妻子的权利能力和行为能力。关于民事责任年龄,《大清民律草案》采多数立法例及旧有习惯,规定"满二十岁者为成年人"。《大清民律草案》的"亲属"和"继承"两编,吸收传统伦理和习惯的内容较多。如"亲属"编中分亲属为宗亲、外亲及妻亲,规定"同宗不得结婚","结婚须由父母允许","亲等应持之服从依服制图所定","行亲权之父母于必要之范围内可亲自惩戒其子"等等。"继承"编中含有宗祧继承和遗产继承的区别,不规定女子有继承权等等。参见刘广安:《传统习惯对清末民事立法的影响》,载《比较法研究》1996 年第 1 期。

④ E. S. Haydon, The Choice of Chinese Customary Law in Hong Kong, *The International and Comparative Law Quarterly*, Vol. 11, No. 1, (Jan., 1962), pp. 231~250. 也可参见 D. J. Lewis, A Requiem for Chinese Customary Law in Hong Kong, *The International and Comparative Law Quarterly*, Vol. 32, No. 2, (Apr., 1983), pp. 347~379.

⑤ 李凤章、郝雷在物权法通过之前便指出:我们很难在立法中发现习惯的影子。检诸民法典草案条文,曾经为学者提倡的"有法律时从法律,无法律时从习惯"的语句,在全国人大正式公布的草案中也未见踪影。关于"习惯"的规定主要集中在意思表示的解释、相邻关系等少数具体制度中,其数量也极为有限。比较中国台湾"民法典"和大陆的合同法、物权法草案,中国台湾"民法典"条文涉及习惯的,除了第 1 条法例明确承认习惯的法源地位外,共计有 40 条,其中总则 1 条,债编 25 条,物权编 14 条。而大陆合同法则有 8 条,物权法草案则仅仅 3 条。更为甚者,无论是民法草案,还是最近颁布的物权法草案,并不能充分地反映现实中已经广泛存在的很多交易种类和交易方式。参见李凤章、郝雷:《民法法典化与习惯缺失之忧》,载《法制与社会发展》2005 年第 1 期。

有习惯——例如在当下中国立法者和很多法学者那里,习惯本身就有"落后"的含义——那么可能就会出现制定法与习惯规范的对立,这涉及法律的实效问题。如何有效地解决这种潜在的冲突就成为法律运行中的一个重大课题。在制定法调整社会的过程中,因为制定法不符合固有习惯而遭遇阻力可能会导致法律运行的社会成本过高乃至制定法无效,若立法者对法律及其运行环境进行评估,则固有习惯就有可能重新成为立法者重点考量的素材,从而成为制定法的渊源。如果立法者在立法之初忽略了固有习惯规范,或者低估了习惯规范的力量,则法律运行中遇到习惯规范的阻力时,立法者吸纳习惯的可能性就更大。这是从法律运作的过程看民间习惯成为法律渊源的可能性。

三、习惯作为裁判的依据

实践中,立法者可以把制定法之外的习惯规范的效力与司法适用问题交给司法者处理。自立法中心主义视角观之,目前中国的制定法基本上都是为"习惯"的适用提供一种效力指引,这种效力指引给人的印象是习惯规则是确定存在、唾手可得的。但是,事实并非如此。立法者对习惯的肯定,仅仅停留在抽象的层面,我们看到的都是抽象的表达,而看不到具体的习惯规则的陈述。因为如果在制定法中对习惯进行具体描述,那就不再是习惯而是具体的法律规则了。但是,司法实践中需要的是具体规则。因此,在这层意义上,立法者的姿态仅仅是一种效力根据,而不能解决实际问题。

法官判案时不能凭主观感觉,而必须按照"法律与法"来衡量公正性。因此,准确地把握法律渊源及精深地确定"法律与法"的范围就成了法律适用者的宪法任务,即法官必须知道在何处且如何发现现行的法,而法律渊源学说则有助于法官顺利地发现法律。[①]在普通法学者的观念中,"甚至高度发达的法律体系也不掩饰其并不能通过中央集权化的代理人安排好每一种法律制度,相反,不仅给地方法规(by-law)而且为传统习惯留下相当可观的调整地方利益的空白地带"[②]。此即认识法律渊源的另外一种立场:司法中心主义立场。

在司法中心主义的立场中,民间习惯是法官发现解决个案纠纷规则的规范载体,特别是在某些疑难案件中,法官找不到可以直接解决纠纷的法律规范,便可以求助于与该纠纷相关的具体习惯规范。因为,在现实生活中,人们的交往行为可能依据法律进行,但更大的可能则是依据作为社区共识的习惯进行。但民间习惯仅仅是一个材料渊源,而不是触手可得的规则。

习惯是支配人们生活的主要力量,中国当下尤其如此。在农村及边远山区,人们可能根本不了解相关领域的法律,但是,社会交往仍在继续、交往纠纷仍在发生。当纠纷提交司法机关裁断时,司法机关很可能就会面临法律适用的难题,或者找不到可以援引的

---

① [德]魏德士:《法理学》,丁晓春、吴越译,法律出版社 2003 年版,第 101~103 页。
② Paul Vinogradoff, *Common-sense in Law*, New Jersey: the Lawbook Exchange, Ltd., 2006, p.153.

法律规范,或者径直援引法律规范就可能引起不公平的裁判结果、破坏当地的民间共识。这样,司法机关就有可能在司法裁决或者调解中借助民间习惯,力图求得两造均心服口服的纠纷处理方案。

在某些情形中,民间习惯与制定法之间存在冲突甚至对立,针对这种情形,谢晖先生认为,当制定法未明示或者在某种意义上明确否定了某些习惯规范的法律效力时,法官在案件的审理中仍然必须照顾到习惯规范的存在,此时便需要在习惯规范中寻求判案的灵感。这有两种情形,其一是在与案件相关的领域,国家法律空缺;其二是尽管国家法有相关规定,但严重脱离案件所涉社区或地区的实际,根本难以落实。此两种情形,皆要求法官设法借助既有的习惯规范作出创造性说明,即法官根据案情识别最适宜于解决该案件的习惯规范来解决之。这种做法,在一定意义上就是要求法官在国家没有认可的情形下也把民间习惯纳入到法源中来,以解决相关纠纷。① 很明显,上述认识也是站在司法立场认为需要通过司法过程将民间习惯转化为裁判依据。

立场的转换必然要求思维方式的转换:在立法中心主义立场中,习惯似乎是确定存在的;而在司法中心主义立场中则恰恰相反,习惯存在与否并不那么确定,需要法官的努力方能确证。因为,其一,在司法立场中,习惯是具有实用价值的规范载体;但是,这个规范并不能自动地与待决案件配对。并且,作为规范本身,它也不是显而易见的,而是需要深入发掘和论证的。所以,习惯作为具体规则解决疑难案件,需要一个较之制定法更为复杂的过程。其二,习惯是一个很不确定的概念,它所指向的对象具有一定的模糊性。不同的当事人可能提出不同的主张,甚至针对同一事实提出不同的习惯以支持自己的主张。当然,在某一当事人提出某项习惯支持自己的主张时,对方当事人则可能否认该项习惯的存在;或者否认该习惯的效力,或者否认该习惯的内容;或者并不否认习惯的存在但却主张目前的纠纷并不适用所主张的习惯。其三,不同地区之间的习惯可能不同,习惯之间也可能会产生冲突。于是,在跨地区的纠纷中,法官就面临着选择上的难题。上述种种难题使得司法过程中的习惯及其规则显得不那么确定。

因此,作为裁断纠纷依据的习惯必须是可证实的习惯。在英格兰的法律渊源中,"被证实的习惯"是法律的渊源之一。② "被证实的习惯"这个概念可以给我们带来一些启发,此概念的焦点在于其修饰词:"被证实的"。习惯本身并不能够自己解决纠纷,因为它自己并不能证明自己的存在,也不能证明自己就是解决纠纷的最佳方案。只有当该习惯被当事人证实、进而由法官识别和认可时,它才可以作为解决纠纷的依据,从而成为司法立场的法律渊源。也就是说,民间习惯可以作为法律渊源解决实际纠纷,这个结论充其量只为民间习惯进入司法提供了一个正当性前提,即提供了效力基础,其中没有任何可操作性成分;而民间习惯进入司法需要进一步的具有可操作性的技术支持:发现和证明的过程及其合法性检验标准体系。学界对民间习惯进入司法已经进行了诸多讨论。这些

---

① 参见谢晖:《初论民间法对法律方法的可能贡献》,载《现代法学》2006 年第 5 期。
② 参见张文显主编:《法理学》,高等教育出版社 2003 年版,第 67 页。

论证的一个隐含的前提是,习惯规则是显而易见的已经存在的。但事实情形是:具体案件中的习惯规则到底是什么,该规则如何进入司法,其可能性和前提有哪些,现有的论证并不充分。

在实践中,司法中心主义立场追求实用,要求能够解决具体问题,而抽象存在的习惯规则显然不能满足这个要求,要想使习惯转变为裁判规则,尚需进一步的努力,使民间习惯具体化。习惯规则从抽象走向具体的过程,是在具体的司法过程中通过具体的法律方法实现的,即习惯的司法识别。

民间法复兴论纲[*]

魏小强[**]

(江苏大学文法学院　江苏　镇江　212013)

摘要：民间法复兴就是民间法通过发展更新以适应社会需要,从而恢复或增强其在社会规范体系中的应有地位和作用。民间法的复兴有其自身的理论逻辑和实践依据,但唯有良好的民间法才有复兴的意义。这样的民间法应当承载反映社会文明进步的价值追求,具有有效调整社会关系与维系社会秩序的功能和有利于人们掌握应用的形式,以及相对稳定的作用对象与空间范围。民间法的复兴将沿着思想理论和社会实践的途径进行,其中理论成果为其提供方法指导,而实践经验则为其提供事实基础。

关键词：民间法复兴；理论逻辑；实践依据；目标；途径

复兴是衰落的对立面,是事物变化发展中的两个相反的过程。原本正常发展的事物一旦出现了衰落的迹象,其既有可能持续至该事物灭亡,也有可能在经历了暂时的衰落后,因维系事物正常存续及发展的条件恢复而重新走向复兴。这样的情况在自然界中比比皆是,在人类社会中也不乏其例。民间法[①]的复兴问题即是在这样的思路中提出的。我国传统社会的发展过程中,"礼"、"俗"之类的民间法曾经在社会关系的调整和社会秩序的维系方面起着基础性的作用。但是自近代尤其是新中国成立以来,多方面的原因使得民间法在社会规范体系中的地位及在社会各领域的影响不断衰落。直至20世纪80年代以后,随着法治建设被国家和社会所重视,民间法作为重要的社会事实和规范资源,无论在法治实践方面还是在法学理论方面,均出现了蓬勃发展的状况,其似乎又有了复兴的希望。然而事物的发展往往是波浪式前进、螺旋式上升的,民间法的复兴,不是"复辟",不是恢复其"本来面目",而应当是其在新的时代、新的社会条件下的更新发展。基

---

[*] 本文系国家社会科学基金项目"农村法律文化与农民权利发展问题研究"(12BFX013)与江苏省社会科学基金项目"村民自治与权利救济机制研究"(10FXC008)的阶段性成果之一。

[**]【作者简介】魏小强(1976—　),男,江苏大学文法学院副教授,法学硕士,研究方向为法理学、法社会学。

[①] 对于民间法的概念,由于认知视角不同,人们对它的理解也各不相同。其中有一种观点认为,民间法的概念范型,从内部视角或者规范比较视角看,是与国家法相对称的概念；从外部视角或者事实比较视角看,是与地方性知识相契合的概念。(参见谢晖：《论民间法研究的学术范型》,载《政法论坛》2011年第4期)本文所论及的民间法,基本依此概念范型所述,即从内部视角看,其主要指的是国家法之外的社会规范,如习惯、风俗、道德、宗教规范、社团章程等；从外部视角看,则其指的是不同于法律的社会事实,即一类地方性的知识。

于此种认知,本文所探讨的问题是,什么是民间法的复兴,为什么会有民间法的复兴,民间法如何复兴,复兴的民间法在哪里落脚、将走向何方,以及人们当如何对待民间法的复兴,等等。由于题目太大、问题太多,只能以"论纲"名之了。

一、民间法复兴问题的语境

在我国历史上,传统"礼俗社会"之社会关系的调整、社会秩序的维系,主要靠风俗、习惯、道德以及礼仪等民间规范,而法律则不过是在维护国家稳定与政权巩固、社会公共秩序与公共利益方面起主导作用。但是自近代以来,尤其是新中国成立以来,社会发展日益国家化、工商化、城市化、法治化,相应之下,国家通过政策、法律等手段加强了对城乡社会的控制,使原本强势的民间法逐渐走向了衰落,其表现是多方面的。

其一,作为社会事实的民间法大量消失。其中有自然消失的,主要原因是供其生存的"社会土壤"消失了;还有被人为消除或者取缔的,包括本身被认定为恶俗、陋规而被取缔与本身虽非恶陋但却与主政者的价值观念相左、利益要求冲突的各类民间法。无论何种原因导致的消失,其结果都是作为社会事实的民间法本体的消灭,这是导致民间法陷入衰落的最主要、最致命的因素。

其二,作为社会规范的民间法的功能失灵、作用失效。这即是说,有些类型的民间法,就算其本体尚存,但其功能却不似昔日灵敏,继而不能有效发挥对人、对事的作用——即便有作用,其效果也是今不如昔。个中原因,无论是民间法赖以生效的社会权威消失或者据以作用的社会组织消解,还是多方面的因素综合所致,结果均指向了民间法的功能失灵与作用失效。而功能失灵、作用失效的民间法,犹如被拔去了牙齿的老虎,就只具有观赏价值了。

其三,作为话语体系的民间法的失势。由于国家法的强势存在等原因,民间法话语体系在社会生活中逐渐失去了其昔日的正当性与合法性,从而难以成为人们的行为依据与表意工具。[①] 比如很多曾经作为人们行为处事重要依据的风俗习惯与道德伦理,已经或者正在失去其作为表意依据的正当性,其所形构的话语体系也因而失去了应用价值。不仅在国家的话语体系中很难有民间法的地位,即便在民间语体中,民间法话语也难有其昔日的地位和影响。

其四,作为价值体系的民间法的式微。传统民间法所主张的价值内容曾经是维系社会秩序和指引社会发展的精神支柱。但是近代以来,尤其是在"新文化运动"以及"文化大革命"运动这样的极端时期,民间法所承载的传统价值内容遭遇了来自国家和社会的全面否定与封杀。如传统价值观中的"仁义礼智信"、"廉耻"、"孝悌"、"和合"等价值理念,曾被以"糟粕"、"落后"的名义扫荡。尤其随着近几十年来我国法治建设的飞速发展,

---

① 参见胡平仁、陈思:《民间法研究的使命》,载《湘潭大学学报》(哲学社会科学版)2012年第2期。

充满浪漫却又有些武断的"法律一元主义"居于主导地位,民间法所承载的价值观念便很难在立法及法律实施中有地位和影响了。

由于成因不同,民间法衰落的类型也不一样,总体上可将其划分为两类:一类是自然衰落,另一类是人为衰落。

民间法的自然衰落简称自衰,是指民间法由于自身不能适应社会发展进步的需要而导致的衰落。新陈代谢是事物发展的基本规律,作为社会规范,民间法自然也难免这一规律的支配。比如随着公民社会的兴起,依赖身份依附和差序格局的族规家法,因为其所赖以生存的社会环境发生了巨变,所据以维持的社会组织解体或者趋于原子化,所秉持的价值目标为社会所不尚,人们以其为依据的社会行为便成为无利可图甚至违法犯罪的事情,那么这类民间法的社会影响式微乃至消失也就是必然的了。再如我国历史上一些商业组织以业缘为基础形成的行会习惯法,在当时的社会条件下,固然有其促进商品生产流通和工商业发展的积极作用,但是由于其排斥竞争、禁止自由贸易的特征,在今天以自由竞争为基本特征的市场经济环境中,就明显不合时宜。而我国旧日一些秘密社会组织的帮规教规,虽然曾发挥了规范帮内教中成员、维系团结、增强组织凝聚力以及反抗官府的经济掠夺和镇压、保障其自身生存发展的重要作用,但是由于这些规范往往具有浓厚的等级性和迷信色彩,加之罚则残酷,其很难为今天社会所倡导的平等、自由、人权等普世性的价值观念所容纳,自然也就难逃被淘汰的命运。① 在此意义上的民间法衰落,其实是在社会进步与相关民间法自身落伍的博弈中,后者居于下风、处于劣势的必然结果。只要社会的发展变化是朝着为世所公认的"现代文明"方向前进,则这类民间法的衰落便具有不可逆性。因此,这种语境中的民间法,便是不具有复兴的可能,也不具有复兴价值的民间法。

民间法的人为衰落简称人衰,是指由于人为的原因所导致的民间法的衰落。相比于自衰民间法的落伍,人衰民间法本身尚有生命力或者更新发展的余地,只是由于人们出于某些特定目的或需要而认为其"不合时宜",从而被人为地加以消除或虚置。民间法的复兴,主要是就这种人为致衰的语境而言,其复兴的本体,自然也指的是这类原本具有一定生命力或者更新可能的民间规范。人为致衰民间法有实践消解和理论否定两个方面。

实践消解是人们以各种方式直接消除民间法的社会地位和社会作用的活动。其中通过法律、政策及其他具有国家意志性和强制力的手段取代民间法的地位及消解其作用,是最常用也是最有效的方式。通常做法是,在一些社会事务上以法律所规定的行为方式的强制代替民间法所设定的既有方式,或者以国家、政府政策规定的方式强行禁止某些民间规范的应用。比如依照现行婚姻法的规定,婚姻登记是适婚男女缔结合法婚姻的唯一方式。这就意味着如果不进行婚姻登记,依照传统婚仪缔结的婚姻不受法律保护,而西南地区一些少数民族依照其传统的"走婚"习俗所产生的婚姻,自然也不是合法

---

① 根据高其才先生对我国传统习惯法的研究,可以发现有不少习惯法皆因自身的落伍而不能被适用于当今社会,其地位和影响的衰落是社会发展的一种自然结果。参见高其才:《中国习惯法论》,中国法制出版社2008年版。

婚姻。再则就是以法律或政策的名义宣布某些民间规范为陈规陋习而加以废除或禁用。这些以国家强力手段打压、消解民间法的举措，固然会取得立竿见影的效果，但是由于相关对象本身尚具有一定的社会适应力，致其最终结果犹如割韭菜，不可能从根本上消除民间法的存在及其作用的发挥。同时，受制于国家、政府对待民间法的态度，也由于以西方为主导的现代文化在世界发展的潮流中居于主导地位，我国当下的普通民众也往往在对待传统民间法的态度上有一种"迁责杀父"的情结，总觉得我们落后于西方是由于我们受传统的束缚太多，结果很多人会自觉不自觉地在日常生活中对民间法所代表的生活方式采取消极否定的态度。

理论否定则是人们在思想理论上对民间法予以否定，从而达至消除民间法的社会地位和社会作用的活动，可谓之为"唱衰"。其主要表现为通过思想宣传和学术研究来否定民间法存在及发展的合理性、正当性，其目的主要在于维护国家法在社会规范体系中的统治地位。这样的唱衰活动，远一点的可追溯到20世纪早期的"新文化运动"，以及后来国民政府所倡导的"新生活运动"，其在引导社会朝向"新文化"、"新生活"之同时，所批判和否弃的首要对象便是承载"旧文化"、表现"旧生活"的各类民间法。而后来发生于"文化大革命"期间的"破四旧"运动，[①]则纯粹是一场社会破坏活动。近一点的则是随着"文革"结束，社会拨乱反正后人们在法治建设过程中对民间法的否弃。由于痛感于"无法无天"的危害，法治建设被给予了充分重视。主政者在法治建设的策略上坚持的是立法中心主义，因而30余年来大量的法律被制定出来，至2011年我国已建成了中国特色的社会主义法律体系。[②] 这些成果的取得当然是值得肯定的，但是也导致了人们在法治规范资源的选取上的法律一元主义，即只有国家法才是法治之法，民间法不但不配称作"法"，甚至是法治建设的阻滞因素，是应当被革新和取缔的对象。

二、民间法复兴的理论逻辑与实践依据

一切社会规范的存在及其作用发挥，必然以社会发展对其之实际需要与其具有能满足社会需要的属性为条件。在传统社会中，社会自身对于民间法的需要是强烈而稳定的，因为习惯、道德、风俗、宗教规范等所包含的规范内容与社会主体、社会事务之间有着天然的亲近与融合。其不仅在适用上便利高效、成本低廉，而且在自身的传承与发展上也较国家法有更为广泛而坚实的"群众基础"。人们慢节奏的生活方式加上彼此相对简单的互动内容，使得民间法可以有效调整其间的人际关系和生活方式。在传统社会中，稳定的社会需求与缓慢而有效的规范供给相互对应，构成了民间规范生存发展的小前

---

① 所谓的"四旧"是指"旧思想、旧文化、旧风俗、旧习惯"。
② 在2011年3月10日，吴邦国委员长在全国人大四次会议的全国人民代表大会常务委员会工作报告中宣布，中共十五大(1997年)提出到2010年形成中国特色社会主义法律体系的立法工作目标如期完成，中国特色社会主义法律体系已经形成。

提。依据演绎推理的一般过程,大小前提中任何一项的变化都会对推理结果产生"致命"的影响。通常情况下,作为一般原理或者普遍规范的大前提是相对稳定的,变化的往往是小前提。比如前述"社会发展对其之实际需要与其具有能满足社会需要的属性"是社会规范存续发展的大前提,这是一般原理,不具有易变的特点。那么对于某种社会规范"走向发展兴盛"还是"走向停滞衰落"的结果而言,就取决于具体社会规范所处的社会大环境及其所发挥的作用如何这个小前提了。

具体而言,若社会大环境于某种社会规范有利,则其兴盛有据,除非其本身恶陋而沦为"扶不起的阿斗",其在社会中必然能有效发挥作用。反之,一旦遭遇了不利的社会环境,则相关社会规范本身无容身之地,又何谈其作用发挥及自身的发展进步呢?如此,则民间法衰落的逻辑便十分清楚了:传统的礼俗社会遭遇了法治社会,民间法的作用被法律以及政策、计划等具有国家意志属性的规范取代大半,小前提正逐渐朝着对民间法发展不利的情况演变,那么民间法的衰落结果也就是必然的了。尽管这样的逻辑推理不过是纸上谈兵,但由于所依据的是我国社会发展过程中的客观事实,所以其并非没有道理。由此还可以反向推论,即当前述小前提又朝着有利于民间法发展的肯定性情况演变时,民间法的复兴则就是必然的了。问题在于,我国当下有没有这类可致民间法复兴的小前提?答案则不仅要在理论上,亦需要在我国社会发展的实践中去寻找。一般认为,由礼俗社会走向法治社会是中国社会发展的必然趋势,而这正是前述民间法衰落的小前提。但是事物的发展果如人们常说的那样,是波浪式前进、螺旋式上升的话,那么在社会法治化的过程中,会不会有民间法螺旋式复兴回归的可能呢?笔者认为,答案是肯定的。

从社会与国家两分的角度看,法治的对象首先是作为社会公权组织的国家。由于国家的权力特色,国家及其政府活动便更多地体现出"他治"的特点,严格依法办事是国家机关及其权力行使者应尽的义务。正是在此意义上,法治在制度上起始于法律对最高国家权力的限制,其中行政权又是应当受到法律严格控制的首要对象。[①] 但在社会组织及公民个人的生活中,"自治"既是其基本特点,也是其内在要求。"社会"主体的活动只要不危及公共安全、公共利益,不违反禁止性规定,国家法就应当允许其有行为的自由。诚如有学者所言,在实现法治的进程中,必须坚持两个基本原则,即"对于公权力,法无明文规定(授权),不得行之;对于私权利,法无明文禁止(限制),不得惩之"[②]。这就意味着,在法治社会,在一般社会主体私性的社会生活中,民间法又有了用武之地。这里的民间法大抵相当于法治的"本土资源",[③]只要其内容与形式与时俱进,能有效满足社会的需要,且不说当下,即便以后我国社会发展到了法治较为发达的阶段,此种意义上的民间法仍然会存在,甚至还有可能获得更大的发展。

从我国既有的国家结构形式、立法体制的特点及其发展走向的实践来看,民间法的

[①] 参见徐显明:《论"法治"构成要件——兼及法治的某些原则及观念》,载《法学研究》1996年第3期。
[②] 刘作翔:《法治社会中的权力和权利定位》,载《法学研究》1996年第4期。
[③] 苏力:《法治及其本土资源》,中国政法大学出版社2004年版,第3页。

复兴同样有其依据。我国是中央集权的单一制国家,奉行的是一元化的立法制度,即立法权统归中央。但是针对我国疆域广大,城乡各地发展不一的实际情况,《宪法》和《立法法》又赋予地方一定法律规范的制定权,于是在立法实践中便有了所谓的"一元两级多层次"的立法体制,为的是增强立法对地方复杂情况的适应力。从目前国家强调经济社会全面发展、法治建设不断推进的趋势看,随着地方发展自主性的进一步增强,地方立法的灵活性和自主性也会更大。这就使得各个地方有可能在立法和法律适用时充分利用本地的民间法。不唯地方立法,即便是中央制定的法律法规,也不会对民间法视若无睹。有学者曾经对1949年10月至1998年3月我国相关国家机关制定的2500件法律、行政法规及司法解释做过统计,发现其中不少法律条文或直接或间接地包含有"习惯"的内容。① 而在1999年的《合同法》、2007年的《物权法》中,交易习惯等典型的民间法则在法律中直接拥有了发挥作用的地位。② 尽管如此,与更为务实而具体的司法相比,立法之于民间法的这些实践举措不过是"小巫见大巫"了。

从近些年的情况看,司法机关在法律实施中对民间法的应用甚为积极和大胆。一些地方的法院因在案件处理中应用民间法而尝到了"甜头",便主动进行经验总结和推广,结果在民间法的司法运用中便产生了一系列具有地方特色的"模式"、"经验"。③ 有鉴于地方法院的实践经验,最高人民法院则主动推进这一工作。一方面,召开全国范围内"民俗习惯司法运用研讨会",④在司法机关及司法人员间进行民俗习惯司法运用方面的经验交流;同时邀请从事相关研究的法学专家参与,开展实践与理论的对话。另一方面,正式推出案例指导制度,公布了一批典型案例,供全国法院在处理类似案例时参考,尽量做到同案同判,保证司法的统一和公正。⑤ 两相比较,前者是我国司法机关正视社会现实和法律现实的理性之举,其探索创新的务实态度是值得肯定的;后者从表面看似乎与前者正相矛盾,实则精神暗合。

民间法的司法运用,其所追求的主要是个案的公正与合理。但是因为民间法多是"地方性知识",零散而不统一,这就使得即便是同一性质、同一类型的案件,若是在司法

---

① 参见苏力:《当代中国法律中的习惯——一个制定法的透视》,载《法学评论》2001年第3期。
② 如《合同法》第22条承诺应当以通知的方式作出,但根据交易习惯或者要约表明可以通过行为作出承诺的除外。《物权法》第85条法律、法规对处理相邻关系有规定的,依照其规定;法律、法规没有规定的,可以按照当地习惯。
③ 这方面做得有特色、有影响的当属江苏泰州的法院。《法制日报》2008年10月12日头版头条以"中国民事审判开始重视运用善良风俗"为题,全面宣传报道了全国法院特别是江苏法院的做法。这其中,又把姜堰法院几年的探索、思考、成效作为报道重点。这是继《人民日报》、《中国人大》、《人民法院报》、《半月谈》、《新华日报》等数十家中央、省级媒体对姜堰法院这方面的工作情况进行重点报道后,又一家中央级媒体的重点报道。
④ 2007年8月,最高人民法院在江苏泰州召开了"全国法院民俗习惯司法运用研讨会",时任最高人民法院常务副院长的曹建明出席会议,他在讲话中指出,在司法过程中,将善良的民俗习惯有条件地引入审判领域,在不与现行法律冲突的前提下,运用善良风俗解决社会矛盾纠纷,将民俗习惯的合理运用作为对法律适用的一定补充,是转变司法观念、创新工作方式的一个具体体现,是人民法院有效化解社会矛盾、促进社会和谐的一个重要举措。参见刘佳佳、沈峥嵘:《民俗习惯司法运用研讨会在泰州举行》,载《扬子晚报》2007年8月22日。
⑤ 自2011年11月起,最高人民法院已先后公布了三批共12个指导性案例。

过程中适用不同的民间法,便可能出现截然不同的结果。从我国单一制国家在全国范围内法律统一适用的角度,原则上应当相同情况相同处理,尤其在公法的适用上,更当如此,否则便是司法不公,这正是案例指导制度产生的主要背景。但综合考虑我国司法所背负的特殊使命,考虑司法过程的复杂性,便可知这两件事不过是从不同角度实现和维护着司法的公正,并在很大程度上有着原则精神的暗合。简单地说,民间法的司法适用是有着不违反法律的原则精神及禁止性规定之前提的,其目的在于获取法律实施的更好效果,以及实现为人们所能理解和接受的正义。而案例指导制度则是在尊重各地实际情况的同时,力求法律实施结果(不是效果)的"统一",毕竟形式上的公平也是司法所必须追求和维护的公正内容。其目的在于尽量避免"同案不同判"的结果,在一定程度上是对民间法司法运用的范围与程度的限定。

三、民间法复兴的本体要求

民间法是外延十分丰富的范畴,在其林林总总的各类规范中,并不是每一类民间法的复兴对我国社会发展与法治建设都是有益的。换言之,在人们对民间法的复兴积极介入或"领导"的情况下,应当扬善抑恶,让那些"良好"的民间法获得更好的发展机会,让"恶劣"的民间法被抑制直至消灭。为此,一个民间法的甄别机制就必不可少。那么,什么样的民间法当属于被支持与鼓励复兴的对象,而什么样的民间法又属于被抑制与淘汰的对象呢?

有学者在论述裁判规范与民间法的关系问题时,认为无效或过期的民间法、不具有权利义务之分配可能的民间法、与法律的精神和原则相排斥的民间法、反文明的民间法以及反人道的民间法不能援引为裁判规范,也不能作为法官构造裁判规范的原材料。[①]还有学者认为,在人本主义视野下,国家法应当尊重体现人的善良意愿的民间法,宽容体现人的弱点的民间法,认可有利于维护和谐秩序的民间法,吸收有利于减轻人的痛苦的民间法,禁止加剧人的痛苦的民间法。[②]尽管这些学者并没有明确什么样的民间法是具有复兴可能的良好民间法,但是他们的观点无疑给我们确认这样的良好民间法以重要启示。综合上述观点,联系我国社会发展与法治建设的需要,笔者以为,如下几方面的要求或是复兴民间法应有的品质,亦是确认良好民间法的标准。

其一,民间法应当承载反映社会文明进步的价值追求。任何社会规范都包含着一定的价值内容,承载着人们的价值与偏好,民间法自不例外,故其所承载的价值内容应当反映社会的文明与进步,能够为社会民众所肯定和容纳,从而为其存续和发展提供正当、合理的依据。其中人类在社会发展进步中所总结出来的民主、法治、人权、宽容、自由、博

---

① 参见谢晖:《大、小传统的沟通理性》,中国政法大学出版社 2011 年版,第 335~340 页。
② 参见刘国利:《人本主义法学视野下的国家法与民间法》,载《河北大学学报》(哲学社会科学版)2007 年第 5 期。

爱、平等、诚信、仁爱等理念,已成为具有普世性的价值内容,任何现代文明社会的社会规范均不得拒绝,也不能违反。当然,要求民间法反映社会的文明进步,并不是要消弭传统民间法所特有的价值内涵而使其统归"王化",对于传统民间法所包含的至今仍有现实意义的价值观念,不但不应去除,反而应当肯定与发扬,令其老树新枝,在新的社会环境中体现其应有的价值。这就意味着复兴的民间法,既要能秉承传统民间法所蕴含的良好的价值,又要使自身获得更新发展的可能。

其二,民间法应当具有有效调整社会关系与维系社会秩序的功能。对民间法而言,不论其是在人们的社会生活中自发形成的规范,还是人们依据一定的社会组织制定的规范,其主要功能都是调整一定范围内的社会主体之间的关系,形成相对稳定的社会秩序。这正是各类民间法存在于社会的基本依据。如果说"法律的生命不在于逻辑,而在于经验"的话,那么民间法的生命支柱唯有经验。因为人们在生活中是否依靠、利用民间法,看的就是其有没有助其解决问题的能力,能否发挥有效的作用。对于民间法而言,这是非常"残酷"而又必须应对的规矩,无数民间法正是在这样的规矩检验中生存或者被淘汰。其中决定民间法是否被淘汰的基础就在于其是否具有有效调整社会关系、维系社会秩序的功能。如果有则意味着相关民间法能够适应社会环境的要求,具有较强的生命力,能够在社会的规范竞争中取得胜利,从而使自身作为规范存续下去;如果没有,则结局只能是相反的。

其三,民间法应当具有有利于人们所掌握和应用的形式。对于法律而言,这样的要求似乎并不高,但是对民间法却不一样。"散落民间"是绝大部分民间法存在的状态特点,大多没有什么统一或特定的形式,"口耳相传"也就成为了民间法传承的主要方式。民间法的这些特点,固然使其在应用方面具有方便、高效的优点,但同时也使其具有内容含混、形式杂乱、效果不定等缺点,从而限制了其作用发挥的范围与效力。因此,现代社会的民间法应当具有有利于人们对其掌握和应用的合理形式。尽管我们不可能要求所有的民间法都有成文法般的规范形式,但是其内容起码应当能够以适当的形式——比如文字或者声音语言——明确、具体地表达和记载,从而便于人们掌握和应用。否则,如果民间法"只可意会,不可言传",则其最多只能是思想意识,而不是社会规范,也便不可能有效发挥调整社会关系和维系社会秩序的作用,自然也不会有什么复兴的机会。

其四,民间法不能是过时的、失效的民间法。这里的"过时、失效"是就民间法在社会中应用的实际效力而言,而不是以人为致衰时的相关文件的宣布为依据。换言之,"过时的、失效的民间法"是那些已经自然衰亡或者失去存在基础、无法发挥其作用效力的民间法,不包括那些虽被宣布为无效但实际上却还在发挥作用的民间法。只有现实有效的、活的民间法,才能在一定时空和主体范围内发挥作用,影响人们的行为方式和生活内容,也才具有复兴的现实依据和现实意义。相反,那些已经过时、失效的民间法,且不论其中以现代的眼光审视属于反人道、反文明的部分,就算那些曾经在人们的社会生活中发挥过重要作用的部分,由于其在当下的社会现实中已了无踪迹而仅仅成了一种历史遗存,则其对人们而言,既没有援引其以调整自己社会生活的意义,亦没有使其复兴的必要。

其五,民间法应当具有相对稳定的作用对象与空间范围。作为社会规范,具有自身特定的作用对象与空间范围,是其存在的必要性、合理性依据。这里的作用对象包含两重内容,一是民间法作用于什么人,即民间法关系的主体是什么;二是民间法作用于什么事,即民间法对哪些社会事项发挥其调整作用。这是一个问题的两个方面,因为"事在人为",人和事总是有机的联系在一起的。之所以强调空间范围,是因为一般来说,人们在日常生活中总是于特定的地域范围内活动;而各类相关事情,也总是在特定的区域内发生发展。因此,有了稳定的作用对象和空间范围,即意味着一定的民间法获得了其存在的必要性与合理性,同时也意味着民间法获得了其自身持续生存与稳定发展的可能性。也正是在这样的条件下,民间法的复兴才能落到"实处",获得立足点。

四、民间法复兴的目标与领域

民间法复兴的目标,就其作为社会规范本身而言,是要实现自身的发展更新,使自身的存在与社会的发展进步相一致。作为社会规范,民间法一经形成,在具有稳定性的同时便具有了保守性和僵化性,面对社会发展变化的现实,作为"草根"规范的民间法必须要对自身作出必要的调整与革新,以适应其调整社会关系、维系社会秩序的要求。复兴的民间法最终将以一个什么样的面目或形象呈现于人们面前,在其本体要求的部分已有表述,这里不再赘言。而此种意义上的民间法复兴,无论是"旧瓶装新酒"——就既有的民间法被赋予了新的价值内容和功能而言,还是"新瓶装旧酒"——就既有民间法的价值内容和功能被以新的规范形式表达和利用而言,其实质都是哲学上所谓的"扬弃",是事物波浪式前进、螺旋式上升的实例。

民间法复兴的目标,就其作为社会规范的外在影响而言,是要获得应有的社会地位和发挥一定的社会作用。一是民间法要获得人们对它的观念认同与肯定,从而在社会规范体系中获得一个"元"的地位。在我国传统的礼俗社会中,民间法多是具有正当合法的社会地位的,其甚至可以与国家法分庭抗礼、并驾齐驱,共同构成社会的规范体系。但是这种情况自近代以来发生了重大变化,民间法虽然作为社会规范的事实是客观的,但是其作为"法"的地位却逐渐被削弱乃至消除了。在人们的法律观念中,尤其是在"法律一元论"看来,将民间法作为一种观念或者方法来对待是可以接受的,但是若将其作为"法"来看待,则是不合理的。目前我国社会的主流法律观念多秉持的就是这样的民间法观念。因此,作为社会规范发挥作用的重要条件,民间法必须要争取人们对它的认同与肯定,争取在社会规范体系中具有相对独立的地位,从而具有调整社会关系和维系社会秩序的正当性。

二是民间法要在相关社会领域发挥实际作用。作为社会规范,其作用的发挥无非两个方面,从微观角度,是对人们的行为产生具体的影响;从宏观角度,则是对社会关系和社会秩序产生影响,即调整社会关系和维系社会秩序。就此而言,民间法的复兴,即是要恢复或者增强其在相关领域对人们行为的规范,并进而实现对由这些行为所表达的社会关系的调整。其所要恢复的,是其曾经规范、调整,但后来却由于不合理的人为因素而被迫退出的领域;而其所要增强的,则是其目前仍然调整,但是同样由于受人为因素的干预,其影响力已大为减弱的领域。

从国家与社会两分的角度,民间法可以复兴于国家事务和社会生活之中。国家性质的确定、政权体制的建立、政府机构的组建、国家权力的分配等,需要依照宪法或宪法性法律进行;国家政权的维持与稳定、社会公共利益的维护和公共秩序的维系,离不开刑法、行政法等基本法律的作用;即便是立法、执法、司法等国家权力的具体应用活动,也需要依法进行。国家是法律发挥作用的基本领域,民间法在此鲜有其作用的机会。而社会则不同,社会是人的社会,人是社会的人,人与人之间的关系即社会关系是社会的核心和本质。在与国家相对的意义上,社会关系的调整与社会秩序的维系中更多强调的是自治,从规范视角而言就是依据民间法的治理。这是因为社会虽然在形式上表现为社会诸要素之间的组合,但在本质上仍然是社会关系的系统网络,概括地说,社会关系的总和构成了社会。① 除了少数直接体现国家意志的公权关系之外,绝大多数的社会关系是在人们的生活实践中自然产生和发展的,调整这些社会关系的社会规范也多是自发产生的。因此说,民间法的复兴主要是在社会领域。

从社会关系类型划分的角度,民间法的作用领域是多方面的。社会关系是社会赖以整合成一个整体的基本纽带,社会的各个组成部分通过它联结成一个有机整体,其首先是生产关系或经济关系。② 从法律调整的角度,社会关系可具体划分为宪法关系、民事关系、经济关系、刑事关系、行政关系、诉讼关系等类型。其中有些关系属于公权关系,是国家法调整的专有领域或以国家法调整为主的领域。而另一些关系则属于私权关系如民事关系、经济关系、诉讼关系中的民事诉讼关系等,是同时适合民间法调整或者可以民间法调整为主的领域。如此可以清楚地看出,民间法复兴的领域主要是民事、经济和民事诉讼领域,即由私权关系所构成的社会领域。在公权关系领域,尽管也不完全排除民间法的适用,人们也在进行着这方面探索,③但此领域社会关系的性质和民间法自身的特点决定了其于此间难有规范地位和直接作为。

从规范竞争的角度而言,在对社会关系进行调整的过程中,存在国家法与民间法在调整对象上的交叉与重合。比如针对家族内部男性成员对女性成员的性犯罪行为,于国

---

① 吴方桐主编:《社会学教程》,华中师范大学出版社 2000 年版,第 162 页。
② 马克思说:"人们在生产中不仅仅影响自然界,而且也相互影响。他们如果不以一定的方式结合起来共同活动和互相交换其活动,便不能进行生产。为了进行生产,人们便发生一定的联系和关系;只有在这些社会联系和社会关系内,才会有他们对自然界的关系,才会有生产。"《马克思恩格斯全集》第 6 卷,人民出版社 1956 年版,第 48 页。
③ 相关研究专著和论文如杜宇:《重拾一种被放逐的知识传统——刑法视域中"习惯法"的初步考察》,北京大学出版社 2005 年版;黄维智:《刑事司法中的习惯问题研究》,载《西南政法大学学报》2005 年第 6 期;王林:《论我国刑事责任实现方式的完善——以畲族环境习惯为鉴》,载《内蒙古农业大学学报》(社会科学版)2011 年第 2 期。

家法而言,应当通过适用刑事法律对犯罪人定罪处刑,并应受害人的请求通过民事法律责令加害人赔礼道歉、赔偿损失。而依照某些人所奉行的"家丑不可外扬"的民间法,受害人之间的私了似乎是最不坏的选择。① 由于法治社会奉行"法律至上"的精神原则,在存在竞争关系的社会规范之间得以法律为主导,这就决定了民间法的作用领域受制和从属于法律的调整领域,即由国家法强制调整的社会领域不是民间法复兴的主要领域。这些领域的事项包括为法律所强制要求人们必须以作为的方式满足或完成的事项,即强制性事项;和要求人们以不作为的方式避免的事项,即禁止性事项。同时,由国家法放任调整的领域应当是民间法复兴的主要领域,这些领域得奉行"法无明文禁止便自由"的原则,民间法可据以与国家法自由竞争,并可利用自身的功能特点赢取人们的信任和偏爱。

从我国目前存在的城乡二元体制的事实角度,民间法的复兴可以在农村和城市两类地域范围内进行。由于发展程度不同,城市对传统民间法的消弭程度更大、更彻底,而农村则保留了大量的民间规范,其大多至今仍有效地发挥着作用。因此,从既有的社会条件看,民间法在农村复兴的社会基础更好,可能性更大。但是由于目前农村社会的发展走的是一条"道路通向城市"的现代化之路,其价值理路与传统民间法的诸多观念有着内在的冲突。因此,民间法在农村的复兴程度如何,将最终取决于民间法自身对社会发展的调适程度和规范博弈的结果。至于城市,虽然貌似没有民间法的立足之地,实则不然,且不说我国目前的多数市民是由不同时期的"进城农民"转换而来,其自身就是传统民间法的载体和主体,即便到了发达的"市民社会"阶段,高度自治的社会必然会对民间法有内在的需求,只不过这类民间法大概得称之为"城市民间法"。因而,将来必然还有一个城市民间法的发展及研究问题,好在这一问题已为不少学者所重视。②

五、民间法复兴的途径

如果以人作为主体,以民间法作为对象,则后者既然可以是前者致衰的对象,那么其同样也可以是前者复兴的对象。因此,此处讨论民间法复兴的途径,主要探讨针对人衰民间法,如何通过人为或者人助的途径致其复兴的问题。通过分析民间法衰落的原因,立足于我国当前的社会实际,笔者以为,民间法的复兴当通过思想理论途径和社会实践途径来实现。

民间法复兴的思想理论途径主要针对人们"唱衰"民间法的举措和在思想认识上对民间法的偏见。在此途径上,有三个基本问题是需要解决的。

---

① 即便这类性犯罪行为不是发生在同一家族内部成员之间,受害人与加害人之间出于多方面的考虑,也可能会选择回避国家法而采取私了方式。对于这类私了现象,苏力先生在《法律规避和法律多元》一文中所作的原因分析具有代表性。参见苏力:《法治及其本土资源》,中国政法大学出版社 2004 年版,第 43~61 页。

② 参见陈冬春:《都市民间法研究初探》,载《社科纵横》2011 年第 4 期;张晓萍:《中国民间法研究学术报告(2006)》,载《山东大学学报》(哲学社会科学版)2007 年第 1 期。

首先，要全面认知民间法。这即是说人们尤其是法律职业者要在社会生活和职业活动中对民间法有一个合理的认知。一方面要对民间法作客观、全面的了解。民间法是客观地存在于社会各领域的"活生生的"社会规范，其对社会关系、社会秩序的影响也是实际的。因此，正视客观存在并具有现实作用的民间法，是任何一个理性的人所应有的态度。同时，人们对民间法尽量应当做到全面的了解，既要看到其优点，也要看到其缺点。另一方面要给民间法以同情的理解。或许与国家法（尤其是成文法）的规范、齐整、刚劲有力相比，民间法的确显得比较土气、保守、散乱且有些柔弱，但是人们不能因此而予民间法以否定的评价。正是由于其"土气"，其才会对社会基层的民众有一种天然的亲和力；正是由于其"保守"，其才能将传统社会中人们既有的价值观念和生活方式保存下来；正是由于其"散乱"，其才能存在于社会的各个角落，作用对象几乎囊括人们社会生活的方方面面；同样，正是由于其"柔弱"，其在调整社会关系和解决社会问题时才更能传情达意而避免强力与武断。因此，认知民间法，不能只停留在其表面，还要深入其内里；不能只知其是什么，还要知其为什么。

其次，要合理对待民间法。这即是说，对待民间法，不仅要有思想上的全面认知，还当有改变思想的具体行动。一要尊重民间法所发挥的社会作用。存在的未必是合理的，但合理的一定要让其好好地存在。除去一些过时、无效的民间法，民间法多对人们之间的社会关系和生活秩序起了良好的作用。这些作用效果很多都是国家法所无法企及的，人们理所当然要给其以应有的尊重。二要尊重民间法所表达的话语体系。常言道："到什么山上唱什么歌。"只要是现实有效的民间法，其必然就会有自己相对独立的调整对象和调整方式，因而也便会形成自己的话语体系。人们适用某类民间法调整特定的事项时，只有有效融入和使用这套话语体系，才能取得较好的效果，因此民间法所形诸的话语体系自有其合理性。三要尊重民间法所蕴含的价值观念。民间法尤其是传统民间法所蕴含的价值观念必然具有旧日的痕迹，在传统民间法尚未完成自身的更新而与法律之间存在一定程度的价值抵牾时，其就很容易被秉持法律一元主义的人们斥为陈规陋习，甚至因此而被取缔消除。但是从价值多元的立场出发，只要民间法所蕴含的价值观念与法律价值观之间不存在根本的冲突，那么就应当尊重民间法的这些价值观念，不能简单地以后者取代前者。

再次，要认真研究民间法。有关民间法的学术研究，是推动民间法复兴的重要力量。事实上，从目前我国社会中所显现出来的民间法的复兴迹象来看，其大多都直接或间接与民间法学术研究的推动有关。所以重视并做好民间法的研究工作，是推动民间法走向复兴的重要途径。但是，纵览我国当下的民间法研究，可以发现其在民间法的概念界定、特征归纳、规范分析、功能探索、价值论证等方面做了卓有成效的工作，有利于人们对民间法的理论认知与观念转换，也为民间法的进一步研究奠定了一定的基础，但若仅此而言，其为民间法复兴所提供的推力还远远不够。认真研究民间法，人们还应当注意如下几个问题：

其一,增强复兴民间法的使命感和研究的问题意识。民间法的研究者应当不只把自己作为一个学术工作者,更应当把自己当作民间法复兴的推动者,要有复兴民间法的使命感和责任感。因为研究民间法问题,其所指向的不只是学科知识和理论方法的增加,更是社会规范资源的丰富多元,其最终受益的是法治建设的进步与社会的繁荣发展。为此,民间法学者应当在自己的研究中增强问题意识,把自己的研究引向解决当下民间法发展复兴最需要解决的问题中去。

其二,改善民间法研究的方法,提高研究成果的质量。目前民间法研究中最缺乏的是高质量的实证研究。由于民间法规范多存在于险远江湖,而不是平稳庙堂,研究者若只是在书斋和纸上下工夫,则只恐难窥其奥,所得终浅。而既有的实证研究,除了少数能耐得住寂寞和艰辛而坚持不懈的研究者作出了一些不错的研究成果外,不少人的研究多系浅尝辄止,所得的亦不过是一鳞半爪,意义不大。因此,当下民间法的研究,需要改善研究方法,大力提高研究成果的质量,多出以实证研究为基础的高质量成果,给民间法的复兴提供真正有价值的引导和帮助。

其三,加强民间法研究成果在社会生活和法治建设中的应用。民间法的研究虽然目前主要由从事理论法学研究的学者所为,但是人们不能为了理论而理论,法学理论以法律实践为依据,其必须要能回归实践,指导实践。如同大量的经济学研究成果应用于我国的经济建设和市场发展一样,如果民间法研究的理论成果能够充分应用于立法、执法和司法等法律运行的过程,以及能够在协调社会关系、解决社会纠纷等方面发挥有效作用,则必将在促进民间法研究的同时,有力地推动民间法自身的更新发展。

其四,增强民间法研究的学术影响,加大研究队伍建设的力度。毫无疑问,目前民间法研究已经成为我国法学研究中的一块特色鲜明、影响日增的重要领域,已形成或出现了相对稳定的研究队伍、研究组织、成果发表的书刊以及经验交流的平台等,其发展状态可以用"蓬勃"来形容。但是总体来看,民间法研究目前仍然处于法学研究的边缘领域,不占据主流位置,学科影响有限。同时,民间法研究多属于交叉研究,但是相比其他学科,其自身学术产出的数量有限,质量不够高,知识增量不大,难以对其他学科产生大的影响。此外,专事民间法研究的从业队伍不大,不少研究者都是这个领域的"兼职人员",而这也是这个研究领域高水平的研究成果偏少的重要原因。因此,民间法的复兴,从学术研究的角度而言,还需要提高学术成果的质量,增强自身的学术影响,同时为民间法的研究打造一支高水平的研究队伍。

民间法复兴的实践即是让民间法在适用于社会实践的过程中获得其应有的地位和影响。通过何种途径来让民间法获得这样的地位和影响即是民间法复兴的实践途径。如果说思想理论途径的重点指向人们对民间法的主观认识的话,那么实践途径则着重强调人们对民间法所生功用的实际感受。

其一,立法或者国家制度建构中的民间法适用。如同一粒种子成长为一棵植株所经历的一切那样,法律也需要其赖以生长的土壤——社会条件,其中少不了的就是原本存在于社会中的民间法。因而立法者在制定任何一部法律时,都不会无视既已存在的相关民间法,制定民商经济类法律时尤其如此。他们需要从既有的民间法中汲取拟立法律的规范资源,或者是其形式,或者是其内容,或者二者得兼。在此,民间法在资源性要素意义上成了法律的渊源。① 法律实践证明,凡是具有民间法法源基础的法律,其在社会中的被接受程度和适用效果都要好得多。这就是为什么我国在民国时期和新中国成立早期,政府都曾进行过大规模的民间法调查,并以调查结果作为制定相关政策法律的依据的重要原因。因此,让民间法在法律的产生中居于重要的法律渊源地位,则其就能在立法或国家的制度建构中发挥有效作用。而具有民间法基础的法律的适用过程,也就是民间法间接作用于社会的过程。

其二,法律实施中的民间法适用。有法不依,等于无法,法律实施关乎法律的生命。在具体表现为执法、司法及公民和社会组织的守法的法律实施活动中,民间法又当如何发挥其作用及体现其价值呢?从规范本体的角度,民间法可以在弥补法律的漏洞或者功能缺陷方面发挥作用。成文法在制定时无论考虑得如何周密,当其面对社会现实时都可能会捉襟见肘,缺漏不断。而灵活多样、无处不在的民间法正好可以在这些缺漏间发挥作用,弥补法律的不足,从而使社会关系的调整、社会秩序的维系有据可循。从规范适用对象的角度看,民间法可以调整法律无法企及的社会领域。比如人们之间的思想关系、情感关系、宗教信仰关系、社会组织内部的关系等,都不适合法律调整,但却不排除民间法的适用。从规范适用效果的角度,民间法与法律的有机结合可以提高法律适用的效果,提高法律事务的处理质量,进而提高法律适用的社会效果和人们的认同程度。

其三,社会生活中的民间法适用。这里的社会生活,主要指人们不受法律的直接制约和干预的社会生活,或者即前文述及的法律放任调整的社会领域。人们只要不主动自愿地适用法律,其在这些领域的社会关系就完全受民间法的调整,因而形成的是"没有法律的秩序"。在这些无须法律的社会领域,应当大力提倡和应用良好的民间法,以之为人们创造舒适、惬意的生活环境。毕竟,更适合应用于陌生人社会的冷冰冰法律一旦进入熟人社会,纵然人们离不开它,却也会使人觉得别扭和无趣。而自然形成的民间法,则更适合在熟人之间生根发芽,经由其调整,令人彼此亲近、向往的融洽社会关系就会产生。今天人们倡导建立和谐家庭、和谐校园、和谐社区、和谐社会等,就无涉法律强制性调整的领域而言,这样的倡导与行动必然与相应民间法的应用相关联,而大力推广应用民间法,就是实现这些和谐目标的必要手段了。因此,就民间法的复兴而言,这类无涉法律的社会生活领域,正是其最主要的生发场所。其一旦在这样的社会生活中赢得人们的信任,也就为其进一步的发展取得了坚实的社会基础,而这正是民间法复兴最为重要的条件。

---

① 周旺生先生认为,法的渊源包含三重要素,即资源性要素、进路性要素和动因性要素。判例、学说、惯例、团体协议等涵盖在法律渊源的资源性要素范围之内。参见周旺生有关法律渊源的论述,文载张文显主编:《法理学》,高等教育出版社、北京大学出版社2007年版,第89~92页。

综上所述,民间法的复兴将沿着思想理论和社会实践两条途径前行。理论探索的成果,可为民间法的复兴提供方法指导;而实践总结的经验,则为民间法的复兴提供事实基础,两者所共同指向的,就是民间法自身的发展更新与其社会地位的提升及社会作用的增加。当然,所谓民间法,"民间性"和"社会性"是其基本特性,这就意味着民间法本身是"无孔不入"的。因此,只要条件适当,其复兴之路途就不会单一,而是多种多样、不拘一格的。如同野草,只要有水土,它就有生根发芽的可能,至于具体长在哪里,会长成什么样子,则是偶然性与必然性的结合,取决于其自身的性质和其所生长的环境了。

批判意识与民间法研究*

李瑜青　张　建**

（华东理工大学法律社会学研究中心　上海　200237）

摘要：民间法研究的兴起与转型中国法律实施过程中碰到的窘境相互勾连，也反映了浓烈的批判意识。20世纪80年代民间法在国家社会框架、地方性知识理论和法律多元理论支配下进行的研究，以及21世纪10年来就纠纷解决功能的探讨等，无不反映了对这一窘境的反思和批判精神的张扬。当既有的研究也存在问题，民间法研究的深入发展需要回到民间法研究既有的立场上。

关键词：民间法；批判意识；地方性知识；法律多元；纠纷解决

民间法研究所生产出的知识产品、所搭建的知识生产平台、对法治实践所具有的作用等，可以发现其在当下中国法学的研究格局之中已占据了一个十分重要的位置。但在看到民间法研究所取得的进步的同时，经对已有的成果进行反复的研究之后发现，支配民间法研究的批判意识这一精神内涵正在逐步的丧失。所谓的批判意识即是一种超越意识，它突出对既有事物的内在逻辑予以分析和解释，从而指出其中的不足，以此来促进事物更为合理性的存在和发展。本文的研究以20世纪80年代以来的民间法的发展为线索逐步展开，希冀发现并揭示支配着民间法研究和发展的批判意识的特点。

一、民间法研究的问题意识与批判精神

起源于20世纪80年代的民间法研究，所反映出来的就是一种内含于研究中的批判意识和反思性的研究方法。具体说来则是，对只有国家而没有社会的法律制度观的批判，以及对"关于中国"而非"根据中国"的立法观的批判。

对近代中国形成的法律制度观和立法观问题的讨论，我们需要将研究置于历史的背景之中加以展开。近代发生的鸦片战争尤其是中日甲午战争，使如何建立一个"民主、富强的中国"的问题成为整个国家思考的重心，无论是魏源等人所主张的"师夷长技以制

---

* 本文为李瑜青主持中国法学会（部级）重大课题"法律实施的保障机制研究"部分研究成果。

** 【作者简介】李瑜青，男，汉，华东理工大学法律社会学研究中心教授、博士生导师，研究方向为法哲学与法律社会学；张建，男，汉，华东理工大学社会学博士生，研究方向为法律社会学与法哲学。

夷"运动、洋务运动,还是光绪、康有为主导学习西方政治制度的"戊戌变法",抑或是1919年的旨在批判中国旧有儒学文化而主张全面向西方学习的新文化运动,通观全局可知学人的思想与观点、政治人物的思维重心都是围绕这一根本问题而展开的。在西方国家军事、政治以及经济的冲击下以及由此带来的中国内部问题,使得百年来的中国在推动民族国家建设、社会发展和变革的过程中逐渐地形成了一种政府主导型的模式,所以恰如有学者评价的"无可否认的是,并非法治在推动其自身,在当代中国推动法治的一直更多的是政治"①。同时在这种发展模式中,关注的中心又在于宏观性、整体性的问题,这无论是在推进民族国家的政权体系建设,还是推进市场经济建设中都得到了充分的体现,如在建设现代化政权的过程中就依据西方模板而建立了一整套的权力部门,如为推进市场经济发展而通过移植、模仿西方国家法律制度来建立起一套市场经济所需的法律,从而使形式上能够满足与外部交往的需要,因此可以说"政府主导型发展模式"的实质就在于"要在一个较短时间里,人为地甚至强制性地完成社会制度的变迁过程"②。这种强制性的变迁实际上就是经由国家设计一个总体性的目标,如现代民族国家的政权体系、如市场经济的基本构架、如现代意义的门类齐全的法律体系等,然后国家通过制度的建立从而去迫使社会向国家所设定的目标迈进,在此过程中与国家构建的总体目标不相符合的东西,都是需要强制性的变迁的。

作为中国发展过程中所形成的独特模式中的一个环节,中国学术法学所关心的同样也都是整体性的、宏观性的话语和建设问题,如宪政、民主、法治、法律体系等诸如此类的问题,所以当民间法作为一个法学范畴进入到学界视野中时,既反映了人们在学术认识上的进步,同时又反映了人们对法律发展动力上的一种新认识,即"不再仅仅重视国家政府的一元力量,而是从多元的视角来加以考察"③。基于思想观念上的转变,从20世纪80年代以来,在建构和推进中国现代化秩序的过程中,通过对移植过来的法律制度在实施过程中所碰到的瓶颈以及存在大量的法律规避的现象反思之后,人们逐渐发现并认识到,民间法并不当然是法治现代化建设的阻碍力量,反而更可能是共生力量。④

20世纪尤其是70年代以来,西方发达国家由于社会经济发展的原因所致,如经济发展过程中的滞涨问题、社会上普遍存在的对既有体制的不满等问题,以及个人对自身权利的极度张扬和对法律的策略性使用,恰如梅丽的研究所发现"上法院的举动是年长者用来对付年轻人的一种手段,目的是把新来者从居民区撵走。年轻人也把上法院作为一种策略,他们是为了能在这里站稳脚跟"⑤。这些原因都导致了社会中出现了大量的矛盾和纠纷并涌向法院,使得既有的司法资源很难对这些纠纷加以有效而充分的解决,所以

---

① 苏力:《崇山峻岭中的中国法治——从电影〈马背上的法庭〉透视》,载《清华法学》2008年第3期。
② 蒋立山:《法治现代化——中国法制道路问题研究》,中国法制出版社2006年版,第94页。
③ 李瑜青、张建:《论民间法研究的话语意义》,载《山东大学学报》(哲学社会科学版)2010年第3期。
④ 参见魏敦友:《民间法话语的逻辑》,载《山东大学学报》(哲学社会科学版)2008年第6期。
⑤ [美]梅丽:《诉讼的话语——生活在美国社会底层人的法律意识》,郭星华等译,北京大学出版社2007年版,第58页。

普遍地出现了一种对调解加以重视的现象,也就是现在通常所讲的ADR,因为在"法院的工作人员、调解人和原告也不会使用这些术语(法言法语——笔者加)描述案件,相反会讨论双方的社会关系。人们在法院内讨论问题时所使用的语言与在法院外一样,都是社会关系的语言,而不是法言法语"①。梅丽的研究指出了对社会力量和社会语言的重视对案件和纠纷的解决所具有的重要意义,亦即通过调解是有助于化解人们相互之间的矛盾的。从这个视角来看,可以发现对民间法的重视当然也与当代法学在国际上的学术转向紧密联系在一起,那就是在推进法治的过程中,对社会力量、社会要素、社会规范、民间传统的重视。中国改革开放的发展,社会变迁过程的一个重要成果在于使社会逐渐地从国家的行政控制中解放出来,社会获得了相当的自主性和独立性的发展,从资源分配的视角来看则是由计划经济时代的"身份先定"的分配模式向市场经济时代的以市场主体之间的利益为基础而形成的契约式的分配模式转变。② 这一时代的巨变对中国的发展产生了深刻的影响,因为社会的运行必然呼唤一种适宜的规则,因此原有的以行政力量一统的管理方式和规则已不能适应社会发展的要求。民间法的研究在这里体现了一种批判性精神,必须从国家与社会相互关系的视角来考察和评价现有的法律和法律的实施。

从国家与社会关系的视角来思考民间法问题是一个非常重要的理论视角,同时民间法研究体现在学术认识上的进步还在于,从固有法与移植法相互关系的视角来对该问题加以认识和处理,这也就意味着,在民间法的研究中实际存在两套不同的逻辑。对西方法律制度、政治制度等进行模仿和移植,其实对于中国而言早在19世纪末期就开始了,但由于当时中国所处的历史境况以及所面临的救亡图存的历史任务,对移植过来的各种制度仅仅从各种工具性的、策略性的角度加以思考,并没有对其实施所面临的环境进行系统的考察,所以对移植过来的各种制度在实施的过程中所具有的实际的社会效果等问题也就自然地加以忽视,或根本就没有意识到这一问题。

20世纪80年代开启的改革开放却使情况发生了根本性的变化,旧时代的历史任务——救亡图存、保国保种等已经完成,摆在当时国家政府面前的新的历史任务则在于建设一个法治的社会。为此国家一方面通过大规模的立法活动来为法治社会的建设提供前提,另一方面有对正式制定出来的法律制度的实施效果如何的问题加以重视,从而希冀实现"有法可依、有法必依、违法必究、执法必严"的目的。通过对20世纪80年代以来的社会变迁予以观察也可以发现,随着城市单位制和农村集体经济的逐步瓦解以及市场经济的发展和完善,各种资源的分配方式从一元性向多元性转变,此一转变所导致的社会后果就是逐渐地形成了多元的利益要求。为此既有的法律要有效地实现对社会的规制,就必须要对社会的需求加以反映而不能仅仅围绕国家设定的价值和目标,就必须对法律实施的环境加以重视,就必须要对已有的法律实施状况加以评价,这些都要求我

---

① [美]梅丽:《诉讼的话语——生活在美国社会底层人的法律意识》,郭星华等译,北京大学出版社2007年版,第37页。
② 参见李瑜青:《当代中国社会分层与和谐社会建设》,载《江苏行政学院学报》2005年第4期。

们改变既有的法律法学观。

但由于不同文化的差异以及中国无论是在追求独立的市民社会还是大规模的立法中都是一种对西方进行的简单的仿造,也可以说是,移植过来的法律制度是在一种没有"中国立场"观的立法观之下形成的,所以导致在立法的过程中有时会忽略其所运行的环境,忽略中国自身所具有的特殊性问题,如中国发展过程中存在的城乡二元区分、存在的东西发展不平衡、中国人所特有的文化观念等,进而使已制定出来的法律不能得到有效的实施。如2008年实行的《劳动合同法》或者20世纪80年代制定的《破产法》等,原因都在于片面地追求对某个群体利益的维护,或者导致法律实施之后不能取得很好的社会效果,如2012年修订前的《刑事诉讼法》第48条规定"凡是知道案件情况的人,都有作证的义务",失效原因就在于国家为了实现对社会的控制而进行了简单立法,进而破坏了中国人既有的关于亲属的观念,如"亲亲相隐"观等。所以说,"对西方知识的引进和政治、法律等制度的移植,虽然在表面上建立了一整套完整的体系,但就实际效果来说,不仅没有能达到预期的效果反而是破坏了中国既有的秩序"[①]。

经由上面的研究可以发现,民间法研究的兴起表面上是要求在法治建设的过程中,需要对民间社会中运行的诸多规则加以重视,但仅仅看到这些还是不够的,需要进一步加以指出的就是,民间法研究的兴起更为重要和深远的意义则在于对一种"没有中国"的中国式立法观的批判,[②]在此过程中,也体现了浓郁的批判意识。因为一般认为,法律是一定社会政治意识形态的表现,一个国家的法律从形式上看是所谓的统治阶级的意志,而价值上则体现了一定社会的基础的要求。[③]但一定的意识形态不能简单地作为一个社会观念的全部,并且国家的意识形态只有在与一个社会深层的民族(传统)精神相暗合的情况下,国家意识形态的作用才有意义。通过以上的分析可以发现,民间法研究在20世纪80年代的出现和兴起并不是一种偶然的现象,其反映出来的是一种内含于研究中的批判性、反思性精神。

二、反思民间法研究的理论框架

在民间法研究展开的过程中,通过借助于"国家—社会"二分理论框架、地方性知识理论以及法律多元理论,从而使民间法研究得到了极大的推进。但由于在借助这些理论工具之前对理论本身所具有的限度——如中西不同文化差异的限度、如理论在解释现实时本身所具有的限度——没有能够加以反思和警惕,进而导致民间法研究展开的过程中出现了套路化现象,使得民间法研究所具有的批判精神面临挑战,这直接在影响民间法研究的品质。而对这个问题套路化的学术研究现象进行反思,则可以张扬民间法研究中

---

① 张建:《从理学到法学的现代历程》,载《广西大学学报》(哲学社会科学版)2012年第5期。
② 参见李瑜青、张建:《论民间法研究的内在精神》,载《甘肃政法学院学报》2010年第4期。
③ 参见李瑜青:《民间法文化的价值与儒学在其中的意义》,载《政法论丛》2008年第5期。

的批判意识。

从国家与社会相互关系的视角来考察和评价现有的法律和法律的实施,这是民间法研究表现的特点,如有学者就将民间习惯法定义为:"习惯法是独立于国家制定法之外,依据某种社会权威和组织,具有一定的强制性的行为规范的综合。"①或者认为民间法就"是独立于国家法之外,是人们长期的共同的生活之中形成的,根据事实和经验,依据某种社会权威和组织确立的,在一定区域内实际调整人与人之间权利和义务的关系的规范具有一定社会强制性的人们共信共行的行为规范"②。但如果把这个研究特点凝固化,就会成为某种学术研究套路,或者说"把国家—社会框架绝对化,做单一的支配性分析,使学术的分析只能停留在事物的表面,并不能真正解释国家—社会框架背后的实质性因素的作用"③。需要看到的就是,改革开放之后社会逐渐地从国家的行政控制中相对地独立出来,如何重新构架国家与社会的关系是一个新的学术使命。对于此一问题的论证,首先援引的理论就是市民社会建设的学说,人们广泛地讨论了构建市民社会的各种要素,如认为需要独立的司法、需要建立自由运行的市场经济、需要与之相配的法治精神以及政治体制等。但市民社会在西方社会中是有特殊的指称的,"主要是指由城市市民组成的反抗封建国家和教会的独立性社会形态,并用它来表达和指称一种文明化的、世俗的、与私人和独立经济以及民主相联系的社会存在"④。因此随着研究的逐步深入发展中国学人为构建市民社会而开列的诸多前提性要件,其实是一种"至果为因"的逻辑做法,因此随后到90年代国家与社会关系的研究演化为一种"国家—社会"的理论分析框架,⑤这一理论框架对民间法的研究产生了非常重要的支配性影响。在该理论框架的支配影响下,民间法研究出现了诸多不同的学术观点,如"二元关系说"、"互补关系说"、"转化途径说"、"利用改造说"等。⑥但仔细地分析之后会发现,这些观点都具有内在的一致性,即都是在"国家—社会"理论框架下展开的学术立场或价值判断调整,使民间法研究陷入套路化的研究和空泛的互动关系中予以判断的窘境之中,导致了一种为了研究而研究的学术现象,从而忽视和背离了民间法研究所具有的批判性精神。

借助于吉尔兹的"地方性知识"⑦理论进行研究是民间法研究中的一个重要路径。"地方性知识"理论是吉尔兹在对东南亚、印度、中东等地区进行人类学研究过程中总结出的一种理论。吉尔兹通过对这些地方进行人类学考察后认为不同的文化中的因果判断逻辑是不一样的,在伊斯兰文化之中对事实的认知更多的是与目证制度相勾连在一起

---

① 高其才:《中国习惯法论》,湖南出版社1995年版,第4页。
② 田成有:《乡土社会中的民间法》,法律出版社2005年版,第19页。
③ 李瑜青、张建:《民间法研究中的法律人类学进路》,载《社会科学辑刊》2012年第1期。
④ 胡荣:《中国社会转型过程中政府与民间关系的重构》,载《福建学刊》1996年第3期。
⑤ 参见邓正来:《中国发展研究的检视——兼论中国市民社会研究》,载邓正来等编:《国家与市民社会》,中央编译出版社2005年版。
⑥ 参见汤唯:《法社会学在中国——西方文化与本土资源》,科学出版社2007年版,第166~173页。
⑦ [美]吉尔兹:《地方性知识——事实与法律的比较透视》,载邓正来译/编:《西方法律哲学文选》(下),法律出版社2008年版。

的,而且证制度又是与证人的品格、道德等相互勾连的;在印度文明中对事实的认知和事实与结果之间的因果关系是与对 dharma 的认识相互勾连的;在马来亚文明之中对事实的认知和对结果的正当性证明更多地体现在一种被称为 adat 的过程之中,同时规则又都是嵌至在一定的文化和想象结构中运行的。基于此,吉尔兹认为"法律就是地方性知识;地方性在此处不只是指空间、时间、阶级和各种问题,而且也指特色,即把对所发生的事件的本地人士与对可能发生的事件的本地想象联系在一起"。不可否认的是,民间法作为一种民间规则具有地方性知识的特征,这一观点也成为学界的普遍共识,所以在进行民间法研究的过程中对"地方性知识"理论的援引是没有问题的,但在该理论指引下的研究中出现的一个普遍性的现象就是:仅仅对民间法存在的现象进行描述,或者是讲述众多的关于民间法的"故事"。这所导致的问题是:一方面,没有根据"地方性知识"理论中的要领对民间规则运行中的因果逻辑、运行所需网络结构以及想象性条件结构进行深入而细腻的分析,没有能对"想象的、建设性的或解释性的力量给予足够的关注",或如谢晖所言"学者们宁可采取已成前见的研究套路和思维方法,着力于如何借用既有的并且对地方性规则而言,是外来的语境和分析方法,裁剪并对待目下的、充满地方性的材料"①,从而陷进就事论事的学术陷阱中。另一方面,没有将民间法置于整个国家法运行和法治建设的逻辑之中,导致自说自话的学术研究现象,从而使本来通过"地方性知识"理论的引用来对民间法进行研究可以开放出来的对国家法运行逻辑进行批判和反思的精神意识给丧失掉了,因为民间法运行逻辑是具体的、情境性的,而国家法运行是遵行匿名的、普遍性的逻辑。

"法律多元"理论也是民间法研究中涉及的重要观点。新中国早期由于受到苏联的影响,法学作为其中的一个环节也自然深深地被卷入其中,所以在对法进行定义时,主要是从"法的规范性"、"法的国家强制性"、"法的阶级性"和"物质制约性"的角度来对法律予以一元认识,也就是说只有主权者制定的规则才可能称之为法律,因此如何证明民间法存在的合理性就成为了一个问题,从法律社会学视角出发的法律多元理论则为化解这一难题提供了理论支持。法律多元理论倡导一种规则多元性的观点,这为研究者论证民间法存在的合理性提供了理论支撑,如有学者就认为,"即使是在当代最发达的国家,国家法不是唯一的法律,在所谓正式的法律之外还存在大量的非正式法律"②。从学术角度进行考察,会发现由此形成了一个具有普遍性的三段论式的论证思路,即法律、规则应该是多元的,民间法是一个规则,所以民间法具有自身存在的合理性,这一论证理论中有时甚至会出现仅仅从民间法视角来考察规则的形成和作用的问题,如有学者就认为"在中国古代社会,国家法不但不是全部社会秩序的基础,甚至也不包括当时和后来其他一些社会的法律中最重要的部分。当时这并不意味着某种秩序真空的存在。社会不能够容忍无序或至少不能容忍长期的无序,结果,在国家法所不及和不足的地方,生长出另一种

---

① 谢晖:《制度建设、民间法司法化与"自己人"的法》,载《甘肃政法学院学报》2011 年第 5 期。
② 梁治平:《清代习惯法:国家与社会》,中国政法大学出版社 1996 年版,第 32 页。

秩序,另一种法律。在这里可以概括地先称之为民间法"①。但我们认为该理论和研究思路的紧要之处则在于,法律多元理论并不仅仅在于要打破国家中心法律观,而在于要形成一种规则多元的思维观,所以对民间规则存在的合理性不能作抽象、孤立的研究,民间规则的存在只有相对于国家制定法时,对它的研究才具有价值和意义,所以从这个视角来看是可以认同有学者对法律多元理论的认识的,"值得我们注意的是,这种传统法律多元论的参照框架不仅在很大程度上依旧是民族国家的法律,而且更为重要的是以民族国家为思想基础的,亦即以那种把不同的法律秩序视为共存于同一政治空间之分离实体的意识形态为基础的"②。这也就是说,我们需要将民间法研究置于国家法与民间法相互关系的结构性视角中加以讨论,尤其是在当下民族国家内部思考这一问题之时,同时"法律多元"理论的主张者千叶正士也认为③,法律多元的逻辑是以国家法存在为前提的,由于国家的法律作为人类社会的规则被一些学者绝对化,简单地不加任何修饰地排斥社会其他规则存在的合理性,这样才出现了法律多元的观点。所以那种对法律多元不加分析,以"法律多元"为依据仅谈民间法存在的合理性,仅停留于对民间法做自然主义述说的研究,实际体现的是一元而非多元的法律规则观,是一种独断式而非批判性的研究话语主张,进而也是违背自身理论预设的。

三、民间规则的司法进入研究与立场重返

进入到21世纪之后,民间法研究逐渐地发生了转向,即从将民间法研究作为一种话语的学术研究观逐步地转移到对民间规则所具有的社会效果的研究之中,并出现了不同的学术研究路径,如民间规则的司法进入问题、民间规则在调解过程中的作用等。但如果不对民间法研究中体现的批判意识加以重视,而一味地强调民间规则的司法进入适用或者过分强调民间规则在解决纠纷中的功能,则可能会影响民间法研究与民间法规则的品质。

随着20世纪中国所进行的大规模的立法活动的逐渐结束,尤其是2011年所宣称的具有中国特色的社会主义法律体系建设完后之后,中国则逐步地进入到一个后立法的时代,法治建设的重要使命则转为已制定出来的法律制度如何有效地实施,以及如何取得良好的社会效果的问题。这也就是意味着,司法将逐渐地需要作为被关注的重点,进而司法如何能够更加有效地解决纠纷的问题也就成为了学术的热点问题之一了,学界广泛地讨论了诸多司法权威、司法调解等诸多问题。值得重视的一个现象进路就是,以往对司法的研究,主要集中于从规范法学的视角来加以展开的,如认为司法的独立运行有助

---

① 梁治平:《清代习惯法:国家与社会》,中国政法大学出版社1996年版,第31页。
② 邓正来:《谁之全球化?何种法哲学?——开放性全球化观与中国法律哲学构建论纲》,商务印书馆2009年版,第94~95页。
③ [日]千叶正士:《重新思考法律多元》,载《南京大学法律评论》1998年秋季号。

于纠纷的解决,所以要加强司法独立并减少政治的干预,因为如果法院"不独立,则必然受制于法外的权力,扭曲法律,导致司法的肆意和随意。不独立,也会削弱法官的责任心"①。认为要重视法官素质的培养、对法律的信仰等,这些研究当然有着自身的价值和意义。这些研究都具有抽象的、脱离具体时空的特点,抽象地讨论司法的纠纷解决固然是一个重要的进路,但具体的司法过程更是一个值得关注和研究的问题,因为司法的运行总是在一定的社会结构之中展开的,同时价值法律自身所具有的抽象性、滞后性等问题,所以从法律社会学视角来对问题进行考察就成了一件必然的路径了。

司法要想在解决纠纷的过程中获得良好的社会效果,必须要考虑的就是作为司法前提的法律与社会需求相互契合的程度,一如民间法研究以及对法律移植反思所显示出来的,由于在进行法律移植过程中出现的诸多问题,导致两者在一定程度上存在冲突、抵牾,进而司法在实际的运作过程中必须来回穿梭于法律与社会之间,而不能像抽象的研究所主张的仅仅遵从于法律。民间规则的司法进入问题就是围绕司法运作中的实际问题而展开的,学界和实务界在研究时发现,法院在解决纠纷的过程中,如果对民间规则给予一定程度上的重视和尊重,则会取得事半功倍的社会效果和法律效果。山东"顶盆继承案"的研究②、"统一"返还纠纷案的研究与出嫁女房产确认纠纷案的研究③等是民间法司法适用具有典型意义的成果,因此有的法院还专门研究和出台了相关的民间规则在司法过程中适用的文件(如江苏姜堰法院),并且从多视角入手将其规则化,如"在法官考评体系中,将运用善良风俗进行裁判说理的情况作为考核的内容;在庭审小结中要求法官将善良风俗作为证据认定、事实分析和裁判说理的理由;在裁判文书中要求法官运用善良风俗结合法律规定进行辨析法理"④。但在充分肯定已有研究取得的成绩的同时,我们又必须警惕其潜在可能会导致的一种现象,即使国家制定法不能得到很好的适用甚或是某种程度上的消解,这就如同在法律多元理论视角下开展的民间法研究而将国家予以抛弃的那样。作出这一判断的依据在于,已有的研究和实践往往存在这种情况:在民间规则与国家法相冲突时,屈国家法而伸民间规则;在国家具体法律缺失而形成法律漏洞时,屈法律原则而用民间规则。其实,在民间规则司法进入的逻辑中,正确的做法应该是民间规则辅助国家法而实现纠纷的有效解决,而不应该是本末倒置。同时,更应该回到民间法研究本应该具有的立场之中,通过对民间法的研究而达致对司法过程不合法、不合理的现象进行批判和反思的立场上。

民间法研究的另外一个比较重要的领域就是对民间规则在调解过程中所具有的作用的研究。当下的中国处于社会的转型时期,社会的矛盾和纠纷大量涌现,完全依靠既

---

① 贺卫方:《司法如何获得国民的信赖》,载《西部法学评论》2010年第3期。
② 参见王彬:《民间法如何走进司法判决》,载谢晖、陈金钊主编《民间法》第七卷,山东人民出版社2008年版。
③ 参见张晓晓:《民间法在民事调解案件中的体现——以烟台某基层法院案例为切入点》,载《山东大学学报》(哲学社会科学版)2008年第6期。
④ 参见汤建国:《姜堰巧用良风善俗解纠纷》,载《中国审判》2009年第5期。

有的司法资源来有效地解决社会的矛盾和纠纷是困难的,进而作为具有"东方经验"之美誉的调解得到了充分的重视。① 民间规则无论是在司法调解、行政调解还是人民调解过程中都具有自身的特殊性功能,也有着自身的社会基础,恰如有学者对广西布努瑶地区研究后发现,"广大少数民族村寨近 20 年的巨大转型和变迁中,乡村社会仍然表现出较强的传统型。时至今日,民间法在少数村寨大量存在,根深蒂固,国家法与民间法交汇存在,交融并蓄"②。但既有的研究存在这样一种观念和价值判断取向:过分地强调"案结事了"的理念,有学者则主张"黔东南苗族地区涉牛案件如果按民间习惯解决,会与国家法律制度对程序的要求相矛盾,但从社会治安综合治理的效果上考虑,如果民间习惯法能够有效定纷止争,就不必用国家法律方式解决"③。有法官则强调"摆平就是水平、搞定就是稳定、没事就是本事、妥协就是和谐"④的逻辑,通过对这些主张的内在逻辑加以思考就可以发现,这些主张对民间规则使用仅仅是工具意义上,但更为严重的后果则可能是为了对纠纷和矛盾加以解决导致了对各种资源(法律、民间规则和情理)的策略性使用,进而导致在纠纷解决的过程中国家法不能得以贯彻实施或者仅仅作为调解过程中的影子甚至被悬隔起来。

上面两个研究路径都是与纠纷的解决紧密地连接在一起,反映出民间规则研究可能存在的对国家法进行悬置的取向,我们认为对这种实践研究取向的批判是民间法研究面临的又一重要任务。当下中国正在构建一个法治的社会,所以应该对国家制定法的普遍适用——尤其是在纠纷解决过程中——加以提倡和张扬,因为法律是具有普适性的而民间规则仅仅是特殊性的、地方性的,同时国家法律还是主权者制定出来的,反映了人民的普遍性的意志,因此在建设法治社会的过程中需要对这一普遍性意志加以尊重,而不能以特殊性的意志加以取代。当然,国家制定法由于具有自身的逻辑限制,会存在一些局限性,在纠纷解决过程中会出现各种问题,这时就需要民间规则来加以补充、通过对民间规则的研究来对各种法律适用过程中出现的不适现象加以批判。

所以说,21 世纪的民间法研究还需要返回到既有的立场之中,亦即持有一种对国家立法、司法、执法等过程或思维观的批判性、反思性的立场,张扬民间法研究中固有的批判意识。

---

① 参见徐昕:《迈向社会和谐的纠纷解决》,载《司法》第一辑,法律出版社 2006 年版。
② 覃主元:《布努瑶民间法及其和谐社区秩序的构筑》,载《民族研究》2007 年第 3 期。
③ 徐晓光:《小牛的 DNA 鉴定》,载《广西民族大学学报》(哲学社会科学版)2011 年第 1 期。
④ 参见谢晖:《论民间法与纠纷解决》,载《法律科学》(西北政法大学学报)2011 年第 6 期。

权威、团体与原则
——试析民间法的效力来源

邱 竹[*]

（重庆大学法学院 重庆 400044）

摘要：在民间法的效力来源的争论中，国内大多数学者回答这一问题，认为乡土权威是其效力来源。但往往却忽视了乡土权威本身的合法性。这使得民间法的有效性缺乏合理的理由。这种观点也许存在着问题：一方面，它没有考虑到民间法是变化的、发展的，具有一种动态性；另一方面，仅以一种描述性的方式去看待民间法的有效性或许还不够全面。因此，本文尝试用规范性的方法，试图将民间法的发展分为权威道德的民间法、社团道德的民间法、原则道德的民间法三个阶段，通过对这三个阶段的分析来追问民间法的效力来源。

关键词：权威道德；团体道德；原则道德；民间法

民间法或许是法学学者们的热门话题之一。民间法关注的热点往往倾注于民间法与国家法的勾连[①]、民间法的分类[②]、民间法与司法的勾连[③]等等。我们在关注这些问题的同时，却往往用描述性的观点去澄清民间法的有效性问题。对于民间法本身而言，有无可能通过规范性的方式去看待其有效性？如果可以，这对民间法本身意味着什么？如果民间法的有效性意味着某种有待完成的区分，这些区分可以如何展开？对于我们当下而言，是否应当把已有的成果作为某种教条或者训诫，抑或是作为某个解决问题的理论？如此种种的问题，似乎尚缺少有意义的论证。本文则打算以规范性的方式展开尝试性的研究，试图解决对民间法的效力来源问题，从而审视民间法本身。因为，当下研究民间法的路径或许是有问题的，至少在我们看来是不全面的。这本身便是对民间法变化的、发展的这种性质的否定。而且，如果民间法的有效性真如众多学者所论述的那样，来自于乡土的权威，那么乡土的权威是否具有一种所谓的正当性，是否能够为民间法的有效性

---

[*] 【作者简介】邱竹，男，汉族，重庆大学法学院宪法与行政法学博士研究生，西南大学图书馆讲师，主要研究宪法学方向。

[①] 在《大、小传统的沟通理性》中，谢晖就对国家法与民间法之间的勾连作了详细的论述。参见谢晖：《大、小传统的沟通理性》，中国政法大学出版社 2001 年版，第 1～19 页。

[②] 苏力对这个问题做过说明，认为这些非国家的社会规范不应称其为习惯法，而应称其为民间法。参见苏力：《法治及其本土资源》，中国政法大学出版社 1996 年版，第 61～66 页。

[③] 张晓萍对这个问题在其《论民间法的司法运用》的著作中做过详细的论述与介绍。参见张晓萍：《论民间法的司法运用》，中国政法大学出版社 2010 年版，第 132～151 页。

提供正当性的来源,这都值得我们思索。故而,仔细追寻民间法的发展过程,将民间法的效力来源归整为三个阶段——作为权威道德的民间法、作为社团道德的民间法和作为原则道德的民间法。"如果我们认为民间法具有原生性,是社会固有的规则,那么它既涉及文化问题,也涉及生存问题。如果生存的方式是变化的,那么民间法本身就应当从生存的不同维度进行理解。"①

一、作为权威道德的民间法

乡土社会中的权威概念是我们在民间法中最熟知的观念,我们或许可以从权威道德的观念来理解这种权威的性质并对蕴含于其中的正当性进行证成。虽然民间法的某些方面在后来的几个阶段,为某些特殊场合继续保留权威的观念,但我们可以把这种形态的民间法看作是"权威道德标准"②。

在这种情形下,我们需要假定:一个井然有序的社会的基本结构包括某种形式的村庄或者部落,其中的人们是按照当地的习俗和规则(即民间法)生活,从而假定人们一开始就处于民间法的合法权威之下。当然,如果进一步地研究一下,村庄或者部落的这种体制可能是有问题的,某地的其他规则事实上也许更为可取。不过,对民间法权威道德的说明在必要时或许可以予以调整,使之适应这些不同的安排。该假定的特点就是人们不能评价具有权威的民间法③向他们提出的准则和禁令是否正确。他们缺乏可据以向民间法的安排提出挑战的知识与理解。④ 实际上,人们完全缺乏关于正当理由的概念。因此,他们不可能有充分理由来怀疑民间法的适宜性。但是,既然我们假定这个村庄或者部落是井然有序的,为了避免引起不必要的复杂情况,我们也可以假定这些准则基本上是正确的。

我们还可以假定,民间法是保障人们的权益的,而人们也会随着时间的推延逐渐开始信赖他们的民间法。人们的这种变化是如何产生的呢?为了回答这个问题,我们可以运用相应的心理学原则:只有在他者明显保障人们的权益的情况下,信赖才得以产生。因此,人们行为的动力首先是某些本能和欲望,他们的目的是受到合理的自私所支配。

---

① 高其才:《探寻秩序维持中的中国因素——我的习惯法研究的过程和体会》,载《云南大学学报》(法学版) 2007 年第 3 期。

② 这种权威道德,在傈僳族社会就可以看到。傈僳族的族长和头人拥有绝对的权力,氏族、村社的各种事务主要就靠族长或头人安排解决。如果家庭、氏族、村社间发生了较为严重或复杂的纠纷,族长或头人往往将当事人集中到公共场所公断纠纷。此外,傈僳族人还经常以唱调子的方式进行说理,以解决纠纷。参见《傈僳族简史》编写组:《傈僳族简史》,云南人民出版社 1983 年版,第 110 页。

③ 这里的民间法指的是当地的习俗和规则。

④ 我们可以把这些人看作原始人,有助于本文的论述。这个假设也如同马林诺夫斯基所做的一样,"如果原始人遵从习俗的规则是因为他们全然无力违反规则,那么就无法对法律规则、道德、风俗和其他习惯作出区分",自然就无法评价和挑战这些准则与禁令。参见[英]马林诺夫斯基:《原始社会的犯罪与习俗》,原江译,云南人民出版社 2002 年版,第 34 页。

如果目的能受到自私所支配,这种合理的自私也只是在相当有限的意义上说。虽然人们有信赖的潜在可能性,但他们对民间法的信赖是一种新的欲望,这种欲望的产生是由于他们认识到民间法显然是保护他们的,同时他们也从民间法的各种规则中得到了好处①。

民间法对人们的保护,表现在其中的规则有保障他们权益的明显意图,按照其制定的初衷来保护人们,并实现人们应得的利益。民间法对人们的保护表现为奖励按其规则行为的人,使他从中获益;惩罚不按规则行为的人,使他遭受损失。民间法的形成促使人们去努力并长期按规则行事,鼓励人们在规则之下独立自主。总之,一个地方的民间法不仅意味着要保护人们合理的要求和需要,而且也意味着确认人们形成自觉遵守民间法的意识。这样,民间法对人们的保护最后换得了人们的信赖。人们的信赖并不能帮助合理地说明下面的问题,即人们不是作为一种实现他们的最初自私目的的手段才信赖民间法。怀着这样的目的,人们可以表现得好像信赖民间法一样,这是可以想象的,但他们这样做不会改变他们的本来欲望。根据上述心理学原则,当民间法中的规则设计明显保护到人们的时候,人们便会产生一种新的感情。

有几种方法可以用来对这个心理规律的一些因素进行进一步的分析。例如,人们承认民间法保护了他们的权益,但或许这并不可能直接促使人们信赖民间法。我们可以假设如下的其他几个步骤:当民间法对人们的保护由于其设计的明显意图而得到人们的承认时,人们就确信他具有作为一个人的价值。人们由此意识到,由于他们自身的缘故,他们得到了在他们看来是他们的村庄或者部落中的那些了不起的和强有力的人们的重视,并且在民间法面前获得人人平等的机会。他们体会到民间法对他们的保护是无条件的,只要按照规则行事,无论做什么都是自由的,而且无论职务或者机会对每个人都是公平的。到一定时候,人们开始信赖民间法,并信赖整个按照民间法运行的环境。在这之中,人们始终得到民间法的保护。人们逐步地获得了各种权益,并巩固了信赖民间法的意识。就在这个过程中,人们对民间法的信任发展起来了。人们把民间法同他们在维护自己的权益时所获得的欢乐联系起来,同他们的自我价值意识联系起来。

那么,人们对民间法的信赖是怎样表现出来的? 人们首先必须得清楚权威②地位的特征。人们是没有自己的批判标准的,因为他们还不能以理性为根据来抛弃某些准则。如果他们信赖民间法,他们就必然会接受其中的规则。他们也会努力去按照这些规则行为,认为这些习俗规则的确是值得遵守的,并且恪守民间法的准则。由此,人们接受了民间法对他们的要求,而在违反其中的规则时,人们也往往会按照其中的规定谴责自己甚

---

① 事实上,遵守权威道德民间法的人确实也从中得到了好处。例如,在独龙族的习惯中,种植土地采取集体合作垦种的土地,独龙语叫"奇木枯"。这种占有形式,是人类社会进入初期农业阶段时对土地的占有形式。到了生产季节,由家族长召集全体家族成员大会,共同商量垦种的地点和时间,种子由各户平均分摊,收获时也按各户平均分配。参见王学辉:《云南独龙族原始习惯法初探》,载《现代法学》1994年第4期。

② 马尔库塞认为"权威是一种力量,它把社会关系和政治关系团结为一个整体。整个制度通过服从、义务和默许发挥作用"。参见[美]马尔库塞:《理性和革命——黑格尔和社会理论的兴起》,程志民等译,重庆出版社1993年版,第335页。

至惩罚自己。当然,与此同时,他们的欲望也会越出所许可的范围,否则,也就不需要这些准则了。因此,人们感到这些准则就是约束而可能会不予遵守。他们终究会明白没有任何理由要去遵守这些约束,这些约束本身就是武断的清规戒律,而且他们也没有任何要按民间法的吩咐去做的原始倾向。然而,一旦他们经不起诱惑,他们或许会因为违反民间法的要求而倾向于承认自己这种违反行为,并谋求某种和解。在种种的倾向中,人们表现出对权威的犯罪感。没有这些倾向以及其他的有关倾向,犯罪感就不会存在。换言之,如果人们没有这些犯罪感,则可能表明人们对民间法缺乏信赖。考虑到权威地位的性质以及把道德态度和自然态度联系起来的道德心理学原则这两个方面,一旦民间法得不到服从,民间法对人们的保护就会消失,进而人们会产生对民间法的犯罪感。此时,我们已经把对民间法权威的犯罪感同害怕和忧虑区分开来。[①]

根据对权威道德是如何树立的这种概括的叙述,我们似乎可以得出有利于人们形成权威道德的条件:第一,民间法必须保护人们、保障人们的权益,并成为值得他们信赖的对象。这样,民间法就在人们的身上唤起了一种自我价值的意识和成为民间法所要求的那种人的欲望。第二,民间法的内容必须适合人们的理解水平,明白易懂并且是合理的。另外,民间法的设定理由应当是人们所能接受的。同时,如果这些规则对这个村庄或者部落的每个人是适用的,每个人也必须遵守。并且随着时间的推移,让人们清楚地明白这种道德的根本原则。这样做是必要的,这不仅是为了唤起人们在以后接受这些原则的倾向,而且也是为了告知人们在特殊情况下怎样解释这些原则。如果缺乏这些条件,尤其是假如民间法不仅严厉且不正当,甚至靠惩罚或肉体制裁来执行,那么,道德的树立或许不会发生。将民间法作为权威的道德,在于人们在预见不到会有奖赏和惩罚的情况下愿意遵守某些准则,如果人们获得遵守民间法的欲望,那是由于他们认为民间法具有强大的力量且崇高的地位,并且值得他们信赖,每个人都是按这个规则办事。于是,人们便可以得出结论:这些规则表达了某些行为方式,并且人们希望成为那种人,那种人具有这些行为方式的特征。如果民间法缺乏对人们的保护,缺乏权威的地位,缺乏对人们行为的指导,上述过程则没有发生的可能。若仅靠强制性威胁和惩罚行为来维持的表面上人们对民间法信赖关系,或许缺少一定的说服力。

人们所形成的权威道德是原始的,因为就大多数情况而言,这种道德是由一系列准则组成的。通常情况下,人们无法理解较为广泛的、正当的、正义的社会安排。尽管如此,人们仍然基于权威道德服从这些安排。因为这些安排确实有让人们服从他们的理由,它向人们提出的各种规定是有理可寻的。例如,一个部落或者村庄形成已久的权威道德的民间法也具有与上述所说的安排相同的特征,这种民间法也同样规定了善与恶。

[①] 此处,我们需要将对民间法权威的犯罪感和对民间法权威的害怕或忧虑作一下区分,对民间法权威的犯罪感是应该一种因违反了作为权威的民间的规则而产生的自责以及认为应受到惩罚的情绪状态,而对民间法权威的害怕或者忧虑则是因为可能受到惩罚或者强制而产生的情绪状态。参见朱智贤:《心理学大词典》,北京师范大学出版社1989年版,第1009页。

人们从权威道德中可以理解这些规定的根据。这里有一种具有代表性的权威习俗或规则,或至少被认为是与其地位相称的规则,得到人们的信赖。而在这种习俗或者规则之中的行为人,其责任就是绝对服从这种习俗或规则的准则。抑或是说,在此种状态之下的人就必须服从民间法的准则。但是,人们将民间法作为一种权威道德而遵守是暂时的,这种必然结果的产生缘于人们的特殊地位和有限的理解。或许,这与神学上的相同情况类似。在这种情况下,人们遵守规则是由于神的权威以及人对神的敬畏。但从平等自由权原则来看,这种情况对社会的基本结构是不适用的。因此,在基本的社会安排中,将民间法作为权威道德去规范人们的行为,其作用是有限的。只有在这种习惯做法试图给予某些人以领导和发号施令的权威时,并且这种异乎寻常的要求成为必不可少的条件时,民间法的权威道德才是正当的。

二、作为社团道德的民间法

民间法效力可以从社团道德的角度获得更有意义的理解。这个阶段涉及基于社团而定的一系列广泛情况,甚至可以包括整个民族社会。民间法作为权威道德主要是由一系列准则组成的,而作为团体道德的民间法的内容却是由一些适用于个人在他所属的各种社团里所担任的角色的一些道德标准决定的。① 这些标准除了包括道德的常识性规定以外,还包括对常识性规定所作的调整,使之适合一个人所处的特殊地位。通过有权威的人或者这个团体的其他成员对这些标准或赞同或反对,从而使团体的成员对社团道德的标准产生印象。

在这个阶段,村庄或者部落本身也被看作是一个个小的社团,其中每一个成员都有一定的权利和义务,其中每一个人都要受教于适合他所处地位的人的行为标准。一个社团成员的美德便是清楚并遵守社团规则,将社团规则作为自己的行为准则,在此我们将这种社团规则理解为社团道德,并将社团道德视为民间法。② 试想一下,马林诺夫斯基笔下的原始人群体就可以理解为这种团体。③ 这些原始人也有自己的行为标准、自己的民间法。

当人们进入一个社团时,在不断适应社团安排的过程中,逐渐学到了社团的道德。社团的道德包括许多的理想,我们可以尝试将此种观点应用到众多理想当中,应用于确

---

① 爱斯基摩人的杀婴者行为可以给出证明。因为婴儿可能是多产的,如果条件允许,爱斯基摩人总是渴望将他们的孩子喂养成人。但是,这需要根据资源来确定多产孩子的命运。如果处于多产孩子的地位,恰又处于不景气时间,这个孩子就会使母亲感到抚养困难,孩子就必然会被处死。这也是根据团体里成员所处的角色所决定的民间法的内容。参见[美]霍贝尔:《原始人的法》,严存生译,贵州人民出版社1992年版,第65页。

② 如霍贝尔所述:"每一个氏族都有各自的社会控制系统。"在此处,社团的控制系统便是社团道德的民间法。参见[美]霍贝尔:《原始人的法》,严存生译,贵州人民出版社1992年版,第4页。

③ 在《原始社会的犯罪与习俗》一书中,马林诺夫斯基对居住在特罗布里安德群岛的美拉尼亚人的生活状态作了详细的描述,并且对这些原始人的守"法"情况作了细致的介绍。参见[英]马林诺夫斯基:《原始社会的犯罪与习俗》,原江译,云南人民出版社2002年版,第3~29页。

定一个成员在团体中的地位,甚至确定在一个更大团体中作为成员的地位。因为,每一种理想都是按照适合于各自的地位和角色的方式而规定的。当人们生活在各种不同团体中,并按照不同的团体安排给我们的地位而行为时,人们对道德的理解便不断加深。相应地,各种理想也要求处在不同社团的人们不断提高理智判断能力和道德识别能力。显然,总会有某些理想比另一些理想显得更为全面,对个人的要求也会随着不同的理想而有所不同。自然,作为不同团体道德的民间法,对其成员的要求也不尽相同。或许,当一个人必须遵循某些理想时,必然导致个人形成一种原则的道德。到适当的时候,这个人就产生了一种合作①的观念,这是一种个人在社团之中而形成的合作观念,正是这种观念规定了一个社团的服务目的。这个人清楚,社团中的每个人在这个合作安排中的地位各有不同。因此,他学会了在适当的时候选用其他成员的观点,并站在其他人的角度去看问题。要从各种不同的角度审视问题,并把因从不同角度审视问题而形成的不同看法看作是某种合作安排的一些方面,必须以智能的发展为基础。通过智能的发展,获得以某种理想的结构为代表的社团道德。因而,遵守作为社团道德的民间法是以这种智能的发展为根据的,似乎就变得理所应当的。

如果人们要学到社团道德,还必须具备这一系列必不可少的复杂能力。首先,社团中的每个成员必须承认在这个社团中存在着各种不同的观点,在每个成员间可能存在着不同的观点。其中每个成员不但必须知道其他成员对事物有不同的看法,而且还必须知道他们具有各自的要求和目的以及计划和动机;同时,每个成员都必须具有推测力,以便从其他成员的言行和面部表情中去推测他们的要求、目的,甚至是计划和动机。其次,每个成员还必须发现这些观点的决定性特征,清楚别人的要求和欲望,明白别人的信念和看法。以这些因素为基础,社团中的成员才能理解和评价其他成员的行动、意图和动机。当每个成员发现并具备这些主要因素时,每个成员才有可能把自己置于其他成员的地位,从而弄清楚当处于其他成员的地位时,这个成员应当如何行为。为了使这些问题的结论变得明晰,每个成员应当知道其他成员的真正观点。但是,即使每个成员对其他成员的情况已经具有相当程度的了解,每个成员仍然需要根据其他成员的情况来适当地调整自己的行动。

做到以上这些,从社团成员的角度或许轻而易举,但对秉承民间法作为权威道德的那部分人来说却异常困难。② 这恰好说明了人们原始的权威道德准则缘何通常是通过外部行为表现出来,以及人们在评价行为时为何在大多数情况下会忽略动机和意图。主要的原因在于这些人尚未掌握并了解其他人人格的艺术,换言之这些人还无法认识其他人

---

① 关于合作,谢晖认为:"在理性框架下的主体生活需要,总是一个获得与付出相关的事实实践过程,也是一个权利与义务相连的规范构造过程。"参见谢晖:《法律、民生与民间规则》,载《现代法学》2009 年第 3 期。

② 正如马林诺夫斯基所说:"在原始社会中除了法律规则以外,还有一些其他类型的主要是由心理动机或力量来支持的规范和传统戒律,他们在任何情况下都与具有法律特征的规则迥然不同。"因此,让这部分人来做社团成员需要做的那些事情的时候,这部分人就犹如处于原始社会一样,这一切对他们来说根本无法理解。参见[英]马林诺夫斯基:《原始社会的犯罪与习俗》,原江译,云南人民出版社 2002 年版,第 34 页。

的信念、意图和感情的艺术。或许,这些人可能刚好知道上面说的那些因素,也可能尝试过这样做,但由于缺少了对他人人格艺术的把握,他们仍然无法解释其他成员的行为。事实上,这部分人甚至有可能不具备把自己置于其他成员的地位的能力,如果一味地让他们这样做,忽视了他们尚不具备这样的能力,则可能会把他们引入歧途。因此,我们应当从最后的道德观点来看待这些重要的因素,而非在最初阶段对这些因素予以考虑。但是,随着团体成员逐渐开始承担社团中的一些角色,并且这些角色对承担者赋予更复杂的权利和义务、对承担者有更多的安排和更高的要求时,我们就需要逐步地考虑这些因素。

在确立了对作为社团道德的民间法的信赖之后,一个成员若未能履行其所处地位的职责时,他便会产生一种对团体的犯罪感,甚至产生违反这种民间法的罪恶感。这种感觉会出现在这个成员日常生活的各个方面。例如,当某个成员的某些行为对其他成员造成了损害时,这种犯罪感便会随之而产生。这个成员会因为自己行为的不公正或者错误而道歉,如果造成了损害,他会尽自己的可能去弥补或补偿。由于具有强烈的犯罪感,他会主动地接受惩罚和指责,这些被他看来都是理所当然的。自然,受到损害的其他成员对他的恼怒和愤慨减弱,甚至可能消失。即使仍然对他还存有恼怒和愤慨,但确实难以表现出来。成员之间所表现出的无法彼此迁怒的情况,正说明成员之间具有友好的关系并且互相信任。基于此,成员们在交往的过程中,通常倾向于无视某些具有合法期望的标准或者依据。尽管,这些标准或者依据可能会得到公认并被所有的成员用来裁定成员间的分歧。相反,如果某个成员缺乏这种犯罪感,便不会同情那些得到额外责任、额外负担的那些人。更甚者,即使由于自己背信弃义使其他成员受骗也不会有任何的愧疚感。这也说明了社团成员间存在友好和信任关系的必要性。由于友好和信任关系的存在,当一个社团成员未能履行其责任和义务时,或许可能在最大限度上抑制成员间的愤怒与愤慨、背信与淡漠。如果没有社团道德的民间法从情感上的加以约束,或许成员间的同情和互相信任也只不过是一种表面现象。正如权威道德的民间法是随着人们对其态度的变化自然地发展起来一样,基于社团道德的友好和信任关系也在成员之间发展起来。在每一种情况下,人们对每种民间法的某些自然态度构成了每种民间法相应的道德感基础。如果我们缺乏这种感觉,就表明我们或许缺乏这种态度。

那么,为何一个社团的新成员会将民间法作为社团的道德来遵守?我们试图对这一问题给出说明。首先,假定一个团体的新成员会承认某些道德典范[①],他们会将那些遵守社团道德的民间法的老成员当作榜样。因为这些人在各方面都得到其他成员的称赞,并且他们高度地表现出与其地位相称的理想。同时,新成员被他们显示出的技巧和能力以及性格和气质的优点所吸引,从而唤起了新成员像他们那样去做同样事情的欲望。新成员之所以会产生这种效仿的欲望,部分原因是由于他们将老成员的属性看作是具有更多

---

① 在加勒埔的爱斯基摩人也有这样的典范,他们把典范称为"伊侯米特克",也称为思想家;在巴芬岛称为"皮美厄";在乌那利特称为"爱那尤乎克"。他们犹如酋长一般,为大家所公认。因为他们的智慧和经验受到大家的尊重。参见[美]霍贝尔:《原始人的法》,严存生译,贵州人民出版社1992年版,第72~73页。

特权或占据优势地位的必备条件。因此,当从属于一个公正社团的各种角色的道德理想,由那些具有吸引力且令人钦佩的成员带着明显的意图去付诸实践时,新成员为了能亲眼看到这些理想实现而选择接受它们。社团老成员的这些观念似乎可以被看作一种民间规则①,而他们从事的社团活动应具备的素质和能力则是一种能够被新成员所赏识的社团成员的优点。这种心理过程又进行了反复:老成员基于社团道德的民间法行为,按照确认社团成员福利的明显意图办事,与此同时,他们也表现出遵守这种民间法的意图和决心以及办事的才能和方法,从而吸引了新成员,并唤起新成员模仿他们的欲望。

因为存在着不同的团体和角色,团体道德的民间法表现为许多形式,这些形式又分为许多复杂的层次。但是,如果我们从主要社会团体规定的、要求较高的职位来考虑,被视为民间法的各个团体的规则,或许在某种程度上对社团的基本结构起到调节作用,成为许多重要理想的内容。实际上,这些规则适用于社团中的每个成员,不仅仅是参加社团生活的那些人。因为每一个成员都应该有关于共同善的社团道德和共同的民间法。

三、作为原则道德的民间法

如果说权威的道德是对于个人而言的,社团的道德是对于个人与他人而言的,当社团的道德已经足够复杂,而个人需要在行为时获得认同,那么他的行为理据从何而来?这是一个更为复杂的问题。这将关涉到个人与团体的联系,这种联系如何展开,并借由何种方式而获得正当性,是下一个我们需要考虑的论题。

当一个人和别人一起成为某个团体的成员时,他们都试图实行这些道德观念。在这个过程中,他主要关心的便是如何使他的行动和目标得到别人的认可。至少在一段时间内,他遵守这些原则的动机或许主要缘于他与别人友好和同情的关系,以及他为了取得群体的认可。

需要特别说明的是,假定我们已经无法熟知各种模范的力量,但是我们依然会产生按照原则道德的民间法②办事的欲望。或许这本身看上去很荒谬,但这恰好是我们论证的开始。那么,原则道德的民间法究竟是如何约束我们感情的呢?首先,正如我们所知道的那样,作为原则道德的民间法必然有某种内容。③ 由于其中的道德原则是由有理性

---

① 此种民间规则与杜赞奇所讲的象征与规范有些类似,包含着宗教信仰、相互感情、亲戚纽带及参加组织的众人所承认并受其约束的是非标准。参见[美]杜赞奇:《文化、权力与国家》,王福明译,江苏人民出版社2004年版,第10页、第15页。

② 民间法在这个时候体现为"特定群体的共同意志,其目的在于维护特定群体的共同利益"。参见高其才:《中国少数民族习惯法研究》,清华大学出版社2011年版,第9页。

③ 例如,谢晖认为:"人权在本质上诞生自一个国家、一个民族,甚至一个社区民众的生活方式与交往行为实践中。"人权实则是作为一种规则,也可以成为原则道德民间法的内容。参见谢晖:《民间规范与人权保障》,载《求是学刊》2004年第6期。

的人选择出来的,用以裁定人们互不相让的要求,所以它们规定了促进人类利益的商定办法。通常评价一个体制或者考察一次行动的可行性就是看它们能否达到其预设的目的。因此,许多看上去就极其荒谬且不合理的限制就应该被推翻。比如,一个人每到周末就必须晚点休息这种类似的毫无意义的原则就该被抛弃。在原始状态中,作为理性的人是没有任何理由要去接受这种规则的。因此,作为原则道德的民间法势必也不会包含这些莫名其妙和不合理性的规则。其次,只要人类合作继续存在,原则也会继续存在,所以作为原则道德的民间法亦会存在。事实上,人们遵循作为原则道德的民间法,按照其中的原则办事,就是表现了他们作为人的本性。如果人们没有某种共同的或部分一致的原则,那人们合作就不可能存在,作为原则道德的民间法就不会产生。

我们不应该将原则道德的民间法作为唯一可以被人们自然而然接受的规则,更不应该认为人们接受这种规则是出于他们的正义感。正如一个功利主义者决不会仅仅由于某种与人无关的法则而去做某件事情,如果他们去做了某件事情,那一定是为了某些人的福利或者出于同情某个人而做的。一种规则欲使人们能够真心的接受它、服从它,首先要能让人们感受到自己是在一种井然有序的社会中生活,而这样的生活方式与他们期望的生活方式相一致,并且与他们的自然感情相一致。这时,原则的产生以及原则的蕴含表明,在这样的状态中生活人们的各种愿望的实现都是可能的。

或许我们可以这样认为:原则道德的民间法有两种形式,一种形式基于正当而形成,另一种形式则由于人类之爱和自制而形成。正如前面所论述的那样,后者属于份外的,而前者则不属于。从正当的和正义的通常形式来看,原则道德的民间法包含了权威道德的民间法和社团道德的民间法的优点。它规定了当下民间法发展的最后阶段,在这个阶段,通过一些非常普通的原则,人们所有次要的理想最终形成了一种合乎逻辑的规则体系。份外的道德形式的民间法有两个方面,它们是由超出原则道德的民间法要求的范围所决定的。一方面,人类之爱主要表现为促进人们共同的善,它远远超出了我们的自然责任和义务的范围。这种道德形式的民间法并非一般道德的人所能接受,它需要人有善心、对别人有感情,并且要求人要有高度敏感和适当的谦逊,此外,还要求人对自己的状况表现出一定程度的漠不关心。另一方面,最普通的自制道德的民间法,要求人们在按照正当和正义的要求去行为时,应当表现得从容不迫。如果一个人通过训练,并且严格按照训练的要求行为,在这个过程中表现出原则道德的民间法所要求的勇敢、大度和克己等优点,他才可能真正地接受这种份外的道德形式的民间法。而个人要做到这一点,或者自由地取得某些职务和地位,并且这些职务和地位具备可以圆满地履行职责所要求的优点;抑或者通过符合正义的方式去寻求更高的目标,而这些方式不局限于责任和义务的要求。

四、小 结

如本文开头所述,国内在论及民间法时,确有将其有效性的来源归咎于乡土权威当我们对民间法的来源进行规范性分析,去论述民间法的合法性时,似乎看上去是可行的。尽管,或许这种分析的思路与方法根本上就是错误的,但这里仅仅是一种尝试性的实验。对于民间法基于乡土权威而有效的说法,由于乡土权威并不当然能够证明民间法可以持续,因此民间法是否有效尚且存疑。如果我们论述的民间法的三个发展阶段有意义,甚至对于中国的民间法有意义,那么只能说明我们忽略了民间法是动态的、发展的,而不是这样的研究本身不值得我们追寻。

其实,对于我们对民间法有效性的来源进行说明,对民间法的存在进行合法性论证而言,对民间法的效力进行正当性分析,对民间法的变化和发展的过程进行描绘本身是有意义的。我们试图解决的问题是民间法与国家法的冲突①,这的确是民间法的危机,进而用规范性分析的径路代替以往的描述性分析径路来看待民间法的问题。难道我们就不能以这样的视角来看待民间法的问题吗?绝非如此!只要有习惯或者规则的存在,这个方式便会被提出来,或迟或早!

现实的状况是:除非我们拒绝民间法是动态的、发展的,其效力的缘由是变化的,否则诸如民间法的有效性仅仅来源于乡土权威这样的问题会被一直问下去。或许,我们也可以认为民间法的规范性问题对于现代中国关于民间法的研究而言都是需要直面和探究的问题,它将解决法之为"法"的原因,是民间法的有效性的保证。当今学界对民间法有效性的来源之争,几乎都忽视了民间法的有效性随着道德的发展而发展,并且在不同阶段其有效性的来源是不同的,这是令人遗憾的事情。由此,在本文的中间部分力图说服民间法之所以有效是由于不同的原因。当然,我们可能无法通过一种一劳永逸式的描述性研究的方式,将民间法的有效性限定在乡土权威。我们提出的这种解决方案,或许能为论证民间法的有效性开辟一条新的路数。我们更应关注的是以往结论存在的问题,以及新的可行的方式,而不是既存的各种答案,我们提出的方案可能存在问题,但这不能算是问题的关键。

---

① 关于民间法和国家法的冲突,国内学者对这个问题争论较多。其中主要的声音一种是梁治平主张的恢复传统的民间法,一种是苏力主张的国家法应当从乡村社会中彻底退出。而田成友认为这或许是对两位先生的误解。事实上,他们的本意只是要揭示出在强烈的、国家的、现代的和理性的取向下被长期遮蔽的一些东西,并在此基础上重新看待正式制度与非正式制度之间以及国家与社会之间的关系。换言之,多数学者认为应当将民间法与国家法进行某种勾连,让它们发挥各自的作用。参见田成友:《乡土社会中的国家法与民间法》,载《开放时代》2001年第9期。

路径依赖与制度变迁机理探究
——以正式与非正式规则冲突的消解为视角*

田钒平**

(西南民族大学法学院　四川　成都　610041)

摘要：诺斯在区分渐进的连续变迁和激进的不连续变迁的基础上探讨了制度结构的演进特性,但未能妥善处理正式规则与非正式规则及其实施机制的结合,反而导致了制度变迁的"变迁动力"和"路径依赖"悖论。其后,诺斯又试图将制度变迁置于抽象的共享信念与普遍道德体系的约束之下来消解上述悖论,并将发达的资本主义市场经济和宪政民主制提升到共享信念与普遍道德的地位,但仍未真正消解制度构成要素的内在冲突。以特定的社会物质生活条件和实践活动为起点,坚持"扬弃"的辩证否定观,历史地探讨制度变迁问题,是促进制度构成要素有机协调的必然选择。

关键词：制度变迁；路径依赖；共享信念；普遍道德；社会实践

制度作为一个影响经济发展的重要因素,已得到理论与实务界的公认。不论是斯密对法律和制度的重要性的强调,还是马克思对法律和制度的反作用的分析,事实上都表达了同样的关怀：制度是影响经济发展的重要因素,经济发展离不开好制度的保障。[①] 这一理论传统虽在其后的新古典经济学中被作为一个既定要素而中断了,但在法与经济学的理论研究中仍得以延续并取得了重要成就,形成了研究制度与经济发展的不同理论视角和分析框架。这些理论虽在研究方法和基本观点方面存在诸多差异,但仍有一些共识性研究传统。其中,以制度结构为核心研究制度变迁,是得到大多数学者认可和采用的路径。而作为新制度经济学代表人物的诺斯的制度结构与变迁理论得到了许多制度经济学家和法律经济学家的认同,并通过林毅夫等学者的推介和运用,[②]成为了我国制度变迁理论研究的主流范式。虽有学者对其进行过批判性解读,但鲜有从制度结构与变迁机理的角度进行的反思性研究。本文拟从诺斯提出的制度构成要素的逻辑关系切入,探讨

---

* 国家社科基金重大招标项目"新形势下推动民族地区经济社会全面发展的若干重大问题研究(09&ZD011)"、西南民族大学研究生学位点建设项目(2012XWD-S0301)。
** 【作者简介】田钒平(1974—),男,土家族,法学博士,西南民族大学法学院副教授。
① 两位思想家在哲学立场和分析方法上存在重大差异,斯密以个人主义的自由主义为逻辑基础,马克思坚持个人与整体辩证统一的辩证历史唯物主义,导致具体制度选择的差异,但在最低限度上都强调制度与经济发展的关联性。
② 参见林毅夫：《关于制度变迁的经济学理论：诱致性变迁与强制性变迁》,科斯等著,《财产权利与制度变迁》,陈昕译,上海三联书店、上海人民出版社1994年版,第371页。

其制度变迁理论的合理性,并提出理解制度变迁需注意的核心问题。

一、制度的二元结构与内在逻辑:正式规则与非正式规则的互补与冲突

从制度结构的角度讲,诺斯虽将整体性制度系统区分为正式规则及其实施机制和非正式规则及其实施机制等两个构成要素,但重点强调的是这些组成部分的结合。① 因此,脱离整体孤立地研究个体,不可能真正把握个体的真实状况及其发展前景,将不同的制度构成要素置于制度系统之下,系统分析这些要素之间的逻辑关系,构成了理解诺斯的制度结构理论的逻辑起点。从诺斯在《制度、制度变迁与经济绩效》中的相关讨论可大致窥见其在正式与非正式规则的逻辑关系上持有的基本主张:

第一,在存在正式规则的领域,非正式规则的意义在于延伸、修正和阐释正式规则。因此,此类规则并不能脱离正式规则而独立存在,其含义与意义的理解与实施的有效性保障与正式规则息息相关。当然,作为非正式约束之基础的正式规则尽管很重要,但在日常互动中却极少形成选择的明确而直接的依据,人们的行为选择大多是根据伴随着正式规则的实施以及人们对正式规则的认可和接受而逐渐演化形成的符合正式规则要求的非正式规则作出的。②

第二,非正式规则有其完全独立存在的意义。除了作为延伸、修正和阐释正式规则的非正式规则外,由社会制裁保障实施的行为规范以及由内部实施的行动标准也是非正式规则的主要组成部分。在正式规则进入这些领域之前,非正式规则是独立存在而发挥作用的。但这种独立性不是一种持久存在,因为正式规则不仅可以补充和强化非正式约束的有效性,而且可以修改或替代非正式约束。③

第三,正式规则对非正式规则的取代,产生于因双方谈判能力改变而形成的对不同交换制度框架的有效需求,但这种取代能否成功则取决于非正式规则及其实施机制的影响力。新的正式规则只是有时可能取代现存的非正式规则。如果非正式规则的影响力过大,新的正式规则就不可能取代现存的非正式规则。此时,"已经改变了的正式规则与持存的非正式规则之间就会产生一种持续的紧张关系"④。

综上所述,在诺斯的制度结构理论中,正式规则与非正式规则之间存在两种关系:一

---

① 参见[美]诺斯:《制度、制度变迁与经济绩效》,杭行译,格致出版社、上海三联书店、上海人民出版社2008年版,第4~12页;《理解经济变迁过程》,钟正生等译,中国人民大学出版社2008年版,第6页。
② 参见[美]诺斯:《制度、制度变迁与经济绩效》,杭行译,格致出版社、上海三联书店、上海人民出版社2008年版,第50~51、121页。
③ 参见[美]诺斯:《制度、制度变迁与经济绩效》,杭行译,格致出版社、上海三联书店、上海人民出版社2008年版,第56、64~65、121页。
④ 参见[美]诺斯:《制度、制度变迁与经济绩效》,杭行译,格致出版社、上海三联书店、上海人民出版社2008年版,第64~65、125页。

是互补关系,包括非正式规则对正式规则的延伸、阐释和修正,正式规则对非正式规则有效性的补充和强化。二是冲突关系,主要是指新的正式规则无法修改或替代非正式规则的情形。那么,能否由此认为诺斯已很好地解决了二者之间的逻辑关系呢?对此,还应结合制度存在的理由和功能进行深入探讨。

在社会实践中,通过建立人类互动行为的稳定结构来减少不确定性,是制度的主要功能。① 如果特定社会中存在多种类型的规则,那么消解既有规则之间的冲突,使之成为一个有机联系的制度系统,就成为了减少不确定性的基石和关键。以此检视诺斯的正式与非正式规则的关系理论,还存在一些需进一步讨论的问题:

第一,作为制度构成元素的正式和非正式规则之间究竟是一种平行关系,还是一种从属关系,在诺斯的制度理论中没有给出一个统一的解释框架。在互补关系中,正式和非正式规则之间是一种从属关系,但二者之间的等级处于不确定状态。在非正式规则延伸、阐释正式规则时,非正式规则从属于正式规则;而在正式规则补充或强化非正式规则时,则正好相反,从而构成了一种"二元"论。在冲突关系中,如正式规则能成功取代非正式规则,非正式规则就会失去其存在意义而消亡。但依据诺斯的观点,新的正式规则能取代现存的非正式规则的情形是很少的。在此情形下,新的正式规则与现存的非正式规则能否共存于一个制度系统之中?如果能够共存,二者之间是一种平行关系,还是一种从属关系?如果是一种从属关系,是非正式规则从属于正式规则,还是相反?如果是一种平行关系,又依据什么样的准则来消解二者的冲突呢?

第二,既然正式规则是在因双方谈判能力的改变产生了有效的制度需求的情形下,为处理复杂争端而被创造出来的,为什么又不能被人们所接受从而成功取代非正式规则呢?诺斯的解释是:由于文化的持续性的作用,使得以根深蒂固的文化继承因素为基础的非正式约束具有顽强的生命力,构成了正式规则取代非正式规则的障碍,导致非正式规则与正式规则的变迁并不同步。② 但是,既然新规则的形成源于交换实践的需要,为什么又与现实的文化因素相悖呢?诺斯认为,个人与组织的谈判力量在制度变迁中具有决定性作用,只有当改变正式规则对拥有充分谈判能力的人有利时,正式规则与制度框架才会发生重大变化。③ 由此,合乎逻辑的解释只能是:这些新的正式规则是拥有谈判能力的少数人作出的决策,当这些规则被适用于仍尊重与传统文化相适应的非正式规则约束的多数人时,必然遭到拒斥。进一步的问题是,在这样的情形下,如何才能使缺乏谈判能力的多数人接受新规则,从而实现有效的制度变迁呢?对这些问题的解读,需结合诺斯的制度变迁理论进行更为深入的分析。

---

① 参见[美]诺斯:《制度、制度变迁与经济绩效》,杭行译,格致出版社、上海三联书店、上海人民出版社2008年版,第7页。

② 参见[美]诺斯:《制度、制度变迁与经济绩效》,杭行译,格致出版社、上海三联书店、上海人民出版社2008年版,第114、120、125页。

③ 参见[美]诺斯:《制度、制度变迁与经济绩效》,杭行译,格致出版社、上海三联书店、上海人民出版社2008年版,第95页。

二、变迁动力与文化继承悖论的消解:非正式规则作为正式规则的合法性标准

诺斯的制度变迁理论是以"制度均衡"为基础而建立的。诺斯认为,当相对价格变化使交换的一方或双方认为改变契约将有可能改善现有处境时,就会产生对契约进行再次协商的动机。但契约被嵌套在科层式的规则结构之中,如不重构一套更高层次的规则甚至违反一些既有规则,就很难进行再次协商。① 为此,拥有改变谈判地位的事实能力的一方就有可能投入资源,推动更高层次的规则的变革,从而实现正式规则的变迁。同时,由于相对价格的变化或者包括意识形态在内的偏好的改变,②非正式规则的影响将逐渐被削弱,甚至被其他规范所取代。诺斯将此类制度变迁称为渐进的连续变迁,并从正式规则和非正式规则两个方面阐释了制度变迁是一个渐进过程的原因。

就正式规则的变迁而言,由于经济活动中行为主体是从自身的利益需要进行选择的,可能会对制度是否有效作出不同判断,从而延缓制度变迁进程。因为显著的制度变迁不仅包括正式的法律约束,而且包括道德、习俗、惯例等行为规范,牵涉到多元约束的诸多变化,同样的一套制度约束对从事特定交换的人而言也许不够理想,因而有重构制度的愿望;但对另一些选择来说则有可能仍是有效的,此时从事特定交换的人就没有重构制度的愿望。因此,在愿望相互对立时,能否推动制度变迁取决于组织的谈判力量。③ 当有改变制度约束愿望的组织没有足够的谈判能力时,难以推动制度变迁;只有当那些拥有充分谈判能力的组织认为正式规则的改变对它们有利时,才可能推动正式制度框架的变革。

诺斯认为,"组织不仅是制度约束的函数,也是其他一些约束的函数。这些约束之间的相互作用型塑了企业家(经济的或政治的)潜在的财富最大化机会"④,在经济体与政治组织的互动中,有充分谈判能力的组织既可利用政治组织改变现有约束以获取更大收益,也可在现有约束集合下通过鼓励社会投资于那些能间接提高其获利能力的技能与知识,并促进其长期成长,进而推动经济发展。从总体上讲,"在总体制度框架内的渐进性变迁要比经济组织投入资源直接去改变政治规则以增加它们的利润的情况普遍得多"⑤。

对非正式规则的演化,诺斯最初给出的解释是:现实的经济变化有两个相互影响的

---

① 参见[美]诺斯:《制度、制度变迁与经济绩效》,杭行译,格致出版社、上海三联书店、上海人民出版社2008年版,第118~119页。
② 诺斯认为,相对价格变化对偏好改变有一定作用。相对价格的长期根本性变化,将改变人们的行为模式及其对行为标准之构成的合理解释。参见《制度、制度变迁与经济绩效》,第116页。
③ 参见[美]诺斯:《制度、制度变迁与经济绩效》,杭行译,格致出版社、上海三联书店、上海人民出版社2008年版,第95、101页。
④ 参见[美]诺斯:《制度、制度变迁与经济绩效》,杭行译,格致出版社、上海三联书店、上海人民出版社2008年版,第102页。
⑤ 参见[美]诺斯:《制度、制度变迁与经济绩效》,杭行译,格致出版社、上海三联书店、上海人民出版社2008年版,第109页。

根源,一是由于相对价格的变动对新古典模型产生的压力;二是不断演进的意识形态导致个人和集体对其地位的公平性产生相互对立的认知,并使其依据这些认知而行动。虽然一个孤立的相对价格变化不一定改变人们的认知并据此改变其作出的决策,但在影响人们幸福或者有悖于理性的一些根本性或持续性变化发生时,人们将不得不改变其意识形态,①并推动协调个人行为的行为规范的变迁。因此,"意识形态"虽是影响制度变迁的重要因素,但不能脱离人的理性控制而独立存在。这就意味着只要相对价格变化导致了人们的重新选择,意识形态也会随之变化。

但诺斯在其后分析偏好改变的来源时,修正了上述观点。诺斯认为,相对价格变化虽对偏好改变有一定作用,但先存的"心智构念"过滤和塑造了对相对价格变化的理解,观念及其驻存方式对制度变迁也起到了一定作用。② 因此,必须对"到底是什么使观念与意识形态能得以长期驻存"③作出合理解释,才能深化对制度变迁的理解。诺斯在作出"在极其精确地界定相对价格变动与形成人们感知的观念和意识形态之间的相互作用方面,以及……二者引致制度变迁的作用方面,我们仍有欠缺"④的论断后,提出了"由于文化特征的持续性,使得非正式规则与正式规则的变化并不同步"的观点,并将非正式规则的变迁概括为三种类型:一是一些非正式约束不再为公众所理睬,从而无疾而终。二是由于非正式规则的主要作用是修改、补充或延伸正式规则,而制度约束的变化能够形成促进新的惯例或行为规范不断生成的动力,进而有效解决新生问题,因此,伴随着新规则的形成和实施,将逐渐演化生成一个新的非正式均衡。三是在变化时期,正式规则通过审慎考虑驱除或取代现存的不能满足新演化出来的谈判结构需要的非正式约束。⑤

然而,诺斯的上述论证并未充分说明制度变迁的渐进性。"总体制度框架内的渐进性变迁"只解释了在基本政治和经济规则下,促进技能和知识的成长、提高经济绩效的具体的实施性规则的形成特性。进一步的问题是,既然这些实施行为⑥不能引致基本政治与经济规则的变迁,那么这些规则又是怎样得以改变的呢?依据诺斯的解释,显然是由有充分谈判能力的组织投入资源去改变基本的政治结构,通过政治组织对权利进行重新配置而改变现有约束。那么,这种改变是否还是一个渐进的变迁过程呢?对推动规则改变的组织而言,如从其作出抉择的过程角度讲,还有一些渐进特征,但从规则本身的改变

---

① [美]诺斯:《经济史中的结构与变迁》,罗华平等译,上海三联书店、上海人民出版社1994年版,第54、64页。
② 参见[美]诺斯:《制度、制度变迁与经济绩效》,杭行译,格致出版社、上海三联书店、上海人民出版社2008年版,第116~117页。这里的"驻存方式"是指道德规范、习俗、惯例等非正式规则。
③ 参见[美]诺斯:《制度、制度变迁与经济绩效》,杭行译,格致出版社、上海三联书店、上海人民出版社2008年版,第118页。
④ 参见[美]诺斯:《制度、制度变迁与经济绩效》,杭行译,格致出版社、上海三联书店、上海人民出版社2008年版,第118页。
⑤ 参见[美]诺斯:《制度、制度变迁与经济绩效》,杭行译,格致出版社、上海三联书店、上海人民出版社2008年版,第120~121页。
⑥ 这里的实施行为是指组织实现企业目标的"各种圆通做法"。参见[美]诺斯:《制度、制度变迁与经济绩效》,杭行译,格致出版社、上海三联书店、上海人民出版社2008年版,第107页。

来看,事实上是一个突变式改革。对没有谈判能力的组织或个人而言,规则的变迁只能是突变的。在此情形下,原来的非正式规则是否还是制度的构成要素,或是只作为一种文化现象而存在?依据诺斯的分析,这些旧的非正式约束属于"不再为公众所理睬,从而无疾而终"或"被正式规则驱除或取代"的类型,不是制度的构成要素;作为制度构成要素的非正式约束是正式规则改变之后再演化而成的新的非正式规则。

而且,诺斯对连续的渐进变迁的分析与其对不连续的制度变迁的分析存在逻辑矛盾。所谓"不连续的制度变迁"是指由战争、革命、武力征服等引起的正式规则的剧烈变动。由于相对价格变化所引致的制度变迁需求因"妥协性方案难以达成"而无法实现,参与者的意识形态是导致此类制度变迁成功的决定因素。① 此时,虽然正式规则发生了改变,但非正式规则却未发生相应变化。由于非正式规则与新的正式规则之间存在诸多差异而无法保持一致,由此就会产生一种持续的紧张关系。而非正式规则将逐渐演变为原有的正式规则的延伸,虽然"用新的正式规则来排挤掉长期驻留的非正式约束,……这种变迁有时是可能的,……,但却忽略了构成非正式约束之基础的根深蒂固的文化继承因素"②。

诺斯在此借鉴了演化经济学制度变迁理论的思想。此时,非正式规则是在特定群体内以反复的互动行为形成的经验为基础逐渐演化而成的规则;正式规则是由政治行动外在地设计出来并强加于社会的规则。③ 诺斯认为,从意识形态对相对价格的影响来看,为使一些群体改变按照简单的个人享乐主义的成本与收益计算实施相关行为的习惯,一个成功的意识形态必须克服搭便车问题。也就是说,如果占支配地位的意识形态的主要目的在于使人们确信现存规则与正义是共存的,进而基于道德要求自觉地依据这些规则行为,那么,成功的反意识形态既要使人们相信不公正是现行体制的重要组成部分,也要使人们确信只有通过积极参与现行体制的变革才能创造一个公正的体制。④

然而,由于根深蒂固的文化继承因素的支持,使得作为使暴力行为获得广泛支持的革命意识形态很难持续。"当面对共同痛恨的压迫者时,个人可能会用财富和收入来换取一些其他价值,但当压迫者消失后,牺牲的代价就发生了改变。由于新的正式规则是建立在一个包含意识形态承诺的激励系统之上,因此,这些新的正式规则将逐渐毁灭,而那些适宜的约束将重新恢复,这正如我们在当代社会主义经济体系中所看到的那样。"⑤ 而"在拉丁美洲,一套异国的规则(指 19 世纪的美国宪法,引者注)被强加于长期集权式的官僚统治传统以及与之相伴随的意识形态之上。结果,在独立的最初几年,拉丁美洲

---

① 参见《经济史中的结构与变迁》,第 49~64 页;《制度、制度变迁与经济绩效》,第 122~124 页。
② 参见[美]诺斯:《制度、制度变迁与经济绩效》,杭行译,格致出版社、上海三联书店、上海人民出版社 2008 年版,第 125 页。
③ 参见[德]柯武刚、史漫飞:《制度经济学:社会秩序与公共政策》,韩朝华译,商务印书馆 2000 年版,第 119 页。
④ 参见《经济史中的结构与变迁》,第 59、60 页。
⑤ 参见[美]诺斯:《制度、制度变迁与经济绩效》,杭行译,格致出版社、上海三联书店、上海人民出版社 2008 年版,第 124~125 页。

的联邦计划与分权努力均宣告破产。在 19 世纪和 20 世纪,拉美国家一个接一个地走回官僚集中控制的老路上"①。可见,"尽管正式规则的'一揽子'变迁是有可能发生的",但许多非正式约束由于其仍在解决参与者之间的基本的政治、经济和社会交换问题而"保持着强劲的生存韧性",因此,随着时间的推移,制度变迁的结果往往是"所有约束都将重构,继而产生一个新的均衡,这种新均衡远远不是那么革命"②。

在这里,诺斯通过对"意识形态"的分析,不仅强调了因文化继承所产生的制度变迁的"路径依赖",而且据此批判了通过"反意识形态"推动激进的制度变迁的无效性,肯定了制度变迁的渐进性。可见,为构建渐进的制度变迁理论服务,是诺斯强调自然演进形成的、包含在非正式规则之中的观念和意识形态的重要性的根本目的,但也隐含着将其作为评价通过"反意识形态"推动激进的制度变迁所形成的正式规则的"合法性"标准的思想,肯定了通过文化传承的非正式规则的正当性。在这个意义上讲,旧的非正式规则仍是制度的构成要素。

然而,诺斯虽然通过文化继承形成的"路径依赖"解释了征服与革命难以成功地引致正式规则变革的根源,但这种解释是不充分的。需进一步分析的问题是,为什么同样具有文化继承性的非正式规则在由有谈判能力的组织推动的制度变迁中,会"无疾而终"或"被正式规则驱除或取代",而在征服与革命的情形下则会"长期驻留"呢?

我们认为,之所以出现这一对立现象,是由于诺斯对两种类型的变迁的分析采取了不同立场导致的结果。在第一类制度变迁的分析中,诺斯主张的是构建论,此时制度变迁是组织及其企业家追求效用最大化的产物,是理性选择的结果。而且,这种变化需要通过政治活动才能最终形成。因此,正式规则是"自上而下的,从政治到产权,再到个人契约","一般而言,现行的政治规则决定经济规则……产权以及由此产生的个人契约是由政治决策过程界定并实施的"③。诺斯虽然也强调此类变迁的渐进性,但他关注的是总体性制度约束之下新的实施性规则以及在正式规则改变后与之相适应的新的非正式规则形成的渐进性,而对旧的非正式约束则作出了"无疾而终"或"被正式规则驱除或取代"的论断。而在第二类变迁的分析中,诺斯采取演化论立场,肯定了基于文化继承而存在的旧的非正式规则的有效性,认为由"反意识形态"(此时相对价格变化是无效的)的推动所建构的正式规则是无效的,进而否定了强制性的制度变迁的有效性。由此,诺斯就陷入了制度变迁的理性构建论与自然演化论的矛盾之中:在前一类型中,新的正式规则的变迁是有效的,旧的非正式规则不具有长期驻存性,所以非正式规则只能是正式规则的延伸,二者之间是以正式规则为主导的互补关系;在后一类型中,新的正式规则的变迁是

---

① 参见[美]诺斯:《制度、制度变迁与经济绩效》,杭行译,格致出版社、上海三联书店、上海人民出版社 2008 年版,第 142 页。
② 参见[美]诺斯:《制度、制度变迁与经济绩效》,杭行译,格致出版社、上海三联书店、上海人民出版社 2008 年版,第 125 页。
③ 参见[美]诺斯:《制度、制度变迁与经济绩效》,杭行译,格致出版社、上海三联书店、上海人民出版社 2008 年版,第 73、67 页。

无效的,而旧的非正式规则却会长期驻存,所以二者之间是一种冲突关系。

由此,需要追问的是,出现上述两种对立解释的根源是什么? 从诺斯在《制度、制度变迁与经济绩效》一书中的分析来看,其根源在于其经济制度史的分析没有真正建立在真实的社会历史实践的基础上,而是在假设的理论逻辑下,运用历史资料验证其理论假设。因此,针对不同的分析对象就采取了不同的分析方法,在对英、美等国的制度变迁进行分析时,采取了构建论的方法;在对社会主义和一些拉美国家的制度变迁进行分析时,则采用了演化论的方法。而其根本目的只是为了论证前者的制度变迁模式及其绩效优于后者这一先入为主的基本判断。

在其后的研究中,诺斯也意识到二元规则结构论的矛盾,并试图通过吸收演化经济学的思想对以前的一些主张进行修正,以解决制度变迁的悖论进而解决制度结构的统一性。诺斯在《新制度经济学及其发展》(2002)一书中指出:由于非正式规则给正式规则提供了根本的"合法性",而非正式规则的改变只能是渐进的,因此,虽然实践中正式规则可在一夜之间发生改变,但这种激进的制度变革从来不会产生与其支持者所要求的预期效果相同的规则与绩效。而且,由于不同国家或地区的非正式规则及其实施特征存在差异,因此,如同拉丁美洲的国家采用与美国宪法类似的规则一样,如果一个国家采用在另一个社会形成的正式规则,会带来与规则起源国不同的绩效特征。也就是说,将维系西方社会市场经济有效运行的正式的政治和经济规则移植到第三世界和东欧国家,不一定能促进经济良好运行并有效提升经济绩效。易言之,私有化并不是促进经济发展,解决贫困的灵丹妙药。①

在这里,诺斯表达了两个逻辑上呈现递进关系的观点:第一,就经济绩效而言,不存在一个适用于所有国家的具有普适性的好制度,西方成功市场经济的正式的政治与经济规则没有普遍意义。第二,为了协调正式规则与非正式规则的复杂关系,尤其是二者的冲突,诺斯将非正式规则提升到了决定性地位,明确指出非正式规则决定了正式规则存在的"合法性"②。

由此,诺斯通过将制度系统建立在一个特定国家和社会的非正式规则的基础之上,提供了解决正式规则与非正式规则冲突的依据,解决了制度系统的分裂性;同时,提出了在没有普适性制度的前提下,如何判断制度变迁是否有利于经济发展的标准。但将"非正式规则"作为判断制度变迁好坏的关键标准,能否真正解决正式与非正式规则之间的冲突,仍是一个值得讨论的观点。

三、共享信念与道德体系:作为正式规则合法性标准的非正式规则

诺斯在《新制度经济学及其发展》中虽明确提出了"非正式规则为正式规则提供根本

---

① 参见[美]诺斯:《新制度经济学及其发展》,路平、何玮译,载《经济社会体制比较》2002年第5期。
② 这里的"合法性"是指是否符合特定的伦理和道德要求。

的合法性"的观点,但仍坚持认为非正式规则只是经济良好运行的必要条件而非充分条件。① 可见,诺斯并不认为所有的非正式规则都能成为正式规则合法性的判断标准。那么,能够为正式规则提供"合法性"说明的非正式规则究竟是什么?

诺斯认为,经济变迁是一个过程,而人类演化变迁的关键是参与者的意向性。在人类演化过程中,参与者的选择和决策都是由其感知所支配并根据这些感知作出的。在追求政治、经济和社会目标时,这些感知能有效降低组织的不确定性。因此,经济变迁是由参与者对其行动结果的感知所塑造的深思熟虑的过程,而这些感知源于规范参与者行为预测的、与其偏好经常被混为一谈的信念。也就是说,在人类变迁过程中,人们持有的信念决定了他们的行为选择进而构建了人类行为的变化。② 因此,"信念是建立理解经济变迁过程的基础的关键,它既包括个人拥有的信念,也包括那些形成信念体系的共享信念"③。

在信念体系与制度框架的关系上,诺斯认为,信念体系是人类行为的内在要素的具体体现,而制度框架则是人们施加给人类行为以实现其预期结果的外在结构。也就是说,"信念体系是内在表现,而制度是这种内在表现的外在显示",因此,经济市场结构反映了制定游戏规则的那些人的信念,"当人们的信念存在冲突时,制度会反映那些有能力实现他们的目标的人们的信念"④。在此,诺斯仍坚持了"建构论"制度变迁倾向,并指出"单个市场的或整个政治/经济体系的结构都是人类创造的,它们都不是自发地或者'自然'地发挥作用的"⑤。

但诺斯又强调,信念体系与制度的密切关系虽然在一个社会的正式规则中表现得很明显,但这种关系在非正式制度中体现得更充分。之所以对此作出特别说明,有两个理由:

第一,诺斯虽然坚持制度具有建构特征,但又认为这种建构并不是任意的,要受到路径依赖的约束。诺斯认为,为消解理论上的误用与滥用,应将路径依赖研究的主题限定在"过去是如何和现在、将来相联系"之内,并指出当下的行为选择虽然要受到历史积淀下来的传统制度与规则的约束,但如果仅将路径依赖限定在这一层次,在制度运行不好时就有可能采取激进变革。"更全面的理解路径依赖的含义的一个步骤是认识到积累而成的制度产生了一些组织,它们能否持续下去依赖于那些制度的持久力。因此,这些组织会动用资源来阻止那些威胁它们生存的变革。路径依赖的大部分含义可以在这个背景下得到很好的理解。"⑥从更为复杂的观点来看,在整个人造的约束结构中,由于信念、制度和组织的相互作用,使路径依赖成为了一个维系社会连续性的基本因素。因此,与

---

① 参见[美]诺斯:《新制度经济学及其发展》,路平、何玮译,《经济社会体制比较》2002年第5期。
② [美]道格拉斯·诺斯:《理解经济变迁过程》,钟正生等译,中国人民大学出版社2008年版,第2、22页。
③ [美]道格拉斯·诺斯:《理解经济变迁过程》,钟正生等译,中国人民大学出版社2008年版,第75页。
④ [美]道格拉斯·诺斯:《理解经济变迁过程》,钟正生等译,中国人民大学出版社2008年版,第47页。
⑤ [美]道格拉斯·诺斯:《理解经济变迁过程》,钟正生等译,中国人民大学出版社2008年版,第146页。
⑥ [美]道格拉斯·诺斯:《理解经济变迁过程》,钟正生等译,中国人民大学出版社2008年版,第48~49页。

其说路径依赖是一种社会"惯性",倒不如说是历史经验施加给现在的选择机会集的一种约束,"要想理解变迁过程,就必须理解路径依赖的本质,以确定在各种环境中路径依赖对变迁所施加的限制的本质"①。这种本质就是:由于路径依赖的存在,非正式规则及其所表达的一些特有信念通过组织的作用,限定了正式规则的选择范围,正式规则的变迁应充分考虑和尊重非正式规则的这种约束。

第二,在非正式规则与信念体系的关系上,"非正式制度不仅彰显了信念体系的道德准则,这一点在不同的文化中一般都有相同的特征;而且反映了各个社会特有的行为规范,这一点在不同的文化之间有很大的差异"②。道德准则彰显了不同文化形成的信念体系所必需的共享信念,是正式规则与非正式规则变迁都应遵循的约束,这是诺斯强调的路径依赖的真正本质,也是其借鉴演化理论的根本原因。可见,能够为正式规则提供根本合法性的非正式规则只能是彰显共享信念的道德准则,对各个社会所特有的阻碍经济发展的行为规范,可通过创制正式规则予以改变,"人类有意识地构建他们的未来,人类事实上也没有其他选择,只有努力建立他们交互作用的结构,(因为)人们不希望陷入其他的状态,例如无政府主义或者混乱无序的状态"③。

进一步的问题是,人们能否建构这种结构呢?诺斯认为,人们"试图去理解的这个世界是人类心智的建构物,不能在人类心智之外独立存在"④。而"个人形成的能够解释和理解周围世界的心智结构部分从他们的文化遗产中产生的,部分从他们面临并且必须解决的局部的日常问题中产生,还有一部分是非局部学习的结果",人类对环境的理解源于这些因素,这些源泉的混合在不同地方各不相同。因此,"来自不同文化背景的人对同样的事情有不同的理解,从而会作出不同的选择。如果关于选择的结果的信息反馈是完全的,那么具有相同的效用函数的个人会逐渐修正他们的感知,最后收敛于共同的均衡状态;但是,……不完美的理解和非各态历经世界的连续变迁过程使得我们可能并且也会频繁地犯错误"。为克服和避免错误的发生,推进制度结构的有效变迁,必须重视"个人和组织的学习",这是制度演化的主要动力。⑤

诺斯认为,学习是"给定的信念体系对来自经验的信息进行过滤的方式"和"不同时期个体和社会面临的不同经验"的函数,"如果我们要理解富国和穷国之间巨大而且仍然在不断扩大的鸿沟,我们就需要研究社会在历史中不同的经验及其对不同信念体系发展的含义。这些不同的信念体系导致了完全不同的人类环境问题处理能力。……人类的意识及其意向性已经导致了不同的制度结构,这些制度结构进一步又可以解释社会不同的绩效特征。要增加对于变迁过程的理解,必须将人类社会经验研究得出的人类行为丰

---

① [美]道格拉斯·诺斯:《理解经济变迁过程》,钟正生等译,中国人民大学出版社2008年版,第49页。
② [美]道格拉斯·诺斯:《理解经济变迁过程》,钟正生等译,中国人民大学出版社2008年版,第47页。
③ [美]道格拉斯·诺斯:《理解经济变迁过程》,钟正生等译,中国人民大学出版社2008年版,第48页。
④ [美]道格拉斯·诺斯:《理解经济变迁过程》,钟正生等译,中国人民大学出版社2008年版,第75页。
⑤ [美]道格拉斯·诺斯:《理解经济变迁过程》,钟正生等译,中国人民大学出版社2008年版,第57~58页。

富的细节整合到由意识带来的自我意识的复杂性质所导致的复杂的信念体系中"①。因此,将"成功经验"整合到给定的信念体系之中构成了学习的核心和关键。而制度变迁的成功经验就是英国、美国和荷兰等发达国家的市场经济制度和可以保障市场经济良序运行的宪政民主制。②

诺斯认为,我们对经济变迁过程的研究不仅在讨论实证问题,也在讨论规范问题,"经济学模型不仅告诉我们世界是怎样运行的,而且还常常告诉我们世界应该怎样运行"③。诺斯践行了自己的主张:首先,将制度变迁的根本动力建立在以心智为基础、以感知为纽带的人类意识及其意向性的基础之上,并从路径依赖的角度肯定了为正式规则提供根本"合法性"的永恒的、普遍的道德信念体系的存在,从而回答了世界应该怎样运行的问题。其次,运用以感知为纽带建立的分析模型,通过对经济运行的成功与不成功的经验和教训的分析,回答了世界是怎样运行的问题。最后,通过"心智结构"的过滤,将发达国家的成功经验整合到信念体系之中,赋予永恒的、普遍的道德信念体系以具体内容,同时也否定了他在《新制度经济学及其发展》一书中提出的不存在普遍有效的制度的观点。

需要进一步分析的是,诺斯将意识及其意向性提高到决定性地位,进而将制度系统建立在永恒的共享信念体系之上,是否合理?这样的理论又能否为有效的制度变迁提供指引?

四、共享心智与社会实践:观察者与行为者的分离与统一

诺斯通过对为正式规则提供根本合法性的非正式规则应当是"永恒的、普遍的道德体系"的阐释,完成了制度变迁理论的改造与完善,使其原本模糊的观点变得清晰起来:一是从建构论与演化论相纠缠的困境中解脱出来,划清了与以哈耶克为代表的演化经济学的制度变迁理论的界限,明确指出"单个市场的或整个政治/经济体系的结构都是人类的创造"。二是以此为逻辑起点,明确了"路径依赖"的实质内涵,即正式或非正式制度的变迁都应遵循"永恒的、普遍的道德体系"的约束。为消解二者的冲突提供了行为准则。而这种"永恒的、普遍的道德体系"之所以可能,则是由于"共享信念"的存在。因此,制度变迁的关键是以"共享信念"为依托,通过"学习"改造人的"心智结构"亦即意识的意向性,进而推动正式规则或具有差异性的非正式规则的变迁。

由此,诺斯也完成了他的哲学立场的转向,彻底清除了历史唯物论的痕迹,成为了一个主观主义者。人类社会成为了人类心智的建构物,"人类所创造的这种建构是人类心智的主观函数",客观存在的人类历史及其发展状况只是我们发现证据,"以证据检验这些建构,看

---

① [美]诺斯:《理解经济变迁过程》,钟正生等译,中国人民大学出版社 2008 年版,第 44 页。
② 参见[美]诺斯:《制度、制度变迁与经济绩效》,杭行译,格致出版社、上海三联书店、上海人民出版社 2008 年版,第 139～142、191～193 页;[美]诺斯:《理解经济变迁过程》,钟正生等译,中国人民大学出版社 2008 年版,第 77、113～138 页。
③ [美]诺斯:《经济变迁的过程》,载《经济学》(季刊)2002 年第 4 期。

其是否具有解释价值"的场域;而且,"证据和理论都是人类的建构,它们充其量只是我们试图理解并进而控制这个世界的很不完美的映像"①。因此,制度变迁研究的根本任务是理解信念体系,以及由此形成的复杂的社会结构及其随着时间推移的演化方式。如果对人类心智创造的、不断演化的社会结构的复杂的相互依赖性缺乏深入理解,我们基本上无法去提高社会经济绩效。② 依据诺斯的解释,这种社会结构的复杂的依赖性实质上就是内在的共享信念和外在的普遍道德对制度演进的约束性。这种约束体现在两个方面:

第一,通过"共享心智模型"③的作用,规范因"相对价格变化"引起的制度变革,避免激进的变迁导致秩序的不稳定和无效率,并为已经形成的正式规则提供道德上的合法性,增强人们对正式规则的认同和接受,提升正式规则的经济绩效。

第二,通过"共享心智模型"的作用,引导具有差异性的,甚至相互冲突的非正式规则与信念体系的变迁,改变人们所具有的内在的各异的信念体系,进而促进外在的各异的非正式规则向普遍的道德体系演进,消除非正式约束对经济绩效的消极影响。

因此,对共享信念与道德体系及其产生影响的机制的理解构成了解读复杂的制度变迁的核心。诺斯认为,"信念,不管是实证的还是规范的,都是意识的中心。我们不仅看到经济社会是如何运行的,而且还对社会应该如何运行以及社会如何重建以更好地运行有规范性的见解。这样,意识能够导致一致性信念的构筑,这套信念促使参与人相信与其继续维持被视为不断恶化的状况,不如起来革命。而在另一个极端,意识能够导致一套对一个社会'合法性'的信念的构筑。我们需要考察在什么条件下信念被激发出来,从而产生秩序或无序"④。正是在这个意义上,诺斯表达了对英国、美国和荷兰等发达国家的市场经济制度和可以确保市场经济良序运行的宪政民主制,以及通过学习成功经验改造给定的其他信念与制度体系的推崇。

但这里的关键问题是:我们是以谁的立场、依据什么样的标准来评价给定的信念和制度的好坏?因为,在诺斯的理论中已经预设了一个基本判断:英美等发达国家的制度体系源于渐进性的变迁,并形成了与其相适应的信念体系,能够形成稳定的秩序并带来良好的经济绩效;而在一些建立了同样的制度体系的国家,则因传统的信念与制度体系所形成的路径依赖的锁入效应阻碍了与好制度相适应的信念体系的形成,导致了制度变迁的混乱无序和低效率。因此,必须充分重视并发挥"意识"作为制度变迁的推动力量的作用,改造传统的信念与制度体系。这一判断存在两个需要进一步分析的问题:第一,能否以一个外在于社会实践活动的行动者的外部观察者对传统信念与制度体系的评价代替行动者的评价?第二,通过发挥意识的决定作用,对外部观察者从特定的社会环境中

---

① [美]诺斯:《理解经济变迁过程》,钟正生等译,中国人民大学出版社 2008 年版,第 76 页。
② [美]诺斯:《理解经济变迁过程》,钟正生等译,中国人民大学出版社 2008 年版,第 76 页。
③ 诺斯等人认为,当事人是依靠某种心智模型进行决策的。当事人的认知和环境的互动是一个心智模型的调节和学习过程,如环境反馈对同一个心智模型反复认可,那么该模型就趋于稳定。这个稳定的心智模型就是"信念"。参见曼特扎维诺斯、诺斯、沙里克:《学习、制度与经济绩效》,闫建译,《经济社会体制比较》2005 年第 3 期。
④ [美]诺斯:《理解经济变迁过程》,钟正生等译,中国人民大学出版社 2008 年版,第 93 页。

总结的共享信念与制度的学习,能否真正有效改造传统的信念与制度体系,并为新制度的实施提供有效的意识形态或信念支持?

在人类实际生活的历史过程中,意识只能是被意识到了的存在。① 因此,意识形态、思想观念或者说信念体系源于特定时空条件下的社会物质生活条件。在这些条件发生变化后,信念也会随之发生变化。虽然在特定时期,思想意识与物质生产生活可能发生分离,但只是意识形态相对独立性的表现。也正因为此,才会引致新旧意识形态的对立。此时,落后于社会发展需求的意识形态应当被新的意识形态取而代之。但这种新的意识形态不应是从外部引入的所谓先进的信念体系,而应是特定时空的物质生活条件下形成的意识形态。只有在以现实的社会实践活动为基础的新的意识形态形成后,新的规则才会产生。因此,如果新制定的规则不能取代与人们的意识形态相适应的旧规则,只能说明这些规则要么是特定国家的精英分子通过对外部观察者强调的普遍道德体系的学习而构建的,要么是外部主体(例如殖民主义者)强加于该群体的,与社会实践需求不相适应的落后或超越于时代需要的规则。这样的规则虽然借助权力滥用具有了合法外观,但从本质上讲仍是非法的,没有存在的合理性。

因此,在外部观察者认为是好的或不好的规则,对置身于实践生活中的行动者来说,则可能是不好的或好的规则。所以,正义与非正义不是抽象的、永恒的,而是具体的、历史的,正义"始终只是现存经济关系在其保守方面或者在其革命方面的观念化、神圣化的表现"②。因此,对规则或制度的分析应坚持辩证历史唯物主义立场,置身于具体的社会生活实践。对特定区域或群体而言(例如主权国家),如果没有外部主体(例如殖民主义者)强加的形式上合法的正式规则,在特定时间条件下,如社会物质生活条件没有发生变化,规则是统一的;而当这些条件发生变化时,规则也会随之改变。

当然,新规则对旧规则的取代并不意味着全面否定。人们对历史的创造并不是随心所欲、在其选定的条件下进行的,而只能是在直接碰到、从过去承继下来的条件下创造历史。③ 社会物质生活条件的延续性决定了规则的继承性,新规则必须以"扬弃"的方式批判地继承旧规则中的合理因素,将其纳入新的规则体系,使之成为一个内在和谐一致的有机整体。虽然这一过程是复杂的,甚至有可能发生反复或倒退,但共同的物质生活条件决定了新、旧规则趋向统一的客观必然性,而失去这一条件的旧规则对新规则并没有补充功能,只会障碍新规则功能的发挥,必须被取代。因此,以特定时空下的物质生活条件和社会实践为基础研究规则和制度问题,不仅是制度结构理论应坚持的基本立场,也是真正理解制度变迁的渐进性和连续性特征的客观基础。

诺斯也试图解释这种继承性,但他采用的意识决定存在、制度决定经济的立场,导致其对新规则(正式规则)与旧规则(非正式规则)之间的承继关系理解的混乱。依据诺斯

---

① 参见《马克思恩格斯全集》第3卷,人民出版社1960年版,第29~30页。
② 《马克思恩格斯选集》第2卷,人民出版社1995年版,第212页。
③ 《马克思恩格斯选集》第1卷,人民出版社1995年版,第585页。

的解释,二者虽都是人类心智构造的产物,是内在信念的外在表现,但"意识的扩展不仅是人类创造性的奇迹和人类所创造的丰富文化的来源,而且是褊狭、偏见和人类冲突的根源"①,因此,二者的变迁都应接受内在的共享信念与外化的普遍道德的约束。不论是人类心智对现实的社会实践的感知而形成的正式规则与信念体系,还是基于"文化继承"而存在的非正式规则,如果不符合共享信念与普遍道德的要求,就不具有存在的合理性,应对其进行变革。然而,诺斯虽然赋予了共享信念和普遍道德以实在的经验性,但这种实在性源于特定国家的社会实践,由此,诺斯就将人类各异的具体的社会制度变迁的合法性建立在了这些国家的制度实践经验之上,实质上是以这些国家的信念与制度需求取代其他国家的信念与制度需求,通过对这些国家的规则的全面继承,推动制度变迁,进而实现规则的一体化。但问题是,又该如何去协调从外部继承的规则与内部历史上延续下来的规则以及基于现实的社会实践产生的规则需求之间的关系呢?在此,诺斯给出的方案是通过学习改造既有的信念体系,使其适应于规则变革的需要。但如果学习来的经验与特定的物质生活条件和社会实践不相适应,又该怎么办呢?事实上,离开具体的物质生活条件和社会实践活动来讨论制度变迁是无益的,因为法的关系"既不能从它们本身来理解,也不能从所谓人类精神的一般发展来理解,相反,它们根源于物质的生活关系"②。因此,一个国家虽然需要学习与继承外国的成功经验,但这种继承是有限度的,这个限度就是学习者赖以存在的物质生活条件与社会实践活动。向哪个国家学习、学习什么、继承什么,都应以此作为评价与选择的依据,不能直接以某一位思想家宣称通过研究发现的具有普适性的规则和信念为学习和继承的对象。因此,对诺斯的"混乱"认识所导致的困境的解决,必须回归到特定的物质生活条件和社会实践寻求适宜的路径与对策。

当我们以此为逻辑起点探讨制度变迁时,诺斯理论存在的制度变迁悖论与制度结构的分裂等问题也将迎刃而解。从正式制度形成与发展的历史看,新规则(正式规则)的形成既有自然演化的,也有理性建构的;既有渐进的,也有突变的。在特定时期,新规则由旧规则(非正式规则)演变而来,甚至一些新规则只是对旧规则的直接确认。当然,这种演变是一个自觉的过程,是人类理性选择的产物,是社会实践的制度变革需求的反映。在人类早期制度实践中,新规则大都源于对既存的以习俗为表现形式的宗教或道德规则的直接确认。

需要进一步明确的是,认可既存规则存在的合理性是直接确认的前提,既然是合理的规则,为什么还需要确认呢?从生产力与生产关系的联系来看,当社会生产力发展到一定阶段,就会同现存生产关系或财产关系发生矛盾。于是,这些曾经是生产力的发展形式的现存关系就成为了生产力的桎梏,社会革命的时代也因此到来。"随着经济基础的变更,全部庞大的上层建筑也或慢或快地发生变革。"③因此,经济基础(生产关系)的变

---

① [美]诺斯:《理解经济变迁过程》,钟正生等译,中国人民大学出版社2008年版,第40页。
② 《马克思恩格斯选集》第2卷,人民出版社1995年版,第32页。
③ 《马克思恩格斯选集》第2卷,人民出版社1995年版,第82页。

化是制度变迁的直接原因,而生产力的发展则是制度变迁的最终根源。从制度演进的历史看,之所以需要对一些既存规则予以确认,主要有两个原因:

第一,生产力的发展引致社会关系与利益环境的变化,在特定区域或人际范围之内,一些曾经合理而且有效的规则,逐渐失去了有效性。从理想主义的角度讲,具有合理性的规则就应具有权威性和有效性。但由于社会环境和利己人性的影响,如果没有一个有效的约束与强制机制,具有合理性的规则也不一定得到人们的遵守,从而使其丧失有效性,进而引发社会问题的产生。为解决这些问题,必须变革规则的实施机制。于是,通过确认并赋予具有合理性的习俗道德或宗教规则以国家强制性来构建正式规则体系,就成为了早期主权国家以政府为核心推进制度变革的主要形式。① 在制度发展史上,不论是以国家权力机关或是以国家司法机关为主要载体推进制度变革,大都采取了确认的形式。在这个意义上,正式规则是演化和建构共同作用的产物。

第二,由于人类相互联系的不断增强(不论是合作与冲突),曾经处于封闭的人际或地域的群体或个体之间的交往活动逐渐增多,需要有相应的规则来调整新兴的交往行为,由此也应对传统的规则体系进行变革。在合作情形下,可以不同群体的传统习俗为基础发展新的规则体系。此时,新规则是演化和建构共同作用的产物,但建构的意义更明显。在冲突情形下,通常的方式是以国家强制力为后盾在弱势群体或地区强制推行强势群体或区域的规则。此时,虽然在形成意义和形式上,行为规则仍具有自然演化的特征,但在实质意义上尤其是对接受者而言,该群体在历史上形成的依靠社会舆论、自我约束得以实施的规则已被以国家或政府为保障的新规则所取代。在这一类型中,制度变迁的强制性是显而易见的事实。

规则经过上述演变后,正式规则构成了非正式规则的合法性②的评价标准。只有那些得到正式规则修正、完善的非正式规则的存在和适用才是合乎国家治理需要和法律要求的,而没有得到确认或与其相违背的非正式规则就失去了合法的存在空间。此时,二者之间是一种从属关系,正式规则居于主导地位,非正式规则居于补充地位,凡是与正式规则相冲突的非正式规则都应当被修正或取缔。③

---

① 这是人类社会法律发展的基本规律。典型例证有《汉穆拉比法典》、《十二表法》、"蛮族法典"的编纂等。参见林榕年、叶秋华主编:《外国法制史》,中国人民大学出版社 2009 年版,第 21~28、62~63、81~83 页。

② 这里的"合法性"是指是否符合特定主权国家的宪法和法律的实体和程序要求。

③ 将正式和非正式规则置于一个等级体系之中,是国家治理的根本要求。这一等级体系能否建立,取决于制定规则的权力配置与行使是否合理和有效。在强制推行强势群体或区域的规则或者纯粹理性建构的规则时,接受者的非正式规则与正式规则处于分离状态,不是制度系统的组成部分,而是一种纯粹的文化现象。这种情形极易引致新规则无法取代旧规则的问题。新规则不能满足社会实践的制度需求,是产生问题的直接原因,而深层根源则是国家政治体制和公共决策机制尤其是立法体制出现了问题,导致观察者、行为者与规则的需求者的分离,制定了不好的规则。此时,改革的核心不再是经济社会规则的修改,而是宪法政治体制的完善。诺斯的制度变迁分析也涉及了政府运行问题,但并未对宪法、宪政进行系统讨论。参见[美]诺斯:《制度、制度变迁与经济绩效》,杭行译,格致出版社、上海三联书店、上海人民出版社 2008 年版,第 139~142、191~193 页;《理解经济变迁过程》,钟正生等译,中国人民大学出版社 2008 年版,第 77、113~138 页。

无需法律的秩序*

张其山**

(山东大学威海法学院　山东　威海　264209)

摘要: 受法律中心主义的影响,人们忽视了在紧密关系的社会中非正式民间规范所起到的重要作用,最终可能造成一个"法律更多而秩序更少的社会"。因此,必须改变现代社会以法律规范为中心,其他社会规范为从属的错误认识,确认民间规范在其有限范围内调整社会秩序的根本地位。

关键词: 法律中心主义;法律规范;民间规范;社会秩序

现代社会的一大显著特色是,出现了作为国家法律体系的、有某种性质的制度性、知识性系统。这种系统由各种制度组成,并同国家相结合,遵循规范性的学理。它包括并控制着社会一切制度,并使之服从于一般的制度。[①] 这种系统将以法律规范体系为中心,其他各种社会规范置于从属的间接性地位,使之统一并加以改变。然而,人们逐渐发现,某些领域,特别是有着紧密关系的社会中,存在着能够有效调整这些社会关系的非正式的民间规范。法律的介入,不仅未能达到预设的目的,反而使非正式的民间规范失效,最终造成了一个"法律更多而秩序更少的社会"。

一、法律规范的泛滥

美国学者爱波斯坦在其著作《简约法律的力量》一书的中文版序言中写到:"学术界通常是从一个预设前提出发的,这就是,当我们进入不同社会中的时候,法律规则也就相应地呈现出无穷无尽的变化。"[②] 事实上,不仅是学术界,立法界此种思想也颇为盛行。1979年以来,我国的法治建设很大程度上是法制建设,也即法律制度的构建和法律体系的完善,每年有大量的法律、法规、规章等规范性文件被制定出来,法律条文的数量不断

---

* 本文系教育部人文社科规划项目《基层法院的司法决策》(09YJC820063)、山东大学威海分校自主创新项目《基层法院司法决策的调查研究》的阶段性成果。
** 张其山(1977—),男,河南信阳人。山东大学威海分校法学院副教授,法学博士。
① Galanter, *The Modernization of Law*, in Modernization: The Dynamics of Growth, Myron Weiner ed. Basic Books(1966), pp. 153~156.
② [美]理查德·A. 爱波斯坦:《简约法律的力量》,刘星译,中国政法大学出版社2004年版,序言。

增加、法律规范的内容不断细化。法律规则的倍增,并非是我国所独有的现象,在法律发达的国家也普遍存在。①

立法者希望在每个可以预见的领域都制定法律规范,因为每个领域总会存在纠纷,而纠纷的解决就需要依据法律来预置规则。当社会关系发生新问题时,为何学者和立法者倾向于通过立法解决?这是因为人们总是不知不觉地具有一个强烈的动机,希望每种纠纷的解决都有一个明确的可预见的规则可以依据。从19世纪初,特别是在潘德克顿学派那里,人们就试图建立并相信能够建立一套完美无缺的法律体系,使每个具体的案件都能找到法律上的依据。另外,为了防止事实的认定错误和法官滥权的风险,人们又设计出一套繁杂的程序规则。与法律规则相比,一些极其细节化的非正式规范是不稳定的,它们几乎没有表面上的一般化,而且总是视具体环境、条件状况的变化而定。在法律学者和立法者看来,这些非正式规范毫无规范性、可预测性可言。正因为如此,主张用法律规范来取代这些非正式规范的动机十分强烈,特别是一种新的社会问题突显,超出原来的道德规范和民间规范的拘束的限度时。

有人将法律规则数量的迅速增长归因于现代社会道德秩序的崩溃。当非正式的道德规范、民间规范失效时,法律就不得不承担起填补社会漏洞的责任。这种观点遭到爱波斯坦的反对,在他看来,"这些主要社会约束秩序的失败,不被视为天灾人祸的结果,而被视为一种政府活动的结果,一种政府根据法律进行过于活跃的干预而造成的一种后果"②。或者如克拉克所言,法律的兴起与道德秩序的崩塌之间因果关系是双溯的,"法律的兴起,导致了道德上的世风日下;道德上的世风日下,引发了法律的兴起,循环往复,以至无穷……"③

有些时候,法律规则一方面总是要求公众给予广泛的支持,某些方面却给社会带来了更大的恣扰。法律规则的介入所带来的副作用是显而易见的,一方面它破坏了原来人与人之间的信赖关系,破坏了作用于其中的有序的民间规范、习惯和惯例,因而增加了纠纷解决的成本;另一方面,它所预置的纠纷解决规则并不一定是适合双方当事人的最佳选择。其缺陷在于:其一,这种方法没有重视其他社会规范解决问题的方法,忽视了其他的权威力量;其二,这种方法过多地关注戏剧化的疑难案件,而忽视了大多数简单案件中自愿解决所带来的可能收益;其三,对法律的强调,以及对以法律为基础的管制的强调,在具体的社会状态中可能产生蛮横排他的负面效果。法律只是人类社会发生到一定阶段不得已而为之的一种社会控制方式,并且在不得已的情况下才会使用的纠纷解决方案,如博登海默所言,法律作为一种社会治理或控制手段,乃是人类社会化过程中的一种

---

① 比如在美国,从1960年代后期开始,基于立法而产生的管制呈现出迅速加强的趋势,1960年《联邦法规和上诉法院判例汇编》的页码为12 792页,到了1991年就猛增到67 716页。
② [美]理查德·A.爱波斯坦:《简约法律的力量》,刘星译,中国政法大学出版社2004年版,第11页。
③ Robert C. Clark, *Why Many Lawyers? Are They Good or Bad?* 61 Fordham Rev. 275(1992).

"反自然的选择"。①

在埃里克森看来,这是一种"法律中心论",即把法律,特别是把国家以合法的立法程序制定公布的成文法律规则,视为社会秩序和发展的前提。② 立法者在发现问题时,自然而然地就会尝试运用法律规则去解决越来越多的困难问题,甚至当问题产生时,首先想到运用法律的手段,而不是去考虑促进当事人自主解决的方式。正如以上我们所言,法律规则只是一种不得已而为之的社会控制手段和问题解决方法。与其他方法相比,它并没有任何优势,不会在问题的解决时更为智慧和简约。我们通常会这样做,其原因在于我们被自己所塑造出来的戏剧化的法学理论和法律体系所迷惑。当面对新的情况时,原来的法学理论和法律体系出现明显漏洞时,我们又不得不创造更多的法律规则。

二、无需法律的纠纷解决

人类社会的秩序不是一个统一的秩序,而是不同阶层、不同群体乃至不同地域之间形成的各秩序的总和。每种秩序都是其特殊环境的产物。他们是一个共存的秩序,制定国家法的目的不是要消灭这些秩序,以一个共同的规则体系来安排这些秩序。当这些秩序之间发生冲突时,国家法才开始介入。"法律制定者如果对那些会促成非正式合作的社会条件缺乏眼力,他们就可能造就一个法律更多但秩序更少的世界。"③

我国传统的社会是"礼治"的社会。礼治与法治最大的不同在于维持规范的力量。它不需要有形的权力机构来维持,维持这种规范的是"传统"。④ 而传统是社会所累积的经验,是在漫长的实践交往中所形成的具有地方性的民间规范。与法律规范不同,对民间规范的遵守不需要外在强制力来保证实施,也不需要追问其正当性的理由,只需要"学而时习之"就行了。

相比于法治,礼治有着极大的优越性,因为礼治是对传统规则的服从,长期的教育已把外在的规则化成了内在的习惯。⑤ 虽然哈特和富勒都认为,法律的权威是来源于对它的服从,但强制性始终是其外在条件之一。比如在现今的法律世界,当事人对"诚实信用原则"的恪守始终是个问题,在许多民事立法中,立法者不得不设置复杂的交易规则来保证这一原则的实现。而礼治社会中的诚信却始终不会是个问题,乡土社会的信用不是对契约的重视,而是发生于对这一种行为的规矩熟悉到不假思考时的可靠性。如果我们将

---

① [美]博登海默:《法理学:法律哲学与法律方法》,邓正来译,中国政法大学出版社1999年版,序言。
② [美]罗伯特·C.埃里克森:《无需法律的秩序——邻人如何解决纠纷》,苏力译,中国政法大学出版社2003年版,第3页。
③ [美]罗伯特·C.埃里克森:《无需法律的秩序——邻人如何解决纠纷》,苏力译,中国政法大学出版社2003年版,第1页。
④ 费孝通:《乡土中国》,人民出版社2008年版,第61页。
⑤ 需要进一步解释的是,礼治不是人治,因为礼是传统,是整个社会历史在维持着这种秩序,而不是某个人的好恶的统治。

法律限定为依国家强制力保障实施的规则,礼治社会则可以说是"一种不需要规律的秩序,一种自动的秩序,是无治而治的社会"。

当然,我们说在对规则的遵从上,礼治比法治更具优越性,并不是说礼治更符合现代社会。礼治社会有两个特点:其一,必须以传统可以有效地应付生活问题为前提,在一个变迁很快的社会,传统的效力是无法保证的;其二,礼治社会的基本结构是一种"差序格局"。在这种差序格局中,一切都是以自己为原点推出的道德体系,而缺乏适用于一切人的统一规则。这种以"利己主义"为核心的社会秩序,与作为现代社会法律基础的平等主义是相悖的。

从形式上看,传统的礼治社会的结构已经不复存在了。社会主义市场经济体制的建立,使人们的活动已远超出了原来血缘和地缘的限制,而社会主义法律体系的建立,使现代化的法律规则已开始接管原来礼治社会中传统的力量。理论上说,这是好事,使中国能走上现代化的道路。但我们也不得不承认,现行的法律制度在我国的基层社会发生了很特殊的副作用,它破坏了原有的礼治秩序,但并不能有效地建立起法治秩序。① 经济"市场化"、居住"城镇化"让人们之间的关系逐渐由"紧密"走向"陌生",而如果就此称我们已经由熟人社会过渡到市民社会还言之过早。市民社会必须以公民的政治成熟性和责任感为条件,而这一条件在我国尚未成就。

另一方面,传统的力量是强有力的,不会随着法治建设的进行而立即消失。原来存在于熟人社会中的民间规范以一种改变了的方式继续发挥着调解社会的功能。我们可以看到的是,除了受法律规则调控的国家秩序之外,原来以熟人社会为基础的民间秩序并没有消灭,而是以一种新的紧密关系结合在一起,也即以"单位"形式表现的机关、公司、社区等行政组织或区域组织。这种新的组织形式与原来礼治社会最大的不同在于其不再以差序的利己主义,而是以具有平等精神的个人主义作为其秩序形成的基石。与礼治社会下自然形成的社会结构不同,新型的"熟人社会"②往往是基于某种特定的目的而产生的。

在这种新型的熟人社会结构之下,人们是如何解决纠纷的呢?笔者没有进行相应的社会学调查,只借助埃里克森的结论来解释说明。他认为,在具有平等社会地位的熟人社会中,人们常常以合作的方式化解他们的纠纷,而根本不关心适用于这些纠纷的法律。埃里克森通过对加州夏斯塔县,乡村居民如何化解因离散牲畜引发的种种纠纷进行考察,一个主要发现是,夏斯塔县的邻人并不是从法律规则以及法定权利入手,而是运用一些非正式规范相互合作地去解决他们中的绝大部分争议。在这里,冲突一般不是在"法律的阴影"之中,毋宁说,是在阴影之外解决的。

---

① 费孝通:《乡土中国》,人民出版社 2008 年版,第 71～72 页。
② 这一提法只是因为这种新型社会秩序依然是基于人与人之间的紧密关系,是相对于陌生人社会而言,但就法治社会而言,它不仅调整陌生人之间的关系,而且很大部分也调整熟人之间的关系,我们很难将法治秩序与陌生人秩序等同起来。这里只是便宜的提法,用于称谓关系相对紧密的私人之间所形成的秩序。

为什么在关系紧密的社会关系中人们的博弈会朝向合作的方向发展？首先，关系紧密的人们之间的交易并不是一次性的，而是长期的、持续性的。这种持续性的关系就相当于博弈论中的重复博弈，它赋予了每个博弈者实施自助制裁的权力。他们将账都记在心里，如果在一次博弈中受到不公平的对待，在下次或以后的博弈中他完全可以"以牙还牙"。其次，紧密的关系使一个社会群体内部成员之间的情况和诉求有着充分的了解。"仅有重复博弈这一前提条件并不足以诱使合作。博弈者需要信息，也需要有效的权力。当没有足够信息时，获得权力的人们之间的持续性关系也许不是合作性的。"①正因为如此，关系紧密之群体内的成员们开发并保持了一些规范，其内容在于使成员们在相互之间的日常事务中获取的总体福利得以最大化。更简单地说，关系紧密之社会群体的成员们会非正式地鼓励相互之间的合作性行为。

需要说明的是，我们称在关系紧密的社会团体中发挥作用的民间规范为"非正式规范"，只是相对于正式的法律规范体系而言。从形式上看，任何一个非正式规范体系都有着类似于法律体系的结构体系，其中包括实体法、救济法、程序法以及管辖法等。比如，就如同懈怠原则禁止超过时效的诉讼一样，一个非正式的程序性规范会告诉人们"过去的事就让它过去吧"，"以牙还牙"的报复原则就如同民法上的对等原则，而允许受害人对侵权人进行真实但负面的议论比处以法律上的惩罚措施更为有效。事实上，在这些关系紧密的社群中，"正式的"规范反而更像是"非正式的规范"。如果纠纷当事人一开始就绕过这些非正式的民间规范，而直接将纠纷提交到法官面前，则被看成是不合时宜的举动。

与正式的法律规范相比，非正式的民间规范能更好地满足纠纷各方的需求。由于法官不可能像当事人那样对系争利益有着详尽的了解，他们就不得不将纠纷利益转化为相对客观的市场价格。然而，市场价格必定是价值的粗糙估算，主观评价体系才是对价值的唯一可信的测度。如果不是进入纠纷当事人的生活，也就很难正确地估算当事人的主观偏好，更难以把握双方当事人最大的福利。现代法律不仅不鼓励法官进入当事人的生活，反而为了公正审判的需要，禁止法官与当事人进行私下的接触。

从以上埃里克森对关系紧密的社群中存在的非正式的民间规范的描述，我们似乎看到了费孝通在《乡土中国》中所描述的中国礼治社会的影响。但正如我们已经提到的，二者的社会结构是截然不同的，礼治社会是个差序的社会，而埃里克森所描述的对象虽然也是远离城市的乡村，但谁也不可否认，它仍然发生在美国这个高度发达的法治国家的繁荣地区。埃里克斯进一步指出，这种非正式的合作规范并不只是紧密交织的农业群体的产物，因此不一定是一个固定的空间或行业中的现象；它在现代的工商业社会中，在高度个人主义的社会，在受过最高等教育的人当中，在高度离散的空间中，也可能发生并运作，只要是身处如此社会环境中的这些高度离散化、原子化的个体可能借助其他现代方

---

① ［美］罗伯特·C.埃里克森：《无需法律的秩序——邻人如何解决纠纷》，苏力译，中国政法大学出版社2003年版，第220页。

式构成一个特别形式的交织紧密的群体。可见,这种非正式的合作性的纠纷解决方式普遍存在于关系紧密的社群之中。这种无需法律的秩序,同样存在于我国新形成的熟人社会之中。

相比于法律的强制性、规范性,私人合作化的纠纷解决方式显然更有利于纠纷的解决。这给我们提出一个问题,即能否将这种非正式的私人纠纷解决机制纳入法律体系的统一调控之下。这一设想非常有趣,它将使法院的纠纷解决在根据法律裁决之外,开辟一条更加简洁高效的纠纷解决途径。

三、法律调整下的民间规范

在一个有限的、特别化的背景中,许多力量使人们团结一致,而无须任何来自国家政府的明确法律干预。然而随着经济的全球化以及人口的城镇化,我们看到的是一个从"紧密联系"到"松散联系"的转向。"一旦这个重要转变出现了,彼此信任的因素、交易互惠的因素,以及非正式权利和非正式惩罚的结构,其作用和效果也就大打折扣了。"[①]随着非正式的约束机制结构不可避免地走向衰亡,法律调整开始取代原来的非正式规则的作用。这时,有两种截然不同的策略方法可供选择:其一,设立一个复杂、细节化的实体权利义务规范体系,也即模仿原来的熟人社会中的非正式规则,将其改造为一个法律规则体系。这是一个几乎不可能完成的任务。我们不可能期望法律规范体系能达到非正式规则同样的具体性和可靠性。即使模仿成功,法律规则也会因其繁杂的结构而变得成本高昂、可操作性差。

另一个次优的选择是根据新形成的社会关系,创立更多的小型分立区域。在这些分立区域中,非正式规范可以以更为精确的方式和较低的成本去发挥自己的调整作用。除非为了达到某种特定的目的,或者这些非正式规范违反了法律的强制性规定,法律规范一般不再干预这些非正式规范的运作。

稍加研究,我们会发现,这种新形成的非正式规范,已经与原来的熟人社会中的非正式规范完全不同。新的非正式规则要求对自治权利的尊重,其理论基础是个人主义。个人主义不是一种促进贪婪和自私行为的努力,而是要保持区域中每个成员的人格尊严的独立性,禁止任意地以公共利益来侵犯个人的权利。而原来的熟人社会的社会关系则是利己主义。它以自己为中心,首先考虑自己、其家人、其朋友,然后才是次序渐远的其他人,并以此形成一个差序格局的社会结构。它以不同的规则来处理社群内处于不同位序的人的关系。其好处是能造就一个稳定的可以信赖的社会关系,缺陷是这一社会关系对于处于较低位序或者关系之外的人却是不平等的,它是私人权利和公共权力的滥用的根源。

---

① [美]理查德·A.爱波斯坦:《简约法律的力量》,刘星译,中国政法大学出版社 2004 年版,第 63 页。

在新理论的支撑下,法院审理案件的性质也发生了变化。"不能把法院在解决纠纷中所作贡献完全等同于根据判决来解决纠纷。法院的主要贡献是为了私人的、公共的场所中所产生的交涉和秩序,提供规范的和程序的背景。"① 社会的成功运作取决于每个个人成功地管理自己的事务,因此个人之间的合作式的纠纷解决机制才是最好的。② 之所以纠纷被提交到法院,是因为本应在当事人之间发生作用的民间规范因为信息交流的阻却和信赖的丧失而变的失效。当纠纷诉之法院时,法官裁判的目的不应是利用法律规则对当事人进行惩罚或对其行为进行限制,而应是从当事人的实际情况出发,利用法律上提供的程序规则和制度规则来恢复被阻却的信息交流和信赖机制,依靠法院的权威来促进当事人之间的自愿合作。如果我们着眼于现实的司法裁判,会发现绝大部分的案件的最终解决,并非是真正依据裁判文书上所引据的法律规则,而是原来就已经存在于个人交往之间的民间规范、地方性习惯。如果我们从民间规范、地方性习惯中剥去各种各样的外表,比如契证形式、公证资格等,我们就会认识到所有法律制度仅仅是在如下意义上发挥作用的,这就是,它们使个人自治、财产私有、交易自由、不受干预和必要保护等原则融会贯通起来。

立法上趋于使用法律规范来规制所有社会生活的同时,在基层法院的审判实践中,民间规范从来都未被忽视。基层法院,特别是乡镇的派出法庭,所面对的是乡土文化深厚的小型城镇和农村地区,民间规范在其中发挥着重要的作用。纠纷的解决不是依靠法律规范,而是自然形成的小型社会的复杂的规则体系。这时,如果法官依据法律的权威强行介入,反而会破坏原有的和谐的纠纷解决方式。比如,在商业社会中,当纠纷发生时,起诉和应诉是非常自然的事,而在广大的小型乡镇和农村地区,被起诉当被告则被认为是非常丢人的事,按正常的法律程序将纠纷公开化也会导致原被告之间原有情感彻底走向对立,最终的矛盾将不可化解。法官所要做的是充当调解人,化解纠纷当事人的冲动,促使当事人达到合意,以调解和和解的方式解决纠纷。虽然最终的裁判依据依然体现为法律规范,裁判文书依然充满着法言法语,但我们都知道,事实上起作用并不是这些空泛的法律规范,而是当事人所熟知的本就存在于乡土社会中的民间规范。

法学界已经注意到仅将法律规则看成纠纷解决主要依据所带来的危害。以佛罗伦萨为中心进行的几项社会调查表明了对法律中心主义的适当性所持有的疑虑,而且,似乎也暗示了接近正义过程中应该放弃法律中心主义。③ 近来的研究主张法律不应是文字书写的法律规范,而应是适用中的法律,是一种"活法",应当以一种灵活的方式来回应人们对正义的追求。虽然在形式上整个的法律体系依然保留着严谨的结构,但无论是理论

---

① [意]卡佩莱蒂:《福利国家与接近正义》,刘俊祥译,法律出版社 2000 年版,第 132 页。
② 当然,这种合作式的纠纷解决只是为了促进双方之间的个人利益最大化,如果因此侵害了公共利益或他人利益,这种合作应该被限制。
③ 这几次调查分别以贫困者的法律援助、扩散利益的代表以及接近正义整个领域作为研究对象。参见[意]卡佩莱蒂:《福利国家与接近正义》,刘俊祥译,法律出版社 2000 年版,第 127 页。

研究还是司法实践,司法审判都已远远超出法官简单适用法律规范到具体案件的法律适用过程。在理论上对具体正义的关注导致了法律规范的怀疑主义,也即将公正问题彻底消解,或者将公正以"谁之公正、谁之正义"的方式立场化、政治化。在实践上,法律适用采取一种更为灵活的方式。法官首先考虑的不是法律上对当前的案件作出怎么样的规定,而是从案件的实际出发,综合各种案件因素,权衡种种利益考量,最终得出一种他认为最为适合的纠纷解决方案。

四、民间规范的地位

虽然我们极不情愿,但社会的发展已经让我们对现代法律所构建起来的规则体系和基本理念有所信赖,渴望回到某种过去民间规范或道德规范控制之间的有序的"黄金时代"——或者只是我们怀旧情绪的美好幻想——只能是没有价值的一厢情愿。现代法律将统治我们的生活,并且在将来还会更加广泛深入地影响并决定着我们的生活。可以预见的是,随着"城镇化"和人口的流动,现在存在于某些地区中的民间规范也将变得失效,其地位最终将被法律规则所取代。

我们只是想提醒一下,与民间规范、道德规范相比,法律只是一种次优的选择。它不仅使纠纷解决的成本变得不必要的高昂,而且也有可能破坏了原来的和谐的社会秩序。如费孝通所警告的那样,"法治秩序的建立不能单靠制定若干法律条文和设立若干法庭,重要的还得看人民怎么去应用这些设备。更进一步,在社会结构和思想观念上还得先有一番改革。如果在这些方面不加以改革,单把法律和法庭推行下乡,结果法治秩序的好处未得,而破坏礼治秩序的弊病却已先发生"[①]。在法治化的进程中,我们必须对法律中心主义保持足够的克制。这至少需要做两方面的工作,一方面,在立法上要尽可能的简约,法律只调整它必须作出调整的部分,对于其他民间规范、惯例、道德等依然发挥作用的领域,法律的介入要十分谨慎。这需要我们从立法的狂热中冷静下来,除非十分必要,不要轻易立法。另一方面,在司法中要对民间规范等给予尊重,除了违反法律禁止性规定,或者会导致产生邪恶后果的陋习外,法官应尽可能地使纠纷的解决符合民间规范的规定,使裁决结果既合法又合理。

那么如何才能判断法律管制的界限呢?法社会学者给出一个社会最低容忍的解释,即当一种行为超出了社会公众所能容忍的限度,就必须以立法的形式来加以禁止。这种解释仅对于刑法、行政法等公法领域有效,对于任意性规则占多数的民法、商法领域不太适用。法经济学家给出另一种解释,即在管制成本与激励效果之间寻求基本的平衡。从一般的角度来看,法律的管制成本包括了对于法律制度运用所需的所有成本,如个人遵守法律的成本和实施法律规范的公共成本,以及法律制度运作中的失误成本。而法律的

---

① 费孝通:《乡土中国》,人民出版社 2008 年版,第 71~72 页。

运作则会给个人产生正面和负面的激励。法律的首要目的在于确保法律不为个人提供负面的激励。

当然,否认法律作用的法律边缘论的理论也应该被抛弃。无论是从实证的视角还是从非正式规范的角度,法律都有其地位。我们主张尊重民间规范不是要取代制定法的地位,而是要民间规范与国家法一道,共同构成调整人们生活的行为规范,在民间规范发挥作用的紧密社群关系中,制定法应该保持克制,而当纠纷人之间的社会距离加大时,当所涉及的利益总量增加时,以及当法律体系为纠纷人提供第三方承担费用的机会时,纠纷人就越可能转向法律规则。二者并非谁从属于谁,而是作为独立的规范类型在不同的领域发挥着调控社会的作用。

习惯的法律治理模式之比较研究[*]

张洪涛[**]

(东南大学法学院 江苏 南京 211189)

摘要:习惯的立法治理是一种集中于法律运行开端的批发式治理方式,制度运行人力成本和时间成本较低,但社会适应性较弱,灵活性较低,对习惯的吸纳能力较弱,从效率看较适合于社会同质性高、自然地理环境较简单的国家。习惯的司法治理是一种集中于法律运行末端的零售式治理方式,制度运行人力成本和时间成本较高,但社会适应性较强,灵活性较高,对习惯的吸纳能力较强,从效率看较适合于社会异质性高、自然地理环境较复杂的国家。

关键词:习惯;立法治理模式;司法治理模式;比较研究

不论是人类社会还是非人类社会,都有习惯的存在。在人类社会的早期,习惯一词用来涵盖现在用"文化"一词的含义,是人的"第二本质",视为被劝导的和日常有惯性的行为,是人生主要的法官。① 随着社会分工的发展,社会交往的范围不断扩大,人们之间的联系方式由原来的机械性团结为主转变为以有机性团结为主,使具有地域性、群体性特征的习惯越来越不能满足人们的需要,习惯的不确定性等局限性日益突显出来,需要将这种社会内生的内部规则外在化、硬化。这种外在化或硬化的过程,在现代社会主要表现为习惯的法律化。当然,随着人及其社会环境的不断变化,习惯也在不断地从人类社会中自然而然地演化出来,作为整体的习惯也在不断地吐故纳新以便紧跟社会发展的脉搏,紧贴人的本性满足人的不断扩大发展的需要。因此,即使是在现代国家立法非常发达的法治社会,习惯在国家法治中也具有举足轻重、不可或缺的作用,甚至它本身就是一种先于立法而存在的"法律",也是一种"自由的法律",建立的是一种不同于国家建立的外部秩序的内部秩序,②甚至对法治是否能有效地建立起来也有决定性的影响,③也就存在一个习惯的外在化、法律化的问题。同时,站在国家法律的角度来看,法律为了获得

---

[*] 教育部人文社科规划基金项目《民意沟通与我国司法调审制度改革研究》(10YJA820128)、中国法学会项目《我国立法中民意沟通机制实证研究》[CLS(2011)D18]和东南大学基本科研业务费国家社科基金预研项目《中国法治的中国元素之技术角度研究》(SKYY20110002)阶段性研究成果。

[**] 【作者简介】张洪涛,男,东南大学法学院教授,法理学硕士,社会学博士,主要研究方向为法社会学。

① [英]爱德华·汤普森:《共有的习惯》,沈汉等译,上海人民出版社2002年版,第2页。

② 参见[英]哈耶克:《法律、立法与自由》(第1卷),邓正来等译,中国大百科全书出版社2000年版,第113~196页。

③ 参见[美]昂格尔:《现代社会中的法律》,吴玉章等译,中国政法大学出版社1994年版,第41~127页。

社会必要的认可和支持,即解决其合法性问题,也需要有条件地将那种贴近社会、贴近民众、贴近民意的习惯等社会规范制度化、法律化。这个过程就是外部规则的内部化过程。

不论内部规则的外在化,还是外部规则的内部化,都是习惯法律化、制度化同一进程中两个不可分割的方面,在现代社会都是普遍存在的现象,都需要具体地落实到交由一定社会的社会组织及其人员来承担其制度化、法律化的任务。不同的只是由于不同社会历史发展、现实社会环境等的不同,这个任务交由不同的社会组织及其人员来完成。英美法系"从习俗到惯例到法律规则的过渡与转化(习惯的法律化、制度化——引者注)是在遵循先例的原则中(由法官)'自然'完成的;而在大陆法系的运作程序中,习俗与惯例是通过'主权者'(即立法者)的意志被认可并通过成文法规则的形式而被确立下来的"①。这就是本文所说的习惯的法律治理模式。在现代国家,承担制度化、法律化的社会组织及其人员在理论上不外乎三种情形:立法机构、司法机构与行政机构及其人员,因此,也就相应地形成了习惯的立法治理模式、司法治理模式和行政治理模式。现代法治国家对习惯的法律治理主要采用了立法治理模式和司法治理模式两种形式,而很少采用行政治理模式。在此,本文主要比较研究了习惯的立法治理模式和司法治理模式的特征、适用的基本条件、对习惯的治理效果和社会适应性上的不同。

一、基本特征之比较

如果将习惯的法律治理的任务制度化地主要地交由立法机构及其人员来完成,我们就称这种模式为习惯的立法治理模式。在理论上,这种模式尽量排除习惯通过司法和行政等途径及其人员的进入而完成其制度化、法律化的任务。法典法系国家采用的就是这种模式。同样,如果将习惯的法律治理的任务制度化地主要地交由司法机构及其人员来完成,我们就称这种模式为习惯的司法治理模式。在理论上,这种模式尽量排除习惯通过立法和行政等途径及其人员的进入而完成其制度化、法律化的任务。普通法系国家采用的就是这种模式。由于这两种模式将习惯的法律治理交由不同的机构及其人员承担,就形成了不同的特征:

首先,从整个法律运行过程来看。不论是制定法系,还是判例法系,法律运行过程的起点都开始于寻找法律规则;不同的是,制定法系在现成的法律规则中去寻找,而判例法系是在先前的判例中去寻找。法律运行的终点都是将一般的规则运用于具体的情形,作出裁判。因此,习惯的立法治理模式是一种集中于法律运行过程的开始或高端的一种治理模式,而习惯的司法治理模式是一种集中于法律运行过程的最后或末端的一种治理模式。

其次,从承担其制度化、法律化的机构及其人员在地理空间和人文空间中的分布来看。一个国家的立法常设机构及其人员的总量要少于司法机构及其人员的总量,因此,

---

① 韦森:《社会秩序的经济分析导论》,生活·读书·新知三联书店2001年版,第239页。

在地理空间的分布上,习惯的立法治理模式与习惯的司法治理模式相比,前者的分布密度要小于后者的分布密度;或者说前者一般相对集中处于某个地区或整个国家的政治、经济和文化中心的城市,是一种集中于社会上游的治理模式,而后者除了分布在某个地区或整个国家的政治、经济和文化中心的城市外,还会向社会次中心甚至更基层延伸,一般相对均匀地分布在社会各个阶层的治理模式。

再次,从承担其制度化、法律化的机构及其人员用于严格意义上的立法活动的工作时间来看。立法是解决一般正义的问题,因此,一个国家的立法常设机构及其从事立法活动的人员,大部分时间是进行立法前的调研准备工作,较少进行对全社会或某个地区具有法律效力的立法活动,用于严格意义上的立法活动的工作时间,在同等的时间范围内,与司法人员相比要少。他们并不是像司法机构那样经常"开门营业",而是经常的"关门歇业",只是在一个相对确定的时间内,进行这种严格意义上的立法活动。比较而言,司法解决的是具体正义问题,用于司法判决前的法律和事实的调查的时间较短,也较少,经常进行一些对社会具有法律效力的判决活动,其用于严格意义上的司法活动的时间相对于立法而言要长得多。

复次,从习惯的法律治理模式的对象来看。习惯的立法治理模式中立法机构及其人员不是面向具体的习惯,而是面向一般的习惯或者是经过研究人员或其他社会成员收集整理甚至筛选过滤了的习惯,也不面向具体的人和事,因此,这些习惯一般难以与具体个人利益联系起来而形成一种利益驱动机制。也就是说,习惯是否能完成其法律化、制度化往往决定于立法者及其有关研究人员对习惯的态度、认识、研究热情、研究能力和水平,而与习惯的真正载体即社会大多数成员的关系不是显得那么密切,缺乏一种因利益驱动机制而使社会大多数成员特别是社会最下层成员的推动力量,其主观随意性较大。① 而习惯的司法治理模式中司法机构及其人员面向的是具体的习惯,一般是附着在具体人或具体事上的活灵活现的习惯,而且这些习惯往往与这些具体的人和事有一种紧密的利益关系,在这种个人利益驱动机制的作用下,习惯往往被他们自觉或不自觉地带到司法活动中来。因此,习惯的法律化、制度化除了受到司法机构及其人员的态度、水平的影响外,更重要的还要受到当事人双方的影响,甚至还会受到来自法庭之外的各种各样的社会力量的影响,其主观随意性较小,而客观性较强。②

最后,从治理习惯的方式来看。习惯的立法治理模式是一种结构性治理模式或批发式治理模式,而习惯的司法治理模式是一种反思性治理模式或零售式治理模式。从规范层面来看,习惯的立法治理模式追求制定一种预见一切、包罗万象的法律规范体系,尽量将整个社会领域(当然包括存在于社会各个领域中的习惯)纳入自己的规范范围内,以一种结构性的视野来看待整体的习惯,也将社会所有的习惯结构化而划分为许多社会领域,进行相应的法律化、制度化,是一种典型的结构性治理模式。从价值层面来看,习惯

---

① 苏力:《当代中国法律中的习惯——制定法的透视》,载《法学评论》2001年第3期。
② 苏力:《当代中国法律中的习惯——制定法的透视》,载《法学评论》2001年第3期。

的立法治理模式还追求法律规范的普遍性、一致性、稳定性和安全性,尽量避免过多的法律修改和频繁的立法活动,一般不会因为个别习惯足以法律化、制度化而启动其立法活动,因此,它往往处理的是许多习惯的法律化、制度化的问题,是一种批发式的治理模式。当然,它采取这种治理模式很可能与上述所说的立法机构及其人员在地理空间、人文空间和工作时间等上的分布有紧密的联系,受这些客观因素的综合影响,它只能选择这种批发式的治理模式。

比较而言,习惯的司法治理模式并不追求制定一种预见一切、包罗万象的法律规范体系,除了追求自己行为的前后一致性外(由遵循先例原则保障),更加关注规则的妥当性和是否有利于具体问题的解决。不仅如此,而且这种对规则妥当性追求并不是一次性地完成的,而是一个可以不断调整、修正的问题。这是因为,判断规则妥当性的标准不是来自于法官的主观判断,而是随着时间不断发展的社会环境和条件。当客观的社会环境和条件发生变化的时候,规则的妥当性就会发生改变,其妥当性是一种可以不断检验和反思的过程。① 因此,习惯的司法治理模式是一种反思性治理模式。司法中的习惯往往是在个人利益驱动机制的作用下而由具体的人带到司法中来的,其被带进的习惯往往是具体的习惯,往往是少量的甚至只是一个习惯,因此,习惯的司法治理模式往往只是解决具体的少量的或一个习惯的法律化、制度化的问题,是一种零售式的法律治理模式。因此,它的营业网点相对较多,在地理空间和人文空间以及时间分布上相对较密集些。

二、社会适应性之比较

"如果按照过程的思路,则'立法'这一个环节与'守法'、'执法'、'司法'和'法律监督'这几个环节显然具有相当不同的属性。立法是后面几个环节和方面的基本前提,没有立法,则从守法到执法到司法再到法律监督等环节就无从产生,没有法律形成,则法律实效、法律实现、法律实施就无从谈起;立法是标准,所有的守法、执法、司法和法律监督都必须由法律予以评判;立法还是目标,所有的守法、执法、司法和法律监督最终的完成都应该由立法事先设计好、设定好的目标和结果为最终目标。……这是一个主导性的环节。"② 可见,民法法系是一种习惯的立法治理模式,强调事先目标的设计和贯彻。也就是说,法律运行结果的好坏取决于原始方案设计的好坏,行政机关和司法机关只是立法机关的延伸,只不过是在执行立法机关所制定的法律而已。民法法系属制定法传统,强调法律对社会生活的覆盖,追求一个完善的、自给自足的规则体系;并要求严格执行和遵守其规定,没有为现实的情况和实际的处置留有运作空间和余地,通过抑制诉讼过程中法官、律师等的能动作用,来保证法律目的不折不扣地实现。因此,它在理论上主张将习惯与法律的紧张、断裂等问题只能放在立法环节而不是司法环节解决。

---

① 参见[美]卡多佐:《司法过程的性质》,苏力译,商务印书馆1998年版,第10页。
② 鲍禄:《法理学与比较法》,对外经济贸易大学出版社2002年版,第178页。

"如果说在民法法系,是立法环节为主导的话,在普通法系,司法环节则是枢纽和核心,整个法律运行是围绕司法而进行的。司法不仅是已经存在的、制定出来的法律最终得以实现的重要途径,而且,司法还决定了法律的生成和发展。用一个司法过程,很大程度上可以概括出法律运行从生成到实现的整个过程,司法的过程和结果决定了整个法律运行的实效。司法是核心,通过它,就可以提领起法律运行的全貌。"①可见,普通法系是一种习惯的司法治理模式,在解决法律与习惯的脱节等问题时,将此消解在法律运行的司法环节而不是立法环节,习惯理论上只能通过司法途径进入法律运行中,"'司法判决'构成官方法通向非官方法的渠道"②。

比较而言,在解决法律与习惯脱节、背离等问题上,普通法系的司法途径比民法法系的立法途径更有优势。

首先,"司法判决的沟通能力比上面提到的条文的沟通能力还要深远"③。在习惯进入法律运行的方式上,普通法系采用的是一种司法方式,也是一种较分散的零售方式,"营业网点"(主要是法院)多,经常"开门营业",更贴近和深入社会,对习惯的吸纳能力较强。而民法法系选取的是一种立法方式,也是一种间隔时间较长、程序较为严格集中的批发方式,"营业网点"(主要是中央立法机关)较少,相对集中于社会上层(尤其是政治精英和文化精英),经常"关门歇业",对习惯的吸纳能力较弱。此外,法官与立法者所处的地位也有所不同。相对而言,法官尤其是基层法官并不像立法者那样处于超脱位置,他们始终是处在法律实施的最前沿,处在法律与习惯发生矛盾和冲突的最前沿,必须面对具体的人和事、具体地域的种种风俗习惯、具体的利益冲突,亲身参与整个案件的博弈过程,深刻体会当事人的所思所想,因而,对弥散在社会各个角落的风俗习惯较为敏感。而这些是处于超脱地位的立法者无法体认的,也无法享有的信息资源。④

其次,普通法系有一种历史取向性,特别关注传统与现代的沟通,有利于断裂的文化、制度、大传统与小传统等在司法熔炉中得到连接和修补。微观上,普通法系法律运行的起点是发现和阐释一项法律规则,是基于一桩具体案件和现实地解决具体问题,可保障被发现和被适用的法律规则能恰当解决这个问题,即法律运行的终点,因此,法律运行的起点和终点能基本达成一致。在这个意义上,普通法系是实践指向的,事先没有一个设计好的、确定的目标,也不是由标准的定义、规范的规则构成的。"判例法规范产生于并且针对着个别的案件,法官总是避免创立概括性原则,这就意味着判例法是面向过去而不是像大陆法那样面向未来的体系。换言之,判例法并不存在预见一切未来可能发生情况并预先为之设定规则的宗旨,它只是以往的经验和智慧的积累。"⑤宏观上,普通法系

---

① 鲍禄:《法理学与比较法》,对外经济贸易大学出版社 2002 年版,第 179 页。
② [日]千叶正士:《法律多元》,强世功等译,中国政法大学出版社 1997 年版,第 119 页。
③ [日]千叶正士:《法律多元》,强世功等译,中国政法大学出版社 1997 年版,第 119 页。
④ 参见张洪涛:《社会学视野中的法律与习惯》,载《民间法》第二卷,山东人民出版社 2003 年版,第 56~72 页;苏力:《送法下乡》,中国政法大学出版社 2000 年版,第 238~263 页。
⑤ 徐国栋:《民法基本原则解释》,中国政法大学出版社 1992 年版,第 201 页。

通过遵循先例原则,保证了判例法规范之间的一致性、确定性、稳定性以及整个法律体系的历史取向性。"这一设计特点客观上使英美法官承担着沟通过去与未来的角色,他必须将既往的智慧与经验同现在和将来的事实连接起来"①,必须将由于社会急剧转型而造成的新旧文化和制度的断裂在司法的熔炉中得到连接和修补,进而协调一致。

而民法法系则是未来取向的,追求制定一种预见一切、包罗万象的法律规范体系,追求法律规范的普遍性、一致性、稳定性和安全性。因此,法律一经制定就适用于未来社会的所有情况,法官不得改变立法者的"立法意图",必须按照立法者事先设定好的轨道运行,理论上不能有丝毫越轨行为;即使是由社会急剧转型而造成的断裂、冲突和不一致,理论上也只能在立法环节化解,而不能在司法环节由法官解决。即使是通过立法环节解决,由于客观上严格的立法程序的限制和主观上立法者与司法者所处地位的不同而带来的制度激励不同,②这个问题的解决也没有习惯的司法治理模式的制度设计来得及时、顺畅并获得好的法律效果和社会效果。

最后,为了保障有效地实现上述功能,普通法系除了提高法院和法官的地位,加强法院和法官的独立性外,还提供了灵活的社会适应性机制,配备了足够的制度资源。"在英美法系模式中,从宏观上看,法律的确定性和灵活性分别由判例法和制定法承担。但从微观上看,判例法和制定法又起着与其宏观形象相反的作用。判例法和制定法在不同层次的不同作用,组成了协调法律之确定性与灵活性的双重调节机制。"③这种"确定性和适应性之间的平衡关系,不仅从法律发展与社会发展的同步要求这一纵向方面体现出来,而且还从另一方面,即在这种发展过程中每一相对稳定的阶段上,由法律表现的一般正义标准如何在每一具体场合得以实现这一横向方面表现出来"④。

为了保障司法过程能实现其发现、阐释、适用和创造法律的功能,普通法系在制度设计,特别是在诉讼程序上设计了有利于解决这个问题的平台。在法律实践上,普通法系选择了"对抗式"诉讼模式,充分调动参与案件的各方当事人及其代理人尤其是律师的主观能动性,让案件的原告、被告充分地举证、质证、论证,法官大多数情况只是"听讼"。司法营造这种"对抗"的氛围,其目的是使法官能够充分而全面细致地了解案件的事实和争点,为发现、阐释、适用以至创造法律以解决现实的具体问题作充分的准备。同时,也使案件的事实越辩越清,道理越辩越明,⑤使"实施法律是通过个体之间——例如,法院中法官和辩护人之间、警察和嫌疑犯之间、监护官和违法者之间、律师和当事人之间——的相互作用中对法律含义的协商过程,这种协商确定了有关适当行为和期望的许多非正式规则,它们决定法律学书籍中正式规则的'真正'作用和意义"⑥。而民法法系的"立法中心

---

① 徐国栋:《民法基本原则解释》,中国政法大学出版社 1992 年版,第 202 页。
② 参见苏力:《道路通向城市:转型中国的法治》,法律出版社 2004 年版,第 196～223 页。
③ 徐国栋:《民法基本原则解释》,中国政法大学出版社 1992 年版,第 198 页。
④ 高桐:《法律的确定性和适应性:英国模式》,载《比较法研究》1988 年第 2 期。
⑤ 鲍禄:《法理学与比较法》,对外经济贸易大学出版社 2002 年版,第 177 页。
⑥ [英]科特威尔:《法律社会学导论》,潘大松等译,华夏出版社 1989 年版,第 171 页。

主义"和"职权式"、"纠问式"制度安排,限制了人在诉讼过程中主观能动性的发挥,其法律运行在司法阶段显然表现为一种国家权力的运动,即由法官直接讯问当事人,主持、左右诉讼的全过程。在这个过程中,法官只是法律的执行者,只是实现法律的"机器"。因此,前者使参加者的看法和对社会的认识得到表达和尊重,对社会的感情甚至不满得到宣泄,对已有法律的体认也得以完成,对法律的感情和信仰得以培养,社会共识和新的法律规则也得以形成,最终形成"多人之治",而后者不具有这些功能和效果。①

由于以上原因,相对来说,传统大陆法系国家,"疆域都不那么辽阔,民族相对单一,全国风俗习惯相对统一,全国工业化和社会标准化都相对容易,加之成文法的传统和罗马法的复兴,因此,通过立法或法典编纂来解决全国的秩序问题相对容易。在这样一种法律制度和社会条件下,司法所面临的问题相对来说就比较简单,法官在司法中所起的作用与英美法系的法官相比要小得多"②。因此,这些国家选择了一种习惯的立法治理模式。对于社会同质性程度比较高的欧陆国家而言,这是一种基本符合其国情的习惯的法律治理模式。而在地域广阔,人口众多且民族结构复杂,人们的生活方式和社会风俗习惯多样化,社会异质性程度较高的国家,通过立法或法典编纂来解决全国秩序问题较为困难,一般选择一种社会适应性机制灵活、沟通能力强的习惯的司法治理模式,如美国、印度、澳大利亚、加拿大、南非等地域辽阔的国家,莫不如此。③ 其中最为典型的是美国。独立初期,由于美国人对英国统治的憎恶与革命时期法国的支持和鼓励,也由于英国普通法的烦琐、封建保守、专断和贵族气,再加上美国在其革命时期总面积仅 70 平方公里上下(大约只相当于中国的青海省),人口大约 200 万(远不及今天北京市海淀区的人口),④以致在美国的许多州出现了法典化的法律编纂运动。但由于历史传统,重要的是内战结束后美国经济和社会发展展现出惊人的活力,更重要的是西进运动导致地域迅速扩大、疆域辽阔,种族、宗教和文化的差异带来人口构成上的多样性,使普通法在与罗马法的竞争中成为胜利者。⑤

三、适用条件之比较

正如抽象地谈论某件衣服好与坏是毫无意义的一样,抽象地谈论哪种习惯的法律治理模式的好坏也是毫无意义的,因此,我们必须相对地放在一个具体的情形下来讨论这个问题。这些具体的情形不外乎以下因素:

首先,单纯考虑习惯的特征这个因素。从理论上说,习惯应该是比较均匀地分布在

---

① 参见[日]棚濑孝雄:《纠纷的解决与审判制度》,王亚新译,中国政法大学出版社 1994 年版,第 28 页;达玛什卡:《司法和国家权力的多种面孔》,郑戈译,中国政法大学出版社 2004 年版,第 109~119 页。
② 苏力:《道路通向城市:转型中国的法治》,法律出版社 2004 年版,第 155 页。
③ 参见高鸿均:《英国法的域外移植:兼论普通法系形成和发展的特点》,载《比较法研究》1990 年第 3 期。
④ 苏力:《道路通向城市:转型中国的法治》,法律出版社 2004 年版,第 56 页。
⑤ 参见[美]施瓦茨:《美国法律史》,王军等译,中国政法大学出版社 1990 年版,第 15~21 页。

社会的各个阶层,也就是说,既有社会上层成员的习惯或习俗,也有社会下层成员的习惯或习俗。① 由于各种主观和客观的原因,社会上层成员的习惯的法律化、制度化是较为便捷和容易实现的,而社会下层成员的习惯的法律化、制度化尽管现代社会设计了许多较为先进的制度,但并不是那么顺畅。因此,笔者在这里探讨的主要是社会下层成员的习惯的法律化、制度化的问题,即法律治理问题。而且,笔者可以相信,目前学术界的习惯也大部分是指这部分习惯,并称之为民间法。学术界一般认为这部分习惯具有民族性、地域性、群体性、自然性、弥散性等特征,分布在社会的各个角落。因此,这就要求我们选择的习惯的法律治理模式尽量能够渗透到社会的各个角落和社会阶层,特别是远离社会政治、经济、文化中心的边远地区和社会的最底层,这样,才能保障处于社会基层的习惯也能够及时有效地吸纳进国家法律中来。也可以这样说,我们提供的习惯的法律治理模式,也要有利于这些处于社会基层的社会成员自觉或不自觉地参加到习惯的法律化、制度化中来,尽量给他们提供更多的机会和制度平台。显而易见,单纯从习惯的特征来看,习惯的司法治理模式比习惯的立法治理模式更加有利于习惯的制度化、法律化。

那么,是不是意味着习惯的司法治理模式就具体普遍性,适用任何情况下呢?事情往往没有我们想象的那么简单。如果考虑到制度安排的成本因素的话,习惯的司法治理模式与习惯的立法治理模式相比,在其他条件相同的情况下,前者要设立的机构及其人员一般要多于后者,投入的人力、物力和财力一般要高于后者,其制度总成本也相应地要高于后者。因此,在社会条件许可的情况下,从制度成本的这个角度来看,人们往往要遵循社会组织中的"最低职位数量原则"②,理论上人们更加倾向于选择习惯的立法治理模式,而不是司法治理模式。另外,由于习惯的立法治理模式相对集中于社会的政治、经济和文化中心和社会上层,离国家权力控制中心的距离较近,涉及的社会成员相对较少,因此,进行制度变迁的成本相对较低,从制度形式上也较容易改变;而习惯的司法治理模式由于向社会的基层和边远区域的延伸过长,离国家政治、经济和文化中心往往较远,常常容易形成一种"天高皇帝远"、"强弩之末,势不能穿鲁缟"的局面,而且涉及的社会成员(不只是司法人员,还包括一般社会成员在个人利益驱动机制的作用下也参与其中)相对较多,因此,制度变迁的物质成本和时间成本较高,其变迁的难度相对较大。

因此,在这里,最关键的问题是,怎样根据自己的国情选择一种制度成本低而对习惯的法律治理效果较好的法律治理模式,实质上就是制度的效率问题。客观上,在一个地域不是很大,气候地理环境比较单一,人口不是很多,民族成分也不是很复杂,全国各地的风俗习惯比较趋同,其中的差异性较小,社会发展的程度也比较同步地处于一个相对成熟的时期,社会的同质性比较高的地区;主观上,人们对习惯的收集、整理、归纳、提炼和总结等工作有较深厚的研究和文化积淀,或者有一个相对稳定的从事这方面工作和研

---

① 参见[德]诺贝特·埃利亚斯:《文明的进程》(第1卷),王佩莉译,生活·读书·新知三联书店1998年版,第69~91、161~328页。
② 刘祖云:《组织社会学》,中国审计出版社和中国社会出版社2002年版,第250页。

究的群体能够保障其历史的延续性,再加上这个社会的民主化程度比较高,人们参与和关心国家立法的热情较高,其能力也较强;在这种情况下,人们一般选择一种习惯的立法治理模式,而不会选择习惯的司法治理模式。因为,在这些条件具备的情况下,一方面可以克服习惯的立法治理模式对习惯的吸纳能力有限而带来的对习惯治理效果较不理想的不利影响;另一方面,又可以避免选择习惯的司法治理模式而带来的制度成本较高的不利影响。也就是说,它是在保障习惯的法律治理效果的前提下,尽量减少或降低了制度成本,从而提高了制度的效率。传统的大陆法系国家就是其典型代表。

相反,在一个地域比较辽阔,气候地理环境比较复杂,人口众多,民族成分比较复杂,全国各地人民的风俗习惯众多,差别较大,内部社会发展的地域性、区域性、文化性、经济性差异较大,社会各个阶层的区别较大,社会异质性较大的地区;主观上,人们对习惯的收集、整理、归纳、提炼和总结等工作缺少一种必要的足够的研究和文化积淀,或者没有一个相对稳定的从事这方面工作和研究的群体能够保障其历史的延续性,再加上这个社会的民权思想的传统比较薄弱,人们参与和关心国家立法的热情不是很高;在这种情况下,人们一般会选择习惯的司法治理模式,而不会选择习惯的立法治理模式。因为,习惯的立法治理模式在这种情况下,由于其吸纳社会特别是基层社会的习惯难以得到保障,对习惯的法律治理的效果较差,而习惯的司法治理模式尽管其制度成本相对较高,但吸纳社会尤其是基层社会的习惯的能力较强,从而在制度上保障其对习惯的法律治理的效果,也就相应地提高了制度的效率。

四、启　示

我国人口众多,有13亿多人口,占世界人口的五分之一;民族成分复杂,有55个少数民族;地域辽阔,自然地理环境复杂,有世界上最长的海岸线,有广阔的平原和丘陵地区,有"世界屋脊",也有各种各样的气候类型;我国现在还是一个城乡二元社会结构、政治经济文化发展极不平衡的大国,社会异质性在不断地增多,历史积淀下来的社会同质性在不断地被稀释掉。因此,单纯从理论上看,我国应该选择习惯的司法治理模式。但由于我国历史上长期实行高度中央集权的体制,形成了一个"文化共同体",由于近代的习惯的法律治理模式的选择是在一种特殊的环境下进行的,因此,从历史文化的角度来看,我国实行了习惯的立法治理模式。从历史和现实的习惯的法律治理的最后效果来看,这种法律治理模式并没有有效实现习惯的法律治理,那些丰富多样的习惯难以制度化地进入国家法之中。为了改变习惯在我国的制度命运,有效地实现对习惯的法律治理,必须对我国目前的习惯的立法治理模式进行全面而深刻的反思,寻找一种适合中国国情的习惯的法律治理模式。

彝族习惯法研究情况述略*

李 剑**

(西南民族大学 四川 成都 610064)

摘要：本文首先对关于彝族社会、文化与制度的民族志研究加以介绍，继而从规范研究、理论探讨、"案例"方法三个方面，对以法学研究的视角探讨彝族习惯法的代表性成果进行了概述。在指出研究意义与收获的同时，笔者认为，相关研究存在重"效用"分析、轻文化解释，过度依赖客位观察，"贴标签"式地约化主义研究等不足。而彝族习惯法研究的发展趋势体现为资料的选取和运用更多元化，更多关注习惯法的动态运行和当代变迁，相关研究的方法、手段和理论工具也在不断更新，跨学科交叉研究更加常见。

关键词：彝族习惯法；民族志；规范；案例；前瞻

彝族是一个拥有几千年悠久历史的古老民族，由于地理和历史条件相对封闭，大小凉山等彝族腹心地区相对完整地保留了独特的"原生态"文化。彝族习惯法源远流长，其体系完整、内容丰富，至今仍发挥着重要的秩序功能，它是流传至今的中国少数民族习惯法的典范，具有较高的学术研究价值。对彝族习惯法的研究代表着对民族民间"自生自发"的规范和秩序的关注，在"多元化"的文化与社会背景下，法学研究者越来越多地关注社会现实中的法律，关注非国家法的功能、地位和作用等问题。① 对于彝族习惯法的研究已有相当丰富的积累，本文试图对相关研究情况作简要概括。

一、对于彝族社会、文化与制度的民族志研究

近代以来，彝族以一个相对封闭的族群形象，被西来的探险家和殖民者称为"独立罗罗"（Independent Lo-Lo）。在历史现实中，"独立罗罗"是一个不实的命题，中原统治者自汉代起就开始注意到这片遥远的疆域和神秘的人群：历代的羁縻统治、移民垦殖、军屯卫

---

* 基金项目：教育部人文社会科学研究西部青年项目《当代彝族地区多元化纠纷解决机制研究》（12XJC820004），西南民族大学博士学位点建设项目（2012XWD-B0304）。

** 【作者简介】李剑（1981—），男，彝族，四川西昌人。法学博士，西南民族大学法学院副教授，主要研究方向：民族法学、法律史学。

① 参见高其才：《习惯法研究的路径与反思》，载《广西政法管理干部学院学报》第22卷第6期。

所、土司政治以及经济文化的往来,使彝区不可能脱离宏大的"历史—权力"格局而独立存在和变迁。但与此同时,这个山地民族也几乎从未走入中央王朝历史叙述的核心,除了一些昙花一现的地方政权,这个族群的大部分文明史均隐秘于深山;在"正史"和汉文典籍中,人们不时找到有关他们的只言片语,但却难以勾勒有关彝族的族群、历史、风俗、社会等任何方面的细貌。可以说,历史上的彝区是地理与文化双重意义上的"边缘",中原的统治者对这里关注最多的莫过于镇抚、平叛或以夷制夷,除此以外,这里难以产生出更多的"意义"——它是历代的官方历史所"略而不述"者。

运用"科学"的方法系统地关注和研究彝族,始于西方的传教士和探险家。如19世纪后半叶,法国神父保罗·维亚尔(邓明德)根据自己在云南彝区几十年的生活与传教经历,撰写了《云南倮倮文研究》(1890)、《倮倮:历史和宗教》(1898)等系列文章。他学习彝文时曾延请四五位"毕摩"①为师,在他们的帮助下,于1909年出版了著名的《法倮辞典》。在整理和记述彝文的同时,该辞典在词条下和词典之前的论述中大量引用和记载了当时的众多风俗、礼制及社会生活现象,在一定程度上,它就是一本关于彝族"撒尼"和"阿细"支系的文化简志。传教士和探险家用文字和镜头将倮彝的生活和影像传入西方,随着社会与文化的迅疾变迁,他们当时所接触的人物和事件,已成为难以复原的历史场景,我们只能凝望着这些珍贵的资料而徒生慨叹。

20世纪初期以后,本国学人如梦初醒般深感学界对西南民族研究的落后,他们或因向往蛮荒的"秘境",或出于官方建构民族国家的意识形态所需,前赴后继地深入彝区开展"田调",疾步追赶外国研究者的步伐。对彝区的考察始于20年代的杨成志先生,而以林耀华、江应樑、马长寿等先辈最为深入。这批学者大多学贯中西,且学术训练和研究态度均为顶尖,他们为后世学者留下了今天看来仍有重要价值的学术著作。如1940年,林耀华深入凉山,他并非以一个旁观者的姿态来记录"他者",而是以一种"旅行叙述"的方式,忠实记录交通、手段、遇险及喜悦、悲伤、惊恐等各种感受。在这段艰辛的旅途中,作者以一种躬亲参与的姿态,观察、体验并思考彝人的传统、黑彝家支的兴衰变迁以及汉人、"熟彝"、"生彝"之间复杂的权力角逐及相互关系。在民族志中,他不仅没有抹去自己的身影,反而生动地将本人和调查对象共同作为跨文化的"旅行者"来进行演证。《凉山夷家》的写作行为本身已提供了一类民族志创作的范例。

1941年,江应樑通过顾颉刚介绍,受四川省博物馆馆长冯汉骥资助,克服万难来到"巴布"凉山(今大小凉山彝族地区);他寻找"巴色"(保头)保护,与彝族头人歃血为盟,其间风餐露宿、蓬头垢面,"艰辛危险之状,殊难笔述"。根据实地考察所得资料,江应樑最终写成《凉山夷族的奴隶社会》一书,当时清华大学社会系教授李景汉在看了他的原稿后,在《边政公论》上发表长达万余字的文章推介此书,赞其"为有价值的第一手材料",称江是"兼有丰富学识与实地考察经验的学者"。与此同时,马长寿根据20世纪30—40年

---

① 彝族社会中司职祭祀的法师,通常精通彝文,是彝族文化重要的传承者。

代对彝区的长期考查,综合彝汉文献、石碑石刻、口述史等各类资料,写下了多篇丰富细致的调查报告,直至2006年,才编撰成《凉山罗彝考察报告》①出版面世,其内容广涉彝族神话、族群、历史、社会组织、规范、风俗、信仰等多个方面,极尽精细严谨。

新中国成立后,政府主导下的少数民族调查组于1956—1957年在大小凉山彝区开展了较广泛和深入的社会历史调查并编纂了调查报告,这套报告对彝族的自然地理环境、族群世系、历史、生产力水平和经济生产方式、等级、"家支"、习惯法规范等内容均有描述。此外,胡庆钧、彭玉章等学者长期致力于研究彝族社会、历史问题,他们曾专门关注彝族习惯法规范,如胡庆钧将其归纳整理的"凉山彝族社会习惯法"附录在《凉山彝族奴隶制社会形态》一书的末尾;而彭玉章主编的《美姑县志》(社会风俗志)则分九节列举了彝族的"习惯法规"。

二、对于彝族习惯法规范及案例的法学研究

以"法学"的方法、旨趣和视野研究凉山彝族习惯法的规范、案例和秩序,肇始于20世纪80年代。代表作品如刘广安的文章《对凉山彝族习惯法的初步研究》(1988)②,杨怀英主编的《凉山彝族奴隶社会法律制度研究》(1994)③,而高其才在《中国少数民族习惯法研究》(2003)④一书中,也对彝族习惯法多有论述。这些著述主要借助现代法律体系下的概念、分类和范畴,如将习惯法分为"刑法"、"民法"、"程序法"等法律部门,同时借用"主体"、"所有权"、"债"等概念来描述和分析习惯法。这类研究对于彝族习惯法的搜集、整理以及向"外界"的展示和介绍具有重要意义,同时易于与其他法律体系展开比较研究。

同时,另一些关注民间法、习惯法的学者则试图构筑新的理论和书写方式,并对彝族习惯法的属性和价值进行新的定位。如王学辉在《从禁忌习惯到法起源运动》(1998)⑤一书中将彝族习惯法置于"原始—奴隶—封建"的进化链上,将其作为奴隶制社会习惯法的"活化石",同时通过对多个其他少数民族习惯法的分析,来探寻法律起源和发展的轨迹,从而意图向读者展开一幅法律进化论的历史图景。与此类似,张冠梓则以"经济文化类型"的分类标准将多个"南方山地民族"的习惯法排列为一种进化序列,而凉山彝族习惯法即是所谓"约定习惯法"的代表。同时,张晓辉和方慧的《彝族法律文化研究》(2003)⑥主要以历史学的方法,结合中央王朝的立法及政策,按编年体分别叙述历代彝

---

① 马长寿遗著:《凉山罗彝考察报告》,巴蜀书社2006年版。
② 刘广安:《对凉山彝族习惯法的初步研究》,载《比较法研究》1988年第2期。
③ 杨怀英主编:《凉山彝族奴隶社会法律制度研究》,四川民族出版社1994年版。
④ 高其才:《中国少数民族习惯法研究》,清华大学出版社2003年版。
⑤ 王学辉:《从禁忌习惯到法起源运动》,法律出版社1998年版。
⑥ 张晓辉、方慧:《彝族法律文化研究》,民族出版社2003年版。

区"法律文化"的状况。陈金全、彝族学者的《凉山彝族习惯法田野调查报告》(2008)①基于充实的实地调查,立足于"主位"观察者的视角,详细介绍了彝族习惯法产生和存续的社会和文化背景,同时总结提炼了300多条彝族习惯法规范,精选了100多个经典案例,具有重要的资料性价值。

此外,还有一些主要借助"案例"方法探讨彝族习惯法的研究成果。20世纪中叶,"案例"方法为卢埃林、霍贝尔等法律人类学家首创,日本学者棚濑孝雄则在20世纪70年代明确提出"从制度分析转向过程分析"的口号,他认为,只注重抽象的法律条文、将视野收敛于制度或强制性规范的研究方式具有很大的片面性,它难以把握法律在实际运行中复杂多样的实际情况,并往往会忽略个体在推动法律发展变革中的主观能动性。② 近年来,在法律现实主义之风的影响下,越来越多的学者开始关注纠纷解决的文化过程以及纠纷参与者对于纠纷本身的表述与解释。这类以"行为主体"为中心的过程分析把焦点对准纠纷中的个人,把规定他们行为的种种具体因素剖析出来,例如当事人的利益所在、各类规范在案件中的实践、当事人之间或与其他利益攸关者之间社会关系的变化、影响纠纷解决结果的各种"法律外因素"等。"案例"方法弥补了只注重抽象的法律条文、将视野收敛于静态制度的"规范研究"的不足,它善于把握法律在实际运行中复杂多样的实际情况,并重视个体在推动法律发展变革中的主观能动性。③

以"案例"为主要关注对象或切入点的著述,如海乃拉莫、曲木约质的《凉山彝族习惯法案例集成》④,该书通过访谈民间调解人"德古"或当事人及其家族成员,记载了数个彝族历史上的著名案例以及一些当代发生的典型案例,具有重要的资料价值。与此类似,彝族学者、陈国光的新作《凉山彝族习惯法调解纠纷现实案例——诺苏德古访谈记》(2012)⑤在合理"选点"的基础上,结合结构性访谈和参与观察,对雷波、西昌、昭觉等地的数十位彝族民间调解人开展深入采访,并对一些典型案例进行了记录。马尔子的文章《旧凉山彝族拐妻案及案例》⑥、《旧凉山彝族家支、姻亲人命案及案例》⑦分别借助经典案例,立足于"主位"视角对习惯法规范的运作即彝区社会的相关文化现象进行了细致描述。人类学家周星的《死给、死给案与凉山社会》(1998)⑧一文通过描述凉山彝区特有的"死给"行为及死给案,进而深入探析凉山彝族特有的家庭关系、社会结构、尊严观念等问题。杨志伟的硕士论文《断裂的凉山彝族习惯法》(2003)⑨通过多个案例反映凉山彝区社

---

① 陈金全、彝族学者:《凉山彝族习惯法田野调查报告》,人民出版社2008年版。
② [日]棚濑孝雄:《纠纷的解决与审判制度》,王亚新译,中国政法大学出版社2004年版,"代译序"第3页。
③ [日]棚濑孝雄:《纠纷的解决与审判制度》,王亚新译,中国政法大学出版社2004年版,"代译序"第3页。
④ 海乃拉莫、曲木约质:《凉山彝族习惯法案例集成》,云南人民出版社1998年版。
⑤ 彝族学者、陈国光:《凉山彝族习惯法调解纠纷现实案例——诺苏德古访谈记》,中央民族大学出版社2012年版。
⑥ 马尔子:《旧凉山彝族拐妻案及案例》,载《凉山民族研究》(内刊),1994年年刊。
⑦ 马尔子:《旧凉山彝族家支、姻亲人命案及案例》,载《凉山民族研究》(内刊),1995年年刊。
⑧ 周星:《死给、死给案与凉山社会》,载潘乃谷主编:《田野工作与文化自觉》,群言出版社1998年版。
⑨ 杨志伟:《断裂的凉山彝族习惯法》,中央民族大学民族学专业硕士学位论文,2003年。

会变迁中的习惯法规则,并着重于彰显习惯法与国家法"断裂"的一面。张明泽在其硕士论文《少数民族习惯法的意蕴:凉山彝区理论与个案的透视》(2003)①一文中,通过大量案例探讨习惯法的文化特性及国家法与习惯法的关系。笔者的硕士论文《论凉山彝族的"法律人"——德古》(2006)②也借助案例来展现彝区法律人"德古"的社会属性、功能、作用及其对纠纷的调解。同时,严文强的法学博士学位论文《凉山彝族习惯法的历史流变——以案例分析为中心的研究》(2008)③借助旧凉山的人命案、当代凉山的人命案、旧凉山的婚姻案、当代凉山的婚姻案四组两两相对应的案例来反映彝族习惯法的变迁,并在此基础上对习惯法存续和发展的趋势进行了前瞻。杨洪林的人类学博士学位论文《云南小凉山彝汉纠纷解决方式研究》(2008)④立足于人类学研究者的视角,通过描述云南宁蒗地区彝、汉乡村社会中的权威构成,彝、汉两个民族在纠纷中的行为选择及其所体现的价值观念,继而对纠纷中的历史、政治、族性、认知以及身份等问题进行了理论探讨。笔者的拙作《凉山彝族纠纷解决方式研究》(2011)⑤借助具有典型性的案例,系统化地对于凉山彝族纠纷解决的相关问题进行了描述和分析,继而展现了文化的特性对于规范和纠纷的影响,并试图"从特别中迈向一般",即从个案中反思有关纠纷解决和法律变迁具有普遍性的性质和规律。

三、前人研究的贡献及不足

习惯法研究属于法学领域的"边缘问题"研究,它时常面临着所谓"研究意义"的恐慌,而我们认为,学界的"边缘问题"指的是研究领域上的"边缘"(相对于主流的、常见的)、研究方法上的"边缘"(前沿的,交叉学科的),但绝非研究意义上的"边缘"(很少价值或者无价值的)。由于"习惯法"口耳相传、散落于民间社会的特性,相关研究通常立足于田野调查,难免要"上山下乡"。这种"上山下乡"的方法和态度本身,即对当下中国的法学研究具有重要意义——纯书斋式的研究满足于从概念到概念,问题意识非来自于现实困境,而是来自于研究课题;理论观点并非是从经验发展而来的理性,而是纯思辨或纯推演,甚至照搬照抄现成的观点、理论,然后生硬地套在现实社会之上。作为一门实证科学的法学,仅有书斋研究显然是不足的,研究者的思维、方法和视野应当是全球化(global)的,但知识和经验却应当立足于本地(local)。

习惯法研究开启了法学研究的一种风气,彝族习惯法研究虽仅立足于一个族群,甚

---

① 张明泽:《少数民族习惯法的意蕴:凉山彝区理论与个案的透视》,西南政法大学法律史专业硕士学位论文,2003年。
② 李剑:《论凉山彝族的"法律人"——德古》,西南政法大学法律史专业硕士学位论文,2006年。
③ 严文强:《凉山彝族习惯法的历史流变——以案例分析为中心的研究》,西南政法大学法律史专业博士学位论文,2008年。
④ 杨洪林:《云南小凉山彝汉纠纷解决方式研究》,中央民族大学人类学专业博士学位论文,2008年。
⑤ 李剑:《凉山彝族纠纷解决方式研究》,民族出版社2011年版。

至是微观的村落、社区的狭小天地,但这并不妨碍其研究的思考和进路"以小见大"地辐射到宏大的问题和广阔的区域,如美国学者埃里克森所言,"世界偏僻角落发生的事,可以说明有关社会生活组织的中心问题"①。同时,相对于现代的、工业的、城镇的主流文化而言,少数民族习惯法产生和生长于陌生的"异文化"环境当中,研究者时常强调其对于主流法律文化的"借鉴"价值。以彝族习惯法为例,作为一种全然"陌生"的规范,它蕴含着独特的价值观念,具有不同的概念和分类标准,实现方式也有所不同,现代法律通过镜鉴和比较,可以反观自己熟悉的那套制度在价值取向、内容、程序、社会效果、仪式和场景等各方面有哪些"优劣"和"得失"——在这个意义上,研究者即便仅仅是发掘和记录习惯法,也是有所贡献的。

　　受功能主义和实用主义的影响,彝族习惯法研究通常十分关注这些民间的非正式规范在当前彝族地区的"作用"、"功能"和"价值"等问题,如探讨习惯法和"家支"组织维护彝区社会秩序、禁除毒品方面的作用;反映古老的禁忌规则在山林、水土等生态环境保护方面的作用;探讨彝族习惯法和民间调解人"德古"在调解纠纷、化解社会矛盾方面的作用等。这类研究的共同点在于,研究者通常立足于国家和社会治理者的立场,主张关注和发掘习惯法"积极"的一面,摒弃其"消极落后"的一面,引导习惯法变迁,促使其成为国家法律的有益补充,从而在民族地区的法制和社会建设中发挥作用。上述实用主义倾向的研究肯定了彝族习惯法在当下的"工具性"价值,有助于人们重视、反思并发掘习惯法在当代立法和司法活动中的现实作用。然而,其工具主义的取向同样有不足之处——即容易忽略习惯法与彝族文化"母体"之间的相互联系,仅从"为我所用"的角度出发,试图以割裂规范的方式实现"取其精华、去其糟粕"。但即便功能主义的研究,亦不是以割裂的眼光探讨习俗、制度的社会作用和功能,而是首先强调"整体观",即将社区视为一个整体,在此立足点上考察其全部社会生活,并视此社会生活的各方面为密切相关的统一体系的各部分,"在社会生活的任一方面,欲求得正当了解,必须就从这方面与其他一切方面的关系上来研究"②。彝族习惯法展现的价值观念、社会结构、规范体系,乃至规范与规范之间,通常是相互联系、难以分割的,探讨习惯法,即必须注重各文化要素之间的相互联系,将规范置于彝族文化的"母体"之中加以理解和解释。

　　与此同时,彝族习惯法存在于当下的合理性,也不仅是因为它"有效用",具有各种各样的现实"功能"或"借鉴"价值,更是因为它本身即是一种生活方式的沉淀和体现,它的延续体现了一个古老的族群维系自己特有的法律生活样式的权利。彝族习惯法形成于独特的历史和文化背景,它是一种"地方性知识"或者"民族精神"的体现,在传统彝族社会,人们对圆满的生活状态及理想的秩序图景,均有独特的解释和评价标准,它影响和决定了习惯法规范的面貌以及人们在纠纷中的行为选择。无论是对"正义"的理解、对规范

---

①　[美]罗伯特·C.埃里克森:《无需法律的秩序——邻人如何解决纠纷》,苏力译,中国政法大学出版社 2000 年版,第 3 页。
②　吴文藻:《社会学丛刊》,商务印书馆 1944 年版,总序第 1 页。

和纠纷的分类、对案件的理想结果的看法,还是对习惯法的规范体系本身,彝族社会均有一套由本土语言构筑的独特的概念和解释系统——习惯法与彝族文化的母体之间构筑了一种相互描述、相互解释的复杂关系。在彝族地区,人们对习惯法的依赖不仅是功能上的,更是文化上的,这提醒研究者,对于习惯法的研究不应仅是实用主义的,同时需要吉尔兹式的"阐释"——即把规范还原到特定的地点、场景和位置中,进入文化内部进行"深描",试图以文化持有者的视角去理解这套规范体系的文化含义。此种类型的研究还比较鲜见,但越来越多本民族学者的参与正逐步改变现状,彝族学者多站在"本地人的内部视角"展开观察,他们的语言优势以及对彝族文化的深刻体验无人能及,理论建构中的情感倾向和民族立场也别具一格。

综观之,前人的研究成果从不同的角度对彝族习惯法的规则、案例、法律文化、法律生活等内容进行了描述和分析,这些论著或具有重要的资料价值,或长于理论建树。在收获成果的同时,由于方法、视域或调查不充分所限,对于彝族习惯法及纠纷解决的相关研究也存在一些缺陷和不足:例如,有的研究基于纯粹的法学研究者的"客位"视角,过度依赖现代法律体系的概念和分类,这容易对习惯法及案例进行越俎代庖式的"肢解",并导致阅读者的误解。其次,尽管"案例"方法逐渐受到重视,但总体上对于制度、规范等应然层面的关注仍甚于对于法律运行的考察,而"案例"方法本身的运用也还是初步和不成熟的,这种方法亦同样存在偏颇和缺陷。最后,不少研究具有理论追求,但依然流于空泛,由于"田调"或体验不足,"浅描"式的铺陈难以触及规范、纠纷及其社会—文化背景的核心层面;或者由于不能细致入微,便采用"贴标签"式的"约化主义"研究,用一些简单的属性"标签"来概述复杂的法律现象,以便为单线进化论或者某个宏观、预设的理论建构服务。这样的理论解读的确让人看到了彝族习惯法某一方面的性质,但遗憾的是,由于忽视事物的复杂性和特性,它所反映的事实并不比其忽略和扭曲的事实更多。

四、彝族习惯法研究的发展趋势前瞻

其一,对于材料的选取和利用更加多元化。尽管彝族很早就有自己的文字,但彝文主要用于宗教活动,未在日常生活中被广泛使用,也很少用于记载习惯法规范或案例。类似于"无文字社会"的特征,使调查者无法仅靠文献来了解习惯法,而必须主要依靠通过田野调查获得的"第一手"资料开展研究。在材料的选取和运用问题上,以"正史"为基础、以考据为主要方法的传统法史学曾质疑口述材料的规范性与真实性,认为这些材料失之雅驯、杂乱琐碎、难以采信。对此,新近的史学、人类学及法史研究者均通过反思来调和"正史"与民间"口述史"之间的矛盾——即认为它们无不受制于讲述者的主观建构,均无法等同于"客观真实",但同时又从不同侧面、不同程度地反映了"真实"。列维—斯特劳斯指出,历史学围绕着社会生活的"有意识的表达活动"组织它的数据,而人类学则着眼于"无意识的条件",两者对象相同——即社会生活;目的相同——即更好地了解什么是人;方法也相同——仅有其中研究手段所占的比重不同而已。①

基于开放的态度,不同学科背景的研究者开始逐渐重视多重材料的综合运用。具体而言,作为非官方法律,彝族习惯法在历代王朝的立法中找不到存在的痕迹,但汉文史籍并非全无信息:正史、实录、奏折、告示、地方史志、游记等材料中,零星记录着彝区的旧俗以及深刻影响彝族社会的各种官方治理活动。同时,以《西南彝志》②为典范,辅以毕摩经文、家支谱系、少量木竹简习惯法规③的彝文典籍,则以彝族特有的价值观念和解释体系,描述了彝人的家族世系、天文历法、经济生产、宗教仪式、社会历史、习惯法规等重要事项。此外,近现代形成的文史资料选编、民族志、地方志、档案、报刊、司法机关或调解机构制作的法律文书等,亦毫无疑问成为彝族习惯法研究的重要参考。上述文本材料与研究者的田野调查材料逐步形成相互补充、相互印证的关系,以寻求"对于多种线路的历史的跨越"④。

其二,研究的对象从主要考察静态的规范、制度,到更多关注案例、纠纷等动态的规范运作过程;从相对孤立地研究规范到更多关注习惯法与彝族社会、文化和"历史—权力"格局的相互关系;从主要探讨彝族"传统"习惯法到更多关注习惯法在当下的存在与变迁。如前文所述,近10年来,运用"案例"方法研究彝族习惯法逐渐成为风气,法律人类学的"案例"指对纠纷材料进行搜集,并将案件、纠纷及其处理方式作为研究的基本单元。⑤案例分析"研究一些是非瓜葛、争执冤屈和麻烦事,查究因何发生争议和如何解决……还调查问题发生的内在动机和处理后的结果"⑥。相比规范,案例的信息量更为丰富,更能反映规范运作和纠纷解决的现实过程,同时不排斥"规范"的核心地位,它因此受到研究者的青睐逐渐成为主流。同时,对于案件及其前因后果的连贯叙述有助于揭示阐释人们文化行为的"内在结构"——考察各方诉诸论争的动机,分析他们影响案件过程的策略,追踪纠纷解决后的社会关系和效果,发掘行为选择背后的社会和文化原因……这样就将案件分析扩展到习惯法与彝区的社会结构、价值观念等更为广泛的议题上。可以说,近年来彝族习惯法研究之所以逐渐脱离孤立的规范分析,案例方法的引入功不可没。如彝族学者嘉日姆几指出的那样,当人们启动某种解决方式时,所有的纠纷参与者都加入了因解决纠纷而导致的信息交换,法律活动已不仅是规范适用的过程,而是扩展为更大的文

---

① 参见[法]洛德·列维—斯特劳斯:《结构人类学(1)》,张祖建译,中国人民大学出版社2006年版,第22页。
② 《西南彝志》是一部较全面地记载彝族历史文化的彝族文献巨著,全书彝文37多万字,400多个标题,原抄本为贵州大方县三元公社陈朝光家祖传收藏本,毕节地区民族委员会组织编撰、翻译《西南彝志》,并于贵州民族出版社1991年出版。
③ 例如美姑县牛龙村发现的古代彝族法理典章,参见陈金全、彝族学者:《凉山彝族习惯法田野调查报告》,人民出版社2008年版。
④ 王铭铭:《逝去的繁荣》,浙江人民出版社1999年版,第2页。
⑤ Laura Nader, *Law in Culture and Society*, Berkeley: University of California Press, 1997, p. 13.
⑥ [美]霍贝尔:《初民的法律》,周勇译,中国社会科学出版社1993年版,第31页。

化现象,由此可以把纠纷解决的过程理解为一个意义自我繁殖和扩展的过程。①

同时,法人类学对于法律的"历史—权力"面向的逐步关注亦影响到彝族习惯法研究,这种倾向注重研究时间变动引起的权力关系变迁对法律行为、过程或制度的深刻影响,认为法律体系的延续性和变迁应置于历史进程中加以阐释,历史进程构筑人们的物质利益、文化观念,最终建构行为方式。② 此前,对于"无文字社会"习惯法的研究,通常由于缺乏确凿的文字记载无从考究其历史变迁,从而仅满足于结构—功能主义式的"共时性"研究,同时容易忽略习惯法社区存在的"大背景"。"历史—权力"面向对于"历时性"研究的强调启发研究者开启"历史"的眼光,已有学者试图通过对同类案例进行跨越时间的"纵向"比较,继而分析彝族习惯法受到"历史—权力"变迁的影响而产生的流变,同时试图把握习惯法与彝区发生的重大历史变革之间的联系。③ 这类卓有成效的努力预示习惯法研究的趋势——即需同时注重共时性分析与历时性考察,在强调文化特性的同时,不可将彝区视为"文化的孤岛",而需将其置于集权国家宏观的历史背景下进行分析。

此外,任何历史研究的落脚点总是在于"当下",近年的彝族习惯法研究亦从描述"传统"习惯法的面貌,发展到更多关注习惯法在当下的变迁、与国家法的关系等问题。常见的如从静态意义上讨论民族区域自治地方立法对习惯法的吸纳,"村规民约"对习惯法的体现;从动态意义上探讨彝族民间调解的功能和特点,彝区"多元化"纠纷解决机制的构建等。相关研究将彝族习惯法置于国家法律变迁和法制发展的背景之下,而与"替代性纠纷解决机制"(ADR)、"大调解"、"恢复性司法"、"刑事和解"等国内外法学新理论、新动向的相互结合及比较研究,也在不断成熟和深入。

其三,彝族习惯法研究的视角、方法和理论不断更新,跨学科交叉综合研究日趋常见。立场、视角、方法不同,观察事物的角度和侧重点即不相同,转换视角和方法则更有利于接近事物的"真实"面貌。就视角和方法而言,彝族习惯法研究体现出以下趋势:一是从宏观趋向微观,如从描述习惯法的整体结构及规范的全貌到聚焦于某一类甚至是某个典型案例;又或"解剖麻雀",致力于研究某个村落或社区法律生活的状况。二是从科学的、逻辑的分析到融合感性的体验——无论分析法学的进路或任何"理性"的、定量的分析,均无法替代"质性"研究带来的体验。质性研究依赖于参与观察和"同情"式的理解,其结论时常容易触及文化的本质,从而富有穿透力。三是从"客位"研究到"主、客位"视角的转换,就习惯法研究而言,主、客位视角各有其优势,前者易准确把握规范或案例的文化含义,而后者易实现跨文化的比较研究,对任何一种视角的过度依赖,均不利于研究的展开。

综观之,彝族习惯法正从纯粹的法学或民族学研究迈向多学科综合研究的道路,法

---

① 参见嘉日姆几:《关于纠纷、事实与权力的另一种地方性知识》,载《云南大学学报》(法学版)2010年第1期。
② Peter Sack & Jonathan Aleck, *Law and Anthropology*, New York: New York University Press, 1987, p.105.
③ 参见严文强:《凉山彝族习惯法的历史流变——以案例分析为中心的研究》,西南政法大学法律史专业博士学位论文,2008年。

学、人类学、社会学、历史学等多学科方法，特别是法律人类学等交叉学科的方法和理论正被越来越多的研究者熟悉和运用。方法和视角的多元化有助于避免学科褊狭，避免单一的理论、方法本身的局限性。不同研究者正试图从自己的角度解释彝族习惯法——将来的研究不应过度追求宏大叙事和表面上的系统化，而应尽量通过区域的、个案的、具体事件的研究表达对"整体"的理解。要达成这样的目的，需整合多学科、多方法，通过实证的、具体的研究，把田野调查和文献分析、历时性研究与共时性考察、功能主义分析与文化阐释、国家制度背景与习惯法的运行真正有机地结合起来。

关于当代中国主流法律观的现象学思考*

厉尽国**

（山东大学马克思主义学院　山东　济南　250100）

摘要：从现象学角度来看，法律显现自身的活动与过程具有一种"构成"的性质。在法律实践中，各种政治因素、社会因素、历史文化因素不断获得规范性整合而使法律获得旺盛的生命力。本文通过梳理和分析当代中国主流法律观因应社会需求之沿革过程，指出最适合中国现实的法律观应当是来自基于现象学的规范法学。正确认识这一点对于转型社会的法治建设具有根本性的意义。

关键词：主流法律观；现象学思考；规范法学

尽管人们关注法律的角度、方式以及过程有所不同，但关注本身是相同的，都是人们在其理性支配下的关注与把握。法律可以通过不同途径向人们显示自身，从而形成人们各自不同的法律观。"关于法律的本质不可能只有一个，并且在每个视角的法律本质需要我们努力去探索，真正地透过现象看本质。"[①]从现象学态度出发的法律观，其意旨并不在于否定既有的种种法律观，而是试图通过重新解读这些对法律现象的关注及其过程，从而找到其中共通的本质。这种法律观认为，如果要整全地把握法律现象的本质，必须首先对这些法律显现的方式、过程及其结果有所把握。当然，现代法学流派众多并且关系复杂，在此仅能选取其中主要的法学流派及其核心观点加以讨论。同时由于我们置身于当代中国的现实情况，选择的另一重要标准是其与中国法学的关联性，特别是与中国改革开放以来三种法学类型——"政法法学"、"诠释法学"、"社科法学"——的关联性。[②]因此，在此将自政法—权利法学、诠释—规范法学、社会—历史法学作为三种主流法学对待，并分别选取其中代表者加以考察。这种粗略的选择与组合当然有挂一漏万之嫌，但作为尝试也可能会产生建设性价值。

---

* 基金项目：教育部人文社科基金青年项目"论民俗习惯司法适用之制度构建"（批准号 09YJC820064）；山东大学自主创新基金项目"司法实践中的法律方法论研究"（项目号：2012TB011）。
** 【作者简介】厉尽国，男，汉族，山东大学马克思主义学院副教授，研究方向为法社会学与法律方法论。
① 陈金钊：《研究对象的迷失——对我国法学理论研究的一点看法》，载《法学》1999年第3期。
② 参见苏力：《也许正在发生——中国当代法学发展的一个概览》，载《比较法研究》2001年第3期。

一、政法—权利法学的法律观

新中国成立以来直到改革开放之前,我国法学特别是法理学长期附属于政治学,并受到政治领域中特定意识形态教条的统治。马克思主义经典作家从唯物史观出发,从不同侧面和角度对法作出过解释,以揭示法的本质和基本特征。其基本观点认为,法是在一定的物质生活关系中占统治地位的统治者的意志;统治者的意志必须以国家即法律的形式存在才具有普遍效力;法所表现的统治者意志是由他们的共同利益决定的。如果将该观点适用于不同发展阶段的社会与国家就可得到相应的法的定义。① 而根据该定义方法,1982年孙国华教授提出一个法的定义:"法是由一定物质生活条件决定的统治阶级意志的体现,它是由国家制定或认可并由国家强制力保证实施的规范体系,它通过对人们的权利和义务的规定,确认、保护和发展有利于统治阶级的社会关系和社会秩序。"②

应当说,从一种法社会学的立场出发,关于法的这些判断都是非常有道理的,而且这些观点也能够在历史长河中获得许多经验实证。但如果完全局限于此,法律将沦为某种意识形态说教而削弱(甚至丧失)回应社会现实的实践能力,法学也将仅仅作为政治学的附庸而存在。相应的结果是,"法学教育在很大程度上变成了意识形态教育,法学自身的知识属性被政治意识形态所取代"。究其原因,可能是"把法律从公民的日常交往行为中剔除"的结果。③ 从另一方面来讲,这也可能是过于忽视法律之规范层面及其实践功能所导致的一种恶果。由于这种法律概念占据了意识形态意义上的合法地位,以至于关于法律是什么的讨论通常要通过一种间接的和外围的方式来进行。这一时期,围绕权利本位论展开的论争产生了较大影响,尤其值得我们关注。

1978年以至整个80年代,以拨乱反正、确立法学自主地位、批判"左"倾错误为主。在这一时期,法学开始从马列经典作家的教条中解放出来,面向并吸收古今中外一切有价值的法学研究成果,开始创建具有中国特点的社会主义法学。④ 法学研究特别是法理学研究开始从一些"左"倾错误思想的束缚下获得解放,初步出现了从一元格局走向多元格局的趋势。在这一过程中,中国法学研究中逐步出现了以权利本位论为重心的理论体系以及学术群体。权利本位论是以张文显、张光博等人为代表,他们将法学定义为权利之学,明确提出权利本位论的学术主张。⑤ 之所以提出权利本位论,一方面是对抗政治法律领域长期存在的权力本位思想,另一方面是为了促进法学研究范式的形成与发展。⑥

---

① 参见张文显:《法哲学范畴研究》(修订版),中国政法大学出版社2003年版,第30页。
② 孙国华主编:《法学基本理论》,法律出版社1982年版,第62页。
③ 谢晖:《法律哲学》,湖南人民出版社2009年版,第2页。
④ 倪正茂:《法学在探索中创新——兼评法学"幼稚"说》,载《政治与法律》1988年第4期。
⑤ 参见张光博、张文显:《以权利和义务为基本范畴重构法学理论》,载《求是》1989年第10期;张文显:《从义务本位到权利本位是法的发展规律》,载《社会科学战线》1990年第3期。
⑥ 参见魏敦友:《当代中国法哲学的使命》,法律出版社2010年版,第21~22页。

因为,从权利本位论出发,人们可以对法律的本质论与价值论、公法与私法的关系、契约自由、人文精神、法律推理、法治、权利与权力的关系乃至主权与人权的关系进行重新审视。① 权利本位论提出以后逐步占据了主流地位。分析其可能的原因,一方面在于,西方法理学对我国法学影响日益增强,因其与西方法治与法律思想的融洽关系而被广泛接受。另一方面,由于权利概念在规范研究中的价值与作用,它也越来越多地在法律实践中获得运用。此外,从长期压抑与束缚中摆脱出来的社会具有一种追求自由与解放的强烈愿望,权利本位论恰恰符合了这种社会观念的要求。

尽管如此,权利本位论在提出时也受到了一些学者的有力挑战,特别是张恒山(义务先定论)、童之伟(法权本位论)两位学者的批判。张恒山教授认为,首先,不可能从权利本位论者们所主张的法的特征推论出前资本主义的法是义务本位的法,而资本主义与社会主义的法是权利本位的法。其次,权利本位论者为了证明前资本主义法是义务本位的法,撇开权利与义务的关系这一划分法本位的根本标准,转而以权利与义务的分配方式为划分法本位的标准,"不存在权利本位说所力图反对的以义务为本位的法,只存在权利义务分配不平等的法"②。他认为,不仅权利本位论不能成立的,而且法的本位论也是一个可疑的说法。同时,张恒山教授认为法没有本位却并不意味着无重心,他主张法的重心在义务。义务重心说是从法的技术角度来讨论问题的,这一理论事先假定法律就是权利义务之规定,在此基础之上,来讨论法是如何达到控制社会的目的的。

童之伟教授对权利本位论提出了强烈质疑,"权利本位之重新赢得喝彩,到底是因为它包含了丰富的真理的成分,还是它满足了人们热切的权利期求,给了人们以心理慰藉呢? 看来原因主要还是后者。真理是不媚俗的,认识真理也决不能搞少数服从多数"③。他仔细考察了权利本位论的两个基本前提,一个是将权利和义务视为最重要的法现象,权利和义务是法关系的核心甚至全部内容,权利与义务的矛盾是社会法律生活中最基本的矛盾;另一个是他们认为法学是权利义务之学。他认为,这种观点忽视权力这一更重要的法现象。童之伟教授通过批判权利本位论建构起了自己的法权本位论。童之伟教授运用马克思的抽象方法,将权利与权力进一步抽象为法权(他原先命名为社会权利)。童之伟教授认为法权本位的含义有三层:(1)权利权力统一体的地位高于权利与权力中之任何一方;(2)社会整体利益高于个体利益与公共利益中之任何一方;(3)归属已定之全部财产比属个体所有之财产和属公共机关所有之财产中任何一方都更为重要。④

从一种反思与批判的眼光来看,权利本位论尽管来自与权力话语及其变体论争的过程之中,但其本身也同时处于特定政治意识形态的阴影笼罩之下。邓正来教授对权利话语的批判很好地展示了这一点。第一,权利本位论对政治的依附,缺乏法学学术的自主

---

① 参见张文显:《法哲学范畴研究》(修订版),中国政法大学出版社 2001 年版,第 385~408 页。
② 张恒山:《义务先定论》,山东人民出版社 1999 年版,第 10 页。
③ 童之伟:《法权与宪政》,山东人民出版社 2001 年版,第 57 页。
④ 童之伟:《法权与宪政》,山东人民出版社 2001 年版,第 40~41 页。

性。虽然权利本位论是对阶级斗争范式的批判,但是它作为一种理论范式在根本上看依然是意识形态化的。第二,权利本位论脱离中国现实生活,不是从中国的现实生活出发而是从理论框架出发。邓正来指出:"权利本位论主要是因为无法摆脱政治正确话语的支配而只得始终与阶级斗争范式处于一种政治的或意识形态的观念之争的层面,而在很大程度上与中国的现实生活世界不涉。"①第三,权利本位论对西方法律理想图景的依附,对西方思想缺乏批判与反思。邓正来指出:"我并不反对契约、权利、法治等价值,也不是认为权利本位论者对这些价值的信奉是错误的,而是要强调由这些价值构成的乃是一幅移植进来的、未经审查或批判的以西方现代性和现代化理论为依托的西方法律理想图景,而不是一幅出自我们自己思考的关于中国法律理想图景。"②

同时,邓正来教授也指出了方向,一方面,我们"要对当下世界结构中为人们所视而不见的极其隐蔽的推行某种社会秩序或政治秩序的过程或机制进行揭示和批判";另一方面,对于中国人来说,"在当下的世界结构中,我们的思想要开始说话,但绝不是以一种简单的方式说不,而是要在思想的说话中显示中国自己的理想图景,亦即我们据以形成我们共同记忆的理想图景,我们据以生成对中国之认同的理想图景,以及我们据以想象中国未来的理想图景"③。这就是基于中国社会历史条件下的生活实践创造属于我们自己的法学知识。

在前述批判的基础上,魏敦友教授对权利本位话语作出了更为全面的评价和概括。他认为,权利本位话语在哲学上是个人主义的,在主观诉求上是功利主义的,而在社会效应上是计算主义的。同时,因为它在学术立场上过于依附于政治,在思想资源上过于依赖西方,因而是缺乏学术自主性的。④ 具体来说,第一,权利话语从根本上讲,乃是试图从一种国家主义的社会秩序向一种自由主义的社会秩序转型。但是从目前来看,权利本位话语所持的这种自由主义哲学却完全是自我中心的,它完全忽视了人与人之间必然生活在一个共同的秩序之中这一社会事实。它缺乏对权利冲突与权利相互性的深刻认识。第二,正是在上述自我中心论的自由主义人生观的主导之下,当下中国人深深地陷入到了"布莱克斯通的咒语"之中,甚至功利主义成为支配整个社会的主观诉求。⑤ 第三,我们还应当作出一个重要的区别,即我们要将权利话语与权利制度两者严格区分开来。权利话语将随着权利制度的确立而丧失自己的意义。

必须承认,"权利话语"在特定的历史条件下为法学理论摆脱"极左"思想的控制提供

---

① 邓正来:《中国法学向何处去》,商务印书馆 2006 年版,第 73 页。
② 邓正来:《中国法学向何处去》,商务印书馆 2006 年版,第 76 页。
③ 邓正来:《中国法学向何处去》,商务印书馆 2006 年版,第 22~23 页。
④ 参见魏敦友:《当代中国法哲学的使命》,法律出版社 2010 年版,第 35 页。
⑤ 布莱克斯通在《英国法释义》中这样说:"法律对私人财产权是如此的尊重,以致它根本不会允许对财产权的侵害行为;不,即使是为了整个社会区的公益也不行。"这种权利话语的极度张扬甚至泛滥,有导致社会关系崩溃的危险。因此,格伦顿认为,张口权利、闭口权利的公共话语容易迎合一个问题所具有的经济的、眼前的和个体的维度,但同时却常常忽视了其所具有的道德的、长期的以及社会的内涵。转引自[美]玛丽·安·格伦顿:《权利话语》,周威译,北京大学出版社 2006 年版,第 53 页。

了重要资源,同时对于培养公众的权利意识、法律观念,以及促进司法机关和执法机关的法治观念起到了重要作用。但是,由于权利话语专注于对于社会现实的考量,而对于自身的理论建设缺乏必要的反思,因此它并没有意识到它所依凭的思想资源以及学术传统的构建。甚至,其所专注的社会现实主要来自于西方而非当代中国社会。这些情况导致其回应法律实践的现实能力大打折扣,也使所呼唤的"价值"没有真正与真正的社会生活现实及其观念基础发生联系。为此,有学者尖锐地批评道,"在解决具体法律问题或对某个特定社会问题提供制度性建议的时候,'权利话语'却显得软弱无力,以'权利话语'为依托的学术理论既缺乏描述性功能,又缺乏规范性功能——不仅对法律规范缺乏解释力,而且无力指导法律制度的设计"①。

权利本位话语的逻辑及其存在的问题,最终还要还原和回归到处于其尽头的那个前提性问题——"中国人究竟应当生活在何种性质的社会秩序之中"。② 这显然是一个持续发生着的与中国社会生活密切联系在一起的"构成性"问题。那么,如何现实地回答这一问题?诠释—规范法学的法律观为我们提供了一种可能的途径。

二、诠释—规范法学的法律观

从 20 世纪 80 年代中期贯穿 90 年代,在法学尤其是法理学中权利话语与理论发展的同时,围绕为国家立法活动服务这一中心任务,部门法学在各自领域中开展了大规模地吸收域外法学研究成果的活动,并逐步形成了一种以法律技术性话语为主导的诠释—规范法学。因此,这一时期的中国法学不仅继续反对极左政治并且摆脱意识形态因素的束缚,而且逐步从政治理论话语转变为社会实践话语,成为凸显并实现作为专门技术与知识的法律之诠释学。部门法学中的这种进展又反过来刺激和推动了法理学中的规范法学以及法律方法论的发生与发展。

在这一时期,规范(规则)成为法学特别是法理学的重心。在一些学者看来,以规范(规则)及其分析方法为重心能够更好地构建法学理论的基础。更为重要的一点在于,以规范实证分析为核心的规范方法能够体现法学所独有的知识范式。较之其他规范分析方法(价值实证和社会实证),规范实证更好地解决了法律的内部问题,同时也更好地解决了法学独立于其他学科的学术范畴问题。"在此意义上,尽管规范实证方法是人们完全可以反思和批评的,是需要继续深化和细化的,但这种实证方法对法学而言是不可替代的。"③同时,从规范实证方法出发亦能接纳关于价值与社会科学的知识,这对于法律实践来说至关重要。

然而,早期部门法研究的对象主要局限于规范文本,而对活生生的法律现象缺乏关

---

① 桑本谦:《反思中国法学界的"权利话语"——从邱兴华案切入》,载《山东社会科学》2008 年第 8 期。
② 邓正来:《中国法学向何处去》,商务印书馆 2006 年版,第 22 页。
③ 谢晖:《论规范分析方法》,载《中国法学》2009 年第 2 期。

注。许多部门法研究具有一种八股文式的结构,仅仅从既有的部门法理与国外立法例出发,只关心在预定条件下的规则是否具有缺陷或漏洞,而且最终也不给出解决问题的现实方案,而是寄希望于立法机关建立和健全规则。与之相对应,法律实践缺乏理论和方法的支撑,法院的法官理解和分析法律问题时僵化保守,甚至"一遇到难题(找不到与案件相对应的法规的案件)就向上级法院请示,从而使各级人民法院依法独立行使审判权成为空话"①。

　　类似的适例是德国民法史上的概念法学。这种在注释法学、评论法学和历史法学基础上发展起来的概念法学,力图寻求一种法律得以展开的逻辑基础和概念前提,因此,他们不遗余力地挖掘、整理、提炼概念,并从概念出发推导法律,从而把法律当作一套纯然由逻辑而展开的事物。其特征包括:(1)在法源问题上独尊国家制定法,排斥习惯法与判例;(2)强调法律体系具有逻辑自足性,认为任何案件都可依逻辑方法从现行法律体系中获得解决;(3)法律解释重在形式逻辑的操作,强调文义解释和体系解释,排斥利益衡量或目的考量;(4)否定法官的能动作用;(5)认为法学纯属理论活动而无实践性质。② 由于概念法学遗忘和拒斥自身形成和发展的历史,导致民法学陷入了僵化和保守,从而其创造性和实践能力受到严重削弱。同时,受到了耶林等众多法学家的批判而最终走向没落。③ 此时的部门法学研究由于割裂法律与现实的联系,在某种意义上重蹈了概念法学的覆辙,从而变成了耶林所嘲讽和批判的那种脱离现实的"法学的概念天国"。④

　　应当承认,对"法学的概念天国"的否定并不等于对概念分析本身的否定,因为概念分析是通过法律进而认识社会的工具和方法,其本身是价值中立的。问题在于,规范分析及其方法应在概念分析的基础上作更进一步的推进。在这一时期,部门法学中已经开始出现个别学者改进诠释—规范法学研究模式的努力。例如,梁慧星教授于1995年出版的著作《民法解释学》,从解释论角度对民法解释适用的理论与方法进行了深入研究。⑤ 该研究深入到法律方法论领域,为具体民法实践中理解、解释和适用提供了具有一定可操作性的方法规则体系。在其后期,以民法学为代表的诠释—规范法学不仅关注具体的法律制度和技术问题,同时也开始关注现实生活中的具体法律问题。在市场经济与法律职业发展的推动下,诠释—规范法学促使法律作为专门化技术和知识的可能性逐步显现。在人们的日常观念中,法律不再是一种显著的政治理论话语或其附庸,而是一种社会实践的话语。⑥ 这种倾向的影响渐渐超出了民法而达到刑法、诉讼法、行政法等各个部门法领域,甚至进一步地与法理学领域中的规范法学思想发生呼应。

　　在反思中国法学研究的方法与对象过程中,一些法理学者开始逐步将目光转向以规

---

① 陈金钊:《研究对象的迷失——对我国法学理论研究的一点看法》,载《法学》1999年第3期。
② 参见梁慧星:《民法解释学》,中国政法大学出版社1995年版,第61~62页。
③ 参见梁慧星:《民法解释学》,中国政法大学出版社1995年版,第65页。
④ 参见[德]鲁道夫·冯·耶林:《法学的概念天国》,柯伟才、于庆生译,中国法制出版社2009年版。
⑤ 参见梁慧星:《民法解释学》,中国政法大学出版社1995年版。
⑥ 参见苏力:《也许正在发生——中国当代法学发展的一个概览》,载《比较法研究》2001年第3期。

范分析方法为中心的诠释—规范法学。这种关注与思考在客观上与部门法中的诠释—规范法学形成了一种默契,从而使改革开放以来的中国法理学与诸部门法学之间首次出现了具有共同旨趣的话题和论域。

这一时期,法理学界努力推动规范法学研究的学者主要是陈金钊、谢晖两位教授。陈金钊教授在对西方法治与法学流派的关系进行分析后,认为规范法学为法治提供了最为直接的理论支持。其他法学对法治的影响或者是解构性的,或者没有规范法学那么直接。然而,在当时中国法治的实践与理论之间存在明显的悖论,即:"一方面,是法治实践对规范法学的强烈呼唤和要求;另一方面,规范法学却积弱难振。"①如自然法学式的价值呼唤和社会法学式的法学研究虽然也很有意义,但规范法学显得更为重要,因为法治社会需要从各个角度认真研究法律——特别是认真对待规则。实际上,西方法学流派都是从不同角度围绕规则展开论述的,因而规则完全可以成为法学的核心范畴。② 相应地,中国法学应当更多地参照西方规范分析法学和概念法学,以规则为自己的核心范畴构建自己的体系。③ 规范法学是以法治为追求的中国法学不可逾越的阶段。谢晖教授同样认为,"对于一个致力于实现法治的国家而言,规范法学比其他法学具有更为重要的意义,也比其他法学更需要创新"。为此,他提出了自己的规范法学构想:第一,重新清理规范法学(解释)的现实意义;第二,尽快引进西方规范解释的一系列方法和理论成果;第三,创建规范解释研究的基地;第四,从"独断型解释"走向"探究型解释"。④ 他从规范法学出发,认为法律规范应当作为法学体系的核心,这是法学家从法律内部认知法律的必要选择。法学研究中的一系列问题,都需要从法律规范视角作出细致的学理论证。所以,"以规范为核心的法学应当成为法学之正宗和内涵,而其他一切视角的法学都是法学的旁门和外延"⑤。由此,以两位学者为首的学术群体走向了以法律方法论和纯粹法理学为标志的中国规范法学发展的道路。

应当说,诠释—规范法学的法律观为我们提供了构建中国法治所必需的理论与方法。然而,这可能只是满足了具体实现法治的必要条件而非充分条件。在职业法律群体运用规范分析方法解决法律问题的法律实践过程中,法律常常超出既有规范体系的常规,并从丰富的社会生活中获得新的意义。如何从诠释—规范法学出发,把法律与社会实践联系起来,使之具有"可操作性"? 当转型期社会对法律之需求与供给存在较大缺口时,基于功利或者实用思路的"可操作性要求"成为法学研究中的一种新的选择。这种新的选择往往要求法学突破自给自足的话语体系以容纳更多的社会科学方法,因而可称之为"社科法学"。但如果考虑到这种新选择与社会法学或历史法学的联系,以及其核心观

---

① 陈金钊:《理想与现实之间——论法学流派与法治》,载《学习与探索》2000年第6期。
② 参见陈金钊:《认真地对待规则——关于我国法理学研究方向的探索》,载《法学研究》2000年第6期。
③ 参见陈金钊:《论法学的核心范畴》,载《法学评论》2000年第2期。
④ 谢晖:《规范解释的创新何以艰难——兼论我国规范法学研究的创新问题》,载《山东大学学报》2000年第6期。
⑤ 谢晖:《法律规范之为法学体系的核心》,载《学习与探索》2003年第6期。

点往往把法律与社会历史因素联系起来加以理解,可以粗略地称之为"社会—历史法学"。

三、社会—历史法学的法律观

从20世纪90年代中期至今,中国法学中出现以探讨法条背后的社会历史根据、法律运作状况及其背后的支撑条件为主的社会—历史法学。① 这一时期,法学逐渐超出了把法律理解为自给自足的那种话语体系,而是把法律与社会实践联系起来考虑其效果,从而使法学与广泛的社会科学发生了种种交叉与融合。特别是,有些部门法领域很难再以法条及其诠释研究为主导,而是更多地关注制度的形成与变迁方面,例如网络法、金融法以及公司法等领域。② 相对于诠释—规范法学从职业法律群体内部视角思考和解决法律问题,社会—历史法学更强调只有从外部视角思考才能真正解决法律问题。尽管是从法律外部视角的思考,但社会—历史法学又不同于政治—人权法学,因为它排斥和拒绝价值问题进入法律问题的思考过程,而只崇尚经验性的社会事实及其社会科学方法。因此,社会—历史法学强烈抨击政法—权利法学,同时又对诠释—规范法学的实践能力表示怀疑。我们可以目前流行的法经济学观点为例加以说明。

按照法经济学者的观点,"权利话语"的流行对于培养公众的权利意识和法律意识、促进司法机关和执法机关的法治观念起到了非常重要的作用,在特定的历史条件下,也为国家意识形态摆脱"极左"思想的控制提供了重要的话语和观念资源。更为重要的是,在权利保障机制尚未起步的时候,"权利话语"可以提供一个正确的舆论导向。同时也应当看到,在解决具体法律问题或对某个特定社会问题提供制度性建议的时候,"权利话语"却显得软弱无力,以"权利话语"为依托的学术理论既缺乏描述性功能,又缺乏规范性功能——不仅对法律规范缺乏解释力,而且无力指导法律制度的设计。③

与此同时,法经济学者又极为鄙视诠释—规范法学的实践能力。对其而言,有一个极为醒目的标靶,即美国新自然法学的代表人物德沃金。德沃金是一位特殊的法学家,他具有与法律形式主义者和法律现实主义者均不相同的观点,即:把权利与规范诠释联系起来考察,强调法官在判决具有一种"建构性的解释"思维过程,并认为法律解释具有"唯一正确的答案"。针对这种法律解释论观点,有学者提出质疑:"法律解释学最重要的学术贡献,是为司法实践提供了一份包含各种解释方法的清单……仅仅依靠这些解释方法却无力实现法律解释学的既定目标:当不同解释方法出现不同解释结果时,法官以什么标准决定取舍?"因此,法律解释缺乏元规则的事实使之只能依赖所谓法官"智慧"。实

---

① 当然,尽管对法律背后的社会历史经验都倍感兴趣,但其中究竟具有什么样的理论逻辑,可以归入社会—历史法学的各派并没有形成统一的口径。其共同点可能是,从法律与其外部要素之间的因果关系出发解构建法学理论。
② 参见苏力:《也许正在发生——中国当代法学发展的一个概览》,载《比较法研究》2001年第3期。
③ 参见桑本谦:《反思中国法学界的"权利话语"——从邱兴华案切入》,载《山东社会科学》2008年第8期。

际问题是,在何种情况下使用何种解释方法,以及当使用不同解释方法产生不同结果时如何取舍?如果封闭在方法论范围内而不考虑判决的社会效果,这些问题根本无解。因此,"法律解释,从其根源上看,不是一个解释学问题,而是一个社会学问题"[①]。所谓法律解释因而变成一种善意的欺骗,是法学家努力维持的假象。法律和司法的"确定性"和"自主性"仅仅是法学家们为了满足公众要求的一种努力,其目的在于促使公众信仰法律和信任司法,以更好地实现法律的社会控制。显然,在解决法律问题时,诠释—规范法学推崇规范及其方法的力量,作为社会—历史法学则更相信经验的社会科学的力量。由此出发,社会—历史法学研究的重心放在经验性社会事实及其内部因果关系上,其关心的根本问题是在特定价值取向支配下的社会控制问题。它们试图找到社会交往行为(关系)背后起到决定性作用的某种实体的元规则,从而提交一份能够一劳永逸地解决所有具体法律问题的可操作性答案。

四、基于现象学构建规范法学

应当承认,从法律与社会—历史的联系之中寻求具体法律问题的答案有其合理性,这既是因为它确实具有实用性和操作性,同时也是因为其实用性的评价标准。然而,这种法学领域中的实证主义进路也可能存在严重的问题,因为其中包含着一种未加反思的认识论上的"自然态度","它假定在作为认识主体的自然的人之外,存在一个不依赖的、在空间和时间上都是有无限的物质世界和一个我们周围的人的世界……"[②]尽管社会—历史法学能够有益于促进整体的社会正义,却不能回答个案正义如何实现的问题,也不能为人们提供其所欲求的以法治为符号标志的社会秩序。显然,实用性与操作性的前提条件必须要有确定的目标和指向,从而使达到该目标指向的方法及其过程具有效率指标。然而,关键问题在于,目标具有一种多元的动态结构,其中蕴含的价值、宗旨以及原则等因素并非完全静止不变的"死物"。也正是在这些价值、宗旨以及原则的作用下,法律才可能统一为逻辑自恰的规范体系,同时又向法律实践领域开放而获得自身的丰富和发展。显然,社会—历史法学过于迷信经验和规律的绝对性,而轻视人们对于法律意义的理解与追求。所以,它们仅仅看到了法律现象的局部并扭曲地加以理解。

从总体特征来看,特定社会历史条件下的法律实践具有"构成性",其中就蕴含着这种目标指向的生成。因此,价值的因素、社会历史因素以及规范体系因素均在法律实践中重构和生成。这种重构与生成在形式上由规范实证方法加以保障,而其实质内容则依赖于价值实证或社会实证。然而,这并不意味着法律失去了客观性,法律解释也并不因此而成为"善意的谎言"。换言之,抽象法律规范在具体适用过程中体现出来的多样性实际上是一种常态。其根本原因在于,法律显现自身的活动与过程具有一种"构成"的性质。

---

① 桑本谦:《法律解释的困境》,载《法学研究》2004年第5期。
② 刘杰:《科学的形而上学基础及其现象学的超越》,山东大学出版社1999年版,第187页。

在法律显现的过程中,各种政治、社会、历史与文化等因素均得以融入其中。正确认识这一点对于中国法学研究具有根本性的意义。特别是,在主要的法理与制度移植自西方法学的情况下,社会生活中具体情况总会为法律实践设置障碍并制造难题。这就要求我们在法律实践中充分反思那些理论与制度的真实意义,创造性地转化与生成属于我们自己的法律思想与制度。在这一过程中,必然要通过一定的法律方法,融入属于我们自己的思想、文化与规范。近年来由一些法史学者倡导的"法治中国化"就属于这样一种思路的典型表达。① 当然,他们所关注的更多的是历史语境中的(法律)规则现象。② 沿着这样一种思路,以规范为重心的法学研究最终会指向那个深刻的问题,即:"关于中国人究竟应当生活在何种性质的社会秩序之中。"③

---

① 参见范忠信:《法制(治)中国化:历史法学的中国使命(论纲)》,载《理论月刊》2011年第1期。
② 参见俞江:《历史深处看规则——论规则作为法学研究的中心》,载《法制与社会发展》2008年第1期。
③ 邓正来:《中国法学向何处去——建构"中国法律理想图景"的时代论纲》,商务印书馆2006年版,第22页。

经验解释

◎潜规则与中国法治发展

◎民间司法的"情、理、法"

◎传统中国的乡村社会控制方式——兼及宗族的社会控制功能

◎内嵌并生成于社会文化结构的法律和秩序——文化结构主义视角下"乡土中国"的法治逻辑

◎不成文法是法律渊源吗——以民间习惯为例

◎西部少数民族传统习惯法治化的功能辨析

◎中国古代相邻关系民间调整机制研究

◎适应与改造：论习惯法在调解中的适用空间

◎回族习惯法信仰向国家法信仰创造性转换研究——一种法律信仰生成路径的探索

潜规则与中国法治发展

贾焕银[*]

(重庆大学法学院 重庆 400045)

摘要: 自21世纪初被提出以来,潜规则概念就在争议与褒贬不一中扩大着影响。有别于埃里希的活法论,潜规则是指在某一社会阶层或小团体中通行的,以权力和人情世故为中心,对国家法进行便利化操作和私益化运作洗练而成的社会规范形式。历史文化传统的差异导致每个国家和民族都有其建构和理解社会规范的特殊方式,潜规则正是中国和中华民族建构和理解法治和法律的独特方式和国家法在社会中运行的真实状况的独特表征。潜规则作为法律发现、法律实现和秩序维护的重要形式而助益于中国法治的发展。但是,基于自身的锁定效应和真实中国的法治状况,拒斥多于认同才是对潜规则的一个现实的态度。

关键词: 潜规则;法治;法律发现;法律实现

导 言

法律体系的建成和完善并不等于法治的实现。虽然有中国特色的社会主义法律体系已经建立,但却不能说已经实现了法治。法律体系的建成和完善只是法治发展的重要环节,法治发展的评估尚需依赖于法律(体系)在真实社会规范系统中与其他社会规范博弈过程中的实现程度。具体来说,就是制度建构、法律实现机制和个体实际行为方式选择在多大程度上是依据法律作出的。不能否认,中国法治建设历经30年发展获得了巨大进步。但官员腐败严重、群体性事件频发、司法职业化改革戛然翻转,甚至连法院都"不按法理出牌"了。这种种迹象都表明不同层面主体,无论国家政府还是公民个体,对于法治发展特别是法律的实现程度是不满意的。如何在一个真实中国的真实社会规范系统中发展法治是时代变迁赋予我们的一个真实而又艰巨的任务。按照吉尔兹的法律阐释观,作为地方性知识的法律,不过是"一种赋予特定地方的特定事务以特定意义的方

---

[*]【作者简介】贾焕银,男,汉族,山东泰安人,法学博士,重庆大学法学院副教授,法学理论专业硕士生导师,主要从事法哲学、法社会学研究。

式"①,中国法治的发展问题要置于中国真实社会规范系统中才能理解、阐释和解决。那么,中国真实社会规范状况是什么样子?该如何呈现这种真实状况?如果要以某个符号去标示和呈现这种真实规范状况的话,最合适的标签莫过于"潜规则"了。果真如此的话,本文的主题就可以转化为潜规则与中国法治发展这样一个更为具体的问题了。在本文中,笔者将在评析既有潜规则研究的基础上,展示潜规则的本质规定性和其对于法治发展的可能意义。

一、褒贬不一的潜规则

自2001年由吴思在《潜规则》一书中首次提出以来,潜规则就成为一种全民话语,在争议与褒贬不一中不断扩大着影响。就既有文献来看,关于潜规则的争论,主要集中在两个问题上:一是潜规则的概念,即潜规则的本质是什么;二是关于潜规则的善恶,也即潜规则的价值评价问题。

先来说一下潜规则的概念之争。作为潜规则概念的首倡者,起初,吴思没有也不曾想为这一概念下一个精确的定义,只是给出了类似于定义的文字:潜规则是官吏集团内部和各集团之间在打交道的时候长期遵循的一些未必成文却很有约束力的规矩。② 而在新版《潜规则》一书中,吴思则较为详细地给出了他所理解的潜规则:潜规则是以隐蔽形式存在的、为社会行为主体私下认可并对其具有行为约束力的、背离了正义观念或正式制度规定的各种非正式规则。③ 其他一些学者关于潜规则概念后续研究都是在吴思前述定义基础上拓展而来的,主要有对应说和非正式说两种观点。对应说认为潜规则是与显规则相对应的意义上而言的,它是指在正式制度和明文规定之外和背后,某些不成文的但又获得普遍认可和遵循的规则;④而非正式说则认为潜规则是相对于社会正式规则而言的,"游弋于社会正式规则之外"而又实际支配人们行为的另类规范。⑤

综合这三种观点来看,潜规则无非具有下述三个特征:首先,潜规则是"外乎于"正式制度和明文规定而实际存在的一种社会行为规范;其次,潜规则又是依附于各种正式制度和明文规定的,没有各种正式规范就无所谓潜规则;最后潜规则具有实际约束力,在现实生活中为人所认可和遵循。

这三种观点共同体现出来的三个特征并不足以完全彰显潜规则的本质规定性。首先,由于法律的局限性,各种非法律规范存在及其研究在中外都得到极大重视。西方国家的非法律规范研究,最为我们耳熟能详的则数埃利希的"活法"理论;在中国,随着法治

---

① [美]克利福德·吉尔兹:《地方性知识:事实与法律的比较透视》,邓正来译,载梁治平编:《法律的文化解释》,生活·读书·新知三联书店1994年版,第145页。
② 参见吴思:《潜规则》,云南人民出版社2001年版,第2~3页。
③ 参见吴思:《潜规则》,复旦大学出版社2009年版,第193~194页。
④ 参见王德应、张仁华:《潜规则的管理学思考》,载《财贸研究》2005年第3期。
⑤ 参见彭云望:《潜规则生发机制及其遏制》,载《北京行政学院学报》2003年第6期。

建设重心由立法向司法的转型,这方面的研究则是20世纪末兴起并蓬勃发展的民间法研究。一般而论,所谓非法律规范是指除法律之外的各种社会规范类型。那么同样作为社会行为规范,潜规则和埃里希所谓"活法"有何不同?潜规则与民间规范又是一种什么关系?只有在比较与活法、民间规范等同样作为非法律规范类型的特殊性基础上,我们才能够获得对潜规则本质规定性的认识。其次,依据上述学者界定的第一个特征,潜规则应该是不同于法律的一种非法律规范,这就决定了对其内涵的界定应该首先在两者区别意义上进行,而既有研究都往往强调和突出了潜规则对于以法律为典型的正式制度的依附性。必须承认依附性乃是诠释潜规则与法律等正式制度间关系之必备因素,但是,其是否就是唯一和最为重要的因素,除依附性外,在潜规则和国家法之间是否还存在其他形式的互动关系?最后,如同活法和民间法一样,潜规则确实约束着人们的实际行为。它的这种实际约束力究竟源自何处?与活法和民间法的实际约束力的源泉究竟有何不同?这些问题在前述定义中都尚未梳理清楚。因此只有在厘清这三个方面若干问题基础上来界定和探讨潜规则的概念和内涵,得出的结论和认识才有说服力。

  再来看一下潜规则的善恶之争。就既有研究来看,对潜规则之评价主要分为两种:一种观点认为潜规则是一种恶的规则,必欲除之而后快。有人在《人民日报》撰文称潜规则已经成为一种公害,需要自觉抵制并努力破除之。① 有学者认为把潜规则作为社会交往方式成本高昂,并且会导致权力腐败和正式制度规则失灵。② 而吴思在其整个研究中也有某种价值评价倾向性,他认为潜规则就是古典中国官场中的"陋规"。③ 2008年在接受《新周刊》专访时,他甚至认为,在有了民主和宪政条件下,二三十年内,潜规则在中国不会消失但会逐步萎缩。④ 更有学者从制度建设角度认为,现代法治社会原则上不应当存在潜规则,善的制度应该是没有潜规则的制度。⑤ 另一种观点则认为潜规则的存在并非一种纯粹的恶而具有一定的合理性。在社会实践中,显规则和潜规则在博弈中构造出新的、真实的规范和秩序体系。二者共存但又可以相互转化,要重视潜规则存在合理性,以求在二者之间保持或创造某种社会规范间良性的均势和平衡。⑥ 比较而言,前一种观点是主流观点,而后一种观点则较少有学者主张之。当然不能因为是主流观点就坚持之,也不可因为是少数派就简单否定之。这不仅是由于少数和多数的真理观,还因为在对潜规则本质规定性尚未获得足够深入认识前,也就不可能对其功能和价值给出某种中肯评价。

---

① 雷天亮:《析潜规则》,载《人民日报》2009年11月12日。
② 参见马庆钰:《关于腐败的文化分析》,载《中国人民大学学报》2002年第6期。
③ 吴思:《除蔽的秩序》,海南出版社2004年版,第80页。
④ 吴思:《潜规则》,复旦大学出版社2009年版,第268页。
⑤ 参见高兆明:《制度伦理与制度"善"》,载《中国社会科学》2007年第6期。
⑥ 参见胡瑞仲、聂锐:《企业显规则与潜规则》,载《领导科学》2006年第2期。

二、作为当代中国真实规范状况表征的潜规则

(一)潜规则与民间规范

尽管学者间对于何谓民间法争议多多、解释种种,但一般来说,民间法乃是源自民间出于习惯,外于国家法而又为社会所接受的规则。究其本质要旨有三:其一,民间法是本土的;其二,民间法接续传承历史而来;其三,民间法是一种与国家法相较而言的非正式制度规范。[①] 就这三点而言,民间法表面看来与潜规则并无二致,其实则不然。

首先,二者对国家法的依附程度不同。民间法具有相对独立性,并不纯粹依赖国家法特别是制定法存在;而潜规则存在则极端依赖国家法。民间法是一个很具包容性的概念,包括习俗惯例、家法族规、行业规章和村规民约等类型,就其空间条件来看,主要存在于乡村社会和少数民族地区。在其产生、成长和运行过程中,虽不可避免地受到国家法影响,但由于乡村社会和少数民族地区封闭、偏远和与城市社会的隔膜,使得民间法生来就具有与国家法相比的异质性。在乡村社会和少数民族地区它不仅能够充任解决矛盾纠纷的适格工具,而且能够造就一个无需法律的秩序。至于潜规则则很难将其界分为若干种明确类型,也不能够说它更为具体地存在于何种时空条件下。它是在国家法运行中,人们为了某种便宜而对正式制度规范进行变通和解释的结果(法定的变通和解释除外)。没有国家法的存在便没有潜规则的产生。相反,如果不存在国家法,民间法也不会消失,甚至会在整个社会规范体系中处于更加显要的地位。当然在国家社会二元界分存在,国家没有完全复归社会前,国家法不会消失,但随着国家还权社会进程加快,民间法将会获得更加广阔的生存空间,自主性功能也会大大增强。与之相应的是,国家法运行的可操作空间将被压缩,潜规则存在的必要性也将大大降低。

其次,二者的目的不同。受气候环境、历史传统和民族文化等因素影响,不同地域的民间法也有"十里不同风,百里不同俗"之谓。但如果撇开时空条件转换不论,民间法也有其内在一致规定性。究其要者,民间法以属地秩序维护和纠纷解决为目的。它是公众约定俗成的结果,在一定地域内是普适的,不会因相较于民间规范而言的特殊情形而对某个人或某一群体特殊对待。潜规则与此不同,它局限于某一社会阶层或小团体内,是其为实现私益而对普适的国家法变通和置换的产物。此外与民间法因内在一致规定性而有其自身运作逻辑不同的是,潜规则的产生和运行则完全以权力及其影响为前提和根本保证,如果没有权力及其影响存在,潜规则就无从产生和顺利运行。权力最大化及其依附者私益实现是潜规则的最终目的所在。

最后,二者与国家法的价值取向不同。民间法与国家法在价值取向上是一致的,而

---

① 参见贾焕银:《民间规范的司法运用》,中国政法大学出版社 2009 年版,第 14 页。

潜规在多数情况下则有悖主流意识形态及正式制度所维护的价值倾向。民间法与国家法在价值取向上的一致性取决于下述两点:其一,二者都是某一社会的特定社会规范类型,都必然会受到该社会特有历史传统、经济政治文化等因素影响并反映该社会特有价值取向;其二,虽然可以把民间法视为一种社会自规范化方式和自主规制力量,但其并非完全来自民间,只有借助于国家法合法性确认、支持和保护才能获得更大生存和行动空间。因此民间法不可能不受到占主导地位意识形态影响而与国家法在价值取向上保持较大程度上一致性。反观潜规则,其所以有悖主流意识形态的价值取向则主要基于以下几点:其一,与民间法为某一社会大多数人所认可不同,潜规则是一种"圈子规则",它只为某一阶层或小团体认可而不为局外人所承认甚至知悉,其体现和维护的也就只能是在该阶层或团体通行的狭隘价值观。其二,潜规则之以背离国家法为前提,是权力拥有者和利益求取者为实现双方私益最大化而博弈的产物。在博弈过程中,国家法被束之高阁,其所表征的公益也被放逐。潜规则运行完全围绕个别私益实现和最大化进行,国家法所要求和承载的公平正义之维护与实现便无从谈起。其三,潜规则不仅有悖于国家法所承载的实质价值取向,也有悖于其所承载的形式正义取向。就其运作形式来看,潜规则的最大特征是"阳奉阴违",通过表面一套达到背后一套的私人目的。所谓表面一套是指潜规则原本不合法行为和目的通过法律等正式制度的程序规范攫取合法性而获得国家和社会认可并最终取得形式上的正当性。[1] 如此,国家法等正式制度的程序规范只不过是潜规则获得合法性的纯粹工具,权力拥有者和利益求取者攫取私益的手段。这种"挂羊头卖狗肉",公共规则私益化的运作方式,势必会影响到公众对国家法等正式制度的程序规范的价值评价和其所承载的形式正义的实现。

(二)潜规则与"活法":文化差异视角下的法理论

在认可世界范围内的法有一定程度共同特性观念的前提下,也必须承认法因文化不同而不同。这一观点特别重要,因为包括在理解和解释法的共同特征这一点上也是如此。潜规则与"活法"本质上是文化差异视角下两种不同的法社会学理论,比较来看,二者具有下述不同点:首先,二者的逻辑起点不同。已如前述,潜规则依附国家法存在,国家法的运行和实现过程是潜规则得以产生、存在和发挥作用的前提条件,没有国家法就没有潜规则的生存空间。因此,可以说尽管就本身来看潜规则是一种法社会学意义上的法规范类型,但其逻辑起点仍是国家法,是以国家及在其基础上发展起来的国家威权主义法律观为理论前提的。与此不同,"活法"则是一种社会本位的法社会学理论,它把国家以社会为基础和存在的前提这样一种基本理论观点作为逻辑起点。在埃里希看来,没有国家及其制定法,作为社会生活基本秩序的活法依然会产生和存在。

其次,二者在整个社会规范体系中的地位不同。潜规则是一种只体现某一社会阶层

---

[1] 参见韩长安:《浅析亲密关系对国家法的消解》,载《北方法学》2007年第5期。

或小团体价值观的"圈子规则",它不可能为某一社会主流意识形态所接受。此外,由于潜规则把圈内人私益实现的最大化而不是公益实现作为既定目标,因而它就构成了一种所谓公共规则私益化运作的方式。在这种缺失主流价值形态支撑和公益目标指引的情况下,潜规则在整个社会规范体系中只是一种有别于着眼公益实现和体现主流价值形态的常规社会规范的异类规范。它虽在一定条件下为某一阶层或小团体所认可并成为圈内通行规则,但在秉持该种本质规定性前提下无论如何它都不可能逾越狭隘小圈子为整个社会接受而成为通行社会规范。与潜规则另类规范性质不同,在埃里希法学理论中,活法是一个最为核心和基础性的概念。作为在社会中行之有效的规范和内在秩序,活法除了本身就是法的一种重要类型而发挥组织社会功能外,其他两种法类型——法律人法和国家法——还是在其母体中孕育出来并以之为基础才各自发挥其特有价值和功能。在埃里希看来,法律之所以成为法律不是因为国家对权力的垄断和制裁威胁,而是因为人们对活法的认同成为该社会的一种普遍性意识。法律人法(裁判规范)之所以产生是为弥补作为社会组织规范的活法裁决功能方面的不足,至于国家法,一方面它本身就是国家这种社会组织类型的活法形态,另一方面它又是由为国家立法者所接受的活法和法律人法所构成,因而整个看来,国家法都是源自于活法。除了活法之外,国家法没有其他渊源形式和特殊规范内容。①

最后,二者在法律发展中的作用不同。尽管同样作为社会规范的一种具体类型,但由于潜规则和活法在价值取向、与社会的互动关系和在社会规范体系中地位的差异,而使得二者在法律发展中的作用也不尽相同。就价值取向来看,已如上述,潜规则多数情况下承载和体现的只是为某一阶层或小团体所认可的价值观,这种圈子文化通常情况下有悖主流意识形态及正式制度所维护的价值倾向。而任何一种社会规范形态,如果能够在法律发展中发挥积极作用,就必须超越狭隘小圈子及其价值观秉持某种程度公益观念才可能;埃里希所谓活法是某一社会内在生活秩序,它之所以在该社会内行之有效,就因为它本身就承载和体现为整个社会所体认的主流价值取向。就与社会互动关系而论,由于潜规则本身就是一种背后沉潜的规范形式,产生和运作都围绕国家法展开,对模糊的国家法的便利解释、国家法缺漏和其滞后或超前所空余的操作空间等都是潜规则与国家法互动的具体形式。但是这些互动本身不是为修正、弥补国家法而是利用国家法的缺漏实现潜规则运作者的私益最大化。纵观潜规则发展史,很难说它在多大程度上促进法律发展和回应社会实际规范需求。实际情形是,潜规则往往不仅破坏中国社会既有礼治秩序,而且也可能是移植西方法治秩序而未得其好处的罪魁祸首。② 而活法因本身就是社会生活内在秩序与社会发展适应程度高,能够体现和符合社会发展的规范需求,从而使得在其基础上发展和制定出来的法律人法和国家法不至于过分滞后或超前社会发展的实际需要。

---

① 参见[德]托马斯·莱塞尔:《法社会学导论》,高旭军等译,上海人民出版社 2008 年版,第 76 页。
② 参见费孝通:《乡土中国 生育制度》,北京大学出版社 1998 年版,第 58 页。

就在社会规范体系中的地位差异而言,适应其褊狭主体属性和价值取向,潜规则只是一种在小圈子范围内被认可并偏重私益实现的另类规范,是法律实现中的衍生物和副产品。这种规范属性及其在整个社会规范体系中的边缘地位,决定了潜规则不可能在法律发展中处于何种重要地位和有任何实质性贡献。而在埃里希法学理论中,活法则是法律发展的重心所在。在埃里希看来,包括法律在内所有社会规范都植根于人类团体内部秩序,即活法。"国家在法律发展中所起的作用相当有限",活法存在和发展完全或基本上不依赖国家。不仅国家立法也包括裁决规范的形成是社会进化的结果,"社会为此提供了素材,法律人为此提供了形式"。法律发展的重点从来不在国家活动而在社会本身。①

(三)作为当代中国真实规范状况表征的潜规则

通过上述比较研究,已经能够看出潜规则与民间法和活法研究的巨大差异。与活法论秉持一种社会本位的一元化的法律观不同,潜规则与民间法研究的理论基础虽同为二元法律观,但基于目的和价值取向等方面的差异,二者对这种二元法律观强调和突出的层面并不相同。潜规则强调和突出与国家法的分离与矛盾关系,而民间法则更为强调和突出与国家法的分立与互动。基于此种和上述三者彼此间的种种差异,可以得出结论,潜规则根本不同于民间法和活法,它具有自身特殊的本质规定性。这种本质规定性主要体现在以下方面:第一,对待国家法,潜规则持一种便利化运用态度。在传统社会中,中国人在很多情况下并不敬畏法律,而是把法律作为谋取个人和小圈子私益的工具。只要法律具备可操作空间,中国人就把法律规范进行一番私益化改造,以实现某一阶层或小团体利益。第二,潜规则运作以权力和人情世故为中心,并随其改变而改变。第三,潜规则不过是国家法私益化的运行方式,有别于着眼公益实现的公共规则。简言之,潜规则是指在某一阶层或小团体中通行的,以权力和人情世故为中心,对国家法进行便利化操作和私益化运作凝练而成的社会规范形式。

作为非法律规范的重要类型,潜规则不仅普遍存在于传统社会中,而且由于文化传承延续和传统向现代转轨与转型的特定社会时期,潜规则也在当下中国普遍存在。如何理解潜规则在当下中国普遍存在这种现象呢?首先,潜规则不仅是一种延续传统而来的历史文化现象,而且也是当代中国社会文化的组成部分。不应该仅仅把潜规则看作传统向现代转换的一个问题,而且应该把它看作当代社会文化的组成部分进行理解和分析。其次,潜规则不仅是一种重要的非法律规范类型,而且也是当代中国真实规范状况表征。由于历史文化传统等因素差异,每个民族都有其独特建构和理解其特有规范的特殊方式。潜规则正是中华民族建构和理解其特有规范的独特方式和真实规范状况表征。最后,前述一点具体到法学中来,潜规则就是中国社会建构和理解法治和法律的独特方式,

---

① [德]托马斯·莱塞尔:《法社会学导论》,高旭军等译,上海人民出版社2008年版,第76页。

是国家法在社会中运行的真实状况的独特表征。

三、潜规则与法治发展

在法律实现和法治发展中潜规则之所以存在,不仅与历史文化传统有关,而且也与国家法和法治本身特性有关。法律总会有漏洞,就此潜规则可能作为填补漏洞的竞争因素而存在;书本上的法与行动中的法之间的可操作空间也为潜规则的存在和运作留有较大余地。此外,如果说法治的基本要义是依法办事的话,那么既往和现实法治实践表明,完全依据法律规范办事是不可能的。不可忘记凯尔森半个世纪前的告诫,"人之实际行为仅须大体上符合秩序即可,而不必完全符合"①。务实态度应该是秉持一种现实主义法治观,为其他社会规范类型留有必要生存空间。至善的制度和完全的法治是不可能的,完全禁止潜规则存在是不现实的。在既有社会条件下潜规则存在具有一定的客观性。而它之所以存在就会有一定的合理性,如何扬其长避其短而助益于当下法治发展,是必须要进行审慎思考的课题。

(一)潜规则是社会主体自组织化的一种规范形式

毫无疑问,秩序是法治要追寻的基本价值。国家法应能够使社会保持团结稳定。不能否认,实证主义主张的国家法的确定性是实现社会秩序和稳定的重要方面。但是一旦将分析视角切换到外部领域,就会发现国家法秩序化功能的发挥必须要依赖某些社会条件。实践证明,社会秩序的实现往往是国家法和其他社会规范类型合力营造的产物,单独依靠国家法统辖下的强制刚性秩序很难长久保持和实现社会的团结和稳定。因此,国家法必须在保持随社会环境而变化这种自身转变能力的前提下,不断提高与其他社会规范类型的融合力才能不断实现秩序化社会的功能。

但是这只是问题的一面。各种社会规范类型能否发挥其自身秉具职能与该社会类型性质和其与社会的关系紧密联系在一起。在关系紧密型社会中,人们越容易与外界隔离而根据基于习惯或认可而建构之行为模式行事;如果各种社会规范类型产出自某社会,它就易于为该社会所认可并发挥其自身秉具功能,反之则否。潜规则绝大多数都基于血缘、业缘和学缘等紧密关系形成,只在某一社会阶层和小团体中通行,是该圈子人们处理彼此关系、解决纠纷的既定模式依据。如同没国家法现代社会就可能陷入混乱和无序一样,如果在一个关系紧密的社会团体中失去处理彼此关系、解决纠纷的既定模式依据,该社会必将产生混乱和无序。因此通行于某一社会阶层或小团体的潜规则本身就是社会主体自组织化的一种规范形式。这种潜规则维持下的局部社会秩序,一方面是整体社会秩序的组成部分,另一方面它又是国家法整合和规范的对象而可能成为国家法秩

---

① [奥]凯尔森:《纯粹法理论》,张书友译,中国法制出版社 2008 年版,第85页。

序之一部分。

(二)潜规则是一种立法渊源和填补国家法缺漏的竞争性因素

法治发展首先要求由一系列特殊法律组成的法律秩序。在大陆法系国家产出这一系列特殊法律的主要机制是立法。自改革开放以来,中国法治发展的主要形式就是通过立法这种机制来建构和完善法治发展所要求组成法律秩序的一系列特殊法律。2010年我国基本建立有中国特色的社会主义法律体系,但就具体规范而言主要是移植法治先行国家而来的。法律实效性不高这一法治实践已经告诉并要求我们,不仅应该进行传统本土资源研究而且还应该注重传统和现实的本土资源的发掘利用。具体到立法,对于既有法律应该结合现实发展进行修订以使其逐步实现本土化,而新立法一定要充分考虑借鉴和利用包括潜规则在内的各种社会规范资源。毕竟一个更多通过认可而不是制定建构而来的法律秩序更容易在实现过程中获得较高实效性。美国著名行政法学家戴维斯就明确指出了这一点,由于官员实际权力远远大于立法机关所授予的权力,法律实践中经常存在所谓不合法职务行为,于此,立法机关经常会默许乃至鼓励。正确做法就是把长期以来存在于制度当中的不合法职务行为合法化,这本身就是发展法律的一种方式。[①]

前已述及,潜规则是一种对国家法进行便利化操作和私益化运作的方式,无论从规范性质还是从价值取向来说都与国家法有较大不同。因此潜规则可作为一种立法渊源和填补法律缺漏因素并不具有天然合理性,而要具备下述四个前提:首先,潜规则价值取向的公益化。潜规则是一种私益实现取向的社会规范,而其成为国家法这种公共规范的组成部分或影响因素必须要来一番去私益化改造。这种改造首先要求潜规则不能仅仅是小圈子范围内利益交换方式,而应当逾越小圈子为更广泛社会主体所接受和认可,在适用范围上扩展至类如民间规范的地方化,才可能接近和实现国家法适用范围上的普适化,进而可以成为一种合理的立法渊源和填补法律缺漏的正当因素。其次,潜规则的规范化。比较国家法和民间规范规范性的差别而言,法律规范比民间规范要高得多。这一差别同样适用于潜规则分析。一般来说,法律规范都具有明确而又确定的事实构成和法律后果,这是法治发展的基本要求。而潜规则与之不同,它虽具有一定适用条件,但比较模糊和不确定;它也有一定利害后果,但这种后果不仅具有持续、复杂和不确定的特点,而且它不是依据事实构成逻辑地推导出来的,而是依赖潜规则运作主体的造福或损害能力现实形成的。因此潜规则欲要成为立法资料和填补国家法缺漏因素助益法治发展就必须具备符合法治要求的规范化程度。

再次,潜规则还必须通过与其他社会规范类型的竞争显现自身比较优势和对法治发展的特殊助益才可能。与其他社会规范类型相比较而言,潜规则的优势在于它的现实性。与作为立法参考的外国法相比潜规则是本土的;与同样作为本土资源的民间法相

---

① 参见[美]肯尼斯·卡尔普·戴维斯:《裁量正义》,毕洪海译,商务印书馆2009年版,第12页。

比,虽然二者都延续传统而来,但潜规则本身就是国家法的某种特殊运作方式,因而更为具体更为切近法律实践现实,也更可能为国家法建构和法治发展所借鉴和利用。最后,潜规则和国家法具有不同的价值倾向和运作逻辑,正如同习俗纳入司法过程中一样,[①]潜规则作为立法渊源和填补国家法缺漏的因素要产出正当结果来,还需认真对待其与国家法话语方式和运作逻辑上的不同。

(三)潜规则是法律实现的一种具体形式和途径

潜规则不仅作为一种立法渊源和填补国家法缺漏的竞争性因素而得通过完善法律秩序达致推进法治发展目的,而且也可以作为法律实现的具体形式和途径推进实然状态的法治发展。

首先,潜规则作为一种延续传统而来的社会文化影响人们对待法律的现实态度。由于宗教虔敬等因素缺失,中国人从来都不信仰法律;受战国法家思想的影响,中国人对待法律仍然是一种工具化态度。"法律如何为我所用?"这一问题一直是中国人对待法律的真实态度。潜规则正是这一态度的产物和人们便利化操作国家法运作的具体表现方式。反之,潜规则的普遍存在、运作和后果又会影响和加深人们便利化运作和工具化对待国家法的态度。

其次,潜规则是法律解释的影响因素。潜规则不仅是一种基于血缘伦理和人情世故产生的社会文化,同时也是一种相对具体确定的社会规范类型。作为一种社会规范,潜规则是法律解释的重要影响因素。根据法律解释的内在逻辑,这可以从下述两个方面展开分析。一方面从法律概念和语义角度来看,潜规则延续历史传统而来,一定程度上承载着概念、语句的特定内涵和中国人阐释它们的特有思维方式和逻辑形式。运用潜规则及其语义解释特定法律概念和释明法律模糊之处,有可能获得比直接运用源自西方解释学原理更具有社会接受性的结果。另一方面潜规则可以延展法律规范的适用范围。法律对于应该调控案型不可能都规定具体明确规范,对于此类事项,首先应当通过规范延展方式(比如类推适用和法律拟制)来适用既有法律。在其中,潜规则不仅影响到人们对于类推适用和法律拟制所涉及案型之相同或不同的阐释,而且也可能作为法律欲延展规范之案型的既有规范因素,进而对既有法律规范的实施产生影响。

最后,潜规则取替国家法大行其道。法律确定性是法治的基本要求,具体明确法律规范应该也必须得以适用,但是法治实践却并非如此。具体明确法律规范是否适用不仅取决于法律的内在逻辑和法治要求,还决定于现实法律文化影响下人们对于法律的态度。在法律实践中,无论是法律适用者还是一般社会公众都会受到中国既有工具化利用法律这一社会文化影响,作为这一文化产物和表现形式的潜规则,不仅影响到他们的法律解释观念和延展适用的可能性,而且在涉法者合谋和某种主导力量(利益和权力)的支

---

① 参见贾焕银:《司法判决中习俗的考量和适用分析》,载《民俗研究》2009年第2期。

配下,甚至能够取替具体确定法律规范的适用成为调控特定案型的主导规范力量。比如巨额财产来源不明罪,除技术原因无法查明来源外,巨额财产之所以不明,一是官场各种潜规则支配下的灰色收入,二是它本身就是沉潜于潜规则中的便利化操作法律这种观念的结果。再比如,2010年中央政府工作报告中"规范灰色收入"话语,虽然最终因引起很多人大代表和社会公众不满而被删除,但其得以出现在中央政府工作报告草案中这一现象,本身就能够说明灰色收入意味的潜规则观念,潜规则不仅在民间和具体特定案型中发挥巨大影响,而且也在深刻影响国家及其行为并因此可能成为国家法及其正式制度规范的组成部分。

(四)潜规则锁定及其现代转换

潜规则不仅是当代中国社会文化的组成部分,而且也是一种延续传统而来的历史文化现象。就此而论,潜规则就是传统文化延续的具体路径和表现形式,其也就秉具传统文化固有的特点和缺陷。中国由于没有宗教改革和启蒙运动发生,传统文化缺一个现代转型环节,其中积极和消极因素没有经过分离和改造,精华与糟粕共存,而导致在现代化进程中被有意无意贬低和压抑,长期处于边缘地位。① 在中国崛起的外部条件和经济社会发展转型的内部要求双重压力下,传统文化的现代转型就具有极端必要性和迫切性。如何转换是需要认真对待和思考的问题。

就其渊源来看,潜规则无非是由传统社会固有的民间规范、沉潜于民间社会既往之正式制度规范和在当代社会发展中自发形成之非正式制度规范三部分构成。前二者是传统社会得以存续之主导规范形式及基础构件,而后者则是前二者在现代社会之延续方式和支撑国家法存在与发展之社会规范基础。由前二者耦合而成的传统社会规范不仅是传统社会治理的主导规范形式,而且在历史流变过程中与政治、经济、文化甚至科学技术相结合不断寻找自身存续的正当性,由此生成某种发展的内在惯性和路径依赖,这就使其在很长时间里趋于维持稳定状态,即使在不同时代背景下受到异质因素影响,但每次只会发生微调而并不会产生根本性变化,根本性变化发生是不知多少次微调的结果。这就是所谓"潜规则锁定效应"。此一特点从根本上决定我们对潜规则所该秉持之态度。

就此而论,前述在潜规则善恶之争所谓"必欲除之而后快"主流观点是行不通的,潜规则不可能在一夜之间因为某些人的主观意志而消亡。此种观点是中国开启近代化以来对传统(法律)文化所一直秉具的观点态度。所谓"割断尾巴前行"、"不看中国书"等话语都是此类观点的生动体现。具体到法治建设来说,就是采取所谓断绝性方法,摈除传统(法律)文化影响,以异质于传统社会的西方法治因素取替之。现在我们的确依靠移植西法构建了法律体系,但此体系建立之时也恰是潜规则爆显之日。此一背反现象充分彰显该主流观点之不可行性,我们必须正视潜规则存在,采取更为现实的态度和更为务实

---

① 顾俊:《传统文化与当代青年》,载《新华文摘》2010年第1期。

的方法才能推进包括潜规则在内的传统（法律）文化的现代转换，发挥其在法治建设中的积极作用。究其要者有下述几点尤应注意。

首先，应认真对待和转换在现实社会生活中具有生命力而不是故纸堆中文物式存在的潜规则。既有潜规则研究，如果对其加以区分，一种是单纯的历史叙事，另一种则是基于现实的阐释。不能否认单纯历史叙事所可能对现代问题阐释具有的启示意义，但是包括潜规则在内的传统文化的现代转换不可能通过在历史弈局中阐释故纸之本原意义方式得以实现。而基于现实阐释的研究方式则把目光聚焦在承载传统文化而来的潜规则中，力图在现实因素的博弈关系中解析潜规则迷局、传承精粹剔除糟粕和实现潜规则的现代转换。其次，潜规则的现代转换不可能一揽子式解决，而只能是个案取向的，在具体问题的具体情境分析中才能实现。当下由于法律体系实效性不高而所致潜规则爆显之势，正是我们推进潜规则及传统文化现代转换的大好时机。灰色收入问题终被放弃这一事实表明国家和政府对在各行业爆显之潜规则的基本态度。"我们必须围绕灰色收入的产生原因、运行方式和合理性等问题探讨更为可行的解决之道。也许潜规则现代转换就蕴含于类如灰色收入这样的问题的研究逐步增多及对其既有经验的总结和概括中。

最后，尤需警惕者是延续对待传统文化有意无意地贬低、压抑而来的对潜规则一概否定的武断态度。潜规则不因是延续传统而来还是在现实生活中产生就能够区分善恶，也不因是在精英集团或在草根社会是有效的而能区分善恶，更不因能否助益法治之法律秩序自然地区分善恶，潜规则和国家法概属不同话语系统，具有不同价值取向和运作逻辑。在二者博弈中，善恶会相互转换，通常被视为负面否定的力量的潜规则，当其作用于被视为正面肯定的力量的国家法时，博弈结果往往并不取决于潜规则和国家法本身秉具的属性，两种力量在博弈中可能构造出新的真实规范及体系。但是，无论结果如何，这种新的真实规范及体系才是据以区别和衡量潜规则善恶的正当标准。

结语：基于真实中国的一个实证态度

纵观法制近代化历程，就实际效果来看，可以概括为西法不得，中法不行。改革开放以来法治发展选择了一条职业化、精英化道路，这虽令中国建立了法律体系，但毕竟法律的生命力在于实施，其实效性备受质疑已成为困扰法治发展的时代难题。但这一难题不应当削弱法治概念，它不过是中国法治还不够完善的一个反思。中国未来法治如何发展？是继续更多西方因素还是更多中国元素？移植和本土资源的二难选择仍是困扰中国的难题。继续更多西方因素似乎行不通，就现实司法改革路径选择来看，显然寄望于更多中国元素来解决法治发展的时代难题。但是良好的愿望不过是愿望的良好，法治发展的更多中国元素并不当然意味法治的健康良性发展，我们应该要审慎思考和对待更多中国元素的路径选择所可能导致的不同结果。

毕竟，黄鹤犹在而仙人已去，过去行得通的东西在当代不见得能够行得通。即使勉强行之,由于时空转换和错位,原本确定和普适的规范也可能形成巨大的可操作空间,而各种任意性因素就会乘隙而入损害法治发展根基。然而,潜规则存在有其客观性,不可能因任何人之主观意志而存亡。故此,要客观理性地对待潜规则存在之合理性,不仅要抑制和消弭其消极价值,而且更应当充分挖掘和利用其积极价值。但是,当下潜规则爆显之势所呈现的往往都是对法治发展的负面和消极价值。这可能就是我们判断潜规则性质和对待其态度的现实主义依据。故此,拒斥多于认同该是时下我们对待潜规则的理性态度,这是基于真实中国的一个实证态度。但是,我们更应"不畏浮云遮望眼",积极规划和呈现潜规则可能的积极意义,在通过比较中西法治模式差异性不断探求二者共同具有的普遍理性原则基础上,[①]大力凸显中国元素在构筑和实践中国法治模式中的可能价值,才能够在一个真实中国的真实规范状况中合理构建中国法治的前景和未来。

---

① JiaLue "Charles" Li. *China,a Sui Generis Case For the Western Rule-of-Law Model*. Geo. J. Int'l L. Spring, 2010,41:71.

民间司法的"情、理、法"

吕廷君[*]

（北京行政学院　法学部　北京　100044）

摘要："情"是人最原始、最基本的需求，是行为和规则共同的家；"理"是对"情"的抽象和概括，也是对以"情"为基础的人际关系之规律性的认识和总结；"法"是具象的"情"和"理"，是"情"的诉求和"理"的应然在行为上的规范表达。民间司法的"合情"、"合理"、"合法"其实是在追求人际关系的稳定和社会秩序的和谐，而不是国家司法所追求的实现社会的公平正义。与国家司法"以法为主，辅之以情、理"的适用原则不同，民间司法的"情理法"适用总原则是：从情出发，讲理为主，辅之以法。

关键词：民间司法；情；理；法；适用原则

民间司法是一个与国家宪政权力结构中的司法相对称呼的概念。依国家法视角看来，国家司法是一种正式制度，而民间司法则是一种非正式制度。国家司法的"情、理、法"适用，在一般意义上，"法"的考量因素占据主导地位，适当考量"理"和"情"。民间司法则情、理、法并重，"情"和"理"的因素考量更多，"法"的因素考量相对较弱。在笔者看来，我们耳熟能详的"情、理、法"其实是中国传统民间司法的一个原则性规范，而不应适用于我国现代的国家司法过程中。

本文在综合研究一些民间司法素材的基础上，在民间司法与国家司法、传统民间司法与现代民间司法的比较意义上，分析"情、理、法"在民间司法中的适用原则与方法，分析情的因素、理的因素和法的因素在民间司法适用中的地位和作用，以期探寻和挖掘民间司法对于生活化、平民化和原生态意义的社会秩序形成的意义。

一、民间司法的"情"

民间司法中的"动之以情"主要是指民间司法者通过运用"情感因素"促使纠纷当事人的内心产生触动，从而影响、感化当事人的心理和行为。民间司法的"以情感人"不仅为纠纷双方当事人的沟通和交流奠定了基础，而且在一定意义上能够直接化解当事人之

---

[*]【作者简介】吕廷君，男，汉族，北京行政学院法学部副教授，法学博士，研究方向为法理学、法社会学。

间的怨气和对立情绪,从而实现化解矛盾、解决纠纷的民间司法之目的。

"情"为什么能够影响人的行为选择?还需要从"情"的本质说起。我们常说人有七情六欲,但是,"情"和"欲"是不同的。"欲"表达的是人的主观诉求,"它更多的是索求,以占有和满足为目的,以'利己'为特质"①。而"情"则主要表达的是人与人之间的关系,无论是"手足情"、"师生情"、"夫妻情"、"父子情",还是"奸情"、"私情"、"情人"、"情夫(妇)",都是在表达以情感为基础的人际关系。也正是在这个意义上,我们常说,离婚判决常常要以夫妻感情破裂为前提。人与人的交往规则——法律的或道德的,其实都体现着人的情感要素,或者说人的交往规则是以情感要素为基础的。我们正是在这个意义上说,没有情感要素渗透的规则就缺少了基本的人道基础,对人的指导意义和引领作用就有局限性。所以,情感一定是人们制定规则的基础要素,当然也是自生自发秩序中自发性规则的基础要素。规则产生于人的交往行为。如果我们仔细观察和品味人的具体行为就可以发现,其实,每个有意识的具体行为都是情感支配或者情感影响的结果。也就是说,主体的有意识的行为与情感也是密不可分的。所以,我们可以形象地说,"情"是规则和行为共同的家。如果这个判断能够成立的话,我们就为情的因素在民间司法中的适用找到了心理层面的原因,这可能也是最原点意义上的原因。

其实,抽象和理性的规则、制度只有得到效力范围内的主体的认同,才可能具有实际意义。这里所说的认同,可能包括情感认同、身份认同、政治认同等多种元素,但是情感认同一定是最基础、最原始和最具有人道意义的。"没有情也就不会有道德,情是德性人格构成的第一要素。正是因为情所表现出来的利他本质,恰恰是道德所追求的精神实质所在。"②在一个熟人社会,"情"的交互性和利他性决定着人的行为必须合乎法律、道德的规范性。从这个基本认识出发,我们去理解民间规则和民间纠纷的时候,就不会首先考虑规则的适用,而是首先考虑规则的基础——情感要素的适用。比如,有些邻里纠纷虽然在法律意义上表现为经济利益的纷争,但其实感情瓜葛却常常占据主导地位。因此,对于解决矛盾和纠纷来说,唤起和修复正常的情感关系有时比厘清利益纠葛更重要。在河南省许昌市的一起赡养老人的纠纷中,大儿子、大儿媳不允许80岁的老母亲住自己的房子,从行为表现上看,似乎房子的价值和利益是儿子、儿媳行为的出发点。当社会法庭的法官们认真了解案情后才发现,这其中的原因不是房子、养老费等经济利益纠葛,也不是兄弟三人在养老问题上存在利益纷争。最根本的原因是20多年前婆婆对大儿媳生孩子不闻不问,甚至都不正眼看儿媳的积怨所致。由此大儿媳对婆婆耿耿于怀,婆媳之间的感情裂痕一直没有得到修复。③ 发现问题的症结比解决问题还重要,社会法官们针对这个情感积怨,不是去解决房屋问题、赡养费问题,而是去修补婆媳的感情裂痕,问题很快就得到了解决。

---

① 张卫国:《德性人格与情、理、法》,载《益阳师专学报》2002年第1期,第25页。
② 张卫国:《德性人格与情、理、法》,载《益阳师专学报》2002年第1期,第25页。
③ 《开"偏方"的社会法庭》,CCTV-12"社会与法"栏目,2012年8月29日。

我们常说民间纠纷打官司就是为了"出口气",这里所说的"出口气"有"理"的成分,但主要还是"情"的要素。可以说,"为了一口气"其实主要是情感要素驱使的结果。一位老先生为了5块钱多次跑法院打官司,官司打赢后一定要申请执行。法官本着息事宁人的态度对老先生说:"老先生,这5块钱由我给你,这事算完,行不行?"老先生愤愤地回答:"不中,非让他(被告)掏出来,要不我在村上抬不起头来。"①老先生的话涉及一个熟人社会中的"面子"问题,其实,"面子"一般是指"体面"、"情面",在很大意义上就是属于情感范畴的主观心理感受。

当我们明白了"情"的本质和在人际关系中的重要地位后,也就理解了民间司法为什么主打"感情牌"或者首先打"感性牌"的原因,也就理解和接受了民间司法"动之以情"的行为方式。其实,当我们分析民间司法案例时会发现,"动之以情"也不是很容易做到的,其中也充满着技巧和方法。

"情"的民间司法适用主要表现为通过亲情、友情、爱情等各种情感要素触动、感化当事人。"东街村一对同胞兄弟茹祥喜、茹祥明,为宅基地边界打架、诉讼,反目成仇。新乡县法院的判决长期执行不了,一方不断上访。不久前,茹祥喜因病去世,'社会法官'段德旺借机让茹祥明之子参加葬礼,双方关系大为缓和。段德旺趁热打铁,三番五次给双方调解。三十载'坚冰',一朝融化。"②通过一个看似与宅基地纠纷无关的"葬礼行为"使纠纷双方的矛盾得以缓和,真可谓是典型的主打"情感牌"的民间智慧。前文讲到的"赡养纠纷案"中,民间法官面对老太太和三个儿子的时候,不是首先讲法律和道理,而是始终在强调母子情、兄弟情,述说母亲抚养三个儿子成人的心酸和艰辛,母亲一流眼泪,其中一个儿子也开始流着眼泪安慰母亲,此时,在场的所有人,包括电视机前的观众也一定会相信,纠纷会得到圆满处理。事实也果然如此,儿子们的立场和态度开始发生变化,面对母亲、面对兄弟再也不是那样一种形同陌路的冰冷表情。这也是为什么农村调解赡养纠纷一般不会把儿媳妇集合到现场的原因,不仅因为婆媳之间感情纠葛不好协调,更重要的是,儿媳妇与公婆之间缺乏血缘意义上的感情基础,难以做到"以情动人"。

"情"的民间司法适用还表现为通过富有感情的说教影响和感化当事人。在笔者的父亲教训他的三个外甥的案例③中,笔者父亲一开始就营造了一个庄严肃穆的说教气氛,然后开口骂他的三个外甥"畜类"、"扬风炸毛"(临朐方言,意思是肆无忌惮)、"不戴帽的猴子"。严格意义上,这些辱骂外甥的话还不能算作是说教,因为说教属于说理范畴,是"理"的要素。这些骂人的话只能算作感情发泄,但这种感情发泄中间也暗含着"理"的成分,比如"不好好孝顺老人是什么东西?是'畜类'!"④这种说教属于"情理并用,以

---

① 李晓乐:《社会法庭的无形作用》,载河南法院网(http://hnfy.chinacourt.org/public/detail.php?id=120926),访问时间:2012年10月6日。
② 曲昌荣:《河南法院推出"社会法庭"探索化解矛盾"乡土模式"》,载《人民日报》2010年5月4日。
③ 吕廷君:《民间司法的概念》,载《民间法》第十一卷,厦门大学出版社2012年版。
④ 吕廷君:《民间司法的概念》,载《民间法》第十一卷,厦门大学出版社2012年版。

情为主"。

"情"的民间司法适用还表现为通过民间司法者的亲和力,甚至亲力亲为影响和感化纠纷当事人。与国家司法庄严肃穆的法庭气氛相比,现代民间司法塑造的是一个充满亲和力的纠纷解决氛围。一个相对轻松、充满感情和人性化的环境容易打消纠纷当事人的抵触情绪,容易搭建起平等友善的沟通和交流平台。人是感情动物,又是能够理性对待感情的动物。民间司法在注意感情氛围塑造的同时,也注意民间司法者的情感形象和亲和力。情感认同并不仅仅是纠纷双方的情感认同,也包括了当事人与民间司法者的情感认同。这也是为什么民间司法者常常具有地域性、熟识度的原因。熟悉和认同的民间司法者对于纠纷双方更有亲和力和影响力,更容易促使双方达成谅解。"'社会法官'用亲情、乡情、友情加法律心平气和地调解,没了对簿公堂的'火药味',从源头上有效防止了矛盾的激化。"[1]

二、民间司法的"理"

"理",即"道理"、"事理"。[2] "道理":"事物的规律";"事情或论点的是非得失的根据;理由;情理。"[3]"事理":"事情的道理。"[4]语言词汇为什么有时只能采用循环解释的方法? 主要在于被解释的词汇本来就很简单,已经属于通俗易懂的词汇范畴。"理"就是这样,一个很小的孩子有时都会质问成年人:"你讲不讲理?"因为,在语言世界中,"理"就是"道理",就是"事理",无他。但是,对于民间司法而言,这种循环解释似乎于事无补,我们需要知道的是"理"的本质是什么? 它为什么成为中国传统司法的适用原则,而且还居于"情"和"法"之间?

"理"在本质上是对规律性的认识。从民间司法角度看,应该是对以"情"为基础的人际关系的规律性的认识。有学者指出:"'情'具有法律之情意与情感两个面向,'理'则表现为法律的原理、定理、公理与道理这四个身位。"[5]这种对"情"和"理"的认识仍然是一种国家法视角。如果从民间法视角审视"理"的话,我们认为,应该是这样一个逻辑顺序与架构:情→情理→道理→法理→法。"情"是"情理法"的出发点,是人际关系和交往行为的基础要素,从"情"出发的"理"首先是"情理",这里所说的"情理"不仅仅指"事情的道理",更包含着"情的道理"或"理性的情感"。"理"的第二站才是"道理",道理反映着包含"情"在内的事物的规律性,也是对事物是非得失的根据与理由的一种解释和判断。"理"的第三站是"法理",也就是具有法意的规则所应该蕴含的规律和道理。从"法理"出发的

---

[1] 《河间市"社会法庭"全省首创民间调解新模式》,载新华网(http://www.he.xinhuanet.com/news/2011-02/22/content_22114707.htm),登录时间:2012年10月16日。
[2] 中国社会科学语言研究所词典编辑室编:《现代汉语词典》,商务印书馆1996年版,第774页。
[3] 中国社会科学语言研究所词典编辑室编:《现代汉语词典》,商务印书馆1996年版,第259页。
[4] 中国社会科学语言研究所词典编辑室编:《现代汉语词典》,商务印书馆1996年版,第1153页。
[5] 汪习根、王康敏:《论情理法关系的理性定位》,载《河南社会科学》2012年第2期。

"法"才是真正意义上的法,才是可能被人们所认同和遵从的法。从"情"到"法",是一个不断抽象、不断剥离情感要素的过程,也是一个符合"感性→知性→理性"认识理路的过程。

我们还需要指出的是,"天理"是一个具有自然法意义的超验价值,"天理"也就是"天然的道理",它不需要理论论证,也不需要经验证明,它是超越人的认识和经验之上的。"在古代中国,作为一种形而上的探求,将情理作为'法之原本'、'法之本原'是一种意义的追寻,人们发现了法律之上或法律之外的价值。"在这个意义上,"天理"既是从"情"到"法"的价值尺度,也是"理"的最高境界和最高适用原则。

"理"的民间司法适用主要表现为以情为基础的"讲理"行为。所以说,"以情为基础"也意味着没有任何感情基础的民间司法是不存在的,还在于民间司法只有塑造了良好的情感氛围,"理"才可能出场,"理"才能被心平气和地讲出来。什么是"讲理"?"讲理:评是非曲直。"①民间司法的"讲理"是纠纷双方当事人就是非曲直进行的辩论。"民怨来自何处?我的直感是社会正义的缺失。简单讲,就是不讲理。古语说有理走遍天下,可在中国,有些人不跟你讲理,所以有理没用,有时武力倒是有用的。"大家都讲理,矛盾通过说理来解决,这是一个先进社会的基本标志。②

民间司法如何正确适用"理"原则呢?

首先,"理"的适用需要一个讲理的法治氛围。国家司法通过法庭的庄严肃穆、法官的权威等符号体现法律的强制力,为讲理提供一个安静的氛围;传统威权型民间司法通过个人威权和家族祠堂等符号塑造近似国家司法的庄严氛围;当代民间司法则主要通过亲和力营造一种便于沟通交流的讲理氛围。河南社会法庭被称为"讲理铺子",这一方面反映了国家司法指导的民间司法注重"讲理"而不是"说法",另一方面也说明了更具有乡土气息的"社会法庭"在营造讲理的氛围方面与国家司法有很大不同。从河南"社会法庭"、北京电视台的第三调解室以及厦门的"家事纠纷援助中心"③等当代民间司法活动的运作机制看,"笑脸相迎"、"平心静气"、"促膝交谈"、"和蔼可亲"等对民间司法者的描述词语从侧面反映出了民间司法讲理氛围的宽松和平和。

其次,充分运用"情理"、"道理"和"天理"等各种"理",并把握"讲理"的时间和分寸。比如,在一起交通事故纠纷中,一位社会法官把正在激烈争吵的受害人家属拉到一个僻静处说:"你别听人家七嘴八舌的乱说,有些看热闹的是唯恐天下不乱,你冷静下来想想,咱的小孩不小心撞上了人家的车,咱也不能不讲一点理,咱有没有责任?咱该负什么责任?不能一味都怨别人,事情到这种地步,谁也不愿看到,咱们换位思考一下,你也干过

---

① 中国社会科学语言研究所词典编辑室编:《现代汉语词典》,商务印书馆1996年版,第626页。
② 茅于轼:《全社会必须恢复讲理的风气》,载《中国工人》2010年第6期。
③ 廖桂金、郑金雄:《有烦心事,找家事纠纷援助中心说》,载《厦门晚报》2006年2月12日。

司机,颠倒过来怎么看这个问题?"①当双方当事人平静下来之后,这位社会法官对双方说:"退一步海阔天空啊,谁也不要再争了,辉县很小,以后还会经常见面的,都忍让一些,冤家宜解不宜结。"②这两段话很简短,但其中却包含着几个大道理:"局外人参与的目的不一定纯正"、"交通事故是双方都不愿意看到的"、"换位思考"、"退一步海阔天空"、"冤家宜解不宜结"。这位社会法官讲的都是我们耳熟能详的道理,而且是站在双立场上讲的,不偏不倚,很容易被双方接受和理解。更重要的是,社会法官讲理的时机和地点选择恰到好处,为调解创造了良好的环境和氛围。

再次,"理"是"情"和"法"的桥梁,"讲理"离不开"情"和"法"。从内容上说,情、理、法是独立的个体,有自己独立的内涵。情理法的民间司法适用却不能完全把三者割裂,尤其是"理"的适用,既需要用充满真诚、恳切的态度和语气"讲理",也需要不时夹杂着情感的触动与感化。在一定意义上,纯粹地讲理、干巴巴地讲理,纠纷当事人很难认同和接受。还应注意的是,在讲理过程中,要为当事人留"面子",如果当事人感觉受到侮辱、无地自容,也可能产生与预期目的相反的结果,有的当事人甚至抬腿就走。因此,"讲理",既要"融情",更要"容情"。

三、民间司法的"法"

民间司法话语体系中的"法"不仅指国家法,还包括民间习惯法、民间组织的章程规则、民间契约、具有一定强制力的民间礼仪和民风民俗等广义的民间法规范,在一定意义上,只要具有一定强制性的规则都涵盖在民间司法的"法"范围中。民间司法之"法"为什么具有如此广阔的领域?这个广延的"法"范畴与"理"是一种什么样的关系?这是我们首先需要厘清的问题。

简单说来,民间司法之"法"是指具有一定强制性的规则。国家法当属此列,不存争议。但,是否所有具有一定强制力的规则都属于民间司法的"法"呢?比如,山东等地有句有关喝酒的俗语:"感情深一口闷,感情浅舔一舔。"这句俗语是否属于民间司法之"法"呢?我们认为,这句俗语也具有一定意义上的强制性,但这句俗语主要还是依靠人的内心自觉来实施的。如果一个人违反了这句俗语,一般不会受到外在的强制性处罚。但是,同样是违反酒局中的规则,由于规则的属性不同,结果可能就大不一样。比如,山东临朐等地有一种酒桌上关于"斗酒"的"君子契约",就是一种关于斗酒的口头契约。比如,两个人约定"斗酒",按照划拳行令的方法,谁输了谁喝酒,每次喝三杯。结果,其中一人连输三局,就开始违反约定了。此时,酒桌上的"酒陪"就会采用"灌酒"的外在强制方

---

① 中原法院:《须水镇社会法庭调解案例》,载河南法院庭审直播网(http://tv.hncourt.org/video/detail/court/0/id/7410),访问时间:2011年7月29日。
② 中原法院:《须水镇社会法庭调解案例》,载河南法院庭审直播网(http://tv.hncourt.org/video/detail/court/0/id/7410),访问时间:2011年7月29日。

法强制执行。这是不是属于一种民间司法呢?从民间司法的构成要件上看,有具有口头效力的"君子协定",也就是协定双方当事人之间的法律,有协议主体,有主持公道的常常履行"监酒"职责的"酒陪"。笔者曾亲眼见到,几位"酒陪"给违约的斗酒者灌酒的场面,第一杯灌进去了,第二杯、第三杯顺着违约者的脖颈灌了进去,这种灌法也属于当地的习惯法。所以说,在笔者看来,这是一个小型的民间司法场景,"斗酒协定"应该被看作是民间司法之"法"。

如果我们把民间司法之"法"划定如此大的范围,它与"理"又有什么区别呢?其实,在很大意义上,民间司法之"法"和"理"有一个相当大的共享区域,也就是说,两者在一个很大的范围内是不分彼此的。我们既可以说,"酒宴礼仪"是一种民间法规则,也可以说"酒宴礼仪"是一个长期以来人们共同遵守的"理"。因为,"酒宴礼仪"既有一定地域范围内的强制力,也内含着人们共同认可的"秩序构造模式"这个"道理"。但是,与国家法鲜明的强制力不同的是,"酒宴礼仪"的效力显然主要依靠人们的自觉遵从,外在强制也仅限于道德舆论、熟人社会对违反礼俗人士的排斥等社会力量。如果说"酒宴礼仪"纯粹属于"理"的范畴,显然又与一般的民间司法之"理",如"冤家宜解不宜结"不同,其"事物的规律性"和"是非曲直的理由"这些特点并不充分。因此,诸如"酒宴礼仪"等礼仪规范、民风民俗处于民间司法的"法"和"理"之间的交集地带,只是由于其规范性特征而被划到民间司法的"法"范畴之中罢了。

这种"法"的大范围划界方法与民间司法的特殊性具有内在关联性。与国家司法追求"明辨是非"有所不同,民间司法更倾向于维护社会秩序和人与人之间的和谐关系。"民间调解是以妥协而不是以法律为主,它的目的不在于执行国法,而在于维护社会的和睦人情关系。"①因而,民间司法就弱化了对"是非曲直"的规则判断和价值判断,而更多的是考虑人的情感、情理和社会公众的期望。"习惯法既生于人群之中,且用于调整人际关系,靠人之行为体现和维持,自然在任何时候都不能够脱离人,人的思虑、人的欲望、人的理性和人的情感。"②在这个意义上,扩大民间司法之"法"的范围,或者说模糊民间司法的"情、理、法"的疆界可能是民间司法的一种内在需求。

范围如此广泛的"法",在民间司法适用过程中是否会遇到障碍呢?民间司法如何正确适用"法"呢?

首先,民间司法必须恪守国家法,不能违反国家法的禁止性规定和强制性规范。民间司法也是国家法治的一个重要构成要素,不应该也不可能背离国家法而独行其是。就民间司法的规范适用而言,国家法占据主导地位是没有疑问的。比如,在一起夫妻感情纠纷中,厦门"家事纠纷援助中心"的调解员主要是规劝丈夫不要酗酒闹事,规劝妻子不能随意提出离婚。丈夫要多体谅妻子,不能无端增加妻子的家庭负担;妻子要充分考虑

---

① 黄宗智:《清代的法律、社会与文化:民法的表达与实践》,上海书店出版社2001年版,第9页。
② 梁治平:《清代习惯法:社会与国家》,中国政法大学出版社1996年版,第58页。

孩子,不能让孩子生活在一个单亲家庭之中。① 这些调解的思路和具体做法是建立在维护婚姻法对一个家庭的秩序架构基础之上的,调解员不会突破婚姻法的规定而非法干涉他们的婚姻关系,只是在"情"、"理"和婚姻法所规定的夫妻的责任和义务范围内行为。而且,民间司法最大的特点就是,在讲到丈夫的家庭责任和妻子的抚养责任时,不是拿法条说话,而是用具有人情味的"讲理"来说服当事人。

其次,民间司法不仅恪守国家法的法条,还要适用国家法的精神和原则。国家法的原则和精神与民间司法所适用的其他规则虽有不同甚至冲突,但共通性和契合点更多。比如,法律面前人人平等原则,在民间司法中是被经常适用的"理"。在这个意义上,笔者可以说,民间司法对国家法的原则与精神的适用就是对社会善良风俗和基本价值观的肯定,也是对维护社会秩序所必需的其他规则的一种肯定和保护。说到底,一个国家的主流意识形态和价值观不仅塑造着国家法,也深刻影响着民间法和其他社会行为规范。也就是说,一个国家的主流意识形态是其所有规则生成的共同土壤。

再次,民间司法的规则适用在不违反国家法禁止性规定的前提下,应以适用"软法"为主,"硬法"作为补充。"软法"是指不需要适用国家强制力而实施的法规范,"硬法"是指必须依靠国家强制力保证实施的法规范。② "软法"对法的内涵界定与民间司法的"法"的适用范围和属性相契合。民间司法主要使用一些具有倡导性、指引性的法规范,对于具有"硬法"属性的法规范只具有提醒义务,没有适用的权力。也因此,民间司法应主要关注"软法"规则的适用方法和技术,不断开拓民间司法规则适用中"软法"的视域和范围。

四、"情理法"的民间司法适用总原则

前文虽然对情理法的内涵和一般适用原则分别进行了描述,但就三者的关系而言,我们还没有给出一个具体而准确的定位。如果把"情理法"看作一个整体的话,我们认为,"情"是人最原始的需求,是人行为的动机,是情理法中最基础的要素;"理"源于"情",是对"情"的抽象和概括,也是对以"情"为基础的人际关系之规律性的概括和总结;"法"是具象的"情"和"理",是把人的"情"和人与人之间的关系的"理"的应然层面具体化为行为方式,也就是规则,并辅之以国家的或者其他形式的强制力。通过被固化的"法"来评判人的交往行为之"是非曲直",并最终通过稳定人际关系来实现人的权利诉求。所以说,"法律是情理的固化与强化,情理是法律的优化与进化。从古至今,中国的法文化历来都是天理、国法、人情三位一体的多元文化"③。

以追求人际关系稳定和社会和谐为目标的民间司法,在"情理法"适用上也具有自己

---

① 廖桂金、郑金雄:《有烦心事,找家事纠纷援助中心说》,载《厦门晚报》2006年2月12日。
② 罗豪才:《软法的理论与实践》,北京大学出版社2010年版。
③ 周博文、杜山泽:《情理法:调解的法哲学思维解析》,载《湖北社会科学》2012年第11期。

的特殊性。"中国人解决争端首先必须考虑'情',其次是'礼',最后是'理',只有最后才诉诸'法'。"①其实,达维德所说的"礼",在现代社会,已经被分解到"理"和一些民间法规范之中了。因此,民间司法的"情理法"适用总原则是:从情出发,讲理为主,辅之以法。也就是说,民间司法是从人的感情需要和维护基本人情出发,用"情"的要素触动感化当事人,促使其认同"理"所传达的"情理"、"道理"和"法理",并最终接受"法"所具体化的权利和义务。

当然,正如前文所述,民间司法视角的"情理法"在外延上都有交集,很难划定一个明确的界限。在具体的司法适用中也同样存在着这个特点。再以山东民间的"酒宴规则"为例说明这个问题。酒桌坐席的位置是山东省"酒宴规则"中的一项主要内容。比如,"主陪"、"副陪"、"主宾"、"副宾"的坐席位置和次序明确严谨,现代酒店酒桌上的餐巾叠放都严格按照这个次序设置而有所区分。可以说,这是一个次序分明、秩序井然的规则安排。但是,我们设想一下,如果一个人不按照酒宴规则既定的安排就座,会产生什么样的后果呢?一般说来,酒宴主办者会提醒来宾坐到自己应该坐的位置上去,如果来宾执意不从,酒宴主办者是不会采取强制措施的。但是,这位来宾可能会因为如此"出格"的行为而遭受普遍的舆论谴责。这就是人们通常所说的"道德法庭"的力量。我们进一步假设,如果因为来宾坚决不服从规则秩序而引发纠纷的话,民间司法又该如何处置呢?笔者相信,在传统中国社会,这种违反酒桌礼仪的行为会受到民间司法的否定和处罚。现代社会,民间司法对违反酒宴规则的人的处理可能会变通性地适用"理"来解决。把酒宴坐席次序的民间法转变为"情理"或"道理"讲给当事人听,通过"讲理"规劝当事人改正"错误"。这个小案例告诉我们,民间法规则这个广义的"法"在民间司法中已在不经意间被转换成"理"了,这反映出了"法"和"理"在民间司法适用中的模糊性和可转换性。

所以说,行走在民间司法场域中的"情理法"常常穿行于、存在于事实之中,我们虽然在形而上的世界中能够厘清它们的形象和面貌,但却很难在一个具体事实中把它们截然分开,我们只能通过设定原则和规则的方法来抽象和运用它们,这可能也是语词、语言等文明形式自身所具有的贫困性吧!

---

① [法]勒内·达维德:《当代主要法律体系》,上海译文出版社1984年版,第486页。

传统中国的乡村社会控制方式
——兼及宗族的社会控制功能*

黄金兰**

(厦门大学法学院 福建 361005)

摘要:本文试图通过对中国社会治理史的简要梳理,来揭示传统中国的乡村社会控制方式,既不是长期以来人们所认为的纯粹宗族自治,也不是新近研究所表明的"编户齐民"处于皇权的全面包围之中,而是一种以皇权为经、宗族为纬的交叉治理模式。而这一治理模式的可行性和正当性,与宗族所承担的社会控制功能有着内在的关联。

关键词:宗族;社会控制;功能

传统中国的乡村到底是一种怎样的社会治理模式?学界有不同的看法。"国权不下县,县下唯宗族"的宗族自治理论成为长期以来对传统乡村控制模式的主流描述。然而,另有研究告诉我们,宗族从来都未曾自治,所谓宗族自治只是一种假象,历代政权在宗族问题上大多持戒备甚至敌对态度,传统乡村社会与其说是血缘族群社会,不如说是皇权控制下的编户齐民社会更为准确。这两种截然对立的观点,到底哪一种更符合传统中国乡村治理的现实?抑或,二者都有片面和极端之嫌?进一步的问题则是,在传统中国的整个乡村社会控制系统中,宗族所扮演的究竟是怎样的角色?本文力图通过对中国社会治理史的长镜头式考察①,来寻求这些问题的答案。

一、"宗族自治":一种可以质疑的描述

在天高皇帝远的广大乡村地区,国家权力鞭长莫及,于是,基于血缘纽带而形成的宗族,凭着一套伦理机制,承担着社会控制的全部职能。这一景象既符合传统儒家关于社会治理的理想,也是当今很多学者对于传统中国乡村社会控制状况的想象。韦伯对古中

---

* 本文为作者主持之中央高校基本科研业务费专项基金项目——"闽南家族习惯法的演进与转型"(项目编号2010221004)以及福建省教育厅项目——"闽南家族习惯法的转型机理研究"(项目编号 JA11019S)的阶段性成果。

** 【作者简介】黄金兰,女,江西上栗人,法学博士、厦门大学法学院副教授,研究方向为法文化学与比较法学。

① 所谓长镜头式考察,是指对考察对象作一种宏观的、远距离的观察。此种观察方式的优势在于,能够更好地凸显出考察对象的特点。黄仁宇曾用此种方式来撰写《中国大历史》,可参见黄仁宇:《中国大历史》,生活·读书·新知三联书店 1997 年版。

国的行政管理体制就有过这样的判断,"毫不夸张地说,中国行政管理史上充满了朝廷力图在城区以外发挥行政功能的努力。除了在税收方面达成了妥协,这种努力只获得了短期的成功,由于皇家行政独特的粗线条管理不可能获得永久的成功。真正的官员为数甚少,这种粗放管理是由财政决定的(反过来又决定着财政状况)。正式的皇家行政,事实上只限于市区和市辖区的行政。在这些地方,皇家行政不会碰到外面那样强大的宗族血亲联合体……一出城墙,皇家行政的威力就一落千丈,无所作为了"①。基于此认识,他将传统中国的城市与乡村之差异总结为,"城市是没有自治的品官所在地,乡村则是没有品官的自治区"②。英国学者弗里德曼也持类似看法,他认为,在传统中国,"官僚体系指派的官员只下达到县府一级。县官是乡民与文人统治系统之间的连接点";"县官通过衙门征集国家规定的税收,监督公共秩序的维护。这是他的主要职责。假如税收足以征集上来,没有他必须引起注意的对和平的破坏,他就没有理由干预地方社区的管理"③。因此在他看来,国家权力在县以下,除了征税和预防大的动乱外,基本上是无所作为的。国内学者梁治平也指出,"帝国派出的官吏只到县一级,城市以外的广大村镇不在其直接统治之下,而这简单意味着存在一个极广阔的空间,民间的法律能够在其中生成、发展和流行"④。费孝通的研究也表明,由于农业帝国的虚弱,使得皇权难以做到"有为",为了维持自身,皇权只能以"无为"作为生存价值和政治理想。他由此认定,在传统中国,皇权政治"在人民实际生活上看,是松弛和微弱的,是挂名的,是无为的"⑤。既然国家权力在县以下基本无为,那么,广大乡村地区靠什么来实现社会的有序化呢?人们的回答是,宗族自治。

秦晖将上述关于传统乡村治理模式的认识范式表述为:"国权不下县,县下唯宗族,宗族皆自治,自治靠伦理,伦理造乡绅。"⑥然而,这一认识范式是否描绘出了传统中国乡村治理的现实?秦晖给出的答案是否定的,并且作出了与之截然相反的判断。他的判断立基于20世纪末发现的长沙走马楼三国吴简,通过对这一史料的研究,他得出了关于传统乡村治理的另类结论。与宗族自治理论关于乡土社会聚族而居的想象不同,吴简所反映的是极端非宗族化的社会,多姓杂居是普遍存在的事实。同时,与宗族、乡绅治理乡土社会的图画不同,吴简向我们呈现的是国家政权在县以下运作十分活跃的场景。当时不仅有发达的乡、里、丘组织,而且还有常设职、实行科层式对上负责制的各种形式的"乡吏"。他们虽属于郡或县的吏员编制,名义上被称为"郡吏"或"县吏",但因其任职都是在乡里,实际上履行的是乡吏的职责。这些乡吏,除了春夏"劝农"、课征租税役调外,还承担本地吏民户籍的管理以及维护官方文化、杜绝异端私学等职责。秦晖认为,不管乡吏

---

① [德]马克斯·韦伯:《儒教与道教》,王容芬译,商务印书馆2003年版,第145页。
② [德]马克斯·韦伯:《儒教与道教》,王容芬译,商务印书馆2003年版,第145页。
③ [英]莫里斯·弗里德曼:《中国东南的宗族组织》,刘晓春译,上海人民出版社2000年版,第82~83页。
④ 梁治平:《清代习惯法:社会与国家》,中国政法大学出版社1996年版,第36页。
⑤ 参见费孝通:《乡土中国》,人民出版社2008年版,第77~78页。
⑥ 秦晖:《传统十论——本土社会的制度、文化及其变革》,复旦大学出版社2004年版,第3页。

是有酬的美差还是强加的重役,总之都不是"乡村自治"的体现者,而是国家权力下延于乡村的产物。因此,当时的基层权力机构比我们所知的复杂得多,远不像"县下为宗族"的想象那么简单。秦晖甚至得出结论:中国传统乡村社会与其说是血缘族群社会,不如说是皇权控制之下的编户齐民社会——至少中国历史的绝大部分时期是如此。"走马楼吴简不能证明非宗族化的吏民社会或编户齐民社会的普遍性,但可以证明这种社会(而绝不是所谓自治的宗族社会)才是帝制下'传统国家'存在的逻辑基础";而"如果人们不住一处,仅凭所谓共同祖先的'伦理'基础是很难保持稳定交往、发展公共认同并形成功能性组织的";"综上所述,在我国历史上大部分时期,血缘共同体(所谓家族或宗族)并不能提供——或者说不被允许提供有效的乡村'自治'资源,更谈不上以这些资源抗衡皇权"。①

秦晖的研究值得我们深刻反思,至少,有一点上是很有意义的,那就是,他对于我们长久以来用笼统的"宗族自治"叙述来定位传统中国乡村治理模式的做法有着警醒的作用。也就是说,他让我们意识到,所谓宗族自治在中国历史上并不是普遍存在的,或者说,用"宗族自治"这一术语来概括传统乡村治理模式的做法本身就是不妥当的。这一做法不仅有简单化的嫌疑,而且容易遮蔽我们的视线,使我们对于很多问题的认识和判断变得不准确。

那么,该如何来描述传统中国的乡村治理模式,才是准确的呢?

二、传统乡村的典型治理模式:皇权为经,宗族为纬

传统中国的乡村控制形式,既不是"国权不下县,县下唯宗族"所描绘的那种宗族自治乐园,也不是"皇权控制下的编户齐民社会"所展现的广大乡村处于国家权力赤裸裸的包围,总体上看是一种以皇权为经,宗族为纬的交叉治理模式。国家与宗族共同作用,相辅相成,相得益彰,从而实现社会的有序化。之所以说是"总体上看",是因为这一治理模式在不同时期会呈现出不同的特点:西周及以前皇权极度微弱的时代,主要倚重宗法手段来治理社会;秦代国家权力膨胀,皇权通过瓦解宗族直接控制基层;西汉虽然在大的政治构架上"承秦制",在具体制度上却仍贯彻儒家典籍中的家族伦理,为家族和宗族的发展留下余地;隋唐的科举制度虽一定程度地削弱了宗族,但"同居相为隐"的制度设计又无意间为宗族的发展预留了空间;宋以后社会名流的呼吁以及当权者重建宗族的主张为此后宗族观念及宗族组织的大发展推波助澜;明清时期是中国宗族发展的鼎盛时期,大量的家法族规在这一时期涌现,宗族组织极度发达,可以说,此时的乡村治理模式已趋成熟,皇权为经,宗族为纬,对社会实施着有效的控制。

一直以来,学界普遍认为,西周在制度设计上极力弘扬宗法制,其实仔细观察便会发

---

① 秦晖:《传统十论——本土社会的制度、文化及其变革》,复旦大学出版社 2004 年版,第 31、43、44 页。

现,西周的诸多制度,其功用与其说是落实宗法不如说是皇权利用宗法来共同治理社会。例如,作为西周基础经济制度的井田制,其创设目的就是便于国家权力更好地延伸到地方。井田制是周人"间架性设计"的典型代表,该设计的目的是"在人口统计和土地测量的技术尚未准备妥当之际,即在一个区域广大的国家内,造成一种人为的政治区分"①,这种政治区分的最终目的,无疑是为了实现中央对地方的更有效掌控。同时,西周的分封制也体现了皇权与宗法关系的有机结合:"每个诸侯的疆域内,必有宗庙,它成为地区上神圣之殿宇,其始祖被全疆域人众供奉,保持着一种准亲属的关系。在领域内不仅公侯伯子男的名位世袭,即主持国政的卿及大夫也仍由指定的世系所把持,他们在周朝成立时,即各在领地内拥有地产。他们也兼有军事领导权。"②因此,分封制的创立,既从形式上推动了宗法伦理和宗法组织的发展,实质上也有利于实现国家对地方的控制。《左传》中关于周朝宗法、分封制的讨论也印证了这一点:"故天子建国,诸侯立家,卿置侧室,大夫有贰宗,士有隶之弟,庶人工商,各有分亲,皆有等衰。是以民服事其上,而下无觊觎"③,"昔周公吊二叔之不咸,故封建亲戚,以蕃屏周"④。可见,周初之分封,以及后来的周公制礼,倡导宗法伦理,其最终目的是为了使"下无觊觎",以达到"蕃屏周"的效果——虽最终目的在此,客观上却也促成了宗族和宗法伦理的发达。

秦朝是中国历史上唯一一个从意识形态到制度层面都极端反对宗法的朝代。秦仰赖法家实现了政治上的统一,统一后更将其思想和制度发挥到极致:在大的政治架构上设立郡县制,为的是使中央权力越过宗法进一步向地方延伸:"始皇帝认定'周制微弱,终为诸侯所丧',遂采纳李斯建策,分天下为河东、太原、上党、南阳、右北平、九江、长沙、汉中等三十六郡"⑤;而在具体制度层面,"不得族居","民有二男不分异者倍其赋","父子兄弟同室内息者为禁"等规定,更使得皇权穿越家族直接指向个人。这些都是秦代戒备甚至仇视宗族的生动写照。当然,秦朝的反宗法措施不妨被视为是对西周极端重视宗法的一种反叛,而这种反叛所导致的结果,虽然表面上有利于中央对地方的控制,实际上却使整个社会成为一盘散沙,反而不利于社会治理目标的最终实现。

汉朝虽然在大的制度层面"承秦制",但由于其奉行的主流思想是儒家的而非法家的,因此,经学中的"父子相隐"原则在这个时代被运用于法律实践中,用人制度上的"举孝廉"也体现了"孝"这一家族伦理作为人才任用的重要标准,这是血亲宗法伦理对冰冷的法家治理模式的胜利,这不仅意味着皇权极端仇视宗法伦理的结束,也意味着家族、宗族更广阔生长空间的开始。自汉朝始,家族、宗法伦理被重新认识,家族、宗族在基层社会控制中逐渐扮演起重要的角色。汉代的一些家庭中,已有家长开始订立一些约束家人

---

① 黄仁宇:《中国大历史》,生活·读书·新知三联书店 1997 年版,第 13 页。
② 黄仁宇:《中国大历史》,生活·读书·新知三联书店 1997 年版,第 14~15 页。
③ 《左传·桓公二年》。
④ 《左传·僖公二十四年》。
⑤ 冯天瑜:《"封建"考论》,武汉大学出版社 2007 年版,第 62 页。

的规范,《史记》记载,富人任氏便立有家约:"非田畜所出弗衣食,公事不毕则不得饮酒食肉。"①这一家规的实施效果如何虽已不可考,但它的出现却意味着家长家内治理权的被承认,与秦朝极力离间和瓦解家族的做法形成鲜明对照。而东汉以后政权的分裂格局客观上为宗族的生长腾出了空间,形成了一些强宗大族,出现了"连栋数百,膏田满野,奴婢千群,徒附万计"的大庄园。这些大宗族不仅订有宗族规范来约束族人的行为,而且在战乱时出于自卫,建造如同城堡的坞壁,并以军事化的形式来组织族众,使他们成为当时称为"部曲"的宗族军队。②后来北魏政权在制度上承认了这一宗族治理形式,史称"宗主督户"。在中央政权无力控制社会的时代,这种"百室合户、千丁共籍"的宗主督户制,弥补着国家权力的空隙,承担着实际上的社会控制功能。

发端于隋,唐以后渐趋完善的科举制度,一定程度上不利于宗族的进一步生长。"儒家贵族政治被废弃并代之以'冷冰冰的'科场角逐,无疑是极权国家权威对宗法权威、'法术势'对温情主义占优势的结果。"③这也许又是一轮新治理模式对旧治理模式的反叛,正如秦晖所说:"实际上由察举、门阀之制向科考之制的演变在某种程度上是对由周之世卿世禄到秦之军功爵制度的一种复制。"④而为什么出现这种复制?魏晋时期宗族的过于强大使其成为当权者的心腹之患,并且事实上也形成了类似地方割据的局面。与历史上治乱循环的逻辑相同,统一后的政权无疑要从制度上消除这种可能造成割据的隐患,于是,削弱门阀世族,将国家权力直接指向个人,成为隋唐治理方式的重要特点,科举考试就是这一治理方式在用人制度中的体现。当然,隋唐制度也并不是一概反对宗族的,甚至可以说,一些具体的制度反而有助于宗族的发展,如唐律中的"同居相为隐",就是对汉朝"亲亲得相首匿"原则的进一步完备和制度化。因而,此时的国家政权,一方面采取措施削弱豪门大族,以防止大族乱政,另一方面鉴于家族伦理具有事实上凝聚社会的功能,为了使社会不至沦为一盘散沙,又在一定程度上弘扬这种伦理,这为宗族的发展留下了空间。

北宋以后,科举制度已趋成熟,而一项制度的成熟同时意味着该制度的定式化,这种定式不仅体现为考试科目的固定与程式化,也体现为考试本身作为录用的唯一依据。唐代取士,既要看考试成绩,还要有知名人士的推荐,称为"公荐",北宋废除了这一制度。公荐制的废除固然有利于遏制科考中的腐败,却也使门阀世族最终瓦解,从而使北宋社会成为彻底的科举社会。这样的社会,表面上虽便于国家权力的纵向控制,深层次地却不利于社会整体的凝聚和团结。苏轼就曾感慨:"今世之公卿大臣贤人君子之后,所以不能世其家如古之久远者,其族散而忘其祖也。"鉴于此,北宋中叶理学家张载提出了重建宗族的设想。他指出:"管摄天下人心,收宗族,厚风俗,使人不忘本,须是明谱学世族与立宗子之法","宗子法不立,则朝廷无世臣。且如公卿一日崛起于贫贱之中,以至公相,

---

① 司马迁:《史记·货殖列传第六十九》,中华书局 2006 年版,第 756 页。
② 参见费成康主编:《中国的家法族规》,上海社会科学院出版社 1998 年版,第 5~6 页。
③ 秦晖:《传统十论——本土社会的制度、文化及其变革》,复旦大学出版社 2004 年版,第 83 页。
④ 秦晖:《传统十论——本土社会的制度、文化及其变革》,复旦大学出版社 2004 年版,第 83 页。

宗法不立,既死,遂散族,其家不传……如此则家且不保,又安能保国家!"张载还提出了设立宗子的具体方法,主张宗子的人选要兼顾嫡长与仕宦两方面,并优先考虑仕宦。理学家程颐也主张由有官职的族人担任宗子,并认为士大夫应当建立自己的家庙,后来北宋朝廷采纳了他的主张,规定三品以上官员有资格建立自己的家庙。① 在朝野主张重振宗族的同时,用以治理宗族事务的家法族规也开始广泛流行。北宋名相司马光的《居家杂仪》,堪称当时名门望族治理家族的经典文本。南宋理学家朱熹更是制定了适合于普通民众的详细的宗族制度方案《家礼》(人称《朱子家礼》),对南宋以后中国宗族观念和宗族组织的发展产生了深远影响。

明清以来,宗族及宗族组织获得了广阔的发展空间。明清以前宗族组织的发展主要在名门望族,从南北朝时著名的《颜氏家训》,到唐朝的江州陈氏《义门家法》,再到北宋名相司马光的《居家杂仪》,体现的都是豪门大族对族内事务的治理。到明代中后期,民间的宗族组织已经比较发达,这些宗族大多建有宗祠,撰有宗谱,原来主要存在于名门望族的家法族规也进入了更多的平常百姓家,现存的出自民间的明代家法族规,大多制定于嘉靖、万历、天启年间。满人入主中原后,作为异族统治者的满洲贵族需要借助宗族势力来支撑其统治,因而对宗族多采取扶植的政策;而嘉庆以后各种反清活动的涌现,更强化了清政府对宗族势力的倚重。同时,到清代中期,由于人口激增,且人口增长的同时生产未有革命性的发展,导致众多无业游民出现而成为社会动荡的隐患,这也迫使很多宗族通过强化宗族组织和宗族法规来治理族人,朝廷客观上也需要这种宗族的内部治理作为社会控制的辅助。这些因素都使得宗族在此时获得了前所未有的发展。②

放眼整个中国社会治理史,宗族在其中扮演着相当重要的角色。国家权力越过宗族直接控制编户齐民,这既是法家的社会控制理想,也符合不少掌权者的主观愿望,但这终究只能是愿望。真实的情况却是,中央权力在伸入地方的同时,由于财力、信息以及人力等的局限,必须仰赖宗族这一最基本的乡村社会组织的辅助,才有可能实现社会的治理。秦朝社会的一盘散沙告诫人们皇权彻底瓦解家族的可能危害,政权分裂时豪强大族崛起,乃至新政权建立后尾大不掉的现实又使得当权者对大族势力保持必要的警惕。中央控制和宗族治理之间必须保持某种微妙的平衡,才有可能使广大乡村既处于皇权的掌控之中,又不失自身的活力和凝聚力。可以说,当这种平衡拿捏得比较准的时候,社会一般可以获得持续的良性发展;而一旦这种平衡被打破,社会要么出现分裂和动荡,要么就将沦为一潭死水。

三、传统宗族的社会控制功能

为何皇权必须仰赖宗族,才有可能实现对社会的有效治理?也即,作为血缘组织的

---

① 参见徐茂明:《明清以来苏州文化世族与社会变迁》,中国社会科学出版社 2011 年版,第 34~35 页。
② 参见费成康主编:《中国的家法族规》,上海社会科学院出版社 1998 年版,第 19~20 页。

宗族，为何会在整个社会控制系统中具有如此重要的意义？这是由宗族所具有的一些重要功能所决定的，这些功能主要体现为凝聚社会、人格教化、制度补充和纠纷解决等方面。

根据涂尔干的理论，在分工不发达的前现代社会，人们之间是依靠某种情感或意识方面的共同性而团结起来的，这种共同情感或集体意识可以成为联结传统社会的强韧纽带。① 然而，这种共同性源自哪里？它既可以源于某种宗教信仰，也可以源于某些世俗的伦理准则或主义。可以说，传统的基督教社会和伊斯兰社会，都是借助共同的宗教信仰和宗教情感凝聚起来的，而在缺乏统一宗教信仰的国家，人们之间可以通过一些共同的伦理准则或某种主义来实现团结的目的。那么，中国传统社会是依靠什么力量团结起来的呢？毫无疑问，儒家伦理是最主要的团结力量。而这一力量又是通过怎样的具体机制作用于社会的呢？

儒家伦理的基点是家族伦理，并经由家族伦理推衍出政治伦理，《礼记》中的"父慈、子孝、兄良、弟悌、夫义、妇听、长惠、幼顺、君仁、臣忠"②，是这一伦理及其推衍过程的完整体现。其内含的逻辑顺序是，由最天然的父子兄弟手足，到后天结合的夫妻，再到更大社会关系中的长幼，最后推到政治领域中的君臣关系。可以说，这样一种伦理的实现，在很大程度上仰赖于家族或宗族，这不仅因为家族或宗族是其重要的适用场域，还因为对该伦理的最初教化和宣扬是通过家族或宗族来实现的。辜鸿铭曾指出家庭在儒教传播中的重要性，"在中国，孔子国家宗教的真正教堂是家庭，学校只是它的附属之物。有着祖先牌位的家庭，在每个村庄或城镇散布着的有祖先祠堂或庙宇的家庭，才是国教的真正教堂"③。一个和谐的家庭，一个友睦的宗族，本身就是实践儒家伦理最好的场景，生活于其中的人们，从一出生就被这样的伦理浸润着，成为该伦理的接受者和传承者。除家族的宣教和实践外，很多宗族还以家法族规的形式，持续强化和制度化这种伦理，并对违反该伦理的行为给予有效的制裁。北宋司马氏的《居家杂仪》就是将这一伦理制度化的典型："凡为人子者，出必告，反必面。有宾客不敢坐于正厅，升降不敢由东阶，上下马不敢当厅，凡事不敢自拟于其父。凡父母姑舅有疾，子妇无故不离侧，亲调尝药饵而供之。父母有疾，子色不满容，不戏笑，不宴游，舍置余事，专以迎医、检方、合药为务。凡子事父母，父母所爱，亦当爱之；所敬，亦当敬之。至于犬马尽然，而况于人。凡子事父母，乐其心，不违其志，乐其耳目，安其寝处，以其饮食忠养之。幼事长，贱事贵，皆仿此。"而对于违反家族伦理的行为，轻则会被呵责或罚跪，重则会面临出族、革谱甚至刑事责任。可以说，家族或宗族对于儒家伦理，尤其是其中的家族伦理，起着非常重要的维系和强化作

---

① 涂尔干将这种基于某种集体意识或共同情感而形成的团结称为"机械团结"，以区别于基于社会分工而形成的"有机团结"。参见[法]埃米尔·涂尔干：《社会分工论》，渠东译，生活·读书·新知三联书店 2000 年版，第 33～72 页。
② 《礼记·礼运》。
③ 辜鸿铭：《中国人的精神》，海南出版社 1996 年版，第 72 页。

用。而家族伦理一旦稳固,便能够有效地支撑建基于其上的政治伦理,从而达到"身修而后家齐,家齐而后国治,国治而后天下平"①的政治目的。

家族或宗族除了充当家族伦理的宣扬和实践场所外,还承当着对族内人员进行人格教化的功能,这种教化主要通过家族内长者的教化性权力来实现。而长者所具有的这种教化性权力源于传统中国独特的家庭结构。传统中国的家庭结构与西方的不同之处在于,西方的家庭结构是横向的,其主轴是夫妻关系;而中国的家庭结构则是纵向的,其主轴是父子关系。在这种纵向家庭结构中,长者(主要是父亲但不限于父亲)握有一种十分重要的权力——教化性权力。② 这种教化通常以一种类似宗教仪式的形式进行,"通过在祖宗牌位前举行的家族全体成员集会上宣讲,而给予这种教育以相当高的重视和庄严的地位"③。除直接的宣教外,有的宗族还设定一些独特的激励机制来作为辅助的教化方式,"有时是凭着挂在宗祠里木匾上所镌刻的纪念本族贤能之士的生平事迹的铭文,有时则是凭表明担当族中领袖职位所应具备的道德素养"④。此外,这种教化通常还有家法族规作为制度保障。

教化的内容,除作为主体的儒家伦理外,还包括其他一些处世立事的准则。很多家法族规都要求族人和睦乡邻,不做损害乡人之事。如合江李氏族规规定,"若有不肖子弟,恃强恃诈;或依仗族人之势,欺侮乡党者,长辈亟宜戒责"⑤;而对于违反族规,为盗为贼的族人,合江李氏会给予其出族、削谱等严重处分。除对破坏乡土社会秩序的行为予以禁止和制裁外,有些宗族还要求有能力的族人为地方多做善事,如紫江朱氏族规规定:"财甲一方,即宜扶助一方之贫;势甲一方,即宜拯济一方之难。"⑥对于造福地方的善人善事,宗族会给予不同形式的褒扬:有些宗族会在每年春秋祠祭之后,请年高有德的房长坐在祠堂中央,向两边依次而坐的族众宣说族内的善人善事,"以鼓励同种慕善之心";有些宗族会设置"劝惩牌",将族人的德行写入"劝牌",悬挂于宗祠,以昭示族众;还有宗族设置功过簿,将族人的利家、利族乃至利国事迹记入功簿,供奉在祖宗的神龛前,以告慰祖宗在天之灵。⑦

可见,宗族以其独特的仪式、制度和机制,对族人的人格进行教化和塑造。通过宗族教化和塑造出来的个人,不仅会是家族伦理的维护者,也会是整个社会秩序的维护者和社会利益的支持者。这样的个人,不仅能够内在地支持族内秩序,而且对国家层面的外部秩序会形成有效的支撑。

---

① 《礼记·大学》。
② 参见费孝通:《乡土中国》,人民出版社 2008 年版,第 48 页、第 82 页。
③ [英]S. 斯普林克尔:《清代法制导论——从社会学角度加以分析》,张守东译,中国政法大学出版社 2000 年版,第 100 页。
④ [英]S. 斯普林克尔:《清代法制导论——从社会学角度加以分析》,张守东译,中国政法大学出版社 2000 年版,第 100 页。
⑤ 《合江李氏族谱》,光绪二十一年,卷 8,《族规十条》。
⑥ 《紫江朱氏家乘》,1938 年本,卷 4,《旧谱家规》。
⑦ 参见费成康主编:《中国的家法族规》,上海社会科学院出版社 1998 年版,第 161 页。

除人格教化和塑造功能外,对于国家而言,宗族还具有制度补充的功能。要实现对社会的有效治理,光凭一套国家正式制度是不够的,在正式制度之外,还必须有其他系统制度或分散制度作为补充——这从根本上源于人类知识的分散性特点。知识的分散性使得"每个人对于大多数决定着各个社会成员的行动的特定事实,都处于一种必然的且无从救济的无知状态之中"①。也即,由于"每一个社会成员都只能拥有为所有社会成员所掌握的知识中的一小部分,从而每个社会成员对于社会运行所依凭的大多数事实也都处于无知的状态"②。并且,由于这些分散的知识只有在掌握它的每个个体那里才能获得最好的运用,因此,理性而有效的治理机制,不是使治理者获取所有的知识,而是"使他能够利用那些广泛分散于个人之中的知识"③。这就需要"一种并不依赖于个别人士的判断、能够协调种种个别努力"的机制,在这一机制中,"得到运用的知识要远远多于任何一个个人或有组织的群体所能拥有的知识"④。

传统乡村"皇权为经,宗族为纬"的治理机制,可以被看作是符合上述特点的一种机制。由知识精英所垄断的中央权力系统,有着一套正式的制度体系,在这一体系之外,作为基层控制主体的宗族,依凭其掌握的独特知识发展出另一些被称作家法族规的制度,对中央正式制度起着重要的辅助和补充作用。那么,作为宗族内生制度的家法族规具体以哪些方式来补充作为正式制度的国家法呢?一般说来,这些方式包括具体化国家制度、填补国家制度空白,以及对国家制度作出变通等。

家法族规可以将国家法中的一般规定具体化。以追求普适性为目标的国家法,其规定必然具有一般性的特点。而一般性同时意味着对地方性和个性的忽略甚至抹杀,这一点又使得国家法的普适性目标在实践中大打折扣,甚至落空。因此,当国家法运用于某一特定系统时,需要经过该系统的具体化过程,才有可能获得真正实现。宗族就是这样一个可以将国家法具体化的系统,这种具体化是以家法族规的形式来实现的。例如,孝悌等儒家伦理价值乃传统中国正式制度倡导和维护的核心价值体系,对于这一价值体系,不同的宗族会以不同的具体规定来落实:有些宗族会禁止父母尚在时别籍异财,如湘潭周氏族规定,父母尚在以及有兄弟还未成家时就分居各食,除了仍令他们与父母兄弟同居外,还要给予责罚;有些宗族会规定对终身不娶者的惩罚——所谓"不孝有三,无后为大"——这些惩罚包括在世时不得充当族长,不得主持宗祠祭祀,死后神主牌位不得放入祠堂等;还有些宗族会对破坏长幼之序的乱伦行为给予制裁,如对于兄死后弟娶嫡嫂、弟亡后兄纳弟媳的"兄弟转房"行为,不少宗族都严厉禁止并对该类行为给予出族等重罚。⑤ 这样,通过家法族规的形式,国家法中的一般性原则被具体化进而有利于其更为

---

① [英]哈耶克:《法律、立法与自由》(第1卷),邓正来等译,中国大百科全书出版社2000年版,第8页。
② [英]哈耶克:《法律、立法与自由》(第1卷),邓正来等译,中国大百科全书出版社2000年版,第11页。
③ [英]哈耶克:《法律、立法与自由》(第1卷),邓正来等译,中国大百科全书出版社2000年版,第13页。
④ 参见[英]哈耶克:《自由秩序原理》(上册),邓正来译,生活·读书·新知三联书店1997年版,第5页。
⑤ 参见费成康主编:《中国的家法族规》,上海社会科学院出版社1998年版,第56、57、65、66页。

普遍的实现。

而在国家法无力顾及之处,家法族规具有填补空白的意义。一般说来,"家法族规调整的主要是家事和族事,其中有些内容,诸如涉及纳税、孝悌、财产、婚姻、继承、偷盗等方面的事务,直接关系到国家的治理、社会的秩序、地方的治安,也是国法始终予以规范的。这些方面,便是家法族规与国法的重合部分。不过,家庭和宗族中有着一些特殊的家事、族事,其中不少对国家来说实在是不足挂齿的琐事。这些规定集中在祠堂、祭祀、进主、谱牒、学塾等方面"①。笔者以为,这些事务,对国家来说,虽表面上看"不足挂齿",深入分析则会发现,其不仅直接关涉着家族的内部秩序,间接地也影响着国家层面的外部秩序。这些规定与其说对于国家"不足挂齿",不如说国家不能也无力作出具体的规定,因为涉及它们的知识往往是国家所不能掌握的。例如,关于宗族机构如何运作、族产如何管理、族内纠纷如何解决,以及违反族规的行为将招致什么样的处罚,不同宗族会有不同的处理方式;又如,关于祭祀的程序和礼节、族人死后牌位放入祠堂所需要的费用,以及符合哪些条件的人其牌位才能放入享堂中央的中龛等,每个宗族会根据本宗族的实际作出不同的规定。对于这些事务,国家正式制度不可能也没必要作出规定,即便某些事务中央认为有规范的必要,考虑到每个宗族具体情况的差异,也不可能用整齐划一的制度规定来进行调整,而只能将规定的权力赋予具体的宗族。这样就使得几乎每个宗族都成为一个独特的制度生成和制度运作场域,从而对国家的正式制度形成有效的辅助和补充,并以宗族的内部秩序来支撑国家的外部秩序。这样形成的秩序之所以可取,"不在于它能保持一切因素各就其位,而在于它能够生成在其他情况下不可能存在的新力量。对有序化水平——即秩序创造并提供的新力量——更有决定性作用的,不是构成其要素的时空位置,而是它们的多样性"②。

最后,当机械适用国家法会出现主体所不欲的局面时,家法族规中的一些变通规定可以避免这种情形的出现,同时又不至于造成对国家法的消解。例如,一般说来,一个子弟只能作为一个家庭财产的继承人,有些宗族基于本族子侄较少的现实,规定一个子弟可以同时作为其父和另一位长辈的继承人,这叫"兼祧"或"双祧"。这种规定的合理性在于,在子侄不多的情况下,可以防止族内财产落入他人之手,从而更好地维护家族或宗族利益。又如,当富裕家庭因无子而立继时,被选中的继子凭空获得了极大的利益,必然会引起其他族人心理上的不平,这无疑不利于族内秩序的稳定。鉴于此,一些宗族规定,富有家庭立继,需拿出部分家产,如家产的十分之一,来作为宗族的公产;有些宗族还根据继子与其继父在血缘上的亲疏,来决定宗族分成的比例。③ 这种处理方式,既有助于消除族人的不平心理,从而稳定族内秩序,同时又没有对国家的宗法秩序构成威胁,因而是一种十分实用和有效的做法。

---

① 参见费成康主编:《中国的家法族规》,上海社会科学院出版社1998年版,第185页。
② [英]哈耶克:《致命的自负》,冯克利等译,中国社会科学出版社2000年版,第89页。
③ 参见费成康主编:《中国的家法族规》,上海社会科学院出版社1998年版,第69~70页。

除作为制度生成和制度运作的场域外,宗族还是一个纠纷解决的场所。在传统中国的司法运作体系中,宗族承担着初级司法的功能,因为"绝大多数宗族,在族人将纠纷提交族长评断之前,禁止到官府诉讼"①。对于族内纠纷,宗族施行着一套完备的"类司法"程序:家法族规充当裁判依据,族长等扮演司法官角色,宗祠则成为裁判的场所,并贯穿着一套较为严格的程序运作体系。

一般来说,鸣告,即负有稽查职责的族人或普通族人控告、检举违反家法族规的行为,意味着这一程序的开始。裁决的场所,通常是在供有祖宗牌位的宗祠内。对于一般违反家法族规的行为,通常由族长充当裁决者。但如果所犯过错较为严重,则通常不能由族长个人独断裁决,而需由族中尊长在宗祠内一起讯问,共同裁决。此种情况下,有些宗族还会召集族众到宗祠,与尊长们共同议决,尤其是当可能对违反族规者处以出族、驱逐等严重处罚时,必须经由族众的集体商议。在裁决前,族长等人通常会以口头或知单类的书面通知要求违反族规者到宗祠候审,被传者必须准时到祠等候,若数传不到,则会被视为理亏,族长等将根据原告的陈述进行"缺席判决"。此时,除常规处罚外,违反族规者还将面临因"藐视祖宗"而额外给予的处罚。在有些宗族,若被传者不到祠,房长等人可以将其强行押送,甚至捆送宗祠。有些宗族还专门设有祠壮、壮丁等,专司拘捕、押解等事宜,充当衙役的角色。裁决过程中如需有关亲属出场作证或提供担保,这些族人也应准时到场。裁断开始后,祠堂就像衙门,族长或族正端坐于祠堂正中央,房长、支长等分坐左右,如需族众到场,则于左右两侧或站或坐。宗祠裁断的结果,通常都会立即执行。很多宗族在对族人实施惩罚前,还需经过"告祠"或"告庙"即禀告祖宗这一程序,特别是在"鸣官"即将不法族人送交官府惩处前,都要举行这样的仪式。②

作为初级司法的宗族裁决,不仅事实上处理了大量日常纠纷,从而对本就稀缺的国家司法资源形成有效的补充;而且,相对于国家层面的正式司法程序,此种解纷方式有着很多独特和优越之处,这决定了其较之正式司法更灵活,也更公正、有效。这首先体现为宗族裁决的一些独特原则。例如,依据儒家经典中"父为子隐,子为父隐"的教谕,正式司法都会体现"父子相隐"或"同居相为隐"的"容隐"原则。与此不同的是,宗族一般都不允许"亲属容隐",因为倘若允许容隐,那么,在宗族这样一个亲属关系交错的团体中,绝大多数违反家法族规的行为将会无人举告,用以规范族内秩序的家法族规也将形同虚设。也正因为这样,很多宗族不但禁止"亲属容隐",而且对知情不报的直系亲属,尤其是包庇子孙的祖父、父亲,一并给以惩罚。③ 唯有如此,才能对族内的不法行为给予及时有效的矫正和制裁,也才能对族内秩序形成有效的维护。除体现不同的原则外,宗族裁决还有一些独到的程序要求。例如,鉴于经常出现生父、继母虐待和诬陷前妻

---

① [英]S.斯普林克尔:《清代法制导论——从社会学角度加以分析》,张守东译,中国政法大学出版社 2000 年版,第 104 页。
② 参见费成康主编:《中国的家法族规》,上海社会科学院出版社 1998 年版,第 130~147 页。
③ 参见费成康主编:《中国的家法族规》,上海社会科学院出版社 1998 年版,第 134 页。

所生子女，以及因公婆嫌贫爱富或丈夫移情别恋而以忤逆公婆之罪休弃媳妇的情形，一些宗族规定，如果以不孝、忤逆、偷盗等重罪指控家人或族人，需由合族之人共同证实，才能认定。① 这种程序规定显然更加合乎理性，从而能有效避免案件裁决结果的不公正。

在独特性之外，与正式司法相比，宗族裁决还有着诸多优势，它们能为裁决的合法性和有效性增加砝码。对于作为裁判依据的家法族规，人们对它们十分熟悉，因为它们是"由民间日常生活中自动显现"②的规则，"是一种内生于社会的制度，是人们在反复博弈后形成的日常生活定式"③。这样形成的规则，人们不仅能够对其内容了如指掌，而且，由于人们所处语境的相同，对规则的理解和解释也不易产生歧义。同时，由于裁决者本身就是纠纷场域中的主体，因此，其对于事实的理解和掌握也会更加准确，"比起县官，族人和族长有更好的条件去了解人和事"④。此外，宗族裁决中的很多救济和惩罚措施，比起正式惩罚也更具针对性。如不予扶持帮助，遇到困难，亲人拒绝救济等，既是"衙门行使不了"⑤的惩罚措施，也是针对宗族特定语境的极为有效的惩罚措施。而一些羞辱类的惩罚方式则具有经济性和有效性的双重功能，如向族人或祖宗请罪，要求族众不与其打招呼，缓行成人礼，在家门口挂"不孝之家"牌匾等惩罚方式⑥，不仅处罚成本低廉，而且，在奉行"面子机制"的传统社会中能达到极好的惩罚效果。另外，一些资格类惩罚如削谱（即在宗谱上削去有过失者的名字）、出族等，在传统中国的语境中，具有比死刑更有效的惩罚功能。因为"一旦被削，就不得再参加宗族礼仪，不得在生前享受本族的物质利益，死后，其姓名亦不得载于族谱，祠堂里也不供奉他的牌位，没有人祭奠他。这就等于被'拒之于族人阴阳两界之外'。对于一个中国人，这将标志着他在人生最为重要的事情上失败了。而没有亲属的支持，他在其他任何事情上，也难以有所成就"⑦。这样的结局，对于绝大多数个体来说，无疑比死亡更可怕。

综上，宗族不仅是凝聚和团结社会的组织，也是对普通大众进行人格教化的场所，还是国家正式制度的资源补充地，更是基层纠纷解决的重要机构。这些不同的角色和功能，决定了宗族在传统乡村社会控制中的重要地位。可以说，在以"机械团结"为特点的传统中国，离开宗族这一纽带，人们之间很难形成有效的凝聚；在以一套伦理体系作为主要政权支撑的传统中国，离开宗族这一基本的教化机构，其政权的合法性将大打折扣；在

---

① 参见费成康主编：《中国的家法族规》，上海社会科学院出版社1998年版，第140页。
② 梁治平：《清代习惯法：社会与国家》，中国政法大学出版社1996年版，第53页。
③ 苏力：《道路通向城市——转型中国的法治》，法律出版社2004年版，第105页。
④ [英]S.斯普林克尔：《清代法制导论——从社会学角度加以分析》，张守东译，中国政法大学出版社2000年版，第107页。
⑤ [英]S.斯普林克尔：《清代法制导论——从社会学角度加以分析》，张守东译，中国政法大学出版社2000年版，第108页。
⑥ 参见费成康主编：《中国的家法族规》，上海社会科学院出版社1998年版，第108~109页。
⑦ [英]S.斯普林克尔：《清代法制导论——从社会学角度加以分析》，张守东译，中国政法大学出版社2000年版，第106页。

主要由"单向度"①的知识精英垄断权力系统的传统中国,离开宗族这一制度生成和补充场所,国家正式制度将难以被真正落实;在物质和司法资源本就稀缺的传统中国,离开宗族这一基本的纠纷解决机构,社会将很难达致有序的状态。这些,都内在地证成了传统乡村"皇权为经,宗族为纬"的治理模式的正当性和有效性。

---

① 这是借用德裔美籍哲学家马尔库塞的说法。通过科举考试选拔出来的传统知识精英是一批只通孔孟之道而不擅长具体技艺的"单向度"知识分子。

内嵌并生成于社会文化结构的法律和秩序
——文化结构主义视角下"乡土中国"的法治逻辑

牟利成[*]

(山东财经大学法学院　山东　济南　250014)

摘要: 与西方理念中以法律维系一个社会的秩序相对,中国社会秩序的获致是通过文化。中国乡土社会是个"熟人社会",人们基于家族、人情、面子、人伦等编织起社会关系之网,以"礼"、长老权威和法律作为维持社会秩序和实现治理的手段。此社会中的法律远不是西方社会中渐趋理性化的法律,而更多是基于"礼"和长老统治这种乡土文化的法治。中国的法律和法治逻辑是内嵌于呈现为人们生活样式的文化结构之中的。

关键词: 内嵌;文化结构;乡土;法治

一、引　言

当我们研究中国法律治理和秩序获致逻辑的时候,除了要考察中国的社会文化结构之外,对于支撑法律和秩序背后的精神应该尤为关注。梁治平曾说:"法律,作为社会的有组织的暴力,或者某种专门的社会控制手段,原是所有文明共存的现象。然而,正好比文明本身可以划分为不同类型一样,从属于不同文明的法律也各不相同。不同的人群以不同的方式看待和解释世界,他们评判事物的标准不同,据以行动的准则,以及因此而形成的行为模式也大不相同。由这里,不仅产生了特定的文化样式,也产生了各不相同的法的精神。"[①]按照孟德斯鸠的观点,"法是由事物的性质产生出来的必然关系"[②]。而"法的精神"则是法律和政治样式、自然环境、不同人的生活方式、人们的宗教、习俗乃至法律

---

[*]【作者简介】牟利成,男,汉族,山东大学法学院法学博士研究生,山东财经大学法学院讲师,主要研究方向为法学理论、社会学理论和法社会学。
① 梁治平:《寻求自然秩序的和谐》,上海人民出版社1991年版,第1页。
② [法]孟德斯鸠:《论法的精神》(上册),商务印书馆1959年版,第1页。

本身的关系综合。① 很多人觉得不同的社会阶段可能会有不同的法律和法的精神,②但对古代法深有研究的梅因对此却深表怀疑。他认为持这种想法研究法律和文化的学者"过低地估计了人类本性的稳定性……很少或完全不重视种族的遗传性质……真相是,在我们智力的、道德的和体力的组成中,绝大部分都是属于稳定部分,它对于变化具有巨大的抵抗力,因此虽然世界上一个部分的人类社会是明显变化多端的,但这些变化并非如此迅速,也不是如此广泛,以致其数量、性质及一般趋向会达到不可能确定的地步"③。乡土的中国是一个依靠传统维系的文化体,所以按照梅因的观点,其法律和法治的精神会稳定地体现在通过人们生活世界构建起来的文化社会结构中。

二、"无为政治"与乡土秩序和法律

中国从秦朝以后形成统一的国家,其有世界上最早最发达的政治官僚体系。它在各个朝代都掌控着社会上的绝大部分资源,对"民间"实施统治。但是这一发达的官僚体系在乡土社会中居然从来没能渗入民间社会生活中。其原因有经济方面的:皇权和专制从权力扩张的需求来说是非常希望控制社会的每个角落,但是中华帝国是建立在农业基础上的。自给自足经济体系下不发达的农业,让"皇权并不能滋长壮健,能支配强大横暴权力的基础不足"④;从政治结构自身的设置来看:皇权在中国因为规章、文化和官僚体制本身的限制,从来就没有达到过为所欲为的地步。清代时,像军机处这样的机构为皇帝草拟谕旨,通过吏部为他提供可以任命的官员人选。"面对他的起草人所提供的有限选择,繁忙的君主会发现自己的'作用'只不过是文件处理机中的一个齿轮(尽管是镶钻的齿轮)。"⑤

这样一些制约的因素,让传统中国呈现出了一种明显的"国家—民间"的二元社会结构类型。这种二元结构下的秩序安排在法律上体现得非常直接:针对官僚制有严格的规章,以此来增加各个官僚以及整个官僚体系行动的可预期性和稳定性。但是这种官僚体系的规定类似于一种"贵族法律",针对的只是出于统治需要的对官僚阶层的规制。在民间人们更多地依赖来源于传统、习俗、经验、宗族、某个地方神等诸多渊源构成的民间复合体性质的规则体系(法律)。由此,中国古代的法律缺少如西方古希腊流传下来的关于唯一正确的、理性的神的意旨之单一的理念。"中国古代法并不具有人们惯常所认为的

---

① [法]孟德斯鸠:《论法的精神》(上册),商务印书馆1959年版,第7～8页。
② 影响现代社会构建理念的自然进化论就是这样认为的,后来由此而产生的社会进化论把人类发展的历史分成不同的阶段,每一阶段都是对前一阶段的超越,并且在超越的过渡期总有突然"质的飞跃"发生。马克思在社会历史观上也受到了这种进化论的影响。这种范式背后的意识形态使其倡导一种突破和变迁。从而人与社会传统遗传基因中稳定的因素被不知不觉间抹去了。
③ [英]梅因:《古代法》,商务印书馆1959年版,第77页。
④ 费孝通:《乡土中国·生育制度》,北京大学出版社1998年版,第62页。
⑤ [美]孔飞力:《叫魂——1768年中国妖术大恐慌》,陈兼等译,上海三联书店1999年版,第250页。

那种连续性和单一性……其间充满了离散、断裂和冲突……（民间法）的源流尤其杂多，不但有民族的、家族的和宗教的，①而且有各种会社和地方习惯的……民间法生长于民间社会，其与普通民众日常生活秩序的关系更加有机和密切，以至当政体变更、国家的法律被彻底改写之后，它仍然可能长久地支配人心，维系着民间社会的秩序。"②

中国这种历史条件和长期力量博弈下形成的社会结构安排，为民间社会提供了一个独立的社会生活空间。围绕着洒扫的日常生活，中国人在中国特有的"差序正义"③的理念下，用出于"实用"目的的民间法规则，在乡土社会构建出了特有的"礼治"秩序。从而，中国的民间生活的实践是远离国家权力的，其存在形态接近于古希腊的"政治"④。由于受到了多方的约束，原来那个名义上"专断"、"独裁"的国家出于自身维持的考虑和历史的经验⑤，"找到了'无为'的生存价值，确立了'无为'的政治理想……除了自己不想持续的末代皇帝之外，（政府权力——笔者加）在人民实际生活上看，是松弛和微弱的，是挂名的，是无为的。"⑥当然，这种"无为"并不是说国家权力对民间社会置之不理，而是说国家对民间社会的渗透是非常不完全的。它的权力与民间社会权力实际在发生着频繁的接触，但这种接触有着非常清晰的交集构成的界域，这个交集的构成人员就是乡土社会中半官方半民间的士绅阶层。从而让中国民间社会呈现出了几乎独立于国家法律规范的民间"礼治"秩序，并且在法律上呈现出"无讼"的法治情态。

---

① 此处应注意的是：中国自古就是一个多神的民族，或者说是一个多宗教的民族。中国民间很多地方几乎每一个地方都有自己的地方神。中国"神"的体系显然没有古希腊那种，在宙斯领导下"神界"统一发号施令的"官僚性"特点。这一点非常有意思，中国世俗当中有非常发达的官僚体系，但是在"神界"，体系是那么的零散，任何中国人都不可能说清楚神的等级——"土地爷"、"求子观音"、"灶王爷"、"龙王爷"等神管什么有时候很清楚，但是他们归谁管，在整个"神界"体系中处于什么位置是永远不清楚，甚至一些神如"关老爷"，它管什么和归谁管都是不清楚的，所以中国人有人把他当成财神，有的把他当成门神，有的把他当成仗义和公正之神（体现在帮派、兄弟的结拜上）。而西方"神界""官僚体系"分明，各个神各司其职，除了血缘关系（如赫尔墨斯主管小偷、商贩、旅行者等，是他们的保护神，同时他又是宙斯的儿子）之外，他们在等级上的"上下级"和从属关系是非常分明的。

② 梁治平：《乡土社会中的法律与秩序》，载王铭铭、王斯福主编：《乡土社会的秩序、公正与权威》，中国政法大学出版社1997年版，第415页。

③ "差序正义"概念很显然源于费孝通先生的"差序格局"，意指用差序格局的社会中确定道德和伦理以及建立其上的规则来确定"公平"和"正义"。从而在"差序格局"社会结构下加入了对法律的思考。这一概念的详细说明可参见赵旭东：《权力与公正——乡村社会的纠纷解决与权威多元》，天津古籍出版社2003年版，第302～305页。笔者在此应用这一概念主要是说乡土社会的规则（法律）、公平和正义等观念的指向都是现实的生活世界，或者说都是现实主义指向的。这和西方法律又形成了鲜明的对比，古希腊和古罗马中早期的法律和社会正义、公平观念都是"自然法"或"理性"指向的。（关于这一观点参见孟德斯鸠：《罗马盛衰原因论》，商务印书馆1962年版。）这种不同对法律渊源的认识、法律的构建理念以及法律"结构—功能"走向无疑成了重大影响。

④ 古希腊的"政治"作为一种城邦人选择的生活方式，与"行政"是严格区分开来的。

⑤ 这种历史的经验指的是在专制王权争夺更大的社会资源过程中，民间社会在自给自足经济和差序格局无组织的经济社会结构安排下是非常弱小的，所以过渡的资源和权力索取必然引发大规模的社会冲突——其表现为中国历史上无数次的农民起义。

⑥ 费孝通：《乡土中国·生育制度》，北京大学出版社1998年版，第62～63页。

三、"礼治"化法律与秩序

中国社会是一个依传统治理的社会,如费孝通先生所言:"传统是社会所累积的经验……(是)一代一代地积累出(之)一套帮助人们生活的方式……文化本来就是传统,不论哪一个社会,决不会没有传统。"① 由是,传统构成了中国人生活的立基,而在这一立基上构建秩序的是"礼"。"礼是社会公认合式的行为规范。合于礼就是说这些行为是做得对的……如果单从行为规范一点说,(礼)本和法律无异,法律也是一种行为规范。礼和法不同的地方是维持规范的力量。法律是靠国家的力量来推行的……而礼却不需要这有形的权力机构来维持。维持礼这种规范的是传统。"②

在中国民间社会,国家的权力被"礼"先天地排斥,从而无法在乡土的土壤上生根发芽。同时"礼"作为一种民间规范(法律)的原则,很大程度上孵化于国家意识形态的土壤。乡土中国的国家没有把国家的法律(除了刑法之外)和权力渗透进民间社会,但是其创制的法律和权力运作的原则却作为一种意识形态深深穿透民间社会的骨骼,以一种"无形胜有形"、"无为胜有为"的态势,频繁和乡土社会发生着接触。这种态势使得中国的社会秩序获得方式既不能简单归因于依靠权力的"王权专制"和"独裁",也不能归因于西方民主。

西方通过民主获致秩序的方式与中国通过"传统乡土"获致秩序的方式在理念和逻辑上都是截然不同的。西方把民主作为秩序获致的基础要件,为了追求民主就必须限制公权力,让"私法"非常发达,通过界定公民的"权利"来保障与国家相对的社会的独立。即法律是"公"(国家)和"私"(民间社会)的共同裁定者。但"公"和"私"都没有对法律的垄断和决定权,中国乡土社会中"公"(国家)尽管无法实现真正意义上的独裁治理——不是其不想,而是它无法做到。其对"私"而言一直是掌握着主动权和控制权的。国家权力的有形力量好像永远在民间社会的边界处徘徊,但它的意识形态影响,以"礼"的形式,在无形中渗透进了民间社会的血液。如果民间社会对其推行的"礼治"思想或方式有所触犯,徘徊在民间社会边缘的有形国家权力就会以刑法的利刃,直接插入民间社会,劈开任何私人权利之网,对违反者个人、群体、宗族乃至一个更大范围的人群实施威胁、恐吓、抓捕乃至屠杀。清朝乾隆年间的"叫魂"事件就是国家用刑法的利刃宰割社会的很好例子。③ 其背后原因就是

---

① 费孝通:《乡土中国·生育制度》,北京大学出版社1998年版,第50页。
② 费孝通:《乡土中国·生育制度》,北京大学出版社1998年版,第50页。
③ 民间不知不觉间因为个别事件流传出了通过偷"割辫子",从而把人的魂魄带走的谣言。为此整个民间社会开始恐慌。这种恐慌可能让"礼治"的力量变得微不足道,实际上就是可能让世俗统治的合法性受到直接的严重冲击。乾隆深深感到了这种力量的恐惧,他发动所能控制的官僚体系力量,跨越法律,不惜制造冤假错案,在全国开展了大规模威胁、恐吓、抓捕和屠杀。其间别说老百姓的权利和生命没有保障,诸多官僚因为"办事不力"被株连,遭受了降级、罢免乃至杀头的命运。参见[美]孔飞力:《叫魂——1768年中国妖术大恐慌》,陈兼等译,上海三联书店1999年版。

因为世俗的"礼治"遭到了在同一层面上类似于"宗教"(鬼魂)性质东西的直接扰乱和威胁。由此,我们要理解中国的法治情况则无法跨越其独特的"礼治"理念。

中国传统社会通过"礼"治理社会,获致秩序的理念是儒家提出的。其构建自己社会秩序基础的方式就是制造了一种有层级的社会人际关系结构。它让社会上的人首先内化这样的观念:人的智力、能力、机遇、出身是不一样的,这注定了人有智愚贤不肖之分,有贵贱上下的分野。从而让人相信"贱事贵,不肖事贤,是天下的通义"①。用现代的马克思术语来说,这一基础的一步,根本作用是缓和甚至消除了阶级矛盾和对立的社会心理基础。中国传统社会中制度和文化的载体实际是一个个宗族。而宗族靠血缘亲戚关系维持。与消除阶级对立社会心理基础的思路一样,儒家提出了"人伦"的教化要求:父子、兄弟、妻子、夫妇、尊长构成家族中最基本的关系范畴,对其有严格的尊卑等级序列之划分。即父父、子子、兄兄、弟弟、夫夫、妇妇②被从天然的属性中提升出来,上升为社会的伦常性规范。至此,家族之内基于血缘亲缘的等级,以及家族之外不同的行业之间的阶级等级观念就被确立起来。

那接下来,如何落实并维护这些观念呢?这就需要一些对以上两种观念在更高层次上进行说明和规范的观念——"礼"就是这些更高层次观念和规范详细陈述的总和。古语云:"夫礼者所以别尊卑,异贵贱。"③"礼也者,贵者敬焉,老者孝焉,长者第焉,幼者慈焉,贱者惠焉。"④最后"礼达而分定"⑤。这种"礼"下的安排实际上就是首先根据一种对社会的总体把握和深刻了解把人归类,然后通过把人所在社会类属的地位明确化、固定化,最终把人在社会人际关系中的位置相对地固定化。随着每个人社会地位的固定和明确化,原来处于"自然状态"下的人与人的权利义务关系被通过一种社会化的方式重新界定。

这样一来,因为人都能明了自己的社会位置,确定自身的社会身份和地位,各安其分,最终社会秩序也变得稳定而有序。在人际关系中的身份固定,其责任、义务及权利随之以"差序格局"的方式得以明晰,从而使得原来难以掌握的社会秩序成为可控。也正因为"礼"担负着如此重要的社会责任,所以儒家思想家们下了大力气,从方方面面对"礼"的重要性进行说教,对尊"礼"的行为进行表扬,对违"礼"的可能方面和领域进行界定,并提出各种警告。所谓"非礼无以事天地之神也,非礼无以辨君臣、上下、长幼之位,非礼无以别男女、父子、兄弟之亲,婚姻疏数之交也"⑥。"礼不行则上下昏。"⑦

---

① 《荀子》卷三,载《仲尼篇》。
② 《论语》,颜渊云:"君君、臣臣、父父、子子。"《易》下,《咸传》云:"父父、子子、兄兄、弟弟、夫夫、妇妇。"
③ 《淮南洪烈解》卷十一,《齐俗训》。
④ 《荀子》卷十九,载《大略篇》。
⑤ 《礼记·礼运》,又《曲礼》上云:"君臣、上下、父子、兄弟、非礼不定。"
⑥ 《礼记·哀公问》,又《经解》云:"婚姻之礼废,则夫妇之道苦,而淫僻之罪多矣。乡饮酒之礼废,则长幼之序失,而争斗之狱蕃矣。丧祭之礼废,则臣子之恩薄,而倍死忘生者众矣。朝觐之礼废,则臣君之位失,诸侯之行恶,而倍畔侵陵之败起矣。"
⑦ 《左传》僖公十一年。

儒家"礼"的思想也是站在关系指向的人欲方面的。但它要做的不是它"张扬"人欲，而是让生活于关系中的人节制人欲，杜绝如霍布斯所描述的发生在人类社会中"狼与狼的关系"之纷争。所以《礼记》云："圣人之所以治人七欲[喜、怒、哀、惧、爱、恶、欲]，修十义[父慈、子孝、兄良、弟悌、夫义、妇听、长惠、幼顺、君仁、臣忠]，讲信修睦，尚辞让，去争夺，舍礼何以治之？"①这样，"礼"的思想向人们提供了一套引领人们在关系指向的社会中行为的指导性原则。并且为了让这套原则切实有效，必须让其进入政治系统，通过政治系统为以"礼"为原则建立的原则体系提供示范模型和权力的后盾。没有此，"礼"作为原则体系根本无法实施。这也是孔子为何周游列国向各国国君说"礼"讲"仁"的原因所在。孔子说："治上安民莫善于礼。"荀子也说："礼者治辨之极也，强国之本也，威行之道也，功名之总也。王公由之所以得天下，不由所以陨社稷也。"②

最终，"礼"成为中国乡土社会中公认合式的行为规范导引。现实中法律也是一种规制人们行为的规范，但这两种"规范"有很大的区别。按照费孝通先生的观点，其区别首先体现在背后的依恃力量上，法律依恃的是国家权力，而"礼"依恃的一个力量是传统，另外一个力量是"礼"由于内化而持有的一种个人的敬畏感，一种让人主动服膺的合法性；法律作为一种外力，其对犯罪的惩治是以发现犯罪为条件的，这就有让人逃脱法律的可能性，但是"礼"在伦理基础上内化并被上升到道德，最后甚至涵盖并超越了道德。"如果失礼，不但不好，而且不对、不合、不成……十目所视，十手所指的，即使在没有人的地方也会不能自已的。"③"礼"的这种特点正好适合了"无为政治"的特点：以无形示有形，以无为致有为。④ 至此，在中国社会中制度性有形的东西必须得到"礼"的支持才能发挥作用，也才能具有合法性。即"礼"不仅成为评判乡土社会衍生出的一切制度的基本判准，而且其自身作为规范原则就可以充当法官，让人们服膺于它的标准而平息人际纷争，让社会关系恢复稳定，让社会呈现出井然的秩序。

四、"无讼"的社会与"以礼入法"的法治

黄宗智曾研究过三个县（直隶的宝坻、四川巴县、台湾的淡水—新竹）自1760年至清

---

① 《礼记·礼运》。
② 《荀子》卷十，载《议兵篇》。
③ 费孝通：《乡土中国·生育制度》，北京大学出版社1998年版，第52页。
④ 这样的说法有些让人摸不着头脑，因为这样有些形而上的论述，在尊崇实证主义的社会科学中是不被认可的。也正是基于这个原因，费孝通先生在进行社会学和人类学研究的时候，都一定会为文化、"礼"等概念提供一个实证的基础。具体来看，费孝通先生遵循其老师马林诺夫斯基功能主义的实证观点，把文化界定为一种满足其人类需求这一功能的手段（关于文化的论述可参见马林诺夫斯基：《文化论》，费孝通译，华夏出版社2002年版），把"礼"界定为经过教化而主动服膺的传统习惯（参见费孝通：《乡土中国·生育制度》，北京大学出版社1998年版第52页）。但实际上"礼"是有其目的指向的，沿着这种目的指向及其后果我们可以看到，其来源是一种伦理的道德化，立基的基础更符合梁漱溟所描述的"伦理本位"。（参见梁漱溟：《中国文化要义》，上海人民出版社2011年版。或《梁漱溟全集》（第三卷），山东人民出版社1989年版。）

末的628件民事案件。最后"只有221宗一直闹到正式开庭,由地方官裁决,剩下的几乎全部都在提出诉讼后未闹到正式法庭,就在诉讼中途了结了。其中大多数都是经由正式司法体制与非正式司法体制的交互作用而在中途获得解决的"①。这种不愿意打官司、不愿闹到法庭上的情况在乡土社会中是非常普遍的。按照费孝通先生的观点,这种现象和"礼治"理念密切相关。"在乡土社会的礼治秩序中做人,如果不知道'礼',就成了撒野,没有规矩,简直是个道德问题,不是个好人,一个负责地方秩序的父母官,维持礼治秩序的理想手段是教化,而不是折狱。"②

这里面是有一个逻辑在的:"礼"对乡土社会中的人进行了定位,在家庭成员、亲属以及邻里间的每个人在纵向的等级上、横向的关系网络中都有行动的规范。打官司的双方最后如果形成正式诉讼,即使其中一方因为"有理"而打赢了官司但仍然会输理,因为中国的"道理"是蕴含在"礼"之中的。比如,一个长辈借钱不还,晚辈把他告了,借据或证人等证据确凿,地方官在把该"长辈"杖打一顿后判他还钱。按照现代的观点,这一年轻人依法律维护自己的"权利"没有任何错,但在乡土社会中,"礼"规定长幼有序,做晚辈的没有任何理由目无尊长。这不是道理问题,是道德问题。长辈尽管在道理上亏欠,但是,上了法庭、挨了板是一个事实。这板子之所以能挨上是因为晚辈的诉讼,实际上就好比晚辈在借别人的手打长辈。尽管晚辈没有实施任何"打"的举动,但是晚辈骨子里有"打"长辈的意图。这是严重违反"礼"中对伦常的规定的。所以即使这个年轻人能赢得官司,但是他失去的也许比赢得的多得多,因为他将面临的可能是整个村落、宗族、亲戚等关系网络的排斥。

"礼"的思想观念中另外一个重要的面相就是人情和面子,乡土社会许多矛盾解决过程中,人们使用权力时,其运作的逻辑不是依靠强力,而是建立在"送个人情"、"给个面子"这样的言辞逻辑上。其背后往往体现为两层含义:其一是客观的情势分析,今天有理的一方"送了人情"、"给了面子",即作出了让步,在另外一种场合,自己遇到麻烦的时候,被"送人情"的那个人有可能成为一个帮助自己摆平的重要资源。对方曾"欠"自己的,所以当知道他掌握着可以"摆平"的资源时去求助,他也必须"给面子"。这种情形,好像让中国社会成为了关系社会、情理社会。但实际上这背后是和乡土社会"差序格局"的社会结构紧密相关的。

在"差序格局"中,自己作为中心所扩展出去的"波纹"有多大,就意味着自己社会关系的圈子有多大。自己周围"波纹圈"愈大,说明自己这个中心的能量越大。但这种能量又必须依赖于"波纹"的相互推动,也就是取决于自己周围人能量的大小。"给面子"、"送人情",在熟人社会里是结识更多的人,增加自己关系网络的一种有效方法。相当于现在的信息传递。但这种信息传递对个人而言只是传出,至于它们能不能反馈回来在现代社

---

① 黄宗智:《中国的"公共领域"与"市民社会"?——国家与社会间的第三领域》,载邓正来、[英]J.C.亚历山大编:《国家与市民社会——一种社会理论的研究路径》,中央编译出版社2005年版,第431页。
② 费孝通:《乡土中国·生育制度》,北京大学出版社1998年版,第54页。

会中是不可预测的,但是在传统社会中这是可以预知的,因为这种信息被传递并被反馈的基础是信任。① 在这种互惠性质的人情和面子交流互送过程中,很多矛盾和争议在双方或第三方的调解下被悄然化解了。从而让中国的社会呈现为一种"无讼"社会。但我们必须认识到,"送人情"、"给面子"必须在符合"礼"的要求下进行。中国社会讲情,但也重理。实际上,"儒家在构思礼的时候,是用礼来连接天和人间的关系的。所谓天理人情,天理是天的运作规则,这个规则是自然规则,人不能改变,也不能反抗,因此是命定的,而原初的人情又是个人化的,能改变的,是随意的"②。

"礼"作为一套主教化的规范体系,其背后的力量是人们的内化,则其对于触犯者实施惩罚的手段是非议、舆论谴责、通过差序格局的社会结构实现隔离——通过乡土的熟人社会剥夺其社会资本,最严厉的不过是宗族家法了。但是按族规家法实施严苛惩罚的时候就构成动用私刑,国家也是有明令禁止的。所以除了"礼"之外,一套可具有操作性,以国家权力为后盾的法律是必需的。这样就会出现一个现代的问题:是使用法律规制"礼"呢,还是用"礼"规制法?中国实际的路子是"以礼入法",即把礼的教化要求以律令的形式予以确认,从而把礼这种被动的、不具有实际实施主体的较高层次规范具体为主动的、以国家强力为后盾的操作性很强的律。③

但这种律法背后缺乏自己独立的指导理念,是纯粹工具性的。它自身在制定过程中完全是参照"礼"来进行的。譬如,"礼"的理念根基是贵贱上下有别,则八议皆入于律,实行贵贱不同罚,轻重各有异。古之刑不上大夫也是这种体现;"礼"讲究尊卑、长幼、亲疏有别,讲孝悌伦常。根据这一点在律上的体现为:"五刑之属三千,而罪莫大于不孝。"于是不孝之罪特大,法律上有专条规定;儒家说,父为子隐,子为父隐,于是律许相隐,首匿不为罪,不要求子孙为证,更不容许子孙告父祖。这样很多原来规定于礼书中的规范被直接入典律,使得礼加上以国家强力为后盾的刑罚制裁变成为法律。即中国法律的一个最主要渊源就是"礼"。"礼"所允许的,认为对的,也就是法所允许的,认为合法的。"礼"所不允许的、禁止的,也就是法所禁止的,违反了就要受到制裁。所以费孝通先生称中国的乡土社会不同于西方的"法理社会",是一个"礼法社会"。"律既与礼相应,互为表里,所以断讼必以礼为根据,否则便忙无所从。以亲属间的诉讼来说,既以服制为断,于是立法、司法皆须先明服制,有时因服制不明便无法为断,经礼部议定后才能问罪。"④ 由此,中国的传统法律追求一种"情理法兼顾"或"合情合理合法"的秩序状态。

---

① 相关研究可以参见林聚任:《社会信任和社会资本重建:当前乡村社会关系研究》,山东人民出版社 2007 年版。
② 翟学伟:《人情、面子与权力的再生产》,北京大学出版社 2005 年版,第 164 页。
③ 很多研究清朝律法的学者注意到:中国实际上没有"法",而只有"律"。具体表现就是清朝只有负责惩罚的刑律。各个地方官员从牧令到封疆大吏都有司法的责任。要想做到尽职职守,首要的素养就是要懂法律,听讼成为做官人不可回避的责任,成为考核为官绩效的重要指标。但不论如何其范围大多限定在"折狱"的刑法范围内。笔者认为之所以对"法"和"律"进行区别,是因为"律"本身没有自己能够独立的指导原则。而"法"的存在则一定要有其法理的基础。
④ 《明史·刑法志一》,转自瞿同祖:《中国法律与中国社会》,中华书局 2003 年版,第 349 页。

五、结　语

　　这种中国传统的法律——礼法,实际上已经不再是庞德所说,为了秩序实现而作为社会控制手段意义上的法律,也不是为了维护秩序而发布的主权者的命令。它实际上就是秩序本身。中国的礼法之所以能做到这一点,源于其根基是人们日常洒扫涉及的伦常,其动力和逻辑源于日常生活中人们相互指向的日常行动。而这种相互指向的行动又是扎根于乡土社会中人们的熟悉和信任基础上的。正如费孝通先生所言:"现代社会是个陌生人组成的社会,个人不知道个人的底细,所以得讲个明白;还要怕口说无凭,画个押,签个字。这样才发生法律。在乡土社会中法律是无从发生的……乡土社会里从熟悉得到信任。这信任并非没有根据的,其实最可靠也没有了,因为是规矩……乡土社会的信用并不是对契约的重视,而是发生于对一种行为的规矩熟悉到不假思索时的可靠性。"[①]这样,在中国乡土社会中,人们因为熟悉而信任,因为信任而在不必理性地考虑收益的情况下不断给予[②],就在这种给予的流动中编织了差序格局的社会关系之网。而每个人自然而然地被网在其中。

　　这种网在规范个人行为的同时并没有如我们想象的威胁到他们的自由。这又与法理社会呈现出不同的逻辑:"在一个熟悉的社会中,我们会得到从心所欲而不逾规矩的自由。这和法律所保障的自由不同。规矩不是法律,规矩是'习'出来的礼俗。从俗即是从心。换句话说,社会和个人在这里通了家。"[③]最终,礼法渗入人们的生活世界,人们的生活世界也处处需要礼法。为打官司而存在的法律规范在传统的乡土社会"没有市场"。从而让整个社会呈现出和谐"无讼"的和谐秩序与法治状态。

[①] 费孝通:《乡土中国·生育制度》,北京大学出版社1998年版,第10页。
[②] 这种给予不仅是物质上的,而且是情感上的。
[③] 费孝通:《乡土中国·生育制度》,北京大学出版社1998年版,第10页。

不成文法是法律渊源吗

——以民间习惯为例*

彭中礼**

(湖南行政学院法学部　湖南　长沙　410004)

摘要:现代法治是规则之治,但并不排斥不成文法作为法律渊源。论证不成文法是不是法律渊源,不能够仅仅从法律渊源就是法律形式的视角来进行分析。而必须站在法官司法的过去、现在和未来,着眼于纠纷解决的基本目的进行考量,分析其所产生的社会效益和实现的司法价值,从而得出结论。但是,不成文法要取代制定法进入,有严格的条件限制。

关键词:不成文法;法律渊源;民间习惯

一、问题:现代法治中的不成文法

现代法治是规则之治。所谓规则之治,实际上就是指由有权的国家机关制定法律,由管辖范围之内的人们遵守。特别是在大陆法系国家,规则之治的痕迹更是明晰。在大陆法系国家,立法者们为了维护制定法的权威,往往都限定了法官的权力,法官在司法活动中也不是重要的人物。按照梅利曼的描述,大陆法系的法官干的都是机械化的活儿,好比是流水生产线上的工人,只需要做做手工活就好了。所以梅利曼将法官比作是"专业书记官",因为案件事实有证据来说明的,而解决案件的依据在法典中已经有了充分的依据。法官出席法庭仅仅是为了寻求案件事实的合理判断,然后从现存的法律中寻求可供判断的法条。在这样的背景下,法官的作用变得非常简单,即只是需要在确定事实的基础上,找到合适的条款,使二者之间建立法律意义上的联系,这样结果就自动产生了。这就是人们常常所称的"三段论"式的案件裁断过程,梅利曼说:"(大陆法系法官的)整个审判过程被框于学究式的形式逻辑的三段论式之中。即:成文法规是大前提,案件事实是小前提,案件的判决则是推论出的必然结果。"[1]这样,法官们的判决都是照本宣科的。在这样的现状下,制定法是最重要的法律渊源,甚至一度是唯一的法律渊源。

---

* 第52批中国博士后基金项目(项目编号:2012M520517)。

** 彭中礼,男,法学博士,湖南行政学院法学部副教授,中国社会科学院法学所博士后研究人员。

[1] [美]约翰·亨利·梅利曼:《大陆法系》,顾培东、禄正平译,法律出版社2004年版,第36~37页。

但是,我们必须追问,事实真是这样的吗?制定法真是大陆法系国家唯一的法律渊源吗?在英美法系国家,成文法是重要的法律渊源,但是不成文法,如习惯、道德原则、正义原则等等,因为法官具有一定程度的造法功能,也是极其重要的法律渊源。然而,在大陆法系国家,不成文法能不能成为法律渊源呢?

二、论证:不成文法也是法律渊源

论证不成文法是不是法律渊源,不能够仅仅从法律渊源就是法律形式的视角来进行分析。而必须站在法官司法的过去、现在和未来,着眼于纠纷解决的基本目的进行考量,从而得出应有的结论。

第一,从历史来看,不成文法普遍存在于司法实践当中,这是现代社会不成文法作为法律渊源存在的历史基础。在人类社会的最初状态之下,法律规则还没有诞生之前,习惯等古老的不成文法就已经存在了,并成为调整社会秩序的主要规则渊源。我们在摩尔根的《原始社会》、恩格斯的《家庭、私有制与国家起源》、霍贝尔的《原始人的法》等著作中都可以看到这样的景象。如霍贝尔的《原始人的法》第五章特别介绍了早期爱斯基摩人的规则样态。生活在北美北部、格陵兰岛等地方的爱斯基摩人并不是一个部落,而是稀疏地分布在北极范围之内的各个不同居住群体的总称。一般来说,爱斯基摩人的居住团体是由有内在联系的12个家庭组成。不同的居住团体有不同的生活习惯和不同的信仰。在这里,还没有正式制定的法律,也没有代表国家主权的政府,具有约束力的是习惯以及同态复仇。① 霍贝尔还介绍了马林诺夫斯基在特罗布里恩德群岛的实证调查所得出的结论。马林诺夫斯基观察到,特罗布里恩德群岛的居民已经形成了互尽义务的习惯。当一个渔民从伙伴那里得到了礼物的话,那么渔民必须有其他的方式给予报答。尽管这种报答不是讨价还价的,但是实际上也是一种等价交换。他们非常守信用,极端鄙视不妥当或者欺诈的行为,所以在交换物品过程中不仅非常顺利,而且秩序井然。马林诺夫斯基认为,这些活动作为行为的规则,"毫无疑义地是带强制性的法的规制"②。即使是国家诞生以后,制定法越来越多,但是在近代以前,不成文法都是作为法律渊源存在于法律生活当中的。如在古罗马时期的王政时代,主要法律渊源是习惯和习惯法,以及少量的成文法;共和国时期,习惯法尽管还是法律渊源,但是制定法和各种大会的立法已经大量增加,而且法学家的解释也是法律渊源之一种了;到了帝政后期,法律渊源的种类已经非常丰富了,除了成文法,很多不成文法也纳进了法律渊源的视野,查士丁尼的《法学总论》对此有过明确规定。只是到了近代,特别是理性主义兴起,分析实证主义法学对"法律"的界定限定狭窄之后,不成文法在大陆法系国家的作用已经越来越不起眼了。当然,在这里要指出的是,历史上不成文法是法律渊源并不意味着在今天它也应该被当作法律渊

---

① 具体分析和论证参见[美]E.霍贝尔:《原始人的法》,贵州人民出版社1992年版,第五章。
② [美]E.霍贝尔:《原始人的法》,贵州人民出版社1992年版,第160页。

源。人们常说的世异时移,说的就是这层意思。但是,可以肯定的是,历史上曾经存在的现实可以为今天的变革和发展提供经验基础,也可以提供反思之镜。比较一下英美法系中不成文法作为法律渊源的实际效果,再看看当代大陆法系的实际法律运作,我们或许能够从历史中获得相应的真知灼见。一句话,不成文法的历史流变是我们重新认识其作为法律渊源的重要出发点。

第二,从现实来看,不成文法依然在社会生活当中发挥相当重要的作用,这是现代社会不成文法作为法律渊源存在的事实基础。理性主义的盛行,法典化成为大陆法系乃至英美法系的主要法律规则来源。为了避免法官法外求"法",许多国家的法典都禁止法官在法典之外寻找依据。如拿破仑法典就曾经对此有过明确规定。尽管制定法在法律规则意义上断绝了法官法外求"法",但是却没能够杜绝生活于社会当中的人们只按照法律规则从事。法典摆在了那里,但是生活却没有按照法典规定的样式和框架去运转。法典是制定者的法典,生活是人们自己的生活。在生活过程中,人们会按照对自己便利的方式去实施生活行为。并且,并不是每一种生活行为都会上升到法律行为,所以,法律并不一定就会成为人们生活的主要调整器。相反,既有的习惯规则、宗教规范、道德规则乃至正义观念都会在不知不觉中发挥应有的作用。所以,我们看到,即使是在法律比较发达的社会,人们之间也不一定就会按照既有的法律从事,他们有自己的理性选择。埃里克森的考察就具有实证意义。埃里克森通过在美国夏斯塔县对牧民的实证研究,发现许多值得思考的现象。美国是西方主要法治国家之一,它不仅判例法发达,而且制定法也比较多。但是,埃里克森发现,在很多时候,牧民之间发生了纠纷的时候,并不是选择按照既有的法律规则办事,相反,他们内部之间存在基于合作原则的习惯或者解决办法,法律只不过是他们不得已而选择的手段。比如,侵权法中有关于动物侵权必须赔偿的具体规定。但是这个规定在牧民之间是很难被适用的。当甲牧民的牲畜越界吃了乙牧民的草料,这尽管是法律意义上的轻微行为,但是牧民不会因此去上诉到法院,更不会基于法律要求赔偿。历来的规则就把这个问题给解决好了。对于此种偶尔的侵权行为或者摩擦,牧民之间都会互相包涵一下,谁也不会很认真地把越界的牲畜关起来或者送到收养牲畜的公共管理区。相反,受到侵权的牧民还会打电话告诉对方,这个电话不会被认为是抱怨,而被认为是一种标准的服务。因为这不是重大的伤害事件,在生活中也是难以避免的。按照埃里克森的说法就是,"邻人强烈趋于合作,但是他们并不——像这个寓言(指科斯定理)认为的那样——依据法定权利通过砍价,而是通过开发和执行优先于法定权利的邻里规范来获得合作后果。尽管选择的途径并非科斯寓言所预见,得出的结论却与科斯预测的完全一样:对双方有利的协调,无需州政府的监督"①。可见,国家制定法的适用依然是有一定范围和条件的,它不可能把人们所需要的所有问题都纳入规范的视野,老百姓也不可能安全按照国家法规定好的路径去走,老百姓自己的生活会有自己的

---

① [美]埃里克森:《无需法律的秩序》,苏力译,中国政法大学出版社2003年版,第5页。

足迹和选择,他们会有自己的"理性"选择适合自己的纠纷解决方式。

第三,从法律来看,制定法不可能是一张严密的法网,法律漏洞随时存在,这是不成文法成为法律渊源的生存基础。正如前文所指出的那样,理性主义这种思潮曾一度是大陆法系的主导思潮,并且对英美法系也产生过深远的影响。理性主义原则思考的结果是,人们可以认识世界,也能够掌握世界的真理,遵循这种思路,人们似乎发现,"在自然之内只能有一些自然的原因和结果。在自然中发生的一切运动都遵循着一些不变的自然法则。我们能够判断或认识的那些自然作用的法则,就足以使我们发现那些不为我们所见的法则,我们至少可以通过类比来对它们作出判断"①。确立人的理性,毫无疑问是具有划时代意义的。这种意义不仅仅在于使得人具有了直接与上帝对话的能力,而且在于人成为所有政治活动和其他活动的中心,更成为法治生活的中心。在有关法治的问题上,中世纪时期那种依靠自发的力量和历史的发展来创制法律的规律被忽视了。人们认为,人可以依靠自己的理性,制定完美无缺的法律,并给人类的生活套上"网"一样的法律规则,他们"相信人类理性的力量足以摹写人类的心思,并转而据此设计出人类行为的完美规则,为人世生活编织恰切法网"②。制定法追求完美的法典体系,期待通过人类的理性和智慧,为人类自己的行为构建一张编织得完美无缺的"法网",人们只要在这个网中规范的生活就行。于是,法典时代到来了。在制定法占统治地位的时代,人们认为,法官不再需要充分发挥自己的智慧寻找纠纷解决的规则依据,只需要在法典中寻找法条即可。《法国民法典》第5条向我们揭示了这种情形:"此条规定禁止法官对其审理的案件以一般原则性笼统条款进行判决。"③所以,他们也天真地认为,对于法官来说,只要能够发现事实,就能够发现法律,那么法官就能够作出正确的答题。就好比是存在一个固定的数学公式,只要输入相应的程度,法官就可以得出确定的答案一样。所以,梅利曼说,"法官的形象就是立法者所设计和建造的机械操作者,法官本身的作用也是机械性的"④。这也可以解释为什么世界上最伟大的法官很少在大陆法系出现,而较多出现在英美法系的缘故。

但是,人们也注意到,制定法即使是在制定的时候再完美,也存在较多的漏洞。比如,指定的语言问题。我们发现,语言本身就是一门艺术,一门带有张力的艺术,这意味着语言的意义可能是客观的,但是理解语言的人的思想却是主观的。"文字虽为表达意思之工具,但究系一种符号,其意义须由社会上客观的观念定之。因而著于法条之文字,果能表达立法者之主观意思否,自非立法者所能左右。然则立法者纵属万能,但因其意思须借文字以表达之故,亦势难毕现无遗,则成文法之不能无缺漏而非万能也明矣。"⑤语

---

① 葛力:《18世纪法国哲学》,上海人民出版社1982年版,第177页。
② [德]萨维尼:《论立法和法学的当代使命》,许章润译,中国法制出版社2001年版,第6页。
③ 《法国民法典》,罗结珍译,中国法制出版社1999年版,第1页。
④ [美]约翰·亨利·梅利曼:《大陆法系》,顾培东、禄正平译,法律出版社2004年版,第36~37页。
⑤ 郑玉波:《民法总则》,台湾三民书局1979年版,第39页。

言文字带来的法律话语的模糊性或者矛盾性在成文法国家已经数见不鲜。在这样的现实映衬下,我们发现,这些"立法万能"的理想家的预言并没有能够实现。不管是大陆法系国家制定的法律,也不管是英美法系国家制定的法律;不管是拿破仑制定的法律,也不管是法学家制定的法律,即使制定者的智商再高,即使制定者对人类生活的体悟再深刻,我们遗憾地发现,制定法就是一张"真正的网",看起来网罗了生活的方方面面,但是实际上,就好比小鱼可以从"渔网"中漏掉一样,法律之网也网不住生活的全部——甚至还只是一小部分,这样法律之网就变成了法律之"漏"。法律漏洞客观存在的事实,一方面让人们更加加快了立法的进程,但是另一方面也使人们提出了对那种只要完善立法就可以实现法治的天真想法的质疑。人们也在此开始在立法之外寻求可以补充法律漏洞的工具或者规则。所以现代以来的一些法典开始改变那种要求法官必须按照制定法裁决案件的强硬态度,不成文法在此进入了法律渊源的视野。如《瑞士民法典》第1条就规定:"凡本法在文字上或解释上有相应规定的任何法律问题,一律使用本法。如本法无相应规定时,法官应依据惯例;无惯例时,依据自己作为立法者所提出的规则裁判。在前款情况下,法官应依据经过实践确定的学理和惯例。"①《瑞士民法典》的规定改变了《法国民法典》的那种冷冰冰的强硬态度,让法官不再局限于制定法作为唯一法律渊源的困境当中,它选择法律渊源的视野大大增加。即使是那些曾经对法官裁量行为有过严格限制的国家,后来也逐步修改了法律规定,增加了法官选择法律渊源的范围。如《瑞士民法典》就规定了"一般条款",授权法官便宜行事。法官只有通过阐明各种规定、主要条款和标准,通过分类整理典型案例和权衡各种观点才能将这些一般条款具体化。② 还有学者说,《德国民法典》第823条关于侵权行为中规定的"其他权利",也是为法官发展法律和法外求"法"留下的余地。③ 总之,法网严密却丝毫驱不走"法律的漏洞",法官法外求"法"既是不得已而为之,也是必然的。

第四,从纠纷来看,当制定法缺位时,不成文法是纠纷解决的有效工具,这是不成文法成为法律渊源的效用基础。我们已经指出,无论是大陆法系还是英美法系,制定法即使再严密,法律漏洞也是随时存在的。人们尽管想方设法想制定天衣无缝的法律,但是理想总是实现不了。人们在社会生活中的纠纷,不会按照法律规定的模式去发生,只是按照生活的模式和社会的现实去发生。生活的多样性,需求的多样性,利益的多元化,也会带动人们行为的多样性。从理论上说,制定法由于对象的普遍性,所能规范的只是带有一般性行为;那种比较特殊的行为却很难被法律规范。举个简单的例子,如果法律规

---

① [美]艾伦·沃森:《民法法系的演变及形成》,李静冰、姚新华译,中国政法大学出版社1992年版,第238~239页。

② [德]K.茨威格特、H.克茨:《比较法总论》,潘汉典等译,法律出版社2003年版,第280页。格伦顿也说:"在另外一些领域,有组织的经济团体的利益受到影响时,立法机构常常感到在神圣的民法典范围内难以实行必要的改革,于是转而求助于法典外法规,后者能够随着利益和权力的转变以及社会环境的改变而更易于修改。"[美]格伦顿、戈登·奥萨魁:《比较法律传统》,米健等译,中国政法大学出版社1993年版,第33页。

③ 谢怀栻:《大陆法系国家民法典研究》,载《私法》(第1辑、第1卷),北京大学出版社2001年版,第39页。

定人们生活只能吃大米以及大米类食物(当然这是不可能出现的,但是这个例子具有典型性),这可能是考虑到了较多人的普遍共性。但是实际生活中,也有很多人更喜欢吃麦子以及麦子形成的面粉类食物。如果法律只规范了吃大米所带来的纠纷,那么那些吃麦子的行为所带来的纠纷该如何处理呢?这意味着,法律所确定的纠纷解决方法也许是没有作用的,甚至可能是找不到制定法依据的。这样的案例在大陆法系国家也是比较多的(英美法系国家由于法官可以造法,因此即使存在判例法的漏洞或者制定法的漏洞,也是可以有效判决案件解决纠纷的)。如发生在我国江苏徐州的"黄呈远诉张孝清特殊侵权纠纷案"①。在制定法当中,有关配偶合葬问题并没有解决。那么当法律遇到这个案件该怎么办呢?法官是不是就以无法律依据为由而拒绝受理呢?从规范法学的角度来说,法官以无法律依据为由拒绝受理似乎非常符合法律的要求,但是,却不符合司法以解决纠纷为己任的司法目的(我国法院可诉范围太窄,司法的纠纷解决功能常遭质疑)。而且,对于这种关系家族血脉传统的纠纷,如果处理不好,是很容易发展成为家族之间的群体性斗殴的。在没有制定法依据的情况下,法官就是不是只能一拖再拖了呢?这给法官提出了难题,也是考验法官智慧的绝佳时刻。在本案中,法官从习俗的角度出发,看到了家庭伦理和社会风俗对该案的调整作用,也考虑了社会道德的接受程度。可以说,尽管整个判决没有制定法的依据作支撑,但是纠纷却合理解决了,这不能不说是法官的智慧,也体现了法外之"法"也具有合理性。实际上,通过习惯来解决纠纷,在很大的程度上并不意味着必然违法。甚至还有学者认为,根据福利最大化规范的假说,在一个比较封闭的群体之间,人们无法将利益损失强加给他人的时候,就会产生讲求效用的习惯,"在习惯规则比法律规则在内容上更可能福利最大化的情况下,讲求效用的法官适用习惯性规则是明智的"②。从更深的意义上来说,习惯的存在不是成为制定法要通过法律来消灭习惯的理由,相反,立法者要善于发现习惯或者尊重习惯,正如埃里克森所说:"一位讲求效用的法律制定者不仅会对可相互替代的非正式规则和法律规则的实体性优点很敏感,而且对它们各自的相对交易费用也会很敏感。"③埃里克森建议立法者注重和保护习惯的固有效用。可见,没有制定法作为解决依据的纠纷并不是无法解决的纠纷,相反,法官还必须充分发挥求"法"的能动性,实现纠纷解决以维护社会秩序。

---

① 该案经法院审理查明的事实是:被告张孝清原名段银序,自幼其父段世安即因病伤亡,其母张玉兰改嫁到贾汪区塔山镇殷庄村三组与黄圣友结婚,段银序随其母生活。黄圣友夫妇因婚后未生育子女即抱养刚出生的原告黄呈远,一家四口生活。后段银序亦在其舅舅家生活一段时间,22岁时与塔山镇殷庄村十一组张秀荣结婚,并到张秀荣家定居生活,改名张孝清。1996年,张玉兰去世(服药自尽),黄呈远为其操办了丧事,张孝清按当地农村风俗前来悼念,并出丧礼1000元,张玉兰被安葬在塔山殷庄大运河边。2006年4月5日,黄圣友去世,黄呈远为其举行了葬礼,并与张玉兰合葬在殷庄大运河边,葬礼当日,张孝清没有前往悼念,亦未出丧礼。2006年5月16日夜,张孝清前往殷庄大运河边墓地将其母亲张玉兰的尸骨转移到贾汪区大泉镇与其父亲段世安合葬,塔山殷庄大运河边墓地仅留下张玉兰空棺材一副,原告发现后要求被告返还其母张玉兰的尸骨仍与其父黄圣友合葬,因而与被告发生争执,经有关部门调解,双方仍各持己见。
② [美]埃里克森:《无需法律的秩序》,苏力译,中国政法大学出版社2003年版,第314页。
③ [美]埃里克森:《无需法律的秩序》,苏力译,中国政法大学出版社2003年版,第315页。

第五，从价值来看，不成文法作为法律渊源具有独特的价值，这是不成文法成为法律渊源的价值基础。前面已经指出，不成为法成为法律渊源具有社会现实中的效力和事实上的生存力，这意味着不成文法并不总是普通民众的自娱自乐行为。不成文法的独特价值体现在：首先，它具有事实规范价值。正如前面所强调的那样，不成文法是社会中的人们在日常生活的交往过程中形成的。而法律则是立法者通过观察社会生活，抽象人类行为所形成的，具有一般性。一般性的规则在调整人类行为时，自然会有遗漏之处，所以前面指出，被法律忘记的地方就是习惯等不成文法大显身手的地方。习惯显身手之处，也就意味着人类行为的事实有被习惯等不成文法调整的可能。这我们在上文都已经具体分析过。习惯等不成文法的事实规范价值意味着法治不仅仅是制定法一统天下的法治，不成文法也起到了功不可没的作用。我们可以让法律规范行为，但是法律对行为的规范必须建立在合理性的基础之上；我们也可以让习惯规范行为，这同样也必须建立在合理性的基础之上。基于此，二者之间的互补性就比较明显地体现了出来。2004年，江苏泰州市姜堰市法院在执行一起离婚案件时，由于没有考虑到当地的风俗习惯，执行庭的工作人员被当地村民围困。经调查，原来执行人员准备拿走被当地象征子子孙孙繁衍生息、人丁兴旺的"子孙桶"（实际上尽管只是价值不过百元的"马桶"）。① 可见，"充分尊重民间的善良风俗，是顺应社情民意、理顺群众情绪、增加社会和谐因素的有效途径"②。同时这也说明，当习惯规范了社会事实的时候，法官是不能熟视无睹的。其次，它具有效力自生价值。现代法律之所以具有效力，按照规范法学的观点，是因为其有国家作为强制力保证实施。尽管各种学派对此有不同的意见，但是可以肯定的是，如果没有国家的强制力保证，法律是很难实施的。但与此相反的是，习惯等不成文法的效力却是自生的，即基于习惯等不成文法自身的合理性而让人民自愿、自发遵守。我们看到，在很多地区，习惯普遍存在，习惯构成交往的基础，但是违背习惯的处理结果绝对不是国家意义上的惩罚，而是一种"无形"的惩罚机制在发挥作用，如邻居对违反习惯者得鄙视，惩罚是精神方面的，但也是具有规范性的。不成文法的这种效力自生特性，足以让法律进一步思考如何"服人"的问题，也足以让制定法"一统天下"的理想获得真正的反思。一言以蔽之，不成文法的价值性也足以为其作为法律渊源提供更为充分的理由。最后，它还有变通法律的价值。制定法或许是完美的，但是一味地依照制定法处理案件就有可能出现个案失衡的现象，这样，不成文法就有可能发挥重大作用，如下文我们将探讨的青岛"顶盆继承案"。梅因对于不成文法改变个案失衡现象是有深刻认识的，他说，在特定案件中，当适用成文法很难获得一个非常理想的完美判决时，一个社会或者共同体会毫不犹豫地去变通成文法。在梅因看来，有关是非观念的司法原则才是能够流传后世的基本原则，而那

---

① 具体案情，参见汪晓东：《江苏泰州将"善良民俗"引进民事审判开全国先河》，载《人民日报》2007年10月30日。

② 刁志华、王露露、赵晓勇：《泰州民事审判尊重善良民俗——引入司法裁判3年上诉率从9％降为零》，载《新华日报》2007年8月26日。

些刻板遵守成文法的案例很可能会贻笑大方。①

三、应用：不成文法替代制定法的要件

在制定法时代，法律总是想对社会进入严格的规范控制。在很多方面，制定法和习惯都需要民众的认可和支持，也需要民众的认可和信任，而它们本身都是社会规范，所以也就容易发生冲突。特别是法治强调法律的整齐划一和普遍适用性，而习惯在很多地方都讲情理法，强调个案公正。法律强调人是理性的动物，而习惯等不成文法更强调的是人是人性的动物。但是，人们的生活并不一定就会按照法律已经框定好的格式和程序去生活，更不是机械的运作自己的生活模式，所以就很容易出现符合习惯等不成文法而不是符合法律等现象；更可能出现纠纷当事人中一方是按照习惯等不成文法行为，而另一方却按照法律行为。这个时候，就产生了制定法和不成文法的冲突。一般来说，在法治国家，法官适用制定法是常态，但是也有适用不成文法之时，其必然要件是：

第一，民间习惯替代制定法进入司法的基本前提条件是，适用制定法会出现个案的显失公平。在制定法是主要法律渊源的时代，适用制定法是基本常态。法官依照制定法来裁断案件是其职责要求，他必须在制定法的范围内选择可适用的规则来裁断纠纷。我们在前面已经指出，在制定法出现漏洞的时候，民间习惯可以发挥其应有的作用。另外一方面，我们也必须看到，制定法是对某一社会关系的一种普遍性的规范，如《继承法》是对继承关系的普遍规范。从这个层面来说，青岛"顶盆继承案"中的法定继承人是石君昌的哥哥石坊昌及其儿子，远房侄儿石忠雪是无继承权的。普遍性的制定法既然规范的是恒定的社会关系，必然会出现对另一个层面意义的社会关系的违背。就如"顶盆继承案"一样，严格适用法律规范就会出现这样一种情形：即作为哥哥的石坊昌对其亲弟弟石君昌的去世无动于衷，宁愿看着自己弟弟的灵柩停放几日而无法发丧。并且，石坊昌也明确表示过要放弃继承权（宁愿自己的弟弟灵柩停放几日，也不愿意让其儿子"顶盆"，这种行为本身就是不愿意履行应有的道德义务，可视为对继承权的放弃）。所以，当事过多年之后，石坊昌看到房子的价格飙升，对钱财的"厚爱"促使他又想获得继承权，这就很难获得人们的认可。这种不被认可来自于两个方面：一是对于作为被告的石忠雪来说，石坊昌的行为属于典型的"厚颜无耻"的逐利型行为。因为石忠雪作为远房侄儿都履行了本不属于其的义务，而石坊昌却拒绝履行其应该履行的义务；并且，我们应该看到，石坊昌说是在其弟去世半年前就已经拥有了房屋产权证书而且经过了公正，但是却拒绝履行相应的义务，这也说明他对利益的强烈追逐之心。二是对于社会公众而言，如果一个没有履行道德义务的人能够变成合法的继承人，那么潜在的意思就是鼓励将来出现同类问题时，有继承权的人可以不劳而获，社会公众实际上会对法律丧失信心——尽管这个问题

---

① See Henry Sumner Maine, *Ancient Law*, London: John Murray, Albemarle Street, 1870, p. 76.

不是法律本身带来的,但是社会公众却会将之归结为法律的"无能"。实际上,这就是所谓制定法的"安定性"和公平正义之间的矛盾在个案中的凸显。我们认为,在司法个案中,当出现适用制定法规范会带来显失公平现象时,就可以考虑适用习惯等不成文法。关键问题是,如何理解"显失公平"。就理论上来说,"显失公平"很难进行界定。一方面,人们对什么是公平正义的认识本身就存在较大的差异,而另一方面,何为"显失",也存在着界定标准的难处。笔者认为,在司法个案中界定公平现象不仅要考虑到当事人之间的付出和收获,而且也要考虑社会公众在此问题上可能的共识。首先,从当事人来说,要鼓励积极履行义务(道德义务)和非义务性的善良风俗行为,防止出现"不劳而获"的现象。就如"顶盆继承案"所看到的一样,石忠雪和石坊昌在死者死后的作为就成为考量对象。石坊昌的消极不作为和石忠雪的积极作为是形成鲜明对比的——尽管不是法律上的义务,但是却定格了二者在社会公众之间的形象。但是,还要看到,当事人之间的行为必须是符合善良风俗的基本要求,不然也很难进入到公平视野中进行衡量。其次,从社会公众的视野来看,司法个案中界定公平要形成价值判断上的共识。制定法原则上也是对将要规范的社会关系固定在某一个可供判定的标准之上,并成为站在公正的立场上解决社会问题而构建的规范体系。尽管在价值判断上,人们认为很难形成合意,但这并不是不可能的。在现代社会,民主思想已经明确,不可能让所有人对某一个问题都形成一致性共识,而只可能使得多数人参与到对某个问题的共识当中去。特别是在涉及利益之争的时候,这种共识上的裂缝可能会更为广泛。所以,必须是在求同存异的基础上达成共识,这就是习惯为什么能够形成的基本原因,也是基于习惯等不成文法的社会公平观念可以进入司法的可接受性基础。基于此,笔者认为,所谓的显示公平主要有以下几个衡量标准:一是当事人一方如果利用法律获得了不应有的利益或者不正当的利益,二是同种行为如果被本地其他人效仿会带来原有习惯规范等的失效,三是正当遵守习惯的人失去了合理而又正当的可期待利益。

第二,民间习惯替代制定法进入司法,必须实现维护公民权利和社会公众理性民意相协调。司法的基本目的是要维护公民的基本权利,但是在这里维护公民权利不是一句空洞的口号,更不是具有"普世"性,这意味着民间习惯替代制定法不是为了所有当事人的权利,而是为了应当维护的当事人的利益。甚至,更为具体地说,不是为了维护制定法所保护的当事人的权利,而是为了维护民间习惯所保护的当事人的权利——这是民间习惯替代制定法进入司法的关键所在。正如我们在"顶盆继承案"中所看到的情况一样,制定法保护没有履行习惯义务的当事人石坊昌的权利,习惯保护的是履行了习惯义务的当事人石忠雪的权利。在这里,规范所保护的权利发生了冲突,是因为规范本身发生了冲突。正如上文所指出的那样,尽管二者都有着相应的权利,但是还必须考虑维护谁的权利更符合社会公平正义的要求,更必须考虑维护谁的权利与社会公众的理性民意是一致的。前者已经在上面有了论述,而后者还需要我们仔细展开。所谓社会公众的理性民意,必须符合两个要件:一是民意的形成不带有自己的私利,即每个人的期待都是从"他者"的角度考虑。人肯定是有着自己的利益追求的,但是这种对利益的追求是理性化的,即不纯粹是为了获取自己的利益的最大化,而同时还考虑别人所能虑及的利益,这样就形成了上面所讨论过的"共识"。二是民意代表了当地人在同种条件下会有同样的行为选择,而不是个别选择。这意味着,"民意"所肯定的行为是可重复的行为,是能够被别人复制的。这种复制是基于自愿的选择,而不是强制性的约束。就如我们在"顶盆继承案"中所看到的,不仅石君昌的死需要有人来"顶盆",而且其他当地人去世了也需要有人"顶盆",那个"顶盆"的人就成为有权继承的人。实际上,在当地,"顶盆"的人一般是儿女,所以一般情况下不会与继承法发生冲突。因为石君昌没有自己的后代,所以才发生了暂时无人"顶盆"的现象。因而在这个时候,石忠雪的"顶盆继承"行为才会与继承法发生冲突。如果石忠雪是石君昌的法定继承人的话,这个案件就不会这么发生了。从这个民间习惯的指向来看,其是被当地居民反复适用的,即这个案件发生之前,当地居民是这么行为的;这个案件发生之后,当地居民依然是这么行为的——这是用行为表达出来的公众民意。

第三,民间习惯替代制定法进入司法,必须符合法治的基本精神。尽管民间习惯可以替代制定法进入司法,但是必须注意的是,人类的经验已经证明了制定法是保护公民权利的最有效的手段。在此种情形下,不成文法可以替代制定法进入司法必须与法治的基本精神相吻合。现代法治精神是什么虽然很难把握和定位,但是却又常常被人们所提及。但是,正如一些学者说当我们"说一个国家属于法治国家,从一般意义上讲,就是这个国家是根据法律——固定的法律规则——来治理的,而不是按照个人任意的专断和苛刻条件来治理的"①。从这里,我们可以推及,现代法治精神尽管内涵不同,但是最核心的要素还是基本相同的,如法律至上、保护公民权利、限制权力等等。在法律渊源理论当中,要将民间习惯替代制定法进入司法,就必须使之符合法治的基本精神,将人权保护和维护法治权威结合起来进行思考。这个时候,人们可能会问:民间习惯替代了作为制定法的法律,是不是对法治精神的一种违背?笔者认为,这种观点是错误的,正如我们在上面所说,民间习惯替代了制定法是为了维护特定公民的基本权利,更是为了维护个案的公平正义,因此从根本上说是与法治精神相违背的。甚至还可以说,民间习惯替代制定法只会发生在个案当中,是对法律在个案中可能出现的矫枉过正,而且不会大面积地出现,因此也是法治精神可以接受的。

四、结语:不成文法作为法律渊源的司法意义

由上述的分析可以看出,不成文法作为法律渊源存在具有其正当性和合理性。现代法治时代并不是制定法一统江湖的时代。制定法的目的就是为了法治之下纠纷的和谐

---

① [英]P.S.阿蒂亚:《法律与现代社会》,范悦等译,辽宁教育出版社、牛津大学出版社1998年版,第112页。

解决和秩序的安定有序,这与习惯等不成文法的作用在本质上是一样的,从这个视角来看,认真对待不成文法,也就认真对待了法律渊源。所以,不成文法作为法律渊源,其司法意义是极其明显的:

第一,不成文法作为法律渊源,坚持了司法以公正为主的价值取向。司法公正不只是一个概念性的追求,而应当是基于司法个案的整体描述。现代法治中的制定法,概述了规范统一下的社会整体性正义,但是很容易忽视存在于具体日常生活之中的个人。统一的规则,只会有模板式的生活,但很难有对每一个人的人文关怀和正义关怀。不成文法引入现代法律渊源,将重视制定法所忽视的,关注被漠视的,从而真实反映人的个体存在。

第二,不成文法作为法律渊源,意味着制定法并非独霸天下,不成文法也应当有其司法适用价值。特别是当二者发生冲突时,当事人、社会民众和法官会出现抉择中的两难,但是这并不妨碍民间习惯等不成文法进入司法成为裁判依据。也就是说,民间习惯是可以进入司法,甚至在一定程度上是可以替代制定法的。

西部少数民族传统习惯法治化的功能辨析*

龚卫东**

（乐山师范学院　四川　乐山　614000）

摘要： 现代市场经济法治环境中，要求反思西部少数民族传统习惯规则，并对其进行国家法治化归导，理性重构至上性法律规则制度。通过重构的至上性法律规则，范导人们行为，调整社会关系，可避免西部少数民族长期形成的心性传统习惯文化对族群民间社会治理中的人情困扰，变人情伦理的贤人治理为法治智性规则的理性治理，回应现代社会发展，以有效整合西部少数民族族群社会、维护民族群体利益及统合国家共治与民族区域自治，实现调整和协调社会多元利益的功能。

关键词： 西部少数民族；传统习惯；法治化；功能

一、问题的提出

人类现代法治国家的社会治理模式生成于西方，是在西方国家和市民社会分离、发展、互动的基础上，出现的一种社会治理模式。现代法治秩序是在市场经济环境中，市民社会的多元社会权利与国家权力的对抗制衡，相互妥协，而产生具有普适性的理性社会秩序。但随着当代西方"国家社会化"和"社会国家化"的嬗变发展，其法治正面临着深刻的挑战和回应反思的压力。中国依法治国的提出并确立，是改革开放后，在反思新中国建立后的国家发展建设路径中，在总结"十年文化大革命"深切历史教训的基础上，特别是在实行社会主义市场经济以来，对国家政治生态关系、市民社会生活关系以及国家与市民社会之间关系诸方面的理性反思后，建构社会主义法治国家进程中，中国国家治理和社会治理的积极回应。事实上，国家政治权力与市民社会公民合法权利的相互博弈、整合，客观上也要求"国家社会化"、"社会国家化"。尤其是在我们这样一个具有丰厚传统人伦文化和多元复杂的民族族群的统一国家，更应走具有中国特色的法治之路。在现代法治理念的引领下，建构完善的法律制度体系。法治应当既是人们理性建构的社会治

---

* 本文系国家社会科学基金西部项目（批准号：11XFX004）"西部少数民族民事习惯法治化问题研究"项目阶段性研究成果。

** 【作者简介】龚卫东（1964—），男，乐山师范学院教授，研究方向为少数民族习惯法、法社会学。

理模式,同时又是人们信奉遵守的实然生活规则,而不是外在呈现的好看"花瓶",好看不好用的"巨型弯刀"。此理想图景下的西部少数民族地区国家法治建设,必然要求对西部少数民族地区现实客观存在的民族传统习惯进行现代法治化归导,实现国家法与少数民族传统习惯的实质互动,以彰显其整合西部少数民族族群社会、维护民族群体利益、统合国家共治与民族区域自治,充分发挥调整和协调社会多元利益的价值功能。

二、整合西部少数民族族群社会的功能

(一)"国家社会化"与"社会国家化"的相向性

在"国家—社会"范式下解析西部少数民族传统习惯法治化问题,严格意义上说是中国法治进程中,"国家社会化"与"社会国家化"矛盾运动的对立统一发展问题。该对立统一关系中,包含影响中国法治进程的诸多因子。从西部少数民族传统习惯文化维度认知,含有西部不同少数民族族群的各种人文习风习俗、各种习惯法及不同宗教信仰等实然、柔性、非正式的常态本土资源的"族内知识"因素。从国家法治体制维度认知,含有西部少数民族地区的各类公权机关及公权机关在运作过程中建构的各种应然、刚性的正式制度安排。① 国家公权机关,在规制人们权利义务,运转调节社会关系的过程中,具有极强的刚性外在强制力,而非正式的实然、柔性常态本土资源是指西部少数民族族群在长期封闭的社会生产生活中,逐步自然演化而成,能够有效影响和规制族群社会成员行为的各种传统习惯的"族内知识",反映族群的生存需要,具有族群社会性、自发性、地方性、多样性、基础性等特点。当下,在国家实施西部大开发战略过程中,西部少数民族地区社会和谐有序,经济健康发展,既要有国家公权机关的主导,并强力归引推动、范导,又要有族群传统习惯规则的善诱劝导,在两者互动的范导下,使西部少数民族地区社会倡然有序,和谐发展。

孟德斯鸠指出"法律应该和国家的自然状态有关系,和寒、热、温的气候有关系,和土地的质量、形势与面积有关系,和农、猎、牧各种人民的生活方式有关系。法律应该和政制所能容忍的自由程度有关系,和居民的宗教、性癖、财富、人口、贸易、风俗、习惯相适应"。② 孟德斯鸠的论述,较好地描述了中国西部广袤的少数民族地区,不同特质地理环境,不同民族族群,不同社会生产方式、宗教信仰、民族文化所造就的中国西部各世居不同民族族群在长期生产生活过程中,所形成的诸多法律文化本土资源(族内知识)。少数民族习惯法律文化,作为地方民族法治文化的有机组成部分,其反映的内容主要表现为各民族族群社会人员对制度规则、内生秩序、社会秩序,以及国家立法与执(司)法、法理与情礼、合法与非法等各种法社会现象的认识了解、观念态度、价值取向、理念信仰等而

---

① 正式的制度安排即是在西部少数民族地区,代表国家公权的执政党体系制度、立法体系制度、行政体系制度及司法体系制度等等。
② [法]孟德斯鸠:《论法的精神》(上册),张雁深译,商务印书馆1982年版,第7页。

形成的心理依赖及规制传统。在国家法"大环境"①和少数民族族群传统习惯法"小环境"②都存在,并将长期共存的现实社会环境中,法本身都力促人们对其自身神圣性的信念。无论是在国家"大环境"语境中,还是少数民族地区"小环境"语境中,法之规则都以各种方式要求人们服从,不但诉诸他们物质的、客观的、有限的和理性的利益,而且求助他们对超越社会功利的真理、正义的信仰。也就是说,法以那些与流行理论所描绘的现世主义和工具主义面目不同的方式,要求人们服从。但问题是:"法"既有国家法,同时又有少数民族传统习惯法,并且某些时候两者还存在冲突。一方面,国家法在国家统一法治理念的指引下,规范、导引不同族群之间以及不同地区同一族群的不同人员之间的心智,规制调整人们的行为,调整社会关系;另一方面,各少数民族族群也在强大的国家法"大环境"攻势下,顽强固守自己族群的习惯传统。之所以会出现这种情况,源于少数民族族群内部传统文化的不灭张力及民族族群人员对传统习惯的信赖。因此,国家的法治理念、秩序、规则在西部少数民族地区的推进,必须对西部少数民族族群的传统内生秩序、法社会规则、人们的传统习惯法律文化进行研究,相向而行。这就要求人们必须十分注意观察和研究不同族群所信仰的教义、教规、戒律、宗教仪式以及属于民事习惯范畴的生产习俗、交易习俗、消费习俗、居住习俗、家规乡规习俗、礼仪习俗、婚丧习俗等规制人们现实生活中的实然规则。因为在任何一个西部少数民族族群的"小环境"社会语境中,历史的因缘际会,使这些因素已变成西部少数民族族群难以割舍的民族文化传统的组成部分。时至今日,传统的"族内知识"仍然以顽强不灭的张力,实然而深厚地影响着民族族群的日常生活、思想观念、思维方式和行为表现。因此,西部少数民族传统习惯的法治化归导,实际上就是"国家社会化"与"社会国家化"的相向互动交流,在西部少数民族地区建构特色民族法治的产物。

(二)西部少数民族族群社会整合的法治回应

西部少数民族传统习惯法治化,就是将西部各少数民族族群长期生存过程中形成的具有人伦因子的传统习惯予以国家法归导的规范化运作,不仅有利于实现社会规则的整合统一,也有利于有效整合西部少数民族族群社会。人类发展历程告诉人们,规则之法治是排除人治、人情干扰的理性制度,是人类智慧对规制人们行为模式、权力运转、社会调控的制度性结晶。良好规则在社会治理过程中的有序、公正运行,有利于社会的发展和进步。现代市场经济中,市场多元主体之间的利益冲突及合法权益诉求,社会价值观念、社会组织功能的重新整合,国家法治具有其他社会规则无法比拟的价值功能。"法治理念是适应社会利益多元与社会需求多样的要求而产生的,它建立在价值冲突的逻辑之

---

① 中国建立市场经济以来,确立依法治国,通过现代法治规制人们的行为的国家法治环境氛围。笔者将之界定为"大环境"。
② 中华民族中各少数民族为保障自己族群的生存繁衍,保持族群内部的和谐秩序,在长期的生活过程中形成了许多共信共守共同维护的习惯,这些习惯被族群人员广泛认同。笔者将之界定为"小环境"。

上,没有价值冲突便无须法治。"①一定意义上讲,西部少数民族传统习惯法治化,是在对西部少数民族传统习惯进行解构的基础上,对调整族群社会关系的社会规范的现代性重构,是建立在多元社会价值基础上的一种新的价值认知。

在多民族统一的中国,对传统习惯规则的重构,不是简单将国家法中的一切价值理念一厢情愿、无所顾忌地强行嵌入西部少数民族社会。其进路当是:在国家法价值理念的主导下,通过对西部少数民族的各种传统习惯规则予以过滤、选择和保护,进行交流互动,减少冲突,最大限度地整合西部少数民族族群,充分关注其合法诉求,防止少数民族族群对国家离心倾向的发生,以强化西部各少数民族的国家认同、价值认同和法治认同,降低国家社会分裂、族群撕裂的危险。由此观之,西部少数民族传统习惯法治化归导,在调整民族族群社会功能上,一方面有助于社会的整合,实现各民族对国家的认同及价值认同。另一方面,通过法治,合理设置国家权力,有效防止国家公权的无限扩大以及对少数民族族群中形成的一些中性传统习惯②的任意干涉。尤其在民事领域,赋予少数民族地区更多的自主权和自治性功能,确保各民族族群自身特色的风俗习惯在现代法治环境中的良性变迁,从而实现国家权力与西部少数民族族群的社会权利的有机整合,共生双向互动,共同整合西部少数民族族群的社会关系,促进西部各少数民族族群和谐发展。

三、维护和促进西部少数民族群体利益的功能

(一)西部少数民族族群利益调整的社会规则分析

西部众多少数民族族群的传统习惯,在"国家—社会"范式下对外表征的是一个族群内部的社会秩序、社会规则。从法社会学意义的角度解析,西部少数民族自身的传统习惯是规制少数民族族群社会人员的"活法"、"行动中的法",它是西部各少数民族族群共同体在长期生产生活中,在"族群社会本位"的理念指引下,体现族群内部整体性秩序,由族群个体对自我利益的追逐,在各社会主体之间反复博弈过程中,逐渐形成的族群共同体内部的统一规则。规则在族群中的普遍适用,一方面依赖于族群人员的内心信念、内心确信和内心依从,另一方面源于族群社会的外部舆论约束,表现为族群群体所确定的善恶道德理据,继而表现为族群人员行为相对一致性的共信共守,以维护族群群体的利益。

---

① 徐显明:《法治建设中的和谐》,载《人民日报》2005年12月24日理论版。
② 笔者根据现代法治精神、原则理念,将西部少数民族传统习惯进行质性界分,分为良性习惯、中性习惯和恶性习惯。所谓良性习惯是指与国家的根本制度、社会的公共利益及现代法治理念比较吻合,体现法的应然价值功能,在少数民族地区发挥着实然法作用的习惯做法。所谓中性习惯是指与国家的根本制度、社会的公共利益不发生冲突,但现代法治理念并不倡导,但又在西部少数民族地区群体中广泛存在的习惯。这类习惯主要以少数民族习风习俗的形式呈现族群社会群体的现实生活中。所谓恶性习惯是指与国家的根本制度、社会的公共利益及现代法治理念发生严重冲突,极力维护不平等的等级观念、等级特权的习惯性做法。

观世界各国法律文化的发展,在英美法系中,英美法的起源、成长和发展比较注重法官在长期司法审判实践中的经验,从司法实践经验中不断总结提炼,进一步上升为调整主体权利义务,社会关系规范的理性认知,其发展路径是实践—认识—再实践—再认识的反复不断递进。因此,英美法系中,法律渊源主要产生于长期司法审判中形成的传统,并十分强调对各种习惯的遵从。"先例的背后是一些基本的司法审判概念……而更后面的是生活习惯、社会制度……通过一个互动过程,这些概念又反过来修改着这些习惯和制度。"[1]然我国近现代法律制度体系的架构源于大陆法系,法治理念及司法实践受大陆法系国家影响较大,法官在判案过程中不能创制法律,只能适用法律。大陆法系的所谓成文法典的哲学基础是近代理性主义哲学,相信通过人们的理性认知,能够甄别判断事物本质。通过人们的理性,能够归纳总结事物发展历程的一般逻辑,人们完全能够预先设定并创造出各种各样的规则和原则,进而架构相应的"放之四海而皆准"的制度规则,并将其全部纳入一部成文法典中。通过成文法典规定人们的权利义务及行为模式,范导、指引、评价、控制人们行为,实现成文法典预设目的指标,由此去建构一个所谓理性社会。换言之,理性主义哲学贯彻从抽象到具体、从理论到实践的唯理论原则,并认为法官就是"自动售货机",无非就是将事先制定好的各种成文法典,将碰到的现实案件进行一一比对,最后产生判决结果。这样的思维路径,在中国的法治进程中的局限性是十分明显的。首先,在民族众多、文化多元、宗教信仰各不相同的中国现实社会,国家成文法典不可能全部涵盖人们日常生活行为的方方面面,国家成文法典在规制人们行为、权利义务上必然存在法律漏洞,况且少数民族族群人员对国家法还存在许许多多的疑惑和不理解。正如萨维尼所说:"法律具有自身确定的秉性,其为一定民族所特有,如同其语言、行为方式和基本的社会组织体制。一切法律均缘起于行为方式,在行为方式中,用习惯使用但却并非十分准确的语言来说,习惯法渐次形成,就是说,法律首先产生于习俗和人民的信仰,其次乃假手于法学——职是之故,法律完全有沉潜于内、默无言声的伟力,而非法律制定者的专断所孕育的。"[2]霍尔斯特·海因利希·雅克布斯也认为,法源包括三种形式,即习惯、立法和法学,习惯是民众信念的直接体现。立法和法学是民众信念的两大有机组成部分,在法的产生过程中代表民众。[3] 其次,法官在司法实践中,如果只是机械适用、比对成文法典,无异于对法官能动理性思维的否定。在我国,由于判例法传统的缺乏,法官审理案件时,往往片面的要求有法可依,对法律没有规定的案件,法院往往以法律没有规定为理由裁定不予受理,这显然与法治化环境下所倡导并遵从的"法官不得拒绝裁判"的法治理念相矛盾。此情况下,失去了司法解决纠纷的最后一道防线。再加之由于国家成文法对少数民族传统习惯未能充分考量,导致立法意旨与习惯相悖的现实。

---

[1] [美]卡多佐:《司法过程的性质》,苏力译,商务印书馆1998年版,第8页。
[2] [德]弗里得里希·卡尔·冯·萨维尼:《论立法与法学的当代使命》,许章润译,中国法制出版社2001年版,第11页。
[3] [德]霍尔斯特·海因利希·雅克布斯:《十九世纪德国民法科学与立法》,王娜译,法律出版社2003年版,第29页。

在西部少数民族地区也时常出现一些少数民族族群人员认同的习惯,当一方当事人不遵从,而引发矛盾纠纷,另一方当事人向法院起诉时,由于缺乏法律的依据,法院无法受理的尴尬局面。笔者在贵州省黔东南州台江县苗族村寨进行田野调查时,了解到在苗族内部,存在一种十分特别的矛盾纠纷类型即"打蛊"①。"打蛊"纠纷在苗族族群内特有,由于国家法律无明文规定,使法院无法受理。这使国家司法的公然性、权威性、公正性、正当性、必要性,在西部少数民族族群人员中产生了疑惑。类似这些问题是西部少数民族地区法治建设必须注意的问题,也是对传统习惯法治化归导中应研究的问题。

(二)西部少数民族族群利益整合的规则回应

从西部少数民族"小环境"视角分析,尽管族群种类众多,分布的区域也极其广泛,但不同族群存在不同的文化传统、人文风俗、价值观念、宗教信仰,即便是同一族群,由于生活的地域不同,也存在习风习俗的差异性,它与国家"大环境"法治治理比较而言,处于十分弱势的情况是十分明显的。然在现代法治社会中,强调的是各社会主体的平等地位,并通过法治规则,平等保护社会主体的合法权益。虽然我国宪法、民族区域自治法都规定,少数民族在国家政治上享有广泛的平等参与权和国家法适用的平等权,甚至对少数民族地区有适当的倾斜照顾。但在具体权利的享受,实际的操作过程中还存在一定的差距。比如在经济发展和社会公益事业的享有上,与东部发达地区相比还存在一定的差距,相对处于弱势地位。平时社会生活交往中,一些不尊重少数民族习风习俗习惯的事件时有发生。为了促进国家的和谐发展,保障国家法治的统一,就必须对少数民族族群的利益予以充分关切,尤其是在少数民族传统习惯法治化归导中,充分考量民族族群的情感皈依,并给予适当的倾斜性人文关怀和照顾。正如阿克顿所说:"我们判断某个国家是不是个真正自由国家,最可靠的办法就是检验一下少数派享有的安全程度。"②事实上,西部少数民族传统习惯法治化运作,就是对散见于西部少数民族民间的传统习惯,通过西部少数民族地区地方国家公权机关,予以地方特色法的成文法规立法,并在司法中实际应用抑或是智慧性地参照适用,以充分发挥其具有保护少数民族弱势群体的重大功能作用,使西部少数民族族群的生活、自由等方面,在国家法(地方法规)层面有更大的维护空间。

四、协调、统合国家共治与民族区域自治的功能

(一)中华民族国家共治与西部少数民族自治的双向互动性

中国是多民族统一的国家,少数民族聚居地方实行民族区域自治是我国的宪法性原

---

① "打蛊"意思是:如果苗族族群内人与人之间发生矛盾,或者我对你不满,你侵害了我的利益,我不正面与你发生冲突,而是私下有意识地散布谣言,蛊惑人心。说你家在"闹鬼",如果与你接触交往就会灾难临头,给家庭家人带来不幸等等,使得人们都不以之接触,从而使这(家)人与本村寨的人群分离,从精神上折磨你。

② [美]乔·萨托利:《民主新论》,冯克利、阎克文译,东方出版社1998年版,第35页。

则。马克思恩格斯指出:"国家是建筑在社会生活和私人生活之间的矛盾上,建筑在公共利益和私人利益之间的矛盾上的。"① 随着中国市场经济的发展,社会的不断发展进步,必然日趋走向民主与法治,展现"类存在物"共同发展的共同体生活和丰富多彩的自由理性的个性生活图景,使社会成员在民主契约中,享有法律充分保障的"自由自主"的活动。如果我们将中华民族视为一个民族共同体,在这一民族共同体中,存有诸多不同民族族群,要保障中华民族共同体繁荣昌盛,国家实行法制统一具有重要意义。但在法制统一的前提下,各民族族群所具有的特质性是十分明显的。马克思恩格斯的民主契约理论认为,国家权力来源于社会,服从于社会。换言之,社会主义制度的优越性不仅强调政治国家范式下国家权力的威力,能够集中力量办大事,同时也注重市民社会范式下社会成员主体广泛的自由及民主活力,强调社会成员以主体精神创造社会财富和创造历史的自觉能力。因此,在西部少数民族地区的法治建设,一定要针对各民族族群的具体实际,在法治建设路径中,能动包容吸纳各民族族群良好的地方资源,不断丰富少数民族地区地方特色法的内涵,完善外延,西部少数民族传统习惯法治化理当承担这样的责任。历史上,也曾经出现丰富多样性的中华法系。笔者认为,建设中国特色的社会主义法治体系,必然包括西部少数民族特色法制度建设,尤其是通过对西部少数民族传统习惯的国家法牵引、整合,使西部各少数民族内生的秩序习惯,在国家立法、执法、司法、守法、法制监督等多维层面得到广泛的国家承认。此路径下,既有利于保护西部少数民族族群的特质良好传统,巩固民族族群的个性,又有利于国家法制的统一,实现民族共治和民族区域自治制度的交相辉映,是中华民族共同体实现复兴的重要制度体制保证。

(二)国家共治与西部少数民族区域自治有机统一

西部少数民族传统习惯法治化的逻辑起点,是根植于少数民族族群现实生活的实然内生秩序和规则,它自始至终对民族族群的心理依赖及民族族群合法权利的表示充分关切。米塞斯指出:"历史进程比所有理论都更清楚地揭示了,正确地理解爱国主义,必会导向世界大同主义(cosmopolitanism),一个民族的富裕不能建立在压服其他民族基础上,而只能建立在和平合作基础上。"② 理性告诉人们,法律的生命在于法律实践、法律的应用,而法治往往是法律工具性价值和目的性价值的统一制度,法治不可能是没有价值蕴含的纯粹法律规则。一定意义上说,法律的内在价值的真正实现,必须与一定历史条件下社会成员的基本价值追求相吻合,否则,就不可能获得社会成员的认可,而导致法治空心化、法律纸面化,不可能获得人们的普遍遵守。"法律生活的近代化,决不只是意味着引进近代国家的法制进行立法,而最关键的是在于把这种纸上的近代法典变为我们生

---

① 《马克思恩格斯全集》(第1卷),人民出版社1965年版,第315页。
② 参见路德维希·冯·米塞斯:《民族、国家与经济》,(Nation、State and Economy,德文版初版于1919年,1983年出版英文版)第一部分,秋风译。

活现实的事实。"①现代法治价值、权威的彰显,必须来源于人们现实生活的需求,必须与社会成员共同价值追求相吻合,否则,法治不可能获得持久生命力。"法律要合法化并得到个人的支持,就必须使发布和应用法律的机构建立在团体基本的价值观上。"②我们在对西部少数民族族群进行大量走访田野调查中也发现,在西部少数民族地区,由于民族族群传统伦理、传统习惯与国家法价值、法治理念及现代守法精神相背离的现象客观存在,使得国家法规范体系的内在理念精神及时代价值不能较好地得到西部少数民族族群人员的认同,并内化为自己的行为准则。因而,在西部少数民族族群社会生活中,一些国家法未能有效地变成族群成员自觉遵守的社会准则,在现实生活中,传统的习惯知识仍然成为族群人员调整权利义务的"活"法,从而导致国家法的"纸面化",这不得不使我们警醒!如果不改变、不突围国家法在西部少数民族族群社会内部的尴尬与困境,国家法在少数民族族群中,对社会关系的调整,人们权利义务的规制无异于画饼充饥,国家法倡导的现代法治理念,不可能在少数民族地区民众中深入人心,法治对于民间社会的治理,有的也无非只是表面的走走过场而已,于建构社会主义法治国家于事无补。因此,西部少数民族地区的法治建设,当充分认知并利用西部少数民族族群的本土资源,协调、统合国家法与西部少数民族族群传统习惯,充分发挥好民族区域自治制度,将少数民族族群长期内生的传统习惯秩序规则予以国家法治化。在尊重个体倡扬一般的思想指导下,不断归引西部少数民族族群人员树立国家法治理念,并在公平、正义的法治环境中,切实维护西部少数民族的合法权益,从而在少数民族人员中建立起普遍的法治信仰,在少数民族族群社会中建立起被人们信赖的、有效的法治社会规则秩序,使法治规则成为西部少数民族现实社会中不可缺少的生活规则。从而在法治中国化的环境中,与"大环境"社会共同进步,真正在中国实现各民族团结平等,促进西部少数民族地区的全面和谐发展。由此观之,西部少数民族传统习惯法治化问题提出并研究,实际上就是在坚持国家法制统一的前提下,秉持国家公权的主导地位,不回避西部少数民族的传统习惯现实客观存在的事实,按照现代的法治理念,对西部少数民族传统习惯规则文化进行理性包容,能动改良,在现代法治环境中共生互养互动。事实上,国家通过现代法治治理,实现国家共治,既是中国多民族统一国家治理的逻辑起点,又是最终归宿。在国家进行具体法治治理过程中,充分发挥西部少数民族地区民族区域自治的法治功能作用,以实现各民族平等、团结,共同繁荣进步的国家共治目标。

五、结　语

国家法治是人们理性认知治理国家社会的产物。国家法形式上表现为国家立法机构制定或认可的成文法。但法社会学理论告诉人们,少数民族传统习惯社会规则,对于

---

① [日]川岛武宜:《现代化与法》,王志安等译,中国政法大学出版社1996年版,第52页。
② [法]让—马克·思古德:《什么是政治的合法性?》,王雪梅译,载《外国法译评》1997年第2期。

人们行为的范导和社会关系的调整,在多民族统一中国的西部少数民族地区是现实社会生活中客观存在的事实。中国现代社会的法治建构,绝不能否认它来源于社会,来源于现实生活世界的交往结构和内在规则,这与哈耶克的"自发自生秩序"是相通的。这一洞识使我们认识到,在构建法治秩序,发挥人类理性作用的同时,不能忽略人们的经验知识,对法治秩序产生的社会根基应当充分予以重视。西部少数民族传统习惯法治化问题的提出并研究,就是在尊重少数民族传统社会内生秩序的同时,对少数民族传统习惯与国家法治的充分整合,对这些地方族内优势资源不断进行国家法元素的导引、嫁接、改造,从而形成在西部少数民族地区的特色法治规则制度。"一些体制通过利用良好传统的成果以及合并分散的力量来获得整体效果,法治是其中之一。如果我们把法治的各个方面鼓励起来甚至让它们相互对立,就会忽视甚至抵消法治的职能。法治保持其结构和一致性正是因为它联系并总结问题,并最后解决问题。"①西部少数民族传统习惯法治化过程,就是在少数民族现实社会生活中,与族群人员密切相关的各行为活动进行规制的法治基本机制的建立运行过程。在此路径过程中,国家法实现个人利益和社会利益的有机整合,达到社会主体各种价值之间的平衡与互补功能,需要归引少数民族族群人员的心智心理,自觉遵守并服从族群社会利益和个人利益的国家法调整机制。尤其是在常态的社会生活中,国家法在少数民族族群社会要获得信赖,并体现其权威性,必须坚持"公平、公正、公开"的立场,以平等地保护和促进一切正当利益作为基本价值目标,及时有效地化解矛盾纷争,解决少数民族现实生活中的具体问题,使族群人员看到国家法是既尊重本民族族群传统,又能切实保护自己现实合法利益的规则,离自己并不远,就在自己身边,进而使国家法治得以在西部少数民族族群中落地生根,开花结果。

总之,建构西部少数民族传统习惯法治化体系,其目的是通过其调整族群人员的权利义务,解决不同民族族群现实生活中存在的问题,充分发挥法治在西部少数民族族群中的功能和价值,实现民族族群社会关系、人们行为的国家法治理模式。在市场经济的环境中,人们权利意识的觉醒,利益主体多元化格局的形成,少数民族族群合法利益的切实有效保护,仅仅依靠传统习惯进行规制和调整,已经不能在开放的市场经济条件下满足族群社会发展要求,客观上也需要国家法及其特殊法律的调整。"多元利益的冲突、竞争、妥协、共存的全部过程都需要规则,并要达到规则的至上性。"②事实上,人们理性建构并被人们广泛尊崇的公正法律制度,当是现代社会调整社会关系的至上性规则。通过至上性规则调整人们之间的权利义务,可以避免族群治理中的人情困扰,变人情伦理的贤人治理为法治智性规则的理性治理,通过对西部少数民族传统习惯法治化的归导及其运作,在良法及人人遵守法律的法治环境中,实现调整和平衡社会多元利益的功能。

---

① [德]约瑟夫·夏辛、容敏德合编著:《法治》,法律出版社2005年版,第22页。
② 叶传星:《利益多元化与法治秩序》,载《法律科学》1997年第3期。

中国古代相邻关系民间调整机制研究

周立胜[*]

(扬州大学法学院 江苏 扬州 225009)

摘要:中国古代相邻关系包括田之相邻关系与宅舍相邻关系。对于田之相邻关系,中国古代社会采用包括"(用水)下游先用、灌溉优先、先稻后陆"原则、设置共享通道等加以调整。对于宅舍相邻关系,不仅有共享道路与共享水井或水道之规范,更有以"风水"观与"邻伍"制度规制的特色调整模式。中国古代相邻关系的这种调整机制,以天人合一观为其形而上基础,以公共化、集体本位为其主要特征,它对我国当下相邻关系之相邻权调整模式具有优化作用。

关键词:天人合一观;民间法;相邻关系

我国学界对中国古代相邻制度之研究,其效果不佳。大多数研究结果只有寥寥数语,且史料不够充分。也有学者认为"至于私有土地、房屋的相邻关系,从现存的史料来看,古代法律似乎对此并无明确规定。主要依靠民间习惯调节,而发生纠纷也只能根据当地习惯来处理"[①]。笔者认为,我们对中国古代相邻制度之研究存在研究进路性误区:以现代西方相邻权制度为范型寻找中国古代社会中的相邻权。由于中国古代社会不以权利为导向,权利匮乏现象也存在于相邻关系及其制度中。如果仍以西方之相邻权制度为范型,则中国古代的相邻制度就显得极不规范。然而,中国古代之相邻制度与西方存在巨大差异,不能因找不到相邻权之法律就认定中国古代相邻关系缺少法律制度。试想,具有悠久文明之中国古代社会,对相邻关系这一日常生活极为重要之事能没有较为完备的制度?!其实,中国古代对相邻关系之调控采用了集体本位的制度模式,其可分为田与宅之相邻关系两个方面。从田之相邻关系来看,我国古代看重其农耕使用,故田之相邻关系主要包括通行与灌溉两个方面。而就宅之相邻关系来说,则较为复杂,不仅有通行、用水等问题,还有风水问题。

---

[*]【作者简介】周立胜,男(1968—),汉族,江苏沭阳县人,法学博士,扬州大学法学院副教授,从事比较法律文化与国际法研究。

① 郭建:《中国财产法史稿》,中国政法大学出版社2004年版,第62页。

一、中国古代相邻关系调整机制之形而上基础——天人合一观

(一)天人合一观

"天人观"是中国传统文化的范畴,它较为详尽地探讨了"物我关系",它介于"宇宙观"与"伦理观"之间;中国传统文化中的"天人观"以"天人合一"为内核,为其他基本文化观念、理论、思想与制度提供形而上基础。据学者考证,"在中国思想史、哲学史上,第一个明确提出'天人合一'之命题的是北宋著名的思想家张载"①。但作为一种观念或思想,天人合一观却自中国之远古神话时代就已产生,并贯穿于整个传统中国社会:从三皇五帝之神话传说,到夏商周之"卜"、"筮"、"易",直至春秋以降之"五行"、"道"、"中庸"及儒家后续之学,天人合一观从具体到抽象、从宗教到哲学,历经了"神—巫—史"之演化过程,②以不断发展之形式贯穿于中华传统文化之始终,构成中国传统文化之魂。天人合一观深刻影响着中国的传统文化,有的学者称其为"中华元价值",③在中国传统文化中具有崇高地位。

关于中国传统文化中的天人合一观之内容,张岱年先生认为:"有二意谓:一天人本来合一,二天人应归合一。天人关系论中之所谓天人合一,乃谓天人本来合一。关于天人本来合一,有二说:一天人相通,二天人相类。所谓天人相通,……其意义可分为两层。第一层意义,是认为天与人不是相对待之二物而乃一息息相通之整体,其间实无判隔。第二层意义,是认为天是人伦道德之本原,人伦道德原出于天。……天人相类之意义,亦可析为两方面。一,天人形体相类……二,天人性质相类。"④也有人认为,"综观中国文化的演变,在天人合一的文化精神中,包含有以下几个方面的内容:其一,人与自然有共同的本原……其二,自然运行的规律,体现着人类社会发展的规律……其三,人类社会要从自然规律中探求出个体修养的意义,使个体修养符合天道……其四,人类社会的一切活动均应顺应自然……"⑤。对天人合一观之内容的不同立论还有很多,用语上也多有差异,但实质上多有相同之处,大多超出不了"天人相通"、"天人相类"、"天人相依"、"天人相生"、"天人相胜"五个方面。

天人合一观最初含义就是天人相通,它包括天与人之间具象的相通与无相的相通。

---

① 姜义华:《中华文化读本》,上海人民出版社 2004 年版,第 81 页。
② 参见杨向奎:《宗周社会与礼乐文明》,人民出版社 1992 年版,第 336~357 页。
③ 参见杨向奎:《宗周社会与礼乐文明》,人民出版社 1992 年版,第 336~357 页。
④ 张岱年:《中国哲学大纲》,中国社会科学出版社 1994 年版,第 181~182 页。
⑤ 王样云:《中西方传统文化比较》,河南人民出版社 2005 年版,第 65 页。另可参见冯禹:《"天"与"人"——中国历史上的天人关系》,重庆出版社 1990 年版,第 238 页;姜义华:《中华文化读本》,上海人民出版社 2004 年版,第 88~89 页。

如《尚书》中所说的"天乃大命文王殪戎殷,诞受厥命越厥邦厥民"①,孟子所说的"尽其心者,知其性也;知其性,则知天矣"②等,是之谓也。天人相类也可以从有相与无相两个方面认识,董仲舒之"人副天数"与王船山的"天与人异形离质,而所继者惟道也"③说为其典型表达。天人相依,在汉代以前之天人合一观中以唯物的面貌出现,而在宋以后又出现了唯心论的表现方式。如"绝天地通"之前的神人杂糅与宋人程明道的"天由心生"等。天人相生、相胜,是指天与人,各有所长,各为能动,各司其职。所以,荀子曰:"天行有常,不为尧存,不为桀亡。向之以治则吉,应之以乱则凶。"④

(二)天人合一观与中国古代相邻关系调整机制

天人合一观强调天人相通、天人相类、天人感应、天人相依、天人相胜,天与人组成一个同一性整体。在这个同一性整体中,天与人不可分,否则整体不复存在,整体利益受到非常之注重。作为深层文化现象与基本观念之天人合一观,这种"同一"性必然反映到其他文化现象中去。人们不但用这种"同一"范式对待天人关系,也用同样的范式观察或看待物与物之关系、人与人之关系。在中国传统文化中,天人观之"同一"性特点,致使人们把物与物、人与人、人与物都看成具有"同一"性,即"万物同理"。从而,形成了传统中国的大一统、集体本位观念,也导致了个人主体观念的缺失。同时,这种天人观中的"同一"所包含的等级秩序,也作为范型体现在人们对待"物物关系"与"人人关系"上。于是,在中国的传统文化中,人之长幼之间、亲子之间、官民之间、男女之间、种族之间、姓氏之间,无不存在这种等级秩序;物之山水、南北、赤玄、天地、草木、鸡犬之间也都有尊卑等级;甚至在石头与石头之间都要分出个贵贱之别来。

对于中国古代相邻关系的调整机制来讲,天人合一观通过中国古代财物观而显示其形而上的力量。天人合一观强调天人之间、物我之间共同组成一个等级性整体。在这个整体中,人与物之关系为"一"之关系,故不存在人对物的拥有、控制或驾驭关系,从而决定了中国古代财物观中不可能存在所有权性质之财产观。在这个整体中,天人合一观强调整体秩序、整体利益,人与天都在这个整体中具有一定的职能,都应为维护整体之秩序与利益而存在并发挥作用,所谓人尽其才、物尽其用。其中,由于天人感应,要发挥物的作用,必须与人结合,即人占有物;而由于强调整体,则这种人对物之占有必然表现为集体占有。又由于这一整体之等级性,决定了集体占有之等级性。由于占有物是为了整体秩序与利益而发挥物的作用,这就决定了中国古代财物观对待物之态度必然为合目的的正当使用,并且,这种使用不只是权利性的而是带有义务导向性的。中国古代的这种财物观,对文化表层之包括相邻关系调整机制在内的古代财产制度具有决定意义。正是因

---

① 《尚书·召诰》。
② 《孟子·尽心》。
③ 《尚书引义》。
④ 《荀子·天论》。

为以天人合一观为基础的中国古代财物观以集体为本位,强调天人合一之整体利益、注重物之整体使用效果,中国古代相邻关系调整机制才表现出下文所述的公共化、集体本位特征。

二、中国古代相邻关系调整机制之内容

(一)中国古代"田"之相邻关系的调整机制

从已有史料来看,中国古代关于田之相邻制度基本上较为清楚,其不但有相关官方法律规范,而且有其民间习惯做法。在田之灌溉及用水方面,相邻各方之处理原则为下游先用、灌溉优先、先稻后陆。《唐六典》中有云:"凡水有溉灌者,碾不得与争其利;(自季夏及于仲春,皆闭斗门,有余乃得听用之。)溉灌者又不得浸人庐舍,坏人坟隧。仲春乃命通沟渎,立堤防,孟冬而毕。若秋、夏霖潦,泛溢冲坏者,则不待其时而修葺。凡用水自下始。"①《宋庆元河渠令》:"诸以水溉田,皆从下始,仍先稻后陆。若渠堰应修者,先役用水之家。其碾之类壅水,于公私有害者除之。"②宋仁宗明道元年(1032)十一月下诏"禁民近塘置水碓硙及于陂腹种、其盗决者论如律"。熙宁六年(1073)五月戊申神宗下诏:"创水硙碾有妨灌溉民田者,以违制论,不以去官赦降原减,官司容纵亦如之。"微宗宣和三年(1121)二月一诏令说:"越州鉴湖、明州广德湖、自措置为田,下流湮塞,有妨灌溉,致失陷常赋。又请佃人多是亲朋权势之家,广占顷亩,公肆请求,两州被害民户例多流徙。"遂派人清除。同年十月二日下诏:"江东新置圩田,如上流兴筑闭塞水源,致向下民田无以灌溉,或雍遏友泄,使邻近者反被水患。令所属监司按视改正。"③

关于田之通行,中国古代采用设置共享通道之做法,田旁有道(大道),田中有阡陌田埂。现举二民间田契以说明之:

1. 唐大中六年(852)僧张月光博地契

[宜][秋][平]都南枝渠上界舍地壹畦壹亩,并墙及井水,门前[道][张][月][光]张日兴两家合同共出入,至大道。{东至张日兴舍半分,西至僧张法原园及智通园道,南至张法原及东道井南墙,北至张日兴园围道、智通舍东},又园地叁畦共肆亩。{东至张日兴园,西至张达子道,南至张法原园及并智通园道法原园墙下开四尺道,从智通舍至智通园,与智通往来出入为主已,其法原园东墙智通舍西墙,法原不许讫悔。北至何荣,又僧法原园与东无地分井水共享,园门与西车道分,同出入,至大道。又南枝下界地一传布叁畦共贰拾亩,{东至刘黑子及张和子,西至氾荣子南至渠及周兴子,北至}。以上园舍及车道井水共计,并田地贰拾伍亩。大中年壬申

---

① 《唐六典》(卷七·尚书工部)。
② [日]仁井田升:《唐令拾遗》,栗劲等编译,长春出版社1989年版,第786页。
③ 张晋藩:《中国民法通史》,福建人民出版社2003年版,第471页。

十月廿七日,官有处分,许回博田地,各取惠便。僧张月光子父将上件宜秋平都南枝渠园舍地道池井水计贰拾伍亩,博僧吕智通孟授葱同渠地伍畦共拾壹亩两段。{东至闻家及子渠,西至闻咄儿及(占走)女道,南至子渠及张文秀,北至闻家}。又一段{东至闻家及麻黄,西至张文寿,南至瓮,北到闻家}。壹博已后,各自收地,入官措案为定,永为主巳。又月光园内有大小树子少多,园墙壁与井水闲道功直解出卖与僧吕智通……①

2. 天复九年己巳(909年)洪润乡百姓安力子卖地契和渠地壹段两畦共五亩,东至唐荣德,西至道4温子,南至唐荣德及道,北至子渠兼及道。又地壹段两畦共贰亩,东至吴通通,西至安力子,南至子渠及道,北至吴通通。已上计地肆畦共柒亩。曰天复九年巳巳岁十月七日,洪闰乡百姓安力子及男……②

这两份地契皆为村间田地交易之凭据,其中都有"道"与田之关系记载,说明当时田与道同在,不但重视田,还重视田之通行。道之使用方面,即田之通行方面,采用的是"同出入"之规则,说明田与田之间、田上之宅之间都有共享通道。下文所引之《唐律疏议》疏条说明,对这些田间通道,法律给予严格保护。

(二)中国古代"宅舍"相邻关系的调整机制

由于宅舍集中了人之日常生活,其相邻关系更为复杂。从中国古代法令中有很多关于宅舍通行与用水之内容。从这些法令来看,中国古代宅舍之通行与用水也基本上采用共享道路与共享水井或水道之调整模式。关于宅舍共享道路与水道之规制,《唐律疏议》③中有:"诸侵巷、街、阡、陌者,杖七十。若种植、垦食者,笞五十。各令复故。虽种植,无所妨废者,不坐。《疏》议曰:'侵巷、街、阡、陌',谓公行之所,若许私侵,便有所废,故杖七十。'若种植垦食',谓于巷、街、阡、陌种物及垦食者笞五十,各令依旧。若巷、陌宽闲,虽有种植,无所妨废者,不坐。其穿垣,出秽污者,杖六十;出水者,勿论。主司不禁,与同罪。"④同样出于调整这些相邻关系之需要,宋天圣二年(1024)六月仁宗下诏令开封府立榜告示京师百姓:居民不得于街道通行之处起造建筑物,违者"限一岁依元立表木毁拆";天圣四年(1026)七月,开封府建议"新旧城为沟一河中凡二百五十三,恐闾巷居人弃灰坏咽流,请责史逻巡察其慢者",得到皇帝肯认。南宋《庆元条法事类》专条规定:"诸丧葬之家不得于街衢设祭及用乐。"⑤

关于中国古代宅舍之通行与用水问题,上述法令之内容在一些民间宅契中有所反映。现举二例:

---

① 沙知:《敦煌契约文书辑校》,江苏古籍出版社1998年版,第4页。
② 沙知:《敦煌契约文书辑校》,江苏古籍出版社1998年版,第19页。
③ 中国古代相邻关系主要由民间法调整,本文以《唐律疏议》为例,决非因其为古代相邻关系法典或成文法或制定法,而是从其所提供的古代社会的相关概念、观念、规范线索出发寻找古代社会之相邻关系调整机制。
④ 《唐律疏议》(杂律十六 侵巷街阡陌)。
⑤ 张晋藩:《中国民法通史》,福建人民出版社2003年版,第472页。

1. 后唐清泰三年(936)百姓杨忽律哺卖舍契

修文坊巷西壁上舍壹所,内堂西头壹片,东西并基壹仗(丈)伍寸,南北并基壹仗(丈)伍尺,{东至杨万子,西至张欺忠,南至邓坡山,北至薛安住},又院洛(落)地壹条,东西壹仗(丈)肆尺,南北并基伍尺,东至井道,西至邓坡山,南至坡山及万子,北至薛安升及万子。又井道四家停支出入,不许隔截。时清泰三年丙申岁十一月廿三日,百姓杨忽律哺为手头缺乏,今将父祖口分舍出卖与弟薛安子弟富子二人。断作舍价,每地一尺,断物壹斗贰升。兼屋木并(木伏),都计得物叁拾叁斗柒(豆斗)。其舍及物当日交相分付讫,更无玄(悬)欠,向后或有别人识认者,一仰忽律哺祇当。中间如遇恩敕大赦流行,亦不许论理。两共对面平章,准法不许休悔。如先悔者,罚青麦拾伍驮,充入不悔人,恐人无信,立此文书,用为后凭。内主兼字

出卖舍主	杨忽律哺	左头指	出卖舍主母	阿张	右中指
同院人	邓坡山(押)	同院人		薛安(日升)(押)	
见人	薛安胜(押)	见人		薛安住(押)	
见人押衙	邓万延(押)	邻见人		高什德	
邻见人	张威贤(知)	邻见人兵马使		邓兴后(押)①	

2. 唐干宁四年(897年)平康乡百姓张义全卖舍契

永宁坊巷东壁上舍内东房子壹口并屋木,东西一丈叁尺五寸基,南北贰丈贰尺五寸并基,{东至张加闰,西至张义全,南至4文君,北至吴支支},又房门外院落地并檐进柱,东西肆尺,南北一丈一尺叁寸。又门地道,南北二尺,东西三丈六尺五寸,其大门道三家共合出入。从干宁四年丁巳岁正月二十九日……②

这两个宅契中,都有"井道"、"门道"之约定,交易宅舍时同时将其通行等事宜交代清楚,可见对相邻关系之重视。对通行道路,二契中有"四家停支出入,不许隔截"、"三家共合出入"之说,并有众邻人之签字画押,说明斯时之共享通行道路之制度设计。

至于相邻宅舍之采光、通风等问题,据笔者目力所及,少有史料提及,现代学者们也都少有研究。但不能就此得出中国古代社会不注重这些相邻关系,也不能得出中国古代缺少这方面的相邻制度。从保存下来的古代民间街坊建筑群体来看,古代人们对此非常讲究。笔者认为,史料中对采光、通风等相邻关系之漠视,实乃因为这些方面之相邻制度已成为当时人们之一般常识而无须特别叙述。因为中国传统文化中之"风水"观念已包含了所有关于相邻房屋之间的关系调整规则,而来自于阴阳五行论之"风水",被誉为"堪舆"之学,可谓中国古代民间生活的最重要观念之一。现仅举一例以证明风水观在古代生活中之作用:"贞观十二年正月二十二日,松、丛二州地震,坏人庐舍。二十年九月十五日,灵州地震,有声如雷。二十三年八月一日,晋州地震,坏人庐舍,压死者五十馀人。三日,又震。十一月五日,又震。永徽元年四月一日,又震。六月十二日,又震。高宗顾谓

---

① 沙知:《敦煌契约文书辑校》,江苏古籍出版社1998年版,第23页。
② 沙知:《敦煌契约文书辑校》,江苏古籍出版社1998年版,第10页。

侍臣曰：'朕政教不明，使晋州之地，屡有震动。'侍中张行成曰：'天，阳也；地，阴也。阳，君象；阴，臣象。君宜转动，臣宜安静。今晋州地震，弥旬不休，臣将恐女谒用事，大臣阴谋。且晋州，陛下本封，今地屡震，尤彰其应。伏愿深思远虑，以杜其萌。'帝深然之。开元二十二年二月十八日，秦州地震。先是，秦州百姓闻州西北地下殷殷有声，俄而地震，坏廨宇及居人庐舍数千间，地拆而复合，震经时不定，压死百馀人。玄宗令右丞相萧嵩致祭山川，又遣仓部员外郎韦伯阳往宣慰，存恤所损之家。"① 朝廷大事尚且如此，更何况民间宅舍相邻小事！

另外，我国古代之相邻制度还受到自古即有之"邻伍"制度的影响。关于我国古代之"邻伍"制度，从周朝起一直存在到传统社会之灭亡。《周礼》中就有："令五家为比，使之相保……比长，各掌其比之治。五家相爱相和亲，有辠奇邪，则相及。"② 唐代法令中也有："诸户以百户为里，五里为乡，四家为邻，五家为保。每里置正一人（若山谷阻险、地远人稀之处，听随便量置），掌按比户口，课植农桑，检察非违，催驱赋役。在邑居者为坊，别置正一人，掌坊门管钥，督察奸非，并免其课役。在田野者为村，村别置村正一人，其村满百家增置一人，掌同坊正。其村居如不满十家者，隶入大村，不得别置村正。"③ 从这些规定来看，邻伍制度反映在相邻关系上，至少有三点内容：第一，相邻田宅人物组成一个整体，不但利益相关且责害相及；第二，相邻田宅人物之关系处分原则为"相爱相和亲"；第三，相邻田宅人物之关系有强力之官本位权力控制，类似于设置了一个决定相邻关系内容之程序。由于中国古代社会之邻伍关系实际上就是主要之相邻关系，故邻伍制度是构成中国古代财产相邻制度之重要内容。

三、中国古代相邻关系调整机制之公共化特征及其现实意义

（一）中国古代相邻关系调整机制的公共化特征

中国古代相邻关系调整机制的公共化特征，通过比较西方古代的相邻关系调整机制，能得到更加明白的说明。

在西方社会中，关于土地、房屋间之相邻关系古罗马法将其归入他物权，中世纪中后期开始称其为相邻权，现代民法沿用之。其调整机制，西方古代社会显现出私人化的制度设计。在《民法大全》时代，对私人财产之公共权力限制尚不多见，不动产之相邻关系主要由地役权制度调整。《民法大全》以乡村地役权调整土地之间的相邻关系，即需役地所有人在供役地上享有通行、驾驱、过道导水等权利，"乡村不动产的地役权指 iter（通行）、actus（驾驱）、via（过道）和 aquae ductus（导水）等。iter 是人走过或通行而不是驱兽

---

① 《旧唐书》（志第十七·五行）。
② 《周礼》（地官司徒）。
③ [日]仁井田升：《唐令拾遗》，栗劲等编译，长春出版社1989年版，第124页。

或驾车通行的权利。actus 是驱兽或驾车通行的权利。因此,享有通行权利不一定享有驾驱通行权,享有驾驱通行权的同时就享有通行权,因为它可以不带牲畜行使这一权利。via 是走过、驱兽或驾车通行和步行走过的权利,它包括通行权和驾驱通行权在内。aquae duvtus 是引导水流经过他人土地的权利"①。《民法大全》又以城市地役权调整建筑物相邻关系,即"邻人一方承负邻人他方房屋的负重;邻人他方有权将其房屋的横梁架在邻人一方房屋的墙上;某人应承受或不承受从邻屋滴落或流到自己建筑物或庭院的水;或他不得加高其建筑物以阻挡邻屋的光线邻人一方承负邻人他方房屋的负重"②。地役权既是需役物所有人之个人权利,又是对供役物所有人之个人财产所有权之限制,其设立既可通过个人间之契约又可通过个人之遗嘱方式,因而,其私人化调整倾向突出。中世纪中后期,西方社会已形成了现代相邻权制度的框架,其对相邻关系的调整之私人化选择予以延续至今,其内容已为常识,本文在此不再赘述。

与西方古代社会不同,中国古代财产法对田宅间之相邻关系则采用了诸如设阡置陌之类的预留公共通道等集体性方法加以调整,"相邻的地头互留二三尺;低田无上埂,其埂为高田所有,两田相平,埂共行,备留通道,不准损伤其埂;宅基处胡同以内,胡向虽属别人所有,得准出入"③。对于这些公共通道,从前文所引之《唐律疏议》之疏条"《疏》议曰:'侵巷、街、阡、陌',谓公行之所,若许私侵,便有所废,故杖七十。'若种植垦食',谓于巷、街、阡、陌种物及垦食者笞五十,各令依旧。若巷、陌宽闲,虽有种植,无所妨废者,不坐。其穿垣,出秽污者,杖六十;出水者,勿论。主司不禁、与同罪"来看,国家法律对其给予了强力保护。这种通过设置共享信道等方式调整不动产相邻关系之模式,实为站在社会整体利益之高度,以公权力干预相邻关系之选择,其集体本位倾向非常明显。

(二)中国古代相邻关系调整机制公共化特点之现实意义

首先,我国古代相邻关系调整机制的公共化特点在当今的相邻关系中仍然忽隐忽现地存在,为现实相邻关系的规制带来各种麻烦。我国目前的相邻关系由已建立现代相邻权制度加以调整,而我国的相邻权制度则由通过种种途径模仿、吸收西方相邻权立法而来。在吸收、引进西方的相邻权制度时,我们很好地引进了其规范,但有两样东西并未引进:土地私有制与天人二分观。前者为相邻权的财产制度基础,后者则为其形而上基础。其实,这二者构成西方相邻权制度的文化传统。这就存在着作为我国深层传统文化的天人合一观、财产观与作为表层文化的西方相邻权制度能否协调、如何协调的问题。

如果把传统文化比作由文化细胞组成的组织体的话,则各个细胞所携带之共同信息——即细胞核——则为天人观。所以说,可以称天人观为传统文化之内核。作为传统文化内核之天人观,只要给予它足够的文化营养,它就会像"细胞"分裂一样,产生更多的

---

① [古罗马]查士丁尼:《法学总论——法学阶梯》,张企泰译,商务印书馆1997年版,第60页。
② [古罗马]查士丁尼:《法学总论——法学阶梯》,张企泰译,商务印书馆1997年版,第60页。
③ 张晋藩:《中国民法通史》,福建人民出版社2003年版,第330页。

文化细胞并组合而成各种新旧文化现象。然而,一个不可回避的问题摆在我们面前,在近现社会之科技条件下,西方传统文化取得了对中国传统文化的压倒性优势;于是,我们学习西方,引进西方文化,仿制西方制度,接受西方理论,传播西方思想。这些西方的文化现象能否成为天人合一观的文化营养从而创造出深层文化与表层制度相一致的相邻关系调整机制?

从我国相邻权制度的存在状态来看,其至少存在三个方面的问题。第一,我国的相邻权制度不纯粹。因为我国在引进这一制度时并未将其制度基础——土地私有——引进过来,这就使相邻权制度的社会功能——最大限制地实现财产私有权——大打折扣;相应的,相邻权的权能范围也大大缩小,因为人们只关心对相邻财产的使用相关的权能而不关系其他权能。第二,现存相邻权制度与我国实有的相邻关系的调整需要之间存在错位现象。最为突出的错位在于对我国民间存在的、地位重要的风水保护需求没有涵盖周全,而对通行权能的设置却又显得多有冗余。第三,相邻权制度的实施效果不理想。相邻权制度在西方就如我国古代风水调整一样,确实能起到融洽邻里关系、增加信任度、促进凝聚力的作用。但是,从相邻权在我国的实施效果来看,却出现了邻里隔漠、信任降低、分心离德的情况。这种情况产生的原因固然很多,但没有土地所有权的相邻权使人们只关心其使用权能,抑制其所有权能,租客心理普遍存在,不利于形成稳定、和谐的邻里环境。

其次,借鉴我国古代相邻关系调整机制的公共化特性,优化我国现有相邻权制度。在相邻土地关系中,其通行、用水等事项采用公共化的调整机制,如由政府设立公共通道等,再采用某种可行的管理模式,将本来因相邻关系而易产生纠纷的问题交由公权力管理,抑制矛盾的产生。同时,这种公共化的相邻关系调整机制还有利于我国当前存在的房屋征收乱象的解决。一方面,这种公共化机制已保证了公共通道等基本公共需要,则因公共通行等需要新修或改造的征收就不需要再动干戈,其难度必然减小。另一方面,有利区分公共征收与商业征收,只需评判某一征收是否可纳入这种公共调整机制即可。

公共化的相邻关系调整机制,其对当前住宅相邻权的借鉴意义更为重要。由于我国目前的物业管理具有强制性,即必须有物业企业或业主委员会自己管理物业,因此,在这种管理模式中,业主的相邻权也就有意无意地转到了物业管理者的手中。如果相邻关系出现问题,业主自己却处理不了,物业管理者又不会尽心去处理。从目前状况来看,即使相邻关系出现了问题,或相邻权受到侵犯,业主的利益诉求往往处于抑制状态。自己的财产却一定要有一个管自己的物业管理机构来做主,这本身就比较奇怪,也是对包括相邻权在内的财产权利的不必要限制,看起来是公共化考虑,实则为行业性私利所驱。如果对相邻关系之客体要素进行公共化设置,即设立由政府主导的通行、采光等相邻要素,房子周围的事项都由政府来管,业主照章交纳税、费即可。虽然如此行事的效率问题尚有争论,但政府的权威性无疑要远远高于营利性的物业管理企业。如此,则不但解决了物业管理者与业主的矛盾,还由于业主之间没有直接的利益冲突而容易和睦相处,形成和谐的社会环境。

适应与改造：
论习惯法在调解中的适用空间*

邵 华**

（中南大学法学院　湖南　长沙　410083）

摘要：人民调解法开宗明义，规定了调解民间纠纷的基本原则，较之从前的制度安排，国家似乎在加强对这一领域的宏观控制，那么经过调整后习惯法是否仍然有适用空间呢？这个问题的解释，以中国基层土地纠纷中出嫁女权益的保护为窗口，有可能会看得比较明显。现实中，我们会发现唯有国家法的认可，没有共同体对法律的承认，出嫁女的权益实现并不容易。在某些纠纷解决领域，强制性要求各种规则的统一并不利于社会秩序的维护，习惯法的适用空间只有从这个角度来考量，才会发现其存在的真正价值。

关键词：土地纠纷；习惯法；人民调解

一、问　题

在矛盾多发和矛盾多样的社会转型背景下，我们对纠纷解决的概念强调"案结事了"。也就是说，单纯按照法律判明了是非曲直，如果当事人不满意，还是没有达到期待中的社会效果。只有当事人心服口服，不再到处上访找麻烦，纠纷才算是真正解决了。在这种纠纷解决观念面前，"僵硬"的依法办事有时候是值得商榷的。由是，可以做到耐心细致的调解方式受到青睐，进而形成"大调解"[①]的纠纷解决体系，成为提高社会管理效能和"案结事了"的标志。[②]

在大调解的体系中，人民调解（民间调解）的存在是金字塔的基石，从数量上看，它化

---

* 本文系湖南省社科基金项目《基层调解运行实证研究》（项目号2010YBB329）和中南大学自由探索资助项目《以当事人需求为导向的纠纷解决机制研究》的阶段性成果。

** 【作者简介】邵华，女，法学博士，中南大学法学院副教授。

① 对大调解概念的分析，可参见章武生：《论我国大调解机制的建立——兼析大调解与ADR的关系》，载《法商研究》2007年第6期，第111页。

② 2011年4月，中央社会治安综合治理委员会、最高人民法院、最高人民检察院等16个部门联合发布《关于深入推进矛盾纠纷解决大调解工作的指导意见》，提出建立"党委领导、政府负责、社会协同、公众参与"的社会管理格局，旨在通过统筹兼顾、联动协调、构建以人民调解为基础、诉讼调解为主导、行政调解为补充、司法审判与检察监督为保障的多元化矛盾纠纷解决机制。

解了大部分的民间纠纷。① 在2011年《中华人民共和国人民调解法》(以下简称"人民调解法")施行以前,人民调解多数以村委会调解或者村镇政府(实质多数是当地司法所)调解的面貌出现,②其调解规范并没有具体的实在法依据。但无论如何,不得违背法律禁止性规定肯定是司法员出面进行调解的一个底线。③ 但是,调解既然被称为"在法律阴影下谈判",至少从某个侧面说明它在解决纠纷时部分牺牲了法律对社会的刚性约束。④ 现在,人民调解法在第三条开宗明义:"人民调解委员会调解民间纠纷,应当遵循下列原则:……(二)不违背法律、法规和国家政策。"其中并没有"禁止性规定"的宾语,那么,在"依法调解"和"不违背法律、法规和国家政策"之间是否仍然有习惯法的适用空间?人民调解是否会因此失去曾经的灵活性?让我们看看2011年3月最高人民法院在人民调解法正式施行之后颁布的《最高人民法院关于人民调解协议司法确认程序的若干规定》第7条:"具有下列情形之一的,人民法院不予确认调解协议效力:(一)违反法律、行政法规强制性规定的……"这个表述与人民调解法的规定有一定出入,从语义上理解,在强制性方面似乎比人民调解法对调解协议适法的要求还低。如果再回溯到2009年最高人民法院颁布的《最高人民法院关于建立健全诉讼与非诉讼相衔接的矛盾纠纷解决机制的若干意见》第17项:"有关组织调解案件时,在不违反法律、行政法规强制性规定的前提下,可以参考行业惯例、村规民约、社区公约和当地善良风俗等行为规范,引导当事人达成调解协议。"我们可能会觉得更加无所适从,因为这个标准明确了只要不违反强制性规定,其他可以由当事人意思自治决定。而且,这个标准中间也没有"国家政策"的要求,我们知道,政策的特点是灵活多变,与法律未必总是契合。或者有人会提到,司法解释的效力肯定要低于法律,应该以人民调解法为准。但是,我们知道2012年民诉法修订后新增了对调解协议的司法确认程序,意味着法院的看法对人民调解将有更实际的影响。在这种矛盾下,人民调解法所要求遵循的基本原则是否还有存在的现实合理性呢?或者将因为立法时考虑不周,而永远成为具文呢?

其实,不论立法最终如何表述,都说明人民调解的法律适用空间是一个值得认真考虑的问题。人民调解,作为我国多元化纠纷解决机制发展进入到一个新阶段的标志,⑤与其他各种纠纷解决机制联系紧密,法律适用的正确与否,牵涉到人民调解协议的效力,人民法院司法确认程序的适用以及人民调解这种解纷方式的发展前途,人民调解到底应该在什么样的程度上遵守"合法"的要求,习惯法在人民调解过程中有怎样的适用限度?或

---

① 我国已有80多万个人民调解组织和500万人民调解员,每年调解的民间纠纷达七八百万件。参见:法制网,http://www.legaldaily.com.cn/index_article/content/2011-07/19/content_2799939.htm? node=5958.
② 我们在基层调查的过程中,发现司法所与乡镇政府办公的地方往往有一块"××镇(乡)人民调解委员会"的招牌。
③ 之所以得出这个结论是因为2004年最高人民法院颁布的《最高人民法院关于人民法院民事调解工作若干问题的规定》第12条:调解协议具有下列情形之一的,人民法院不予确认:……(四)违反法律、行政法规禁止性规定的。
④ 例如,黄宗智在对清代民间细事纠纷解决过程的研究中认为"县官的意见依循朝廷律例,民间调解则以息事和妥协为目标"。参见梁治平:《清代习惯法:社会与国家》引言,中国政法大学出版社1996年版,第10~11页。
⑤ 参见范愉:《〈中华人民共和国人民调解法〉评析》,载《法学家》2011年第2期。

许我们可以透过基层土地纠纷中出嫁女权益的纠纷解决来分析和理解这个问题。

二、土地纠纷中出嫁女权益保护与习惯法之争

习惯法是这样一种知识传统：它生自民间，出于习惯，乃由乡民长时期生活、劳作、交往和利益冲突中显现，因而具有地方性和丰富的地方色彩。① 习惯法不但意味着历史，也意味着当下。它可能与国家法的理念保持一致，也可能完全相反，这取决于国家法在何种程度上尊重并顺应社会自发的要求。从法律文本方面看，国家法是公民权利确定的核心要素，但在实践中并非完全如此。否则，我们该如何理解"上有政策，下有对策"的民谚？这说明，国家权威只是公民法律权利享有或变化的因素之一，不是全部。那种把国家放在规则确定的唯一重要的位置上的看法，忽略了对法律的社会承认问题，是极不适当的。例如，当年小岗村十八户村民的"聚义"就是对当时国家法的一种反叛，不仅象征着"人民"通过自我政治立法实现解放，而且意味着"人民"听从自然之法，即一种表征信义与公义的应然人间秩序的召唤。按照"习惯法"的规约和程序，毅然决然地实现了对于人定之法的否定。② 可见，对法律的社会承认是一个非常重要的问题，它有很强的地域色彩，这也刚好印证了吉尔兹关于所有知识都是地方性知识的论证。在某项法律得不到社会承认的情形下，该法律可能就形同虚设，或者难逃被规避的命运。

在中国农村社会目前有可能引起激烈社会矛盾的纠纷中，土地争议无疑是最重要的一种。在这些土地争议中，出嫁女的土地权益保护，主要围绕征地补偿费、安置补助费、集体经济收益分配被侵犯的问题，在全国是一个普遍现象。在官方看来，导致出嫁女土地权益被侵犯的主要原因是基层社会对男女平权的不认可。村民们往往以某些法律认可的自治为理由，以村规民约为依据来对抗男女平权。③ 多地即以村规约定女儿出嫁后，即使户口留在本地，也不得再享有本村的集体承包土地，自然也无权分得土地补偿款。

女儿出嫁之后，不再享有出生成长地的土地权益，"重男轻女"毫无疑问是其中重要的理念因素，另一方面则与农村的社会现实状况有关。因为即使在国家政权建设已经深入农村60年之后的今天，农村各项公共福利建设方式依然不那么现代化。例如，水利设施的修缮，村级道路的修建都得依靠村组集体的力量进行建设，出嫁女在其中一般没有出力或者出力甚少。加上农村仍然主要延续家庭养老模式，由男性继承人继承家庭财产以及承包地并承担赡养父母的责任，女性无继承权也无赡养义务。这样的社会现实更加固化了"重男轻女"的思想。由是导致多地不认可出嫁女的土地权益，这种习惯法可以看成是自然法理念下形成的"权利义务对等"，是社会的自然选择，这也是为什么村规民约

---

① 梁治平：《清代习惯法：社会与国家》，中国政法大学出版社1996年版，第27～28页。
② 许章润：《习惯法的当下中国意义》，载《读书》2009年第10期。
③ 例如，《农村土地承包法》第18条第3款就要求土地承包分配方案必须村民小组三分之二的多数同意才能确定，体现自治。

会视女儿出嫁之后无权享有土地承包或征用权益为理所当然。

但国家法律并没有放弃男女平权的努力,这实在是现代化不可或缺的重要表征,国家一直在试图修正这种习惯法,因此出嫁女土地权益保护一直受到高度重视。例如,广东省肇庆市为要求按照保护妇女平等权利的原则修改村规民约,对全市1409个行政村的村规民约进行摸查清理,修改了307个行政村的村规民约,帮助167个行政村重新制定了村规民约,把男女平等的村规民约比例提高到99.5%。① 在国家看来,男女平权这种如此重要的现代主流意识形态一定要贯彻到基层社会中去,否则,国家权力对乡村社会的改造会显得如此失败,甚至会传导到其他更多的方面。

然而,出嫁女的土地权益在修改村规民约以后,就实现了吗?在现实中,以广东省为例,存在以下几个方面的问题。第一,保护出嫁女权益的群众基础较为薄弱。受传统观念和现实利益之争影响,群众不理解、不支持出嫁女权益的现象仍然普遍存在。依然有部分农村,干部在草拟村规民约、集体经济分配方案时,先行把出嫁女及其子女排除在外。第二,公力救济渠道有限。个别地方政府,在规范农村集体经济收益分配、农村股份制改造、土地补偿款分配时,忽视出嫁女利益。广东法院对农村出嫁女权益纠纷案不作为民事案件进行受理。第三,对于历史遗留的出嫁女问题,应该如何妥善处理,存在前后规定衔接的困难。在认定出嫁女享受村民待遇资格上,出现理解、执行不完全一致的情况,增加了新的矛盾。第四,部分已享有权益的出嫁女进一步要求享有更多权益,又引发新的争议。第五,随着经济欠发达地区经济提速发展,这些地区要求分享利益的出嫁女越来越多,投诉数量占全省总量比例呈上升趋势。②

从以上总结的问题看,我们可以得出:第一,即使从制度上废除了与国家法相冲突的村规民约,由于前述对法律的社会承认问题,出嫁女权益实现在现实中阻力仍然很大。第二,出嫁女权益纠纷的复杂和执行的棘手,使得法院也望而兴叹,要解决现实问题,处理还只能以调解为主。第三,由于对个体权益的保护存在差异,不断的缠访是对现实稳定的威胁,是纠纷解决机制没有发挥良好作用的结果。第四,在新的法律面前,如何落实历史问题,如何防范增加了新的不一致的可能。

这充分说明,国家法在与习惯法交锋的过程中,此消彼长是必然的。基于现实难题,习惯法不可能通过废除村规民约的方式就彻底消除,它存在于人们日常生活理念中,而且已经成为人们的生活方式,一旦资源有限,首先被忽视的当然就是出嫁女的权益。在我们的调查中,了解到一个典型案例:

"2008年5月份,湖南省C县某乡某村的上百亩基本农田被征用于建设商业苗圃。该村一位出嫁女想就补偿款分配问题起诉其所在村民小组,因为她虽已出嫁但户口并未转出,在土地补偿款的分配中,她只分得了人口安置费,没有分得其他土地补偿款。为维护权利,她多方联系,并且聘请了律师。律师到C县法院立案庭申请立案,多次与该庭庭

---

① 资料来源于2012年8月在黑龙江大庆市召开的全国维护农村妇女土地权益工作交流会资料。
② 资料来源于2012年8月在黑龙江大庆市召开的全国维护农村妇女土地权益工作交流会资料。

长联系,还联系过市中院、省高院,最终立案未果。C县法院给出的不予立案的理由是:虽然司法解释明确规定此类案件应该受理,但由于C县此类案件太多,即使受理审判,也难以执行,还是由政府出面调解解决为好。"

在这位出嫁女到处寻求社会关注的时候,该村还有一位男性村民也在寻求权利救济。他考上大学后户口迁出,在获知本村土地将会被征用,得到村组同意后又花钱把户口迁回。但在分配土地补偿款时,他与出嫁女的待遇一致,只有人口安置费,没有其他土地补偿款。村组给出的最主要理由是他读大学期间,没有承担本村民小组的集体义务。这说明,有些时候,出嫁女土地权益得不到保护并不完全是男女平权问题。国家法虽然追求男女平权,但并非要求村规民约在所有安排上一致。村规民约在修改之后,直接歧视女性的条款肯定已经去除,但共同体的价值观不可能简单地随着条款的修改而消失。出嫁女谋求的土地权益,可能以附着其他共同体义务为理由而不属于出嫁女。表面上看,调整之后的村规民约不再以性别为对抗,转而强调义务,这既不违反国家法的强制性规定,也落在了村规民约的自治范畴中。但问题的核心,其实仍然在于"僧多粥少"的利益分配上。该案例中的男村民,迁回户口时的花费实际上是补偿他未曾参与的集体义务,但仍然没有得到他期待中的集体经济组织成员待遇。对于中国农村的土地权益分配规则,有学者在论及时,曾提到"它不是根据确定的法律规则辨认正当利益,而是根据利益竞争对规则作出取舍"[①]。人们对法律的选择和承认与人们对利益的认可息息相关。就像梁治平在论述法治在中国遭遇的挑战的时候,提到"他们(传统中国人)常常诉诸法律和运用规则,肯定法律与正义之间的内在联系。只不过,法律在人们心中并不具有至高无上的地位,规则如果妨碍结果的公正,就可能被违反甚至遭到抛弃"[②]。

综上所述,我们发现,出嫁女土地权益分配的复杂和多元,习惯法在其中有不可忽视的影响。

三、调解的制度弹性

与诉讼相比,调解的天然优势是人们在选择调解解纷时拥有更多的自主权,体现更多的灵活性。这种制度弹性主要体现在法律较少对这种纠纷解决机制进行强制性的约束。这种"不约束"既体现在程序方面也体现在实体方面:在程序上没有具体的要求,更加不会有因违反程序安排而影响当事人实体权利的后果。在实体上,一般尊重当事人意思自治。[③] 实质上,调解就是当事人自愿通过妥协解决分歧,无须确定法律上的是与非。[④]

[①] 张静:《土地使用规则的不确定:一个解释的框架》,载《中国社会科学》2003年第1期,第122~124页。
[②] 梁治平:《法治:社会转型时期的制度建构》,载梁治平主编:《法治在中国:制度、话语与实践》,中国政法大学出版社2002年版,第142页。
[③] 当然,这种自治不是没有边界,前述的"不违反法律、行政法规禁止性规定"即是明证。
[④] 黄宗智:《中国法庭调解的过去和现在》,载《清华法学》第10辑,清华大学出版社2007年版,第66页;关于"依法"调解的问题,另可参见苏力:《关于能动司法和大调解》,载《中国法学》2010年第1期。

在新中国的法律传统中,调解主要有两种。一种是直接以人民法院为核心的诉讼调解,马锡五审判方式就是这种方式的直接映射;另一种是依托基层政府进行的民间调解,例如前述村委会或者以司法所名义进行的调解。而大调解就是综合这些调解形式,以综合治理的面目实现纠纷解决功能。

当下人民调解的勃兴,与中央综治大调解格局密不可分。而大调解格局的思路,又与调解被功能性的理解为实现社会综合治理的工具有紧密联系。例如,有学者提出应该用功能主义的方法将中国的调解制度看作是执行党实现社会治理政治功能的工具,"政治功能强烈地渗透在调解中,以至于指导着调解人对纠纷的看法以及用来解决纠纷的标准,从而调解的政治功能遮蔽了其纠纷解决功能"[①]。而调解政治功能的实现,是因为它可以柔化处理国家法在进入乡村后所引发的矛盾和冲突,与它在法律适用方面的弹性息息相关。

新中国对农村社会的改造,是通过制度化的组织网络让国家法进入乡村社会,将现代的法律理念和法律制度,比如男女平等、婚姻自由和尊重私权等观念输入农村,这些观念与当时乡村社会传统的男尊女卑、亲邻先买权之类的习惯法是完全背离的。因此,当国家法与习惯法遭遇,二者处于一种陌生的相互隔膜之中,缺乏共同信守的理念或文化基础。于是,在中国法律制度的现代性问题中,不仅仅是两种不同法律制度而且是两种不同的法律知识体系和法律文化的冲突,并且,这种冲突一直延续到当代的法律实践中。[②]

这种矛盾和冲突给纠纷裁判者带来的难题是显而易见的。例如,在婚姻领域,国家法禁止买卖婚姻;而传统婚姻习惯中,买卖婚姻天经地义。裁判者在处理这类纠纷时如果机械严格依法办理,可能会使"法律徒成扰民之具"[③]。为避免这个后果,克服裁判者的难题,主事者们在实践中摸索找到了出路:这就是法律调解。强世功认为,调解一方面是一种实践操作,可以在实践中背离法律的某些原则,使法律在实践中适应当时当地的社会状况,但没有改变法律政策或整个意识形态。另一方面,在调解过程中,法律又成为一个有效工具渗透到乡村社会的治理当中,它不仅在解决法律问题,同时也在解决社会问题。法律正是通过调解的渠道参与到对社会的总体性的治理实践中。[④] 我们由这段论述可知,在新政权司法传统确立之初,调解是如何可能作为一种有相当弹性的制度来适应社会各方面的需要,帮助解决社会治理过程中的各种难题。针对调解在法律适用问题上的处理,当时的裁判者的做法是:

---

① 陆思礼,转引自强世功:《法制与治理——国家转型中的法律》,中国政法大学出版社2003年版,第80~81页。

② 梁治平:《乡村社会中的法律与秩序》,载王铭铭、王斯福编:《乡村社会的公正、秩序与权威》,中国政法大学出版社1997年版。

③ 详细论证,可参见强世功:《法制与治理——国家转型中的法律》,中国政法大学出版社2003年版,第87~89页。

④ 强世功:《法制与治理——国家转型中的法律》,中国政法大学出版社2003年版,第96~97页。

"调解案件时适合善良习惯,是可以的;但对于落后习惯,就不得作为根据。如像济贫恤幼、土地永佃权、开荒三年不问主等,就是善良习惯;户祖优先权、为儿打砂锅等,就是落后习惯。至于调解,对政策法令不能有所违背。小的出入可不可以?可以的,所以说要'照顾'。"①

由此可见,调解一向就被认为可以根据实际情况而游走于政策、法律和习惯之间。② 而且,对调解自由裁量权的限度并没有统一的尺子,可以也应该由调解人根据不同情况进行不同的把握。

迄今,国家政权深入乡间,与当时今非昔比。但在民间纠纷解决方面,仍然有许多价值冲突要考虑。一方面,人们期待法律的到来能够帮助他们实现公正;另一方面,对法律缺乏人情味的做法又极不适应,电影《秋菊打官司》中秋菊的困惑比比皆是。这也是为什么在基层纠纷解决中仍然强调采用人民调解的主要原因之一。强调调解,也就使法律适用有了弹性空间。因此,如果人民调解法立法之后,反而限制了调解在法律适用方面的灵活性,束缚了人民调解制度的手脚,使之难以完成纠纷解决及政治功能,显然得不偿失。③

四、通过调解适用习惯法以实现差异平等

围绕出嫁女土地权益方面的纷争,我们看到在不同的理念下,人们认可的利益正当性的不同,正当性论证使利益问题转化为道德问题,这是习惯法形成的一大理由,并与国家制定法发生抵牾。④ 但能够真正影响和决定她们的土地权益的,仍然在地方共同体的认同。⑤ 张静在土地规则研究中发现,"集体意愿在规则选择中强势明显,尤其是在面对分歧、决定难以作出的时候。在造成巨大公共影响后,集体意愿甚至能够改变已经作出的决定——无论是国家政策还是干部决定"⑥。集体意愿是什么,其实就是共同体的认可。共同体的认可是习惯法形成的基础。换句话说,因为出嫁女的土地权益保护影响了其他多数人的利益,仅仅通过取消村规民约的做法难以实质奏效。对地方共同体来说,国家只是一个遥远的概念,但人们眼前的利益却是触手可及的。村规民约对出嫁女利益的否定,直接给了其他人更多的利益机会,这对他们来说,是一种理性选择。因此,在地方共同体没有对出嫁女的地位重新达成共识的情形下,通过国家强制力限制村规民约,也难以使利益均衡分配。⑦

---

① 强世功:《法制与治理——国家转型中的法律》,中国政法大学出版社 2003 年版,第 100 页。
② 这一点,在最高人民法院《最高人民法院关于建立健全诉讼与非诉讼相衔接的矛盾纠纷解决机制的若干意见》第 17 项中也有反映。
③ 其实,在大调解综治体系下,政治与纠纷解决的功能在某种意义上是叠加的。
④ 出嫁女认为平等保护她们的权利是正当的,其他村民认为不予承认她们土地权益才是正当的。
⑤ 前文第二部分提到的保护出嫁女权益的群众基础较为薄弱,实质就是共同体认可的问题。
⑥ 张静:《土地使用规则的不确定:一个解释的框架》,载《中国社会科学》2003 年第 1 期。
⑦ 国家强制力的体现"保证(村规民约)修订工作有人管,有钱用",资料来源于 2012 年 8 月在黑龙江大庆市召开的全国维护农村妇女土地权益工作交流会资料。

要正确理解村规民约对出嫁女土地权益限制的习惯法,更好地解释调解对于实现差异平等的意义,引入客观性纠纷与主观性纠纷的分析框架可能会十分有效。所谓客观性纠纷,是指不消除社会结构的对立就几乎无法解决的纠纷。而主观性纠纷,则指独立于社会性对立而被认知的私人的、表面的纠纷。① 典型的客观性纠纷如美国的种族矛盾,自1960年代民权运动以来,虽然美国社会一直试图在法律上赋予黑人各种权利,但种族对立在美国社会并没有消失,时不时还会出现罗德尼金这样的案例。② 这种纠纷,不消除种族对立这个结构性根源,很难解决。而普通的侵权纠纷如马路上常见的交通肇事侵权,就属于主观性纠纷。这种纠纷的起因与发生,从社会的角度看,是偶然的,相互之间无任何关联。相对于主观性纠纷,客观性纠纷源于结构性对立,引发纠纷的背景和原因对于解决纠纷有重要影响。如果单纯对纠纷只作形式主义的理解,倒可能诱发更多的纠纷。③ 因此,其解决不能完全依靠弹性较小的法律,而需要更多妥协和调和的技术。而这种妥协和调和的技术就蕴藏在人民调解这种纠纷解决方式之中,蕴藏在调解可以对法律适用进行更灵活的处理当中。

出嫁女土地权益纠纷实际反映了中国部分农村社会结构的特点,在本文第二部分,我们已经提到过,农村社会存在重男轻女的社会理念以及农村公共福利建设及依靠家庭养老的结构性矛盾。在这种社会结构面前,解决纠纷的要义当然是改变引发纠纷的社会结构。而在社会结构没有根本变化之前,要解决这些混杂着利益上的分歧和价值上的对立,十分复杂,有时难以辨清是非曲直的纠纷,如果只是坚持韦伯形式主义法律立场的解决,得到的可能只是暂时表面性的纠纷解决。④ 由是,我们必须发现调解在解决这类纠纷时的衡平功能,调解因为无须受法律强制性规定的约束,可以适用地方共同体认可的规则,对不同情况进行不同处理,尽可能做到综合各方利益,平衡协调处理,实现差异平等。

随着我国社会转型的进程,大调解运动如火如荼的发展以及人民调解法的颁行,人民调解(民间调解)被重新推上历史舞台。因此,鼓励人民调解保持相当的灵活性,并通过调解承认不同共同体存在的差异才是解决问题现实可行的做法。习惯法也是在与国家法互动的过程中不断进行调适的,人民调解,就是这样一种相互调适的场域。在这个场域中,只要不违反国家法的禁止性规定,就应该尊重共同体的习惯法。如果习惯法越界,也应该毫不容情地予以指出并要求更正。要知道,在某些纠纷解决领域,强制性要求各种规则的统一并不利于社会秩序的维护,习惯法的适用空间只有从这个角度来考量,才会发现其存在的真正价值。

---

① 季卫东:《调解制度的法律发展机制——从中国法制化的矛盾情景谈起》,易平译,载强世功编:《调解、法制与现代性:中国调解制度研究》,中国法制出版社2005年版,第36页。
② 客观地说,种族矛盾只是引发罗德尼金案的原因之一。美国大城市黑人的失业问题、新闻媒体报道的偏颇等也是其中重要原因。
③ 例如,前面提到的罗德尼金案引发了1994年洛杉矶大暴乱。
④ 季卫东:《调解制度的法律发展机制——从中国法制化的矛盾情景谈起》,易平译,载强世功编:《调解、法制与现代性:中国调解制度研究》,中国法制出版社2005年版,第35~37页。

回族习惯法信仰向国家法信仰创造性转换研究
——一种法律信仰生成路径的探索

王 文*

（西安交通大学法学院 陕西 西安 710049）

摘要：回族习惯法信仰是一种重要的本土信仰资源。对其进行创造性转换以在回族范围内实现对国家法的信仰不失为一种法律信仰生成的路径。以目前回族聚居区的宗教人士——阿訇作为实现信仰沟通与良性转化的使者；维持其历史地形成的"围寺而居"的居住格局，以保障其群体性的自我更新和与外界良好的互动转换能力；立法机关在"筛选"的基础上将符合社会主义法治需要的回族习惯规则认可为国家法，是使回族习惯法信仰随其载体"移情"至国家法，最终达成回族习惯法信仰向国家法信仰的创造性转换的有效途径。

关键词：回族习惯法信仰；国家法信仰；创造性转换

一、问题的提出

伯尔曼先生的著名论断"法律必须被信仰，否则它形同虚设"传入我国后，"法律信仰"旋即被一些学者奉为法治建设的圭臬与目标。近年来，关于中国公民是否可以树立法律信仰以及如何实现的问题，成为理论界广泛关注并热烈讨论的议题之一。回族习惯法是近年来另一为人瞩目的理论热点——法律多元理论中少数民族习惯法的构成部分。伯尔曼先生认为"法律与宗教共同拥有仪式、传统、权威和普遍性四要素"[①]。这四要素在回族习惯法中浑然天成、高度统一：回族习惯法作为民族传统普遍地存在于回族社会中，拥有源自于伊斯兰教的神圣性、正当性并因而获得权威性，同时在伊斯兰教中国本土化、回族化的过程中具备了一般法律的社会性、世俗性和功利性，是理性与信仰、宗教与法律的统一。运用伯尔曼先生提出的宗教与法律间共性的理论分析并研究回族习惯法，发掘回族习惯法中所蕴含的信仰因素，在我国法制现代化建设过程中对回族习惯法信仰作为重要资源加以利用，为我国整体法律信仰的实现作出贡献，不失为一种思路。

---

* 【作者简介】王文（1973—），女（回族），山东德州人，西安交通大学法学院博士生，西安外国语学院副教授，研究方向为法理学。

① ［美］伯尔曼著：《法律与宗教》，梁治平译，中国政法大学出版2003年版，第13页。

二、回族具有习惯法信仰吗?——回族习惯法信仰存在之证成

回族习惯法为回族习惯法信仰的载体与存在前提。故回族习惯法信仰存在与否的问题首先被转化成回族习惯法是否存在的问题。笔者认为少数民族群体内部存在具有强制力和规范性的行为规则是不争的事实,赋予其以"习惯法"的独立理论地位并对之进行研究,首先是对事实的认可。其次,理论是对现实问题的发现与回应,是否能解决现实问题是衡量理论是否具有存在价值的依据,承认习惯法为"法",以该概念为逻辑起点研究构建回族社会内部和谐稳定的秩序、同时间接促进整个国家理想社会秩序的形成,正是目前我国迫切需要解决的现实问题。故我们有必要突破长期以来国家一元法律观的局限,在理论上赋予包括回族习惯法在内的习惯法以独立地位并对之进行研究。

"习惯法"是法的概念在国内外都不乏支持。梁治平先生的著作《清代习惯法:社会与国家》被认为是大陆学界较早对民商事习惯系统研究的专著,梁先生将习惯法定义为"习惯法乃是这样一套地方性规范,它是在乡民长期生活与劳作过程中逐渐形成;它被用来分配乡民之间的权利义务,调整和解决了他们之间的利益冲突……"① 高其才先生认为:"习惯法是独立于国家制定法之外,依据某种社会权威和社会组织,具有一定的强制性的行为规范的总和。"② 李可先生认为:"无论如何,在习惯法的定义上,我们必须坚守的底线是,'习惯法是法'!"③ 马林诺夫斯基认为:"法是赋予一方以权利、另一方以责任的有约束力的规则,它是由社会结构所固有的相互性、公开性和特殊机制加以维护的,其最基本的作用就在于约束人类某些自然的癖好,限制和制约人类的本能,强化一种非出自于本能的义务性行为。"④ 从而将"法"的存在拓宽至原始社会。霍贝尔认为:"在任何社会里,不论是原始社会还是文明社会,法律存在的真正的基本的必备条件是,社会授权的当权者合法地使用物质强制。"⑤ 吉尔兹在《地方性知识》中认为"法律是地方性知识,而不是与地方性无关的原则……"⑥ 埃利希认为:"无论是现在或者是其他任何时候,法发展的重心不在立法,不在法学,也不在司法判决,而在社会本身。"⑦ 都从不同角度论证了相对于国家法的习惯法的存在空间。本文将"法律信仰"中的法律定位为超越国家法,位于习惯法之上的上位"法",是多元意义上的法。接下来的问题是,回族社会内部是否存在回族习惯法信仰?

---

① 梁治平:《清代习惯法:社会与国家》,中国政法大学出版社 1996 年版,导言第 1 页。
② 高其才:《中国习惯法论》(修订版),中国法制出版社 2008 年版,第 3 页。
③ 李可:《习惯法——一个正在发生的制度性事实》,中南大学出版社 2005 年版,第 55 页。
④ [英]马林诺夫斯基著:《原始社会的犯罪与习俗》,原江译,云南人民出版社 2002 年版,第 40~41 页。
⑤ [美]霍贝尔著:《原始人的法——法律的动态比较研究》,严存生等译,法律出版社 2006 年版,第 25 页。
⑥ [美]吉尔兹著:《地方性知识》,王海龙、张家瑄译,中央编译出版社 2004 年版,第 222~322 页。
⑦ [奥地利]埃利希:《法律社会学基本原理》,哈佛大学出版社 1936 年版,第 493 页。

三、回族习惯法信仰的生成过程及特点分析

(一)回族习惯法信仰的生成过程

回族习惯法信仰是以伊斯兰教信仰为核心,与回族、回族习惯法共同产生发展,与主流文化积极交流中不断补充完善而形成的中国化的、具有宗教特色的法信仰。回族习惯法信仰是与回族的形成相伴共生的。回族的形成特点之一是先有宗教后有民族。唐初留住中国而又聚居于"蕃坊"内的"蕃客"为回族先民,至元末明初逐渐形成回族。依斯大林的民族定义"民族是人们在历史上形成的一个有共同语言、共同地域、共同经济生活以及表现于共同文化上的共同心理素质的稳定的共同体"①。回族保留了"共同文化上共同心理素质"一项,建立在共同的对伊斯兰教信仰基础上,而进一步形成的共同心理素质为其最稳定、最牢固,也是其独立成为民族的最显著的标志。如果没有因伊斯兰教信仰而产生的强大的凝聚力,在极具同化能力和包容性的华夏文明的汪洋大海中,这些外来久居中国的"蕃客"极有可能融入我国以汉族为主的其他民族中,而不是发展成中华民族中独立的一支。故伊斯兰教信仰在回族的形成、存在与发展中都扮演着凝聚核心的角色。伊斯兰教是典型的律法型文化,规范性极强:"回教之教义与法律无甚区别。"②这种不乏强制性的规范作为伊斯兰教的规定得到回族教众的虔诚信仰,体现在回族化的伊斯兰文化中就是回族习惯法的发达与完备和对回族习惯法的信仰。

(二)回族习惯法信仰的特点

邓晓芒先生认为:"信仰是对世俗的超越,是对彼岸世界的纯精神对象的信服。"③回族习惯法信仰显然是源于对伊斯兰教的虔诚信仰,因而具有超验性和神圣性。这种根源于宗教法的超验性和神圣性的信仰与回族相伴相生、不断发展。"一般来说,法律信仰应包含两个方面:首先,它是一个主观心理状态……其次,它是主体行为的客观化过程,社会主体选择了对于法律的信仰必然会自觉地付诸行动,而不是相反,否则的话,法律信仰也只能是空谈……法律信仰是主观心理与客观行为的统一。"④这种以对宗教规范的恪守不悖作为衡量信仰虔诚程度的特点,在伊斯兰教这个以"律法"著称的宗教中体现得尤为明显。回族除了主观上的虔诚宗教信仰外,还同时以对严格系统的行为规范的严格遵守来表达对信仰的诚信,这些行为规范的总称便是回族习惯法形成的基础,其内容主要源于《古兰经》、《圣训》的规定:如回族习惯法中"念、礼、斋、课、朝"五功系统地规定了每一

---

① 《斯大林全集》第 2 卷,人民出版社 1953 年版,第 294 页。
② 傅统先:《中国回教史》,宁夏人民出版社 2000 年版,第 17 页。
③ 邓晓芒:《中西信仰观之辨》,载《东南学术》2007 年第 2 期。
④ 田宏伟:《论法律信仰形成机制》,载《湖南社会科学》2010 年第 6 期。

个穆斯林在正常状态下应履行的宗教义务。就详细性而言,如以右为尊的规定为例:施舍时须用右手,大小净均应从右面开始,穿鞋、梳头时均尽可能从右面开始,解便时不得用右手擦拭羞体,如,单独行路不好、话多为罪、旅行者不得夜里返家等。还有,赈济虽被回族习惯法所鼓励,但同时对施舍对象、财产本身作了详细规定:"把天课出散给亲属的人,将获得双重的报酬"①、"给孤儿施舍受鼓励"②、"赃款赃物的施舍不被接纳,施舍合法所得才蒙接纳"③、"施舍应量力而行"④、"不可强征人们最宝贵的财产为天课"⑤同时鼓励弱者自强,应"廉洁自持,防止乞讨"⑥。反对以乞讨敛财:"一直乞讨的人,在复生日,面似骷髅。"⑦等等涉及生产生活、出生至死亡等方方面面、贯穿一生的事无巨细的详细规定。强烈的规范性是回族习惯法和回族习惯法信仰的突出特点。

综上,超验性、神圣性以及系统而详尽的规范性为回族习惯法信仰的特点,这些特点是回族习惯法信仰向国家法信仰转化的有利条件。

四、回族习惯法信仰向国家法信仰转化的必要及可行性分析

(一)我国缺乏"法律信仰"的历史传统

在笔者试图对回族习惯法信仰向国家法信仰转化的必要性及可行性进行分析时,首先面临的问题是:我国传统上是否具有"法律信仰"?"(在我国——笔者加)相当多的人视法律为'世俗的、合理的、功利的制度——一种达到某种目的的手段'……"⑧其根源在于国人实用理性的思维和继而产生的行为方式:"这种实用理性主要是指民间社会个体的一种思维和行为的发生机制与逻辑。它具有非常鲜明的实用特性,即强调所思、所做事情的有用性与实效性。这其中包含着对目的、后果和手段的综合判断,最终行为之外的功用和效果则是评价有用与否的突出标准。"⑨中国人至少较普遍地缺乏基于宗教而产生的对"信仰"的体验,对法律缺乏"纯粹精神性的、神圣的、先验的恒久价值的追求"⑩。只是"信仰"体验的缺乏作用于法律领域的结果而已。一个民族的思维方式乃是历经千

---

① 祁学义译:《布哈里圣训实录全集》(第1卷),宗教文化出版社2008年版,第147页。
② 祁学义译:《布哈里圣训实录全集》(第1卷),宗教文化出版社2008年版,第147页。
③ 祁学义译:《布哈里圣训实录全集》(第1卷),宗教文化出版社2008年版,第147页。
④ 祁学义译:《布哈里圣训实录全集》(第1卷),宗教文化出版社2008年版,第147页。
⑤ 祁学义译:《布哈里圣训实录全集》(第1卷),宗教文化出版社2008年版,第147页。
⑥ 祁学义译:《布哈里圣训实录全集》(第1卷),宗教文化出版社2008年版,第147页。
⑦ 祁学义译:《布哈里圣训实录全集》(第1卷),宗教文化出版社2008年版,第147页。
⑧ 韩丹:《中国人法律信仰结构的张力与融合——一项基于国家与社会关系视角的社会学考察》,载《江海学刊》2011年第6期。
⑨ 韩丹:《中国人法律信仰结构的张力与融合——一项基于国家与社会关系视角的社会学考察》,载《江海学刊》2011年第6期。
⑩ 祁学义译:《布哈里圣训实录全集》(第1卷),宗教文化出版社2008年版,第147页。

百年积淀、深植于其思想最深处的具有极强稳定性的思考、处理问题的固定模式,不会因为国家移植了一套西方的法律制度就随之改变。如梁治平先生所言:"我国现行的法律制度,根源于一种久远的传统——但这种传统与我国的文化传统格格不入,与我国一贯奉行的价值相悖,因而当我们接受这样的法律时,就立刻陷入了不可解脱的精神困境中。"①

(二)对国家法的信仰是社会主义法治建设的必备要素

托克维尔认为:"没有民情的权威就不可能建立自由的权威,而没有信仰也不可能养成民情。"②对于传统和整体上均不具备法治和神圣信仰精神的国人而言,必然缺乏源于西方法律制度的现代法律的信仰和民情基础,继而其也难在国人心中树立权威,接下来自然会出现法律实效的缺失。而对处于法制现代化建设中的中国而言,信仰乃是法律运行一切环节中的重要精神动力和源泉,信仰是必须的,但其培养绝非朝夕之功,而是一个漫长的历史过程。回族习惯法信仰现在仍然在回族聚居区域中发挥着重要作用,我们要做的只是将其作为一种本土信仰资源向中国法律信仰的转换,为整体缺乏法律信仰传统的中国社会注入信仰要素,探索兼顾现状与传统、国情与民情的回族范围内的中国法律信仰模式,这种探索既是必要的,也是可行的和极富意义的。

(三)回族习惯法信仰向中国法律信仰创造性转换的可行性分析

中国法律信仰的对象可被分为"信仰实在法、信仰伦理法、信仰自然法……"③下面笔者从这三个方面出发对回族习惯法信仰向中国法律信仰创造性转换的可行性进行分析。

1. 回族习惯法的基本精神与自然法内涵相契合

自然法是"超越实在法和伦理法的姿态出现的人类理想法和高级法"④。我国现代法律制度移植自西方,根源于西方的自然法理念经过社会主义改造、被赋予了新的含义,但扬弃之后保留了人类的平等、自由、公正的宝贵精神遗产。回族习惯法信仰基本精神与上述理念内在契合,如其基本精神之一在于平等,将人们的平等比喻为犹如梳齿一般;不

---

① [美]伯尔曼著:《法律与宗教》,梁治平译,中国政法大学出版 2003 年版,第 12 页。
② [法]托克维尔著:《论美国的民主》(上),董果良译,商务印书馆 1991 年版,第 14 页。
③ 许娟:《法律何以能被信仰?——兼与法律信仰不可能论者商榷》,载《法律科学》2009 年第 5 期。在下面的论述中,笔者借用了许娟在她的文章《法律何以能被信仰?——兼与法律信仰不可能论者商榷》一文中从法律信仰的三层次(外在形式——信仰实在法,内在形式——信仰伦理法,本体形式——信仰自然法)出发构建中国法律信仰体系的模式。许娟认为现行实在法信仰不足以支撑法律信仰体系,但实在法信仰是法律信仰的形而下诉求,应保留对实在法的信仰。中国现代社会的伦理法一部分涵盖了大传统和小传统,作为民间文化的小传统表现为地区与族群的风俗习惯,伦理法信仰对法律系统与外部环境之间和谐一致起到了沟通作用,故伦理法信仰也应具备。自然法是人类精神世界的一种慰藉,离开了自然法的伦理法就失去了批判反思性,这三个层次的法律信仰对中国民众而言都不可少,应构建"三位一体"的法律信仰模式。笔者认为该模式为针对普遍意义上中国人整体法律信仰的建构提出的宏观构想,但其因文章主题的宏观略显宽泛,本文在借鉴许娟"三位一体"模式的基础上,将回族习惯法信仰作为一种既存于民间的法律信仰的本土资源,探讨如何将其从上述三个层次进行创造性的转化。
④ 许娟:《法律何以能被信仰?——兼与法律信仰不可能论者商榷》,载《法律科学》2009 年第 5 期。

以人们的血统和家谱确定地位;平等地要求穆斯林男女求知;在多妻的制度下,强调平等地对待妻子。如公正,《古兰经》中言明"我确已派遣众使者去传达我的许多明证,并降示天经和公平,以便众人谨守公道。"①"信道的人们啊!你们当维护公道,当为真主而作证,即使不利于你们自身和父母至亲。"②就自由而言,如反对奴隶制主张人身自由;宗教信仰无强迫——主张精神与思想的自由;"两世吉庆"观则鼓励人们追求正当幸福生活的自由。上述回族习惯法信仰中包含的基本理念与自然法信仰、社会主义法治理念,在代表人类普世价值方面的一致性,在最高层面保证了其实现创造性转化、以其信仰资源参与我国法律信仰构建的可行性。

2. 作为"小传统"的回族习惯法与"大传统"的儒家伦理法内容的契合

作为习惯特殊形态的回族习惯法与同处伦理法层面的儒家法文化在内容上有许多契合之处,这是回族习惯法信仰向儒家伦理法信仰转化的基础。

这种契合首先是由回族习惯法的核心——伊斯兰文化与儒家文化本质上的共同之处和回族知识分子历史上"以儒诠经"等与主流文化的积极融通所共同决定的。以对家庭关系的规范为例,伊斯兰教将夫妻关系比喻为"互为衣服",强调夫妻间互相慰藉、关怀与遮蔽缺点,但同时认可男子在家庭中的主导地位。如敬老,"人们诵读《古兰经》的水平相等时,应让年长者领拜。"③、"尊重老人,让年龄最大的人先讲话、提问。"④当穆圣被询问谁是最应该善待的人时,穆圣回答了三次"你母亲。"接着回答"你父亲。"规定"无父母的许可不许参加吉哈德。"⑤、"(真主会)答应孝敬父母者的祈祷。"⑥上述规定与中国传统儒家文化内涵契合,在有些回族聚居区如西安回坊形成了强有力的习惯法约束:"儿女的天堂就在父母的脚下。"中华传统文化中强调平息纠纷"和为贵"的思想,伊斯兰文化中不乏类似规定:"伊玛目可以带着他的同伴们到各种场合去调解人们的纠纷。"⑦"如果两伙信士相斗,你们应当居间调停……你们应当秉公调停,主持公道。"⑧《古兰经》将调解规定为离婚的应有程序。还有,回族习惯法原则如"诚实无欺"、"坚忍克己"、"友善和睦"、"谦和中庸"兼具了"伊"、"儒"双重特色,这种长期共同生产生活过程中形成的伊斯兰习惯法信仰与伦理法信仰的契合,使前者向在民间社会具有广泛影响力的儒家等法文化等为代表的"大传统"进行转换切实可行。

---

① 马坚译:《古兰经》,中国社会科学出版社1981年版,第422页。
② 马坚译:《古兰经》,中国社会科学出版社1981年版,第72页。
③ 祁学义译:《布哈里圣训实录全集》(第1卷),宗教文化出版社2008年版,第147页。
④ 祁学义译:《布哈里圣训实录全集》(第1卷),宗教文化出版社2008年版,第63页。
⑤ 祁学义译:《布哈里圣训实录全集》(第1卷),宗教文化出版社2008年版,第57页。
⑥ 祁学义译:《布哈里圣训实录全集》(第1卷),宗教文化出版社2008年版,第57页。
⑦ [埃及]穆罕默德艾玛热编,宝文安等译:《布哈里圣训实录精华——坎斯坦勒拉尼注释》,中国社会科学出版社1981年版,第72页。
⑧ 马坚译:《古兰经》,中国社会科学出版社1981年版,第399页。

五、回族习惯法信仰向国家法信仰转换的具体路径分析

(一)回族习惯法信仰向自然法信仰的转换

回族聚居区的宗教人士——阿訇①可作为实现信仰沟通与良性转化的使者。回族聚居区自古有伊斯兰教教职人员管理宗教事务、处理纠纷的传统。② 时至今日,阿訇仍是回族社会生活中必不可少的重要角色。阿訇肩负着主持回族从生至死所有重大仪式的重要职责、同时负责解释教义以协调宗教与整个社会的关系,从而间接对回族习惯法的形成起到重要的推动和影响作用。阿訇同时负责依据习惯法调解族内纠纷,践行和强化习惯法,组织并协助回族履行习惯法义务。阿訇不仅以个人形象出现,因其职责的特殊性,在回族习惯法中已经成为回族习惯法组织的重要构成成分。阿訇对回族习惯法中的自由、公平、平等、正义精神比一般教众有着更加深刻的领会和准确的把握,并能在与回族群众广泛密切的交往中传播和贯彻。目前,在党一贯坚持的团结少数民族上层人士政策的指导下,回族群众中德高望重的阿訇往往从事党和国家委派的政治职务或在各级人大中代表一方回族群众,他们往往在参与国家法律的制定和执行,对社会主义法中蕴含的人类普遍追求的自由、公平、平等、正义等源自自然法价值的精神具有较深刻的理解。这种能及时沟通国家立法行政机关与回族教众的特殊身份和能力是阿訇因其特殊的身份地位所具备和不可替代的,回族每周一次的"聚礼"③、节假日的"会礼"④、家中纪念亡人、过民族节日等场合,阿訇都会讲"卧尔兹",这是实现回族习惯法信仰向自然法信仰转化的最佳场合、时机和人选。

(二)回族习惯法信仰向伦理法信仰的转换

如前文所述,回族习惯法与儒家法文化契合点颇多,是伊斯兰文明与华夏文明有机融合的产物。但笔者认为不仅如此,回族是外来阿拉伯、波斯人与汉族为主的国内各民族融合产生的民族,素有"回爹汉妈"之称,血缘上的亲近决定了回族本能的具有倾向、靠近主流文化,与主流文化沟通适应的意愿。而"大散居、小聚居"的居住格局又使这种意愿转化为与环境沟通理解的生存需要,历经千百年法治,这种良好的沟通与适应能力固化成了回族的本能,这种本能甚至比其与儒家法文化内涵契合更加重要,因为时代发展而变迁永恒,中国现代伦理法之内涵也不会固定不变,而是随时代发展被注入儒家文化

---

① 为波斯语音译,意思是老师或学者。
② 最早记载中国伊斯兰教教职人员的文献资料是《苏莱曼东游记》,穆斯林旅行家、阿拉伯人苏莱曼,于公元851年旅行中国等地后,所著游记,后有他人增补。
③ 伊斯兰教规定每周五成年男子穆斯林在当地较大的清真寺举行的集体礼拜。
④ 穆斯林于重大节日开斋节和古尔邦节举行的集体礼拜。

之外的其他内容,如以马克思主义为主要内容的社会主义伦理法,维护并保持这种转化能力才是回族习惯法信仰向伦理法信仰转化的重要因素。

维持回族自身良好的发展环境是维持这种转换能力的重要条件。从大环境来分析,江泽民同志20世纪90年代初提出的积极引导宗教与社会主义相适应从宏观政策上保证了这种转换具有良好的大环境。故笔者认为当前更应注重保障其转换的小环境,因为在城市化进程加快,城市居住格局变化较大的当今,维持回族社区的存在继而健康发展,尤为重要。维持其历史地形成的"围寺而居"的居住格局便可实现对其"小环境"的维护,因为只要保障相对封闭的回族聚居群体内部信仰自由、健康发展,在与外界不断的互动中形成对主流文化的靠拢,便不会丧失其群体性的自我更新和与外界良好的互动转换能力,建立在良好沟通基础上的回族习惯法与主流伦理法自然会在信仰上达致顺利转换,甚至合一的境界。

(三)回族习惯法信仰向实在法信仰的转换

立法机关若能在"筛选"的基础上将符合社会主义法治需要的回族习惯规则认可为国家法,则回族习惯法信仰必然会随其载体的国家化"移情"至国家法,这将是个建构国家法信仰最便捷、高效和直接的路径。由该虔诚信仰而带来的巨大效力是深至灵魂、远至后世,是非穆斯林所无法想象的。在回族习惯法的主要渊源《古兰经》、《圣训》中,有许多该类可供选择的规则,如调整相邻关系的,"不要阻挠邻居利用自己的墙壁"[1]且"邻居,不论是穆斯林、异教徒还是笃诚之士、伪信士,朋友还是敌人,造罪者还是造福者,均应向他们行好"[2]。"有四种品行……谁具有其中的一种,直至将它抛弃前,他就具备了叛逆者的品行。它们是:说假话、违背誓言、毁约、吵架时破口骂人。"[3]则鼓励信守合同。谴责诽谤行为"三人在一起时,两人勿背着第三人密语"[4]。"切勿背后议论。"[5](背后讲未干明显坏事的穆斯林的坏话)。不仅在立法,涉及司法调解的同样有可供借鉴的、被回族群众恪守不悖的信仰规范:阿依莎传(圣妻——笔者注),圣人说:"为使人和解而说的假话不算假话。"[6]库巴人打斗而互扔石块时,穆圣曾对身边的人说:"你们快去,让他们和解吧!

---

[1] [埃及]穆罕默德艾玛热编:《布哈里圣训实录精华——坎斯坦勒拉尼注释》,宝文安等译,中国社会科学出版社1981年版,第72页。
[2] [埃及]穆罕默德艾玛热编:《布哈里圣训实录精华——坎斯坦勒拉尼注释》,宝文安等译,中国社会科学出版社1981年版,第169页。
[3] [埃及]穆罕默德艾玛热编:《布哈里圣训实录精华——坎斯坦勒拉尼注释》,宝文安等译,中国社会科学出版社1981年版,第72页。
[4] [埃及]穆罕默德艾玛热编:《布哈里圣训实录精华——坎斯坦勒拉尼注释》,宝文安等译,中国社会科学出版社1981年版,第72页。
[5] [埃及]穆罕默德艾玛热编:《布哈里圣训实录精华——坎斯坦勒拉尼注释》,宝文安等译,中国社会科学出版社1981年版,第223页。
[6] [埃及]穆罕默德艾玛热编:《布哈里圣训实录精华——坎斯坦勒拉尼注释》,宝文安等译,中国社会科学出版社1981年版,第76页。

这也算是施舍。"①此类似处理人与人之间关系规范涉及生活的方法面面,数量庞大,规定细致入微,与当今国家法规范内涵颇多一致,此处列举仅以说明国家认可回族习惯法是有效统一回族的法信仰与实在法信仰的途径。

需要特别明确的是,此处无论是立法还是司法调解,都须是针对回族——这一特定群体而言的。另外,源自《古兰经》、《圣训》的回族习惯法规范在表达上多用比喻、列举的方式,采用口语的频度也较高(圣训本身源自穆罕默德圣人的言行记录——笔者注),认可该类法律规范时要注意符合我国《立法法》的规定及法律规范的中国化表达;相反,在司法调解、对司法判决作解释时,在与国家基本法律精神一致、规定相符的前提下,在回族聚居区应酌情适当运用《古兰经》、《圣训》表达及语言,不但会使纠纷得到迅速高效的解决,且国家法律本身也会因此得到内心深处的认同,久而久之便会生成对国家实在法的内心信仰。回族习惯法信仰向实在法信仰的转换是国家立法部门、每一个回族居住区的司法工作者在具体工作中都可以完成的。② 回族聚居区工作的法律职业共同体的成员应该充分意识到回族地区工作的特殊性,不仅停留在了解回族习惯法的层面,还应将其提升至通过转换,实现回族群众对国家实在法信仰转换的高度。

六、结　语

社会主义法治国家建设需要以国人对法律的信仰为精神动力和内在支持。本文便是将回族群众的习惯法信仰作为中国法信仰的构成部分——一种本土资源加以研究的。这是中国人构建自己"法律信仰"体系的组成部分,是目前探索中国法律信仰体系构建途径的一种尝试,笔者希望以所思所想就教于方家,为中华法文化和民族法文化的繁荣发展作出自己应有的贡献。

---

① ［埃及］穆罕默德艾玛热编:《布哈里圣训实录精华——坎斯坦勒拉尼注释》,宝文安等译,中国社会科学出版社 1981 年版,第 78 页。
② 笔者在与张家川回族自治县法院的审判员座谈时得知,他们在解决当地回族群众间的法律纠纷时,在国家法律许可的范围内,常常会运用当地公认的习惯法原则、规则,在调节过程中运用宗教语言以取得最好的法律效果。另,宁夏回族自治区高级人民法院工作简报载"宁夏海原县 2005 年发生的'8·27'死亡 9 人的特大交通肇事案诉讼中",因赔偿金数额无法达成一致,法院多次调解无效,数百名群众上访,最终以阿訇调解员参与调解工作方才结案。

制度分析

◎近世宗族制度与民间社会"自治"——一种法律社会史的视野
◎"活法"密码——藏族习惯法"董嘉哇"制度生命力探究
◎行动中的法——现当代藏族"赔命价"习惯法之实证分析
◎清代文斗寨中人制度
◎我国遗产资源使用管理规则的重构——一个集体行动的逻辑
◎"六礼"与"婚配"——法文化视域中的中国传统婚仪与基督教婚礼
◎宋以来乡约与乡约法探析——以乡约碑刻为考察对象
◎家族规范对家族秩序的建构与维护——以《红楼梦》中的家族规范调整为素材
◎交易习惯的性质及其方法——以我国合同法为视角

近世宗族制度与民间社会"自治"
——一种法律社会史的视野

李其瑞　汤婧沄[*]

（西北政法大学　陕西　西安　710063）

摘要：宗族是由父系血缘关系的各个家庭，在祖先崇拜及宗法观念规范下组成的群体。自宋代开始，宗法传统发生明显下移，形成了以共有地、祠堂、族谱、族规等为特征的新的宗族制度，即近世宗族制度。明清时期，宗族制度发展成熟并成为一种官方支持的民间法。士绅作为宗族组织最主要的领导力量，使宗族成为实际上的基层行政组织。宗族组织和宗族规约的复杂性不但没有带来社会的二元分化，反而形成家国同构的社会高度统一化。

关键词：宗族；宗族制度；士绅；民间社会

宗族是世界各民族历史中广泛存在的一种社会现象，然唯有在华人社会影响最为深远。中国传统社会因宗族文化而具有家国同构的特征，这种情形使中国传统法律制度和法律文化呈现出一种不同于西方的特征。

据日本著名学者内藤湖南在其"唐宋变革论"中的划分，唐代是中世的结束，宋代则是近世的开始。[①]　中国皇权制度从中唐至宋代开始确立了"（皇帝——笔者注）不复委权于下"的发展趋势，中央集权日趋增强。而与这个趋势同步，宗族组织的平民化也愈加显著。宗族复兴导致新的宗族制度产生，这就是近世宗族制度。自宋以来，宗族制度作为一种民间法在我国传统民间社会中具有极为重要的地位，明清时期宗族制度对民间社会的影响几乎涵盖了整个社会生活。近世宗族是一个经济的、法律的、精神的、道德的、文化的社会单元，从而成为实际的基层行政组织。

一、近世宗族制度：一种成文的民间法

班固所著《白虎通》之中的宗族定义可谓中国宗族研究之理论基础。班固认为"族者何也？族者凑也，聚也，谓恩爱相流凑也。上凑高祖，下至玄孙，一家有吉，百家聚之，合

---

[*]【作者简介】李其瑞（1961—），男，江西萍乡人，西北政法大学教授，研究方向为法理学；汤婧沄（1986—），女，宁夏银川人，西北政法大学2009级法律硕士研究生。

[①]　[日]内藤湖南：《概括的唐宋时代观》，参见刘俊文主编：《日本学者研究中国史论著选译》第1卷，黄约瑟译，中华书局1992年版，第10～18页。

而为亲,生相亲爱死相哀痛,有会聚之道,故谓之族"①。"宗"之核心在世系性,"族"之核心在聚居性。"宗族"是一个以父系先祖为共同敬奉对象的、体现父系单系世系原则的聚居群体,不包括由婚姻关系联结而成的母族、妻族,所谓"父之党为宗族"②。该群体施行的原则包括对以世系远近、亲疏差别为基础的族内等级的无条件承认及建立在该等级上的管辖和服从。这样的"宗族",代表了中国汉民族的特殊生活方式,体现了汉民族特殊的行为规范和价值取向。

与宗族相关的还有家族、乡族等形态。家族是以家统族的社会群体组织,或为数世同居共灶的大家庭,或以一个同居共灶大家庭统辖成为附户的族人,是宗族的一种形态。从宗族的历史看,先秦是典型宗法制宗族时代,汉代到清代在宗法具体内容上颇有更易,宗法制日渐式微,此后的宗族也称为家族。清代以后,地方又兴起形形色色的"乡族"组织,这是一种旨在实现共同目的和利益由血缘不同的各家族、宗族组成的联合体,也是宗族组织的形态之一。由家庭到家族,结成宗族,再集合成乡族,进而成为国家权力的民间基础,这种家国网络,就是近世中国的社会构成。宗族的功能主要有政治功能和社会功能,中国历史上以宗族制度演变所带来宗族功能变迁发展大致可分为三个阶段。

第一阶段是以政治功能为主导的先秦到隋唐时期。西周时期"君统"与"宗统"合一,周王集宗族权力与国家权力于一身,整个社会以血缘、政治两重原则相联系,构成典型的宗法国家。秦汉开始郡县制取代分封制,世族、士族型宗族产生,天子不能直接干涉宗族内部事务。东汉时期"强宗大姓"逐步控制中央和地方各级政权,发展为"世家大族"并在魏晋南北朝走向顶峰,至隋唐逐渐衰落。"从秦汉间的贵族政治到两晋时期的门阀政治,从一家或数家私门政治到南北朝、隋、唐初士族区域集团政治,再发展到中唐以后进士官僚集团政治,士族的政治力量在与皇权力量相互消长的关系中,影响着社会政治格局的变化。"③总之,在这一漫长阶段,宗族的功能以政治功能为主。当时宗族虽也以血缘为纽带、以孝悌等观念为伦理基石,但其更重要的社会基础却是政治与经济利益的一致性,这与近世宗族具有显著区别。

第二阶段是政治功能与社会功能趋于统一的宋元明清时期。具备共有地、祠堂、族谱、族规等近世宗族制度要素的宗族组织发端于宋代。由此,近世宗族不再具有此前宗族超血缘的政治因素的依托,而成为纯粹以伦理精神聚族的组织。元代的宗族组织是在同国家较少联系的情况下由士大夫重建的。大官僚重建宗族的活动使宗法传统制度重心下移,宗族开始发挥社会功能。明清时期宗族日益民间化并为官员、绅衿乃至平民所掌握,成为基层社会最重要的民间组织。明清政府希望宗族通过"齐家"来推广儒家伦常、稳定社会秩序,是以坐视民间宗族违反礼制建立宗族祠庙,批准族规,支持族长依据家法对宗族进行管理,通过旌表提倡宗族置族田、修族谱,甚至清代雍正时予以祠堂族长

---

① 〔汉〕班固:《白虎通》卷8《宗族》。
② 《尔雅·释亲》。
③ 钱杭:《中国宗族史入门研究》,复旦大学出版社2009年版,第163页。

处死族人的法律权力。在宗族与政权的强烈互动之下,宗族成为具有一定自治性质的组织,宗族制度成为对国法具有补充作用的民间法。宗族组织不再具有政治特权,失去了对皇权的任何抗衡能力而成为官府的附庸。可见,隋唐而上的宗族往往形成地方势力集团与君主分享着中央与地方的权力,其社会活动较大地影响着政策,体现出很强的政治功能;而后期的宗族组织经过宋元的民间化转变已具有更多社会化因素,最终形成一种与行政相配合的社会组织,其对政治已无影响力,但却发挥着基层行政组织的作用从而跟皇权政治密切相关。可以说,宗族在其民间化的过程中发挥了显著的社会功能,而又在与皇权的互动下达到了政治功能与社会功能的统一。

第三阶段是宗族功能变异的近现代时期。此阶段宗族组织发生了全面变异。宗族的宗法性被剔除,宗族组织具备了进步的自治团体意识、民主团体的理念和团体社交的功能。此时的宗族已经不运用其组织去维护政权和社会稳定,其政治功能逐渐衰退,与之相对应的是着力谋求联谊、福利事业的发展,呈现出一种不同于以往的新社会功能。

近世宗族制度最明显的特征是同族结合的范围不断扩大,宗族组织在基层社会普遍建立,族权布满社会各个角落的众多宗族,成为仅次于国家政权的权力体系。宋元时期家法族规等以礼和习惯为准则,内容不完备,缺少详细规定;而到明清时期,家法族规真正蓬勃发展起来,其内容和形式都趋于成熟,并成为得到官方支持的一种以成文家法族规作为载体的民间法。

第一,祠堂制度。宗族组织均建有祠堂,祠堂是宗族组织与族权的象征,是"宗法、谱法与夫冠婚丧祭之礼行之有地"。祠堂首先是供奉祖先神主之处。族人在庄严肃穆的环境中礼拜祭祀,可以产生对长幼尊卑之序的深刻认识,唤起对自己本源和族中血缘关系的体验,从而对祖宗和宗族产生敬畏和依附之情。很多宗族并非只有一座祠堂,而是数座、数十座乃至上百座;正式的祠祭一般每年三次,分别于除夕(元旦)、清明、中元(或冬至)时祭祀,小祭又有花朝、春社、端午、荐新、秋社、重阳、送寒衣以及各族生辰祭日。祠堂同时是宗族权力机构或管理机构处理族中事务、执行家法的所在地,所以祠堂也作为宗族权力机构或管理机构的代名词。

第二,族田制度。族田与祠堂互为表里。族田按作用可分为祭祀类型的族田、助学类型的族田、赡族类型的族田、公益类型的族田等。祭祀类型的族田分祭田和墓田,分别用于祠祭和墓祭,是祭祀祖宗等活动所需费用最直接的物质保证。助学类型的族田则都是为了资助族人进学。宋以后宗族普遍设立义塾,有助学类型的族田作经济保障,义塾不收学费,免费供给膏火、书籍、笔砚等。赡族类型的族田有义庄、义田等。义庄原为收贮、发放义田田租之地,又称"义仓",为范仲淹于皇祐元年(1049年)首创,明清代又有进一步发展。据光绪年间徐赓陛称:粤东祖祠祭产,纳粮额常占其邑钱粮之半。后来在大多数场合,义庄成为赡族组织的代名词。义庄均设立管理机构并有规条,成为宗族的准权力机构。

第三,族长制度。宗族组织中设有以宗子、族长为首的管理机构。宗子又名主奉,是以祖宗替身出现的全族最高首脑。宗子在原则上由血统而定,所谓"立嫡不立庶",但宋以后宗族实际上普遍实行"合族公举",标准是血统、贤德、衣冠三方面的综合。族长又称宗长、族正、族首、祠长等。族长一般由族人推举产生,最普遍的推举形式与责立宗子一样,也是辈分、德能与官爵、财禄相结合。族长在宗族组织内成为族权的代表,具有主持祭祀权、族内教化权、行政管理权、裁判权、族内财政权等。族长对宗族的管理需要依据宗族规约为保证。宗族有家训族规以及很多单项法规,如义田规条、祭祀规条、赈族规条等。族规的主要内容"一般均有祭祖宗、孝父母、友兄弟、敬长上、亲师友、训子孙、睦邻里、肃闺阁、慎婚姻、严治家、尚勤俭、力本业、节财用、完国赋、息争讼等诸多项目"①。可以看出,家法族规不仅是宗族制度的组成部分,同时也是宗族制度的载体。

第四,族谱族规制度。族谱是宗族组织的档案。族谱内容主要有:宗族历史、人事档案、记载宗族血缘传承,这占据族谱绝大部分篇幅;宗族产业档案,记载祠堂、坟茔与族田等族产;文字档案,记载宗族有史以来所有的家规、祖训、形胜、名迹录、家范及传记等;修谱档案,记录修谱经过、阐述族谱的纂修原则及纂修体例。宋代以后,家谱作为官吏铨选和婚姻门第参考的依据作用已逐渐丧失,修谱的目的主要是为了说世系、序长幼、辨亲疏、尊祖敬宗、睦族收族。由于明清仍以儒学为官方思想,实行以孝治天下,士大夫编纂的族谱也有明显的政治化倾向。首先,明清族谱收入劝民谕旨,并把族规家训也刊入族谱;其次,士大夫倡导"修身齐家治国平天下",明代的一些士大夫则视修谱、宣传族谱为完成这种使命的措施;最后,明清族谱对劝诫族人极为重视,往往通过叙例褒贬以教化族人,例如规定对妇女贞节的要求以及规定对充当僧道、充当贱业或者有不轨行为者进行削名。

二、士绅:明清基层社会的控制者

近世宗族制度之所以在宋元形成而又在明清普及,是由于明清时期皇权法律体系的空隙常为民间法所弥补。皇权不能覆盖的地方,自然就被民间共同体的控制力量所替代,而这种控制力量就是士绅阶层。士绅阶层是一个有资产或者有文化的阶层,瞿同祖称其为"地方精英"②。"士绅"一词内涵较宽,经历了绅衿、士绅、绅士等多种称呼的变化,是指包括待仕、出仕、退职的科举功名获得者。宋元是近世宗族制度的创建时期,同时也是士绅阶层初步形成时期。唐末五代的社会动乱导致门阀宗族走到末路,士庶难以区别,宗法观念淡薄,这一混乱状态延续到宋初。宋朝标榜"以孝治天下",而现实的情况却是宗法伦理道德和礼法观念淡漠至极,社会阶层流动不定,门第观念基本消失,士人纷纷表示对世风的忧虑。元朝则不重视文治,儒家地位相对有所下降,荒疏了礼制。明清两

---

① 张研:《清代社会的慢变量——从清代基层社会组织看中国封建社会结构与经济结构的演变趋势》,山西人民出版社 2000 年版,第 92 页。
② 瞿同祖:《清代地方政府》,法律出版社 2003 年版,第 282 页。

代,士绅为了重整阶层社会秩序,积极复兴宗族制度,通过置族田、修族谱、设祠堂等社会实践活动,逐渐确立了比较完善和系统的宗族制度。

随着明清时期宗族制度的成熟,士绅逐渐成为一个左右基层社会的特殊阶层。士绅阶层的形成标志着基层的社群形成了一个相对独立于行政体系的民间社会。士绅阶层从待遇和身份上与一般平民有根本区别,政府给予他们特殊优待,使之成为地方权威。士绅一般有与地方官相当的社会法律地位,官吏倚重于士绅的辅佐,士绅可自由见官,并不必行百姓对官吏所行的特定礼仪。如:法律特别保护士绅不受百姓的冒犯;士绅违法需采取特定的程序才能处置;在诉讼中,平民不得指名士绅作证;士绅享有免服徭役的特权等。士绅阶层的特殊地位表明"他们是唯一能合法地代表当地社群与官吏共生地方事务参与政治过程的集团。这一特权从未扩展到其他任何社会和组织"①。

士绅阶层与宗族制度发展成熟的历史阶段基本相符。在复兴宗族制度的过程中,士人的社会角色随之发生重要变化,即通过宗族组织,士人与基层社会的关系密切起来,成为宗族利益的主要维护者、基层社会文化活动的主要领导者。但在宋元时期,祠堂、族田、家谱数量较少,新的宗族制度影响力有限。明清时期,士绅在宗族建设中积极响应皇权思想、推动宗族制度发展,真正成为基层社会的重要领导角色,儒家伦理文化也通过士绅建立的新宗族制度传于民间。

第一,对皇权政治思想的响应。明清统治者均实行"以孝治天下"的伦理政治。从明朱元璋到清初几代皇帝的"圣谕"主要规定的是"和睦乡里,教训子孙"、"敦孝弟"、"笃宗族"、"和乡党"、"尚节俭"、"隆学校"、"黜异端"、"讲法律"、"明礼让"、"息诬告"、"联保甲"等,都将教化作为治国的重要手段和策略。社会教化工作的重任在士绅阶层,"圣谕"使得士绅阶层更加深入民间社会,士绅阶层和宗族组织从而走向鼎盛。从明代中后期到清代,许多族谱收入劝民圣谕,成了士人改造社会的工具,由于士绅阶层对皇权政治思想的响应,修族谱成了士绅普遍的社会行为。士绅通过修谱,宣传儒家文化伦理并成为基层思想文化的主导者;国家则利用士绅修谱深入民间社会,使得民间社会看似在行政体系之外,但实际上每个人都被纳入政治生活与政治网络之中。宗族是联结皇权与基层社会的中介,宗族的代表则是族长和士绅。族长和士绅在上是国家意志和儒家文化的代表,在下是宗族组织等诸多民间共同体的管理者,这就使官与民、皇权与民间成为统一体。

第二,对宗族社会实践的推动。按照近世宗族制度,族长是宗族组织的管理者,总管宗族各项事务,如祭祖、祠堂、族产、奖惩、立嗣、修谱、分配财产、督促国课等。明清时期,由于选择族长和宗族管理者打破传统宗法原则而较多选择德、才、财兼备者,具备这些条件无疑大多为有特殊身份和地位的士绅。清人顾栋高说:"夫使宗子无禄,何以收族人?不得爵于朝,何以为族人主?"宗法之立"在士大夫之贤者自为之"②。可见,族长、士绅是

---

① [美]费正清:《剑桥中国晚清史》上卷,中国社会科学院历史研究所编译室译,中国社会科学出版社1985年版,第16页。
② 《皇朝经世文编》卷64《礼政》。

宗族的统治者，他们对内控制族人，对外则代表宗族组织与政府联系。士绅阶层因其对宗族社会实践的积极推动，而成为民间社会中当仁不让的权威。

明嘉靖初年，由于"大礼仪"之争掀起了一场宗庙制度方面的改革。祭祖权扩大，民间逐渐形成了士绅大建宗祠祭祀始祖的普遍现象。清朝为推行孝治，更积极提倡建士绅家庙。《大清通礼》则对品官、庶人的祭礼都有明确规定。这其中不论官民，皆祭祀高、曾、祖、父四世祖先，官民祭祀的主要区别是官可于居室之东"立庙"，民则在家之正寝之北"为龛"。① 然而"在籍进士、举人以七品官，贡生以八品官资格建立家庙。进士一般都可以出仕，在籍者不多，未出仕而在籍的举人、贡生数量不少，允许他们建家庙，是把官员的权力给了士人，这是祭祖下移的表现。因此清代建家庙的数量更多了"②。在籍进士、举人、贡生是士绅的主要群体，从而士绅成为宗族祠堂的主要建设者和宗族势力的主体。据费正清《剑桥中国晚清史》载，清代全国约有正式官员 27000 名，包括 2 万名文官和 7000 名武官。数量有限的官员与异地任职之规定，让官员难以与百姓亲密接触，甚至出现外地官员大多不懂当地方言的窘境，使得国家行政系统与基层民众之间出现严重的隔阂，而士绅阶层作为实际存在的中间阶层，起到了沟通官民关系的作用。

士绅阶层在明清时期特殊的体制与沟通机制中成为基层社会的实际控制者。宗族系统族长的身份，更是突出了士绅阶层的地位。"族长以贵贵为主，先进士，次举贡生监，贵同则长长，长同则序齿。无贵者或长长，或贤贤。族约以贤贤为主，皆由合族公举。"③ 毫无疑问，宗族、乡族、会社等成为以士绅为首的基层组织。

第一，士绅对地方行政的影响。士绅代表地方宗族势力与地方官员有非常复杂的关系。由于州县官不是本地人，对当地不熟悉，所以士绅被认为有资格向州县官描述实际情况以及提出合适建议。州县官对当地情况的掌握主要是从士绅处了解，包括风土人情、百姓生活以及是否存在地痞与讼棍等等。士绅虽不得直接参与行政，但往往促使官员创制、修改或撤销某个决定或行动进而影响行政。瞿同祖在论述士绅与地方行政的关系时提到，浙江海宁知县报请巡抚要求委派"里催"催征赋税，巡抚指示召集士绅会议进行咨询。④ 可见，地方官员在决策上会主动向士绅请教、征求意见。

第二，士绅调解民间纠纷的作用。士绅作为宗族、乡族组织的首领，往往将诉讼在公堂之外予以调解解决。士绅阶层自身的特权地位也有赖于社会的安定有序，同时官吏也发现，通过士绅阶层向百姓下达命令较之正常的官府渠道要容易得多。清代司法制度主要由正式审判制度、民间调解制度和半官方的纠纷处理制度这三部分组成，分别对应于官方政府、民间社会的自我管理组织和半国家半社会的中间领域。士绅的调解就属于这

---

① 《大清通礼》卷 16。
② 常建华：《宗族志》，上海人民出版社 1998 年版，第 103 页。
③ 〔清〕冯桂芬：《显志堂稿》卷 11《复宗法议》。
④ 参见瞿同祖：《清代地方政府》，法律出版社 2003 年版，第 306 页。

种中介领域,是清代政治制度中半官方的半正式的制度之最佳写照。①

第三,士绅对地方公益的保障。由于政府资金有限,在公共工程和公共福利的问题上不得不依赖士绅阶层。修桥铺路等公共工程,一般均由政府和士绅阶层共同完成,或由政府拨款,士绅组织;或由士绅捐资,政府推动。当灾荒发生,士绅不仅捐资救灾,而且直接操办救济事务,如主持义仓、核实灾情、安抚灾民、分发食物等。士绅的帮扶弥补了政府在赈灾方面财力和人力的不足。"许多官员认为,由士绅监造或主管的公共工程和公共福利事业,其效率比书吏管理高得多,而其成本却要比书吏管理还要低。"②

第四,士绅对乡村教化的掌管。由于士绅受过儒家文化的知识训练,熟悉儒家礼仪道德,他们责无旁贷地成为家法族规的制定者与道德礼仪的推行者。士绅以修族谱活动为核心,宣扬儒家文化伦理,规范民间社会文化生活。乡约宣讲、社学、义学任教以及婚丧、祭祀主持等都由士绅担当。地方孔庙、贡院、学堂、书院的建设与修缮资金也主要由士绅捐献。道光年间湖北襄阳府所建的19座义学中,16座为士绅捐资创办。③ 可见,士绅成为了基层社会思想文化的掌管者。

第五,士绅对保甲的控制。清朝普遍存在聚族而居的农村社会,保甲制度使基层政权组织常与宗族组织合而为一,形成"保甲为经,宗法为纬"的地方管理体系。④ 光绪十三年(1887),武昌知府李有棻推行保甲制度,就是官方不得不承认绅权的尝试,该举措开清末地方绅董自治之滥觞。据李有棻《督同江夏设局举办保甲禀》云:"所以收其利而杜其弊者,不外委得人之一法。现于城内设立总局,择各乡正绅夏建寅等十人总习其事。……县凡三乡,为里者四十八,为屯者十三,为州者一,各举二绅或三绅,统谓之里绅。悉为总局所遴选。分司各里各屯与州之事。复各有保正以供奔走。造册以十户为牌,立牌长,十牌为甲,立甲长,大族则更立族长,皆统于里绅,总局复统各里绅而督率之。颇有指臂相使之势。"⑤可见,武昌的保甲制度形成了总绅—里绅—甲长—牌长—民户的组织结构,士绅成为基层社会的实际控制者,绅权在基层社会权力结构中的支配地位得到明确肯定。

三、家国同构的民间社会自治:行政之外与皇权之内

近世宗族以士绅阶层为主导所形成的社会控制体系,是由宗族、乡约、保甲等多种交叉叠合的组织构成。虽然它们都以宗族为后盾,但毕竟属于不同类型、不同层次的社会单元。这些组织有的以血缘为纽带,有的以利益为纽带,有的以权力为纽带。宗族观念、

---

① 参见黄宗智:《清代的法律、社会与文化:民法的表达与实践》,上海书店出版社 2007 年版,第 107 页。
② 瞿同祖:《清代地方政府》,法律出版社 2003 年版,第 309 页。
③ 〔清〕周凯:《襄阳府属义学章程》,参见璩鑫圭编:《中国近代教育史资料汇编·鸦片战争时期教育》,上海教育出版社 1996 年版,第 320 页。
④ 〔清〕冯桂芬:《显志堂稿》卷 11《复宗法议》。
⑤ 〔清〕李有棻:《武郡保甲事宜摘要》卷 1《禀》,光绪十七年(1887)武昌署府印。

人情观念、乡土情结交织其中,还包含了利益与权势的斗争。这一切反映出民间社会非正式社会控制体系的复杂性。但这种复杂特征并不能得出明清社会就是"民间—国家"二元结构的家国分离状态的结论,宗族与国家的内在统一才是中国社会的实际状况。

尽管民间存在各类控制力量,但它们依然处在皇权控制体系的框架之内,以儒家道德礼仪为原则,维护现有等级秩序。民间社会组织不具备与政权相抗衡的力量和需要,相反它弥补了皇权控制力量的不足。表面上看宗族的首领都是合族公举,并非上级委派,似乎是民主的,但实际上这种公举并非在平等竞争下发生的,从而与基层民间组织成员的权利没有太大关系。由于宗族、乡族首领不是由行政体系任命的,在血缘观念的影响下反而更容易博得基层民众的认同感,其权威反而比官方任命还高,宗族组织的影响更加牢不可破。士绅与官僚只是同一阶层内的两个不同名称,官僚任职期间离开乡里就代表政府,然而他们致仕后以及回到的家乡,就是士绅。"他们无论是作为这个社会群体的成员还是担任国家官吏,士绅资格的取得都是由于他们的功名所显示的教育程度。可见士绅无论做官与否,都是官僚制度的主要部分。"[①]

中国传统民间社会具有一定的自治性,皇权在乡土社会中实际奉行一种"无为政治"。以宗族力量为主导的中国传统社会的自治,尤其不同于西方市民社会自治的特征。在西方,市民社会既独立于政治国家,又与政治国家沟通,代议制度是介乎两者之间的桥梁,市民社会构成现代民主宪政的真正社会基础。相比之下,中国的民间社会缺乏民主性,活动受到政府的严格控制,自治程度较低。

首先,近世宗族组织和宗族制度对皇权的依附性。控制着宗族的士绅阶层,其自身在地方上所具有的权威依赖于来自官方的正统性,国家把士绅和宗族组织的社会活动纳入政治统治的轨道,使其戴上了政治光环。作为家法族规的宗族自治性法律本身就是一种兼具"公"、"私"法内容的行为规则,是一种被官方认可的民间法,宗族组织依靠公权力的强制性而存在。这些民间组织虽然具有自发的情形,但却不具有西方市民社会相对于国家权力的独立性。

其次,家国同构之下的宗族自治。宗族势力在政治上的强大主要在于外在的强化,国家以明示或默示的方式赋予宗族对其内部事务广泛的管理权和处罚权。家法族规以国法为依托,国法以家法族规为补充,家法族规的精神与国法具有高度一致性。从族权的政权化倾向可以看出所谓的宗族自治只是把大的国家分成了同构的小国家,宗族组织是皇权控制在基层的一种延伸,而非限制。家法族规和宗族组织、士绅阶层的存在使得统治者可以集中力量镇压危急统治秩序的重大犯罪,所以,宗族的"自治"与其说是分国家之权,不如说是分国家之忧。当宗族的经济、政治力量开始强大到威胁皇权之时,也就是皇权着手打击豪门宗族、剥夺其法律特权之时。按照儒家伦理,宗族是不具备反抗国家政权的正当性的。在家国一体的社会构成中,"忠"和"孝"并非对应于"公"与"私",

---

[①] 周荣德:《中国社会的阶层与流动》,上海学林出版社2000年版,第6页。

"忠"依然是"亲亲"、"尊尊"之家本位思想的反映,实际上是更高层次的"孝"。因此,无论是就思想基础或是现实基础而言,宗族的治理与皇权统治都是一元化的。

再次,沟通"国"与"民"之间关系的宗族组织。皇权、宗族、士绅在维持地方基层社会方面达成了一定共识,互相依托支持,既强化了专制皇权,又使宗族组织普及、完善,更使士绅阶层在皇权与基层社会的作用更加凸显。这样皇权与基层社会通过宗族组织密切联结起来,"宗法家族成为'国'与'民'之间的中介,'国'与'家'因而彼此沟通,皇权与父权也就互为表里,社会等级、地缘政治始终被笼罩在宗法关系的血亲面纱之下"[①]。可见,宗族组织、士绅阶层的沟通作用主要在于融汇族权与皇权,实施政府想要推行的教化,而非下情上达表达民意。

总之,宗族组织与绅权的存在与发展并不意味着皇权的萎缩,只是表明中国近世以来皇权对基层社会控制方式的转变。皇权的控制主要体现在"心治",即通过儒家的价值观去塑造士绅阶层,再利用士绅去控制基层民众,以礼法文化加强民众对伦理性质的义务的认同和服从,从而抑制了权利、自由等观念的萌生。至于宗族的治理,表面上中国近世民间社会的确是自治、自律的,但在进入现代之前,各地区、各时代的家法族规、村规民约,本质均是儒家伦理价值观的体现,儒家伦理价值观构成了国家法和民间法共同的思想、伦理渊源。在社会政治架构方面,宗族组织虽表面上在行政体系之外,但实际上仍在皇权控制之内。近世宗族组织的"自治"和宗族规约的复杂性不但没有带来社会的二元分化,反而形成家国同构的社会高度统一化。

---

① 冯天瑜等:《中华文化史》,上海人民出版社 2010 年版,第 207 页。

"活法"密码
——藏族习惯法"董嘉哇"制度生命力探究*

穆赤·云登嘉措**

（西北政法大学　陕西　西安　710063）

摘要：藏族的"董嘉哇"制度产生至少已经1000多年，经过世世代代的传承，至今仍然以"活法"的形式作用于藏族社会。探讨这一制度长盛不衰的原因，对于藏区法律文化的转型以及国家制定法在藏区的变通立法和司法制度改革，都有借鉴意义。本文从历史传统、文化观念、制定程序、社会现实、制度本身等五个方面进行了分析和探讨。

关键词："董嘉哇"制度；"活法"；生命力

2012年7月6—8日，第一届中国法理学年会暨学术研讨会在西北政法大学召开。笔者给本届学术研讨会提交了题为"被误解的文化传统——论藏族'赔命价'制度的内涵"的论文，在这篇论文中，笔者提出根据藏族地区广泛适用的"赔命价"制度，应根据其本身的内涵，将其称为"赎罪抚慰补偿金"更为恰当，或者直接用音译的方式将其称为"董嘉哇"。这一观点在会议交流中引起热议。有学者提出，除了研究这一制度的内涵以消除长期存在于学术界的误解之外，还应该研究藏族习惯法特别是这一制度为什么会有如此强大的生命力，至今仍然以"活法"的形式存在并作用于藏族社会这一问题。对于这一问题，会议代表进行了探讨，笔者也作了简单的回应。会后仔细思考，觉得研究这一问题确实很有现实意义，对于藏区法律文化的转型以及国家制定法在藏区的变通立法和司法制度改革，都有借鉴意义。

"董嘉哇"（又音译为"董"、"什董"、"呢董"等），是藏语音译。笔者请教了一些研究藏族语言学和从事藏汉语翻译的学者，"董嘉哇"的本意有"千"和"空"等，引申的意思有三：一为"千金难买一人生"，即生命是世间珍宝，再多的金钱也换不回逝去的生命；二为支付命价不会变穷，获得命价不会变富①，到头来皆为一场空（因为获得的补偿财物最终被全

---

* 本文为教育部2012年课题《藏区习惯法"回潮"与社会稳定问题研究》（课题编号:12YJA850018）的阶段性成果。

** 【作者简介】穆赤·云登嘉措（1960—），男，藏族，青海省贵德县人。西北政法大学民族问题与民族法研究所所长、教授，兼任陕西省法学会民族问题与民族法研究会会长。2005年获得国务院颁发的"全国民族团结进步模范个人"和"享受国务院特殊津贴专家"称号。

① 参见隆英强：《社会主义法治建设与藏族法律文化的关系研究》，中国社会科学出版社2011年版，第66页。

部用作超度死者灵魂和丧葬等等);三为在发生命案纠纷时,以成千上万的财物补偿,将仇怨做空,让死者安息,罪人忏悔,当事人双方重归于好,使事情回归到什么也没有发生的状态。

由此可以看出,把"董嘉哇"制度翻译为"赔命价"是非常荒谬的,因为这一翻译不仅没有反映出"董嘉哇"制度的本来面目,而且"赔命价"一词容易将这一制度与"赔偿生命之价值"、"花钱买命"等违背人类普世价值的言行联系在一起,从而对这一藏族传统的法律文化和法律制度造成误解、误读。因此笔者呼吁学术界的各位专家学者在今后的著述中不再使用"赔命价"这一称谓。

"董嘉哇"制度到底产生于什么时代,目前还没有定论,有学者根据藏文古籍《详述佛教发展明灯》(巴丹杰桑布著)中的记载,认为这一制度的渊源可以追溯到吐蕃第二代赞普穆赤赞普时代(大约在公元前 140 年左右)。① 但在藏族历史文献中有明确记载的,是出现在松赞干布统治吐蕃王朝时代。

松赞干布时期,由中原和外域传入的佛教取代了藏族世代信仰的本波教②,成为占据统治地位的信仰,为统治阶级的统治提供了重要的精神支持。"藏人为达到解脱之目的,视佛教为生命之核心,喇嘛(藏语意为上师——引者加)为生活之导师,认为任何典章制度只有依附于佛教才有意义。"③佛教的观念对吐蕃王朝的立法产生了一定的影响(松赞干布以佛教"十善法"④为主旨,组织制定了《法律二十部》,于公元 629 年颁行,首开吐蕃立法之先河),但这种影响是十分有限的,因为这时候对命案纠纷采取的解决办法并不是"董嘉哇",而是"杀人者偿命,斗争者罚金"。⑤ 而对过失杀人,在松赞干布时期就已规定:"即行为人在打仗或其他原因中因过失致人死亡,不能以命相抵,赔偿一定数额的金钱和进行佛教超度。"⑥也就是说,在松赞干布时代,"杀人者偿命"和"董嘉哇"同时存在,只是适用范围不同。

据藏族史籍《贤者喜宴》记载,赤松德赞执政时期,在对吐蕃的法律诉讼制度方面进行一系列改进的同时,由大臣廓·赤桑雅拉⑦依照以前的法典,对赔偿标准进行了修订,规定"大贡论地位无与伦比,若杀死,赔偿命价一万一千两白银;中贡论和大内相的命价相同,为一万两白银;小贡论、中内相、大整事三者的命价相同,为九千两白银;小内相、中整事的命价相同,为八千两白银;小整事的命价为七千两白银。如此规定了到属民最末等级间各阶层的命价,写成法律条文"⑧。使这一制度更加规范,大大维护了统治阶层的

---

① 参见隆英强:《社会主义法治建设与藏族法律文化的关系研究》,中国社会科学出版社 2011 年版。
② 藏族社会本土的自然宗教,信奉万物有灵。
③ 吕秋文:《从西藏传统社会权力结构之分析探讨西藏社会落后之原因》,载《中国藏学》1992 年增刊。
④ 一切善事归纳于十善法,即不杀生、不偷盗、不邪淫、不诳语、不两舌、不恶口、不绮语、不贪、不嗔和不邪见。
⑤ 据《贤者喜宴》记载:"吐弥等率领一百大臣居中理事,遵王之命,仿照'十善法'的意义在雪尼玛地方制定'吐蕃法律二十部'。"巴卧·祖拉陈唯:《贤者喜宴》,民族出版社 1986 年版。
⑥ 索南才让:《藏族历代法典》,民族出版社 2004 年版,第 30 页。
⑦ 被誉为是吐蕃七贤臣中的第六人,曾任吐蕃王朝大相一职。
⑧ 才让:《吐蕃史稿》,甘肃人民出版社 2007 年版,162 页。

利益。

另据仓宗巴·班觉桑布所著《汉藏史集》记载:"赤德松赞王在位之时,出现了第七位贤良之臣,他是涅氏之子,名叫达察东色,他的贤明和功业是,制定了守卫四方边境的制度,派遣武士千户部落守卫边哨,防御外敌,用法律公平处理内部案件,杀人者赔偿命价。在这之前吐蕃没有赔偿命价的制度,从这时制定了这一制度。"①说明在公元8世纪前后,"董嘉哇"制度已经由民间习惯被纳入吐蕃王朝的制定法中。至于"在这之前吐蕃没有赔偿命价的制度,从这时制定了这一制度"的说法是否符合历史事实还有待进一步研究。笔者认为,有两种情况导致了这种说法:一是为了凸显赤德松赞和达察东色的功绩前无古人;二是从赤德松赞在位之时,"董嘉哇"的适用范围有所扩大,用于赔偿的数额有了更加明确的规定。

如果我们以穆赤赞普时期有了"董嘉哇"制度算起,那么这一制度在藏区沿袭了2000多年。就算在松赞干布时期创立这一制度,那么这一制度也在藏区存在了1300多年。虽然在新中国成立特别是民主改革以后,藏族习惯法作为封建残余遭到全面废除,在此后的宗教改革和"文化大革命"中,藏族习惯法赖以生存的文化传统基础和信仰基础也遭到破坏和禁止,包括"董嘉哇"制度在内的习惯法似乎绝迹。但是随着改革开放、拨乱反正和宗教信仰自由政策的恢复,藏族文化传统得以恢复,包括"董嘉哇"制度在内的习惯法也开始"回潮",并与国家制定法形成博弈之势。一种法律制度能够沿袭如此长的时间,而且在今天依然作用于藏族社会,自有其内在和外在的原因。笔者认为,主要有以下原因。

一、历史传统的原因

吐蕃王朝早期并无现代意义上的法律现象,原始宗教的某些教义、长期形成的生活习惯和伦理道德成为人们普遍遵守的行为规范和准则。随着佛教的传入,特别是藏传佛教占据统治地位之后,佛教经典和宗教仪轨日益深入人心,开始变为藏族僧俗群众尊崇和遵守的行为规范和道德准则。宗教即为法的历史在世界许多地区都曾先后出现过,只是藏族地区的这一历史更具特色,它存在的历史更为漫长。时至今日,宗教经典、宗教戒律、宗教禁忌和宗教仪轨仍然是广大僧俗群众生活中的金科玉律。

佛教教法最初表现为许多清规戒律。清规原是指禅宗寺院组织章程以及寺院僧众日常行事必须遵守的规则,后来这些规章为其他各宗各派所接受。戒律原是佛教创始人释迦牟尼为其弟子制定的日常生活和修行实践的道德规范和行为规则。佛经可分为经、律、论三大部分,其中律部就是有关佛教戒律的经典。寺院僧众日常遵行的规则,就是依据这些律典,再结合当时当地的实际情况而制定的。

---

① 仓宗巴·班觉桑布:《汉藏史集》,陈庆英译,西藏人民出版社1986年版,第137页。

佛教以宣讲道德和仁爱为教法基础,宣扬"诸行无常"、"诸法无我"、"涅槃修静"、"崇善修好"等等。佛教的创始人释迦牟尼主张"诸恶莫作、众善奉行、自净其意、是诸佛教",将众生平等,慈悲为怀,无我利他作为一种理想追求,要求人们少行不义,多做善事,大发慈悲,广布施,持戒律,保清静。所有这一切,既反映了佛教深邃的哲理性,也反映出了其利益众生的价值观念。在此基础上,佛教根据自己的善恶标准,严格规定了相应的戒条和修持内容。这些清规戒律既作为一种宗教伦理观念,又作为一种行为准则,大多散见于有关佛教教义的经书典籍当中,如《律论》、《菩萨行论》、《佛律》以及各种佛经等等。其主要内容,除了宣传佛教教法持戒的基本观点,如《律论》主张"戒除一切有损于别人的言论行为及其思想根源",《菩萨行论》认为"自己的幸福和众生的痛苦,若不能予以交换,就成不了佛果,在人间也得不到幸福"以及坚持"发扬慈悲心,利众行是善,反之是恶"的道德风范外,便是大量的反映和图解、诠释这些观点的戒律的具体规定。择其要者,也是戒律的核心,是"奉行十善,抛弃十恶",即"十善戒"。十戒是指:戒杀生、戒偷盗抢劫、戒淫乱、戒说谎骗人、戒挑拨离间、戒恶言伤人、戒说是非语、戒贪欲、戒暴燥怒气、戒背理邪见。"十善戒"在佛教中被奉为"通戒",是佛教的最基本的道德要求,乃是佛家之大戒。与此同时,一些清规戒律还涉及日常生活当中的许多十分具体的方方面面,如《佛律》中就规定,不准佛门弟子随便割青草、砍活树,不准在草坪和河水中大小便,以免污染草地、河水。足见,佛教教法,既有大的原则性规定,又有十分细小、琐碎的律条与禁忌。

佛教教法对戒律十分重视。它不仅要求教徒们认真学习、体会,而且必须严格遵守执行,如在西藏格鲁巴的哲蚌、色拉、甘丹三大寺攻读格西学位(比一般喇嘛更高一级的学位)的喇嘛,仅戒律就要学习四年。与此同时,佛教主张苦身自约的修行方式同弘扬佛教道德的效果相辅相成。持守戒规、苦身自修被认为是通向佛的境界的唯一途径。在这一思想影响下,佛教徒为了成正果,也自觉自愿地严守教律,而且也自然而然地为民间大众所接受,成为对僧俗都发生作用的一种道德标准和行为准则。这就使得一种纯粹的宗教教法变为人们普遍认同的观念,进而又成为人们自我约束的规范,这在我国其他地区是不多见的。

既然佛教的清规戒律成为约束人们行为的规范,那么它除了道德范畴的善恶评价标准外,就或多或少地起到了一种法的作用。因此,在相当长的一个时期内,藏传佛教的教规,在藏族地区实际上发挥着法的功能,并与当时存在的一些其他法律,共同约束和规范着人们的行为。

藏传佛教在藏族地区所具有的大众性,使它与法之间获得了一种天然的亲缘关系。吐蕃王朝的统治者非常看重这一点,在佛教传入之初,松赞干布就命吞米桑布扎、噶尔·东赞域松(即禄东赞)、智色汝贡登、娘赤桑央顿等100名大臣,依据佛教"十善"精神,制定法律二十条,在基雪雄饶由藏王松赞干布和众臣共同签印,颁布全国施行。①

据宗教学者的说法,当时制定这一法律,目的是"对善者予以奖励,对恶人加以惩处,对豪强大族用法律压抑,对贫弱者设法扶助"②。

法律都是统治阶级借以维护其统治的工具,这部法律自然也不例外。它实际上是佛教"五戒"、"十善"的翻版、加工和引申。法律的制定颁布,适应社会发展的要求,是富有历史意义的一件大事,尤其是它将许多一般为人处世的道德伦理也写入法律强制推行,对于提高藏族人民的道德素质影响极大,诸如"孝顺父母"、"帮助邻里"、"出言忠信"、"斗秤公平"、"处世正直"等等,一直被藏族人民作为传统美德遵行不渝。

吐蕃王朝对立法十分重视,视为王廷大事并由专人负责。据《敦煌本吐蕃历史文书"大事记年"》载:"及至兔年(公元655年,唐高宗永徽六年),赞普驻于美尔,大论东赞于'高尔地'写定法律条文,是为一年。"

吐蕃王朝的立法范围比较广泛,涉及了社会经济和政治生活的许多方面。除了"赔偿命价"这一在当时非常重要的、明显属于刑法性质的法律规定外,主要的还有《吐蕃六法》。《吐蕃六法》分别为:

王廷、衙署职官安置之法(藏语称为《赤则本谢之法》)。这是吐蕃王朝的根本大法,规定了吐蕃王朝在政治、军事等方面的各项制度,前面所述的吐蕃的官制、五如的划分、千户的组成、军队的军旗、军马、等级划分、告身制等内容均在此法典中,还有"六大决议法"、"六种标帜"、"六种称号"、"英雄六象征"等。其中,"六大决议"为:奉养主人,但还要

---

① 其条文如下:
1. 杀人者偿命,斗争者罚金;
2. 偷盗者除追还原物外,加罚八倍;
3. 奸淫者断肢,并流放异地;
4. 谎言者割舌或发誓;
5. 要虔信佛、法、僧三宝;
6. 要孝顺父母,报父母恩;
7. 要尊敬高德,不与贤俊善人及贵族斗争;
8. 敦睦亲族,敬事长上;
9. 要帮助邻里;
10. 要出言忠信;
11. 要做事谨慎,未受委托,不应干涉;
12. 要行笃厚,信因果,忍耐痛苦,顺应不幸;
13. 要钱财知足,使用食物与货物务期适当;
14. 要如约还债;
15. 要酬德报恩;
16. 要斗秤公平,不用伪度量衡;
17. 要不生嫉妒,与众和谐;
18. 要不听妇言,自有主张;
19. 要审慎言语,说话温雅,讲究技巧;
20. 要处世正直,是非难判断时,对神发誓。见黄奋生编著:《藏族史略》,民族出版社1985年版,第71～72页。
② 萨迦·索南坚赞:《王统世系明鉴》,陈庆英、仁青扎西译注,辽宁人民出版社1986年版,第61页。

交纳差税;压制豪强,保护雍昆(类似农奴阶层),"雍"阶层不能充当"告"阶层,妇人不参政;守护地界,平民的林园、田地中不准跑马;制服敌人,保护属民;修十善法,放弃非十善法。"六种标帜"为:宣布政令的标帜是小盒子,战事的标帜是军旗,地方的标帜是城堡,教法的标帜是神殿,勇士的标帜是虎皮,智者的标帜是告身。"六种称号"为:以虎豹誉勇士,以狐狸称懦夫,以神法誉高贵者,以织工和苯教称下等者,以告身誉智者,以小偷称坏人。"英雄六象征"为:虎衣、虎裙、大鞯(即马鞍下的褥鞯)、小鞯、豹皮、虎皮。①

度量衡位差之法(藏语称为《本色妥夏哇坚之法》)。这是有关度量衡方面的法律,详细规定了升、两、合、勺、钱、厘等计量单位的等位差。这部法典的制定,使吐蕃有了较为完善而统一的计量单位,给商业贸易、税收等方面带来了极大的便利。

十五种奖善惩恶之法(又译作《王朝准则法》)。该法主要规范了十五种奖善惩恶的区别,具体内容是:"指出事情可行与不可行,克敌制胜国泰民安;治理内政保护臣民;为后世利益而推行正法;对显贵有缘者所讲的神法,则不讲授给不合器的贱民;密咒圆满乃成佛之因,勿将作财宝出售,而应铭记于心;如颂扬恶人则有损双方,因此勿令贱民为王侯;若不以虎袍褒奖勇士,则做英雄无意义;若不以告身奖励贤者,则后世将贤愚不分;善者当奖而不奖,今后谁愿做贤者?若不以狐皮侮辱懦夫,则何以区分英雄与懦夫?如不惩处恶者,则永远不会形成正念正知;当治罪者而不治其罪,则后患无穷;若使生身父母受苦,今生来世会得报应;如果虐待自己之弟子,则外敌会离间;如果虐待妻室,则内外家务及农事势必尽行废弃。"②上述十五条法又简称为不可行者三,褒奖者三,应诅咒者三,不应欺辱者三。

据两造申诉而判决之法。这是民事诉讼法,该法规定:"强弱双方如果争讼,待察其真伪之后,作出对豪强者不加羞辱,对弱者不令其沮丧之判决。"③因审判方法简单明了,故又称《扼要决断法》。

分级审理诉讼之法。由最高一级进行终审判决之法,全称是《犯罪双方同审权威判决之总法》,规定双方有罪按"优巴坚"案例④判决。

内府管理之法。诉讼双方均有理时,责令修好,使双方皆大欢喜。

显然,这些法律涵盖了行政管理、官吏制度、计量标准、刑罚、诉讼、审判等方方面面。这说明,吐蕃王朝的法制已进入逐步完善、严密的阶段。同时也可以看出,在这些法律条文的字里行间,处处渗透着佛教的影响,佛教作为统治阶级的信仰,逐步作为王朝的思想

---

① 巴卧·祖拉陈哇:《贤者喜宴》(藏文)(上册),第191页。另,弟吴贤:《弟吴宗教源流》,西藏人民出版社1987年版,第276页。

② 巴卧·祖拉陈哇:《贤者喜宴》(藏文)(上册),第191~192页。另,弟吴贤:《弟吴宗教源流》,西藏人民出版社1987年版,第275~276页。

③ 巴卧·祖拉陈哇:《贤者喜宴》(藏文)(上册),第193页。

④ 优巴坚案例源自天竺佛经《贤愚经》中的故事。婆罗门优巴坚向某户主借了一头牛,当归还时,优巴坚将牛赶入主人院内,未打招呼而返回,户主虽见牛,但未拴缚,牛自后门走失。二人打官司诉至国王前,国王判决道:婆罗门送牛而不语,因此割其舌;牛主人见牛而不拴,故当断其手。此法典的基本精神是诉讼双方都有罪,则要给双方给予适当的惩处。

观念和法律规范,开始影响普通百姓的社会生活和政治生活。

吐蕃王朝崩溃之后,吐蕃王室系统和众多的地方割据势力互相混战。从五代至南宋,西藏变成了各自为政、诸王不相统属而四分五裂的大混乱状态,史称"分裂时期"。佛教也因政治分裂而分裂,形成许多教派,分别与当地的世俗统治集团紧密地结合起来,互相利用。藏传佛教各派首领深知如无政治势力的支持和庇护,其教难以倡兴于藏族地区;而世俗统治者也深知藏传佛教有"迷信人心之故,反利用之,以助政法之所不及",于是"教依政而行,政持教而立"①。随着藏传佛教的深入人心,各割据势力看到它能驯化民众力量,干脆穿起宗教外衣,身兼二职,变成既是封建主又是宗教教主的双料货,"以致形成僧俗一体,政教不分的局面"②。

在这一历史发展过程中,有两点是具有历史传承性的:一是对佛教的信仰。随着佛教取得唯我独尊的统治地位后,佛教的思想观念如同水银泻地无孔不入,渗透到藏族社会政治、经济、文化等各个方面,尽管佛教由于地方势力的利益之争而分化为不同的教派,但信仰的内核依然是佛教的基本教义。二是法律的内容基本上以吐蕃王朝制定的法律为圭臬。无论是"吐蕃三律"(《狩猎伤人赔偿律》、《纵犬伤人赔偿律》、《盗窃追偿律》)、《十五法典》、《十六法典》、《十三法典》,还是各个部落制定的林林总总的习惯法(如德格土司制定的十三条成文习惯法、实行于果洛各部落的"红本法"等等),这一系列法律的制定,均注重对旧法的承袭,如五世达赖喇嘛时期制定的《十三法典》中称:"本法典的各条是在早先旧法典的基础上形成的,因而使供施二主所指定的地方官吏们心情愉快,颇感清新。这主要是依照以前白色口传法和昔之《十六法典》而编纂的。"③历代相沿成文,强调对以前法律的继承,使藏族社会的法律具有较强的稳定性。

二、文化观念的原因

如前所述,持守戒规、苦身自修被认为是通向佛的境界的唯一途径。在这一思想影响下,为了修成正果,佛教徒也自觉自愿地严守教律,而且也自然而然地为民间大众所接受,成为对僧俗都发生作用的一种道德标准和行为准则。这就使得一种纯粹的宗教教法变为人们普遍认同的观念,进而又成为人们自我约束的规范。笔者认为,其中有三方面的佛教观念深入佛教信徒的心中,是导致"董嘉哇"制度产生、发展和相沿成习并具有顽强生命力的文化观念方面的原因。

一是灵魂不灭,生命轮回。藏传佛教认为人是有灵魂的,一个人的死亡仅仅是此生的结束,是肉体的死亡,而肉体只不过是人的"外壳",是人不朽灵魂的物质外衣。当人死亡以后,灵魂将逐渐退出肉体,在因缘聚合时会进入一个新的生命过程。生命就是在三

---

① 《东方杂志》第1卷第6期。
② 王辅仁、索文清编:《藏族史要》,四川人民出版社1980年版,第63页。
③ 《西藏古代法典选编》,中央民族大学出版社1994年版,第89页。

界六道中川流不息,不断地轮回,行善业者可进入三善趣(天、人、非天),行恶业者会坠入三恶趣(地狱、畜生、饿鬼)。因此,死亡意味着生命的又一轮回的开始,是人的又一次新生。为了引导灵魂顺利转世,故而形成了仪式繁缛、花费巨大的丧葬习俗。

其二,杀生为首恶。松赞干布以佛教《十善法》为主旨制定了《法律二十部》,其中把杀生列为首恶,不杀生列为首善,起到了"对善褒奖,对恶惩处,抑强扶弱"的功用,在一定程度上缓解了社会阶级矛盾,有利于巩固其统治。其后,"杀生为首恶"的观念一直贯穿在成文法和习惯法中。藏族民众也普遍坚持杀生为首恶的观念,认为杀生者的灵魂死后会坠入地狱备受煎熬。有人认为"董嘉哇"习俗起不到震慑犯罪分子的目的。其实,对笃信藏传佛教的藏族民众而言,地狱是一个真实的存在,对灵魂坠入地狱备受煎熬的恐惧,更甚于对剥夺其生命或剥夺其自由的恐惧。

其三,杀人者赔。随着佛教深入人心,藏族民众中便形成了这样一种观念:既然杀生为首恶,那么剥夺杀生者的生命也触犯了"五戒"之首戒。为了不与"十善法"相冲突,便形成了杀人者赔的"董嘉哇"制度。而这种制度,绝不是只认金钱而不尊重生命的"花钱买命",恰恰是尊重生命的表现。

三、制定程序的原因

中国少数民族习惯法有一个共同的特点,即制定习惯法的目的是要维护有利于民族整体的社会关系和社会秩序。因此,少数民族习惯法具有原始民主性质,是一种带有浓厚自治色彩的社会规范。藏族在习惯法的议定方面,作为本民族或本部落成员共同确认的行为准则,其议定、修改、废除均须由全体成员参与和一致通过,即遵循全体一致的原则。而在这一过程中,宗教意味非常浓厚,不仅表现在法律条文贯穿佛教思想和苯波教的观念,更表现在制定法律的神圣性,集中反映在"盟誓"的运用上。

盟誓制度是藏族社会一个非常古老的制度,在英雄史诗《格萨尔王传》[1]中就有用盟誓的形式巩固部落联盟的传说。《旧唐书·吐蕃传》中对吐蕃赞普与被征服部落、各贵族大臣以刑羊、犬、猕猴等动物盟誓的情况多有记载。特别是在制定习惯法的过程中,在全体成员参与和一致通过,即遵循全体一致的原则基础上,还要进行盟誓,即发誓对制定的习惯法严格遵守、世代不渝,如若违背誓言,死的如开膛破肚而屠宰的羊、犬、猕猴等动物一样凄惨(佛教传入前),或死后坠入阿鼻地狱受拔舌之苦(佛教传入后)。藏族有句谚语:"汉族的信语在纸上,藏族的信语在嘴上。"说明汉族强调字据的重要性,所谓"口说无凭,立字为据",而"藏人非常重视口头语言的重要性,而且特别爱发誓,一旦发了誓,便信守始终"[2]。

---

[1] 史诗所叙述的故事发生在父系氏族社会末期,原始民主制逐步为军事首领替代的那个英雄时代。参见丹珠昂奔:《藏族文化发展史》,甘肃教育出版社 2001 年版,第 303~318 页。

[2] 丹珠昂奔:《藏族文化发展史》,甘肃教育出版社 2001 年版,第 187 页。

在对违反习惯法行为的处理、处罚的执行上也体现了浓厚的民主色彩。对违反习惯法的行为,特别是杀人、偷盗等重大行为,由全体成员大会按全体一致原则决定处罚方式。时至今日,虽然做不到全体成员一起参与,但至少要求当事人双方及群众代表参与、见证。

四、社会现实的原因

部落习惯法在藏区已连续不断地实行了1000余年,其生命力的顽强性是不应低估的,而藏区特殊的社会现实是造成这一现象的重要因素。

其一,部落是构成藏族社会的细胞,是藏族社会组织的基本形式。民主改革前,藏区的大部分地区分布着相对独立的部落。当部落与部落之间发生冲突、械斗,引发人身伤亡时,由于缺乏超部落的中心权力,不可能从其中任何一方产生出权威的裁决者,更不可能由一方部落对另一方部落的加害人施行死刑或徒刑等国家式刑罚。冲突双方要想解决问题,就必须通过谈判、协商、斗争和妥协进行调解,"赔偿命价"这时就充当了双方部落最好的中介物。"董嘉哇"在部落外"命价"纠纷中起到了良好的沟通功能,被部落内部的权力组织系统所认识和重视,部落内的"命价"制度就不会随着时间的变化而变革或消除。尽管新中国成立以后,部落制度被废除,习惯法也失去了附着温床,但如果其生存土壤复生,习惯法便会在历史惯性的推动下"回潮"①。

其二,由于部落林立而不相统属,其结果必然是相互杀伐不断,造成人口锐减。

对于藏族历史上的人口发展状况,我国学术界一些同志就进行过研究考证。由于篇幅所限,不能进行详细引证,现只将他们的研究成果作一简要摘录:

1. 牙含章同志认为,在7世纪吐蕃王朝统治下的西藏人口约有1000万。到清代雍正时,只有200多万人,不到1000年,人口减少了800万。到1951年解放时,西藏地区的人口仅约120万②。

2. 张天路同志认为,西藏人口在公元634年有1000万,1737年减少到了800万,到了民主改革时西藏人口只剩下119万。

3. 蔡贤盛在其《西藏见闻》一书中认为,藏族人口从7世纪的1000万,减少到1927年的600万,民主改革时只剩下119万③。

以上三种观点尽管在具体数据上有一些出入,但有一点是共同的,那就是随着历史的发展,藏族人口在逐年递减,呈负增长现象。之所以出现这一现象,除了青藏高原气候恶劣,导致人口出生率低而婴儿死亡率高等原因之外,是因为部落间不断的战争使青壮年非正常死亡,退出人口生产的行列导致的。因此,对于各个部落而言,人口是部落存续、发展的重要指标和保证。为了保证部落人丁兴旺,除了强调人命重要、戒恶杀生之

---

① 关于这一点,笔者在《藏区习惯法"回潮"研究》(发表在《法律科学》2011年第3期)一文中有阐述。
② 牙含章:《西藏历史的新篇章》,四川民族出版社1979年版,第159页。
③ 蔡贤盛:《西藏见闻》,青海人民出版社1981年版,第37页。

外,在发生命案纠纷时,就采取"赔偿命价"的方式解决,以避免杀生范围的扩大和社会成本的增加。同时为了赔偿的到位,采取"团体责任原则",即为了本部落的利益而杀死外部落的人,命价由本部落公众负担,这叫"僧伽众负";无故杀死外部落的人和部落内部致死人命,命价由杀人者及其亲属承担,这叫"乌鸦中箭自己痛";无财产可赔偿的,罚以劳役。① 强化了赔偿能力和效率。

其三,青藏高原地形复杂且高岭深谷,交通十分不便,"通讯基本靠吼、交通基本靠牛、照明基本靠油"是牧区生活的写照。特别是实行联产承包责任制以后,居住更加分散,不仅牧民家庭之间距离遥远,而且牧民家庭与乡政府、县政府之间的距离也很遥远,加之其间的道路时通时断,如果发生各种纠纷,牧民很难得到及时的司法救济。为了解决这一矛盾,"巡回法庭"、"马背法庭"应运而生。但这种措施很难常态化,牧民得不到及时的司法救济而使事态扩大的事情屡见不鲜。而习惯法作为他们身边的法,不仅是群众喜闻乐见的,而且能够及时有效地获得司法救济并消除矛盾,还免去了到司法机关"门难进、脸难看、事难办"和由于语言、习俗不同而引起的尴尬。因此,从各方面看,牧民宁愿选择"不合法"的习惯法处理纠纷而不愿意到司法机关诉讼,是有深刻的社会、现实原因的。

五、制度本身的原因

"董嘉哇"制度沿袭千百年,最直接的原因还是这一制度的适应性和先进性。

在过去我们判处戕害人命罪犯时最常见的理由是"不杀不足以平民愤"。这种理由说多了,我们也就觉得理所当然。但是我们不禁要问:难道为了泄愤,就可以剥夺一个人的生命吗?我们仅仅考虑到为受害者实现公平正义就够了吗?作为也有父母、妻儿的施害者,我们处决一个他,不仅不能使受害者起死回生,不仅不能使两个家庭和好如初,而且造成两个家庭甚至更多人的痛苦。从经济法学的角度考量,这种仅仅考虑受害者的法律规定所造成的社会成本是不是过于巨大呢?特别是在当今中国社会的家庭多为独生子女,如果不改变"杀人偿命,天经地义"的观念,一旦发生命案纠纷,对于受害人和施害人家庭都是难以承受的痛苦。

而藏族的"董嘉哇"制度给当今的司法实践中解决命案纠纷,提供了重要的启示。这一制度不仅符合人们趋利避害、解怨息讼、和睦相处的愿望,而且符合当今世界刑事和解和恢复性司法的理念。

其一,这一制度符合藏区社会实际和藏族慈悲为怀、宽恕待人的心理素质等历史文化传统,因此为广大藏族群众所欣然接受、世代传承。正如赞恩在《法律的故事》中所言:"法律只有被社会上的大众愉悦地认可并欣然遵守时才是实际意义上的法律。"②

其二,这一制度符合刑事和解的理念。随着西方恢复性司法观念的引入和构建和谐

---

① 陈光国:《试论藏区部落习惯法中的刑法规范》,载《西北民族学院学报》1997年第3期。
② [美]赞恩:《法律的故事》,刘昕、胡凝译,江苏人民出版社1998年版,第245页。

社会目标的提出,刑事和解逐渐受到广泛重视,在实施的过程中也取得了良好的效果;第一,其以保证被害人权益为出发点,提高了被害人在刑事诉讼中的地位,化解了社会矛盾,促进了社会和谐稳定;第二,以施害人认罪悔过为前提,减少了诉讼成本,节约了司法资源;第三,优化了社会环境,为我国的社会主义建设作出了贡献。① 尽管也有一些不同的观点,但刑事和解的实施,是大势所趋。所谓"刑事和解",就是"一种以协商合作形式恢复原有秩序的案件解决方式,它是指在刑事诉讼中,加害人以认罪、赔偿、道歉等形式与被害人达成和解后,有关国家专门机关对加害人不追究刑事责任、免除处罚或者从轻处罚的一种制度"②。

而藏族的"董嘉哇"制度,是在案件发生以后,部落首领(现在承担这一角色的主要为社区德高望重的"老人会"或宗教人士)根据被害人或施害人的请求,召集当事人双方和民众代表参与的情况下进行调解,作出损害赔偿的裁决,由施害人向被害人认罪悔罪、赔礼道歉和支付数量不等的补偿财物,取得被害人的灵魂及其家人的谅解,之后通过"煞尾"仪式消除仇怨,要求双方和好如初。显然,"董嘉哇"制度和"刑事和解"在形式、内容、过程和追求的结果方面,其理念是高度契合的,只是"董嘉哇"制度长期得不到国家的认可而已。

其三,这一制度符合废除死刑的趋势。纵观整个人类刑罚的发展史,各国的刑罚都是由苛酷到轻缓,由残酷到人道,这与人类文明的发展是相适应的。1764年,意大利刑法学家贝卡利亚在其名著《论犯罪与刑罚》中首次提出废除死刑和严格限制死刑适用的主张。接着,世界范围内废除死刑运动风起云涌,许多国家在法律中废除了死刑或在司法实践中已不执行死刑。目前,世界上已经有2/3以上的国家和地区在法律上或者在实质上废除了死刑。保留死刑的国家中又有很多国家只针对极少的几种犯罪。据有关资料显示,2001年年底,世界上保留死刑的国家有84个,普通犯罪废除死刑的国家15个,实际废除(虽有但不执行)的国家有22个,全面废除的国家多达74个,即实际废除的国家已达111个。这说明,废除死刑是必然的趋势。

在我国,慎刑恤典,在中国传统文化中历来是官方的主流观点。早在我国西周时期的经典著作《尚书》中就提出"罪疑惟轻,功疑为重;与其杀不辜、宁失不经"③的主张。先圣孟轲早在2300年前就提出了"不嗜杀人者能一之"④的统一论。但是在民间,自古以来就有"杀人偿命、天经地义"、"不杀不足以平民愤"、"不杀不足以威慑犯罪分子"的观念,

---

① 王一俊:《刑事和解》,中国政法大学出版社2010年版,第240页。
② 王一俊:《刑事和解》,中国政法大学出版社2010年版,第5页。
③ 西周时期为保证适用法律的谨慎,防止错杀无辜,凡是疑难案件,都采取了从轻处断或赦免的办法,号称是古代中国疑罪从无的名言。
④ 孟子见梁襄王,出,语人曰:"望之不似人君,就之而不见所畏焉。卒然问曰:'天下恶乎定?'吾对曰:'定于一。''孰能一之?'对曰:'不嗜杀人者能一之。''孰能与之?'对曰:'天下莫不与也。王知夫苗乎?七八月之间旱,则苗槁矣。天油然作云,沛然下雨,则苗浡然兴之矣。其如是,孰能御之?今夫天下之人牧,未有不嗜杀人者也,如有不嗜杀人者,则天下之民皆引领而望之矣。诚如是也,民归之,由水之就下,沛然谁能御之?"

甚至有人认为"如果没有死刑了,那些贪官岂不是更加无所顾忌,还有那些杀人的、抢劫的怎么办,现在社会上的犯罪已经很多了,这样一搞,老百姓就更没有安全感了"。由此也可以看出,废除死刑我们还有很长的路要走。

而在藏族中,一个人杀死另一个人是造孽,而把这个杀人者杀死同样是造孽。所以废除死刑,以经济补偿的方式解决命案纠纷,正是"董嘉哇"制度的本质属性。有学者认为:"藏族对于杀人行为的认识受到佛教的极大影响,也可以说是对先前这种'最低限度的道德'的强化。按照藏传佛教理论,人若想修成正果——超俗涅槃,在六道中首先要修成人身,所以,非常珍视人的生命,反复强调'生命如宝再寻难',因而格外仇视杀人行为,不仅如此,对死刑的适用也作了限制。这种限制主要体现在:首先,摆正了命价与死刑的关系,以命价为主,死刑为辅;其次,以命价取代死刑,从而减少了死刑的适用。现代人类社会不仅认识到杀人行为的野蛮和残酷以及不人道,而且把死刑也列入废除的范围。就是说任何人都无权用任何一种方式,包括立法的方式剥夺他人的生命。从这个意义上讲,藏族部落法确立命价制度是不无道理的。"①

其四,这一制度符合构建和谐社会的要求。构建社会主义和谐社会,把提高构建社会主义和谐社会的能力作为加强党的执政能力建设的重要内容,是党的十六大和十六届三中、四中全会提出的重大任务。党的十六大报告把社会更加和谐作为我们党要为之奋斗的一个重要目标明确提出来,这在我们党历次代表大会的报告中是第一次。党的十六届四中全会,进一步提出了构建社会主义和谐社会的任务,把和谐社会建设摆在重要位置,并明确了构建社会主义和谐社会的主要内容。十七大又系统论述了构建和谐社会的途径和措施。可见构建和谐社会对处于转型期的中国社会是非常重要的。

和谐社会的核心是人与人之间关系的和谐,即人与人的和睦相处。社会主义和谐社会是安定有序的社会,要求社会组织机制健全,社会管理完善,社会秩序良好,人民群众安居乐业,社会保持安定团结。和谐社会应该是人与人之间、群体与群体之间、社会阶层与社会阶层之间,以及人与社会之间和谐相处,真正做到人人平等、和而不同、互惠互利。

但是,和谐社会并不是说是一个没有矛盾冲突的社会,有人类社会,就有冲突和矛盾,这是不可避免的。我们构建社会主义和谐社会,绝不是要构建无差别的社会,也不可能构建一种无矛盾无冲突的社会。"和谐"二字从词义上讲,"和"就是和睦,和衷共济;"谐"就是相合,要顺和、协调,避免抵触和冲突。和谐就是矛盾着的双方在一定条件下达到统一,它标志着自然界内部、人与人、人与社会、人与自然之间的诸要素实现均衡、稳定和有序,相互依存、协调发展。

而藏族的"董嘉哇"制度正是建立在各种纠纷特别是命案纠纷发生以后,使施害人得到一个表达忏悔进而实施悔罪行为的机会,使受害人从复仇的情绪中"调头",使社会和家庭因个别人犯罪所承受的成本不再扩大,其主旨是化解社会矛盾,不使矛盾进一步扩

---

① 张济民:《寻根理枝:藏族部落习惯法通论》,青海人民出版社2002年版,第333页。

大。所以笔者认为,这一制度是符合构建和谐社会的要求,经过国家积极引导和变通立法的技术操作,该制度不仅可以与现代社会主义国家制定法融合在一起,保证国家法律的权威性和一致性,消除"二次司法"带来的消极影响,而且在法制层面体现少数民族文化平等权利和国家对这种权利的尊重,使民族平等的观念落到实处,从而使国家制定法得到广大藏区民众的普遍认可和遵守,为稳定社会秩序、维护民族团结,推动社会主义法制建设顺利进行产生积极的作用。

行动中的法
——现当代藏族"赔命价"习惯法之实证分析*

淡乐蓉**

(青海民族大学法学院 青海 西宁 810007)

摘要：本文将20世纪50年代至21世纪前10年藏族"赔命价"习惯法在青海藏区民间的适用分为三个时期，通过对这三个时期的藏族"赔命价"习惯法在藏区的沿用、被贬抑、在民间社会中的回复适用、到公权力对刑事损害中的民事赔偿部分不予干预的历史予以回溯描述，说明藏族"赔命价"习惯法在藏区社会纠纷解决中的规则意义和作用，进而说明法律生成和成长于社会中，国家法必须对在社会中生成和发展的法律予以尊重和沟通。

关键词：藏族"赔命价"；习惯法；合法性；公共政策；共识规则；秩序

法律社会学研究的目的不在于用现实生活中的个案来说明一个已知的道理，而应当力求，而且也完全可能从生活的个案中发现新的观点甚至理论模型。

——苏力[①]

自依法治国的方略确定以来，我国由国家自上而下的高调推进法治原则和实施严格的法条主义，但却无法回避或漠视民间习惯法对民众法律生活实践的作用和功能的发挥和实效，事实上，转型时期的中国社会，民间习惯法与国家法并行不悖地起着对社会关系和社会秩序的调控作用。通过对藏族"赔命价"习惯法的历史沿革和实证状况予以描述，是尝试对这种习惯法制度的过去解释，以实现对当下现实的理解，甚至达致对其未来发展趋向的预测。欧根·埃利希认为"属于民间法而非仅仅是法学家法的古老法律，在薄薄的一层现代制定法的表层下继续存在着，并支配着民众的行为和法律意识"[②]。由此出发他提出"构成了人类社会法律秩序的基础"的是"活法"，"法律是国家生活、社会生活、精神生活和经济生活的秩序，但无论如何不是它们的唯一秩序；与法律并行的还有许多同等价值的、在某种程度上或许更为有效的秩序"[③]。尽管进入现代社会正如伯尔曼所忧

---

* 本文系2010年度国家社会科学基金项目"青海藏区'赔命价'习惯法研究"（项目批准号：10XFX004）的部分研究成果。

** 【作者简介】淡乐蓉（1965—）女，藏族，四川乐山人，法学博士，青海民族大学法学院教授，研究方向为法理学、民族法学。

① 苏力：《再论法律规避》，载《法治及其本土资源》（修订版），中国政法大学出版社2004年版，第64页。
② [奥]欧根·埃利希：《法律社会学基本原理》，叶名怡、袁震译，九州出版社2007年版，第1089页。
③ [奥]欧根·埃利希：《法社会学原理》，舒国滢译，中国大百科全书出版社2009年版，第61页。

心的整体性危机时代来临,无论是法律信仰还是宗教信仰都大大减退,价值多元,藏区民众尤其是青年一代接受国家法制的教育,不可避免地使藏族"赔命价"习惯法适用在当代发生变形和曲解,但藏族"赔命价"习惯法仍然是藏族社会内生的法律秩序,属于"活法"的规则。

苏力通过"法律规避"一词来表达其对当事人熟知国家法律,但在权衡适用国家法与习惯法之间的利弊后,选择适用后者解决纠纷,因为后者既可以使其侥幸免于国家法律的人身惩罚,又可使其有效地防止来自受害方的家族的复仇行动。换句话说,现当代藏区民众适用藏族"赔命价"习惯法是当事人双方权衡利弊之后,作出的经济理性最优的行动选择。它完全可以以法经济学的"囚徒困境"理论予以解释。他指出:"只是当我们试图以一种外生的法律强加到这个社会上时,试图'建立'一种文化上相异的法制时,人们会以他们的理性选择——通过法律规避——而显示出这种传统规则的顽强有力。"[①]当事人在运用藏族"赔命价"习惯法时,国家法是其适用"赔命价"习惯法的不可或缺的重要背景,没有国家法的相关规定也难以使当事人获得与对方当事人进行谈判的筹码。因此,以国家制定法的立场和视角出发,藏族"赔命价"习惯法在当代社会的适用应认定为一种法律阴影下的交易,也是一种法律规避行为。以苏力法律规避的理论分析说明,它是藏区社会旧有规范在当今时代的回复适用,是当事人"一种充满文化意蕴的理性选择——合作规避国家制定法。这种选择虽然没有以国家制定法的规则作指导,但绝不是没有知识和规则指导的行为。他们选择的解决问题的方式显示出有一种文化和规则在起作用"[②]。"的确,从行为上看,自改革以来,与对市场经济以及其他新事物的接受程度相比较,中国人对法制的接受也许是保守的,但这种保守并不是由于什么他们希望固守某一种抽象的'文化'或'价值',或者是他们的无知愚昧不懂法,而仅仅是由于这种外生的法律目前还没有或难以给他们的现实生活带来相对说来更大、更确定的利益。"[③]"人们不遵守法律,不注意用法律来保护他们自己,有多种原因,但原因之一是遵守这种法律,利用正式的法律可能对他们更为不利。"[④]运用"囚徒困境"理论分析在藏族"赔命价"习惯法中双方当事人的表现,也可得出上述结论。因为在藏区,如果当事人杀人或故意伤害他人,只有两种选择,一种是假如不予赔偿那么随之而来的一定是对方当事人的部落或家族对加害方的家族成员所实施的复仇行为;另一种则是通过金钱或实物赔偿对方损失,双方回复和平共处状态。此时国家法在这里甚至是完全可以被被害方用以作为对加害方实施威慑的另一种压力,同时被害方还对加害方保证如果赔偿达致满意程度,可以向司法机关请求予以从轻、减刑甚至不追究刑事责任的承诺。正如博登海默所指出的:"然而,在政府颁布的法律与人们在现实生活中能够遵循的活法之间很可能出现分歧。平民大

---

① 苏力:《法治及其本土资源》(修订版),中国政法大学出版社2004年版,第74页。
② 苏力:《法治及其本土资源》(修订版),中国政法大学出版社2004年版,第46页。
③ 苏力:《法治及其本土资源》(修订版),中国政法大学出版社2004年版,第74页。
④ 苏力:《法治及其本土资源》(修订版),中国政法大学出版社2004年版,第75页。

众有可能拒绝接受强加于他们的部分法律规定并尽可能地规避这些规定。反过来看,政府也有可能拒绝接受普遍盛行的社会习俗并在必要时试图以强力改变它们。如果上述情形真的发生,那么人们就会在是政府命令代表'真正'的法律还是大众的信念代表'真正'的法律方面发生分歧。"①苏力曾指出:"我通过分析一个规避法律的私了案件指出,农民规避国家制定法而偏好私了并不必定是一种不懂法的表现,而是利用民间法和国家制定法的冲突所作出的一种理性选择;法律规避也并不意味着国家制定法不起作用,相反是国家制定法对社会发挥作用的一种特殊形式;我还针对我们国家的现状强调,为促进国家制定法对民间法的渗透,促进民间法的转变,国家制定法应当保持一种必要的权威。"②"我们已经看到,为了中国——也是为了每一个相信理性的政治道德的文化——从事一种有效力的法律发展,它必须像发展它的法典一样来发展它的政治道德;而为了发展政治道德,它就必须鼓励和促进关于政治道德的思想的交流。我们也看到,为了最大限度地有效力,这些思想应该来自尽可能广泛的视野——来自于该社会之外,也来自于该社会之内——这可能包括不是直接地针对中国文化的思想,甚至与中国的态度不完全一致的思想。"③

  藏族"赔命价"习惯法在藏区社会首先表现为发达的纠纷调解功能,如"以血亲制度为其政治机构的农牧民族到集合成民族国家的农业村落,调解一直是社会了却纠纷的一种重要模式。尽管难于评价调解在这些不同背景下的'有效性',但却能够检视纠纷当事人选择调解而不选择其他程序的各种条件。在第一种类型的社会中,纠纷当事人将调解视为替代暴力、争斗或战争的手段;而在第二种类型的社会中,当事人优先选择调解是为了避免诉诸暴力或法庭"④。"生活就是不断地'送与取'。生活贯穿着一条兼容了由于义务或利益,出自慷慨或希望,用作挑战或抵押的送礼、收礼和还礼的持续之流。"⑤免于国家刑事法律制裁和有效防止对方复仇行为的目的作为一种强烈的功利性动机,激励着藏区各种纠纷中的加害方及其家人和部落成员,使他们不惜承担巨额的命价赔偿负担。这种巨额的赔偿,是因为牺牲了一个共同生活的成员而换来的"高利息的回报","但却是为了羞辱先前的给予者或交换者,而不只是为了补偿对方因'延期消费'所承受的损失"⑥,藏区民众规避国家刑法,转而适用藏族"赔命价"习惯法的根源研究,必须建立在对藏族社会组织、传统社会政治统治制度和社会文化基础进行深入的分析和研究。

---

① [美]E.博登海默:《法理学——法哲学及其方法》,邓正来译,中国政法大学出版社1999年版,第330页。
② 苏力:《法治及其本土资源》(修订版),中国政法大学出版社2004年版,第63页。
③ [美]罗纳德·德沃金:《认真对待权利》,信春鹰、吴玉章译,中国大百科全书出版社1998年版,中文版序言第27页。
④ [美]萨莉·恩格·梅丽:《纠纷解决与共同体司法》,载博西格诺:《法律之门》,华夏出版社2007年版,第725页。
⑤ [法]马赛尔·莫斯:《礼物——古式社会中交换的形式与理由》,汲喆译,陈瑞华校,上海世纪出版集团2005年版,第56页。
⑥ [法]马赛尔·莫斯:《礼物——古式社会中交换的形式与理由》,汲喆译,陈瑞华校,上海世纪出版集团2005年版,第171页。

一、20世纪50年代至80年代藏族"赔命价"习惯法适用

自20世纪50年代以来,我国在广大藏区逐步开展了社会主义民主改革。为了建设新中国,发动群众,就必须要加强民族团结,消除民主改革前的社会遗留下来的民族之间的隔阂,解决历史上遗留下来的民族间和民族内部的纠纷,国家在藏区宣传和贯彻党的民族政策的同时团结部分旧社会头人和宗教人士,与当地藏族群众有联系的民族宗教上层人物在一起,依据"从现状出发,照顾历史,照顾全局,同时特别照顾较少数的民族,有利于生产与民族间和民族内部的团结"和"互助互让,共同发展"的方针,通过充分协商,加以调解,主要从公共政策的角度,仍然在尊重少数民族习惯的基础上,沿用藏族"赔命价"习惯法解决社会纠纷和矛盾。依据哈耶克的理论,对此种做法的解释为:"然而,事实之所以如此,实乃是因为一个新政府只有凭靠满足人们的一般预期,才能够获得其臣民的效忠,并由此而获得'合法性'。"① 如在青海和甘肃解放之初解决的青海省同仁县与甘肃省夏河县的草山纠纷的解决就是典型的例证。② 而青海藏区各地初期的工作大体上都有同样的特点。据当时参加青海果洛地区建政的主要干部回忆:"进驻果洛之后,我们面临的形势是:广大牧民对工委和工作团的到来既欢迎又存有疑心,部落之间历史积怨甚多,内部纠纷积案如山,人民群众仍处在水深火热之中。针对上述情况,工委决定,立即召开全区民族联谊会,宣传党的政策,联络感情,调解纠纷,消除隔阂,为促进团结,安定社会秩序创造条件。……两次会议期间,我和扎喜旺徐等同志接触了许多部落头人,从正面和侧面了解到大量民族内外纠纷。因为文化落后,积怨很深,要解开百结,难度是相当大的。据我们初步掌握的重大历史纠纷就不下百起,有的纠纷还在继续发展,当时果洛部落的纠纷最为尖锐,与周吉雪化,与上下莫巴,与红科,加上部落内部的不下七八起。伤人伤物,无异于民族的自杀。不解决纠纷问题,果洛就没有社会的安定,发展生产、改善生活就没有指望。但是,解决的办法,却颇费踌躇。在协商过程中,部分民族人士坚持

---

① [英]弗里德利希·冯·哈耶克:《法律、立法与自由》,邓正来、张守东、李静冰译,中国大百科全书出版社2000年版,第212页。
② 青海同仁县与甘肃夏河县之间,有一座跨甘、青两省的草山,山脚下有一条河流贯穿华丽其哈草原,河源赛庆沟,长约30华里,宽约五六华里。1915年前后,同仁县加吾部落在赛庆沟一带驻牧,因与夏河甘家部落发生摩擦,赛庆沟被甘家部落占用。从此,每到草茂马壮季节,两部落的青壮年便"人不离枪,马不卸鞍",为争夺牧场常常发生械斗。当时的甘、青两省政府为达到各自的目的,曾多次以调解纠纷为名,在两部落间挑拨离间、制造新的矛盾,有意扩大事态,致使加吾、甘家两部落严重对立,相互抢劫、仇杀、械斗,一直延续了37年之久,双方死亡70多人,损失牛羊10万多头(只)。纠纷杀人要"赔命价",由部落分摊,按照人等支付命价,致使很多人债台高筑。而债务总额的构成中杀人赔命价占14%之多。新中国成立后,党和政府本着民族团结的精神,为了从根本上消除隔阂,从1950年7月伊始,就派出得力干部奔赴纠纷地点进行考察,着手调解纠纷。同年10月,西北民族事务委员会同甘、青两省及夏河、同仁两县政府代表7人,组成调解委员会,由西北民委主任汪锋同志主持,在兰州进行调解。经过40多天艰苦细致的工作,终于使双方达成了协议,确定了消除隔阂、增强团结的各项原则。在此基础上,根据各方的意见和材料,经过慎重研究,于1951年7月召开群众团结大会,正式签订了划界书,制定了《团结爱国公约》。从此仇杀了30多年的两部落人民,开始了团结友爱的新生活。见《黄南藏族自治州概况》,青海人民出版社1985年版,第48页。

按照历史的习惯来解决。例如,人命的价格,部落头人为 200 个元宝(每个元宝合 70 块银元),而穷苦百姓只 20 个元宝,相差 10 倍。这显然极不公平。调解命案的费用也相当浩繁,有衙门钱、上门钱、认错钱、消恨钱、道歉钱、低头钱等,一般都在 100 个银元左右。普通牧户一次解怨,就要倾家荡产。我们在调解纠纷时,本着有利于团结、有利于生产、有利于减轻群众负担的原则,适当考虑了当地习惯,灵活掌握,多做说服教育工作。我们的许多干部为调解纠纷,不辞劳苦,奔走各方,晓之以理,动之以情,先后调解平息了 38 起较大的械斗纠纷,其中死亡 55 人,伤残 77 人,损畜数万头,拖了多年的 9 起重大纠纷。造成了'团结光荣、纠纷耻辱'的气氛,充分显示了党的民族政策的正确性。为了庆贺调解的成功、草原的新生,群众载歌载舞,不少上层人士,表示愿意同我们共创草原安定团结的新局面。"①"无独有偶,同时期在青海海北州藏族自治州,州、县、区、乡都成立了团结治安委员会和调解委员会。在有利于团结、有利于生产、公平合理、实事求是的原则下先后处理和调解了历史上遗留下来的各种大小纠纷近万件。祁连县蒙古族贡家部落与刚察县藏族果洛部落因草原纠纷,互相械斗长达 40 年之久,弄得两败俱伤,民族和部落间隔阂很深,一直得不到和解。1954 年,经自治州出面协商和说服教育,使这两个以邻为壑的冤家部落化干戈为玉帛,在互谅互让的基础上划定了草原界线,互赠了礼物,同吃了'团结饭',建立了团结和睦的关系。"②从上述历史史实的回顾中,可见在整个解放初期的藏区工作中,依据原有的部落习惯法解决纠纷,是一项行政政策或公共政策。而公共政策在博登海默那里被理解为"主要包括某些政治或社会紧急措施的准则。然而,紧急措施在法律秩序的价值序列中表现为一种低于法律安全和正义的价值"③。在当时,新生的红色政权尚未制定出台新的法制,既要表达出对民众疾苦的关怀和关切,又要尊重民族传统和加强民族团结的需要也只能和必须采取这种解决办法。但进入 60 年代以来,由于政治上的原因,全民为政治运动所支配,尤其是在藏区经济领域采取人民公社化,法律虚无状态严重,宗教寺院的活动被禁止,藏族"赔命价"习惯法在意识形态领域内的高压之下,成为一种被放逐的知识传统,在藏区民间社会中若隐若现地显示着其生命力。以下主要列举几个发生于 50、60 年代的案件④,以说明当时处于国家主义刑法观下的藏区人身伤亡案件的法律适用状况。

案例 1:

被告人甲于 1965 年 4 月 22 日和同生产队社员乙和丙等 6 人,去本县 A 乡给生产队买粮。途中因一条皮绳的所有权问题,两次与乙发生争执并打架。5 月 1 日在第二次打架时,甲抽出自带的腰刀向乙身上戳了两刀,一道戳在乙左胳膊上,一刀戳

---

① 果洛藏族自治州地方志编委员会:《果洛藏族自治州志》(下),民族出版社 2001 年版,第 1326 页。
② 《海北藏族自治州概况》,青海人民出版社 1984 年版,第 49 页。
③ [美]E.博登海默:《法理学:法律哲学与法律方法》,邓正来译,中国政法大学出版社 1999 年版,第 466 页。
④ 此节所举案例,均出自张济民主编:《青海藏区部落习惯法资料集》,青海人民出版社 1993 年版。因借鉴人类学案例列举中保护当事人隐私之原因,当事人真实姓名皆隐去不显。

在右胳膊窝处,当即被众人拉开。5月2日,乙被送往医院抢救,因感染治疗无效,于5月9日4时30分死亡。本案经公安机关侦查,检察机关审查,认为事实清楚,证据确凿,后果严重。被告人甲也供认不讳。根据当时的政策和有关规定之精神,结合群众意见,县法院于1966年5月8日判处被告人甲过失杀人有期徒刑7年。甲刑满释放后,回到家乡,被害人乙的弟弟丁即寻机为兄报仇。1974年1月12日丁在放牧时,看见甲一人在山梁上放牧,以为为兄报仇时机已到,当即就地拾起一块石头向甲扑去,当甲发现并转身跑时,丁即用准备好的石头向甲打去,击中了甲的头后部,致甲晕倒在地。丁不顾甲的再三求饶,抽出自带的藏刀,朝甲左耳根戳去,甲大量流血,丁却扬长而去。后甲因伤口流血过多,伤势严重,经3个月医治无效,于1974年4月28日死亡。1975年12月17日,县法院对报复行凶致死人命判丁有期徒刑12年。丁刑满释放后,甲的家族又想把丁杀掉。丁在该村无法居住,只好搬迁到B村落户。虽然迁到外村,但甲的家族仍旧仇不息。后来由州人大常委会副主任某活佛出面以宗教形式解决后,丁及其家人才又返回本村生活。①

案例2:

被告人甲于1973年10月4日在队里负责安排全天生产,并指定乙"到已拾完穗头的地方放牧"。当甲出工时,先后两次发现羊群跑到没拾穗头的地里,甲将羊群赶走,并对乙进行批评。乙不服,二人相争。此时乙的哥哥丙闻声手持木棍赶来,质问甲骂其弟的原因。话音未落,顺手将甲头部连击两棍,随即兄弟二人把甲压倒在地乱打。此刻,甲为了自卫,便掏出腰刀乱刺,刺伤丙左大腿两处,背部四处,刺中乙的心窝,约30分钟后,乙死亡。被告人甲随即投案自首。此案经A县公安机关侦查终结,A县人民法院审理,认为被告人甲斗殴致死人命虽然是为了集体利益,但后果严重。案发后被告能主动投案自首,坦白交代罪行,故判处有期徒刑3年。1976年甲刑满释放回来后,被害方不让其居住原地,甲被迫移住B牧委会。甲的哥哥丁与此案毫无关系,也被迫迁出原地,一直住在牧业点,口粮、生活用品均由亲朋好友接送。1981年经过A县宗教人士某活佛会同大队党支部、老农出面调解,让甲拿了4000元,给被害人家赔偿命价,但被害人家仍不让其回原村居住。

案例3:

被告人甲于1978年10月16日经生产队派遣看守草山。在看守草山的当天,甲看见乙、丙两户的牲畜在本队的母羊草场上吃草,就劝说其把牲畜赶到阴山上。丙非但不听,而且首先举起木棒打甲头部。在此情况下,被告甲进行自卫,朝丙的左肩左胸及乳房下部连戳三刀,致丙因伤势过重,流血过多,当日死亡。A县公安局将此案侦查终结后移送A县人民检察院审查起诉,A县人民检察院审查后向A县人民法院提起公诉。A县人民法院审理后,判被告人甲有期徒刑7年。后院长发现此案

---

① 张济民主编:《渊源流近——藏族部落习惯法法规及案例辑录》,青海人民出版社2002年版,第182～183页。

被告人是为生产队看守草山,在遭毒打的情况下,为进行自卫致人死亡,且自动投案,能坦白交代,认罪态度好。故经再审,撤销原判,改判甲犯故意伤害(致人死亡)罪处有期徒刑3年。1981年2月25日甲被假释回家,被害人的三个亲属得知消息后,携带藏刀来县城找甲。当甲从公安局走到县民贸公司门口时,被害人亲属手持藏刀追杀甲,甲无奈又跑回县公安局看守所要求再蹲监狱,不敢出去。次日,被告人的母亲拿100元现金到被害人家说情,后又请来宗教人士和原部落头人的后裔出面调解,赔偿"命价"6000元,被害人的亲属才罢休。

案例4:

被告人甲因怀疑自己家被盗是牧民乙所为并告发未遂,故对乙怀恨在心,多次无事生非,寻衅殴打。1970年农历正月十三去找马群时,在A山垭豁遇见乙,两人发生斗殴,甲在斗殴中持刀插进乙胸部,伤其心脏,致乙当场死亡。此案经A县革命委员会保卫部、A县公检法机关军管组审理,认为被告人甲犯罪事实清楚,手段毒辣,情节恶劣,已构成斗殴杀人罪,故于1970年8月29日依法判处斗殴杀人犯甲有期徒刑20年。1981年甲因病保外就医,回家后被害人乙的亲属扬言要报复甲。后经大队调解,甲给被害人家付了6600余元命价款,方能安住下来。

上述4个案件都是在20世纪60、70年代发生的案件,但当时在刑事立法方面对犯罪依据国家法采取刑罚是唯一的处罚方式,同时由于在意识形态领域内的高压形势,致使藏族社会的纠纷解决方式也因此更多地以单一的国家制定法的形式予以处罚,国家利益代表并遮蔽了刑事案件中的受害人及其家属的利益,致使刑事案件受害一方当事人缺乏因加害人的犯罪所造成的损害的赔偿和抚慰,埋下的是伺机复仇的种子,而一俟80年代国家法律和相关政策的稍一松动,随即发生其后续的连锁反应。20世纪80年代藏族"赔命价"习惯法在藏区的恢复适用,主要的原因是当时我国在意识形态领域中因为思想的解放和宗教政策的转变,使民族的宗教意识和民族的认同感得以加强,与此同时,藏区纠纷的解决方式也恢复了传统的做法,因此甚至有学者认为这是"挥之不去的传统回归",但从本质上讲,仍是我国刑法秉持着国家主义法律观,只对刑事被告人采取人身的刑罚处罚,财产上并不赔偿所致。而民众对国家制定法的规避态度也说明藏族社会的传统规则更能与藏族民众对规则的预期构成解纷知识的认同。

二、20世纪80—90年代藏族"赔命价"习惯法的适用

20世纪80年代至21世纪初,藏族"赔命价"习惯法在藏区回复适用,并呈现出愈演愈烈的态势,国家法与民间习惯法之间呈现出拉锯式的博弈状态,在国家主义法律观影响下,藏区社会存在着视藏族"赔命价"习惯法的运行行为属于"双重司法"的认识,有的基层领导干部提出:"现在办一件杀人案,要经过两道手续,一要经政法机关依法办理的

手续,二要经民间协调处理赔命价的手续。"①藏区各州、县都在就这种法律现象予以分析讨论,有学者认为这是传统文化的惯性使然,同时也就产生了三种观点:一种是无害论、一种是改造论、一种是彻底铲除论,但更多学者主张和认为它是封建时代的陈规陋习,与国家法之间存在着重大的冲突,应该予以取缔。②

案例1:

基本案情:1988年2月2日,被告人南加同被害人尕尕由青海省玉树州曲麻莱县麻多乡巴颜村乘一辆东风牌货车,前往果洛州玛多县,当晚行至扎加村大队部时,由于司机改变行车路线,两人借宿在扎加村一牧民尼才家。2月3日两人结伴同行,在途中各自吹嘘其家乡人如何厉害,本事大,并为了维护各自家乡的情面发生口角。2月4日南加、尕尕二人行至空青沟,为买卖珊瑚,尕尕拔出随身携带的刀子对南加说:"钱不给,你滚!"南加夺过尕尕的刀子,在尕尕的腰部、脸部、背部连捅9刀,最后一刀在体内绞了一下,致尕尕当场死亡。随后南加用刀割断尕尕的皮袄腰带,割开衬衣,割断挂在脖子上串珊瑚的线,将一颗珊瑚及1500元现金拿上,换上尕尕的皮鞋,戴上尕尕的藏式圆顶帽,逃往麻多乡。后于1988年3月9日向曲麻莱县公安局麻多乡派出所投案自首。

司法机关处理情况:此案由曲麻莱县公安局侦查终结,移送曲麻莱县人民检察院审查,该院依法移送玉树州人民检察院审查起诉。玉树州人民检察院审查后于1988年10月21日以被告人南加涉嫌故意杀人罪向玉树藏族自治州中级人民法院提起公诉。玉树州中级人民法院公开审理了本案,以故意杀人罪判处南加无期徒刑,剥夺政治权利终身。南加不服,向青海省高级人民法院提出上诉。青海省高级人民法院审理后认为。一审判决认定事实清楚,证据确实充分,定罪量刑准确,裁定驳回上诉,维持原判。

"赔命价"情况:案发后,被害人之兄公尕带二人从四川石渠县到曲麻莱巴颜村三队,找到队长尕洛和群众达群,提出索要命价,如不答应就将该队牧民全部杀光。尕洛、达群答应允其要求,并告知南加的亲属。公尕等人返回了四川石渠。数日后,公尕从四川石渠纠集25人,乘车来到巴颜村,强行要求给其安排食宿,并要求该村三队负责人前来协商,否则对三队的人进行屠杀。三队队长尕洛被迫召集安却活佛等8人与公尕商议,公尕等25人持枪带刀对尕洛等人围攻要挟,尕洛被迫答应"只要释放南加,就赔命价80万元";公尕提出"只要能赔80万元,就负责释放南加"。所谓赔命价的"协议"就这样达成了。因南加家属无力支付如此高额命价,又商议可用牛和贵重物品折抵。因活佛安葬死者,尕洛、尕松祖籍四川,加措提供石渠来人住宿等原因,被害方可免除100头牛的折价20万元,实际需支付命价60万元人民币。在60万元的牛和财产支付过程中,实际共支

---

① 张济民主编:《诸说求真——藏族部落习惯法专论》,青海人民出版社2002年版,第151页。
② 钱应学、顾建华:《革除"赔命价"、"罚服"等陈规陋习是历史发展的必然》,载张济民主编:《诸说求真——藏族部落习惯法专论》,青海人民出版社2002年版,第225~235页。

付牛243头(43头小牛犊未计算支付价,按200头计)折价40万元,其余20万元,用马匹及财物折抵,有蜡贝11个、银制护身符1个、藏式单人地毯1对、松耳石2个、室石1个、牛奶分离机1台、马5匹。此外,还给受害方面粉100斤、酥油100斤、牛1头、马1匹、小口径步枪1支,不包括在赔命价之中。以上从生产资料到生活资料的赔偿,均由被告人南加的母亲、舅舅等亲友支付。公朶等得到财物后,为掩人耳目,进一步向朶洛等施加压力,强制朶洛向公安机关虚报赔偿数额,派人跟随朶洛到曲麻莱县公安局虚报赔偿数额为28000元,并递交了书面材料,欺骗司法机关,使一起利用死人敲诈巨额财产的非法行为得逞。

本案基本表现了古代"赔命价"习惯法的运行机制的程序。被害人亲属在案发后采取了典型的藏族古代社会的部落征讨、大兵压境、暴力威胁的威慑行动,而加害一方亲属则迅速采取召集家人、邀请活佛共同商议,最终以赔偿"命价"解决纠纷和争议,但其采取的措施、程序和解决方式与国家法的相关规定完全不符,甚至诱发、扩大并发展为另一种犯罪。80年代由于拨乱反正之后,思想的解放和我国在意识形态领域中的宽松政策,尤其是宗教政策和相关法律的规定,曾一度在藏区出现狂热的宗教复古现象,而在其中恢复适用承载着相当多的藏族传统法律文化和宗教教义核心精神的"赔命价"习惯法亦在此时应运复活,并发挥着其重要的功能;但同时部落时代的内部熟人社会讲求"部落道德",而外部陌生人社会则毫无道德可言的规则局限性暴露出极大的弊端,与国家制定法的规定构成紧张关系和矛盾关系难以解决。

案例2:

1987年11月22日,四川省色达县克果乡牧民和青海省果洛州达日县下红科乡二大队一小队牧民朶贡等3人发生冲突,引起械斗,双方死3人,伤3人。① 基本案情:1987年11月22日,②四川省甘孜州色达县克果乡牧民切波、向洛、丹机、甲洛、鲁德等17人以青海省果洛州达日县下红科乡牧民越界放牧为由,持枪携刀来到下红科乡牧场,并无故击伤正在放牧的下红科乡牧民旦派、依穷二人。当日下午,旦派之子才让闹日及闻讯前来探望旦派伤势的朶日贡、俄合洛、特洛等人因气不过,便携枪佩刀,一起陪同负伤的旦派前往克果乡欲寻该乡原部落头人后裔盘德处讲理。途中旦派几度昏迷,加之山高坡陡,不能前行,特洛留下照顾,其余3人继续前往。当3人行至卓根日本沟口(地名)时,与对方克果乡牧民格勒、扎西登、格热数人相遇。这时,格勒先堵住才让闹日的去路,并问:"你们是从哪里来的?要去哪里?"才回答道:"从红科来的,要到克果去找部落头人、喇嘛讲理去,让他们看一看今天把人打成啥样子了!"答毕反问格勒:"你们是哪里来的?"格回答说:"我们是克果的,我们今天坚决不让你们去克果!"就在二人争吵期间,克果乡牧民扎西登从迎面山坡上跑下,且

---

① 果洛藏族自治州地方志编纂委员会编:《果洛藏族自治州志》(上),民族出版社2001年版,第55页。
② 张济民所编的《渊源流近——藏族部落习惯法法规及案例辑录》中记录该案发生时间是1996年,以《果洛藏族自治州志》(上)为据,案发时间实为1987年。

边跑边喊:"不让过就是不让过,看你们想干什么!"接着用火枪射击并排站立的才让闹日和俄合洛(因火炮未能引燃枪膛火药虽爆炸,但未伤着人)。情急之下,才让闹日卸下背于其身后的小口径步枪,推弹上膛,欲开枪,还未动手,无奈枪管被站在身旁的格勒抓住。才让闹日夺枪不过,便一手抓枪,一手抽随身佩戴的藏刀,分别向对方的肩部、胸部连刺两刀,格勒倒地身亡。与此同时,不远处的尕日贡听到枪声后,误以为自己的同伴被对方火枪击伤,就边骂边持枪冲向扎西登。于是二人相互射击,但事出仓皇,均未射中。就在双方"短兵相接"用枪托相互击打对方的同时,站在一旁的俄合洛趁机用刀猛刺对方三刀,扎西登当即跪倒在地。尕日贡见状,唯恐对方不死,上前又向胸部补戳一刀,扎西登大出血死亡。当尕日贡向被害人捅完最后一刀时,不料本人也被闻讯赶来的克果乡牧民用小口径步枪射伤。俄合洛的发辫也被受害人扎西登之妻格热从身后紧抓不放。在未能挣脱的情况下,遂反手一刀,恰好刺中格热右颈总动脉和肺动脉血管,造成大出血死亡。作案后,犯罪嫌疑人才让闹日、俄合洛、尕日贡为了逃避法律制裁,于11月23日畏罪潜逃。不久,才、尕投案自首。俄合洛因潜逃期间盗窃案发,于1988年6月3日被公安机关抓获。在押期间,因看守不严,复于7月4日下午趁机逃脱。7天后在亲友的劝导下投案自首。

司法机关处理情况:此次流血事件的发生,牵动了两地牧民群众的共同利益,严重地影响了边界地区的社会治安稳定和人们正常的生产、生活秩序,引起了两地党政部门的高度重视。一致认为,此次流血事件是一起因草山纠风引发的特大杀人案件,其教训是惨痛的。因此,尽快平息事态,防止矛盾进一步激化,正确处理事件是事关两地人民切身利益的大事。基于共同的认识,经双方共同协商,案发翌日,即成立了"11·22"专案组,由两地政法机关负责,决定对该案立案侦查。本案经达日县公安局侦查终结,移送达日县人民检察院审查起诉后,达日县人民法院分别对3名被告人依法作出了有罪判决:判处俄合洛故意杀人罪有期徒刑14年,盗窃罪有期徒刑1年,合并执行有期徒刑15年;判处才让闹日故意杀人罪有期徒刑10年;判处尕日贡故意杀人罪有期徒刑8年。被告人均未上诉。

"赔命价"及社会反映:为了维护两县边界的安定团结,缓解矛盾,消除边民积怨,防止新的流血事件的再次发生,两县于1988年4月在四川康定召开会议。会议本着以边界地区安定团结为大局,既要解决问题,又要面对现实,既要考虑案件的特殊性,又要遵循依法办事的原则,经过认真协商,达成了"康定协议"。根据协议,按照藏族群众的传统习俗,并征得当事人的亲属的同意,最后达成一致意见:1. 由达日县下红科乡3名被告人亲属一次性付给克果乡被害人家属丧葬费共3万元;2. 由克果乡肇事者一次性给付无故受伤者营养费1300元;3. 双方赔偿经济损失后,消除积怨,任何人不得再纠缠此事。协议达成后,边界地区的社会秩序转安,紧张局面得到缓解。①

由于藏族民众除农业生产外,主要从事牧业生产,因此,以血缘和地缘为特征的部落

---

① 张济民:《渊源流近——藏族部落习惯法规及案例辑录》,青海人民出版社2002年版,第179~181页。

生活就成为极为重要的社会组织基础。在传统藏人社会中,藏族"赔命价"习惯法在解决部落内部纠纷和部落外部纠纷时其的运作方式和程序也有较大的区别。在适用于部落内部纠纷的解决过程中,一般有下列运作方式和程序:一旦纠纷发生,须上告至部落头人处调解,当时双方要支付一定数额的财物,用以担负以下开支:①(1)调解部落之间的纠纷,调解人的食用及一切开支,由双方部落的全体成员摊派负担。(2)调解部落成员个人间的纠纷,调解人的食用一般由纠纷双方各拿出 2 斤酥油、2 元钱、半斤茶叶、1 小升炒面、4 碗酒、1 份肉(1 只羊的 1/4)。(又被称之为乌鸦负箭自己痛:乌鸦形容惹是生非、调起纠纷,负箭形容赔偿责任由自家承担。实指挑起纠纷者自家承担赔偿责任。)(3)部落头人调解无效,则上交"郭哇"处理,当事人双方仍要负担食用,还需拿出马料 5 小升,酥油 5 斤、炒面 4 小升、大茶 5 斤、羊 1 只,钱 10 元等。(4)"郭哇"调解完毕,不服者罚金,数额多少不定,视情节轻重,多则 100 元左右,少则 40 元至 50 元不等。(5)大案、疑难案件,"郭哇"无法决断时,上交寺院议仓处理。

20 世纪 80 年代到 90 年代,藏区宗教狂热势头得到一定程度的缓解,但是计划经济向市场经济转轨,人们的世界观和价值观也在发生着变化,草山纠纷频繁发生,人与自然、人与人之间的关系因之相对紧张起来,由于国家加强宏观调控,微观方面则使其他社会调控规范挤占进来成为调控人们行为的规范,而组织以及组织规则就当然首当其冲地表现得最为明显。正如恩格斯所言:"部落始终是人们的界限,无论对别一部落的人来说或者对他们自己来说都是如此:部落、氏族及其制度,都是神圣不可侵犯的,都是自然所赋予的最高权力,个人在感情、思想和行动上始终是无条件服从的。"②部落的草山、部落的成员、部落的"赔命价"共同出资的规则都在此时期表现得尤为重要,因为它不仅体现了藏族的宗教信仰、法律传统,而且维护了部落的利益和隶属于部落的家族及其成员的利益,使他们如同一个共担风险的利益共同体,力量更为强大。

三、21 世纪前 10 年藏族"赔命价"习惯法的适用

21 世纪初藏族"赔命价"习惯法在藏区社会民间适用更为普遍和公开。首先表现在基层民间轻微伤害纠纷的解决中,藏传佛教活佛、旧部落头人的后裔、部落和村落的老者、善于言谈调解的能手和乡政府工作人员(一般也是当地部落和村民)组成临时调解团队,一般以藏区旧时固有的习惯规则予以调解解决;而案件涉及杀人、故意伤害和故意伤害致人死亡的,一般都会在案发后迅速自首和报案,并组成调解团队,介入和解议偿命价,而藏区法院法官也会就刑事附带民事部分的赔偿协商事宜交由双方当事人自行协商,一俟双方当事人就民事赔偿部分达成共识和协议,并偿付了相关金钱和财物之后,以

---

① 多杰整理:《甘加思柔、仁青部落法规》,载张济民:《渊源流近——藏族部落习惯法规及案例辑录》,青海人民出版社 2002 年版,第 147 页。
② [德]恩格斯:《家庭、私有制和国家的起源》,载《马克思恩格斯选集》第 4 卷,第 94 页。

此情节作为当事人有悔罪的表现,并根据国家制定法诸如人身损害赔偿制度和刑诉法的司法解释,对加害人予以从轻或减轻处罚。由此可见在国家制定法之下的案件双方当事人和藏区法院法官在司法过程中共同能动地合作完成了对藏族"赔命价"习惯法的合法化过程。尽管在传统藏族"赔命价"习惯法中命价的构成①与现行刑事法律中国家制定法的规定有较大的不同,但它在藏族民间社会中在部落习惯的运行中发挥着重要的利益计量作用。

哈耶克认为:"在任何一个规模较大的群体中,人们之间的合作都始终是以自生自发的秩序和刻意建构的组织为基础的。毋庸置疑,对于诸多内容明确的任务来说,组织乃是促使我们进行有效合作的最有力量的手段,因为它能够使那种作为结果的秩序更符合我们的愿望;然而,在另一些情形中,亦即在那些有助于自生自发秩序的力量的情形中,我们对这种秩序的特定内容所拥有的控制力量则必定会受到限制。"②藏族"赔命价"习惯法作为一个藏族社会生发的规则,与部落这种社会结构相结合,一般不发生人命案件就不会有提交法院解决的案件,最终双方当事人合作规避了国家的法律。但这种规避也是建立在知晓国家法的基础上进行,双方各负义务也承担责任,受害方是将自己的可能的报复行为和国家法处以刑事责任的处罚作为一个隐而不显的压力威慑加害一方,加害方则被迫以金钱和财物解除压力,同时也对受害方要求负有向法院等政法部门要求减轻加害人处罚的义务,否则以拒绝偿付命价为要挟。藏传佛教的六道轮回、灵魂转世等观念,使藏族并不以死为重,因而侵害方是否赔偿金钱以及是否使受害方满意成为受害方是否担负请求法院减轻侵害方罪罚的重要条件。然而提交法院解决的案件,则如苏力所言:"尽管当代中国制定法对于习惯采取了某种贬抑、有时甚至是明确予以拒绝的态度,但在司法实践中,习惯还是会顽强地在法律中体现出来,对司法的结果产生重大影响,实际上置换了或改写了制定法。"③法院在并无国家法相关的任何法律规定下,考虑加害方当事人已作出相当高额的赔偿,对方当事人也表示谅解,从而法院也就将其行为视为悔罪的表现并对社会危害极小,且社会效果也好,所以也就从轻处罚了,甚至是在法律规定的最低的刑事处罚量刑规定下办案的。在笔者去藏区社会基层调研时,居然听说有一个政府干部,因贪污受贿 6 万元左右被抓捕,在赃款退赔阶段,其所在的部落摊派承担退赔赃款,居然有 10 万元之多,最后这个干部因此案居然还多出了近 5 万元的进项。这种现

---

① 命价的构成主要有以下几个部分:(1)调头金。主要是阻止和及时防止受害一方的家属和部落成员组织的报复寻仇行为,通过支付一定金额的钱财,表达和解的诚意和防止事态进一步发展和恶化的费用。(2)丧葬金。主要包括诵经超度亡灵、停尸、盖尸布、驮牛牛鞍子等安葬死者的项目费用,其比例较大。(3)抚慰金。主要支付给死者的包括父母、妻儿、兄弟、姐妹等亲属的费用,诸如寡妇拭泪、孤儿摇胸、兄弟失伤、本家失亲等项目。(4)调解费。在调解团队调解过程中的吃喝用度、文书笔墨和相关酬金等项目的费用。(5)煞尾费。为表明不吉利的事情从此一扫而光而单独索要的一笔费用。(6)超度金。主要用以超度亡灵使之不致坠入三恶趣中所购买的经卷、向佛寺所进行的供奉和念经费用。参见张济民主编:《青海藏区藏族部落习惯法资料集》,青海人民出版社 1993 年版,第 150 页。
② [英]弗里德利希·冯·哈耶克:《法律、立法与自由》,邓正来、张守东、李静冰译,中国大百科全书出版社 2000 年版,第 67~68 页。
③ 苏力:《送法下乡——中国基层司法制度研究》,中国政法大学出版社 2000 年版,第 240 页。

象,正如费孝通先生的《乡土中国》中所讲的,"法治秩序的好处未得,而破坏礼治秩序的弊端却已先发生了"①。在藏区,人们在运用藏族"赔命价"习惯法解决这类纠纷时,表现出这种"习惯的弥散和认同"的态度,法官也置身其间并不例外。从法条主义或实证主义的法律观出发,法官的判决本身也并未真正的实现"以法律为准绳"的原则。在这类刑事附带民事诉讼案件中法官、双方当事人都在共享一种纠纷解决的同一种知识传统,都对该习惯法的合理性以自己的行为表达了认同态度。

案例1:

2000年8月16日下午4时30分许,A县牧民甲寻牛回家途中与邻县牧民乙相逢,二人因琐事发生争执,继而互殴,甲持刀捅向乙前胸,致对方左肺上叶贯通伤而失血性休克死亡。就在此时,离此不远的乙的姐姐丙发现二人厮打,立即赶往现场。见胞弟倒在血泊之中,即上前撕扯甲,甲复用刀砍伤丙后骑马逃离。事发当日,被害人乙的父亲丁带领众人到加害人甲的岳父戊处闹事,险些误伤人命。后经他人劝解,戊以5匹马为代价,将丁等人劝回。次日,丁纠集30余人,携持刀枪来到戊处,强行赶走戊的牛群(共214头)及马匹,并扬言要"出兵"复仇。当日下午,两乡干部闻讯赶到,制止了事态的进一步扩大。8月18日,戊以"为使事态不再扩大,对方愿意要多少就给多少",托人带话给被害方。随即,被害方按照当地习惯,向戊索要了"出兵费"、"撤兵费"、"送葬费"等共12匹马。戊当天就给付对方。8月19日,丁一方按1岁以上的牛作价1000元,从8月17日赶走的牛群中精心挑选了100头大牛、14头牛犊。将挑剩的100头还给戊。此外还向戊索要乘马3匹,现金5万元。以上共计17万元,作为对死者"命价"的赔偿费用,戊应允。之后,丁还扬言"看在某寺院和某寺院活佛的面子",确也退还戊牛6头,马1匹(作价10000元)。赔偿协议达成后,双方盟誓,无论凶手是否回家,对方不再追究。凶手是否被政府处理,双方均无怨言。

2000年9月25日,两县政法委联合组成工作组,对"8·16"案件私下索赔命价、血价情况作出处理决定:

1. 丧葬费10000元;

2. 死亡补偿费按全州上年度人均纯收入1347元的20倍计算,共计26940元;

3. 误工补贴按照全州上年度人均纯收入计算,参加丧事共7人50日,每日3.7元,共1295元;

4. 对伤者丙一次性给付医疗费、营养费、误工补贴、交通费等,共计15000元;

5. 根据《中华人民共和国民法通则》之有关规定,给死者亲属适当的抚慰金,共3000元;

6. 被害方向加害方无条件退还马16匹(原付出兵费、退兵费)、牛84头,退还时

---

① 费孝通:《乡土中国》,生活·读书·新知三联书店1985年版,第59页。

间为 2000 年 10 月 10 日前;

7. 落实工作按双方当事人亲属协商的地点,由两县政法委指派专人监督,保证清退工作顺利进行。据悉,清退工作于 2001 年 1 月 10 日前顺利完成。

案例 2:

2006 年 9 月 26 日上午甲的母亲乙与其小儿子丙去乡上办理牧民搬迁费事宜与被害人丁发生争执,丁殴打乙致伤,劝开后丙用摩托车载上母亲乙到镇上派出所报案,随即去诊所替母亲乙疗伤,甲和其弟戊闻讯赶到镇上,见母亲正在治疗便在诊所门口等候,当二人看见被害人丁骑着摩托车经过,便前后赶上被害人,戊拦车质问被害人,被害人见状停车并从腰间抽出随身携带的铁质狗棒,左手撕住戊的头发欲用右手拿着的狗棒击打戊时被随后赶到的甲抢取并用抢得的狗棒向被害人头部挥击,接着用左手捡起的石头又朝被害人头部击打致被害人颅脑损伤,经州医院抢救无效于 2006 年 9 月 28 日死亡。事发后于同年 9 月 26 日下午甲同其弟到镇派出所主动投案,并如实供述了全部案情事实。

2006 年 10 月 3 日,原本是亲戚的双方当事人经过协商,为了双方今后不发生矛盾,达成如下协议:

1. 为避免双方亲戚今后发生冲突,给双方带来不利之事,双方自愿协商;

2. 甲、丙、戊三人的亲属及亲属给死者的后事费用及家属生活补贴赔偿金 14 万元,并一次性付清;

3. 自协议之日起,乙方(加害方)除自愿给予生活、生产上的补助外,不对此事终身承担责任;

4. 甲方(受害方)尽最大的努力申请有关执法部门提出三兄弟从轻或释放的申请;

5. 双方家长有义务教育好自己的亲属子女,今后对此事不追究任何责任;

6. 如果哪一方违约协议,违约方要承担 5 万元的违约金;

7. 协议书甲乙双方代表各持一份,证人各持一份。

县法院根据案情,判决被告人甲有期徒刑 5 年。

案例 3:

2009 年 6 月 5 日 17 时,D 乡牧民甲、乙、丙在 A 省 B 县 C 乡和 D 乡的草山界限处放牧期间,误将 B 县 C 乡丁的 5 头牛赶过 D 乡草山地界,丁知情后骑马到 D 乡地界,碰到在此地放牧的戊、己、庚,因曾有过节被戊追打,回家后丁纠集辛夫妇、壬夫妇、癸夫妇等十几人前往 D 乡草山界限处找戊等人说理,见面后丁和戊发生口角,被害人卯前来劝架,壬、丁、辛、癸等人对被害人卯实施殴打,致使被害人卯因头部被挖虫草的小镢头击打倒地,造成颅脑损伤死亡。当日下午,癸逃亡在外,壬、辛、丁三人到乡政府投案自首,其家属向卯的家人赔偿 99000 元,并取得受害方家属谅解。县法院根据案情,对辛判处有期徒刑 7 年,丁被判处有期徒刑 7 年,壬被判处有期徒刑

7年。

案例4：

2009年1月13日，甲从其姐乙口中得知自己妻子丙与丁发生了不正当男女关系的事情后，非常气愤，遂于1月15日，在镇北街一民族首饰加工店中购买了一把刀子准备教训一下丁。当日18时许，甲领妻子到街上购买东西后谎称自己要去邻县办事，第二天才能回来，让妻子把东西拿回家，然后去本镇一网吧玩到16日凌晨3时许便回到其承包的招待所，在招待所自己的房间内未见到妻子后就从服务员手中要出客房门钥匙，并持刀逐房查找，在该招待所202室内找到妻子和丁。丁趁甲查看门后的丙时冲出202室，甲持刀追赶，当丁跑到二楼楼道口处时摔倒在地上，甲本想用左手去抓丁，但未抓到，于是用刀朝丁的右肩膀部位戳了一下，却戳在了丁右侧肩胛骨内侧的背部，丁起身后继续跑，到二楼楼梯口处又摔倒在地上，甲追上撕住其头发往前一拉，使丁跪坐在地上，然后用刀朝其左肩处又戳了一刀，在准备戳第三刀时被住宿的客人和招待所服务员等人劝开，丁跑出了旅社，当跑到一处煤堆处时，因已被甲用凶器刺伤胸背部，右肺破裂致使丁失血性休克，呼吸循环衰竭死亡。案发后，甲因担心丁的伤情，给丁打了电话，但长时间无人接听，便于1月16日凌晨6时许打电话给派出所要求查找丁的下落并投案自首。

2009年5月14日，甲与丁的部落代表之间达成赔偿协议。协议书载明：甲杀害致死该部落一人之事，为了以后不再由此事而滋事，由加受害双方自选的调解人员，按民族有关习俗教育双方进行调解达成以下协议：

根据县法院同意按民族习惯进行调解，加害方支付受害方抚养费9万元整及馈赠大藏经《甘珠尔》、《丹珠尔》经书各一套，受害方同意调解并诚恳表示从此以后对加害方没有任何憎恨和意见（加害人甲不受任何法律制裁也没有意见）。

县法院判处甲故意伤害（致人死亡）有期徒刑9年。

案例5：

2010年3月23日早晨，A乡B村牧民甲及其家人为其儿子乙准备婚事。约9时许，丙骑着摩托车找甲要求返还多年前与其交换的草山，如不答应要强行搬到已换的草山上。被甲拒绝，甲对丙说："你等两天我已经给村委会和乡政府汇报过了，过两天会来解决。"丙说："我一天也等不了，今天就要搬。"说完就骑着摩托车走了。下午2时许，丙驾着一辆212北京吉普车到甲家草山上强行搬帐篷，当车行至甲家门口时，被甲拦住，丙开车冲向甲，甲被撞到一边，甲顺手捡了一块石头，打在丙的挡风玻璃上，将挡风玻璃打碎。这时丙停车跳下后，从地上捡起石块准备打甲，乙见状就从家中拿了一把刀子冲向丙，向丙的右上肢外侧、左上肢各戳了一刀，这时甲的女婿丁也持刀冲上前去撕住丙，朝丙的左背部处刺了一刀，乙又朝丙的右大腿处刺了一刀，丙倒在地上，后被人劝开。丙经鉴定为十级伤残。随后乙与丁向公安机关主动投案自首，并由其家人出面，与受害的丙之间达成赔偿25万元的协议，丙即向法院要求对二人从轻或减轻处罚。县法院认为"被告乙、被告丁的行为已触犯我国刑法,构成故意伤害罪,公诉机关指控的被告人故意伤害罪定性准确,证据确实充分,应依法予以认定。案发后二被告认识到自己行为的违法性,向公安机关主动投案,如实供述犯罪行为,具有自首情节。……案发后二被告积极赔偿受害人各种经济损失25万元,有悔罪表现,赢得了受害人的谅解,可酌情从轻处罚二被告人。综上,为惩罚犯罪,保护人民的合法权益,同时为体现法律效果与社会效果的相互统一,构建和谐的社会秩序、法治秩序。依照《中华人民共和国刑法》第234条第2款、第67条、第72条,最高人民法院《关于刑事附带民事诉讼范围问题的规定》第4条之规定",判处乙故意伤害罪有期徒刑3年,缓刑4年;判处丁有期徒刑3年,缓刑3年。

从上述案例中,首先表现的是特定地理环境和特定文化背景下的民间规则样态,是适用和实施藏族"赔命价"习惯法的地域特征和民众的生产生活环境。青海藏族生活在黄河、长江和澜沧江构成的三江源地区,这里虽然被称为"中华水塔",但生态环境却极度脆弱,草场退化严重,人与自然之间关系难以协调,必然就影响到人与人之间关系的紧张。生产力发展水平低,整个社会以农业和简单的靠天养畜维持生存和发展,因此部落观念在藏族社会的历史生活中发挥着十分重要的作用。在藏区,人们的一切行为以及观念意识都将绝对服从于一定的部落整体的需要。部落利益往往高于家庭和家族利益。部落观念是藏族地域观念最基本的内涵。地域观念的作用是不可低估的。文化交往理论告诉我们,地域观念越浓郁,对社会和文化发展的制约作用就越大,在现代社会尤其如此。新中国成立后,尽管部落的社会功能基本消失,但以部落为内涵的狭隘地域观念的影响还在一定程度上表现得十分突出。近年来,在藏族一些乡村之间草场纠纷屡禁不止就是狭隘的地域观念的又一个反映,而草场纠纷多为发生杀人和伤害案件的主要原因。部落之间的命案:如果甲部落把乙部落人杀死,乙部落欲兴师报仇,丙部落头人出面调解,甲方首先要赔出兵钱(习惯上没有定数),调解如能成功,赔偿死者家属100只羊、100两银子、凶手的马匹和凶器,命价折合1000银元至2000银元不等。凶手如果赔偿不起或已逃走,凶手家属和所在部落有义务担负赔偿责任。死者家属所得命价仅1/3,其余归部落头人和调解者均分。部落之间为争夺草山、水源,发生械斗而致人死亡,处理方式又有所不同,若甲部落打死乙部落人,丙部落出面调解,若调解成功,应赔偿的命价由甲部落全部属民负担,凶手被甲部落敬重。而在乙部落死者是为部落利益而死,也被本部落拥戴,其家属及子女由全部落抚养照顾。

在这类重复性的行动中,表达的是本质性的惯习和当下合理性的缺乏。马克斯·韦伯从社会学理论出发,清晰地论述了"社会行为—习惯—正当秩序—法律"的发展和运作过程①,他认为"社会行为是根据行为者所赋加的意向而与他人行动有关,并在其过程中针对他人行为的一类行动"②。"社会行为(包括不为或容忍)的指向,可能是他人过去的、

---

① [德]马克斯·韦伯:《社会学的基本概念》,胡景北译,上海世纪出版集团2005年版,第28~59页。
② [德]马克斯·韦伯:《社会学的基本概念》,胡景北译,上海世纪出版集团2005年版,第1页。

当前的或预期未来将出现行动,例如针对他人过去攻击的报复、当前攻击的抵御、未来攻击的防卫措施。"①由此而展开的对"赔命价"习惯法的研究和探讨,实际上是对人类行为模式及其法律的起源和成长历史的回顾。马林诺夫斯基曾指出我们当下的社会与各原始族民的社会之间所存在的连续性,从未受到过根本的破坏②。所以完全可以通过对个案的分析和解释去研究藏族"赔命价"习惯法所运行的社会背景和其功能。吉尔兹也指出:"直接个案不仅为法学提供了产生反映的基础,而且还为它提供了其欲求把握的对象。而在民族志,既定惯例、庆宴或父代母育风俗,亦具有相同意义的功用。"③在司法实践中的案例也能说明藏族"赔命价"习惯法习惯规则在藏区民众的法律纠纷解决中的现实表现,也反映了当地法院在办理类似案件时对这种民间解决办法的理解和宽容。

苏力曾指出:"今天的乡民并不仅仅依据自己先前熟悉的习惯性规则提出自己的权利主张,他/她们和我们一样都生活在这个现实的迅速变动的世界,同样在主动或被动地适应着这个变动的世界,他/她们同样是选择性地依据对自己最有利的规则以最具合法性的话语提出他/她本来就具有的那种愿望和要求(我们今天称之为权利)。正是通过这种选择之后,习惯逐步进入了司法。"④因今天的藏区社会,已经发生或正在发生的不管是草山纠纷还是其他纠纷引起的杀人案件和伤人案件,仍然存在着司法机关和民间双重处理的现象。这种社会现象和法制观念给中国的司法机关和法学界、宗教界以及党政决策部门提出了很多值得思考的问题。其中,影响最大的是地方司法机构,在执行国家的某些法律法规时,常常遇到一些干扰和困难。尤其在杀人、伤人案件中,当事人希望适用藏族"赔命价"、"赔血价"的传统,致使其与国家法之间关系极为紧张,也影响到了国家法律的现代性的体现。但21世纪初国家法已经在关注这方面的沟通和互动,因而也就使藏族"赔命价"习惯法以刑事附带民事诉讼程序中允许双方当事人就因犯罪所造成的损失部分进入协商,由此它进入司法程序,并影响到了法律适用问题。

范愉认为:"进入21世纪之后,随着现实主义司法理念的确立,法院对于习惯等民间社会规范的态度和政策也发生了明显的转变,不仅不再讳言尊重习惯,而且开始以积极的态度寻求与民间社会规范的协调。"⑤范愉认为:"基层法院对民间习俗的态度和政策是现实主义的,但也体现了社会转型期与现代化进程中司法的过渡性特点。"⑥而苏力也认为:"诚然,乡民们依据他/她们所熟悉并信仰的习惯性规则意识认同和分享是另一个重要条件。法官对民间风俗习惯的下意识认同和分享是另一个重要条件。"⑦在20世纪80

---

① [德]马克斯·韦伯:《社会学的基本概念》,胡景北译,上海世纪出版集团2005年版,第28页。
② Introduction to Hogbin, Law and Order in Polynesia(1934)xxx.
③ [美]克利福德·吉尔兹:《地方性知识:事实与法律的比较透视》,载梁治平:《法律的文化解释》,生活·读书·新知三联书店1994年版,第73页。
④ 苏力:《送法下乡——中国基层司法制度研究》,中国政法大学出版社2000年版,第255页。
⑤ 范愉:《民间社会规范在基层司法中的应用》,载《山东大学学报》2008年第1期。
⑥ 范愉:《民间社会规范在基层司法中的应用》,载《山东大学学报》2008年第1期。
⑦ 苏力:《送法下乡——中国基层司法制度研究》,中国政法大学出版社2000年版,第254页。

年代,藏区法院所审理的杀人、故意伤害、故意伤害致人死亡的案件中,法官在审理此类案件时无法无视当地藏族民众对适用藏族"赔命价"习惯法以解决此类纠纷的对规则的预期,而且由于部落人多势众一般未能通过司法达致其所预期的结果,大多会以人数众多的上访或请愿等形式构成对政府或司法部门工作的压力,以此谋求达到目的。因此,藏区法院大多也就通过刑事附带民事诉讼过程中的民事赔偿部分允许当事人协商相关赔偿数额和事宜,待民事赔偿部分已经由当事人之间达成赔偿和和解协议,并表明对当事人的刑事责任部分无要求或反过来为加害方获得减轻刑事责任而请求宽宥,随后法院才就刑事部分予以判决,在判决书中加害一方当事人的悔罪表现、积极赔偿行为,特别是赔偿数额达到受害一方当事人的满意和对其犯罪行为的充分谅解,成为判决当中确定是否对加害一方在法定刑以下进行处罚的衡量标准。这种诉讼过程中的调解,名为法院主持,但是实为诉讼过程中当事人之间的讨价还价和势力博弈,以"囚徒困境"理论对其过程进行描述或分析完全是可能并可行和可信的。因为通过这个程序和过程,当事人以及法院法官都可以以合作形式达到使藏族"赔命价"习惯法规则得以在此间的运作和适用。

正如范愉所言:"不难理解,以往民间社会规范在司法诉讼中的作用多数是通过诉讼调解实现的,因为调解可以调动当事人对民间规范的认同,通过自身的参与避免僵硬适用法律规则、软化程序的对抗性、求得情理法的融通和良好的解纷效果(包括当事人的满意度、履行程度和社会公众评价和认同程度等)。"①但在司法中适用了藏族"赔命价"习惯法的规则,是不能在判决书中表现的,它成了在藏区法院内部法官之间"能做不能说,能调不能判"的内部隐性规则。② 因为忠诚并执行国家制定法是法官的使命,而且"民俗习惯的地方性(特殊性)大于普遍性,发展流变性大于稳定性,对其良善、效力存否以及具体内容尺度的判断亦随地方、社区和当事人的情况各异,因此事实上很难通过搜集整理或判例的确定形成统一、确定和可以正式援引的'习惯法'渊源"③。

进入 21 世纪以来我国法院在对待民间法及其法律适用效力等问题上表现出较大的变化。2007 年 8 月全国法院系统关于"和谐司法视野下的民俗习惯的运用"研讨会召开,提出了民俗习惯运用于司法的价值、可能性与限度,认为在当代中国的法律与司法国情条件下,应当深入研究民俗习惯的司法运用,将民俗习惯引入司法裁判过程,也有着现实的可能性,因为现行立法已经为民俗习惯进入司法审判过程提供了重要的法律原则与制度规范,民俗习惯亦有着共通性的特征,将民俗习惯引入司法过程中,有着正当、合理的现实需求,能够有效化解社会矛盾纠纷。民俗习惯在司法中的运用的限度和边界,主要是:运用于司法审判中的民俗习惯应当是善良的、补充性的和规范的。因此,藏区法院法官在解决此类案件时对民事赔偿不反对采取这种思维的解决方式。藏族赔命价习惯法还将长期存在,难以短期内与国家法完全融合。

---

① 范愉:《民间社会规范在基层司法中的应用》,载《山东大学学报》2008 年第 1 期。
② 范愉:《民间社会规范在基层司法中的应用》,载《山东大学学报》2008 年第 1 期。
③ 范愉:《民间社会规范在基层司法中的应用》,载《山东大学学报》2008 年第 1 期。

清代文斗寨中人制度

瞿 见*

(清华大学法学院 北京 100083)

摘要:中人是清代民间契约活动中的重要环节。文斗寨作为一个相对偏远的黔东南苗族村寨,其中人制度则展现出了自身的特点。在"契约在场的中人"和"契约缺场的中人"的二分之下,可以将文斗中人分为牙中、见中、保中和理中、劝中的不同类别,而这些不同类别的中人都在文斗的历史生活图景中有着丰富的展示。对文斗中人在具体民间法律活动中的阐释,不仅意味着对文斗中人制度本身的认识,也有助于进一步理解民间法在实际生活中的真实运行。

关键词:清水江;文斗寨;中人;凭中;契约

一、文斗寨及其中人制度

(一)文斗寨概况

文斗寨是贵州省黔东南苗族侗族自治州锦屏县河口乡的一个苗族村寨,位于清水江下游。文斗寨分为上寨和下寨两个部分,向东隔乌斗溪与平鳌寨相对,南与中仰寨、加池寨相邻,西与岩湾寨相望。① 近些年来,通过对在清水江流域发现的大量契约文书的整理和研究,整个清水江流域的历史风貌和民间社会的运行状态也逐渐清晰起来。文斗苗寨无疑是清水江边最受关注的一个村寨,以其作为典型例证的研究也更为系统和全面。② 它遗存的大量的契约文书,为我们展现了一整套的契约活动规则,而中人必然是文斗契约活动中的重要角色。

文斗寨契约文书中有大量的关于田土、山地、林木交易的契约,也有许多反映文斗苗

---

* 【作者简介】瞿见(1990—),男,湖北黄梅人,清华大学法学院比较法与法文化学硕士研究生。
① 这几个相邻村寨之间有着频繁的交往活动,这在留存的契约文书中也有体现。参见王宗勋:《文斗——看得见历史的村寨》,贵州人民出版社 2009 年版,第 3 页。
② 如张应强:《木材之流动:清代清水江下游地区的市场、权力与社会》,生活·读书·新知三联书店 2006 年版。其中第五章就是专门以文斗寨为中心的讨论。又如梁聪:《清代清水江下游村寨社会的契约规范与秩序》,人民出版社 2008 年版,也是以文斗苗寨契约文书为中心的研究。

寨历史生活状态的各类文书。通过这两个方面的文书留存,人们可以对文斗苗寨的法律之维、社会之维和历史之维都有一个较为全面的了解。这种全面的,甚或是感性的认识,让我们在进一步地探寻文斗中人制度的体系和具体运行时,对其生长的土壤有了更为扎实的认知。这种认知无疑对我们的研究有着极大的助益,而对中人制度的梳理,也将更加丰富这种认知。

文斗中人制度的存在无疑是极其广泛的。而之所以将文斗中人的存在及其活动的规范称之为一种"制度",是取其"谓在一定历史条件下形成的法令、礼俗等规范"之义,①着意探究文斗中人制度的体系和运行两个面向的内容。几乎在文斗的每一份契约文书中都会出现中人的身影,其中人制度的存在和运行必然是整个文斗社会生活中极其重要的一部分。然而专门针对文斗中人的研究还较少,②所以我们有必要对文斗寨的中人制度作一具体的梳理和研究。这不仅有助于我们理解文斗社会生活的运行机制,而且作为一个个案,对完善整个中人研究也有其意义。

(二)本文主要研究资料

本文以文斗寨的清代契约文书为主要研究资料。主要包括:陈金全、杜万华主编的《贵州文斗寨苗族契约法律文书汇编》(共 664 件);张应强、王宗勋主编的《清水江文书》中的文斗寨契约文书,包括第一辑的第 12 册、第 13 册和第三辑的第 7 册、第 8 册、第 9 册、第 10 册(共计 2215 件);唐立、杨有赓、武内房司主编的《贵州苗族林业契约文书汇编(1736—1950 年)》(一卷、二卷、三卷)中的契约(共 853 件);③谢晖、陈金钊主编的《民间法》第 3 卷、第 4 卷中收录的《贵州锦屏林契精选》和《贵州锦屏林契田契精选》(共约 150 件);潘志成、吴大华编著的《土地关系及其他事物文书》中收录的契约文书(共 157 件)。本文所参考的文斗寨契约文书总数在 4150 件左右。

另外,还有其他相邻村寨的文书中也有反映文斗中人制度的文书。这些村寨地理上和文斗寨临近,经济交往和社会交往上也和文斗寨联系紧密,故而也参考了这些村寨的

---

① 关于中人问题,一些研究称之为"中人现象",认为其为"中国古代民事活动中,记录缔约双方合意的有关权利与义务的书面约定均有第三方参与,这构成了中国传统民事契约中的独特现象——中人现象"。见李埛环:《中国传统民事契约中的中人现象》,载《法学研究》1997 年第 6 期。也有研究称其为"中人制度",如梁治平认为:"中人制度的建立包含了一种极其深刻的文化意蕴,它是这个社会的有机文化逻辑的显现。"见梁治平:《清代习惯法:社会与国家》,中国政法大学出版社 1996 年版,第 125 页。

② 目前专门针对文斗中人的研究尚告缺乏,但是在相关著作中可以寻见相关的研究讨论,如梁聪:《清代清水江下游村寨社会的契约规范与秩序》,人民出版社 2008 年版,第 118~122 页。这里将文斗中人作为文斗契约文书作用机制的一环,对文斗中人有专节讨论。

③ 该书中的契约文书主要收集自文斗寨和平鳌寨两个村寨,在该书第 3 卷《研究编》中相原佳之的《清代中国、贵州省清水江流域における林业经营の一侧面——「贵州苗族林业契约文章滙编」平鳌寨文书を事例として》一文中列出的《文书群——文书番号对照表》中标明了各份文书收集自何村寨。本文在选取引据文书中主要采用收集自文斗寨的文书,但收集自其他村寨但也能反映文斗中人制度的文书也有参考。参见唐立、杨有赓、武内房司:《贵州苗族林业契约文书汇编(1736—1950 年)》(第 3 卷研究编),东京外国语大学国立亚非语言文化研究所 2001 年版,第 124 页。

相关文书。这部分文书主要是张应强、王宗勋主编的《清水江文书》第一辑第 1—11 册（共 4388 件）。

以上这些文书大都为清代契约文书，间有少量民国时期和近当代的文书留存。其中的清代契约文书上起康熙年间，下至宣统年间，基本可以反映清代文斗寨契约文书的全貌。由于本文主要研究的范围限定在清代文斗寨的中人制度上，所以参考引证的时候注意到了区别清代和民国、近当代的文书。对于清代之后的契约文书原则上不做引证，但文斗寨的传统和制度是一个延续的系统，对于部分可以反映清代文斗中人制度的相关文书也酌情纳入了考察的范围。

我们还需要说明的是，文斗寨大量的契约留存中绝大多数都是白契，只有极少数的红契。这表明了国家法在文斗社会生活（起码是在文斗契约活动）中的缺位。这也说明了文斗的中人制度是在一个民间法自我生长的环境中不断发展和成熟的。

(三)文斗中人的概念和体系

文斗苗寨的中人制度既有其普遍性，也有其特殊性。和那些完全"乡土的"或者属于民族特有的制度不同，文斗的中人制度无疑是中国民间习惯上的中人制度中的一分子，这是它在中国范围内的"普遍性"。但和那些同内地基本一致的制度习惯不同，文斗寨的中人制度作为本土化了的中人制度，带有强烈的自己的体系性，将文斗中人制度和内地中人制度区隔开来。因此，对它的研究就要求我们必须努力进入文斗中人制度的内部去。

梁治平在总结日本汉学界的现象学方法或主观主义方法[①]时，认为其"在具体研究层面上这种努力主要在两个方向上展开，即一方面是对于被研究者世界中'固有'概念的重视和梳理，另一方面是力图将这些概念按照其内在逻辑联系起来，并给以系统性的说明"。日本学者草野靖认为，在研究中应当有意识地立足于"中国的农民、地主等主体日常使用的类别称呼以及他们在日常生产活动中获得的认识"来对契约关系进行分类和加以体系化的整理。[②] 对所研究的事物的固有概念的梳理是我们认识研究对象的观念的重

[①] 这种方法要求研究者在研究时要"把当时人们的观念世界作为分析社会结构时的中心"（岸本美绪）。采取这类的方法意味着研究者要超越现下的立场，以一种谦逊的和平等的态度进入到研究对象内部，倾听被研究者的声音，并试图内在地理解被研究者生活于其中的世界。这种看法是立足于一种特殊主义的研究视角，其主要目的在于"抵制普遍主义的滥用，尊重研究对象的内在逻辑和完整性，试图从内部去了解和理解被研究者的生活世界，为此，它尽量避免把自己的概念从外部强加于研究对象，尤其反对简单粗暴的肢解式解读"。但同时必须注意的是，这里对所谓"普遍主义"的批判，是针对当时（以及现在仍然存在的）过度地利用西方的概念解释体系对完全本土的制度的分析和解构。参见滋贺秀三等：《明清时期的民事审判与民间契约》，王亚新等编译，法律出版社 1998 年版，第 442～456 页。

[②] 参见[日]滋贺秀三等：《明清时期的民事审判与民间契约》，王亚新等编译，法律出版社 1998 年版，第 301～302 页。

要途径,对研究对象外在显现方式的感知同时也就是对事物本身的探究。① 但是,除了对概念的梳理,我们还需要将这些固有概念联系起来,进而形成更具解释性的体系。而在"概念—体系"这两个部分的努力正是本文所尝试的方向。

本文正是试图在文斗人的生活图景中梳理和解释文斗中人制度中的固有概念,并将这些概念按照其内在理路联系起来,进而通过文斗中人制度的体系架构予以"系统性的说明"。同时,在整个文斗寨的民间习惯和社会生活中寻找中人制度的位置,以期得到一种更富有解释性的答案。

二、"立契有凭"下的文斗中人体系

(一)文斗中人的类别

1. 中人的功能或中人的分类

中人研究的首要问题是对中人概念的厘清,而这又建立在对中人称谓的探究之上。有很多学者都对这一问题进行了研究,②对中人称谓的起源和自西周以来历代对中人的不同称谓都进行了梳理和考证。在明清时期,作为"契约的第三方参加者"的称谓有:见人、见中人、凭中人、同中人、中证人、中见人、保人、中保人、居间、中间人、见立契人、见立合同人、中人等等,而又以中人最为常见。③ 从对民间社会所使用的固有概念的尊重来看,以上这些称谓之必然有着或大或小的差别,其内涵还有待理清。我们笼统地称之为中人,④只是为了叙述的方便而将其作为一个大类的统称,其下必然包含着以上固有的不同概念所界定的不同的群体,而这一点恰恰是我们容易忽略的。

中人研究经常讨论的一个问题是"中人的功能(作用)"。虽然具体的功能分类可能还存在争论,但较为人们所接受的论断是认为"中人在清代契约中发挥着介绍、见证、保证和调处的功能"⑤。这四项功能也基本涵盖和描述了中人作为一个"契约的第三方参加者"的统称概念在契约中所发挥的作用。

但是,至少具体到文斗寨的中人制度上来,我们就要开始思考这样一个问题,即:究竟是同一个中人群体具有不同的功能(或者职责),还是根本就是不同的中人群体发挥着不同的作用。

---

① 如果说"事物像他们存在一般显现,也像他们显现一般存在"的话,那么"事物显现的方式就是事物存在的一部分"。参见 Robert Sokolowski, *Introduction to Phenomenology*, Cambridge University Press, 2000, p. 14.
② 此方面的研究如李祝环:《中国传统民事契约中的中人现象》,载《法学研究》1997年第6期。该文的第一节即为"中人称谓的演变"。
③ 李祝环:《中国传统民事契约中的中人现象》,载《法学研究》1997年第6期。
④ 梁治平在研究时就对"中人"一词作为一个"分析性概念"进行了很好的界定。见梁治平:《清代习惯法:社会与国家》,中国政法大学出版社1996年版,第120页。
⑤ 李桃、陈胜强:《中人在清代私契中功能之基因分析》,载《河南社会科学》2008年第5期。

我们发现,在文斗寨的中人制度中,在契约中承担着不同功能的是不同的中人群体,他们之中或许有重叠和混同,但是其主体或曰核心事例是相互截然分开的,甚至在契约文书中原有的"称谓"也是不同的。因此,在我们构建文斗中人制度的体系时,将那些在契约中有着不同功能的不同人群分为不同的中人类别,相较于将其视为中人的不同功能,可能会是一个更加符合生活事实的叙述方式。

2. "契约在场的中人"和"契约缺场的中人"的二分

文斗中人和内地中人的一个最大的区别在于:在契约关系成立后的纠纷解决中,原先参与订立契约的中人并不必然负有调处①其可能出现的纠纷的职责。

根据学者的研究,在清代内地有的契约中会标明,如果发生纠纷,则"尽在中人一面承管"②,或者至少是"日后倘有亲族人等出为争论,由中人及卖主一面承管,不与买主相干"③。在契约双方产生纠纷之后,参与订立契约的中人需要承担调处的责任,或者至少是需要与卖主(在买卖契约中)一同承担关于所卖土地的对外的调处义务。所以,"一旦交易发生,中人最重要的作用就是在出现纠纷时进行调解",故而,内地中人"既是商业交易的促成者,也是潜在的调停者"④。但是在文斗寨的中人制度中,契约中多会标明"如有不清,居(俱)卖主在上前理落"⑤。关键在于,在契约成立之后负责调处可能发生的纠纷人群和参加到契约关系中的人群是不同的。这样,文斗寨的中人制度中就形成了"契约在场的中人"和"契约缺场的中人"的二分。

我们以中人在契约关系中的"在场"和"缺场"来划分这两类中人。契约在场的中人是指那些直接参与到契约关系中的中人,他们直接促成契约关系的成立,甚至是其成立的必备要件。而契约缺场的中人是指在契约成立后产生纠纷时,在纠纷的调处中进行调处的中人。他们并不是他们所调处的契约关系的参加者,更不是立契时的在场者,他们作为一个契约的缺场人对契约纠纷进行调处。"契约在场的中人"和"契约缺场的中人"的区别不在于时间上他们是在立契前出现(说合)、立契时出现(见证)还是立契后出现(调处),而在于他们是否自身卷入契约关系之中。

3. "契约在场的中人"和"契约缺场的中人"的外延

文斗寨的中人制度在"契约在场的中人"和"契约缺场的中人"的二分之下,我们可以进一步厘清二者的外延。需要说明的是,除了一些特殊用法,文斗的各类中人都很大程度上混同于"中人"这个大的称谓之下,并进一步混同于"凭"这个概念里。所以为了区别

---

① 之所以使用"调处"一词而非"调解"一词,可参见陈胜强、王佳红:《中人在清代土地绝卖契约中的功能——兼与现代相关概念的比较研究》,载《法律文化研究》2010年卷,中国人民大学出版社2010年版。
② 张传玺:《中国历代契约会编考释》(下),北京大学出版社1995年版,第1930页。
③ 南京国民政府司法行政部编:《民事习惯调查报告录》,中国政法大学出版社2005年版,第331页。
④ 参见黄宗智:《清代的法律、社会和文化:民法的表达与实践》,上海书店出版社2001年版,第54~55页。
⑤ 陈金全、杜万华:《贵州文斗寨苗族契约法律文书汇编》,人民出版社2008年版,第202页。这里的不清虽然多指来历不清、界址不清或者亲族争论,但是也隐含有中人并不必然负有对立契之后可能出现的各类纠纷进行调处的义务的含义。

各类不同的中人群体,我们有必要给他们确定一个特定称谓。文斗寨的中人制度中"契约在场的中人"包括牙中、见中和保中。"牙中"作为一个固有概念可以在清代契约中找到(虽然较为少见),我们以之称呼那些主要职责为介绍撮合交易的那类中人。之所以称之为"牙中",是因为他们具备"牙人"的基本特点,但并非是完全的职业居间人。"见中"即"见证之中"、"在场中",其本身是文斗寨契约文书中固有的概念①,又称见人、中见人、见中人、中证人、见立契人等等。我们用以称呼那些立契时在场见证、负有证明人职责的中人。"保中"即"担保之中",也是清代契约中的固有概念,又称保人、中保人等。我们用以称呼那些在契约中负有担保责任的中人。

文斗寨的中人制度中"契约缺场的中人"包括理中和劝中。"理中"是指"理讲之中",而"劝中"是指"解劝之中"。"劝中"是文斗寨契约文书中固有的概念,在许多文斗契约文书中均可找见。二者同为契约纠纷的调处人,但是采用的方式和所起的作用有所不同。

当然,为了叙述方便,我们在这里先对文斗中人的各个分类作出了基本的解释。然后我们会通过文斗契约文书所展现的具体生活图景,结合其在文斗中人体系中的位置,进一步阐释其各自的具体情况。

(二)"立契有凭"

"立契有中"是在民间契约活动中一直存在着的传统,也得到了国家法的支持。② 在大部分的清代民间契约中都可以觅得中人的踪迹。这一点在文斗寨的契约文书中自然也不例外。在文斗寨,契约文书中将中人称之为"凭中",是"凭中人"③的简写。所谓"凭"者,是指依靠、借助、根据的意思。契约活动中需要依靠中人撮合交易,需要依靠中人证明交易和担保交易,在纠纷产生以后也需要依靠中人调处纠纷。但如果我们将视野更加放大来看,契约活动中可以凭借和依靠的,除了中人,还有很多人群,只不过在有的时候我们才必须依靠中人而已。如果我们再进入文斗契约文书中考察,我们会发现,在一次契约合同中中人可能不会出现,但是一定有"凭"的出现。所"凭"之人可以是亲戚、族人、族长、邻居、好友、保长、寨老等不一而足。比如这一份光绪二十年六月十九日的分家"阄书"④的开头:

凭　家长:瑞卿叔□相兄、贵卿叔齐相兄
凭　亲长:范本秀、范本正、姜秉智、姜锦蔚、范镜湖、姜显国、姜吉春
凭　族长:姜开瑜、姜开文、姜景春、姜永昌

自丙戌年七月分火之后,本房之人,有分居有未分居。至辛卯年三月,始将丙戌年以

---

① 文斗契约中出现过"见中"的概念,如一份山场座簿在复述契约内容时记载了"再(在)见中",见张应强、王宗勋:《清水江文书》第3辑第8册,广西师范大学出版社2011年版,第195页。
② 参见陈胜强:《中人对清代土地绝卖契约的影响及其借鉴意义》,载《法学评论》2010年第3期。
③ 文斗契约中也可以见到"凭中人"的说法,如见张应强、王宗勋:《清水江文书》第3辑第7册,广西师范大学出版社2011年版,第228页。
④ 张应强、王宗勋:《清水江文书》第3辑第9册,广西师范大学出版社2011年版,第386～387页。

前数代所创之田园、塘基、油山分为五股。长房占壹、肆阄,贰(本)房占叁伍阄,叁房占第贰阄。本房之人依然照样居住至今。本房请凭亲族,谨将本房所占三伍阄之田,照三伍阄在家先堂凭阴阳序捡,贞公子孙捡得第三阄,萃公子孙捡得第伍阄,所有田园、塘基、油山各阄开列于后。

这份阄书中,中人显然没有参与到具体的分家活动中来,但是这份文书依然有"凭"。所"凭"之人包括家长、亲长和族长。在分家捡阄之时,也是"请凭亲族",才进行抓阄的。这些都说明了在文斗的社会生活中,中人参与的只是其中的一部分。虽然这一部分极其重要,其参与也十分广泛,但是中人的参与依然是置于"凭"之下的。

所以,我们认为文斗寨契约活动的基本传统是"立契有凭"。这同"立契有中"的传统并不矛盾,"立契有凭"只是一个比"立契有中"更加上位的概念或者更加宏观的体系。其实,"立契有凭"的传统彰显着在中国传统的交易活动乃至一切社会活动中都有着永远在场的第三人。这个"永远在场的第三人"一方面宣示着各项社会活动公开化的趋势,另一方面也意味着对双方私下达成合意的排斥。所有的民间社会活动必然是一个三方的活动,无论是交易、婚姻、分家析产或者纠纷解决。而这种传统在文斗苗寨中则体现为"立契有凭"的形式。因而,文斗中人体系的构建则必然是在"立契有凭"这个大的框架之下的。

结合我们在上一节中对文斗中人概念的梳理和作出的中人分类,我们可以用下面的图表来说明"立契有凭"之下的文斗中人体系。

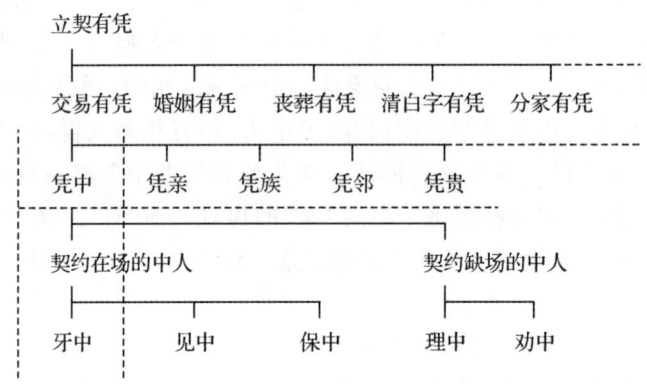

"立契有凭"下的文斗中人体系示意图

在这幅图中我们可以看到,在"立契有凭"这个大传统之下,不仅交易活动有"凭",甚至凡事都有所"凭"。婚姻有凭,例如在一份"总腾抄写(年庚书)"中有这样的字句:"此女已许与文斗寨姜△△第△△子为妻,早已凭媒说合,放炮定亲。"①说明婚姻也是"凭媒说

---

① 张应强、王宗勋:《清水江文书》第3辑第10册,广西师范大学出版社2011年版,第105页。

合"。丧葬有凭,如在丧葬文书或者阴地合同中,会有"凭地师"的字样,①也是"凭"的一部分。另外,无论是立"清白字"、立"讨字"、立"投字"还是分家、分银合同中,都各自有"凭"。这些方面例证众多,无须一一列举。

具体到田土、山地、杉木等的交易中,所"凭"之人也不一定是"中",而可以有亲、族、邻、贵(如保长、总理、②绅首等),等等。当然,凭中是其中最主要也是最多的一部分。图中"凭中"下的横虚线以下的部分才是本文主要探讨的区域。凭中分为"契约在场的中人"和"契约缺场的中人"。图中两条竖虚线之间的区域"牙中"是中人制度最核心的区域,也是最体现中人本质要求的一类中人。自牙中而外,越是偏离中人核心区域的中人类别,就越是和其他人群相混同。

虽然我们以示意图的方式对"立契有凭"之下的文斗中人体系作了分析和整理,但是在这个体系中,图中各支之间是存在着大量的混同的。尤其是"凭亲"、"凭族"、"凭贵"等和"理中"、"劝中"的混同,"凭亲"、"凭族"、"凭邻"和"见中"的混同等等。这些在我们的具体论述中都会再次提到。

(三)中人钱

中人钱在文斗中人制度中发挥着重要的作用。这种作用在于,由于中人做中的驱动力是物质利益或者精神利益,而中人钱的存在就构成了维持整个文斗中人体系运行的外在支撑。尤其是支撑着那些更追求物质利益的技术优势型中人。文斗的契约文书中,中人钱③又称"吃梱银"④或"中银"⑤,是中人做中之后取得的相应报酬。关于在一般交易中中人钱的具体数额,有学者认为"没有定数,当场酌情而定",⑥而中人钱则一般被认为是交易额的 2%~3% 左右。⑦ 在文斗的部分契约文书中注明了中人钱的数额,据此我们可以大致了解到文斗中人钱数额的概况。下面是笔者统计的文斗寨中人钱的表格:

---

① 参见张应强、王宗勋:《清水江文书》第1辑第1册,广西师范大学出版社2007年版,第475页。以及唐立、杨有赓、武内房司:《贵州苗族林业契约文书汇编(1736—1950年)》,东京外国语大学国立亚非语言文化研究所2001年版,D-〇〇五五。

② 这里的总理指的是文斗地方团练"三营"的总理。这些人在文斗普通百姓那里,不可谓不"贵"。如有"凭文斗总理姜国相"。见唐立、杨有赓、武内房司:《贵州苗族林业契约文书汇编(1736—1950年)》,东京外国语大学国立亚非语言文化研究所2001年版,E-〇〇四八。

③ 如"姜先宗典契"中:"外批:东道中人钱共银一钱,日后赎田要补。"见陈金全、杜万华:《贵州文斗寨苗族契约法律文书汇编》,人民出版社2008年版,第400页。

④ 如"姜应保卖田契"中:"凭中姜文彩吃梱银贰分。"见陈金全、杜万华:《贵州文斗寨苗族契约法律文书汇编》,人民出版社2008年版,第10页。

⑤ 如"姜廷干卖田契"中:"凭中族人姜相仪、含章受中银一两。"见陈金全、杜万华:《贵州文斗寨苗族契约法律文书汇编》,人民出版社2008年版,第92页。

⑥ 梁聪:《清代清水江下游村寨社会的契约规范与秩序》,人民出版社2008年版,第122页。

⑦ 关于中人钱的比例,梁聪认为"在山场土地的买卖交易中,谢中费一般为成交价银的2%~3%左右"。见梁聪:《清代清水江下游村寨社会的契约规范与秩序》,人民出版社2008年版,第122页。而潘志成、吴大华编著的《土地关系及其他事物文书》中通过对"姜文华卖田文书"这一份契约的释读,"由此推算'谢中'费大致在交易价款的2%~3%之间"。见潘志成、吴大华:《土地关系及其他事物文书》,贵州人民出版社2011年版,第3页。

文斗寨中人钱统计表①

(单位:两)

文书编号	文书类型	交易额	中人钱	代笔钱	中人钱比例	代笔钱比例	年代	备注
H-A-0001	卖山契	24	0.2	0.3	0.83%	1.25%	乾隆元年	凭中2人
A-3	卖木契	9	0.05	0.01	0.56%	0.11%	乾隆十三年	凭中3人
A-5	卖田契	26	0.6	—	2.31%	—	乾隆二十四年	凭中3人
B-232	卖塘契	8	0.2	—	2.50%	—	乾隆二十六年	凭中2人
H-A-0005	卖山契	5.25	0.1	0.1	1.90%	1.90%	乾隆三十一年	—
A-10	卖田契	32	0.4	0.02	1.25%	0.06%	乾隆三十二年	凭中2人
G-184	卖田契	14	0.15	—	1.07%	—	乾隆三十七年	中、笔1人
G-185	卖田契	41	0.15	—	0.37%	—	乾隆三十八年	中、笔1人
H-A-0012	卖山契	2	0.02	—	1.00%	—	乾隆三十八年	—
H-B-0003	卖山契	0.9	0.03	—	3.33%	—	乾隆四十七年	—
A-25	卖田契	7.3	0.1	0.1	1.37%	1.37%	乾隆四十八年	—
H-A-0047	卖山契	3.8	0.1	0.1	2.63%	2.63%	乾隆五十三年	—
A-50	卖田契	9.6	0.04	—	0.42%	—	乾隆五十八年	—
D-6	卖山契	0.58	0.02	—	3.45%	—	乾隆五十八年	—
H-A-0064	卖山契	4.2	0.1	—	2.38%	—	嘉庆五年	—
H-B-0014	卖木契	6.2	0.24	0.06	3.87%	0.97%	嘉庆六年	凭中4人
A-92	卖田契	48.1	1	—	2.08%	—	嘉庆十三年	凭中2人
B-361	卖栽手契	39	0.4	—	1.03%	—	嘉庆二十二年	—
G-191	典田契	21	0.29	—	1.38%	—	道光十五年	东②、中共得
A-400	典田契	5.5	0.1	—	1.82%	—	道光二十四年	东、中共得

可以发现,在上表中,中人钱占交易额的比例的发生区间为0.37%~3.87%,这个比例的平均值为1.78%。虽然我们只是对文斗寨留存下来的一部分载明了中人钱数额的

---

① 笔者统计了陈金全、杜万华的《贵州文斗寨苗族契约法律文书汇编》;张应强、王宗勋的《清水江文书》第1辑第12册、第13册,第3辑第7册、第8册、第9册、第10册以及唐立、杨有赓、武内房司的《贵州苗族林业契约文书汇编(1736—1950年)》(选择了其中文斗寨部分的契约)中的契约,将其中注明了中人钱数额的契约制作成该表。文书编号的首字母分别代表:A.《贵州文斗寨苗族契约法律文书汇编》;B.《清水江文书》第1辑第12册;C.《清水江文书》第1辑第13册;D.《清水江文书》第3辑第7册;E.《清水江文书》第3辑第8册;F.《清水江文书》第3辑第9册;G.《清水江文书》第3辑第10册;H.《贵州苗族林业契约文书汇编(1736—1950年)》。第一道短横线后为该文书所在页码(H类文书第一道短横线后为文书在该书中的编号)。

② 东,指东道。

契约进行了统计,但通过上表我们还是能推断中人钱的比例大概在1‰~3‰之间,这个比例要远小于内地的中人钱比例。① 考虑到有的交易的交易额本身很小以及有的交易有多名中人,文斗寨作为直接给付价银而记载在契约上的中人钱的实际比例会比我们一般认为的还要小。

另外,在中人钱的分配上,内地中人制度中一般将中人分为"正中"或者"全中"和与之相对应的"偏中""散中"等,而前者得的中人钱一般较后者为多。② 但从上表所引的有多个中人的契约文书来看,文斗寨中人钱的分配上一般是均分,而且代笔钱一般也与中人钱相当。

通过上表中的年代信息中我们还会发现,文斗寨在清代早期(乾隆年间)的契约文书大多注明了中人钱的数额,而愈到后来注明中人钱的契约则愈少。但这并不能说明文斗寨到后期就不支付中人钱了,下引的光绪年间的"请中花销账单"③即可说明中人钱制度在文斗寨的长期存在:

光绪二十五年十月十六日晚请中上寨开贤、际春、下寨贤清、永和。付买猪肉四斤,去钱贰钱五十六文。又付买豆腐六件,去钱叁十六文。又付买盐四两,去钱十二文,付买……又付买米八件,去钱□□□四文。又付买丝烟、清油,一共去钱卅文。又付洋烟贰钱,去钱一百廿文七。共开去钱六两七十六文……

这份账单详尽地载明了在光绪二十五年十月十六日、十七日、廿七日和十一月初六至少四次请中的花销(我们只列举出第一天的请中花销),而且花费颇为巨数,四天共花销二十余两。所以,在直接支付的中人钱外,请中花销也是中人钱中很重要的一大部分。

中人在议价过程中发挥着重要的作用,而议价的过程同时就是请中的过程。而在一份"姜启华卖山场杉木约"中有对议价过程的描述:"外批分单:……光绪十六年十二月初一日分单(姜)为明存。客寨早客在(姜)为明屋,吃火食,议价银五十一两八钱八分。"④这就说明了议价和请中是同一个过程。请中花销在中人做中的整个过程中很大程度上是必需的。我们还可以从另一份"分山分林分银合同"⑤中印证这个结论:

光绪二十八年二月初一日卖汪度库山木与姜登云、石引客刘家朝斫伐,议定价银一十六两八钱四分。我等此山界限,上凭土垦抵着姜、杨二姓山,下抵路,左凭姜正荣等之山,右凭海治、为宏之山,四抵朗然,不料卖砍之后,突被姜登程弟兄等执张伪契:上登顶,下抵路之界限,混争我等之山。我等以祖业不可轻抛,请中文斗人姜德相、(姜)开贤、

---

① 关于内地中人钱比例,可参见陈胜强:《论清代土地绝卖契约中的中人现象》,载《民间法》第十卷,山东人民出版社2011年版。
② 陈胜强:《论清代土地绝卖契约中的中人现象》,载《民间法》第十卷,山东人民出版社2011年版。
③ 陈金全、杜万华:《贵州文斗寨苗族契约法律文书汇编》,人民出版社2008年版,第570页。
④ 唐立、杨有赓、武内房司:《贵州苗族林业契约文书汇编(1736—1950年)》,东京外国语大学国立亚非语言文化研究所2001年版,B-〇〇四三。
⑤ 唐立、杨有赓、武内房司:《贵州苗族林业契约文书汇编(1736—1950年)》,东京外国语大学国立亚非语言文化研究所2001年版,E-〇〇七〇。

（姜）卓贤，本寨人姜盛魁、（姜）盛广、姜为烈、（姜）上锦等理论，恶等伪契无理可原，中等以理责，被断与我等管业。其前后用费，共去银一十二两五钱，实存银四两三钱三分……

在上引文书中，本来卖木之后实得价银一十六两八钱四分，这部分应当按照股份分钱。但是，由于突然有人执契争论山场的归属，因为"祖业不可轻抛"，所以只好请中人理讲，虽然最后得以"断与我等管业"，确认了山场的归属，但是其中请中的费用花去了一十二两强，以至于最后分银的数额只剩下四两余。这也说明了在中人做中的过程中伴随着相当的请中花销。进而我们可以认为，文斗的中人钱不仅维护着整个中人制度的存在和运行，更重要的是，专门的中人钱的支付是半职业化的专业牙中产生的重要动因，而请中花销则是中人活动中必然的要求。

三、契约在场的中人

契约在场的中人包括牙中、见中和保中。这些类别的中人直接促成或者参与了契约的成立。而在他们的构成人群上，牙中更取决于技术优势，见中的构成在于"在场"与否，而保中或许更偏向于财产优势。

（一）牙中

牙中在交易中起着介绍撮合的作用，这种作用是中人的应有之义。这种介绍和撮合的作用体现到契约文本中，就是文斗契约中经常可以见到的"请中问到某某名下承买为业"。可以想见，如果有人想要出卖田土，又一时不知道谁愿意买入，这时候最好的选择就是问到牙中那里，请牙中撮合买卖双方。我们现在所见的大部分契约中所注明的"凭中"都是牙中，在有的契约中也将其记载为"说合中人"，[①]这就表明了其促成交易的本质特征。还有的契约文本也具体展现了请中说合的情形，如下引"陈见文、陈见芳卖阴地契"：[②]

立契出卖阴地人陈见文、陈见芳。今因家下要钱用度无□备，自愿父子兄弟商议，今将地名帽哨鸾□阴地一形，后凭孙姓田冲，前凭孙姓□沟，左凭孙姓田坳颈，右凭大田冲。四至分明。为界内卖横贰丈，顺贰丈伍尺，阴阳在内。请中说合，出卖与嘉（加）池姜培刚名下承买为业。三面言定卖价铜钱叁仟陆伯（佰）捌拾文整，就日交呈，不少分文。自卖至后，任凭买主开坎进葬，卖主不得异言，恐有不清，俱在卖主□理落。今欲有凭，立此卖契。永远发达一纸为据。

凭中人　姜凤仪
代书人　孙占魁
卖阴地人　陈见文、陈见芳
光绪二年三月初八日　立

[①] 张应强、王宗勋：《清水江文书》第1辑第13册，广西师范大学出版社2007年版，第91页。
[②] 张应强、王宗勋：《清水江文书》第1辑第11册，广西师范大学出版社2007年版，第222页。

在这份契约中,卖主需要出卖一块土地,经过"父子兄弟商议"之后,找到了牙中,"请中说合"出卖给买主。牙中在其中起的就是介绍交易和撮合交易的作用。另一方面,牙中还有一个重要作用,就是"三面言定卖价",在文斗一般的交易契约文书中我们可以看到"凭中议定价银若干"或者"凭中三面议定价银若干"的字句,这说明了牙中在议价中发挥的作用。有的契约中将议价的过程描述为:"凭中喊定价银二十五两八钱。"① 牙中议价的过程可见一斑。

文斗牙中的人员构成主要有两个部分。一是如传统中人研究中所认为的那样,是寨子里较有"面子"或威望的人。他们或者拥有相当的财产,或者有一定的权威,或者拥有很深的资历,或者至少在交易双方那里较有影响力,比如是交易一方或双方的亲戚族人的长辈,等等。例如"母旧(舅)"或者"旧(舅)父"② 的概念就经常出现在契约末尾所署的凭中后。这一类人群的存在自然无须多言。同时他们在"立契有凭"之下不单单承担着牙中的职责,而是更广泛地参与到了诸多社会生活中去。

另一个主要的部分就是专业③的牙中。梁治平认为"成功的交易一半靠中人的说辞和技巧,一半则基于其'面子'"④。技术优势的强大可以弥补一个中人在主要由社会地位带来的"面子"方面的不足,甚至技术优势本身也可以带来"面子"。而在传统中人研究中,主要依靠技术优势而存在的这一个中人群体一直被否认或者弱化,其认为牙中甚至中人的主要构成只有(或者主要是)上述第一类的人群。但在文斗寨中,通过对一些契约文书的分析,我们可以大致推出专业牙中的实际存在。

我们可以通过一个个例分析印证这个论断。在文斗契约文书中,我们可以经常见到一个叫"姜邦彦"的人,他一般是以凭中或者代笔的身份出现在契约文书中。但是,作为一个在契约文书中出现频率如此之高,广泛地参与到他当时的交易活动中的文斗人,我们却很难在其他资料中了解到他的身份。无论是在文斗留存下来的各式各类的家谱中,还是文斗留存下来的众多的"分家合同"⑤中,都无从觅得"姜邦彦"的身影。甚至在文斗浩瀚的买卖典当契约中,也很难看到"姜邦彦"作为交易一方而出现。通过这些考察,我们已经可以有一个基本的分析,即姜邦彦作为一名牙中,他很有可能并不是一个在文

---

① 唐立、杨有赓、武内房司:《贵州苗族林业契约文书汇编(1736—1950年)》,东京外国语大学国立亚非语言文化研究所2001年版,A-〇一三三。还有的契约直接在契尾表明"喊中某某",足见中人在议价中的作用。见张应强、王宗勋:《清水江文书》第3辑第8册,广西师范大学出版社2011年版,第150页。虽然这是一份民国时期的契约,但是也足资参考。
② 陈金全、杜万华:《贵州文斗寨苗族契约法律文书汇编》,人民出版社2008年版,第55、248页。
③ 之所以不能称之为"职业的",是因为这部分人都有着自己原本的职业。他们至多只能算是"半职业"的牙中。但是他们又大量而集中地以牙中的身份参与到交易和契约中来,并且更多地依赖自己的技术优势,故而称其为专业的牙中。
④ 关于这一段话的引用无疑是极多的,但是大多数引用都在重点关注"面子"的问题,而忽略了技术优势与"面子"所占有的同等的地位。见梁治平:《清代习惯法:社会与国家》,中国政法大学出版社1996年版,第125页。
⑤ 分家合同是判断一个人在家族中位置的极好途径,而是否能在分家合同中出现本身也代表着其本身和所在的家族具有一定的实力。

斗寨有较高的社会地位或者相当的权威或者雄厚的财产的人。①

我们进而对姜邦彦作为凭中和代笔出现的契约文书做了一个统计，统计表如下：

文斗寨姜邦彦凭中、代笔统计表②

文书编号	文书类型	中笔	日期	文书编号	文书类型	中笔	日期
A-141	卖木契	笔	嘉庆二十四年二月初七日	D-82	卖山契	中	道光十七年五月初十日
A-193	卖木契	笔	嘉庆二十五年五月初二日	A-338	卖田契	中	道光十八年二月十七日
H-A-0148	卖木契	笔	道光三年十月廿五日	A-344	卖木契	笔	道光十八年六月十五日
F-248	卖山契	中笔	道光三年十一月廿一日	H-A-0187	卖木契	中笔	道光十八年六月十七日
A-233-1	卖田契	中	道光四年六月廿九日	H-B-0119	卖木契	中	道光十八年十一月初一日
A-233-2	借当契	笔	道光四年十月廿四日	A-347	卖木契	中	道光十八年十二月十四日
A-239-1	卖木契	中笔	道光六年三月五日	B-89	佃契	笔	道光十九年二月十六日
B-372	卖木契	中笔	道光六年八月廿一日	D-212	卖木契	中	道光十九年三月廿一日
D-278	换地基契	中	道光七年十一月十三日	B-91	卖木契	中笔	道光十九年五月十七日
A-264	卖木契	笔	道光十年七月初八日	C-8	卖木契	中	道光十九年十月十五日
H-F-0002	卖山契	中笔	道光十年九月廿二日	D-291	佃契	中笔	道光十九年十月二十日
A-267	借当契	笔	道光十年十月初五日	A-356	卖木契	中	道光二十年四月初四日
A-261	卖田契	笔	道光十年十二月初四日	A-363-2	卖山契	笔	道光廿一年十一月十七日
D-282	卖木契	笔	道光十一年二月廿六日	H-B-0127	卖木契	中	道光廿一年十二月十五日
D-208	卖木契	笔	道光十一年七月某日	C-12	卖山契	中	道光廿一年十二月初十日
D-392	卖木契	中	道光十二年二月廿九日	A-382	卖木契	中	道光廿三年十二月初二日
H-B-0100	卖木契	中	道光十二年三月初一日	A-383	卖木契	中	道光廿三年十二月初二日
A-288	卖地基契	中笔	道光十二年八月十六日	D-406	卖木契	笔	道光廿四年正月十八日
A-304	佃契	笔	道光十三年九月廿一日	B-282	卖木契	中	道光廿四年四月初一日
A-309	佃契	中	道光十四年三月廿五日	A-397	卖田契	中	道光廿四年八月初三日
H-B-0108	卖木契	中	道光十五年二月十六日	F-208	卖栽手股	笔	道光廿四年十二月初一日
H-B-0109	卖木契	中	道光十五年十一月廿二日	D-171	卖木契	中	道光廿五年六月初九日
A-326	卖田契	中	道光十六年二月十七日	C-114	卖栽手股	中	道光廿九年三月廿四日
A-327	卖木契	中	道光十六年三月十五日	A-432-1	佃契	笔	咸丰八年二月初八日
E-70	卖木契	中	道光十六年三月十六日	D-327	卖木契	笔	咸丰九年二月十二日
C-110	卖菜园契	笔	道光十六年五月十七日	A-434	佃契	笔	咸丰九年十月初九日
B-82	卖山契	中	道光十六年六月十八日	A-440	讨契	笔	同治元年二月十九日

---

① 因为有权威的人必然会以一定的特殊身份参与到当时的社会生活中去，而以文斗寨这样大量而完整的文书留存来看，他的这种参与会有很大的几率展现在各类文本中。正如我们可以想见的，如果有一家人拥有雄厚的家产，他就有极大的几率作为交易方出现在买卖田土山林的契约中。

② 文书编号规则按照《文斗寨中人钱统计表》的编号规则。另外，A类文书的第二道短横线后代笔在该页码的第一份文书或第二份文书。"中笔"一栏表示在本契约中是凭中还是代笔，"中笔"表示既凭中又代笔。

上表展示了笔者所搜集到的54份姜邦彦参与的契约。通过上表我们可以发现,姜邦彦作为凭中代笔的时间跨度自嘉庆二十四年(1819)二月初七日至同治元年(1862)二月十九日,共约43年。这是一个足够长的职业生涯。这就会产生一个问题,无论是在寨子里拥有一定的权威还是有较高的社会地位,都需要相当的年龄作为保障。我们无法想象一个年轻人承担这样的社会角色。而姜邦彦长达43年的"中笔生涯"又向我们宣示了他在其职业生涯的初期足够年轻以至于他不可能具备这样的权威和地位。但毋庸置疑的,无论如何,牙中都必须取得交易双方的信孚,拥有如此多中人经历的姜邦彦也必定有其特别之处。这就促使我们去寻找权威和社会地位之外的东西。

关于姜邦彦的职业,我们最终寻得了这样一份"姜邦彦卖栽手股契"①,这就更加证明了我们的猜想:

> 立断卖栽手杉木姜邦彦。为因要银使用,无处得出。自己先年佃到地主之地名白岩洞,界至:我所栽之木上凭怀智之栽手,右凭怀智栽手,下截左凭怀智之栽手,右凭路,今请中出卖与姜钟英、侄世俊名下修理管业。当面议定价银一两五钱,亲收回应用。今欲有凭,立此卖栽手杉木为据。
>
> 外批:栽手占二股,地主占三股。
>
> 凭中　姜钟芳
>
> 道光二十八年十二月初一日　卖主姜邦彦　立

在这份契约中,姜邦彦是作为卖主出卖了其所有的栽手股。而这份栽手股是来自"自己先年佃到地主之地名白岩洞",这就向我们证明了姜邦彦的"栽手"的身份。栽手作为向山主佃种山地栽树的人,类似于向地主佃种的佃农。但是,一个栽手却成为了一个相当成功的牙中。结合姜邦彦的栽手身份,我们还可以从上面的统计表中发现,姜邦彦所参与的契约大部分都是"卖山契"或者"卖木契"。我们或许可以这样推想,姜邦彦因为自己栽手的身份进而对林业有着业务上的精熟,也对同领域的人群相当熟悉,再加上他是有文化的人(能代笔),以上这三方面结合起来,就造就了姜邦彦在牙中技术上的优势,使其得以成为一名中人。

虽然,更多的文斗的专业牙中的存在还没能恰好得到契约文书的支持。但我们可以基本肯定的是,清代文斗中人制度中的牙中的人员构成上,除了传统的有地位优势的牙中,还存在着,或者说更主要的部分,是那些拥有技术优势的专业牙中。

(二)见中

见中,即"在见中"或"在场中",②在有的内地契约中会有"在场"一项,以之专门记载立契时在场见证的人员。顾名思义,见中就是在场见证的中人,其主要的作用在于见证

---

① 唐立、杨有赓、武内房司:《贵州苗族林业契约文书汇编(1736—1950年)》,东京外国语大学国立亚非语言文化研究所2001年版,B—一〇四八。
② 在有的契约中注明了"在场"字样,如"凭中人在场姜得宇",见张应强、王宗勋:《清水江文书》第1辑第12册,广西师范大学出版社2007年版,第236页。但这份契约注明的"在场"并不完全意味着其只履行见中的职责。

和公示周知两种。"在场"这一特征决定了见中并不需要专门的资质,也不会经过特别的选择。只要立契的时候恰好在场,就有可能被请来做一个见证人,所以这也就决定了见中这一类中人的职责更小,人员构成也更复杂。

有学者在研究中发现,中人的身份除了基层组织中的领袖人物、亲族成员外,还有妇女、佃仆等特殊的中人身份。但认为这些人"始终无法成为中人的主流"。比如说妇女中人出现的原因只是因为她们"在实际生活中,中人的某些特性,诸如个人威信、个人身份、人际关系"等因素和这些特殊身份的中人"所具有的道德、身份和经济因素相结合,从而将她们推到中人的位置上"。又比如佃仆中人在做中时,佃仆的身份会影响到他作为中人的作用,所以在这种情况下,这种中人的作用"更多是中介或见证。"①

但是我们认为,这些中人的特殊身份并不是因为某一种"结合",而是因为这些中人其实承担的是"见中"的职责。他们并不是传统意义上最核心的中人人群,而只是临时充当了一个见证人的角色。见中不需要具备其他中人所必备的技术或者威信,那种将他们"推到中人的位置上"的力量不是某种契合而只能是"在场"。我们在文斗契约中也发现了这样一些身份特殊的中人。比如"凭中:断(段)瓦匠"②、"凭中:夥(伙)计东略"③等等。然而这些在契约中记载了瓦匠或者伙计身份的情况毕竟是少数,但是依然能向我们说明见中身份因"在场"而具有的复杂性。

当然,除了各种身份特殊的见中,最能符合"在场"的要求的人群首先是邻居和亲族。如果说亲族还因其身份有着某种意味的话,那么邻居在立契过程中或许是最无从选择而又极佳的在场见证人。我们可以透过这一份邻居做中的契约"姜老云立发补字"④了解见中做中的情形:

> 立发补字人姜老云,为因妻子死,无其所靠,自愿将到所有之山场皇木岔,五股均分,老云占一股;皆比五股均分,占一股;对门坡二十股,又占一股;东牛常田坎下十股均分,占一股。一共四处俱补与 堂别姜老求名下,出过本银四钱五分整。埋葬当日,众位相议,不得翻悔异言。恐后无凭,立此补字存照。
>
> 外批:所有卧强之山五股均分,十九家得买文佐一股,分为十九股,老云占一股,付与姜远寿。
>
> 凭众邻舍 姜通海、(姜)镇海、(姜)老乔、(姜)显中
>
> 姜启仪 笔
>
> 道光元年六月十七日

---

① 参见吴欣:《明清时期的"中人"及其法律作用与意义——以明清徽州地方契约为例》,载《南京法学法律评论》2004 年第 1 期。
② 断瓦匠,疑为段瓦匠。见唐立、杨有赓、武内房司:《贵州苗族林业契约文书汇编(1736—1950 年)》,东京外国语大学国立亚非语言文化研究所 2001 年版,A-〇二二九。
③ 唐立、杨有赓、武内房司:《贵州苗族林业契约文书汇编(1736—1950 年)》,东京外国语大学国立亚非语言文化研究所 2001 年版,D-〇〇三一。
④ 唐立、杨有赓、武内房司:《贵州苗族林业契约文书汇编(1736—1950 年)》,东京外国语大学国立亚非语言文化研究所 2001 年版,A-〇一四四。

在上引契约中,契约的订立是在其妻子的"埋葬当日",经过了"众位相议"过程而订立的。可以想见的是,在埋葬其妻子的时候,必然有亲邻在场,姜老云也在这种情况下,以到场的人做中,订立了上引契约。而这些邻居,除了众声商议之外,无疑是一种见中,起着见证和公示契约的作用。

亲族中人由于其身份特殊故而和其他种类的中人极大地混合了,我们很难从中剥离出实为见中的例子,但是还是可以从一些契约中看到亲友作为见中的例子,比如这份"陆宗培立领杉木契"①:

> 立领杉山人巴州寨宗培,情因祖父先年遗有杉木山场在文渚②,地方兵燹,后有本族陆正宽于同治年间将祖遗地名一处从皆榜,一处地名在离,一处地名冉楼假,一处地名从堆,一处地名杨公庙外边,一处地名黄养,一共六块,卖与文斗姜世模、(姜世)俊。登泮叔侄因我遗有叔坟在于文斗,今登泮叔侄念前友谊,将改杉山场地名六处字共三契,概凭亲友退回宗培领清,日后所遗□地,各自清理管业,不得向(姜世)模叔侄重清,恐口无凭,立领字是实。
>
> 内添□今二字。
>
> 凭　亲：龙见田、黄秀集
> 　　族：陆景光、陆志田
> 　　友：邓寅阶、吴子佩
>
> 光绪拾捌年十二月十二日　　请代笔秦国清　立

在这份契约中,陆宗培原有祖上遗留下来的六块文斗的土地,因遭兵燹,将这六块土地卖出。后来,文斗的姜登泮叔侄在众位亲友面前,因为念及之前的友谊,将六处杉木山场的契约"凭亲友退回宗培领清",原主陆宗培收领契约之后立契为证。这里的"凭亲友"显是在众位亲友的见证下将原契退回。契尾记载了此次立契的三类见中,即亲、族、友。这也印证了见中的两种作用,一方面成为契约成立的证明人,另一方面使契约成立的事实得以公示从而使之众所周知。

(三)保中

中人与保人本身截然分别的两类群体。但在文斗中人制度中二者是否混同,或者负有担保义务的中人是否存在,本身还有待研究。有学者认为"保人也是中人的一种","但文斗契约中并没有保人这种身份"。③但从我们现在掌握的资料来看,虽然载明保中的契约文书极其少见,但是还是有以资证明其存在的契约的,如"姜之琏借银

---

① 张应强、王宗勋:《清水江文书》第3辑第7册,广西师范大学出版社2011年版,第177页。
② 文渚,即文斗。
③ 关于文斗的保中,梁聪认为:"就笔者手头的文斗契约而言,并没有发现可资证明文斗的中人负有连带责任的材料,这一问题有待将来对更多数量的契约进行研究。"见梁聪:《清代清水江下游村寨社会的契约规范与秩序》,人民出版社2008年版,第122页。

字"①:

  立借字人加池寨姜之琏为因在司,缺少用费,无处得出,自愿上门借到杨光□大爷名下。实接银贰拾两零四钱整,亲手领回应用。其□银自借之后,言定每两加贰行利,□在本年十二月初十内归清,不得为误。有为误,自愿将杉木乙(一)块,坐落地名羊豹作抵。又羊豹田三坵,约谷捌旦(担)作抵。今欲有凭,立此借限字为据。
  内添二字,除一字。

凭中担保人 苗绥寨曾先生
岩湾寨范绍昭
加池寨姜光秀、(姜)世连
文斗下寨姜光□
主家罗天才、杨光林
道光二十年十一月初一日 姜之琏亲笔

  这份借契中不仅有中人而且有保人,不仅有物保而且有人保。契尾所署的"凭中担保人",即是我们所说的"保中",他既履行了中人的职责,更带有担保的责任。在这次借贷关系中,出借一方对自己的借款加上了重重保护:先是约定了利息"每两加贰行利",再约定了还款期限"本年十二月初十内归清",然后将杉木一块、田三坵作抵押,最后更是请到了四个寨子的中人作保,保护不可谓不严密。我们可以推见,这里的"凭中担保人"在姜之琏不能还款的情况下,是需要承担相应的担保责任的。所以我们可以认为,保中在文斗中人制度中占有一席之地。

  但不可否认的是,大部分契约文书中都看不到保中的身影,我们也可以推知保中大约只是文斗中人制度中一个较为边缘的部分,除了像上引契约中这样对借款严密保护的情况外,在大多数交易立契活动中很少会出现保中。

四、契约缺场的中人

  契约缺场的中人发挥作用的场域是在契约成立后可能产生的纠纷中。在文斗寨,一般并非由订立契约时的"原中"来担任调处人的角色,但在纠纷解决中,"原中"也有其作用。理中和劝中的划分是源自技术和"面子"的区别,而二者之中,文斗人"凭契讲理"的习俗无疑使理中成为主要的部分。虽然存在着大量的混同,但我们的工作就是试图将"劝中"这个文斗寨本身就存在的概念区隔出来并尽量理清其内涵。

(一)"原中"

  "原中"本身是契约在场的中人。在文斗寨,"原中"并不是一个独立的中人种类,而

---

① 张应强、王宗勋:《清水江文书》第1辑第10册,广西师范大学出版社2007年版,第164页。

是指"原契之中",即对原来订立契约时的中人的称呼。"原中"出现在纠纷解决机制中并不是文斗寨的常态,但是如前所述,有学者认为,在清代内地的中人制度中,契约订立时的中人本身就负有作为"调处人"的职责,① 所以也就无所谓原中与否。滋贺秀三甚至认为因为"如果万一在利益分配上出现争执,最早出面进行调节的人也往往是中人",所以"或者不如说,正式考虑或预期到万一出现争执的情况才事先请求中人参加缔结过程的"。② 但是,在文斗寨的中人制度下,"原中"只是偶见于纠纷之中,一则是因为有的契约文书纠纷时间过长,"原中"早已不在;而更重要的原因可能是,在技术层面上,"原中"所拥有的撮合交易的能力并不完全适合于主要以裁断为目标的纠纷解决机制中。下文将要提到的理中和劝中虽然是契约缺场的中人,并不曾参加契约的订立,但是可能更具有理讲解劝进而进行裁断的能力。

"原中"出现在文斗寨纠纷解决中的作用主要有两点。首先,"原中"是原契订立的证明人,所谓"原中活质"。③ 这和契约文本本身的作用是一致的:理讲纠纷的时候,原契文本是可资查验的证据,而"原中"则是可以询问的"活质"。比如在一份道光十六年的"文斗寨姜光裕诉姜志远、姜吉兆诉状词稿"中提到:"此木卖获银七千四百四十两,除月利、夫价共赚银一千九百八十余两,中证姜映光、志安活质。"④这里在提到对这次卖木交易的证明时,就提及了当时卖木的中人,认为他们是此次交易的"活质",这也证明了"原中"作为原契交易证明人的作用。

其次,"原中"和理中、劝中一样,在纠纷中起着理讲解劝、居中裁断的作用。这时就产生了"原中"和"契约缺场的中人"的混同。如下引这份咸丰七年的"张荣吉、荣朝卖田契"⑤的外批部分,详细记载和展现了"原中"以及其后请中人理讲的生活图景:

> 此业至光绪八年,卖坎上之木,姜兴号阻。及请中理论,清伊买契,载田并荒坪共九坵,又清伊老契,下边冲田二坵,上边一连五坵,大田左角荒田一坵,源头水荒田一坵,原中系发春、海珑、作梅。断云:尔九坵已足,所余荒坪是海闻、海治等的。不知大田左尚有田二坵,又荒坪一个。伊云:大田左角共是一坵。(因再)加秉智、克清、德芳勘验,看是二坵。遂不看到左角荒坪。又云此源头水另得买一个。此冲荒坪四个,伊占源头水荒田一坵,岂不恰是我此契内三个。殊秉智、悠芳暗勾偏护,以为我此契无老契,又久不耕种管业,遂断伊占三个,我占沟坎脚右边一个。一断难移,我等无奈。又幸遇姜作开指:先伊业我与伊共,卖主指到下二个,除山脚一地,我

---

① 参见陈胜强、王佳红:《中人在清代土地绝卖契约中的功能——兼与现代相关概念的比较研究》,载《法律文化研究》2010年卷,中国人民大学出版社2010年版。
② 滋贺秀三等:《明清时期的民事审判与民间契约》,王亚新等编译,法律出版社1998年版,第176页。
③ 这一点也基本是"见中"所需担负的职责。
④ 唐立、杨有赓、武内房司:《贵州苗族林业契约文书汇编(1736—1950年)》(第3卷研究编),东京外国语大学国立亚非语言文化研究所2001年版,第107~108页。
⑤ 唐立、杨有赓、武内房司:《贵州苗族林业契约文书汇编(1736—1950年)》,东京外国语大学国立亚非语言文化研究所2001年版,D-〇〇三〇。

与伊不占,等语。中人与伊钳口。复云:既断即断,如或不遵,任汝二比鸣神……

在这份文书中,纠纷发生之后,先请"原中"理论,这里的"原中"是发春、海珑、作梅三人,"原中"三人最后作出的决断是:"尔九坵已足,所余荒坪是海闻、海治等的。"但是却不知道大田左边还有两坵田,于是只好进一步请了秉智、克清、德芳三个"契约缺场的中人"勘验田土,再次作出裁断。但是,后来纠纷的一方认为中人偏袒,"暗勾偏护",最终双方和中人只好一起去鸣神裁判。这份文书说明"原中"作为原先交易的实际参与者并没有因此得到什么特殊的地位。在他们的裁断不能得到纠纷双方信服的时候,纠纷双方仍然会继续请中人裁断。这也进一步印证了契约缺场的中人并不因为他们没有参加契约的订立而丧失可以对契约事实进行解释和裁决的地位。

(二)理中

"理中"不是文斗契约文书中固有的概念,但这并不意味着文斗寨不存在作为一个中人类别的"理中",相反,理中在文斗的纠纷解决中大量出现。而在文斗本身的契约文书中将这类独特的中人含混地同样称之为"中人",为了显示区别,我们将"理讲之中"的概括成"理中"的概念。

理中的关键作用在于"理",不同于一般的民间调处人,理中主要的职责是理清纠纷双方争议的事实,一般在有事实不清产生纠纷之后,纠纷双方(或者一方)就会寻求理中查清事实,作出决断。例如在这份"清白断卖山场杉木字"①中:

> 立清白断卖山场杉木字文斗寨姜保富。因先年得买平鳌寨老兰、老主兄弟二人之上,地名凸格,今有股数不清,请中理讲,此山分为十六股,保福名下占一股,蒙中排解补清,卖与平鳌寨任德名下承买为业。凭中议价银四两五钱正,保富亲手收清。日后此山不得异言,立清白字是实。
>
> 凭中　周才、姜琦、延华、绍伦
>
> 代笔　绍牙
>
> 嘉庆十五年十月十六日

上引文书中,请中理讲的原因是"股数不清",文书中并没有看出有明显的争议或者纠纷,但是只要存在事实不清,就可请理中理清事实。有的契约文书中提到:"为因先年所卖山场,地名东故汪,地土不清,今凭理论,地归文杰管业。"②也是在事实不清的情况下由理中理清,并作出决断的。

---

① 唐立、杨有赓、武内房司:《贵州苗族林业契约文书汇编(1736—1950年)》,东京外国语大学国立亚非语言文化研究所2001年版,F-○○三一。

② 唐立、杨有赓、武内房司:《贵州苗族林业契约文书汇编(1736—1950年)》,东京外国语大学国立亚非语言文化研究所2001年版,F-○○三二。

理中查清事实的依据和方式除了听取两造的说辞之外,①很多时候还需要查阅契约或者亲自勘察山地。文斗寨有重视契约的传统,理清事实一般都需要对照两比新旧契约,②"凭契讲理"③。而很多纠纷都是因为田土界址不清产生的争论,这时就需要理中勘察山地的具体四至进而作出判断。我们从一些文书中可以看到纠纷双方对契约和实地勘察的重视,比如一份山林纠纷诉讼的信件中提到:"橘子有瓣,核桃有间,各契朗然。况我等于道光九年砍一届,有分单、买契可据。同治十年砍一届,有胡家栽手契可据。后由开挖种栽,其人现在。栽股之契非诬,躬逢目睹,有何异论。至本年卖砍,胡姜登程弟兄陡然将文浩得买启华之契,指鹿为马,号木殴客。二比经中查契勘山,许其各管各业,两下具遵。"④在同一次纠纷的另一封信件中也提到理中勘山:"四月初六日,中人勘归,许云各管各业,两下皆遵。"以上都说明了理中经过"查契勘山"之后才查清事实。又如这份"山林断卖契"⑤的外批部分:

  冈晚之山,姜朝相弟兄先卖与姜伟,后重卖与岩湾寨范献琳。献琳复卖与姜重英。于道光十四年九月内卖与陈老五砍伐。二比争论,蒙中劝解,依契断此股山地与姜济太管业。凭中所批,日后照股管业,不得争论。

              凭 本清、萧六爷、朱镐

                 钟华 批

上引契约中提到二比争论之后,理中"依契断此股山地与姜济太管业",也说明了查验契约在请中理讲的过程中起着重要作用。而最终理中将山地"断"与一方管业,则解释了理中活动先"理"后"断"的基本流程。⑥

以上这些都在向我们揭示着理中的基本特征,即凭借证据进行分析从而得出结论。而正是这种基本特征更着意强调了理中的技术要求,而不是我们一般所认为的权力、威势、财力等等。这并不是说理中是完全的技术人员,但是不可否认的是他们必须在判定

---

① 关于请中理讲的具体描述:"一议:我团中每因婚户、田土、银钱、细故,动辄兴词告状,以致荡产倾家。言念及此,深为扼腕!自议之后,毋论大小事件,两边事主诣本地公所,各设便宴一席,一起一落,请首人齐集,各将争论事件实情一一说明,不得展辩喧哗、强词夺理。众首人兼得其情,当面据理劝解,以免牵缠拖累、播弄刁唆之弊。如两造各坚执一词,势难止息,即投营上团首。再将一切情节详细告诉众等查问明确,体察情形,妥为议决。倘有负固不服、逞刁扰公,立即联名禀官重究。但我团首不得徇情左袒、偏执臆见,以昭公道而服人心。"见陈金全、侯晓娟:《论清代黔东南苗寨的纠纷解决——以文斗苗寨词状为对象的研究》,载《湘潭大学学报》(哲学社会科学版)2010年第1期。
② 如前引"张荣吉、荣朝卖田聚"中提到:"及请中理论,清伊买契……又清伊老契……"见唐立、杨有赓、武内房司:《贵州苗族林业契约文书汇编(1736—1950年)》,东京外国语大学国立亚非语言文化研究所2001年版,D-○○三○。
③ 参见张应强、胡滕文:《锦屏》,读书·生活·新知三联书店2004年版,第123、141页。
④ 唐立、杨有赓、武内房司:《贵州苗族林业契约文书汇编(1736—1950年)》,东京外国语大学国立亚非语言文化研究所2001年版,F-○○三七。
⑤ 唐立、杨有赓、武内房司:《贵州苗族林业契约文书汇编(1736—1950年)》,东京外国语大学国立亚非语言文化研究所2001年版,A-○○九八。
⑥ 有契约中有"请中理论,蒙中楚断"的字句,这两句话完整地描述了理中活动的全过程。见唐立、杨有赓、武内房司:《贵州苗族林业契约文书汇编(1736—1950年)》,东京外国语大学国立亚非语言文化研究所2001年版,A-○二○五。

事实的技术上较其他人有优势,而这种技术优势也就削弱了人们对他们社会地位的要求。有学者认为请中理讲的中人来源于诵唱的"理师",而"理师诵唱中的纠纷裁定者只能是理师,他们在村寨中未必享有政治、经济特权,但由于其熟知传统的习惯法规范和习俗禁忌,且能言善辩、处事公允,遂成为传统苗民社会中专门解决纠纷的裁判者"①。这从历史来源的角度印证了相对于社会地位,理中的选择更倾向技术优势。

(三)劝中

"劝中"是文斗中人制度中独特的概念。虽然关于文斗寨的纠纷解决机制已经有了大量的论述,但是"劝中"作为一种独特的中人类别一直被长期忽视。"劝中"和"理中"一样,都是一种作为中人的纠纷解决机制。在纠纷解决上"劝中"和"理中"的二分是文斗寨中人纠纷解决机制的特点。一般来说"理中"出现在相对更为显著的位置上,而"劝中"存在的意义就建立在其与"理中"的二分上。所以,我们有必要厘清"劝中"作为一种概念或者作为一种制度的基本内涵。

劝中和其他中人有着清晰的界限,二者在概念上并没有混同。如在"姜东贤等鸣神文书"②中提到:"今我二比情愿宰牲鸣神,我等实请到中人姜宗友、(姜)文光以并劝中姜怀义,言定明晨初六日,各带堂亲遗体齐至冲讲木处宰牲鸣神。"这里就将"中人"和"劝中"截然分开,说明至少从核心事例上来看,二者是不同的中人类别。

不同于"理讲之中",劝中的基本含义是"解劝之中"。如这份"姜□□兄弟与姜开明父子立分山场清白合同"③:

> 立清白合同字人本寨姜□□兄弟与姜开明父子,二比得买辛龙、辛贵兄弟之山场杉木壹块,地名冉□山,此山界限上凭文子忠山,下凭士周山,左凭冲,右凭文献山为界。二比争夺,蒙中解劝,将地祖叁股之山场杉木分做贰家,□□兄弟占壹股半,开明父子占壹股半。二比自愿立清白合同字样贰纸,每家各收存壹纸,以免后患,是实为据。外批:此自界老木贰股栽手是世洪新占。
>
> 立清白合同字是实(共书在合同二纸上,各纸有字半边)
>
> 　　　　　　　　　　　　　　劝中　龙现彩、姜世安
>
> 　　　　　　　　　　　　　　代笔　姜世和
>
> 道光拾三年正月十六日　立

上引文书中,姜某某兄弟与姜开明父子二比因为所买山场而起争端,经过劝中的解劝,达成协议,将山场平分给二人。区别于理中对证据和事实的严格要求,劝中更像是一

---

① 刘振宇:《清代黔东南苗族社会变迁与民间纠纷解决——以文斗寨解纷文书为研究对象》,载《江苏警官学院学报》2011年第3期。
② 唐立、杨有赓、武内房司:《贵州苗族林业契约文书汇编(1736—1950年)》,东京外国语大学国立亚非语言文化研究所2001年版,F-〇〇三三。
③ 张应强、王宗勋:《清水江文书》第1辑第1册,广西师范大学出版社2007年版,第40页。

种调处人而不是法官,这在下引的这份"范兴秀等分山合约"①中有更好的体现:

> 立分合约字人张化寨范兴秀、(范)兴爵等四家等与加池寨姜之豪、姜开让叔侄二人,为因范姓先年得买文斗中房姜观略之山,地名加什塘,其山界限与之豪临近,有岔岭一幅。二比混争,不得分明。于是同至文斗寨请中理论,蒙众亲友劝解,将此木山地让与姜姓蓄禁,各照界至管业,姜姓凭岭望大河为界,范姓亦凭岭望乌抵为界。凭众公议,二比日后不得翻悔,如有此情,众人照公执论,并无偏私。特立合约二纸,各执一纸,以为日后炳(凭)据。
>
> 内涂一字,改一字。
>
> 凭中　卖主姜老□
>
> 劝中　文斗寨姜显祖、(姜)□□、(姜)朝干、(姜)开相
>
> 　　　加池寨姜世连、(姜)光秀
>
> 代笔　杨枝一
>
> 　　　　　　　　　　　道光八年十二月十三日　立

这份文书中,争议双方也是因为所买山地中的一幅地界限不明,故而"二比混争"。经过劝中的解劝,最后范姓将这一幅山地让与姜姓,纠纷得以解决。同样,这次纠纷的解决也不是源自对契约文书的梳理辩证或者对山场界限的实地勘察,一方将争议山地让与另一方的处理结果也体现了双方并不是在追求客观绝对的事实,而是在劝中亲友的解劝之下达成了某种平衡,这或许才是劝中作为"解劝之中"的目的所在。

如果说理中的标签是"理"的话,那么劝中的标签就是所谓的"面子"。其实,劝中的存在原本就是基于"面子"的要求。如在一份姜氏族谱的《宗嗣序》中提到:"一勒我族内有争论杉木、田地、银两等件,必欲听顺族长排解,不许外人入内咬拨,如有犯者,全捐如谱。"②这种在纠纷产生之后必须"听顺族长排解"的要求,除了保证家族和睦,本身在很大程度上也在于维护本族的"面子"。而在调处方式上,理中更多凭借的是"理",通过查验证据判断纠纷哪一方更在"理";而劝中更多凭借的是调处人的"面子",③调处的成功与否很大程度上要看调处人的"面子",调处的结果也将是经过"面子"平衡过的结果。这或许才是"劝中"的应有之义。

五、结　语

通过以上的论述,我们可以了解到文斗中人制度本身和其在文斗历史生活图景中的

---

① 张应强、王宗勋:《清水江文书》第1辑第4册,广西师范大学出版社2007年版,第45页。
② 潘志成、吴大华:《土地关系及其他事物文书》,贵州人民出版社2011年版,第124页。
③ 在有的文书中直接反映了这种情形,如在有的纠纷文书中写明"且又看你二中之面"的话语。见唐立、杨有赓、武内房司:《贵州苗族林业契约文书汇编(1736—1950年)》,东京外国语大学国立亚非语言文化研究所2001年版,F-〇〇四〇。该文书虽是民国五年的文书,但亦有其可佐证之处。

展现。在"立契有凭"的大传统之下,文斗中人作为"凭"的一种,在整个文斗民间习惯中有着重要的位置。无论是契约在场的中人还是契约缺场的中人,每一个中人群体都在从不同的角度介入和影响着文斗的契约生活。

作为一种民间习惯或者民间法则,文斗中人广泛地参与到了社会生活的方方面面。中人制度的确起着稳定交易秩序的作用,但是中人制度并不如人们所期望的那样是民间法律的代表或者民间秩序的保障。中人制度并不是契约活动甚至社会秩序外在的维护者或者守望者,而只是以参与者的角色成为中国社会中整个民间法或者民间习惯中一个必要的环节。寺田浩明在研究清代社会的契约秩序时认为,清代社会"并不是一个单纯的未开化的社会,人们的日常社会生活已经远远超过面对面的小范围交往,早已构成了一个大规模的复杂社会",但是,这样的一个社会可以通过契约得以运行,"至少总体上能够维持民事秩序",这个事实本身就构成了一个谜。① 但是我们发现,维持这样一个社会的秩序稳定的是这个社会方方面面的有意无意的制度生长或者制度设计。中人制度并非作为契约社会的守望者而存在,而是作为这样的社会秩序的重要参与者而存在。我们不应也无法过度拔高中人对于社会秩序的作用,它对民间社会的维护恰恰体现在它对整个民间习惯的参与中。

同时,我们应当注意到文斗中人的技术性特点。"面子"或者社会地位与权威是我们最容易想到的中人的特征。但是,最起码在文斗中人这里,无论是牙中还是理中,技术优势才是其存在的一个重要原因。这样的社会分工本身并不是以其职责之外的因素来划分的,而是由最符合其技术要求的人构成了相当部分的文斗中人。技术是相对独立的,它使一个群体在最小的范围内受到外界的影响,而正是这种独立性,构成了文斗社会中相对稳定和理性的一部分。

通过对文斗的契约文书的分析和探究,我们会逐渐发现,文斗苗寨的图景并不是我们所希冀的契约社会的脉脉温情或者理性张扬,而仍然是我们所熟知的中国传统社会中的一个部分。虽然它在群山之间相对闭塞且远离内地,虽然它有着民族的特色和语言的区隔,虽然它少有地留存着极其丰富的契约文书以及契约文化,虽然它有着发达的木材经济和相应的商事规则,但是,它只是中国传统社会中一个极其特殊的部分,仍然没有逃脱中国传统社会的基本逻辑。我们越是对文斗契约进行更具生活化的还原,越是试图发掘其内在的价值观念,我们就越会发现它并非世外桃源的事实。通过对文斗中人制度的研究,我们会有这样朦胧的印象,那就是,文斗中人制度中那些值得我们欣喜的地方,可能正是那些实际存在于我们的传统社会中却不曾被我们发现的东西。我们所需要做的,或许正是在正视这种逻辑的前提下,在这种最乡土的联系中寻找契约的精神和理性的种子。

---

① [日]寺田浩明:《权利与冤抑:寺田浩明中国法史论集》,王亚新译,清华大学出版社 2012 年版,第 111 页。

我国遗产资源使用管理规则的重构
——一个集体行动的逻辑

赵海怡*

(西北大学法学院　陕西　西安　710127)

摘要: 在遗产资源的传统科学研究价值和功能之外,遗产资源的内在精神和文化价值,以及教育、政治、经济等其他社会功能不容忽视。遗产资源管理规则必须一方面激励保护行为,一方面激励不损害遗产外在表现形式的开发行为,并为两者的协调和并行提供基本的规则保障。我国现有相关法律制度未能给一个遗产地自发形成的民间规则提供发挥其调整功能的基本平台,对各种潜在的侵害遗产资源的行为缺乏有效的预防和监督机制,不能为遗产资源合理开发方式的探索和创新提供稳定的制度预期和风险保障,也没有就如何处理相关利害关系人的利益矛盾与冲突提出解决的机制和办法。未来改革的目标应该是构建国家法与民间规则的互动平台,共同确立恰当的遗产资源产权安排机制,以促使各方当事人采取集体行动实现可持续发展。改革的路径应该是在不改变我国遗产资源归属意义上产权安排的前提下,通过程序法的规定影响其使用意义上的产权安排,并促使该种产权安排通过遗产地居民的自发行为和民间规则得以很好的实践和运行。

关键词: 遗产资源;产权安排;集体行动

随着文化遗产资源管理理念的发展和传播,越来越多的国家认识到挖掘和发挥这些珍贵遗产所具有的多项社会功能的重要性,同时认识到采取完善保护措施使这些珍贵人类财富免于消亡的必要性和紧迫性。如何实现遗产资源开发与保护的协调,已经成为世界各国所面临的共同难题。本文将从遗产资源价值与功能变迁对法律规制目标的影响、我国现有遗产资源立法存在的问题和我国遗产资源立法改革的目标和路径三个方面,对上述问题展开分析,并最终针对我国国情提出具体的立法和政策建议。

一、遗产资源价值与功能变迁对法律规制目标的影响

在自然演进与人类文明发展的过程中,历史的积淀会通过某种方式留存下来,这些留存无论表现为古迹、古建、遗址遗迹,还是地质地貌、生态景观,无疑都是后人宝贵的财富。西方国家使用"遗产"(Heritage、Patrimony 或者 Legacy)的概念来表述这些连接历

---

* 【作者简介】赵海怡(1977—),女,陕西西安人,西北大学法学院副教授,博士,从事法经济学研究。

史和当代的纽带,一方面,遗产被用来描述人类行为所缔造的某种物质实体①;另一方面,也用来表述这些物质实体所沿袭和承载的特定意义、价值和理念②。由于管理方式和研究体系的差异,我国并没有使用"遗产"概念的传统,而是习惯于用文物、风景名胜、地质遗迹、自然保护区、国家森林公园等概念表达对这些珍贵文化和自然资源的关注。然而这种语词概念的差异也恰恰反映出,我国相关的资源保护工作,常常只注重对资源客观表现形式的维护或者维持,而忽略了对资源所承载和蕴含的内在文化精神价值的宣扬和传承,注重资源的保护,而忽略了资源恰当开发所发挥的社会功能。

20世纪60、70年代,世界范围的遗产资源研究发生了一次前所未有的变革。遗产界从业者关注的焦点开始集中于从何种社会学角度关注过去,而不是仅仅单纯地制作考古记录。③ 遗产资源的价值得到了重新认识,即遗产资源价值包括两个层次,第一个层次是其外在表现形式所具有的历史、科学和美学等意义,第二个层次是文化和精神层面的价值,表现在遗产能够潜移默化地影响当代人和后代人的行为和思维方式。前一种价值的实现依赖于对于遗产外在表现形式的守护和维持,而后一种价值的实现,则依赖于它是否在不同时代和不同地域的人们之间得到传承,而这一价值的实现要求人们不断开发适应时代需要的、展示和宣传遗产的恰当方式,从而吸引人们前来感受、体验从而自觉传承。例如,孔府作为一个文化遗产,其建筑本身所具有的史学研究价值、建筑学研究价值和美学欣赏价值是它的第一层次的遗产价值;而孔府作为儒学文化的象征,它的深层次价值是通过对儒家思想和儒学精神的展示和宣扬,对当代人和后代人的行为和思维方式产生影响。因而我们不仅要保护孔府,尽量维持其外观不变,还要想办法吸引更多的人来到孔府,体验和感受孔府所体现的儒学文化和精神内涵,并在体验和感受的过程中得到教育和潜移默化的影响。

遗产资源的文化和精神层面的价值,决定了遗产资源在科学研究功能之外,具有众多的其他社会功能。一种新的认识是教育应是博物馆的基础和核心的功能,否则它将会在下一世纪失去赖以生存的一席之地。④ 展示代表本民族和国家历史积极一面的遗产,遮蔽消极一面遗产,可以使遗产在塑造民族和国家身份(national identity)方面发挥重要

---

① Layton, R. and Ucko, P. J., 'Introduction: gazing on the landscape and encountering the environment', in P. J. Ucko and R. Layton(eds), *The Archaeology and Anthropology of Landscape: Sharing Your Landscape*(Routledge, 1999)pp. 1~20.

② Hodder, I., 'Changing configurations: the relationships between theory and practice', in J. Hunter and I. Ralston(eds), *Archaeological Resource Management in the UK: an Introduction*(Sutton Publishing, 1993)pp. 11~18.

③ Wobst, H. Martin, 'Commentary: A Socio-Politics of Socio-Politics in Archaeology', *in Critical Traditions in Contemporary Archaeology: Essays in the Philosophy, History, and Socio-Politics of Archaeology*, edited by V. Pinsky and A. Wylie, I36-40. Albuquerque: University of New Mexico Press.

④ Hooper-Greenhill E. 1993. Education: at the Heart of Museums, *the Keynote paper presented to the conference organized by the Museum Education Association of Australia and Museum Education Association of New Aealand*. Melbourne. September 1993.

的政治功能。① 此外,国家级或者世界级的遗产资源还可以吸引大量的游客,给当地人带来就业的机会和旅游业收入,并且刺激国内和国际投资,从而促进贫穷地区的经济发展。② 与此同时,旅游业收入也可以反过来为遗产保护工作提供必要的经费支持。遗产的经济功能很快得到了运用,并成为当今世界最大的产业——旅游产业的商品。③

因此,遗产资源的价值,要求当代的遗产资源管理既不能为了遗产资源的开发而忽视有效保护,同时,也绝不能为了保护其有形价值而放弃对其深层文化与精神价值及其社会功能的追求,忽视甚至拒绝合理的开发。规制遗产资源管理的相关法律制度,必须一方面激励保护行为,一方面激励不损害遗产外在表现形式的开发行为,并为两者的协调和并行提供基本的规则保障。

二、我国现有遗产资源立法存在的问题

截止到笔者撰稿时为止,有关遗产资源产权归属和管理问题我国并没有一部统一的国家级立法进行规制,相应的规定主要散见于下述四种类型的法律法规之中:其一,针对遗产资源的产权归属问题作出界定的国家法律,主要包括我国的《宪法》、《物权法》和《文物保护法》;其二,对于个别类型的遗产资源的使用和管理作出直接规定的国家级法律法规,主要是《文物保护法》、《风景名胜区条例》、《自然保护区条例》和《海洋自然保护区管理办法》;其三,对于特定个别遗产资源的使用和管理问题作出专项规定的地方级法规或者规章,主要包括《四川省世界遗产保护条例》、《福建省武夷山世界文化和自然遗产保护条例》和《湖南省武陵源世界自然遗产保护条例》;其四,在规定其他问题时,间接地涉及遗产资源使用和管理问题的其他法律法规,主要包括《环境保护法》、《城市规划法》、《森林法》、《森林和野生动物类型自然保护区管理办法》、《森林公园管理办法》、《地质遗迹保护规定》、《旅游发展规划管理暂行办法》等。

依据上述法律法规,我国现有的遗产资源产权归属基本呈现出以国家所有为主,包括集体所有和私人所有的多元化态势。例如广州开平碉楼和丽江古城内建筑就有很多属于私人所有,而避暑山庄、布达拉宫、峨眉山和乐山景区内的大量寺庙建筑均属于宗教团体所有的宗教财产。

我国遗产资源的管理模式,则属于典型的"政府包揽模式",其基本格局如下:

首先,国有遗产资源由两种主体具体管理,一种是日常工作受相应级别的人民政府和上级行政主管部门直接领导,由同级人民政府设立的特定事业性管理机构或者任命的

---

① Trigger, Bruce G. 1984, 'Alternative Archaeologies: Nationalist, Colonialist, Imperialist' Man I9(3):355-70.
② Robin Skeates, *Debating the Archaeological Heritage*, Gerald Duckworth & Co. Ltd.
③ Uzi Baram and York Rowan, Archaeology after Nationalism: Globalization and the Consumption of the Past, in Marketing Heritage: Archaeology and the Consumption of the Past, edited by Yorke Rowan & Uzi Baram, 7. New York: Alrmira Press.

"专人",另一种是特别设立的当地人民政府。这两种主体有权就相应遗产资源保护、开发利用、规划、建设等多项问题,直接作出决策,并且直接代表国家行使相应的产权。

其次,遗产资源保护和管理经费直接由国家财政提供,国家对于景区门票具有专营权,门票收入和景区资源使用费专门用于资源保护和管理。风景名胜区管理机构不得从事以赢利为目的的经营活动,不得将规划、管理和监督行政管理职能委托给企业或者个人使用,但景区内的交通、服务等项目,可以采用招投标的方式选择经营者经营,经营者应当缴纳资源有偿使用费。

再次,除了触犯刑法的犯罪行为由国家检察机关负责起诉外,对于遗产资源造成侵害的其他违法行为,只有国家行政机关有权进行查究和处罚,也就是说除国家有关行政主管机关外,其他公民发现侵害遗产资源的行为,只能向相应国家机关(包括检察机关和行政机构)反映,具体是否查处、何时查处、如何查处、如何追究都由相应国家机关作出决定,公民并没有因此而向法院寻求司法救济的公益诉讼途径。

笔者认为,我国现有的这种遗产资源管理模式主要存在下述几个方面的问题:

第一,对各种潜在的侵害遗产资源的行为缺乏有效的预防和监督机制。任何不受监督和约束的权利或者权力都有偏离设计者初衷的可能。因此,防止侵害遗产资源行为的关键,不仅仅在于什么人以什么方式管理遗产资源,而更重要的在于管理者的行为是否受到有效的监督和约束,是否存在有效的预防机制使得侵害行为停止在尚未造成不可挽回结果的阶段。

当人们热衷于批判"企业经营式"遗产开发模式所引发的各种遗产资源侵害行为时,似乎都有意无意忽视或者回避了一个不争的事实,即这些各种各样的遗产资源开发公司都是完成了合法"审批手续","堂堂正正"成立并且运营的,并且如果说他们在经营过程中对各类遗产资源造成了侵害,这些侵害也大都不是短期行为所致,而是长时间持续不断的行为所致,那么为什么在原有的遗产资源管理模式下,侵害遗产资源的行为能够堂而皇之地存在,而且在很长一段时间内没有人制止呢?

在遗产资源侵害预防和监督机制方面,我国 20 世纪 80 年代相关立法所确立的纯粹行政监督体系,一直延续至今,2002 年以后的相关立法在这一方面基本没有作出任何改变。按照我国《文化保护法》和《风景名胜管理条例》的规定,国有遗产资源管理单位的日常管理工作完全是在相关行政机构的直接领导下进行的,换句话说有关遗产资源管理事项的主要决策权和审批权掌握在相关行政机构手中。然而依据《文物保护法》第 7 章有关法律责任的相关规定,违反文物保护法的行为,除了违反刑法、海关管理相关规定和治安处罚条例外,其余所有侵害行为几乎都由"县级以上人民政府文物主管部门"责令改正或者进行行政处罚。

这样的法律规定意味着,各级人民政府及其文物主管部门既是文物保护单位的直接领导和主要管理事项的决策者和审批者,同时又是侵害遗产资源行为的主要监督者和处罚者。不难看出,这其中存在一个显而易见的漏洞,即谁来监督文物保护单位和其上级主管部门的行为和决策?

《文物保护法》第 7 条明文规定"一切机关、组织和个人都有依法保护文物的义务"。可是在实践中,除文物保护单位上级主管部门以外的其他机关、组织和个人,特别是不具有任何行政权力的普通主体,如果发现或者认为文物保护单位,甚至其上级主管部门恰恰是某种侵害遗产资源行为的实施者或者决策者,可以通过三种渠道行使监督:向检察机关反映、向文物保护单位的上级主管部门反映、通过人大代表向相应人大机关反映。

值得注意的是,普通的主体在这里只有"反映"的权利,收到"反映"的相关机构并没有回应的法定义务,更没有及时回应的法定义务,在这些相关权力机构采取相关行动之前,谁也无权要求文物保护单位停止潜在的或已然的侵害行为接受审查。这样的监督预防机制导致的结果是,除了相关行政机构自己可以监督、审查和改变自己的相关决策,对于普通民众和学者,甚至包括一些政府部门、社会机构来说,向上级反映、向全国人大反映、向国务院反映、向中央反映的"上书"方式成了行使监督权利的唯一途径。而对于普通民众来说,通过"上书"方式行使监督权的难度和成本是可以想象的。

没有有效的落实机制,"一切机关、组织和个人都有依法保护文物的义务"的法律规定几乎沦落为一句空话。因此,在我国文物保护法所规定的现有监督预防机制下,在事情没有发展到明显严重的程度之前,甚至可以说在没有触动具有遗产保护意识的相关主要领导之前,相关文物保护单位和其上级主管部门的行为和决策几乎不受任何限制。只要是得到政府相关部门批准同意,甚至默许的事情,即便违反遗产资源的可持续开发与保护原则,只要没有触犯刑法,就可以在很长一段时间内持续进行,而不存在任何障碍。其他的个人和机构即便发现了违反遗产资源可持续开发与保护原则的行为,也无从知道该行为是否得到了有关机关的批准,是否拥有所谓"合法"手续,即便发现了侵害遗产资源的事实,也很难及时的制止。贵州省贵阳市云关山森林公园福海生态园案就是典型例证,该案中开发商与景区管理部门合谋开发景区别墅,当地民众向上级反映无果,导致披着"合法"外衣的违法行为持续一年之久,不可再生的珍贵遗产资源遭到毁灭性破坏。

第二,没有为遗产管理主体与旅游市场主体的合作提供一个恰当的行为规则,以多变、不稳定、不透明的行政政策和行政审批,替代稳定和透明的法律行为规则,不能为遗产资源合理开发方式的探索和创新提供稳定的制度预期和风险保障。

2002 年之前,我国遗产资源管理单位与旅游市场主体合作的主要方式是联合成立企业性质的开发公司。表面看起来,大量的遗产资源管理单位加入这种开发公司的直接目的是争取资金投入,弥补保护经费的不足,而大量旅游市场主体投资于这种遗产资源开发公司的直接目的是利用国家制度的漏洞,占有国有资源为牟取私利而服务。

2002 年我国相关法律法规修改时,规则设计者看到了这一点,便简单地认为只要遗产管理单位拥有了足够的遗产保护资金,遗产资源产权主体便可以独立的完成遗产资源的管理任务,不再依赖于与旅游市场主体之间的合作。因而,新法一方面加大政府财政拨款的力度,解决国有遗产资源管理单位的经费不足问题;另一方面严格限制将遗产资源转变为企业经营性资产,试图以这种法律规制方式理顺遗产资源产权主体与旅游市场主体的关系。

然而,遗产资源在文化和精神层面的重要价值表现在他们能够潜移默化地影响当代和后代人的行为和思维方式,而这种价值的发挥和体现依赖于他们是否在不同时代和不同地域的人们之间得到广泛的传承。因此,现代的遗产资源管理者,已经不能够仅仅满足于"维持"遗产资源的现状,而是需要有效地开发遗产资源,促进遗产精髓的传承,扩大遗产文化影响,实现遗产资源的深层次价值和社会功能。

遗产资源所具备的外形的可视性、内涵的可感知性和久远的历史感,都决定了促使遗产精髓在人们之间不断传承的最好方式即不断挖掘遗产的精神内涵并以恰当的方式将其展现出来,吸引人们来到遗产地亲身体验和感受,并在此过程中受到教育和潜移默化的影响。而前往遗产地参观和体验的人群本身是游客的重要组成部分,作为旅游市场服务的主要需方,他们一方面影响着旅游市场服务供方——旅游服务经营者的策略选择,另一方面也会受到旅游服务经营者的影响和引导。近年来,全球范围内遗产旅游产业高速发展现象的背后,既有旅游经营者为追逐利润而展开的商业角逐,也有各文化强国为了增加本国文化影响力乃至国家影响力而展开的较量。

遗产资源管理单位与旅游市场主体进行合作,除了可能存在的商业目的外,更深远的目的则在于促进文化传承和发挥遗产的社会功能。即便有了充足的保护和开发资金,现代遗产资源管理仍然与旅游市场存在着天然的相互依赖和相互影响的关系。没有恰当的合作关系,就没有有效的遗产资源开发,缺乏有效的遗产资源开发,遗产的有效传承即会受到影响,遗产资源的社会价值和社会功能即会遭到减损。

因此,我国的相关遗产资源保护和开发实践所真正需要的是一套广泛适用于遗产资源产权主体与旅游市场主体之间各种合作方式的系统的行为规则和行为程序,以期为实践中的当事人探索两者之间恰当的合作方式提供基本的规则指引和合法空间,同时也通过这些规则和程序的合理设置将未来所可能出现的各种新的合作方式限制在不违反可持续开发与保护原则的限度之内。

第三,没有就遗产资源使用和管理过程中,如何处理相关利害关系人的利益矛盾与冲突,提出解决的机制和办法。

自20世纪80年代"世界遗产"和"遗产旅游"的观念引入我国以来的20多年时间中,遗产保护开发过程中地方利益与中央所代表的全民利益日益明显矛盾起来,这其中包括了大量的商业利益与遗产保护事业的矛盾,而除此之外,也在一定程度上隐含着后代人利益与当代人利益的矛盾,和遗产地人民利益与遗产地以外其他人民利益的矛盾。

在这些矛盾和冲突产生时,人们往往更多习惯性地维护"大局利益",盲目地忽略、指责甚至否定遗产地当地居民的利益诉求。国内学术界出现了几乎一边倒的态度,纷纷将批评,甚至是责难对准遗产资源的开发利用者和地方利益的维护者,认为开发利用者和地方利益维护者的行为给其他相关主体造成了外部负效应,应予以规制。很多学者将遗产开发不加区分地等同于"用遗产资源赚钱",将地方政府描述为短视的地方经济利益追求者,甚至提出了"所有规制权都集中到中央"的政策建议。①

笔者认为,上述观点忽视了问题的交互性。正如科斯在《社会成本问题》②一文中指出的,人们一般将外部性问题视为甲给乙造成的损害,因而所要决定的是:如何制止甲?但这是错误的。我们正在分析的问题具有交互性质,即避免对乙的损害将会使甲遭受损害,必须决定的真正问题是:是允许甲损害乙,还是允许乙损害甲?关键在于避免较严重的损害。具体到遗产资源的保护开发问题上,面对当代人与后代人之间的利益冲突,和遗产地人民与该遗产地之外其他人民的利益冲突,我们也应该恰当地认识问题的交互特征,应该看到地方追求地方利益的行为给遗产保护事业带来负面影响的同时,反过来遗产保护事业也给地方经济社会发展带来了这样或者那样的制约和影响,"侵害"是双方面的,简单地指责遗产开发利用和地方经济利益并没有抓住问题的关键,问题的关键在于"如何避免较严重的损害"。我们应该做的是在客观地承认各种不同利益诉求都具有各自正当性及合理性的前提下,寻找协调、平衡或作出取舍的恰当决策方式,并积极寻求实现有效及时补偿的恰当机制。

只有各种利益群体的正当的利益诉求都得到了照顾或者补偿,各种利益群体才有可能实现有效的协调与合作,遗产资源才能够得到每一个相关利害关系人的自觉保护,遗产资源可持续开发与保护的宏大目标才能够真正落实到每一个相关利害关系人的行为中,才有可能得以实现。

三、我国遗产资源立法改革的目标

在遗产资源的社会功能得到人们重视之前,这些历史遗留物往往只受到考古学者、相关自然科学研究者、人类学学者、历史研究者或者少数旅游爱好者的重视和关注。在这种情况下,实践中参与遗产资源使用和管理的主体相对简单,使用和管理规则的设置与维系也相对容易,因此一个由相关专业人员组成的、以保护特定遗产为主要目的、负责遗产日常管理工作的专门机构,就足以完成保护和管理遗产的任务。

随着遗产资源的广泛社会功能得到越来越多的人和越来越多的国家的重视,希望参与遗产资源使用和管理的主体,以及自身利益将受到遗产使用与管理行为直接影响的主体急剧增加。这其中包括希望利用遗产教育功能教育别人或者教育自己者,希望利用遗产塑造民族和国家身份者,希望到遗产地参观和旅游者,希望利用遗产旅游开发谋取利润者,希望借助遗产旅游开发摆脱贫困落后者,希望借助遗产旅游开发增加遗产保护经费者,因为遗产的保护,使用或者开发而自身利益受到影响者,赋予遗产特殊宗教,文化

---

① 张昕竹:《论风景名胜区的政府规制》,载《经济社会体制比较》2002年第2期。
② 科斯:《社会成本问题》,载《财产权利与制度变迁——产权学派与新制度经济学派译文集》,刘守英等译,上海三联书店1994年版,第3~58页。

或者民俗意义的当地原住民,甚至希望遗产按照自己的方式得到保护或者展出的世界其他国家的公民,等等。

显然,上述每一类主体参与遗产资源的使用和管理的目的是各不相同的,甚至是相互矛盾和冲突的,每一个主体都希望遗产资源按照自己所希望的方式使用和管理。这样造成的结果是,实践中遗产资源的使用和管理同时受到上述多个主体的影响,然而多个主体影响的方式和方向却不但不同,甚至可能完全相反。

在这样一种背景下,如何协调不同利害关系人的行为,如何促使他们最终采取一致的集体行动,共同努力以确保实现遗产资源可持续开发与保护的战略目标,就成为新时期遗产管理工作的核心问题。这也是《保护世界文化与自然遗产公约》以"为世界各国集体保护具有突出的普遍价值的文化和自然遗产建立一个根据现代科学方法制定的永久性的有效制度",作为缔结公约之根本目标,并且在 WHC 发展的过程中,在它的各种规范性文件中,不断鼓励遗产管理机构与其他相关利害关系人在沟通和协调的基础上进行集体协作,要求遗产所在国的各类利害关系人共同寻求保护、保存、展出和遗传后代等各类可持续开发与保护遗产资源的方法和途径的原因所在。

因此,笔者认为,我国遗产资源法律规制的目标应该是,为各种相关产权主体构建一个能够促使他们通过集体行动实现和确保遗产资源可持续开发与保护的有效的行为规则体系。

四、我国遗产资源立法改革的路径
——构建恰当的遗产资源使用管理产权安排

一个能够促使各方利益主体通过集体行动实现和确保遗产资源可持续开发与保护的行为规则体系,需要解决的主要问题是:遗产资源使用和管理过程中,各类相关主体分别拥有什么样的权利、承担什么样的义务、应该遵循什么样的程序去实现权利和履行职责、他们彼此之间如何形成有效的制衡和监督。

(一)改革的理论依据

依新制度经济学的视角,上述问题的核心即遗产资源的产权安排问题。提到产权,法学学者很容易将其等同于所有权或者财产权。然而新制度经济学所谓的产权,并不能简单地等同于所有权、财产权等传统法学概念。[①] 事实上,随着产权经济学理论的发展和经济学解释现实社会能力的扩展,产权分析的方法已经越来越多地被人们用来分析现实生活中的各种社会关系,产权本质上是一组具有排他性和可让渡性的权利束,它反映着围绕特定稀缺资源的分配而产生的一系列相关主体之间的行为关系,每个人都必须遵守他与其他人之间的这种行为关系,或承担不遵守这种关系的成本。所谓产权安排,即指

---

① 参见赵海怡、李斌:《"产权"概念的法学辨析》,载《制度经济学研究》,第 2 辑。

产权在相关利害关系人之间的分配情况。因此,实现遗产资源法律规制目标的根本的路径就是为我国的遗产资源及其各类相关主体重新界定一种恰当的产权安排。

本文强调通过遗产资源产权安排的重新界定,来实现遗产资源可持续开发与保护的集体行动逻辑,很容易被误认为是要改变我国遗产资源的国有资源性质。然而,产权安排本身也不应是一个简单的单一层次的规则,而应该是一个多层次的规则体系。处于产权安排体系最顶端的是所有权分配格局,也即"归属意义上的产权安排",当所有权人允许其他人参与其权利行使过程时,所有权会分裂为占有、使用、收益、处分等若干不同的权能,而当这些权能的主体在实践中行使自己的具体权能时,又会因为权利的具体细节、行使时间、地点、方式、程度等诸多问题与其他主体发生、发展和维持进一步详细和具体的权利义务关系,笔者将这些详细和具体的权利义务关系概括为"使用意义上的产权安排"。在整个产权安排体系中,归属意义上的产权安排在一定程度上决定着使用意义上的产权安排基本格局,使用意义上的产权安排也反过来影响着归属意义上产权安排的实施效果。

(二)其他国家改革经验的经验教训

事实上,为了给遗产资源相关利益主体构建一个能够促使他们通过集体行动实现和确保遗产资源可持续开发与保护的有效产权安排模式,自 20 世纪 80 年代开始,西欧各国逐渐走上了一条以"经营遗产"为核心理念、以遗产经营权"私化"为主要目标的遗产管理制度改革之路。概括起来,他们实现遗产经营权私化的方式主要有 6 种,分别为产权售让(divestiture)、文化单位自治(autonomisation)、代理人(agency model)、契约模式(contracting out)、志愿者模式(volunteer)、经费多元化等众多模式。[①] 西欧国家上述改革的主要目标是突破由国家对文化遗产事业统揽统包格局、突破轻视和忽视公众文化消费需求的职能观、突破不讲求效益与市场脱节的管理办法。

与西欧国家完全不同,面对遗产管理理念变革所提出的新的需求,美国并没有从改变原有的遗产管理体系和产权安排入手进行改革,而是在不改变原有的遗产资源所有权和管理权安排的前提下,不断出台各种各样的限制和约束遗产资源使用决策的程序法规定,要求一个遗产资源管理决策由相应管理机构或者所有权人、公众和其他相关利害关系人共同作出决定,最终形成一个庞大的因地制宜的项目计划[②],以这种制度安排体系协调众多利害关系人主体的行为,并最终保障可持续开发原则得以落实的制度安排体系。美国相关规定的核心原则可以简单概括为,不改变遗产资源归属意义上的产权安排,而通过程序法的规定影响遗产资源使用意义上的产权安排。

---

① 徐嵩龄:《第三国策:论中国文化与自然遗产保护》,科学出版社 2005 年版,第 74~82 页。
② 参见 Sherry Hutt, Caroline Meredith Blanco, Walter E. Stern and Stan N. Harris, *Cultural Property Law, Practitioner's Guide to the Management, Protection, and Preservation of Heritage Resources*, American Bar Association, 2004.

(三)我国相关制度改革具体路径

我国现有的遗产资源所有权配置格局,关系到我国的基本政治制度,已经在宪法和物权法中有了明确的界定。因此,笔者认为,我国的遗产资源法律规制的基本路径应该是,在维持我国现有的遗产资源归属意义上的产权安排不变的前提下,通过对遗产资源使用决策程序的限制和约束,构建新的遗产资源使用管理产权安排。

1. 为实践中的各种正当利益诉求(包括当代人利用遗产资源的权利诉求、后代人利用遗产资源的权利诉求、地方经济发展诉求、原住民利益诉求和项目投资人利益诉求)群体提供一个他们可以共同参与的产权安排决策机制,由各方利益主体依据一致同意原则,作出一个针对特定遗产资源的、使用意义上产权安排结果的集体决策。

2. 立法通过在决策机制中设置特别规则引导各方利益主体的集体决策向着实现文化与自然遗产可持续开发与保护的方向发展,并对特定弱势群体提供特别保护。

3. 由相应级别的人民代表大会及其常委会和法院,分别对各方利益主体的决策争议和执行争议提供争端解决机制。

4. 赋予全国公民以监督起诉的权利,以监督各方利益主体的集体决策是否违反可持续开发与保护原则和是否侵犯国有资源所有权。

"六礼"与"婚配"*

——法文化视域中的中国传统婚仪与基督教婚礼

乔 飞**

(河南中医学院人文学院 河南 郑州 450008)

摘要:"六礼"是中国传统社会婚姻缔结的必经程序。"婚配"仪式是西方基督教社会的婚姻规范。两种礼仪规范自明末清初开始发生碰撞,其背后蕴含着深厚的法文化内容。二者均视婚姻为"圣事",均视仪式为婚姻的必备要件;二者均以彼岸神灵为婚约的最终批准人。但二者的差异性更为明显:"六礼"体现"多方合意","婚配"圣礼体现"三方合意";"六礼"体现"等级性","婚配"体现"平等性";"六礼"倾向于"家族本位","婚配"侧重于"个体本位";"物质"财富在"六礼"中必不可少,而"精神"合意在"婚配"中更受关注。两种婚礼所蕴含的法文化因子不仅在各自内部进行着濡化,彼此之间也通过涵化而相互影响。

关键词:六礼;婚配;仪式;法文化

法学界对民间法的系统研究,至今已近 10 年,取得的成就众目共睹。谁也无法否认,在民间法本体的基本理论、民间法与纠纷解决机制、民间法的司法适用、少数民族习惯法研究等方面,学界同人已进行了深入的探讨与精辟的论述。这种对"本土资源"的充分挖掘,本身就是对法治建设的一种贡献。然而需要指出的是:这些成绩或贡献,主要是在中国民间社会自身的规则场域内进行的,中国民间法的研究很少被置于中西交汇的宏大背景下展开。有鉴于此,本文从中西法文化碰撞的视角,对比研究中国传统"六礼"与西方教会"婚配"之异同,以期拓宽民间法的研究途径,并求教于方家。

一、中国古代婚姻缔结要件:"六礼"

"六礼"是中国传统社会婚姻缔结的必经程序;"六礼","谓纳采、问名、纳吉、纳征、请期、亲迎之礼也;六礼具备,婚姻关系始告成立"。[①] 自西周至清末,虽然"六礼"的具体情形在不同历史时期、不同地域有所不同,但其核心内容基本没有改变。其来源可追溯至

---

* 本文撰写及发表受河南中医学院博士科研基金(BSJJ2010-20)资助。
** 【作者简介】乔飞(1966—),男,河南中医学院人文学院副教授,研究方向为法律史学、法社会学,侧重于宗教与法律关系之研究。
① 陈鹏:《中国婚姻史稿》,中华书局 2005 年版,第 200 页。

西周;"周制,限男女之年,定婚姻之时,六礼之仪始备"①。《礼记》亦载:"婚礼者,将合二姓之好,上以事宗庙,而下以继后世也,故君子重之。是以婚礼纳采、问名、纳吉、纳征、请期,皆主人筵几于庙而拜迎于门外;入,揖让而升,听命于庙,所以敬慎重正婚礼也。"②后人将此总结为结婚"六礼"。所谓"纳采",就是男方家长请媒人向女家送礼物提亲;"鸿渐于干,小子厉,有言无咎"③,在远古时代就有男方以大雁为礼向女方提婚的习俗。所谓"问名",就是在女家答应议婚后,男方家长请媒人问明女子生辰、身份并于宗庙占卜问吉凶;只有卜得"纳妇吉,子克家"④之类的结果,婚姻程序才能往下进行。所谓"纳吉",就是在占卜得到吉兆后,男方家长带礼物到女方家定亲。所谓"纳征",就是男方家长送财礼到女家正式缔结婚姻;"贲于丘园,束帛戋戋,吝,终吉"⑤描述的就是这一过程。所谓"请期",就是男家派人带着礼物到女家确定结婚日期。所谓"亲迎",就是新郎至女方家迎娶;"柔上而刚下,二气感应以相与,止而说,男下女,是以亨利贞,取女吉也"⑥,如此婚姻才能吉祥。经过"六礼"程序的婚姻,才是"明媒正娶",以突出结婚在宗法社会中的重要地位。

两千年来"六礼"始终是中国官方与民间婚礼的框架,直到清代一直沿用。虽因品官士庶社会等级不同,婚礼的铺陈有所区别,但程序几乎相同,⑦成为中国人结婚必须遵循的程序规范。婚礼所代表的意义,就是婚姻生效的实质要件;而外在具体仪式,就是婚姻生效的形式要件,中国古代婚姻成立或生效的形式要件、实质要件融于一体。

二、基督教婚姻缔结要件:"婚配"

"婚配"是西方基督教的"圣事"⑧之一,"指教徒在教堂内,由神父主礼,经教会规定之仪式正式结为夫妻"。⑨ 基督教自产生之日起,就以《圣经》为最高法律依据,极力推行自己的婚姻规则。按照其教义理论,婚姻是上帝为人类制定的首要制度。《创世记》中上帝对亚当、夏娃的精心创造与配合,是人类婚姻制度的最早体现。人的婚姻在上帝眼中视为神圣;耶稣之使徒保罗更是明确将夫妻关系类比于圣子与教会的关系,即夫妇结合是

---

① 〔唐〕杜佑:《通典》。
② 《礼记·昏义》。
③ 《周易·渐卦·初六》。
④ 《周易·蒙卦·九二》。
⑤ 《周易·贲卦·六五》。
⑥ 《周易·咸卦·彖传》。
⑦ 参见《清史稿·礼志》。
⑧ 天主教认为,"圣事"或"圣礼"共有七件,其中包括"婚配"礼仪;而新教派别普遍认为,"圣礼"仅为"洗礼"与"圣餐"两项而已。但新教同样认为基督徒的婚礼是极为神圣的,只是这种神圣性在程度上不能与两大圣礼相比。本文是在广义上使用"圣事"一词,即任何基督教派都承认婚姻礼仪的非凡神圣性。
⑨ 卓新平主编:《基督教辞典》,上海辞书出版社 2006 年版,第 536 页。

基督与教会神圣结合最直接的反映;基督就是教会的"丈夫",教会就是基督的"新妇",①并宣称这种结合关系是神圣的"极大的奥秘"。② 基督教成为罗马国教后,得到世俗法律的支持;在此背景下,教会逐步建立了相关组织机构,陆续颁布教会法规,以法律形式逐步完善婚姻理论与婚姻行为规范。早在公元8世纪,在阿奎那主教波利那召集的弗留利主教会议上,就制定宗教法规,要求教士对行将结婚夫妇的状况进行调查;这一做法经查理曼大帝在整个帝国推广后,神职人员逐步成为婚姻仪式中的关键人物,一种相对完整的基督教婚礼逐步形成。1200年,威斯敏斯特宗教会议就婚姻问题作了三个禁止性规定:婚姻不能在两个互不相识的人之间缔结,不能没有婚姻预告,婚姻不能秘密进行。坎特伯雷宗教会议也规定:婚姻必须有同意的交换,必须公开,婚姻缔结的场所必须在教堂前,必须有神职人员出席婚礼。③ 至12世纪末,连世俗的婚姻事务也置于基督教会的管辖之下。④ 西班牙《法律七部书》认为,婚姻是所有圣礼中最重要的圣礼,它由上帝确切无误的话语建立起来,使和平和友谊持续,亲属生活在和谐中。⑤ 因此,婚礼是圣礼,夫妻二人通过圣礼结合在一起,其思想和意志的和谐,象征基督教会与基督的思想和意志之和谐,从而使得基督教团体得以神圣化。⑥

基督教婚姻的法律特征,在教会法典中有着典型体现。婚姻的实质要件,首先,必须经婚姻当事人双方合意;"婚姻由当事人之合意而成立,但以依法有能力之人按法定方式表示者为限。无论有何等权能之人亦不能代为补充此合意"⑦。其次,不得违背禁止结婚的条件。再次,从否定方面规定了婚姻无效的情形,如年龄、生理、诱拐、胁迫、欺诈、近亲等。⑧ 婚礼程序是教会法的重要内容,婚姻的形式要件即婚礼程序性要件包括两个方面:首先,要求行将结婚者进行结婚预告,预告的目的是"收集无阻碍之证据","未解除疑义前,不得准许结婚";⑨其次,必须履行基督教"婚配"即婚礼仪式。

在中世纪,基督教婚礼仪式一般由"教士讯问"、"新人互誓"、"交换信物"、"神职祝福"等环节组成。教士要分别问新郎、新娘:"你愿意娶她(他)为妻(夫)、爱她(他)、尊敬她(他)、维护她(他)、保护她(他),不论在健康还是生病时,都作为一个基督徒对待其配偶那样,只要你们生活在一起?"新郎、新娘回答:"我愿意。"然后新娘由父家给出,新郎以上帝和他自己的忠诚,当着教士的面,用自己的右手拉着新娘的右手发誓:"从今天起,我以你作为我的妻子,不论好、坏,不论贫、富,不论生病、健康,只有死亡才会将我们分开,让圣洁的教会作证,我发誓。"新娘也向新郎发出同样誓言。接着,新郎把一枚戒指放在

---

① 参见《圣经·哥林多后书》第11章第2节;《圣经·启示录》第21章第2节。
② 《圣经·以弗所书》第5章第32节。
③ Farge, J. K. ed.: *Marriage, Family, and Law in Medieval Europe*, Toronto, 1996. pp.154~155.
④ 薄洁萍:《上帝作证:中世纪基督教文化中的婚姻》,学林出版社2005年版,第212页。
⑤ 薄洁萍:《上帝作证:中世纪基督教文化中的婚姻》,学林出版社2005年版,第51页。
⑥ 薄洁萍:《上帝作证:中世纪基督教文化中的婚姻》,学林出版社2005年版,第53页。
⑦ 《天主教会法典》第1081条,杨恩赉、李启人译,山东济南天主堂华洋印书局1943年印.
⑧ 《天主教会法典》第1067—1080条,杨恩赉、李启人译,山东济南天主堂华洋印书局1943年印.
⑨ 《天主教会法典》第1023条第2项、第3项,杨恩赉、李启人译,山东济南天主堂华洋印书局1943年印。

盘子或书上,由教士祝圣再把戒指递给新郎,新郎用右手拿着戒指,左手拉起新娘的右手,分别以圣父、圣子、圣灵的名义把戒指戴在新娘的拇指、二指、三指上,最后让戒指停留在第四个手指上说"阿门",因为这个手指通到心脏。教士祝福新郎新娘后,所有的人进入教堂,接受教士和众人的祈祷祝福,婚礼仪式全部结束。①

对于基督徒,这些程序性仪式是必需的。法典规定:"仅在堂域司祭或区域正权力人,或由该二人中之一人所委托之司祭及二人以上之证人前,依下列条文(具体程序)之规定而结之婚姻,始为有效。"②即如果结婚仪式欠缺、没有举行仪式的婚姻为无效婚姻。如果举行了仪式,但具体方式有瑕疵,"依法定方式再结之,始为有效"。③ 即必须按教会指定的仪式举行婚礼,在教会法上才具有合法效力。因为只有经过合法程序才能得到教士的祝福,而只有经过教士祝福的新婚夫妇,才能被引导过一种上帝所提供的幸福生活。④

三、两种婚姻仪式所代表的法文化在中国发生"涵化"

"六礼"与基督教"婚配"在中西传统社会均盛行千年之久,二者虽各自流传然而却并非"井水不犯河水"。基督教是注重向异域文化扩展的宗教;明末清初基督教再次入华,鸦片战争后传教士更是大规模地深入中国内地,中西文化在此背景下大面积地相互碰撞,产生了文化理论中的"涵化"现象⑤,两种婚姻仪式所代表的文化碰撞是其中的一个具体交汇点。

来到中国的基督教各宗派,均极力传播基督教义,努力使中国信徒接受教会规范的约束,其中就包括要求中国信徒放弃中国传统的婚姻礼仪,按照基督教传统的仪式缔结婚姻。1846年,耶稣会郎怀仁神父就抨击了中国教徒婚姻的"俗礼",罗伯济主教还根据教会法典发出谕单:

今后教友在结婚之前,应先通知本堂神父,假如神父不能亲来主持,则由神父给以免单并指定证婚人,在小堂内举行婚礼,并诵念规定的经文。⑥

---

① 这部分内容,参见薄洁萍:《上帝作证:中世纪基督教文化中的婚姻》,学林出版社2005年版,第93～95页。尽管这是中世纪西欧教会的婚礼仪式,但其在古今中外的基督教世界中广为盛行,甚至当代中国基督新教各教派也采用这一仪式;参见彭圣佣编写:《崇拜聚会程序与礼文》,中国基督教协会2009年版,第61～68页。
② 《天主教会法典》第1094条,杨恩赉、李启人译,山东济南天主堂华洋印书局1943年印。
③ 《天主教会法典》第1137条,杨恩赉、李启人译,山东济南天主堂华洋印书局1943年印。
④ Farge, J. K. ed.: *Marriage, Family, and Law in Medieval Europe*, Toronto, 1996. pp. 286～287.
⑤ "涵化"是文化变迁理论中的一个重要概念,美国人类学家赫斯科维茨的解释"是由个别分子所组成而具有不同文化的群体,发生连续的文化接触,导致一方或双方原有文化模式的变化现象"(M. J. Herskovits, *Acculcuxation: The Study Of Culture Contact*, p. 10, Gloucester, Mass., Peter Smith, 1958);参见黄淑娉、龚佩华:《文化人类学理论方法研究》,广东高等教育出版社2004年版,第223页、第225页。平行文化间"涵化"的结果,通常有取代、终摄、增添、萎缩、起源、排拒等几种情形,参见[美]威廉·A.哈维兰:《当代人类学》,王铭铭译,上海人民出版社1987年版,第568页。李雯文:《天赐姻缘——陕西一天主教村庄的婚姻和社会性别》,载陶飞亚编:《性别与历史:近代中国妇女与基督教》,上海人民出版社2006年版,第168页。
⑥ [法]史式徽:《江南传教史》(第1卷),天主教上海教区史料译写组译,上海译文出版社1983年版,第131页。

一开始中国教徒对新婚礼难以适应,但最终还是接受:"目前,这种神圣的仪式已经以一种感化的方式在进行着;可以说,这似乎为宣布特兰托会议的决定开辟了道路。"①基督教的特兰托会议,就婚礼问题的决议是宣布秘密结婚无效,信徒结婚必须严格遵守教会法的程序要件。

基于教义要求,占卜等带有异教性质的仪式是基督教婚礼绝对禁止的。而包括信徒在内的历代中国人所遵守的"六礼"程序,其中恰恰不乏占卜等巫术色彩。婚姻礼仪、程序规范之不同,使得基督教与中国本土文化在接触时产生冲突,结果导致许多教案发生。咸丰六年(1856)的西林教案就与此有关。神父马赖在广西西林一带传教时,按照教会法,除要求教徒拆除家中的祖先神位外,在婚姻方面还要求教徒及教徒子女必须娶嫁教徒;如果对方不是教徒,必须等洗礼后才能结婚;结婚时必须由马赖作结婚弥撒。这一切均与包括"六礼"在内的当地风俗大相径庭,于是西林百姓对马赖的传教极其反感。②1856年以前,西林仇教者数次赴县控告马赖的传教行为,及至咸丰六年张鸣凤到任,敌视西教的村民再次控告,马赖被捕并被打死,西林教案发生。该案并非两种异质婚礼规范冲突的孤证;据台湾学者陈银昆统计,在西林教案之后的1860—1899年间,发生的此类案件有文字记载就有6起。③

在当代中国,两种婚礼仪式的交汇依然继续。20世纪80年代,福建学者通过调查发现:基督徒与非教徒结婚时,婚礼受当地习俗影响较大;但当男女双方都是教徒时,采用教会婚礼仪式的比例非常高。④ 一方面,"纳彩"、"纳吉"、"纳征"、"请期"等"六礼"程序在民间依然存在;另一方面,婚礼仪式中"加上了教友们的祈祷、双方互赠礼品"等环节,⑤证明基督教婚礼元素已进入中国信徒的婚姻仪式。进入21世纪后,这种平行文化之间的"涵化"继续深入。近几年学者在调研时发现,中国传统婚姻礼仪与基督教婚礼交汇的结果,产生了"见面→定亲→提婚→婚配→成亲"这一新的婚姻程序。⑥ 其中"见面"环节,既有"纳彩"成分,又有基督教婚姻"意思自治"因素。"定亲"之数额,实为"纳征"遗风,"婚配"、"成亲"仪式则充分体现了基督教婚仪内容,"不经过婚配的婚姻在他们心目中不是正式的婚姻"。⑦ 正因为"婚配"仪式如此重要,所以即使在"文革"年代,基督徒结婚也普遍履行"婚配"礼仪。

---

① [法]史式徽:《江南传教史》(第1卷),天主教上海教区史料译写组译,上海译文出版社1983年版,第132页。
② 中国科学院民族研究所广西少数民族社会历史调查组:《广西西林天主教调查报告》,1964年铅印本;转引自戚其章、王如绘:《晚清教案纪事》,东方出版社1990年版,第29页。
③ 陈银昆:《清季民教冲突的量化分析(1860—1899)》,台湾商务印书馆1991年版,第104页。
④ 转引自陈支平、李少明:《基督教与福建民间社会》,厦门大学出版社1992年版,第71页。
⑤ 陈支平、李少明:《基督教与福建民间社会》,厦门大学出版社1992年版,第72页。
⑥ 李雯文:《天赐姻缘——陕西一天主教村庄的婚姻和社会性别》,载陶飞亚编:《性别与历史:近代中国妇女与基督教》,上海人民出版社2006年版,第168页。
⑦ 李雯文:《天赐姻缘——陕西一天主教村庄的婚姻和社会性别》,载陶飞亚编:《性别与历史:近代中国妇女与基督教》,上海人民出版社2006年版,第173页。

四、两种婚姻仪式蕴含的法文化之比较

仪式作为一种程序性规范,既是特定社群的"历史叙事",也是特定社群的"集体性记忆";其对社群族群既具有凝聚功能,又具有社会控制功能。① 其功能发挥的背后,蕴含着深厚的法文化原理。从中西法文化比较研究的视角来说,中国传统社会中的婚姻"六礼"与基督教"婚配"圣礼无疑是一对值得比较的法律现象。在法文化理论视域中,二者既有相似之处,又存在本质差异。

(一)"六礼"仪式与"婚配"礼仪的相似之处

1. 均视婚姻为"圣事",仪式为婚姻的必备要件

无论是中国传统的"六礼"婚仪,还是基督教的"婚配"礼仪,均通过婚姻的过程体现婚姻的内涵,以形式要件体现实质要件,礼仪或仪式受到高度重视。文化人类学可以解释个中缘由;人类学家范·盖纳普在其名著《通过仪式》中指出,仪式具有分离、过渡、融合三种模式。对于中国信徒来说,放弃"六礼"接受"婚配"圣礼,就是通过婚姻仪式宣告自己从原来的中国传统文化群体中分离出来,过渡到基督教会成员的一份子,仪式就是确认这种转变。对于原本就是中国村落或教会信徒成员的人而言,相应的婚姻仪式则是进一步表明自己愿意继续"融合"在原本所属的社群团体中。正是仪式具有一定的社会控制功能,法学家常将仪式与法律、规范相提并论。②

对中国古人而言,由于婚姻不仅是男女两家"合二性之好"之事,而且涉及两家"宗庙"与"后世",因此不能轻易马虎。不遵循"六礼",婚姻效力很难得到承认。战国时期齐国王后君王后私自嫁给齐襄王,遭到其父极力反对。二人私订终身,没有履行"六礼"程序仪式。尽管女儿成为王后,但其父太史敫"终身不睹",始终不承认女儿的婚姻。③ 而在西方基督教社会中,婚礼是人生极其神圣的一个仪式;除极特殊的情况外,没有经过教会仪式的婚姻为无效。违背教会的"婚配"礼仪,即使是国王的婚姻,教会也不予认可。英国历史上国王亨利八世私自抛弃未能生子的王后凯瑟琳,秘密另娶自己喜爱的宫廷侍女安妮·博林,教皇克莱门特七世宣布其第二次婚姻无效,只承认国王与原王后严格按照教会仪典缔结婚姻的效力,并给与亨利八世以绝罚的法律制裁。④ 这类案例,也验证了迪尔凯姆对宗教仪式功能的论述:个人的意志需要服从群体的要求;⑤这并不是说个人对婚姻没有意志自由,而是说个体的意志自由需要服从群体公认的规范约束,群体内的任何

---

① 彭兆荣:《人类学仪式的理论与实践》,民族出版社 2007 年版,第 72 页、第 104 页。
② Geoffrey P. Miller, The Legal Function of Ritual, *Chicago-Kent Law Review*, 2005, Vol. 80: 1181, p. 1187.
③ 《战国策·齐策》卷十三,齐六。
④ [美]布鲁斯·雪莱:《基督教会史》,刘平译,北京大学出版社 2004 年版,第 297~299 页。
⑤ [美]约翰·R. 霍尔、玛丽·乔·尼兹:《文化:社会学的视野》,周晓虹、徐彬译,商务印书馆 2009 年版,第 90 页。

成员哪怕是国王也不能越过权利边界。

2. 彼岸神灵是婚约最终的批准人、证约人

"六礼"中,"祖先之灵"是男女双方婚姻的最终批准人。在男子"纳吉"礼仪中,"祖先之灵"终极权威得到突出体现。男方在获取女方的名字与生辰后,必须来到自家祖庙进行占卜祷祝,只有在获得祖宗赐给的吉兆后,才能作出与女方结成婚姻的决定。① 结婚男子在"亲迎"前,要再次祭告祖先;将女子带到家中后,仍要到祖庙告祭,祈求祖先使自家宗氏因自己的婚姻得以延续发达。② 对女子来说,出嫁前三个月必须在其祖庙接受婚前教育"培训",学习的内容就是"妇德、妇言、妇容、妇功"③。"培训"结束后,要向祖先之灵报告。出嫁前,女子须行祭祖之礼,表示出嫁并非出于自己的私意,而是遵循祖先的意愿。④ 婚礼过程中,女子父母先要祭告祖庙,表示嫁女儿不敢自作主张,是事先获得祖先的许可才让女儿出嫁。履行完此仪式后,方能出门迎接男方家人。出嫁女子也必须向祖先之灵行祭告礼,表示她即将离开本族进入夫家,恳请获得祖先在天之灵允准,并保佑其在夫家新的生活。⑤ 在周代"亲迎"礼仪中,新郎到女子家中迎接新娘时,还要先到新娘的祖庙中进行祭告,请求女方祖先之灵同意他将女子娶走。⑥

对于基督教信徒而言,婚姻的最终决定权并不绝对在于自己,上帝的旨意是缔结婚姻的最高依据。首先,基督徒不能嫁娶非基督徒。使徒保罗确立婚姻原则:"信与不信的原不相配,不要同负一轭。"⑦婚礼进行前,"堂域司祭应向当事人双方要求提出圣洗之证据",⑧即正常情况下婚姻应该在已经受洗皈教的当事人之间缔结。如果情况特殊,"区域正权力人应尽力严禁信友结混教婚姻;不能禁止时,应尽力设法使其结婚不违背天主及圣教会之法律",⑨而且"严厉禁止信友与一般人所明知之背教人结婚"⑩。其次,婚礼中新郎新娘在教士面前的次次宣告,证实二人的婚姻是在上帝旨意中的结合;彼此就权利义务作出的庄严承诺,也是以上帝作为无时不在的见证人而具有终生约束力。

(二)"六礼"仪式与"婚配"礼仪的本质性差异

1."六礼"仪式体现"多方合意","婚配"圣礼体现"三方合意"

中国"六礼"婚礼,男女两家径直进行,呈现此圆到彼圆的线段形状。

---

① 《礼记·文王世子》。
② 参见《国语·鲁语上》。
③ 《礼记·昏义》。
④ 《诗经·召南·采蘩》;相关解释参见陈子展:《诗经直解》,复旦大学出版社1983年版,第42页。
⑤ 〔清〕陈立:《白虎通疏证·嫁娶》,中华书局2011年版,第461页。
⑥ 参见《左传·昭公元年》。
⑦ 《圣经·哥林多后书》第6章第14节。
⑧ 《天主教会法典》第1021条,杨恩赉、李启人译,山东济南天主堂华洋印书局1943年印。
⑨ 《天主教会法典》第1064条,杨恩赉、李启人译,山东济南天主堂华洋印书局1943年印。
⑩ 《天主教会法典》第1065条,杨恩赉、李启人译,山东济南天主堂华洋印书局1943年印。

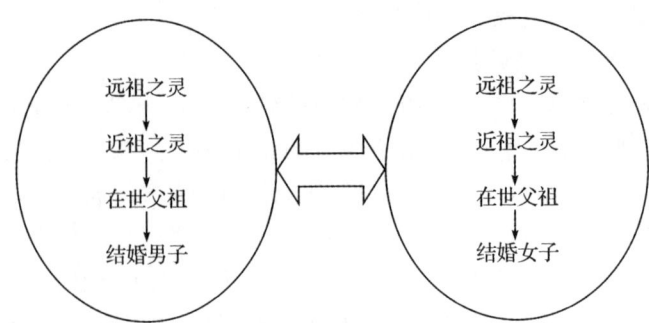

从大的范围来说,"六礼"仪式体现的是男方家族与女方家族就婚姻达成的合意。但在男女各自家族内部,婚姻并不是新郎或新娘意志的体现,也不是其父母意志的体现,更重要的是已经去世的先祖神灵意志的体现。一般来说,辈分越高,对后代子女婚姻的决定权越大;辈分越低,决定权越小。彼岸灵界的先祖权力,高于人间的父祖权力。不过,对新郎或新娘各自家族而言,其内部最终决定权名义上是取决于先祖之灵,但卜祝的结果具有很大的随意性,实际的决定权是远祖之灵、近祖之灵、在世父祖乃至结婚者集体意志的体现,是一种家族意志"神秘合意"的结果。

基督教"婚配"礼仪,有独立的第三方意志融入其中,呈现出点到点的三角形结构。

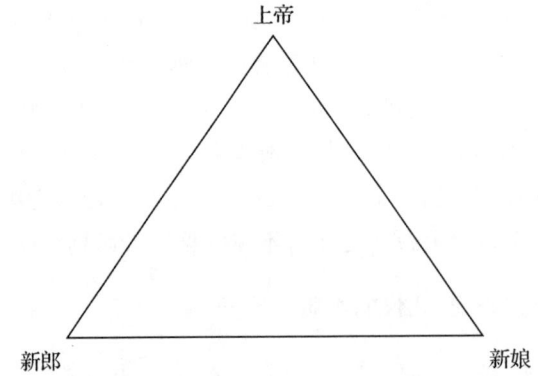

男女双方首先寻求上帝的旨意,得到"天启"后当事人之间又达成合意,在上帝面前订立婚约,因此婚约是"三方合意"的结果。上帝既是双方婚约的发起人,也是婚姻的证明人、保证人。如果一方违背婚约,其所违背或伤害的不仅是婚姻对方当事人,更是违背了上帝的旨意,伤害了上帝的神圣感情。对此,作为证人的上帝并不是对夫妻双方消极沉默,而是会积极主动地介入婚姻双方,对忠于婚约者进行保护,对违背婚约者进行管教乃至严厉审判。[①]

2."六礼"仪式体现出法文化的"差等性","婚配"圣礼体现法文化的"平等性"

---

① 雅各之孙、犹大之子俄南拒绝向妻子履行丈夫的义务,"所做的在耶和华眼中看为恶,耶和华就叫他死了";参阅《圣经·创世记》第38章。上帝恨恶"休妻的事和以强暴待妻的人",明确表示他"在你和你幼年所娶的妻中间作见证",因此婚姻关系不是仅为夫妻二人之间的线段关系,而是"上帝—丈夫—妻子"之间的三角关系;参见《圣经·玛拉基书》第2章。

"六礼"体现出中国法律文化的等级性。历代中国法典对婚姻仪式的规格、纳彩的品种数量、请期携带礼物、亲迎的服装车舆等各方面均作出等级性的详细规定。如1723年规定,汉人婚娶的纳彩数及成婚礼的规格,四品官以上,纳缎不得过八尺,金银首饰不得过八件,食品总数不得过十;五品官以下各减二;八品官以下有顶戴大员以上又各减二;军民人等,纳绢不得过四,果盒也不得过四。金银财礼官民皆不许用。《大清通礼》规定得更详细:纳彩数一品官章服一套,章如其品,布七两,币七两,缯帛七两,容饰二十件;二品至四品,币五两,缯帛五两,布五两,容饰计十六件,其余与一品相同;五品至七品,币三两,缯帛三两,容饰十二件,其余同四品。请期时,所带的礼物,三品以上带羊带酒,四品以下带鹅带酒。迎亲时,品官要穿公服,如果子孙结婚,衣服规格低于家长。新婿乘马一匹,新妇乘舆一辆。车上遮盖的彩绢,垂挂流苏,五品以上前后左右各二条,六品以下前后各二条。八品以下及士子结婚,送章服一套,布帛五两,容饰八件,食品十器。庶民送的彩礼,只有普通衣服一套,衣上无章纹;布五两,容饰六件或四件,食品四器。新妇所坐车舆盖顶设布装饰。婚姻筵席也有差别,如1668年的规定,贵族中的公爵成婚日用酒席二十六桌,侯二十桌,伯十八桌,百官内的一品十六桌,二品十二桌,三品九桌,四品八桌,五品六桌,六品以下至士庶酒席从简。1728年,对成婚日的筵席又作了进一步规定,并限制了不同身份者亲迎时的仪仗。凡有品级的人只能用本官执事,吹鼓手不得过十二名,灯不得过六对,没有品级的官员以及生监军民不能用执事仪仗,吹鼓手不得超过八名,灯不得过四对。① 清朝是中华法律文明的集大成者,其在婚礼方面的具体规定,典型体现了中华法律的等级性特征。

基督教婚礼体现出其所承载法文化的平等性。基督教"婚配"礼仪,遵循统一的程序仪式,这些程序仪式以教会法规的形式,对教会所有成员统一适用。法规中没有任何因婚姻当事人社会地位差异而另作规定的内容。② 基督教"不分阶层、不分出生、不分财产"的平等特征,甚至得到过马克思的肯定。③ 特别值得一提的是,男女平等在婚礼中也能体现出来。从教士对新郎新娘的交叉询问中不难看出,教会法对男女双方设立的权利和义务是平等的。任何一方都平等地拥有权利要求对方履行义务,任何一方也都平等地负有义务去实现对方的权利要求。夫妻间的同居权、忠诚权、抚养权、扶助权等既是任何一方的权利,同时也是对方的义务。对此,法典如此表述:"当事人双方自结婚时起,对于婚姻本质之行为,享有平等之权利义务。"④

3. "六礼"仪式倾向于"家族本位","婚配"圣礼侧重于"个体本位"

如前图所示,"六礼"体现的是两个圆之间的合意契约关系。两个圆分别代表男女二

---

① 《钦定大清会典事例》卷325,《礼部·婚礼》;转引自张仁善:《礼·法·社会——清代法律转型与社会变迁》,天津古籍出版社2001年版,第56页。
② 参见《天主教会法典》第三编第七题"婚姻圣事",杨恩赉、李启人译,山东济南天主堂华洋印书局1943年印。
③ 卡尔·马克思:《资本论》第3卷下,人民出版社1975年版,第679页。
④ 《天主教会法典》第1111条,杨恩赉、李启人译,山东济南天主堂华洋印书局1943年印。

方的家族集团。从地位上来说,死去的祖先高于在世的祖先,祖先们的综合意志,代表着家族整体的意志。男女当事人的个人意志与情感,绝对要服从于家族整体的意志。去世的祖先意志通过祖庙祭告中的"吉"与"凶"显明出来,以带有随机色彩的"神明裁判",决定当事人婚姻的成立与否。而在世父祖的意志就是家族长的意志,他们在谨慎探寻彼岸祖先意愿并反复斟酌家族的现实利益后,最终对子女的婚姻作出决定。如此,当事人自己的情感与意愿,湮没于父祖长上的意志之中。在此文化背景下,父祖"神权"吞噬了当事人婚姻之"人权",家族"集体意志"吞噬了婚姻当事人的"个人意志"。"六礼"作为中国传统法文化中的一个具体现象,体现出"家族本位"色彩。

基督教婚姻,强调男女双方的"合意"。除上帝意志之外,男女双方的个人意志起到了关键作用。公元9世纪,教皇发布谕令:男女双方的同意是婚姻得以建立的必需条件,没有双方当事人的同意就不能产生婚姻。① 1175年英格兰宗教会议作出同样规定,并对家长作出声明:那些在孩子还在摇篮中时就把女孩许给男孩的人将什么也得不到,除非两个孩子在达到成熟年龄时给出同意。② 教会法学家格兰西阐明这样的婚姻法思想:妇女不能被迫与某一男人结婚,身体结合之处应有灵魂之结合,违背灵魂中意志的婚姻常导致不良后果。③ 如果说神的意志比较玄虚,但当事人个人的意志在基督教婚姻中得到了较好尊重。在此文化背景下,上帝之"神权"体现为当事人之"人权";婚姻当事人的"个体"意志,位居父祖或家族的"集体"意志之上。相比之下,"婚配"礼仪彰显出基督教法文化之"个体本位"特征。

4."物质"财富在"六礼"仪式中必不可少,而"精神"合意在"婚配"圣礼中更受注重

《仪礼·士婚仪》注解,从"纳采"到"亲迎"共有彩礼30种。"纳征"环节,男方要给女方付婚姻聘礼。"聘礼"的寓意主要有二:一是从精神层面通过礼仪对女方家族表示尊重;二是从物质层面对女方家族进行补偿。尽管我们不能简单地由此得出中国古代婚礼就是"买卖婚"这一偏颇结论,但古代婚礼对物质财富的重视是不容否认的。女方父母将女儿养育成人,无论在物质层面还是在精神层面都付出了巨大艰辛。而且,女子从此不再是娘家的劳力,而是成为男方家中的正式成员,若不进行补偿,女方家岂不是损失太大以至"显失公平"?最实际、可行的办法莫过于给予女方家一定的物质补偿。因此"纳征"所反映的中国婚姻的经济特征是很显然的。至于聘礼的种类与数量,周代尚"重礼轻财",但随着宗法制的削弱与礼约束力的衰减,财富的多寡越来越被看重。到了汉代,婚礼已崇尚聘礼之重。汉惠帝娶鲁元公主为后,"聘黄金二万斤,马十二匹"④。云平帝纳王莽之女为后,"聘后黄金二万斤,为钱二万万"⑤。帝王如此,达官贵人乃至民间士庶也随

---

① Farge,J. K. ed. :*Marriage,Family,and Law in Medieval Europe*,Toronto,1996. p. 289.
② 薄洁萍:《上帝作证:中世纪基督教文化中的婚姻》,学林出版社2005年版,第73页。
③ Farge,J. K. ed. :*Marriage,Family,and Law in Medieval Europe*,Toronto,1996. p. 96.
④ 《汉书·惠帝纪》。
⑤ 《汉书·王莽传》。

之效仿。如此讲究排场,往往造成婚礼之后"富者空减,贫者称贷"①的可怕结果。至有宋一代,彩礼之风更甚,给后世的婚姻礼俗产生深远影响。当代中国民间婚姻中的"彩礼",一定程度上就是这种礼俗的遗留。

基督教婚礼所着重体现的,既是上帝分别与男女二方的"精神合意",又是男女双方的"精神合意"。"精神合意"是指一种"美好和谐"的状态,深深根植于基督教义。对上帝所造的自然界,"上帝看着是好的"②,但上帝造出第一人后,却发现"那人独居不好",于是"造一个配偶帮助他"③。妻子是用丈夫的肋骨所造,丈夫与妻子是"连合,二人成为一体"④的关系。"人"是上帝按照自己的"形象"和"样式"所造,⑤而上帝不是以物质或肉身形式存在,而是以精神性的"灵"⑥的形式存在,因此人的本质在于精神而非物质。夫妻之间的"一体",不仅是肉身层面的结合,更重要的是精神层面的和谐。只有"精神合意",才会实现上帝心目中的"好"。因此,精神层面的合意、和谐在基督教的婚礼更加受到关注。对于婚礼中物质性的奢侈,教会法规持否定立场。如成文法典规定:"区域正权力人有正当理由,并劝告婚姻当事人勿为过大之铺张后,亦得准许于前项日期内,实行婚姻之正式降福。"⑦即教会反对婚礼"过大之铺张",精神性的"正式降福",才是其关注之所在。

五、结　语

在当代中国社会生活中,依然存在大量的"六礼"遗留;基督教的"婚配"礼仪,也不再是西方人的专利。据学者统计,当代中国基督教徒的人数已达6至7千万人之多;⑧无论在城市还是乡村,采用教会婚礼仪式的人越来越多。仪式是文化的载体,两种婚姻仪式所承载的中西传统法文化因子,在当代中国同时存在。两种法文化因子既各自自相延续,以"濡化"方式实现自身的维系与传承,⑨同时彼此之间又相互碰撞,以"涵化"方式实现平行文化间的传递与整合。在历史的长河中,两种因子分别与专制与法治相连;当代中国从专制人治向法治迈进的进程中,如何培育法治所需的文化根基?本文正是从婚姻仪式的微观视角,尝试探寻这一问题。

---

① 《盐铁论·国疾》。
② 参阅《圣经·创世记》第1章。
③ 《圣经·创世记》第2章第18节。
④ 《圣经·创世记》第1章第24节。
⑤ 《圣经·创世记》第1章第29节。
⑥ 《圣经·约翰福音》第4章第24节。
⑦ 《天主教会法典》第1108条第3项,杨恩赉、李启人译,山东济南天主堂华洋印书局1943年印。
⑧ 于建嵘:《中国基督教家庭教会合法化研究》,载《战略与管理》2010年第3/4期。
⑨ "濡化"是美国人类学家赫斯科维茨提出的概念,指代际间的文化传递和延续。

宋以来乡约与乡约法探析
——以乡约碑刻为考察对象

刘志松　冯志伟[*]

（天津社会科学院法学所　天津　300191）

摘要：乡约作为一种典型的民间自我组织形式和自生规范在我国宋以后的基层社会秩序生成过程中发挥了重要的作用。作为一种民间规范，其内容经历了由零散、原则性到系统、具体化的过程；作为一种民间自我组织形式，其实施经历了一个由民办到官办的过程。古代大量碑刻均有关于乡约的记载，通过对这些碑刻的考察，发现乡约在中国古代基层社会秩序生成过程中的历史作用。

关键词：乡约；乡约法；乡约碑

乡里制度在我国产生的时间较早，《通典》载，"昔黄帝始经土设井以塞诤端，立步制亩以防不足，使八家为井，井开四道而分八宅，凿井于中。一则不泄地气，二则无费一家，三则同风俗，四则齐巧拙，五则通财货，六则存亡更守，七则出入相司，八则嫁娶相媒，九则无有相贷，十则疾病相救。是以情性可得而亲，生产可得而均，均则欺陵之路塞，亲则斗讼之心弭。既牧之于邑，故井一为邻，邻三为朋，朋三为里，里五为邑，邑十为都，都十为师，师十为州。夫始分之于井则地着，计之于州则数详。迄乎夏殷，不易其制"[①]。这一传统确立了古代基层社会"出入相友，守望相助，疾病相扶持"的整合观念。乡约组织和乡约法正是在这样的背景之下产生的。

一

乡约在古代历史上经历了一个从"民办"到"官办"的发展历程，相应，其组织领袖也经历了一个从民间权威到职役化的发展过程。乡约组织最早出现于北宋熙宁九年（1076），由京兆府蓝田儒士吕大钧在本宗首先推行，并进而在蓝田一带付诸实行。此时，乡约以宗族组织为基础，完全是民间性质。之后，其原有的权威与规范才逐渐超越了血缘范畴，扩展到更广泛的乡土社会。

---

[*]【作者简介】刘志松（1980—），男，河北文安人，副研究员、法学博士，天津社会科学院法学所，研究方向为中国法律制度史、犯罪学史；冯志伟（1982—），男，河北唐山人，讲师，南开大学周恩来政府学院博士研究生，研究方向为民族史、中国政治制度史。

① 《通典》卷3《食货·乡党》。

最早的蓝田乡约组织,职能重在教化,尤其是对利益的规范,因而还不是成熟的自治组织。南宋后,朱熹据"吕氏乡约"编写了《增损吕氏乡约》,使吕氏乡约再度声名鹊起。之后,朱熹的弟子如阳枋、胡泳、程永奇、潘柄等都成为乡约制度的积极推行者。如淳祐三年(1243),阳枋就曾"与友人宋寿卿、陈希舜、罗东父、向从道、黄叔高、弟全父、侄存子、王南运讲明《吕氏乡约》书,行之于乡,从约之士八十余人",意在"正齿位,劝德行,录善规过","维持孝弟忠信之风",①整合社会秩序。另据黄榦记载,嘉定八年(1215),胡泳认为"后世礼教不明,人欲滋炽",于是,希望通过推行乡约,恢复古乡饮酒礼,达到教化的目的,使"伯量兄弟孝友,同居爨人无间言,又能推其施之家者而达之乡,其有补于风教大矣,故书其后以念其乡人,使知其合于古谊,相与守之而勿替云"②。

明永乐间,福建王源知潮州府任,"刻《蓝田吕氏乡约》,择民为约正、约副、约士,讲肄其中,而时偕寮董率焉"③。王源所行应属官督乡约,后来其休致归乡后,又在家乡以士绅身份举行乡约,应属民间乡约。可见,这一时段的乡约发展属于官办与民办共存的状态,而官办乡约的推行要比民办乡约更顺利一些。这成为后来明清乡约发展的一个特点。正德年间,乡约得到进一步发展,以山西仇氏乡约与王阳明的南赣乡约最具代表性。山西潞州南雄山仇氏家族大抵从正德初年就开始组织了乡约组织,称为"居家有家范,居乡有乡约,修身齐家以化乎乡人"。仇氏乡约以蓝田吕氏乡约为蓝本,又以仇氏家范配合而行,其内容自"冠婚丧祭及事物细微训后齐家之则,靡有阙遗,仇楫营义房一区于家,敦请乡先生以教宗族子弟,免其束修,再起义学一所于乡里,以训乡党童稚,资其薪水,设医药以济穷乡,有疾病者置义冢……"④刊印太祖高皇帝训辞,家给一册,讽诵体行。仇氏乡约取得了较好的社会效果,致为当代之所崇尚,秉笔之士亦笑谈而乐道之。明正德十三年(1518),王阳明深感"民虽格面,未知格心,乃举乡约,告谕父老子弟,使相警戒"⑤。于是制定《南赣乡约》,以地方官的身份在当地推行。南赣乡约最首要的立场还是站在地方官的角度,王阳明的弟子邹守益称"此中丞阳明公参酌《蓝田乡约》,以协和南赣山谷之民也"⑥。王阳明在谈到行乡约的目的时谈到:

> 民俗之善恶,岂不由积习使然哉……自今凡尔同乡之民,皆宜孝尔父母,敬尔兄长,教训尔子孙,和顺尔乡里,死伤相助,患难相恤,善相劝勉,恶相告戒,息讼罢争,讲信修睦,务为良善之民,共成仁厚之俗。⑦

南赣乡约标志着乡约组织的逐步完善,王阳明的弟子在江右、浙中、南中、楚中、闽粤、北方诸地纷纷推行乡约,也使乡约日益风行,成为地方社会中的一种重要的权威形

---

① 〔宋〕阳枋:《字溪集》卷12《附录》。
② 〔宋〕黄榦:《勉斋集》卷6《跋南康胡氏乡约》。
③ 《明史》卷281《循吏传》,中华书局1974年版,第7196页。
④ 〔明〕何瑭:《柏斋集》卷10《宿州吏目仇公墓志铭》。
⑤ 〔明〕王守仁:《王阳明全集》,吴光等编校,上海古籍出版社1992年版,第1255页。
⑥ 〔明〕邹守益:《东廓邹先生遗稿》卷9《乡约跋》。
⑦ 〔明〕王守仁:《王阳明全集》,吴光等编校,上海古籍出版社1992年版,第600页。

式。此外,明代中后期开始陆续出现一些主业化乡约组织,如护林乡约、禁宰牛乡约、御倭乡约、御房乡约、御贼乡约等。嘉靖十四年(1535),朱渊在莆田县推行禁屠牛乡约①。嘉靖二十六年(1547),祁门三四都侯潭、桃墅、灵山口、楚溪、柯里等村行护林乡约,节被无籍之徒……望青砍断,斩掘笋苗,或为屋料,或为柴挑,或作冬瓜芦棚。……各村人众遂合集一处,重新订立规约,将各村人户共编为十二甲,甲立一总,置立簿约十二扇,付各处约总收掌,一年四季月终相聚一会,并将议约规条由众人联名俱状,赴县呈告②。曾任左参政的郑佐致仕后,曾在邑中"尝仿蓝田吕氏之约,以束一乡,而首端士习,每月定期讲论于南山之阳。喜有庆,哀有吊,业有会,彬彬然礼义相先。躬率乡之贤者,大兴修筑,以固里居,皆不朽之业也"。嘉靖十九年(1540),他在《岩镇乡约叙》中写道:

    维我岩镇,居当冲要,道远郡城。官府之法,尝三令而五申;里社之条,亦并行而兼举。夫何今者,天时亢旱,人心忧危,奸党乘机,邪谋窃发。假称借贷,敢拥众于孤村;倚恃强梁,辄臂于单弱。白昼公行而无忌,昏夜不言而可知。宜预为桑土之谋,庶可免剥肤之患。是以众谋佥同,群策毕举。一镇分为十八管,有纪有纲;每管各集数十人,一心一德。毋小勇而大怯,毋有初而鲜终。毋生事而败盟,毋见利而忘义。理直气壮,强暴知所警而潜消;力协心孚,良善有所恃而无恐。庶患难相恤之义复敦,而仁厚相成之俗益振。所有议约,悉为条开。③

  嘉靖三十四年(1555),方元祯在《题岩镇备倭乡约》中谈到了御倭乡约推行的情况。④

  伴随着乡约活动的广泛推行,诸如前文谈及的宗约、士约、会约、乡兵约等依一定身份和目的而结成民众自治组织,表现出乡约逐渐从综合性组织转向专门性组织。而且明中后期的乡约组织已经具有了诸如稽查奸宄、催征赋税、管理社仓等一些基层综合管理职能,从而加快了乡约的职役化。

  清初,朝廷就着手恢复乡约教化,乡约逐渐成为完全受官府控制的组织。顺治九年(1652),在八旗与直隶各省中颁行明太祖的洪武六谕,即"孝顺父母,尊敬长上,和睦乡里,教训子孙,各安生理,毋作非为"⑤。顺治十二年(1655),魏裔介上疏,认为乡约自明末以来成为虚文,建议顺治皇帝"复乡约"。⑥ 顺治皇帝颁布《劝善要言》,颁发异姓公以下、文官三品以上各一部。顺治十六年(1659)议准,译书"六谕",令五城各设公所,择善讲人员,讲解开谕,以广教化。直省府州县,亦皆举行乡约。该城司及各地方官,责成乡约人等,于每月朔望日,聚集公所宣讲。⑦ 康熙九年(1670),颁行《上谕十六条》,"晓谕八旗及

---

① 〔明〕朱渊:《天马山房遗稿》卷6《乡约》。
② 参见《嘉靖祁门三四都护村乡约会议约合同》,原件藏中国社会科学院历史研究所,编号:0003793。
③ 〔清〕佘瑞华纂:《岩镇志草》贞集《艺文下》,见谭其骧、史念海、傅振伦等纂《中国地方志集成·乡镇志专辑》(第27册),江苏古籍出版社、上海书店、巴蜀书社1992年版,第228页。
④ 〔清〕佘瑞华纂:《岩镇志草》贞集《艺文下》,见谭其骧、史念海、傅振伦等纂《中国地方志集成·乡镇志专辑》(第27册),江苏古籍出版社、上海书店、巴蜀书社1992年版,第229页。
⑤ 《清世祖实录》卷63,顺治九年二月庚戌,中华书局1985年版,第490页。
⑥ 〔清〕魏裔介:《兼济堂文集》卷1《兴教化正风俗疏》。
⑦ 《福建通志》卷14《典礼·乡约讲读圣谕》。

直省兵民人等",令各府州县乡村人等切实遵行①。康熙十八年(1679)议准,浙江巡抚将《上谕十六条》衍说,辑为《直解》,缮册进呈,通行直省督抚。照依奏进《乡约全书》,刊刻各款,分发府州县乡村,永远遵行。② 康熙二十五年(1686),覆准《上谕十六条》,令直省督抚转行提镇等官,晓谕各该营伍将弁兵丁,并颁发土司各官,通行讲读。③ 康熙五十二年(1713),覆准颁发老人上谕,载入《上谕十六条》内,行令直隶各省府州县,及凡土司地方,照例于月朔并行讲解。④ 雍正二年(1724),钦定《圣谕广训》十六章,共计万言,刊刻颁行,分发府州县乡村,令生童诵读。每月朔望地方官聚集公所,逐条宣讲,兵民皆得恭听。⑤ 黄六鸿在《福惠全书》中谈到,"夫州长之读法,以正月及正岁,是一岁而再读。党正之读法,以四时之孟月,是一岁而四读。族师则每月一举行,是一岁而十二读。至于岁时祭祀,读法亦如之"⑥。在清中央王朝的大力提倡、督促下,各地方普遍设立了乡约组织,制定乡约法。这些组织、约文虽因各地情形不一而不尽相同,但其基本精神都是以上述《上谕十六条》或《圣谕广训》等为宗旨,结合本地具体情形而制定的。同时,朝廷又推行保甲制度,乡约与保甲并行,进一步加强了其维护国家统治,维持地方秩序的职能,而其本来的教化职能不再被重视。汤成烈在《风俗篇一》中指出,"乡约之设,止于催科,教化既衰"⑦。《清实录》载,"顺治三年丙戌六月癸巳。都察院左佥都御史李日芃奏言:耆民一项,不过宣谕王化,无地方之责,非州县乡约者比……"⑧可见,乡约发展到清代,已经脱离了诸如耆老这样的民间权威类型,而逐渐成为一个半官方的权威形式。

　　王凯泰在《台湾杂咏三十二首》中诗曰:"宰官领戳各乡承,约长居然总理称,执牍道旁迎与送,头衔笑看两门灯。"注曰:"乡约名'总理',地方官给'戳记'。门首悬大灯,亦'总理'衔。"于成龙在《慎选乡约论》中明确指出设立乡约的本意,"朝廷设立乡约,慎选年高有德,给以冠带,待以礼貌,每乡置乡约所亭屋,朔望讲解《上谕十六条》,所以劝人为善去恶也。至于查奸戢暴,出入守望,保甲之法,更多倚赖焉"。可现实事件中,乡约"一事未结,复兴一事,终朝候讯,迁延时日,无归家之期。离县近者,犹可早来暮去。其远在百里外者,即以点卯论,两日到县,一日点卯,再两日归家,是半月内在家不过十日。加以协拏人犯,清理区保,手忙足乱,无一宁晷"⑨。随着乡约性质的变化,乡约长的地位也急剧下降,以致"年高有德,鄙为奴隶。殷实富家,视为畏途。或情或贿,百计营脱"⑩。乡约长只能为"寡廉丧耻之穷棍"把持。完全失去了其本来基层社会治理民间权威的意义。

---

① 《福建通志》卷首1《典谟一·谕旨》。
② 《皇朝文献通考》卷21《职役考一》。
③ 《福建通志》卷14《典礼·乡约讲读圣谕》。
④ 《万寿盛典初集》卷8《圣德四》。
⑤ 《福建通志》卷首1《典谟一·谕旨》。
⑥ 〔清〕黄六鸿:《福惠全书》卷25《教养部》。
⑦ 〔清〕葛士浚辑:《清经世文续编》卷74《礼政》十四《正俗》。
⑧ 《清世祖实录》卷26,顺治三年六月癸巳条,中华书局1985年版,第224页。
⑨ 〔清〕贺长龄、魏源:《清经世文编》卷74《兵政》五《保甲上》。
⑩ 〔清〕贺长龄、魏源:《清经世文编》卷74《兵政》五《保甲上》。

二

乡约法最早可溯及上文谈及的《蓝田吕氏乡约》,《吕氏乡约》开篇即规定了四项"基本原则",即"德业相劝,过失相规,礼俗相交,患难相恤"。《吕氏乡约》确立了"乡约"组织的性质,首先是自愿加入,负责人"约正一人或二人,众推正直不阿者为之。专主平决赏罚当否"。平时则以聚会的形式,使乡人相亲,淳厚风俗,"每月一聚,具食;每季一聚,具酒食"。众人议事,"若约有不便之事,共议更易"。还确立了赏罚规定,并用记录在案的方式督促众人,"遇聚会,则书其善恶,行其赏罚"。《吕氏乡约》采用自上而下的原则,为后世树立了一个共同道德和共同礼俗的标准。大儒张载称"张载秦俗之化,和叔(即吕大钧)有力",虽不久北宋亡,但《吕氏乡约》奠定了乡约组织规范的基础,后世多沿袭之。

百年之后,南宋大儒朱熹对《吕氏乡约》的修订和阐释中,取消了"过失相规"条中原有的较为严厉的惩罚措施,而代之以劝导的方式;合并了乡约和乡仪的相关内容,并且增加了"读约之礼"。这一改订加重了礼仪的成分,更注重感化的教化方式,促进了乡约的传播和发展。但综合来看,无论是《吕氏乡约》还是《增损蓝田吕氏乡约》,都是一种政府督促的乡村组织规范,属半官方规范。乡约的发展在元代受到了阻碍,至明代才得以复兴和繁盛。在明代统治者的重视下,乡约逐渐形成一套相当完备的制度,并运用到对基层社会的治理过程中,乡约法初步形成。明洪武二十八年(1395),朱元璋根据应天府上元县典史隋吉的建议,令户部编民百户为里。"置民百户为里",并引申为婚姻、死丧、疾病、患难、春秋耕获诸事的乡民互助,以使百姓亲睦,淳厚风俗。洪武三十年(1397),朱元璋命户部下令天下民每乡里各置木铎一,内选年老或瞽者,每月六次持铎徇于道路,曰:"孝顺父母,尊敬长上,和睦乡里,教训子孙,各安生理,毋作非为。"又令民每村置一鼓,凡遇农种时月,清晨鸣鼓集众,鼓鸣皆会田所,及时力田,其怠惰者,里老人督责之,里老纵其怠惰不劝督者有罚。又令民:"凡遇婚姻、死葬、吉凶等事,一里之内,互相赒给,不限贫富,随其力以资助之,庶使人相亲爱,风俗厚矣。"①此即"洪武六谕"的原本,作为明代教化民众的主要内容,被乡约、族约、家规等广泛引用。明成祖亦曾倡行乡约,明万历时右都御史王樵曾在《金坛县保甲乡约记》中记载,"至成祖文皇帝又表章《家礼》及《蓝田吕氏乡约》,列于性理成书,颁降天下,使诵行焉。噫!二百余年治平之美岂无自而然"②。在这一背景下,许多名臣硕儒如方孝孺、王阳明、吕坤、章潢、刘宗周、陆世仪等都致力于推行乡约,许多乡绅也在本乡本土提倡或率行乡约,对乡约法的制定和乡约组织的推行起到了很大的作用。在《南赣乡约》中,王阳明认为,"弃其宗族,畔其乡里,四出为暴",皆是由于官员"治之无道,教之无方"所致,当地父老子弟也不能辞其责。所以,"今特为乡约,以

---

① 《明太祖实录》卷255,洪武三十年九月辛亥条,中央研究院历史语言研究所校印1962年版,第3677~3678页。
② 《古今图书集成·明伦编·交谊典》卷28《乡里部·艺文》。

协和尔民,自今凡尔同约之民,皆宜孝尔父母,敬尔兄长,教训尔子孙,和顺尔乡里,死丧相助,患难相恤,善相劝勉,恶相告戒,息讼罢争,讲信修睦,务为良善之民,共成仁厚之俗"①。《南赣乡约》主要包括:组织机构、强调相互帮助、维护社区治安、进行社会监督和移风易俗等方面。其目的在于整饬社区生活秩序,加强以自我约制为主的基层社会治理模式,从而使"各安生理,勤尔农业,守尔门户,爱尔身命,保尔室家,孝顺尔父母,抚养尔子孙",避免"以众暴寡,以强凌弱",使民"永为善良","父慈子孝,兄爱弟敬,夫和妇随,长惠幼顺","小心以奉官法,勤谨以办国课,恭俭以守家业,谦和以处乡里",从而以"兴礼让之风","成敦厚之俗"。正德十四年二月,王阳明在剿灭"河源贼患"之后,"然创今图后,父老所以教约其子弟者,自此不可以不豫。故今特为保甲之法,以相警戒。聊属父老,其率子弟慎行之。务和尔邻里,齐尔姻族,德义相劝,过失相规,敦礼让之风,成淳厚之俗"②,更加加强了乡约和保甲在社会治理中的作用。

  与朱熹《增损蓝田吕氏乡约》和其《家礼》、《劝谕榜》等规范相较,《南赣乡约》表现出了乡约法的一种不同发展趋势。朱熹更强调自上而下的教化民众,要求"孝顺父母,恭敬长上,和睦宗姻,周恤乡里,各依本分,勿为奸盗",后来明朱元璋的《六谕》与之如出一辙,即"孝顺父母,尊敬长上,和睦乡里,教训子孙,各安生理,勿非为"。均是以官府为立场,以自上而下的姿态来行乡约。而王阳明虽然也是地方官,但其显然是从民众自身出发,强调自下而上的规范,让民众发挥他们的道德性。这是乡约发展的一种新方向,一定程度上体现出了"民治"的色彩。进而发展成乡约、保甲、社学、社仓四者合一的乡治系统。杨开道在《中国乡约制度》中甚至推断,如果没有清代乡约的退化,"假以时日,整个乡治或者可以立定基础,成为中国民治张本"③。在王阳明的倡导下,其弟子门人纷纷以《南赣乡约》为根本,在自己的家乡或任职之地推行《乡约》。这次行动带动了众多儒士和地方官纷纷倡行《乡约》,如南昌名儒章潢指出,乡治应包括保甲、乡约、社仓、社学四者,"保甲之法,人知足以弭盗也,而不知比闾族党之籍定,则人自不敢以为非。乡约之法,人知其足以息争讼也,而不知孝顺忠敬之教行,则民自相率以为善。由是社仓兴焉,其所以厚民生者为益周。由是社学兴焉,其所以正民德者为有素"④。此四者中,保甲使人不敢妄为,乡约使人相率为善,社仓厚民生,社学振民德。若四者并用,必能"乡乡皆然,县有不治乎?县县皆然,天下其有不太平乎"。嘉靖年间,黄佐作《泰泉乡礼》,共分六卷,依次为乡礼纲领、乡约、乡校、社仓、乡社、保甲。《乡约》言"凡乡之约四,一曰德业相劝,二曰过失相规,三曰礼俗相交,四曰患难相恤",盖本诸《蓝田乡约》。隆庆年间胡直曾在川南推行乡约,乡邑大治。后来他又在家乡推行《求仁乡约》,并由乡人胡汝贤出资刻印,每户一

---

① 〔明〕王守仁:《王阳明全集》,吴光等编校,上海古籍出版社1992年版,第600页。
② 〔明〕王守仁:《王阳明全集》,吴光等编校,上海古籍出版社1992年版,第568页。
③ 杨开道:《中国乡约制度》,山东省乡村服务人员训练处印本1937年版,第266页。
④ 〔明〕章潢:《图书编》卷92《保甲乡约社仓社学总序》。

册,应者云集①。崇祯二年(1629),京城府尹刘宗周颁布《保民训要》,旨在"为通行保甲以安地方事,照得弭盗安民,莫善于保甲。而一切教化,即寄与其中,古之君子,常熟讲而施行之"。主张乡约和保甲合一,寓乡约于保甲,总纲分为保甲之籍、之政、之教、之礼、之养、之备、之禁几部分。其中,《保甲之政》与乡约最为相关,主要有六条,即"一曰火烛相诫,二曰盗贼相御,三曰忧患相悯,四曰喜庆相贺,五曰德业相劝,六曰过恶相规"。崇祯十六年(1643),刘宗周时任都察院御史,奏呈《乡保事宜》,总括约典、约礼、约制、约法、约备六条,更加偏重乡约,更以保甲为辅助。②崇祯年间浙江德清唐达倡议创立葬亲社,订《葬亲社约》,其组织和管理方法十分精密,时人竞效此法。③陆世仪作《治乡三约》,其"按地势分邑为数乡,什伍其民,条分缕析,令皆归于乡约长。凡讼狱、师徒、户口、田数、徭役,一皆缘此而起,颇得治邑贯通之道"④。《治乡三约》在形式上分为教约、悯约、保约三约,采取分工负责制。设约正一人,总掌三约。并设教长、悯长、保长,分别负责教事、悯事、保事。三长平时的工作由约正指挥监督,工作成绩在岁终由约正查明誊写,上报官府。正是这些儒士的推崇使得乡约在明代取得了巨大的发展,其形式也逐渐丰富,内容上与宗族等其他组织逐渐融合,如乡约式书院、家族式乡约、护林乡约、禁宰牛乡约、御倭乡约、御房乡约、御贼乡约、宗约、士约、乡兵约和会约等。乡约成为一种重要的地方规范形式,成为地方社会治理过程中不可或缺的规范体系。

三

在古代众多的乡约文本中,乡约碑刻是研究乡约法的重要资料。大量的乡约法都曾被刻成石碑,树于村口或乡民往来频繁之处,一是时刻省示民众遵守,二是可滋永世流传。现选择其中典型的乡约碑刻进行考察,试图就乡约法分析,取得一些进展。

前文述及,宋《吕氏乡约》较早地奠定了乡约这一规范类型的基础,后经朱熹增删整合,成为后世乡约典范。陕西省安康地区岚皋县存有一块清代刻《公置义田碑》,立于同治四年(1865年)三月,碑文有如下记载:

"尝考朱子增损蓝田《吕氏乡约》。吕氏者,宋时贤士,德艺素为人所敬信。所谓乡约者,士未入官,未能兼善天下,而化导乡里,实性分内事,因与乡人约誓,共勉为善,庶不至枉生也。其纲有四,曰:德业相劝、过失相规、礼俗相交、患难相恤也。各有条目,善恶皆书于籍,以定赏罚。一时父勉其子,兄勉其弟,温恭慈惠,乡里间雍雍如也,何风之淳钦"。⑤

---

① 〔明〕胡直:《衡庐精舍藏稿》卷 26《螺溪外士胡君偕配刘孺人墓志铭》。
② 吴光主编:《刘宗周全集》(第 4 册),浙江古籍出版社 2007 年版,第 371~373 页。
③ 〔清〕陈弘谋:《五种遗规·训俗遗规》卷 3《葬亲社约》。
④ 〔清〕贺长龄、魏源:《清经世文编》卷 22《吏治八·守令中》。
⑤ 张沛编:《安康碑石》,三秦出版社 1991 年版,第 221 页。

可见,《吕氏乡约》和《增损蓝田吕氏乡约》对后世乡约制度乃至整个乡里制度都有很大影响。明清时,这种由宋代士绅为纯风易俗而创建的乡约制度得到了国家统治者的认可,进而成为一种在乡村社会广泛推行的"广教化而厚风俗"的社会规范体系。在皇帝的重视下,乡约法在明代逐渐形成并得到较大发展。清初,一些地方承袭了明代的乡治传统,继续推行乡约法。在君主的大力推行下,地方乡约法更加普遍,数量也远较明代为多。然而,由于清代乡约由礼部管辖,单纯用来司教化,以宣讲圣谕为主,乡约变成了宣讲圣谕的"讲政"。由于乡约本身自治色彩的渐失,使得其在清代的发展出现倒退,乡约变得有名而无实。

从职能上来分析,乡约主要涉及敦风睦俗的教育作用、公产公制的经济保障作用、息争罢讼的社会和谐作用、缉盗安民的社会治安作用等。敦风化俗功能是乡约设立的最初动机,也是其最主要功能,几乎在各类乡约中都有一定体现。1837 年云南云龙县长新乡《乡规民约碑记》载:"古之良民,方里之内,出入相友,守望相助,疾病相扶,亲睦之风,昭昭于古。余里之境,能不法古风而遵守乎? 况我朝圣谕,上亦有联保甲以弥盗贼,和乡党以息争讼,训子弟以禁非为,息诬告以全善良,讲律法以惊愚玩,笃宗族以昭雍睦等数条,无非因上帝好生,凡民之俊秀愚顽使之各务本业,而不失亲睦之风,得优游于太平之世也矣乎!"① 再如徽州府祁门县《申明乡约碑》,该碑立于 1526 年四月,载:"徽州府祁门县为申明乡约以敦风化事抄蒙","洪武礼制,每里建里社坛……嘉靖五年二月起,每遇春秋贰社,出办猪羊祭品,依贰书,写祭文,率领一里人户致祭……照依乡约事宜置立簿籍,或善或恶者各书一籍,每月朔一会,务在劝里仰善惩恶兴礼恤患以厚风俗……立社学,设教读以训童蒙,建社仓,积粟谷以备四荒"。再如陕西澄城存有《乡约公直同议碑》,该碑立于 1854 年九月,该碑记载,"乡约、公直同议。因为人心不古,风俗偷薄,今阁村人等演名戏一台,一正风俗,所罚条规,开列于后"②。

可见,乡约教化功能的普遍性。朱熹《损益蓝田吕氏乡约》便以教化为纲,它开篇提出"事亲能孝,事君能忠。夫妇以礼,兄弟以恩,朋友以信。能睦乡邻,能敬官长,能为姻亲。与人恭逊,持身清约,容止庄重,辞气安和。衣冠合度,饮食中节。凡此皆谓之德",这是全约的总纲。王守仁在《南赣乡约》篇首的一段话中表达了同样的教化意图,他说:"故今特为乡约,以协和尔民。自今凡尔同约之民,皆宜孝尔父母,敬尔兄长,教训尔子孙,和顺尔乡里。死丧相助,患难相恤,善相劝勉,恶相告诫。息讼罢争,讲信修睦,务为善良之民,共成仁厚之俗"。乡约与国家法一样,既是规则体系,又是意义体系。德、礼、仪、俗是教化价值在乡约中向下的渐次所现,而俗、仪、礼、德则是教化价值向上升华的理想境界。

关于公产公制的职能,则主要是针对个体生产势单力孤的问题,同时也为了保护公产、应对国家赋役等问题。如陕西安康《共置产业公举乡约碑》,该碑立于 1826 年,内载:

---

① 段金录等编:《大理历代名碑》,云南民族出版社 2000 年版,第 537 页。
② 王西平等编:《澄城碑石》,三秦出版社 2001 年版,第 187 页。

"尝思朝廷设立官府、官府设立乡保,法至良也,责匪轻矣。因贤愚人等贫富不同,虽各粮户轮流充当,多致受累。是以我等共酌,永图共襄盛举,爰邀首士八人,先各解囊以相助,然后劝令诸粮户量力捐资,共置产业,公举乡约。"①可见,在古代地方官府无力对社会生产提供有力保障的前提下,民众自己组织起来对生活资料和生产资料进行保护而制定的乡约,起到了积极作用。

在缉盗安民方面,乡约亦是积极作为,稽查奸匪成为乡约的一个重要职能,如 1836 年《合村乡约公直同议禁条碑》载:"自今以往,各戒偷窃,共趋醇穆。倘有犯者,决不容情,宝钟一响,捉者不管。若有强梗不遵者,乡约、公直送官究治,盘费照粮均摊。"②

关于息争罢讼,调解纠纷,则是乡约在维系内部成员之间关系和谐的一项重要内容。民有好讼之风,官有息讼之意,乡约亦是从群体意识出发,不提倡动辄诉讼。如 1850 年岚皋县双丰桥组碑载:"阖境无论口角钱债、大小事件,知情莫过于乡里,必须先经投乡保绅粮理质,不服者方许控告。如不遵者,以原作被,公同处罚、察惩。"③1864 年十二月宁陕县《公和兴会公议条规碑》载:"境内既有乡保,原为与人理论是非。凡有不公之事,即当投鸣,理质了息,各安生理。如理质实不能已,致讼可也。"④可见,在未经乡约或宗族组织内部处理、调解公议之前,不允许纠纷当事人随便复关提起诉讼,对于违反这一规定的行为还要给予惩罚。如 1862 年《景家公议十条规款碑》便规定,"境中有事,不鸣乡保传场质理、私告野状者,原告自□衙门,被告无涉"⑤,其中更是将此类行为称为"私告野状",息讼之意,可见一斑。

四

从乡约的组织来看,主要体现在约长的产生和约条的制定都要经过公议,有时还要得到官府的认可。在古代的乡里制度中,乡约长是掌管教化的乡官,其职责与西周的乡老、战国秦时的五老、秦汉时的三老颇相类似。顾炎武曾评价明太祖朱元璋"损益千古之制",使乡村"里有长,甲有保,乡有约"。关于乡约长的选任,均由相应资历要求和程序要求。如陕西岚皋县双丰桥 1850 年组碑规定:乡约长"每届三年,各粮户轮流充当",且不得推诿。

可见,随着乡约职责的改变或扩大,即由掌管教化到警诫乡里、调解争讼,甚至还要征敛赋役,乡约长在乡里社会已不再仅为一项荣誉,而成为务实的职役,甚至后期因其选任需要官方认可而治为官衙胥吏任意差遣的贱役。民人视乡约为畏途,避之唯恐不及,

---

① 张沛编:《安康碑石》,三秦出版社 1991 年版,第 135 页。
② 王西平等编:《澄城碑石》,三秦出版社 2001 年版,第 167 页。
③ 张沛编:《安康碑石》,三秦出版社 1991 年版,第 216 页。
④ 张沛编:《安康碑石》,三秦出版社 1991 年版,第 218 页。
⑤ 张沛编:《安康碑石》,三秦出版社 1991 年版,第 216~217 页。

不少地方迫不得已采取由粮户轮流充当的做法。

从乡约规条的制定来看,一般要经过公议的过程,并且参加的人数越多,人员越广泛,乡约规条的效力就越大。如陕西安康洋县智果寺1840年三月《成立保甲联防碑》载:"智果寺前社后社暨黄郑二村白庙村绅耆老民乡地人等立石。"陕西汉中西乡县1873年六月《禁止砍树捅鱼碑》载:"兹集绅粮公议,拿获窃伐之人,凭众处理。"石泉县1872年六月《公选约保禁娼禁赌碑》便是由"绅粮九十余人"共同商议确立的,广州地区番禺县沙湾镇1885年五月《四姓公禁碑》则由王、何、黎、李四姓公议所立:"我乡主仆之分最严。凡奴仆赎身者,例应远迁异地。如在本乡居住,其子孙冠婚、丧祭、屋制、服饰,仍要守奴仆之分,永远不得创立大小祠宇。倘不遵约束,我乡绅士切勿赡徇容庇,并许乡人投首,即著更保驱逐。"除公议之外,有时还要取得地方官的认可,这不仅是个程序问题,更重要的是,乡民希望其所立禁约具有权威性和恒久性。获得权威性最便捷的方法是将众姓或绅衿公议之禁条送报官府,以求得地方官的支持和保障。经过这道程序,乡约便具有了地方文告的效力。如山西运城1724年《禁赌碑》载:"近见我庄游手好闲之徒,勾引赌博,恶风尤甚。若不禁止,则邪教易人,将有日流于下而不返者矣。是故阖族公议,永行禁止。具察本县老爷案下,乞勒石永遵,以免颓风。蒙批:赌博乃贼盗之源,滋害无穷。故本县到任之初,随出示申禁在案。今该生等公察勒石永禁,留意桑梓,甚属可嘉,准照桌行。……固勒石以垂不朽云。"①乡约也因此具有了准法律的效力,并且在实践中与国家法有了一定的衔接模式。除此之外,乡约必以某种方式公之于众,使人人尽知,人人尽守。刊刻石碑永久存照是一种很好的选择,因此,乡约碑成为乡约公示的重要形式。

从乡约的内容上看,则多寡不一,水平参差。但还是有很多成功的乡约具备了较高的水平,虽力崇简厄,但却具有了一定的立法意味。如1862年《景家公议十条规款碑》,便规定:

一、境内有忤逆不孝、悖伦犯上,即行合力捆绑,送官究处。
二、境内有嗜酒撒风、打街骂巷,轻则罚以荆条,重则捆绑送案。
三、境内店户,毋许窝盗贼家口,因伴侣游民以害地方。违者指名报案。
四、无耻之徒,在境藉端讹索、无故□援良民者,经公捆绑送官。
五、境内倘有被盗之家,邻右同出壮丁搜寻捕捉。查明,连窝主一并送官。
六、赌博乃朝廷首禁,若不戒除,良民何以资生。嗣后倘有犯赌者,立拿送案。
七、境中百谷菜果,黎民藉以为天。倘有偷窃践害者,小则罚还,大则送案。
八、境中竹木柴草枸皮等项,物各有主。倘有逗刁妄取者,凭公处罚,大则送案。
九、境中有事,不鸣乡保传场质理、私告野状者,原告自□衙门,被告无涉。
十、有游僧野道、流棍恶丐在境强化估讨及红签黑匪日抢夜劫者,立捕送案。外有各号买卖,务宜公平交易,不可添钱夺买、欺弱坑骗等弊。违者童罚。②

---

① 王大高编:《河东百通名碑赏析》,山西人民出版社2002年版,第399页。
② 张沛编:《安康碑石》,三秦出版社1991年版,第216~217页。

此为较为成熟的乡约范本。

乡约通过推动宗约、士约、社约、会约等礼教、文教性组织的发展,推广了教化;同时,通过与保甲、社学、社仓等治安、互助组织相融合,促进了乡治的发展。有学者指出,乡约"是传统社会乡民基于一定的地缘和血缘关系。为了某种共同的目的而设立的生活规则及组织,乡约在中国社会的秩序构造中发挥了重要的作用,是一项有特色的法律文化传统"①。

五

杨开道在《中国乡约制度》中给予了乡约较高的评价,他认为,"中国士人阶级的实际工作,不是在政治舞台上运用学理,便是在学术机关内传授学理;不是直接去制裁民众,便是间接去教化民众。士人阶级从不投身到民众里面,做民众的领袖,谋民众的幸福;民众没有士人阶级的引导,也无法自己组织,自己工作。所以,中国几千年的政治,都是人民被治,士人治人;士人阶级总是同政府打成一片,而没有同人民打成一片的。乡约制度的起源实在是一个破天荒地的举动,人民居然能得士人阶级的指导,士人阶级居然能弃政治舞台的生活"②。可见,乡约组织最早在宋代萌芽时,其性质是纯民间的组织,是一种民间的自我规范与自我整合,而从历史发展观念来看,这无疑是一种进步之举。

宋代乡约在推行过程中虽起到了教化乡里的作用,但无论在地域、数量、规模上均不能与后世相较。明初,朱元璋制定"洪武六谕",成为地方乡治的最高原则。明成祖对乡约也很重视,但他并不顾及发展纯民间性质的乡约,而仅重视其规范作用。在这一背景下,许多名臣硕儒都致力于推行乡约,乡约也逐渐从民间组织向官办乡约转化。

清初,一些地方承袭了明代的乡治的传统,继续推行乡约法。如陆陇其在灵寿县"申明乡约、乡长、保甲、地方之制,谓此《周礼》比闾族党之遗意,所以美风俗,而遏奸宄盗贼之源也……其举乡约,必择知文义行端悫者,亲为讲解孝弟睦姻之训,使之教于乡。规条备具。巡抚于公成龙下其法行之他郡县"③。由于君主的大力推行,地方乡约法数量超明代,但其单纯的督导教化宣讲圣谕,使其自治色彩渐失,成为历史倒退。

---

① 张中秋:《乡约的诸属性及其文化原理认识》,载《南京大学学报》2004 年第 5 期。
② 杨开道:《中国乡约制度》,山东省乡村服务人员训练处印本 1937 年版,第 35 页。
③〔清〕陈廷敬:《午亭文编》卷 44《监察御史陆君墓志铭》。

家族规范对家族秩序的建构与维护
——以《红楼梦》中的家族规范调整为素材

白利寅[*]

(四川大学法学院　四川　成都　610064)

摘要：以国家与社会二元划分为特征的中国传统社会体制为家族规范的存在与发展提供了空间，其最为重要的职责就是家族秩序的建构与维护。《红楼梦》中描写的家族规范在维持秩序方面具有典型意义，其在主子之间、主奴之间、奴才之间搭建起了一整套规范，通过各种形式实现着大家庭的日常生活顺畅运行，进一步明晰了秩序之于传统家族及整个社会的重要意义，也为当今法治建设的社会秩序构建提供借鉴与启示。

关键词：家族规范；秩序建构；红楼梦；规矩

中国古典小说《红楼梦》的伟大之处在于对封建家族生活的现实主义描写。小说内容、情节可以虚构，但其所表达的作者情怀和反映的明清时期封建家族生活的时代特征却打下了深刻的现实主义烙印，"因为《红楼梦》中体现的文化并非虚构也并非荒唐，它真实地描绘出了中华民族的心理状态和生存状态"[①]。对这种心理状态和生存状态的重新解读是更好地反思传统文化、安排现代生活的一个重要借鉴：封建大家族已经消亡，家族规范也已成为故纸堆仅具有文献意义，但其对秩序的建构维持、民间法与国家法的互动关系以及家族及社会自治等内容对今日之法治建设和社会秩序重构亦有参考意义。

一、《红楼梦》中家族秩序与家族规范概述

《红楼梦》里贾府有条不紊的秩序并非依靠现代管理制度运行而维持，小说中也并没有出现成文规范予以宣明约束。虽然这个家族内有各种矛盾，但人人各司其职尊卑有序的整体秩序依然稳定。本文所分析的《红楼梦》中的家族秩序以基础性秩序为主，包括日常生活的顺畅运转、长幼有序尊卑分明的伦理安排以及各司其职的个人定位等内容。这种基础性秩序内容并不需要具有特定法律内涵的戏剧性表达而存在，而在字里行间的描述即可见，如晚辈对长辈晨昏定省、家人吃饭的座次等等，这些不被读者所特别关注的非

---

[*] 白利寅（1986—），男，山东省济宁市人，法学博士，四川大学法学院2012级博士研究生，研究方向为行政法学。
[①] 朱婉姝：《〈红楼梦〉视界：民间法的意义与局限》，黑龙江大学硕士研究生学位论文。

戏剧性元素恰恰构成了贾府这个封建大家庭的存在基础。本文所提到的家族规范是调整个人行为、实现伦理教化、解决矛盾纠纷等维护家族秩序的规范统一体,包括家法族规、旧例习惯、礼仪规矩等等,既是约束个人行为的规范准则,也是统合价值取向的意识形态。家族规范在各个方面、各层阶级的调整适用,共同搭建并维护起贾府金字塔式的家族结构,而这种家族结构正是塑造家族秩序的骨架,也是在这个封建家族生活成员个人定位的依据。由此可以得出结论:家族规范塑造并维持了家族秩序,而森严的家族秩序又保障了家族规范的有效作用,这种相互作用的关系使得贾府的日常生活顺畅运行,成员各司其职。

二、国家与社会二元划分下的家族规范定位

(一)家族规范生存的可能性基础——国家与社会的二分且同构关系

关于中国古代国家与社会的关系,谢晖教授在《法治讲演录》里提出了一个基本判断:"国家和社会两分,是自文明时代以来国家和社会关系的基本模式和基本事实。"[①]"……古代中国国家和社会是两分的,这两分即把皇帝的事情交给皇帝,把宗族的事情交给宗族。所以我们有以国家名义出现,并操之于帝王之手的'刑罚权'和操之于家长之手的'家父权'。"[②]但二者之间没有存在此消彼长的情况,反倒相互配合并行不悖,原因在于国家与社会的同构性:传统以伦理等级为导向的政治治理模式使国家与社会在价值追求和结构运行上趋同,即所谓的"家国一体"。二分且同构的关系呈现出这样一种政治运行状态:以皇权为代表的国家政权通过总揽全局的方式控制整个社会,制定大政方针和基本国策,而以家庭宗族、富豪乡绅为代表的基层社会自治力量则具体践行着国家职能并行使自治权利,二者各有分工却指向一致。

国家与社会的二分且同构关系为家族规范的生存与发展提供了空间。在《红楼梦》中,国法出现的次数非常稀少,大观园里的小姐丫鬟可能终其一生与国家法不会有直接接触,但每时每刻一言一行却都受到家族规范的调整约束。因为家族规范与国家法的同构性决定了家族规范必须按照国家法的基本精神来制定,遵守家族规范就是践行国家法的基本要求,而家族规范与国家法的分工决定了其另外承担着国家法力所不能及的家族治理的具体事项。此一层面上,遵守家族规范对个人来说更为具体实在,也更具有可操作性。"在中国封建社会里,法律往往要借助于宗法组织力量来管束个人行为,甚至家庭有着一定的执法权,宗法家族一直执行着某种最基础社会组织功能。"[③]家族规范以国家法代言人的形象出现在家族秩序的塑造与维护过程中,却获得了独立于国家法的地位并

---

① 谢晖:《法治讲演录》,广西师范大学出版社2005年版,第1页。
② 谢晖:《法治讲演录》,广西师范大学出版社2005年版,第5页。
③ 金观涛、刘青峰:《兴盛与危机——论中国社会超稳定结构》,法律出版社2011年版,第52页。

(二)国家法与家族规范的关系

如果把国家法比作宪法和法律,则家族规范可以类比于法规、规章及其他规范性文件。这个比喻既说明了二者的效力位阶,也表明了各自的作用范围:国家法优于家族规范毋庸置疑,而家族规范也受到国家法的重视,承担落实、转化国家法的责任。且试举《红楼梦》第十七回至第十八回"元妃省亲"一例来看国家法与家族规范的交织调整:

"礼仪太监跪请升座受礼,两陛乐起。礼仪太监二人引贾赦、贾政等于月台下排班,殿上昭容传谕曰:'免。'太监引贾赦等退出。又有太监引荣国太君及女眷等自东阶升月台上排班,昭容再谕曰:'免。'于是引退。茶已三献,贾妃降座,乐止。退入侧殿更衣,方备省亲车驾出园。至贾母正室,欲行家礼,贾母等俱跪止不迭。"①

这一段描写表现了"先行国礼,再行家礼"的礼仪顺序,国家法优于家族规范的效力一目了然,然而更耐人寻味的是"国礼"与"家礼"的并存——元妃没有因皇家身份的尊贵而消解了贾府出身的身份,"家礼"也是应该遵守的。而所谓的"省亲"就是出嫁妇女回娘家,对普通百姓来说是一种皇家恩典,贾琏解释"省亲"缘由时如是说(第十六回):

"如今当今贴体万人之心,世上至大莫如'孝'字,想来父母儿女之性,皆是一理,不是贵贱上分别的。当今自为日夜侍奉太上皇、皇太后,尚不能略尽孝意,因见宫里嫔妃才人等皆是入宫多年,抛离父母音容,岂有不思想之理?在儿女思想父母,是分所应当。想父母在家,若只管思念女儿,竟不能见,倘因此成疾致病,甚至死亡,皆由朕躬禁锢,不能使其遂天伦之愿,亦大伤天和之事。故启奏太上皇、皇太后……凡有重宇别院之家,可以驻跸关防之外,不妨启请内廷銮舆入其私第,庶可略尽骨肉私情,天伦中之至性。"②

作为一种皇家推恩方式,"省亲"出发点在于"孝",意味着国家政权对家族伦理的确认维护,也是国家法以家族规范为指向发挥作用的具体方式。"以孝治天下,是中国古代政治文化的特色,清朝则是将孝治推向极致的时代。"③《红楼梦》创作于推行孝治的时期,书里对"省亲"的描述具有时代特征,清晰展现了国家法对家族规范的认可与尊重。

如果从"元妃省亲"看到了"孝治"统摄下的国家法与家族规范的一体同构,那么"宝玉挨打"则揭示了两者的二分——国家法与家族规范相互区别,家族规范对国家法落实转化。宝玉挨打的原因很复杂,但最为直接的原因是父亲贾政的态度,书中这样描写(第三十三回):"贾政一见,眼都红紫了,也不暇问他在外流荡优伶,表赠私物,在家荒疏学业,淫辱母婢等语,只喝令'堵起嘴来,着实打死!'"④

"在外流荡优伶,表赠私物,在家荒疏学业,淫辱母婢"的挨打原因,前三项行为不构

---

① 曹雪芹著、无名氏续:《红楼梦》,人民文学出版社 2008 年版,第 239 页。
② 曹雪芹著、无名氏续:《红楼梦》,人民文学出版社 2008 年版,第 208~209 页。
③ 常建华:《清代的国家与社会研究》,人民出版社 2006 年版,第 81 页。
④ 曹雪芹著、无名氏续:《红楼梦》,人民文学出版社 2008 年版,第 443 页。

成对国家法规范的直接触犯,最多是与国家法精神的不同步,"淫辱母婢"甚至如贾环进的谗言"强奸不遂"才是对国家法的违反。贾政以家法处罚取代国家法处罚之后并未继续启动国家法,即使没有贾母的干涉,贾政也不可能把宝玉送官制裁,原因之一在于"家丑不可外扬",诗书礼仪之家出现这种行为使全家甚至祖先蒙羞;原因之二在于家长惩戒之后可以不进行国家法追究,家族规范部分取代了国家法的惩戒职能。"在社会和法律都承认家长或族长这种权力的时代,家族实被认为政治、法律之基本单位,以家长或族长为每一单位之主权,而对国家负责。我们可以说家族是最初级的司法机构,家族团体以内的纠纷及冲突应先由族长仲裁,不能调解处理,才由国家司法机构处理。"①这凸显了家族规范对于国家法落实、转化以填补其空白的独立意义。

三、秩序之于传统家族日常生活运转的重要意义

(一)传统家族的流弊

在《红楼梦》第二回,作者借冷子兴之口对贾府家族的弊端作了提纲挈领的说明:

> 如今生齿日繁,事务日盛,主仆上下,安富尊荣者尽多,运筹谋画者无一;其日用排场费用,又不能将就省俭,如今外面的架子虽未甚倒,内囊却也尽上来了。这还是小事。更有一件大事:谁知这样钟鸣鼎食之家,翰墨诗书之族,如今的儿孙,竟一代不如一代了!②

这是每个封建大家族不得不面对的基本问题。家族繁荣意味着家族规模的扩大,会产生家族人口增多、日常事务繁杂、生活成本提高、内外矛盾激烈等问题。但真正影响家族基础秩序的是内部矛盾的发生。正如探春面对抄检大观园时的激愤之语:"可知这样大族人家,若从外头杀来,一时是杀不死的,这是古人曾说的'百足之虫,死而不僵',必须先从家里自杀自灭起来,才能一败涂地!"③如果分析文本可以发现,家族内部矛盾有如下两种表现:

第一,家族规模扩大导致关系淡薄情感疏离,家族认同感发生危机。在第五十三回两府除夕祭宗祠的描写中,许多男性贾姓家族成员参与祭祀并各有分工,但很多人的名字只出现在这一回,这说明了贾家家族规模庞大,除了正面描写的家庭核心成员外,还有很多族人由于几代以后关系疏远,没有成为家族核心居于宁荣二府内,所以宝玉见贾芸竟想不起名字和哪一房人口。即便是生活在荣国府内的家庭成员,也免不了钩心斗角倾轧算计。传统大家族的和睦情感必须要有坚实的心理认同和价值整合基础,才能形成伦

---

① 瞿同祖:《中国法律与中国社会》,中华书局 2003 年版,第 27 页。
② 曹雪芹著、无名氏续:《红楼梦》,人民文学出版社 2008 年版,第 26 页。
③ 曹雪芹著、无名氏续:《红楼梦》,人民文学出版社 2008 年版,第 1030 页。

理稳定。"对同宗族人的认同,是传统的大家族制度的心理基础,它使家庭扩大化。"①可是作为宁国府长房长孙的贾蓉却说出这样一段话(第六十三回):

> 各门另户,谁管谁的事。都够使的了。从古至今,连汉朝和唐朝,人还说脏唐臭汉,何况咱们这宗人家。谁家没风流事,别讨我说出来。连那边大老爷这么利害,琏叔还和那小姨娘不干净呢。凤姑娘那样刚强,瑞叔还想他的帐。哪一件瞒了我!②

"各门另户,谁管谁的事"表明了虽然生活在同一家族,但彼此情感隔膜和距离疏远,贾蓉对荣国府的"风流事"毫无顾忌地脱口而出也表明其并不维护家族尊严的立场。

第二,权利义务分配不均,利益矛盾显著。在第十三回"协理宁国府"时,王熙凤对宁国府五件弊端作了分析:

> ……头一件是人口混杂,遗失东西;第二件,事无专执,临期推委;第三件,需用过费,滥支冒领;第四件,任无大小,苦乐不均;第五件,家人豪纵,有脸者不服钤束,无脸者不能上进。此五件实是宁国府中风俗……③

家族生活模式的固化使得成员角色定型,负责某项事务的人非因其才干,而是由于习惯才继续从事,讲究资历的传统社会结构必然会导致利益矛盾丛生,这五项具体表现就直接导致宁府的效率低下。更为严重的是家族核心成员对利益分配的不满,影响了家族的稳定,如邢夫人对贾母偏爱王熙凤的嫉妒,贾赦对贾母偏心的不满,赵姨娘母子对王夫人及王熙凤当家的仇恨等等。以赵姨娘为例,因为贾环一直得不到宠爱,视宝玉和王熙凤为主要障碍,勾结马道婆设下巫蛊之术来陷害二人,对马道婆说:"你若果然法子灵验,把他两个绝了,明日这家私不怕不是我环儿的。那时你要什么不得?"(第二十五回)④这种利益分配不满的心理已然引起了对家庭成员的谋杀行为,可见大家族中的利益矛盾不能简单看作亲属间的怨怼不满,而已经成为影响家族成员生存的重大问题。

(二)传统家族日常生活的秩序需要

"我国传统的家族认同心理,是一个多层次的整体结构。它的第一个层次,也是最高的层次,是对祖宗的认同。因为只有在对同一血源的祖先认同的基础上,才能形成对血缘亲属关系的家族的认同。"⑤对祖先认同的表现就在于恪守祖训,按照祖宗规矩维持封建家族运转,对祖先的敬畏尊重转化为对子弟的约束管教。所以,按照祖训生活才是唯一目标,也是值得矜夸的生活模式。守成大于创新的文化环境下,秩序维护成了家族最高理想。

就《红楼梦》里的贾府来说,主子们的生活方式就是"安享富贵"而不是创造财富。如

---

① 王玉波:《传统的家族认同心理探析》,载《历史研究》1988年第4期。
② 曹雪芹著、无名氏续:《红楼梦》,人民文学出版社2008年版,第883页。
③ 曹雪芹著、无名氏续:《红楼梦》,人民文学出版社2008年版,第175页。
④ 曹雪芹著、无名氏续:《红楼梦》,人民文学出版社2008年版,第341页。
⑤ 王玉波:《传统的家族认同心理探析》,载《历史研究》1988年第4期。

贾母对刘姥姥的自嘲:"我老了,都不中用了,眼也花,耳也聋,记性也没了。你们这些老亲戚,我都不记得了。亲戚们来了,我怕人笑我,我都不会,不过嚼的动的吃两口,困了睡一觉,闷了时和这些孙子孙女儿顽笑一回就完了。"(第三十九回)①主事的王夫人则吃斋念佛多于过问家事,即便是王熙凤管家,也是对外周旋迎来送往而已,对家族内部则各种名目省俭,而且她生财的方式——拿众人的月钱放高利贷——是严重违反国法的行为,成为日后贾府获罪的主要原因之一。再看大观园,姑娘们每天的活动就是先去上房向长辈请安,然后承欢膝下,个人活动范围很有限,按照宝钗对黛玉的劝诫:"所以咱们女孩儿家不认得字的倒好……你我只该做些针黹纺织的事才是……"(第四十二回)②按照礼教精神约束思想、依据家族规范调整行为,是整个家庭成员的共同义务。而家仆们的义务则是恪守主人定下来的各种"规矩",各司其职完成工作,这种义务履行同样要求的是服从稳定而非积极创新。

四、《红楼梦》中家族规范塑造秩序的作用范围

基础性秩序的塑造与维持来源于家族规范在每个阶层、对各个方面进行的调整。"儒家思想以伦常为中心,所讲在贵贱、尊卑、长幼、亲疏有别。欲达到有别的境地,所以制定有差别性的行为规范。"③要分析家族规范的调整范围,先要明确贾府的金字塔式家族结构与身份制的个人定位。尊卑有别、长幼有序的等级关系是传统家族结构的重要线索:荣国府中以辈分最高的贾母为权力金字塔顶端,权力依次向下传递,长辈高于晚辈,主子高于奴才,奴才之间又有若干等级;家族中以宁国府贾珍为族长,按照辈分、远近亲疏和家庭实力对宗族大事形成等级和权力分配。以下按照家族结构中的等级来分析家族规范的调整范围。

(一)家庭成员以及家族成员之间——家族伦理教化

家庭成员或家族成员是有主人身份的嫡系血亲,并不包括奴仆和亲眷。以家庭成员来说,由于身份之间的亲属关系,其所适用的家族规范也多以宗法制基础的伦理教化为主,大致划分如下:"亲属相互之间身份的上下由世代和年龄而定。首先以世代确定上下,世代为上的称'尊',为下的称'卑';在同一世代者之间以年龄定上下,称年长者为'长',称年少者为'幼'。如果'尊长'连称一般代表长辈,如果'卑幼'连称则一般意味着晚辈。"④

1. 不同辈分之间遵循父权制的伦理规范,强调尊卑有别。这种关系模式表现的描述

---

① 曹雪芹著、无名氏续:《红楼梦》,人民文学出版社 2008 年版,第 524 页。
② 曹雪芹著、无名氏续:《红楼梦》,人民文学出版社 2008 年版,第 566 页。
③ 瞿同祖:《中国法律与中国社会》,中华书局 2003 年版,第 355 页。
④ [日]滋贺秀三:《中国家族法原理》,张建国、李力译,法律出版社 2003 年版,第 23 页。

在《红楼梦》中俯拾皆是,如作为晚辈的宝玉、黛玉等每天要去上房向贾母、王夫人请安;身为儿媳的王熙凤在贾母及王夫人和邢夫人面前需站着回话,不能同桌共餐;宝玉经过贾政书房需下马步行,见到贾政本人则垂手而立等等。这些都是前文提到的不需要戏剧化场景表达而存在于日常生活中的基础性秩序,而构成这种基础性秩序的家族规范则是内化于心的伦理教化成为行为习惯表达于外部,无论是出于习惯而内心认同,还是出于敬畏而被动遵守,这种晚辈对长辈的尊敬服从关系是意识与行为的统一。

2. 平辈之间按照长幼有序的原则安排生活。贾琏见了贾珍要请安;宝玉进上房,在座的探春、惜春和贾环都起身,唯有比宝玉年纪大的迎春依然坐着,这就是长幼有序的生活安排。长幼之间虽然有尊敬和服从的内容要求,但多是一种礼仪上的需要,取决于当事人的性格特征及关系和睦与否,还有具体事件与场景的发挥。第六十八回"酸凤姐大闹宁国府"中,王熙凤知道贾珍、尤氏等帮助贾琏偷娶尤二姐后,来到宁国府大闹一场,对着尤氏"照脸一口唾沫啐道","说了又哭,哭了又骂,后来放声大哭起祖宗爹妈来,又要寻死撞头。把个尤氏揉搓成一个面团,衣服上全是眼泪鼻涕……"①按照伦理关系,尤氏是宁府的长房媳妇,是贾府族长贾珍的妻子,是王熙凤的嫂子,王熙凤这样对待尤氏非常失礼。但尤氏没有反抗,反而极力逢迎,固然与其温和性格有关,更为重要的是尤氏等在这件事情上有愧于心,如王熙凤所言"国孝一层罪,家孝一层罪,背着父母私娶一层罪,停妻再娶一层罪",②是严重违反国法和家法的行为,合法性与合理性上王熙凤占据了优势地位。这就反映了长幼有序的礼仪规范并非严密不可撼动,因为平辈之间相当于平等主体地位,在具体问题上,谁更符合礼仪法则,谁就更有发言权。

3. 嫡庶之间的平等与差异。嫡庶制度在探春身上表现得非常明显,王熙凤针对探春理家才干的赞赏与庶出地位的惋惜与平儿有一番交谈(第五十五回):

"好,好,好,好个三姑娘!我说他不错。只可惜他命薄,没托生在太太肚子里。"平儿笑道:"奶奶也说糊涂话了。他便不是太太养的,难道谁敢小看他,不与别的一样看了?"凤姐叹道:"你那里知道,虽然庶出一样,女儿却比不得男人,将来攀亲时,如今有一种轻狂人,先要打听姑娘是正出庶出,多有为庶出不要的……"③

通过这番交谈可以知道,探春在家中的地位没有因为庶出而遭到冷遇,但庶出的身份确实又成为其命薄的最大原因,将来婚嫁或许还会遭到婆家歧视。嫡庶之间的平等之处在于,其都属于家庭成员,都属同宗同父之子女。根据"王熙凤正言弹妒意"一回,借训斥贾环来训斥赵姨娘:"凭他(指贾环)怎么去,还有太太老爷管他呢,就大口啐他!他现在是主子,不好了,横竖有教导他的人,与你什么相干!……"④这就说明了庶出的贾环属于主子,直接监护人是"太太老爷",赵姨娘不过是一个服侍者而已。贾环、探春等庶出者

---

① 曹雪芹著、无名氏续:《红楼梦》,人民文学出版社 2008 年版,第 945~946 页。
② 曹雪芹著、无名氏续:《红楼梦》,人民文学出版社 2008 年版,第 948 页。
③ 曹雪芹著、无名氏续:《红楼梦》,人民文学出版社 2008 年版,第 758 页。
④ 曹雪芹著、无名氏续:《红楼梦》,人民文学出版社 2008 年版,第 275 页。

的主子地位并非由母方(赵姨娘)出身地位决定,而是因为他们是贾政的子女,在这一点上他们与宝玉等地位没有区别。但嫡庶之间的区别却又确实存在。《吕氏春秋》所言的"妻妾不分则家室乱,嫡庶无别则宗室乱"。虽然《大清律例》规定了诸子平分的财产继承原则:"嫡庶子男,除有官荫袭先尽嫡长子孙;其分析家财田产,不问妻、妾、婢生,只以子数均分。"①但是"民间习惯,嫡庶分产仍然有别,嫡子所分得的继承财产,较庶子为多,而且长子、长孙于均分之外,有权酌提若干以供祭祀之用"②。

4. 族人之间以族长及公共意志为中心,以远近亲疏为基础分配权利义务。"中国传统社会的构成,就是由每一个'己身'作为同心圆的圆心,扩大至家庭,再扩大及于家族,然后才是国家。家族不但是政治、法律的基本单位,它还具有宗教和教育的功能。"③家族公共事务如祭祀、丧葬及公益事业等由族长协调安排,族长也担负起处理族内纠纷、教育族中子弟的义务。但书中对贾珍行使族长权力的描述并不多见,其进行祭祀等活动的指挥作用不过是遵循先例,而且各房各家的具体生活只要没有触及到家族公共利益,族长没有权力干涉。在贾珍之上,虽然父亲贾敬好道而不管家事,但荣国府尚有祖母辈的贾母,叔伯辈的贾赦、贾政等,这些都形成对族长权力的制约。家族事务并非族长独断专行可以为之,需要形成公意,族长是具体事务的执行者和关系的协调者。由于家族中有核心家庭,如贾府中的宁国府和荣国府,各房各家与核心家庭之间存在远近亲疏的关系,这一点在祭祀祖先时的排名先后可以看出。

(二)主奴之间——具体行为规范调整和主人的尊卑关系投射

主奴之间适用以人身依附性为基础的对具体行为强制和约束的家族规范。贾府的奴隶制度是理解家族规范调整主奴关系的线索。贾府的仆人按照来源不同大致分为三种:第一种是世代为奴的家奴,如赖大、林之孝等,他们的祖上几辈都是贾府的奴隶,其子女也当然是奴隶,俗称"家生子儿"。如果主人恩典可以允许奴隶子弟脱离奴籍,如赖家奴仆之后赖尚荣就做了官。第二种是贾府买来的仆人,如袭人、晴雯等,袭人买来时签了"死契",即不能赎身,由此推算应当存在可以赎身的"活契"式奴仆。第三种是本身为女方的奴仆,随着女方嫁入贾家而成为贾家的奴仆,如平儿、赵姨娘等。这三种奴仆的共同特点就是对贾府的人身依附性——他们是贾府的人(在某种程度上来说是财产)而不具有人身独立性,他们直接隶属于各房或各个具体主人,由主人对其全面控制。

然而,这种泾渭分明的主仆关系在一定场景下具有的表现形式却发生了变化。第四十三回写贾母学小家凑份子为王熙凤庆寿,招呼来主人奴仆等一屋人:

"贾府风俗,年高服侍过父母的家人,比年轻的主子还有体面,所以尤氏凤姐儿等只

---

① 田涛、邓秦点校:《大清律例》(卷8),法律出版社1999年版,第221页。
② 苏一星、康玉娟:《从〈红楼梦〉看清代继承制度》,载《西安石油大学学报》(社会科学版)2007年第2期。
③ 尹伊君:《红楼梦的法律世界》,商务印书馆2007年版,第49页。

管地下站着,那赖大的母亲等三四个老妈妈告个罪,都坐在小杌子上了。"①

这种情况是对主奴关系的极大变通。本来仆人不能和主人一桌吃饭,甚至连称谓都不能涉及"你、我":如第五十五回王熙凤与平儿交心,平儿一时心急对王熙凤说了"你",被王熙凤开玩笑的口吻提醒;凤姐儿让平儿坐下一起吃饭时,平儿"屈一膝于炕沿之上,半身犹立于炕下,陪着凤姐儿吃了饭,服侍漱盥"②。与王熙凤关系亲密,堪称左膀右臂的平儿在主子面前尚且如此,更多低级仆人在主人面前毕恭毕敬、诚惶诚恐的态度可想而知。而出现"年高服侍过父母的家人比年轻的主子还有体面"的情况,实际上仍是尊卑关系的伦理投射:那些比主子有体面的年高家仆之"体面"并非源于自身,而是其服侍过的先人的余荫。某种程度上说,这种对主奴关系的变通也是对尊卑关系的强化。第六十三回中负责大观园查夜的管家媳妇林之孝家的听到宝玉对袭人直呼其名,有了一番劝诫:

"虽然在这屋里,到底是老太太、太太的人,还该嘴里尊重些才是。若一时半刻偶然叫一声使得,若只管叫起来,怕以后兄弟侄儿照样,便惹人笑话,说这家子的人眼里没有长辈……别说是三五代的陈人,现从老太太、太太屋里拨过来的,便是老太太、太太屋里的猫儿狗儿,轻易也伤他不的。这才是受过调教的公子行事。"③

林之孝家的之所以能教育宝玉,一是源于她服侍宝玉长辈的辈分基础,二是她说的话确实是家族规范的具体要求,即上文提到的尊卑关系之于主仆关系的投射。但是应该看到,无论再怎么体面,赖嬷嬷的奴才身份没有因为自己坐小杌子而尤氏凤姐儿站着就得到改变,人身依附关系仍在,即便是主子开恩脱离奴籍的赖尚荣做了官,也没有改变其父母的奴籍身份。

(三)仆人之间——以主人地位和与主人关系远近而划分等级

仆人之间也有等级划分,体现在月钱和"体面"上。在第三十六回王熙凤向王夫人汇报工作内容可知,按照月钱划分了所谓"大丫头"、"小丫头":袭人是老太太屋里的,给宝玉使唤,领每月一两银子的月钱,其他晴雯麝月等"大丫头"每月一吊钱,佳蕙等"小丫头"每月五百钱。如果说这种利益分配的等级区分还不甚明显的话,那么更为重要的"体面"则代表了仆人之间的地位差距。贾母是贾府最高统治权威,则作为贾母代言人的鸳鸯具有了连"太太都赏个脸儿"的地位,贾琏要喊她"姐姐",并通过她来偷搬一些老太太用不着的财产来渡过难关,她拥有连管家的主子们都不曾拥有的权力。另一个重要例子是平儿,平儿是管家者王熙凤的左膀右臂,虽然她在主人面前以奴仆身份出现,但当她在婆子、管事儿媳妇面前时则代表了王熙凤的权威,自然也具有了超越其等级的身份地位。在第六十一回"判冤决狱平儿行权"中,平儿就充分发挥了其代王熙凤行使权力的作用。

由此观之,仆人之间的等级划分依据在于其主人地位和与主人关系的远近。一般来

---

① 曹雪芹著、无名氏续:《红楼梦》,人民文学出版社 2008 年版,第 575 页。
② 曹雪芹著、无名氏续:《红楼梦》,人民文学出版社 2008 年版,第 760 页。
③ 曹雪芹著、无名氏续:《红楼梦》,人民文学出版社 2008 年版,第 866 页。

说,家庭中拥有较高权威的主子,他们的仆人也获得了相应的地位和权力,反之则被边缘化,甚至连尊严都少有。值得注意的是,这种划分也不依据其出身如何,如管家林之孝之女小红,虽然有父母势力,但在怡红院不过是看屋之人,没有接近宝玉的机会,照样被没有父母势力的晴雯、秋纹等排挤。原因在于仆人之间身份平等,都隶属于主人家族,从出身上无法定义高低贵贱。

五、家族规范塑造和维持秩序的方式

《红楼梦》中家族规范作用的范围非常广泛,但其并非以一种较为清晰确定的方式出现,如宁荣二府没有统一的执法部门和纠纷裁决机制,也没有出现成文规范予以颁布施行,很多情况下家族规范对秩序塑造依靠主体自觉遵守与习惯履行。更为重要的一点是,家族规范的存在本身虽然较为固定,但其适用却随意性大,依靠权威裁断的人治性实质表明,家族规范依然是宗法制度下伦理教化的表现方式,其主观随意性与伦理道德性高于客观适用。这个特征使得家族规范区别于国家法,更与现代意义的法律性质不同。具体来说,家族规范塑造和维持秩序有如下方式:

第一,家法族规明文规范。虽然书中并没有成文家法族规的描述,但是贾府这样一个庞大的家族,订立成文家法族规是自然且必需的要求。有学者指出清朝是家族法最为兴盛的第三个阶段:"较之汉族统治者,统治着多数民族的满洲贵族更需要扶植宗族势力来维护其统治……面对众多的人口和动乱的世道,更多的家庭和宗族就将制订和强化家法族规作为济世的良方。出于这两方面的原因,家法族规于此时进入全盛时期。"[①]成文家法族规是家族规范系统的核心基础,是其他表现形式的渊源。尤其是经过几代人之后的家法族规具有了祖先意志的神圣性,从伦理角度占据至高地位。虽然家族生活是在家法族规精神指导下安排的,基础性秩序也因之建构维系,但其很少直接与个人发生关系,除非是遇到对家法族规和整个家族秩序产生极大冲击的行为或事件。

第二,生活规矩。与家族成员和奴仆发生关系的最常见的家族规范表现形式是各种生活规矩,它指导和安排具体生活,细致到衣食住行,又规划伦理精神,塑造个人修养。究竟什么是规矩呢?尹伊君在《红楼梦的法律世界》里解释道:"规矩有时是礼,又不都是礼;有时是法,又不都是法;有时是习惯,又不都是习惯。规矩往往不便言说,或不用言说。它发自中国人的内心,规范中国人的言行。规矩如此,便意味着已获大家认可,必须遵守执行。规矩是什么?对于中国人来说,规矩就是西方意义上的规则。"[②]可以把规矩理解为指导生活的规范系统,包括礼、法、习惯等等。规矩要求人们按照既有模式生活,按照伦理教化思维。这就要求不仅要守规矩,而且要懂规矩——自觉自发按照规矩来维护家族秩序。生活规矩与日常生活的秩序维系发生最为直接的关系,例如晚辈对长辈的

---

① 费成康主编:《中国的家法族规》,上海社会科学院出版社1998年版,第19页。
② 尹伊君:《红楼梦的法律世界》,商务印书馆2007年版,第65页。

"晨昏定省"是每天必需的仪式,这就定位了个人日常生活的秩序。

第三,习惯与先例。习惯与先例既可以是祖上订立而不可易的规则,也可以是当权者按照实际情况酌情变通或大力改革的对象。前者如处理事务的原则性精神,较为抽象,例如贾政认为有丫鬟投井违背了"自祖宗以来,皆是宽柔以待下人"①的基本原则。后者则是具体的旧例:主子和丫鬟每个月的月钱多寡,是按照祖宗的旧例来;一个小姐的丫鬟配备,也是按照旧例分配;奴仆去世,主家赏银数量按照旧例来。在第五十五回、第五十六回两回中,探春进行兴利除弊的改革,就对习惯与先例进行了不同态度的对待:对于赵姨娘之兄弟赵国基去世赏银的问题,坚持了遵循旧例,训斥了赵姨娘的无理取闹,从而树立了公正的权威形象;在面对许多重复支取的银两分例方面(如贾环、贾兰的吃点心买纸笔的一年八两银子),则大胆蠲除。这表明了习惯与先例并非僵化不移的规范,可以根据现实情况进行改革、变通甚至废止,但在其没有废止时依旧约束着每个人的行为,需以习惯和先例为行动指南。

第四,权威个人意志的裁断与惩罚。由于没有固定统一的执法机构设置,纠纷解决的裁断和违反家法族规的惩罚,都是按照具体事件的管辖范围及伦理位阶,依据主事者的权威意志执行。如书中多次描写了王熙凤对于家仆的惩戒以及平儿对大观园内部家仆矛盾的裁断调和。然而王熙凤并非能对家族内部所有的矛盾和违反家法的现象进行调停和惩戒,比如能对宝玉实施家法的就只是宝玉的长辈,如贾母、贾政、王夫人等。这就是伦理位阶对于执行家法的影响,即只有主人对家仆、长辈对晚辈才能执行家法。第四十四回"凤姐泼醋"一回中,贾琏和鲍二家的偷情被王熙凤捉奸,夫妻大闹一场,贾琏趁酒醉故意以杀王熙凤予以恐吓,王熙凤跑到贾母处求救。贾琏主仆偷情、杀妻、醉酒冲撞长辈的行为已经违反了家法甚至国法,且看贾母对这件事情的裁断。

贾母对王熙凤:

>什么要紧的事!小孩子们年轻,馋嘴猫儿似的,那里保得住不这么着。从小儿世人都打这么过的。都是我的不是,他多吃了两口酒,又吃起醋来……②

贾母对贾琏:

>下流东西,灌了黄汤,不说安分守己的挺尸去,倒打起老婆来了!……若你眼睛里有我,你起来,我饶了你。乖乖的替你媳妇赔个不是,拉了他家去,我就喜欢了。要不然,你只管出去,我也不敢受你的跪……我知道他最有礼,再不会冲撞人。他日后得罪了你,我自然也作主,叫你降伏就是了。③

违反国法和家法的行为在贾母处得到了化解,贾母并没有搬出家法族规来,更没有涉及国家法,而是从伦理纲常的角度,甚至从人性出发,安抚王熙凤并训斥贾琏,最终矛盾得到圆满化解。

---

① 曹雪芹著、无名氏续:《红楼梦》,人民文学出版社2008年版,第441页。
② 曹雪芹著、无名氏续:《红楼梦》,人民文学出版社2008年版,第591页。
③ 曹雪芹著、无名氏续:《红楼梦》,人民文学出版社2008年版,第594页。

六、家族规范塑造秩序的意义与局限性

家族规范在塑造秩序时产生了两个层次的意义。第一个层次是个人与家族关系：家族规范定位了个人在家族生活中的具体角色，安排其基本生活内容，使个人在集体中获得认同；家族因规范的存在获得秩序，实现定纷止争，形成家族凝聚力。第二个层次是国家与家族的关系：国家借助家族统治实施教化治理，达成对民众的行为控制，维护以封建王权为代表的等级秩序；家族则借助国家法的强制性赋予家族规范以神圣基础，把家族规范作为国家意志的代言人，更好地实现了秩序稳定。在本文第二部分已经分析了国家法与家族规范的关系：家族和家族规范是国家权力与个人之间的纽带或中介，家族规范传递国家法的精神，国家法赋予家族规范以权威。这是实现国家对基层控制的需要，如贾府的袭爵，即是国家对有功之臣的后代予以爵位继承的恩赐，贾府有了爵位才发展壮大成为大家族。控制了贾府，实际上是控制了以贾府为中心的基层社会，正是通过各种方式对像贾府一样的封建大家族的控制，皇权才得以巩固，国家秩序才得到维护。

但家族规范在秩序塑造方面也暴露了局限性：规范适用的人治化模式。首先，家族问题与社会问题的不同之处在于：家族以血缘关系为纽带，家族内部成员之间关系以伦理为导向，关系微妙复杂，无法以现代意义的理性法则通过权利、义务规范利益分配，达至公平正义的结果。维系家族秩序的是伦理色彩明显的家族规范系统，而家族规范的认定或实施的往往由地位与身份较高的权威者进行。由于这种人治模式并非对家族规范的客观适用，所以家族规范某种情况下弹性很大，如贾政在惩罚宝玉时具有足够的权威，甚至可以生杀予夺，但遇到更高权威的贾母的干涉则只能诚惶诚恐，放弃了对宝玉的处罚。弹性消解掉了刚性，同样违反家族规范的行为，有的人获得重罚，有的人则轻描淡写过去，不公显而易见，家族规范的权威受到动摇。

其次，等级观念下监督与保障机制缺乏，使得家族规范往往沦为一种主人对奴才的控制，而没有对主人产生约束。贾府金字塔式的家族结构以权力多寡为依据，体现了等级制度的森严，居于上位的主人获得权力多于下位，尽管他（她）也要受到家族规范约束以维护基础性秩序，但并不影响其在特定情境下对家族规范的忤逆甚至背叛。如宁国府最高权威贾珍，没人敢约束管教他，而他因居丧无聊，竟以习射为名设赌局，招徕贵族子弟夜夜笙歌（第七十五回）。这种严重违反国法家法的行为没有人敢举报，叔伯辈的贾赦、贾政等受其蒙蔽不知其情，即便是知道也是劝诫为主，未必肯动用家法：其一这是宁国府的事情，荣国府的家长不方便插手，其二贾珍是族长，不能损害其权威。故冷子兴叹道"谁知这样钟鸣鼎食之家，翰墨诗书之族，如今的儿孙，竟一代不如一代了"[①]。这是等级观念下家族规范监督与保障机制缺失的必然结果。

---

① 曹雪芹著、无名氏续：《红楼梦》，人民文学出版社2008年版，第26页。

七、结语:家族规范的秩序塑造对现代法治建设的启示

虽然《红楼梦》式的封建家族生活已成为过去时,但以家族规范调整为中心的家族秩序建构及维护模式却与传统家族文化一起深深根植于中国人心里,构成我们现代的思维方式和处世心态,影响着当下的生活安排和秩序构建。经过各种政治运动后,中国人的家庭观念依然强烈深刻,不少地区也展开修缮族谱、重建祠堂等家族文化建设的活动。正如尹伊君在《红楼梦的法律世界》中指出的那样:"家族是中国人的起点,也是中国人的归宿,是他们精神的原动力。正是在这个意义上,我们说,家族是中国文化的基本细胞。家族存,则中国文化存;家族亡,则中国文化亡。"①但现代文明下的法治建设趋势不容逆转,我们研究《红楼梦》时代的家族规范和秩序,不是要在制度上回到那个时代,而是通过对那个时代的制度文化探析以比对当下的社会生活安排,获取启示。除了家族文化影响之外,封建时代的家族规范对当今中国法治建设的启示在于国家法与民间法之间的关系方面:作为形成于社会生活、获得普遍认同的民间法代表了获得社会成员普遍遵守并维护的核心价值,如礼仪、习惯等,具有调整个人行为、规范生活秩序的作用。"在历史上长达两千年的封闭性的独立发展的封建帝国时代,尚无决定性的力量阻断中国民间社会和民间法的生命力及其长期的发展与兴盛。"②民间法有助于国家法的推广实施,弥补国家法不足,增加其社会可接受性,二者达成一致即是以国家法为主导的国家意志贯彻于社会,构建其稳定的社会秩序。

另一个启示是基层社会自治。"从家法与国法,家族秩序与社会秩序的联系中,我们可以说家族实为政治、法律的单位,政治、法律组织只是这些单位的组合而已。这是家族本位政治法律的理论基础,也是齐家治国一套理论的基础,每一家族能维持其单位内之秩序而对国家负责,整个社会的秩序自可维持。"③《红楼梦》中的家族规范实现了贾府的日常生活运转,维护了整个社会秩序,形成了皇权统治下的基层自治。而现代语境下的基层社会自治是以国家与社会二元划分的前提下,民众对于自身事务的自我管理和利益的自由分配,这是当今中国民主政治和法治建设所要达至的重要目标。正是在这个意义上,《红楼梦》中家族规范对秩序的构建与维护对于现代语境下的法治建设仍然具有深刻启示。

---

① 尹伊君:《红楼梦的法律世界》,商务印书馆2007年版,第49页。
② 魏治勋:《民间法思维》,中国政法大学出版社2010年版,第74页。
③ 瞿同祖:《中国法律与中国社会》,中华书局2003年版,第28页。

交易习惯的性质及其方法
——以我国合同法为视角[*]

陈文华[**]

(广东培正学院,广东 广州 510830)

摘要:我国《合同法》多处规定,对于某些类型的社会关系,法官可以适用交易习惯加以调整。而这些交易习惯并不是经国家认可的习惯法,而是现实生活中客观存在的习惯规范。制定法授权法官适用交易习惯,正是为了弥补制定法的不足、平抑制定法的僵化。对于交易习惯的认定,应当由当事人举证证明。在交易习惯的立法体例方面,我国《合同法》还存在不足。《合同法》应当在总则部分规定,当法律没有规定时,法官可以适用交易习惯。

关键词:交易习惯;性质;认定;立法体例

我国《合同法》多处提及交易习惯。然而《合同法》中的交易习惯指的是,社会生活中客观存在的交易习惯,抑或经过国家认可的习惯法?有学者认为,合同法所言"交易习惯"即指习惯法[①]。另有学者认为,在我国合同法中,交易习惯也是一般意义上的习惯,并不概指习惯法或事实上的习惯。[②] 还有学者认为,我国合同法上的交易习惯应兼具习惯与习惯法两种属性。[③] 总而言之,学者们莫衷一是,众说纷纭。本文认为我国《合同法》所提及的交易习惯是社会生活中客观存在的习惯规范,而不是经国家认可的习惯法。为此,本文试图从交易习惯的性质、认定及交易习惯的立法体例等三个方面展开论证。

一、交易习惯的性质

我国《合同法》第 22 条规定:承诺应当以通知的方式做出,但根据交易习惯或者要约表明可以通过行为做出承诺的除外。第 136 条规定:出卖人应当按照约定或者交易习惯向买受人交付提取标的物单证以外的有关单证和资料。这两个条文都是制定法授权直

---

[*] 本文系笔者主持的广东省哲学社会科学"十二五"规划 2012 年度学科共建项目"社会转型期民间规则的民事司法价值研究——以广东地区为例"(GD12XFX16)阶段性成果,受广东培正学院 2012—2013 学年院级科研书记项目(13pzxmsj002)资助。

[**] 陈文华(1969—),男,广东湛江人,法学博士,广东培正学院法学系教师,研究方向法社会学。

① 罗筱琦:《'交易习惯'研究》,载《现代法学》2002 年第 2 期。
② 林锦平:《论我国合同法中的交易习惯》,载《福州大学学报》(哲学社会科学版)2003 年第 1 期。
③ 石璐 杜杨:《论交易习惯的性质》,载《天府新论》2005 年 S2 期。

接适用交易习惯的典型立法例。然而,什么是习惯呢?什么是习惯法呢?我国《合同法》里的交易习惯所指的应当是事实上的习惯还是习惯法?

韦伯说:"习惯不同于习惯法。习惯法这一用法妥当否,暂且不论。根据一般的术语学,作为习惯法的规范,其效力在很大程度上依赖于一种类似的强制性实施机制,尽管这种强制效力是来自同意,而不是制定;习惯则不以任何强制性机制为特征。"①由此可见,在韦伯看来,习惯不具有强制性效力,习惯法具有一种类似于强制性效力的效力,但是这种效力却来自同意。因此,显而易见,韦伯的习惯法绝对不是国家制定法,但也不是国家认可的习惯法。实际上,韦伯的习惯法相当于我们经常所说的在血缘、地缘或业缘等共同体中形成的得到共同体普遍遵循,一旦违反便会遭受共同体的舆论谴责或经济处罚的行为规范。而韦伯所说的习惯就是指在一定范围内的人群里形成的,即使违反了也不会受到处罚的行为规范。

本文认为,我国《合同法》所授权适用的交易习惯应当既包括韦伯所指的习惯法也包括他所说的习惯,但不包括经国家认可的习惯法。首先,之所以不必要把《合同法》的交易习惯限定于韦伯的习惯法,是因为在司法实践中不可能也无必要完全分清一般习惯与具有强制性效力的习惯。其次,只要是双方当事人认可或者应当认可的习惯,而且不违反制定法的强制性规定和公序良俗,就可以据以裁断案件。因此,作诸如韦伯式的划分是没有必要的。再次,法律之所以允许适用交易习惯,是因为交易习惯是当事人在长期的交易活动中形成的行为规范。因此,一般而言,当事人都对交易习惯产生心理认同。所以,只要没有相反的证据加以推翻,交易习惯就是认定当事人的真实意思的最佳证据。最后,我国《合同法》中的交易习惯不应当是经国家认可的习惯法。其理由如下:

首先,我国《合同法》中的交易习惯其实是一个不确定的法律概念,其所指的范围十分广泛。众所周知,交易习惯浩如烟海,并且大多数是不成文的行为规范。一般而言,如果不结合具体个案,很难确定其具体所指。只有结合具体个案才能确定其具体内容。其次,如果说《合同法》中的交易习惯就是经国家认可的习惯法,那么交易习惯必须是一个具有明确内容的规范集合体,就像制定法一样能够给法官提供明确的可适用规范。但是不仅我国而且其他国家至今都没有这样的交易习惯集合体。再次,既然交易习惯就是经国家认可的习惯法,那么法官在审理案件之前就应当知道交易习惯的具体内容和明确范围。事实上,法官往往是在审理案件时,才从当事人提供的交易习惯规则或者其自己调查收集的交易习惯规则中,选择其所需适用的行为规范。因此,交易习惯等同于经国家认可的习惯法的观点与司法实践不符。最后,制定法授权适用交易习惯的主要目的是,授权法官依据具体情况适用与具体个案相契合的习惯规则以便平抑制定法固有的僵化、达致个案正义②。而把交易习惯限定于国家认可的习惯法恰好限制了法官的选择范围,与立法的原意背道而驰。

---

① [德]马克斯·韦伯:《论经济与社会中的法律》,张乃根译,中国大百科全书出版社1998年版,第21页。
② 参见江必新:《司法对法律体系的完善》,载《法学研究》2012年第1期。

实际上,我国《合同法》中的交易习惯与我国台湾地区"民法典"第一条所规定的习惯,性质是相同的。黄茂荣教授认为,台湾地区的"民法典"第一条规定的习惯是事实上的习惯而不是经国家认可的习惯法。①

综上所述,我国《合同法》的交易习惯,只能是事实上存在的习惯规范,而不是经国家认可的习惯法。

二、交易习惯的认定

既然交易习惯浩如烟海,那么如何确定适用于个案中的交易习惯,就成为非常重要的问题。

首先,从历史上看,民国初年我国的最高审判机关做出二年上字第三号判决,以该判决,为当时中国的审判机关选择适用习惯规则确立选择标准。其具体规定为:"(一)有内部要素,即人人有确信以为法之心;(二)有外部要素,即于一定期间内,就同一事项反复为同一之行为;(三)系法令所未规定之事项;(四)无背于公共之秩序及利益。根据前述标准,当时的各个审判厅厅长率领民庭推事调查、了解各类习惯,以备审判时适用。另外,对案件进行审理时,如需要,可邀请当地知名人士,就当地习惯做出陈述,以供法庭参考。"②

其次,在美国,"如果当事人一方所从事的是某一行业的经营活动,他就有理由知道这一行业中的贸易惯例,不管该方是否实际知道这种惯例;反之,如果他所从事是其他行业的经营活动,就没有理由认为他知道争议所涉及的行业中的惯例。"③另外,根据《美国统一商法典》第1—205条(2)规定,行业惯例指进行交易的任何做法或方法,只要该做法或方法在一个地区、一个行业或一类贸易中已得到经常遵守,以致使人有理由相信它在现行业中也会得到遵守。此种惯例是否存在及其适用范围,应作为事实问题加以证明。因此,在美国,习惯规则是作为事实问题来认定的。并且,当事人理应知道其所从事的行业或职业的交易惯例。

基于以上观察,本文认为,既然交易习惯规则属于事实,而不是法律,那么在通常情况下,当事人对交易习惯规则的查明,负有举证责任。因此,结合我国《民事诉讼法》中"谁主张,谁举证"的举证责任分配原则,对于我国《合同法》及其相关民事法律授权适用的交易习惯规则的查明问题应当区分不同情况分别按照两种方式处理:其一,如果当事人在合同中约定适用某一习惯规则,那么法官就应当审查当事人所约定的习惯规则是否违反法律的强制性规定和公共秩序、善良风俗。倘若不违反,法官就应当适用当事人所约定的习惯规则。

---

① 黄茂荣:《法学方法与现代民法》,中国政法大学出版社 2001 年版,第 520 页。
② 转引自李卫东:《民初民法中的民事习惯与习惯法》,中国社会科学出版社 2005 年版,第 125 页。
③ 王军:《美国合同法》,中国政法大学出版社 1996 年版,第 250 页。

其二,在当事人对所适用的习惯规则不作约定的情况下,又可再分为两种方式处理:第一,如果当事人从事同一行业或职业,主张其行业或职业存在某种习惯规则的一方负有举证责任。并由此推定对方知道或应当知道该习惯规则;第二,如果当事人不从事同一行业或职业,那么主张某种习惯规则存在且对对方有约束力的一方,不仅负有举证证明习惯规则存在,而且要证明对方知悉或应当知悉该习惯规则,并证明已经按照该习惯规则履行了其应尽的义务。因此,如果负责举证的一方不能向法庭提供相关证据,则此一方当事人依法应当承担举证不能的法律责任。当然,在这两种方式中,法官都必须审核相关证据是否属实,并审查确证的习惯规则是否违背我国法律的强制性规定或公秩良俗。如果违反,则应改而适用法律的相关规定。

三、交易习惯的立法体例及其反思

我国在1999年制定的《合同法》主要从四个方面确立交易习惯在民事审判中的地位:第一,对于某些民事法律关系,交易习惯的适用优先于制定法。《合同法》第22条规定:承诺应当以通知的方式做出,但根据交易习惯或者要约表明可以通过行为做出承诺的除外。

第二,对于某些民事法律关系,交易习惯对制定法起着补充作用。《合同法》第26条规定:承诺通知到达要约人时生效。承诺不需要通知的,根据交易习惯或者要约的要求做出承诺行为时生效。

第三,法官可以运用交易习惯补充当事人的合同漏洞。《合同法》第61条规定:合同生效后,当事人就质量、价款或者报酬、履行地点等内容没有约定或者约定不明确的,可以协议补充;不能达成补充协议的,按照合同有关条款或者交易习惯确定。

第四,法官可以运用交易习惯解释当事人的合同条款。《合同法》第152条规定:当事人对合同条款的理解有争议的,应当按照合同所使用的词句、合同的有关条款、合同的目的、交易习惯以及诚实信用原则确定该条款的真实意思。

由此可见,我国《合同法》对交易习惯的适用范围已不再作涉外案件与涉内案件之分。换言之,交易习惯既可适用于国内民商事案件,也可适用于国际民商事案件。因此,《合同法》相对于《民法通则》显得更为合理科学。制定于1986年的我国《民法通则》第142条规定:中华人民共和国法律和中华人民共和国缔结或者参加的国际条约没有规定的,可以适用国际惯例。因此,在《民法通则》里,交易习惯只能适用于涉外案件。

然而,我国《合同法》在交易习惯方面的立法缺陷也是显而易见。主要表现在以下两个方面:

其一,虽然《合同法》规定,法官可以运用交易习惯补充当事人的合同漏洞,但是却对交易习惯的适用范围加以限制。依据《合同法》第61条可知,法官仅能就质量、价款或者报酬、履行地点等进行补充。由此可见,只有货物买卖合同以及其他存在对价的合同,法官才能运用交易习惯补充其漏洞。此外,其他类型的合同则在法官的补充范围之外。由此可见,我国《合同法》在这方面存在严重的缺失。

其二,我国《合同法》承认合同有漏洞,却否认法律存在漏洞。因此,当合同出现漏洞时,法官可以运用交易习惯补充。然而,实践证明,法律与合同一样也存在漏洞。因此,当法律出现漏洞时,法官也可以运用交易惯填补吗?《合同法》没有相应的规定。

实际上,否认法律存在漏洞是17、18世纪古典自然法学派思想家们所奉行的信条。他们认为人类凭借自己的理性可以制定出无所不包的法律。然而这一信条已被残酷的历史事实所粉碎。

制定于1804年的《法国民法典》深受古典自然法学派的影响,被认为是人类理性的书面表达,尽可能排除习惯规则的适用。但是"即使有国家强制力的支撑,它(立法)也不能彻底废除任何一种流行于社会中的习惯秩序。"①事实证明,缺乏交易习惯的民法典是不可能在逻辑上自足的,因此,法国在1807年的《商法典》中又大量吸纳交易习惯。

"德国民法典是19世纪后半期最终完成的潘德克顿法学的产物。"②其讲究体系的严谨和逻辑的自足。然而《德国民法典》制定于资本主义向垄断阶段过渡时期。在这一时期,科学技术日新月异,工业化和电气化出现,大型垄断企业形成。也正因如此,工业事故和交通事故迅速蔓延,贫富差距不断扩大。因此,与《法国民法典》不同,《德国民法典》已从个人本位转向社会本位,注重维护社会整体利益和实质正义的实现,因此《德国民法典》有多个条文授权适用交易习惯。第91条规定:本法所称的替代物,是指在交易中按习惯能够以数量、容量和重量加以确定的动产;第151条规定:根据交易习惯,承诺无需向要约人表示,或者要约人预先声明承诺无需表示的,即使没有向要约人表示承诺,承诺一经做出,合同即告成立。应根据要约或者当时情况可以推知的要约人的意思,来确定要约约束力消灭的时间;第242条规定:债务人有义务依诚实和信用,并参照交易习惯,履行给付;等等。

制定于19世纪末和20世纪初的《瑞士民法典》和《瑞士债法典》都承认制定法的不足,对授权适用交易习惯持更加开明的态度。于是,《瑞士民法典》在第1条便规定:无法从本法得出相应规定时,法官应依习惯裁判;无习惯时,依据自己如作为立法者应提出的规则裁判。另外,《日本商法典》第1条规定:关于商事,本法无规定者,适用商习惯法,无商习惯法者,适用民法典。我国台湾地区的"民法典"第1条规定:民事,法律未规定者,依习惯;无习惯者,依法理。由此可见,承认法律漏洞是20世纪以来立法的新趋势。

综上所述,我国《合同法》否认法律漏洞的存在,拒绝交易习惯补充法律漏洞。这一立法体例已远远落后于当代世界先进的立法理念。因此,我们应当摒弃不合时宜的古典自然法学派的信条,在《合同法》的总则明确规定,当法律没有相应规定时,法官可以运用交易习惯补充法律漏洞。

---

① 林诚二:《民法理论与问题研究》,中国政法大学出版社2000年版,第175页。
② 谢怀栻:《大陆法国家民法典研究》,中国法制出版社2004年版,第31页。

社会调研

◎牯臟节的礼物——黔东南苗族祭祖活动中"礼物往来"仪规研究
◎民初至今习惯法的历史变迁分析——基于山东省H村的调研
◎论转型时期民间治理的规范与心理——从一次基层法律实践调研说开
◎法律、习惯与村民卫生行为——一个傣族村寨的考察
◎侗寨民间防火规范研究
◎青海藏族婚姻习惯法遗存探微——以青海省黄南藏族自治州同仁藏族婚姻个案为例
◎山东安丘、临朐等地的酒宴礼仪风俗

牯臟节的礼物
——黔东南苗族祭祖活动中"礼物往来"仪规研究

徐晓光[*]

(凯里学院　贵州　凯里　556000)

摘要：在黔东南苗族村寨的13年一度牯臟节期间,亲朋好友挑着礼品或回赠的礼物在乡间小道上络绎不绝,成为一道靓丽的礼物文化风景线。牯臟节中盛大的杀牛祭祖礼是厚祭祖先、祈求赐福的仪式;客人丰厚的礼品,主人体面的回赠是体现亲属关系和族亲序列的标志。苗族这种特有的礼俗具有深刻的文化意义,独特的"牯臟文化"是由苗族自身的生存环境和历史文化背景决定的。所以苗族牯臟节祭祖活动中"送礼"与"回赠"的仪式与规则是法人类学研究的重要内容。

关键词：苗族;黔东南;牯臟节;礼物;仪式;规制

"牯臟节",又称"牯臟节"或"鼓社节",2006年5月苗山县苗族牯臟节被列为第一批国家级非物质文化遗产名录。牯臟节是贵州省黔东南州雷公山、月亮山区苗族的祭祖节日,是苗族诸多的节日中最盛大的一个节庆活动。该节鼓社(由数个具有血缘关系的村寨组成)同宗范围内,一个村寨或几个寨子联合,每隔13年才举行1次,节日期间组织之严密,仪式之隆重,耗财之巨大,延请客人之多,持续时间之长都非别的节日可比。通过牯臟节祭祀宗族列祖列宗,保佑宗族繁衍、兴盛繁荣,整个节日的仪式和活动增进了宗族、亲属之间的感情联络和族群内部的团结,举办牯臟节村寨和家庭成员也通过这一活动展现社会影响和家庭经济生活水平。

一、祭祀"厚礼"与祖先"回赠"

(一)"杀牛祭祖"程序与祭品

据《贵州通志》载,苗族"每十三年畜牯牛,祭天地祖先,名曰'吃牯臟'。因其以肉分赠亲友,而以肠脏饷客,故名"[②]。所以"杀牛祭祖"是牯臟节的中心活动,大牯牛是祭祖的

---

[*]【作者简介】徐晓光(1958—),男,凯里学院教授、副院长,法学博士,研究方向:法人类学、中国少数民族法制史。

[②]　冯楠总编:《贵州通志》,贵州人民出版社2001年版,第372页。

标志性祭品,也是送给先祖们的"厚礼",不仅体现在祖先的庇护下人们生活富足,同时也祈求祖先继续保佑子孙后代五谷丰登、家族繁盛,延绵不断。

"杀牛"是最基本的祭祀要素,只是由于地域不同在各地也有些差异。为显示富足和对祖先的敬仰,杀牛自然是越多越好。但在历史上,杀牛一直受三个因素的影响,一是政府禁令,历代政府鼓励农耕,一般禁止宰杀耕牛,并在地方法令中严格加以规定;二是移风易俗,以前历代政府把苗族牯臟节杀牛、送礼及聚众集会看作是"陋习",因为在民间大型活动中容易滋事,容易造成对统治的威胁和社会秩序不稳;三是经济原因,由于社会动荡、自然灾害造成某些年景不好,这时候人们买不起、养不起水牛,杀牛的头数自然就少。有时多种因素同时起作用,如"文化大革命"时期强烈的政治冲击,黔东南地区过牯臟节的范围大面积缩小。直到现在保留这一古老习俗的只有黔东南州雷公山、月亮山区的一些苗族村寨,很多村寨已经不再过了。一些村寨虽然还在过,但祭祖的礼物已经不是牯牛,而用猪或其他物品来代替,这是以前"杀牛祭祖"的变异形式。

"杀牛祭祖"是庄严的仪式,必需的仪式有3个:一是"炫牛堂",二是"诉牛",三是"椎牛"(现在大多为砍牛或敲牛)。

"炫牛堂":所谓"炫牛堂"是祭祖户各家将牯臟牛洗刷干净,牵着牛前往斗牛场进行展示活动。祭祀用的牯牛要选腿部、脑门上有"旋儿"者,标准的是5个"旋儿",而且对位置也有要求,即:四条腿上部肉厚的地方和脑门儿正中各一个"旋儿",肛门、脖子、腋下长有"旋儿"的牛则禁用。以两角间距宽、角尖白色、额头宽大、四蹄整齐、睾丸硕大、毛色纯正、膘肥体壮的牯牛为最佳。

在"炫牛堂",队伍由村寨的"鬼师"(苗族的"风水先生")引领,身后是芦笙队、牛队,接着是抬着新衣、新被的妇女和挑着祭品的男人队伍。"炫牛堂"的队伍要围着斗牛场转3圈,富有人家庭有的还在牛角上挂银项圈,牛头上捆上三五根小旗式的纸幡,在牛背上贴祭纸或披上盛装和绸缎。① 一般的人家则在斗牛场地上抓一把稀泥抹在牛背上,再把米撒在稀泥上,这样米就不会滑落,象征着风调雨顺、丰收吉祥。② 祭司此时要唱《赞牛旋》等"牯臟辞",以表示把最好的水牛敬献祖先。

"诉牛":有的资料称作"审牛"。即由身份是客人的祭司或年长者,用巫词和"古理"对用来祭祀的牯牛交代牯臟之理,通过回忆历史,详细地追述祖先漫长而艰辛的迁徙和创业过程,最后回到目的主题讲到这双漂亮的大角,既然长在水牯牛头上,就由牯牛来作牺牲吧。所以"杀牛祭祖"是顺承天意的,实乃牯牛之福也。祭司把道理娓娓道来,说清讲透,如诉如泣,全场肃然,仿佛天地同悲,直说得牯牛匍匐流泪、在场的人无不动容,方才结束。

"椎牛":祭祖户各家先把祭祖牯牛拴在事先固定好的大木桩上,木桩上方在牛头高

---

① 石声德:《新桥五家牯臟节》,载政协雷山县委员会编:《雷山苗族牯臟节》,中国文化出版2010年版。
② 李宇:《黔东南苗族牯臟节的象征人类学解读——以台江县排举乡九摆村为个寨》,贵州大学硕士研究生论文,2012年。

的地方挫有粗孔,来客将牛拉到木桩前把牛角和牛鼻捆牢。按照传统的规矩,由"牯臟头"(鼓主)家先杀,别人家后杀。"椎牛"是不用刀的而是用凿子,由亲戚(首推舅家人)代劳,另外两人着黑衣黑裤,一人手持凿子对准后脑(牛耳根附近),另一人手持锤子猛敲,一般一锤就能将牛毙命。这种杀牛方法应该是比较古老的,现在新桥王家还保留着。①应该说"椎牛祭祖"仪式不仅为苗族所独有,内地汉族和黔东南地区的侗族也用此种杀牛方式来祭祖。据《增广贤文》载:"椎牛而祭墓,不如鸡豚亲存。"②就是说待父母死后杀牛祭墓,还不如生时厚待父母。现在很多苗族村寨杀牛多是使用锤砸或刀砍头顶,就是用三根木头固定成三角形,将牛头枷在其中捆牢,然后由事先请来或约定好的专人猛力击打或劈砍牛的头顶,而操锤操刀的多是娘家舅舅。

众人杀完牛后,直接破肚分肉,把牛角连在一起砍下,将牛杂碎洗净,取其肝脏,把牛胸肉切成如豆腐块一样大小一同煮熟。祭祀活动正式开始,将牛肉、牛心、牛肝切片,与糯米饭、米酒、鱼等一同祭祖。苗族重视12这个数字,主祭司用12份祭品,唱着祭祀词祭祀列祖列宗。"牯臟头"家先祭,主祭司完成"牯臟头"家的各项祭事后,祭祖户各家方才接着祭。家祭仪式比较简单,几位祭司分头挨家挨户地念祭语,每到一家即把各家准备好的牛肉(或猪肉)掐点放在火坑边,请祖宗享用。祭祖完毕,每家都要拿一团糯米饭、一块肉、一条鱼送给祭司,以为酬谢。

(二)祖先的"回赠"

牛是农耕社会苗族人民的重要资财,是生产和生活的重要依托,在牯臟节中,牛最有资格作为祖先与人们之间的神圣使者向祖先传达人们祈福的信息,并能从祖先那里"带吉祥来,送财富来,送繁衍来"。

隆重的"杀牛祭祖"活动是相信祖先是至高无上的、万能的神灵,对祖先的虔诚能给宗族带来平安、繁衍和繁荣,所以通过牯臟节祭祖活动来祈求祖先保佑宗族繁衍,献给祖先厚重礼物目的是祈求祖先保佑宗族,这才是人们主要诉求目的。如《诉牛理词》这样唱道:

> 牯牛啊,你要带吉祥财富来送主人家,要带吉祥财富送给鼓主,还要送给鼓主家;牯牛啊,你还要带来送给歌师,还要带来送给巫师;牯牛啊,带来送给他家的兄弟;牯牛啊,送给他家的亲戚,送给他们的朋友,牯牛啊,你一定要送来呀!牯牛啊,你一定不要怪罪鼓主啊,不要怪罪主人家哟!是你自己开口说,是你自己把话讲;本来生你是来犁田,养你是来耙地的,你自己邀约大家来聚会,邀约大家来做牯臟节;牯牛啊,你一定要送来呀!牯牛啊,你要送富贵、繁衍来,送他家个个住(活)得老,送他家人人都长寿;我会说也不多讲了,会理歌也不会唱完,我说小的(道理)你懂得大的(道理),我说少的你知道多的;牯牛啊,我的话就说到这里了!牯牛啊,我已经说

---

① 石声德:《新桥五家牯臟节》,载政协雷山县委员会编:《雷山苗族牯臟节》,中国文化出版 2010 年版,第 94 页。
② 吴偲千:《中国封建蒙学文化述评》,附《增广贤文》,陕西人民出版社 1989 年版,第 75 页。

了几遍啦,牯牛啊,你要鼓社家家也昌盛,户户也富贵吉祥!牯牛啊……①

在牯臟节期间任何对祖先的不敬言行则会给族群、家族、个人带来灾难。如丛木、岩寨、小开屯、排浪一带苗族的牯臟年不能进行婚嫁、建房等重大活动,这是一条重要禁忌和戒律;有的村寨每过牯臟节后为了聚财,不让破费和外流钱财,所以3年内不得起房造屋,姑娘不得出嫁,谁家违反了戒律嫁姑娘谁就要给房族赔"牯臟礼",即猪1头、糯米饭、甜酒(醪糟)、米酒,请巫师念咒,奉请祖先开恩,给予避祸赐福,祭物数量以足够全寨人吃一顿为标准。(第127页)

二、亲戚带来的礼物

(一)客人的"组合礼品"

牯臟节是以家族为单位的活动,在过节之前祭祖户就要考虑邀请哪些客人,有的还要准备上门邀请。祭祖户各方面准备停当,就分头去通知邀请的客人,客人主要是以主人家父母亲的哥弟、姐妹及女儿的丈夫等有血缘关系的男性为主,主要的客人为:舅爷、舅舅、姑父、女婿、表亲、姨老(妻子姐妹的丈夫)和最好的朋友。邀请客人的多少视家境(主要根据本次杀牛、猪数量)而定,但也有顺序,娘舅家、姑妈家首先要通知,然后是母亲或妻子、姐妹姨妈家、朋友家等。对主家来说,以客人多为自豪,没有客人来主家会没面子;对客人来说,那就是到自己母亲的亲戚家或自己妻子姐妹家和兄弟家去做客,得到邀请的人都乐意来做客。牯臟节第一天在爆豆般的鞭炮声中客人挑着礼物来到主家的村寨,村寨烟雾弥漫,洋溢着节日的气氛。

雷山县苗族各地牯臟节中客人所送礼物大同小异。皆是按照古理规定的"组合礼物"。

西江:主要客人来时必须抬糯米饭1篮(一般是特制的竹篮),米酒1壶(5—10斤),鱼要单数,为3、5、7、9条,鱼必须用麻绳穿系嘴巴吊在扁担上,公鸭1只,鞭炮若干。(第4页)

乔洛:进客这天,凡是主家邀请到的亲朋好友或近或远纷纷赶来,一般客人带1只鸭、1壶酒和1串鞭炮,主家事前交代回赠以猪腿的客人,还另外加1小篮的糯米饭、5或7或9条鲤鱼。(第53页)

乌秀:下午2—3点钟以后,客人(主要是中老年男性)陆续进寨,客人一般要带1篮糯米饭(或10多斤糯米)、1只鸭、3条至9条单数活鲤鱼、1坛米酒(5—10公斤)以及鞭炮。(第87页)

党高、羊排:礼物是公鸭1只、鲤鱼5条至7条、酒1小壶(3—5斤)、糯米饭1包、鞭炮若干。

黄里:按照古礼,客人要带公鸭1只、单数鲤鱼、1壶米酒、1包糯米饭,以及糖果、鞭

---

① 转引自《黔东南苗族"牯臟节"的象征人类学解读——以台江县排羊乡九摆村为个寨》,贵州大学硕士研究生学位论文,2012年。

炮等礼品,客人进屋前要放鞭炮,告示要人接客。(第63页)

有的地方被通知杀牛的亲属还另抬1头100斤左右的肥猪,如乌流(第22页)。

(二)礼品"人神共享"

按照自古以来的规矩,当天晚上的祭品和食用只能是客人带来的礼物,这一点不得违反,各地也都一致。当天晚上主人家屠宰客人带来的鸭和鱼,鸭和鱼要求用清水煮,以便用来祭祖,主人还把客人带来的其他礼物排放在神龛前祭祖。同时念道:"今天大吉大利,亲朋好友,抬糯米、鸭、鱼、酒来,在此先奉给天地神灵、山水龙脉、树神、桥神、花神、岩爹,列祖列宗享用,你们先来吃来喝,来保佑主人家和在座的亲朋好友,家家幸福安康,个个发财发户,个个长命百岁。"(第5页)晚上主客共同食用客人带来的鸭、糯米、鱼和酒等,以上是西江的情况。在陶尧,"辰日晚上的晚餐,主人便宰杀客人带来的鸭与鱼,煮熟以后念上几句吉祥祭语,于是宾主共进晚餐"(第11页)。在乌叠,卯日下午4时左右,各路客人陆续到齐,鸭子一大堆,鱼几大盆,还有五六块贺联。鞭炮放了一个多小时,震耳欲聋。放完鞭炮,大家一齐动手,把客人带来的鸭子、鱼全部处理。一会儿工夫几大盆鸭肉、鱼肉便端上桌来。大伯拿着祭品,面向香火,烧香烧纸,通知所有的先祖及山神来与他们一起过牯臟节:"客人们带来的礼品都在这里,各路祖先、山神现在过牯臟节了,你们都来与我们一起享用,一起来庆贺,一起来保佑在世的主人和客人,老人长寿,儿孙健康,六畜兴旺,年年风调雨顺,粮食满仓,永保太平。"(第36页)这天晚上,大家和神灵一起享用客人们带来的礼品。在乌流,主家把客人送来的礼物办成节日菜肴,主客在香火前烧香化纸、祭祀祖先。(第22页)

三、主人"回赠"的礼物

按照古理规定,主人家回赠给舅舅、姑夫、姨夫等的礼物是一条猪腿,特别是舅舅得到的是带尾巴的猪腿。从牯臟节源流看,以前牯臟节的祭品都是牯牛,每家杀多少头牛是邀请、收礼和有资格带走牛腿的人数来决定的,亲戚多杀牛的头数就多,有时主人家不堪重负,特别是灾荒和经济浩劫年代主人家就更难支应,加之过多宰杀耕牛也会影响生产,也为政府的法令所不容。有鉴于此,"杀牛祭祖"的习俗很难维持,才逐渐得以改变:一是杀牛的头数渐少,过牯臟节只杀1至2头牛作为象征性的保留,更多的是以杀猪来代替。如桃江,"有些家庭条件好的,就杀几头水牛,再加1至2头猪,家庭条件差的,也可以杀黄牛,但不能只杀猪"(第99页)。二是全不用牛,而是用猪来祭祖,这样回馈给亲属的礼物只有猪腿。

(一)牛肉的分配及"切割礼"

牯臟节期间主客的食物主要是牛或猪的内脏和一部分杂肉,正所谓"以肠脏饷客",好的牛肉要分给客人。在九摆鼓社整体祭祖时,牛被剖解后,将牛身砍成6大块,即牛胸脯、前后4腿、牛头;牛胸脯肉砍来祭祖。祭祖完毕后,按家族宗支户数多少把牛胸脯肉砍成小块分给每户回家祭自家祖宗,牛头移放牯臟头家堂屋的神龛下祭祖宗。①

黔东南本土学者杨元龙先生在他的一篇调查报告中详细记录榕江县月亮山区计划乡加两苗寨牯臟节分割牛肉的情况:杀牛后先砍下15公斤左右的颈项肉留给主人(有的人家牛肉不够分,颈项肉也拿去分给客人)。割每串重6公斤,含1小节牛瘪(牛的胃)、1块牛皮、1小节牛肋骨的10串牛肉,每串再搭配好肉、内脏放在一边,主人留1串,早饭用1串,其余8串送给最好的亲客。再割2串各6公斤、4串各4.5公斤、30串各3公斤、两腿各19公斤(给姑妈)、胸脯16公斤(给舅舅)、臀部肉各9公斤(给舅子)、前腿肉55公斤(给主祭司),共300多公斤。有的人家杀的牛小,肉不够分,还用猪肉来补充,但猪肉只能作搭配。作为"退礼"的肉,无论多少,都要有牛肉、皮骨、内脏、瘪等,肉多少无所谓,但一定要有瘪和皮,不然客人不高兴。②

(二)回赠猪腿及"切割礼"

据说在四五十年前,雷山九摆的祭祖节均是每户杀1头牛,后来由于经济不济,才改为杀猪来替代了。但每户在节日中杀猪不少,从1头到9头不等(苗族杀猪也以单数为吉数),这主要根据自己家庭经济情况和亲友多少来决定,③不够的还要到市场买来补充。在郎当,每一组至亲(姑、舅爹、姐妹夫)均要抬一腿猪肉,每头猪只够馈送4组亲戚。猪腿大小以猪尾巴所到之处为标准,即把尾巴拉回猪身,量到哪就在哪里下刀。分时带尾巴的猪腿是辈分最长、关系最亲的亲戚,其他至亲也回赠猪腿表示亲近尊重和敬意。(第72页)又如在公统苗寨,猪砍四腿,如果邀请舅公辈的,由舅公辈抬带猪尾巴的猪腿;邀请到舅子辈的,由舅子辈的抬;邀请到姑妈、姨妹辈的,也由大的先抬。(第84页)当然回馈是以亲友送礼为前提,也是有"亲属差序"的,这是苗族自古以来的礼仪,不仅体现礼物的互惠性,在"切割礼"上也体现了朴素、公正和差等。④

回馈猪腿、牛腿代表家支亲属间关系的维系,具有深刻的历史渊源。据徐家干《苗疆见闻录》记载:"地名四脚牛,初不知其何义,即执苗人问之。凡地方有事,须合众会议者,则屠牛分四脚,传之以为之约。因即以四脚牛名,曰水口,曰南江,曰古邦,曰高岩,号称

---

① 《黔东南苗族"牯臟节"的象征人类学解读——以台江县排羊乡九摆村为个案》,贵州大学硕士研究生学位论文,2012年。
② 杨元龙收集、整理、译著:《祭鼓辞》,附:《加两苗族吃牯臟始末——月亮山地区苗族吃牯臟田野个案调查》,贵州民族出版社2011年版,第174～184页。
③ 1999年牯臟节笔者在陶尧的唐海洲家度过,第一次看到陶尧牯臟节热闹的场面。2010年牯臟节笔者应邀去了控拜和西江。记得2005年10月笔者再次到陶尧唐晓梅家做客时,唐晓梅父亲和笔者约定如果2011年牯臟节时笔者带上"组合礼物"来,他就回赠我一条猪腿,但因外出陶尧没能成行。
④ 汉时陈平居库上里,乡里祭社时,陈平为宰,分肉食均匀,受到父老称赞。据《史记·陈丞相世家》:"里中社,平为宰,分肉食甚均。父老曰:'善,陈孺子之为宰!'平曰:'嗟乎,使平得宰天下,亦如是肉矣!'"后陈平终成为汉朝开国功臣,官至宰相。中国古代把辅佐皇帝的重要大臣称为"宰相"、"宰辅"。由此可见公正、公平是切割礼的关键,在中国文化中有其渊源。

四脚首寨,余各随所近者附之。主其寨者皆称曰头公。而首寨头公尤见尊大,牛传毕至,相应如响。故一旦狡启,数千之众,随时可集……"①。苗族这种家族、家支间的关系维系结果可能与苗族、侗族"议榔"、"合款"中"屠牛分脚"有着某种文化上的联系。在以前苗族一些地方牯臟节礼品改革中也有通过"议榔"来进行,如乌秀村在清代的时候,各族长和村民们认为牯臟节仪式非常繁缛,花费大,大家都要买牛来杀,这样多的牛不但很难买到,许多贫困人家也买不起,为了减轻族人的负担,便召开本村讨论重大事务的"议榔"会议,决定改杀牛祭祖为杀猪祭祖。(第 87 页)

四、牯臟礼物的象征性与社会性功能

(一)缅怀祖先的心理需要

牯牛是赠给祖先最好的礼物,在苗族人观念中阴阳相通,祖先在阴间犁田也需要水牛,所以才把它作为祭祀的核心,子孙敬献水牛祈求祖先保佑,人丁兴旺、五谷丰登。所以对牯臟节用来祭祀祖先的水牛标准要求特别高;牛角对称、牛毛色泽好、牛旋儿标准、牛蹄"达标",正如《祭牛词》说的那样:"牛啊!早年你自愿代替羊,承担祭祀重任,牛啊!你的蹄好四只,你的角好一对,你的毛好一身,旋儿也没差错,用你来祭祖,祖先的灵魂会好高兴,我们的家族才兴旺,男的会有雄才大略,女的会颜赛天仙。"(第 106 页)

水牛的繁殖能力很强,用水牛祭祀象征着子孙繁衍,后代繁盛。公统苗寨牯臟节的故事中有这样一个传说:公统三角四下寨有一名叫里甘(苗名)的人,家里很富裕,养了 1 头白母牛,这头牛特别善待牛崽,仅 10 年间生出一大群小牛,敞放山间,自然生长,数量尽达 100 余头,(第 83 页)这些牛的大部分后来都作为一次牯臟节祭品和回赠客人的礼品,从而解决了这次牯臟节缺牛的燃眉之急。

在客人"组合礼品"中总是离不开 1 只雄鸭,在苗族文化中鸭能将祖先的灵魂引来寨中,保佑家族繁衍兴旺。"带龙来寨,鸭是带龙的先导。"(第 146 页)苗族人认为鸭子不像一般性家禽,鸭子陆地上去得,水中去得,有时还能飞,鸭子一直陪伴祖先迁徙,熟悉祖先曾走过的路,所以用鸭子来带路最适合了。往返"东方老家乡"的途中有千山万水阻隔,但有鸭引路,祖先的灵魂就不会迷路了,(第 32 页)稻禾和糯米饭代表的是五谷丰登,鱼应该代表"年年有余"。

(二)维系族亲联系的需要

目前从各地牯臟节情况看,有从血缘向地缘转变的趋向,但以祭祀祖先为核心的这一节庆活动仍然还很重视血缘关系。祭祀由氏族房族长老"牯臟头"主持,寨子里的亲族

---

① 〔清〕徐家干著,吴一文校注:《苗疆见闻录》"四脚牛",贵州人民出版社 1997 年版,第 232 页。

关系也非常紧密,节日的主要活动之一是邀请和款待客人,也是父母双方的兄弟姐妹以及女婿们进行交流和欢聚的节日,客人们都很重视这层亲戚关系,认定这种联系凭证就是还保留着把猪腿带回家祭祀祖先的习俗,所以该习俗在促进亲属之间相互友好往来有着很重要的意义。牯臧节的功能是"既娱神且娱人",祭祀和娱乐在交通不便,信息不发达的苗族村寨是人们的大事,在起到宣泄和调整生活气氛的同时,也为疏通人际关系,建构乡土社会关系网格提供了条件。它保留着维系族亲的联系和祭祀祖先的义务意识。目前牯臧节期间老一辈要求所有外地子女都回来一起度过,并将子女收入的一部分用于牯臧节的花费,传统的力量还在尽力维持这种族亲关系。现在苗族地区外出打工的青年人增多,很多年轻人对牯臧节意识淡化,有的村寨回来的人也不像以前那么多了,2010年我们在雷山控拜见到的情况就是这样,由于参加的人少,节日庆典也不如以前隆重,程序上也有不少简化。

(三)互惠性的设计安排

牯臧节杀牛祭祖有一重要环节,就是把整个鼓社的牛肉平均分割,每户分得1块,或每个得1份,如榕江县计怀乡计怀寨的牯臧头用分成小块的1盆牛肉和牛头以及7条熟鲤鱼和1篮糯米饭,在祭祖完毕后,向寨人、家人、客人、前来参观的人分发1块牛肉,1团糯米饭。杀猪祭祖的,把猪肉分成拳头大小,每人分得1份。(第292页)榕江月亮山区情况大体如此,在杀牛的当晚亲朋好友将牛破肚后,即将牛肉、牛肝、牛蹄等五脏六腑各割一点约10斤煮给大家吃。余下的牛肉,除牛头(牛角自留,牛头集中在一起皮带肉穿成半分给不杀牛的祭祖户,头骨和碎肉煮牛肉稀饭,供全寨和客人享用)颈项、大肠以外,其余的按亲朋好友送礼的轻重,全部(含牛肉、牛皮、牛骨、内脏)作为回礼送给亲朋好友(有的祭祖户所杀的牛小,肉不够回礼还得用猪肉补足)。①

在雷山,鼓社宗族把自家牛杀了,请自己的姻亲关系来享用,体现了共同占有劳动果实的原始社会人们的平等心理,同时各支系、各宗族约定俗成的一个惯例,今年我这支宗族杀牛祭祖,明年你那支杀猪祭祖,后年又轮到他那支祭祖。雷公山区苗族祭祖时间就是这样错开安排的,郎德镇的乌流在丑(牛)年;西江支系,包括掌荣、乌尧、黄里、陶尧在卯(兔)年;雷山附近和乌开、脚雄、固鲁、猫猫河在辰(龙)年,郎德则在申(猴)年。这种自古以来的时间错落安排,使前后几年中不仅亲戚之间可以不断地相互往来,还能缓解因礼品准备与回赠过程中的紧张经济,也可以在几年中保证肉食的来源。苗族村寨农户虽然自养家畜,但家畜是家庭的重要财产,平时不能用于食肉,相对城市居民吃肉的机会并不多。在节俭生计的同时,正常食物链的维持要求补充足够的动物蛋白。② 苗族人讲究"礼尚往来",在亲属圈中今年你拿"组合礼品"来,我还之以猪腿;明年我拿"组合礼品"到

---

① 杨元龙收集、整理、译著:《祭鼓辞》,附:《苗族吃牯臧活动的社会反映》,贵州民族出版社2011年版,第208~209页。

② 笔者在苗族村寨一次调查时,在一家住户门前曾看到这样的情景,一中年男子劈柴,木中有10余只昆虫幼虫(可能是马蜂),他取出放在小箩中,问他用来做什么?回答说晚上炒来下酒。

你家,你必赠以猪腿。"回赠猪腿"的习俗,在血缘关系很浓厚的苗族村寨社会不仅是一种交往形式,还具有在生活上互利互惠的文化意义。

马林诺夫斯基在《原始社会的犯罪与习俗》一书中指出:社会之所以可能有秩序,依靠的是相互性原则,是一种互惠的义务,不是随便的个人就可以进行交换,相反在交换中,每个人都有其永久的伙伴。他们要么是姻亲,要么是盟兄弟,或者是"库拉"(Kula)伙伴。这种相互性的关系构成社会结构的基础。他说"这种交换构成了一种经济活动的社会结构系统,由此系统出发,个人和个人之间,亲属群体与亲属群体之间,村落与村落之间,区域与区域之间就联系在一起"。① 莫斯也认为:互惠是所有社会交往的明显特征,没有"免费的赠品",习俗模式中的对称原则促进了互惠。有国内人类学者认为:在"黔东南凯里、丹寨、雷山、榕江等地的苗族聚居区存在着许多步行可及范围的牯臜祭祀圈。这些祭祀圈以12支动物属相为序,形成了一个相互连接、循序不断的节目链。这种有趣的节目链为山民们获得稳定的肉食来源提供了社会条件,从而起到了维持正常食物链的重要作用。在这种大规模的、以肉食的赠与和获取为基本要素的仪式活动中,大型家畜的利用自然优于小型家畜禽"。②

五、礼物的研究及牯臜文化特性

莫斯主要以他关于礼物交换的著作而闻名于人类学界,他发现在许多土著部落中广泛存在着赠礼习俗,这种习俗由三个环节构成,即:义务性送礼、义务性接受和义务性回赠礼物。他试图指出在这种"送礼与回礼"的社会现象背后的基本原则,说明礼物被接受后必须回赠的原因,概括起来有以下三点结论。

第一,将具备以上三个环节的礼品交换习惯命名为"全面酬报制度",认为在具有这种制度的社会中,相互赠礼的人就像是共享财产的"所有权",而不断地有彼此给予、接受和回报的义务。任何在给予、馈赠行为上的怠慢都会引发猜忌和冲突,接受礼物后不回报会损坏收礼者的人格和声誉。

第二,这种给予、接受与回报的义务就相当于这些义务束缚下的人或群体所订立的长期契约。比如,一个物品一旦进入"全面酬报制度"中,它往往会成为神圣物品,迫使接受者必须回礼,否则就会受到恶的报应和惩罚。这是维持契约关系的一种力量。此外诸如约定俗成的礼节、慷慨的习惯、个人的面子与荣耀感也都是保证契约得以执行的力量。

第三,"全面报酬制度"的根本原因或深层原则是社会秩序与社会关系。比如特罗布里恩德人库拉交换,不仅是从事经济交易活动的基础,同时也是进行婚姻,参加葬社和成人社等社会活动的依据,当地居民通过库拉交换建立起了自己的社会关系网。

总之,在莫斯看来,迫使人们进行礼物交换的主要原因是社会,社会需要这种互惠性

---

① [英]马林诺夫斯基:《原始社会的犯罪与习俗》,原江译,云南人民出版社2002年版,第40页。
② 王建新:《高排苗族牯臜节调查与思考》,载《原生态民族文化学刊》2010年第1期。

制度,以保证社会活动的进行和社会规范的建立,可以说基本上所有的交换行为都是为了建立某种社会关系,参与社会活动交换是社会网络建立的基本要素。从事交换的个体实际上代表着社会或群体的道德准则,个体间的交换活动按社会规则进行,同时也在强化着这些规则。因此,莫斯得出了交换活动产生并强化社会规范结构的思想,这些思想成为后来结构主义亲属理论的基础。①

莫斯对礼品的研究有很多也适合苗族地区牯臟节的礼物给予与回赠的情况,如苗族虽实行父子连名制,以父系的血缘来维系着社会成员之间的关系,但从牯臟节礼品关系看它和母系亲缘以及婚姻关系还有深刻的联系,即包含着父母双方的亲缘情况。所以通过牯臟礼物研究苗族亲属关系为基础的社会结构、社会活动、社会规范以及社会秩序具有非常典型意义。但莫斯的观点有些也不适合苗族地区,比如他认为赠送礼品不是具有实用价值的经济性交换,只是没有实用价值的礼仪性交换。而在牯臟节客人"组合礼品"与主人"回赠猪腿"之间,既体现祭祀先祖的神圣性,又体现仪式性交换,同时又能得到"饱回福"的肉食享受,具有其实用价值。

莫斯另一项学术贡献是"夸富宴"(potlafch)研究,"夸富宴"是一种在宴会上显示富贵的风俗。在莫斯曾经调查的夸扣特尔人及其他美国西北海岸的印第安人中盛行一种社会性仪式。"夸富宴"习俗涉及财富问题,其形式可以是故意在客人面前大量毁坏个人财产并且慷慨地赠送礼物,很像我国晋朝时"石崇夸富"的过程和情节。"夸富宴"也可以是大量地宰杀牛羊,或大量地撒金散银,目的是显示主人雄厚的财富和高贵的身份。如置身苗族牯臟节的"酒海肉林"中人们自然想到"夸富宴",自然会以"夸富比富"视角对两者进行比较,从"铺张"这一点来看,两者似有相近之处,但两者却又有本质不同。首先,牯臟节的"铺张"是针对祖先,用厚礼祭祀祖先,希望祖先赐予更多福祉,而"夸富宴"撒金散银是表示主人的雄厚财力。其次,"夸富宴"表现高贵的身份,那些分发礼物越多的"大款"酋长,其地位与声望也就会越高,因此形成了特定的阶层秩序与权力关系。而黔东南苗族地区直到新中国成立前社会阶级分化都不强,阶级关系体现不明显。寨老、椰头、牯臟头都是村寨的自然领袖,平时参加劳动,没有特殊权力,苗族村寨基本上家家平等,人人平等,没有阶层序列和权力关系。牯臟节并不炫耀权力和体现等级差别,而是亲属、朋友通过送礼与回礼体现友好和互惠关系。当然在牯臟节中"爱面子"的苗族户与户之间的"攀比"情况自然是有的,但都不能与"夸富宴"相提并论。再次,从消耗来看,牯臟节杀猪砍牛主要是用于祭祖、回礼和食用,其中祭品消耗不大,食用也主要是内脏,肉主要是用于"回礼"。雷山县有些村寨,杀牛的人家所有的肉基本上是用于送客。除杀牛那餐外,节日期间甚至没有肉吃,有的客人只好从已分成自己礼物的那份腿肉中割些肉来做菜。② 最后,"夸富宴"一般在生日、结婚、成年礼、丧礼

---

① Marcel Mauss, *The Gift: The form and Reason for Exchange in Archaic Societies*. N. Y. W. W. : Norton Company,1967(1923). P. L.

② 石声德:《新桥王家牯臟节》,载政协雷山县委员会编:《雷山苗族牯臟节》,中国文化出版社 2010 年版,第 95 页。

上举行。而苗族在牯臟年全年则不能进行婚嫁、建房等重大活动,这是一条重要禁忌,有的村寨每次过牯臟节后为了聚财,不让破费和外流钱财,所以3年内不得起房造屋,姑娘不得出嫁(但可以娶媳妇和做生意进财)。

在雷公山、月亮山苗族地区近两轮牯臟节调查资料中,杀牛最多的是1996年12月榕江计划加两牯臟节,共有11位祭师,共杀54头牯牛(其中3头不祭祖,仅作为菜牛当回礼送客)。加两村当时共201户,942人,平均每4户杀1头牛,其中有1户杀2头的,也有杀1头的,更多的是几户合杀1头牯牛。① 从近些年苗族村寨生存环境和经济水平看,牯臟节举行周期为13年,"牯臟牛"有的家庭甚至在上一次牯臟年结束后就精心选择和喂养。一般家庭每年按一定的比率投入积累,为祭典饲养或购买一头中等档次的水牛经济上还是可能的,实际上为备牛而倾家荡产的现象并不存在。

六、"牯臟礼物"仍为苗族风俗改革焦点

传说中苗族在牯臟节时曾用过水牯牛、猪、蚂蚱等家畜、鸟类和昆虫,此外还有鱼类。但最主要的是牯牛,因为这最能体现对祖先的敬意,而大批屠杀水牛会造成耕畜的短缺,同时购买水牛的高昂代价会给农户造成巨大经济负担。社会上很多人认为这种仪式活动的负面作用大于正面的社会功用,特别是在新中国成立后到"文革"期间"破旧立新"环境下,有的地方就干脆不过祭祖节了,把牯臟节的祭祖活动合并在一年一度的苗年或其他节日中去了。过牯臟节的地方祭品和数量也变化很大。即使在改牛为猪后,有些村寨由于"生猪涨价"没有猪卖,人们就用南瓜祭祖,如西江。大塘乡新塘村改用鱼来祭祖,使牯臟节文化得以顽强地传承下来。南瓜和鱼虽然节约,但对祖先的祭祀又不够厚重。改革开放后传统牯臟节活动有所恢复,人们都认可全寨或1个鼓社只需杀1头牛来祭祖,而喂有多头牯牛且生活富裕的人家也可自家另杀1头牯牛,其他家庭则多使用猪来代替。以上种种,说明苗族牯臟礼物在不断改革之中。牯臟节习俗改革集中体现在限制祭祀祖先用的牛和猪的数量上,目前成年水牛的价格在3000—8000元不等,1头生猪也要1000元左右,对经济条件差的农户,确实是不小的负担,所以民间改革的呼声还是很高的。如榕江县月亮山八开地区于2009年3月自发组织了民俗改革"议榔"会议,通过传统的"栽岩"②形式,共同订立了《八开南部地区苗族习俗改革榔规》,其中第6章"过牯臟

---

① 杨元龙《远古遗风——月亮山地区加两苗族吃牯臟田野个案调查》中说:1996年年初,加两牯臟头王老金提出不当"头"的理由有三:一是他家自古以来没有杀牛祭祖,也没人当过牯臟头;二是他不是村干部,怕压不住阵;三是他家只有一头牯臟牛,有两位老牯臟头今年都各有2头牯臟牛,有一家还是乡里的领导,一头牛自然比不上有2头的人家,怕人家讥讽、笑话。载《原生态民族文化学刊》2009年第1期。

② 栽岩(jenl vib)。苗族历史上没有文字,大凡重大事件都要通过集体讨论以"栽岩"(埋一块石头)为凭,如"栽岩议榔"、"栽岩为界"等等。这是苗族为了本地区的安定团结,防止偷牛盗马、拐婚骗婚等不良事件的发生,把同一支系或语言相通、服饰相同、习俗相似的十几寨或几十寨的住户召集在一起,共同制定"村规民约"。这些条约又能通过"议榔"的形式,由榔头(主持人)念颂先辈传承下来的"榔规"和新制定的"榔约"来约束大家,使其共同遵守。"栽岩"表示"榔约"稳如磐石,谁也不得随意更改和推翻。

节习俗改革"规定:吃牯臟牛、杀猪,浪费太大,持续时间过长,一般不予提倡;吃牯臟一律不准舅向姑爹伸手和收受牛或牛钱,也不准姑爹拉牛送舅,姑爹送来的礼物只能以礼计收。要以现金或红妆(布)送,尽量不以糯米送礼;吃牯臟杀牛,可以根据送礼多少分配回赠猪、牛肉。在这次"榔规改革情况说明"中,针对"牯臟礼物"作了如下几条说明:1. 过去过一次牯臟节,寨子大则杀上百头牛、几百头猪,寨子小的也得杀几十头牛,上百头猪。辛辛苦苦几十年,好不容易积攒一点钱,不用来培养子女上学和购买生产、生活用具,而用来买牛,买猪,吃牯臟,大量的挥霍浪费吃光用光,越穷越吃,越吃越穷,这种做法不利于民族进步,也是国家所不提倡的。改革形式后,本支苗族要算账,要觉醒不予支持和提倡是吃牯臟,有钱拿来培养子女上学,发展生产,购置生产和生活用具,不能拿来搞铺张浪费,浪费是可耻的。2. 如果不觉得浪费,不以为耻,反以为荣,非要吃的,不得向姑爹索要牛或牛礼钱,杀牛时根据客人送礼大小分肉,原则是分完肉为止。3. 吃牯臟以禾谷送礼太麻烦又笨重,又不值几个钱。改革之后要取消。送现金或红妆(布)类,利于管理和帮助吃牯臟的人家恢复生产。① 受八开地区"议榔"活动的影响,2009年相邻摆垭山地区苗族支系、2010年3月从江能秋地区一些苗族支系,相继举行"议榔"活动,订立新的"议榔规约",由于三地习俗基本相同,所以改革的内容很相近(但能秋没有牯臟礼物内容)。

  黔东南苗族地区牯臟节文化就像一柄双刃剑,目前苗族村寨还很贫穷,但由于"爱面子"和相互攀比造成很多浪费,也有妨碍生产一面。改革开放以来,牯臟节活动不断恢复与流行又是苗族人民生活水平提高和传统文化复兴的象征,在国家大力提倡弘扬各民族文化的今天,作为当地规模最大、最有特色的牯臟节势必成为黔东南民族文化资源开发利用的主要目标,还会有扩大的趋势,今后将是怎样发挥各地区、各村寨地域个性,重视设计仪式过程,着力提高文化门槛,同时在理性考虑的基础上,注意将牯臟礼物关系设定在令祖先"满意"、亲属认可、苗族同胞都乐意接受的水平上。

---

① 榕江县苗学研究会秘书处编纂:《榕江县苗学研究会工作纪实》,第77~72页,2009年12月内部印刷。

民初至今习惯法的历史变迁分析
——基于山东省 H 村的调研

龚　艳　尚海涛[*]

（中共天津市委党校法学教研部　天津　300191）

摘要：通过对 H 村各类习惯规范的调研，我们看到民初至今习惯法的变迁幅度也许并没有学者们直观印象中的那么大，仍有半数的习惯规范在发挥着钩织乡村社会经济秩序的功用。借鉴文化的变迁机制，习惯法的变迁机制主要有濡化机制和涵化机制。濡化机制主要表现为习惯法在纵向的代际之间的传承；而涵化机制主要是习惯法对其他规范体系的借取。正是在濡化机制和涵化机制的双重作用下，民初的习惯法变迁演化为现今的习惯规范。

关键词：历史变迁；文化拟子；濡化机制；涵化机制

一、引　论

在习惯法的实证研究中，与地域要素和社会关系要素相类似，时间要素也是极为重要的一个研究向度。就时间要素而言，研究者们的直观印象是：自民国初年（以下简称"民初"）至今，随着社会转型的推进，社会结构要素的变化，习惯法一直处于变迁之中，从而当代的习惯法与民初的习惯法已有很大差异。直观印象如此，需要我们追问的是：(1)自民初至今，变迁的是所有习惯法，还是部分习惯法？是否有些习惯法没有变迁或者变迁的幅度不大？(2)若然变迁，它们是如何变迁的？变迁的机制是什么？我们如何从学理上对它们予以解释？围绕这两个问题，下文分两部分进行解释，分别是习惯法历史变迁与否和习惯法历史变迁的机制。

为了阐释上述问题，笔者意欲将民初的习惯法与当代的习惯法进行比较。具体而言，是通过对某一村落的深入调研，察看民初至今这一村落中各类习惯法的变迁轨迹，以期从此种历史变迁中得出结论。基于调研的便利，笔者选取了鲁中地区的 H 村[①]作为此

---

[*]【作者简介】龚艳，女，汉，中共天津市委党校法学教研部讲师，法学博士，研究方向为法社会学、人权理论；尚海涛，男，汉，天津师范大学法学院讲师，法学博士，研究方向为民间法。

[①]　H 村位于山东省淄博、济南和滨州三市的交界处，隶属于淄博市周村区，村旁有胶济铁路和 309 国道通过，交通便捷。全村共有 1085 人，318 户人家，全村大部分劳动力在镇办企业和附近的私营、个体企业中做工，另有一部分人经商或做各种小生意，农业收入只占整个家庭收入的一部分。2011 年全村的人均收入是 7638 元。

次的调研点,寄意通过解剖麻雀的方式以折射鲁省和华北地区习惯法历史变迁的轨迹和风貌。"对民间法研究而言,重要之处不在建立逻辑推演的理论体系,而在寻求事实编织的交往秩序,所以,民间法研究的主要方法,是寻求秩序构造的地方性实证资料,并在此基础上寻求理论突破。"①对民初的习惯法,笔者主要以《民事习惯调查报告录》(以下简称《报告录》)中山东省所记载的习惯规范为主,同时辅以自己对该村落调研的习惯规范;对当代习惯法,笔者主要基于民初习惯规范的参照,通过对村民调研访谈获得。

二、习惯法历史变迁与否

对民初习惯法与当代习惯法之间的比对,笔者的具体方案是:(1)依据《报告录》中山东省所提交的习惯法,确定需要比对的具体习惯规范。当然,这其中所面临的两个问题是:第一,笔者所调研的村落是否皆适用《报告录》中鲁省所列举的习惯规范;第二,调研村落是否还通行着《报告录》中所未列举的习惯规范。于此,笔者对 H 村中的 21 位老者(皆 75 岁以上)进行了访谈,以确定适用于调研村落的民初习惯规范。(2)依据《报告录》的设计并考虑到习惯规范所调控的社会关系,笔者在将这诸多习惯规范划分为物权习惯规范、债权习惯规范和婚姻继承习惯规范三大类的基础上,对于某一大类的习惯规范又细分了数个小类以作比较之用。(3)以民初习惯规范为参照,通过调研以确定当代习惯规范。调研主要是对 H 村中的 60 位中年人(30~60 岁)进行问卷调查并做必要的访谈,以清楚当代习惯规范是如何规定的。

(一)物权习惯规范的变迁情况

《报告录》中山东民商事习惯调查会共提交了 59 条物权习惯规范,但详细察看和分析,我们会发现其中有诸多习惯规范并不属于物权习惯规范。譬如"佃房不得转租"、"赁房解约"、"说合礼"等属于债权习惯规范,而"长孙地"和"增地立契约"则属于婚姻继承习惯规范。若将这些其他类型的习惯规范排除,并把相同内容的习惯规范合并,山东民商事习惯调查会提交的真正物权习惯规范计有 38 条。② 经过笔者的调研,这 38 条习惯规范中适用于调研村落社区的共有 22 条。③

为了比对方便,也为了数据的客观,我们还需要对这些物权习惯规范作进一步的分类。依据物权的权利类型,我们可以将这 22 条习惯规范细分为 5 小类,分别是所有权习

---

① 谢晖:《论习惯法研究的学术范型》,载《政法论坛》2011 年第 4 期。
② 排除的非物权习惯规范中,债权习惯规范包括:死契活口、看青会、积粮社、帮贴牛腿钱、佃户分粮有差等、主不辞客、先买权、打长余、说合礼、赁房解约、转赁、赁房修缮费、草约之效力、买回、赁房解约、佃房不得转租、二八锄地、寄根树共 18 则;婚姻继承习惯规范包括:长孙地、增地立契约共 2 则。合并的习惯规范是典当土地回赎之时期及办法。
③ 不适用于调研村落社区的习惯规范包括:原约不税、当地拨粮、典当不动产回赎无期限、白租、卖头当尾、干股窑和批地窖、实典、轧竖不轧横、转租、赎地时期、指段立约、典三卖四、分砍松柴、山岚放蚕之规则、三年成熟、滥价转典。

惯规范、地上权习惯规范、抵押权习惯规范、典权习惯规范和相邻权习惯规范。下述是比对的详细情形：

1. 所有权习惯规范的变迁

民初习惯规范	当代习惯规范	是否变迁
塌地之所有权仍应存在	塌地之"所有权"仍应存在	部分变迁，所有权含义改变
哄拾棉花	哄拾棉花、花生、小麦等	没有变迁
侵地加倍赔籽粒	侵地加倍赔籽粒	没有变迁

2. 地上权习惯规范

民初习惯规范	当代习惯规范	是否变迁
山主股	山主股	没有变迁
见十抽一	无	发生变迁
地主炭	地主炭	部分变迁

3. 抵押权习惯规范

民初习惯规范	当代习惯规范	是否变迁
死约活签	死约活签	没有变迁

4. 典权习惯规范

民初习惯规范	当代习惯规范	是否变迁
典当土地回赎之时期及办法	无	发生变迁
房倒烂价	无	发生变迁
尽先不尽后	尽先不尽后	没有变迁
租不压典和典不压卖	租不压典和典不压卖	没有变迁
坟地典卖	无	发生变迁
烂地价	烂地价	没有变迁

5. 相邻权习惯规范

民初习惯规范	当代习惯规范	是否变迁
隔道找地	隔道找地	没有变迁
借山不借水	借山不借水	没有变迁
水流原形	水流原形	没有变迁
垄地相邻间之义务	无	发生变迁
滴水地	滴水地	没有变迁
抬牛地	无	发生变迁
无抬牛宅子	无抬牛宅子	没有变迁
站脚地	站脚地	部分变迁
土地转卖原业主得分增价	无	发生变迁

通观上述22条物权习惯规范,可以看到没有变迁的习惯规范有12条,完全变迁的习惯规范7条,部分变迁的习惯规范3条。就此而言,对于物权习惯规范变迁与否这个问题,没有变迁的占54.6%,发生变迁的占31.8%,部分变迁的13.6%。对没有变迁的习惯规范我们暂且不论,因为民初至今这些习惯规范的规则内容和规则形式皆没有发生变化,仍旧通行和适用于H村。对于完全变迁的习惯规范,此种变迁较为彻底,民初的7条习惯规范至今已无踪影,受访年龄大些的村民直言现在这些规则已经不再适用。对于部分变迁的习惯规范,需要我们详细地分析。其中,"塌地之所有权仍应存在"此条习惯规范的权利义务内容没有变化,只是由于法律制度的变更,规则中"所有权"的含义发生变迁,由原来的完全土地所有权变为现今的"半所有权"[①]。"地主炭"习惯规范则是规则的实现形式发生变迁,由民初单纯的给付煤炭给土地的主人转变为现今或者给付煤炭或者给付现金,规则的实现形式增加了。至于"站脚地"习惯规范,之所以言及部分变迁,是因为三条习惯规范中仅有一条习惯规范发生变迁,其余两条没有改变。其中,"建筑瓦房,应距离一尺五寸"和"建筑平房,应距离八寸"两条习惯规范没有改变,现今建筑毗邻的房屋仍是如此。至于"若以胡同之中为界,则建筑应距离三尺五寸(约1米)"则相应发生改变,现今的习惯规范是增加到2米。

(二)债权习惯规范的变迁情况

《报告录》中山东民商事习惯调查会共提交了43条债权习惯规范,加上原有物权习惯规范中的18条,山东省实有债权习惯规范共计61条。只是这61条债权习惯规范多有重复,如仅各地"利率"习惯规范就有8条之多,在合并重复的习惯规范且查清H村适用的基础上,笔者共得到债权习惯规范21条[②]。此外,笔者根据对H村的调研访谈,另行增加了7条适用于当地的习惯规范,分别是定金规范、试工规范、中人规范和议价规范、增契实为卖契、吃割食和田房出卖先尽亲邻。依据债权习惯规范的内容,笔者将债权习惯规范主要区分为5小类,分别是会社习惯规范、借贷习惯规范、买卖习惯规范、雇佣习惯规范和租佃习惯规范。下面是它们的比较情况:

[①] 现今适用这些规范的土地多是村民沿河道开垦的诸多荒地,由于系自己开垦,因此他们享有占有、使用、收益和转让的权能,但毕竟土地仍属于集体所有,因此称之为"半所有权"。

[②] 不适用调研村落社区且合并的习惯规范包括:泰山香会、承还保人之责任、偿还债务之顺序、利率、定银之效力、利率、坐山会、放粮出入之数额、保人不保钱及人钱两保、义坡会、搭钱、债务利率至多三分、找钱、先偿本后偿利、利息不得滚入母金计算、债务不得零星抽还、银号放款取利之办法、财产社、储蓄会、板社、死契活口、看青会、积粮社、帮贴牛腿钱、主不辞客、先买权、打长余、说合礼、草约之效力、买回、赁房解约、佃房不得转租、约据不签押。

1. 会社习惯规范

民初习惯规范	当代习惯规范	是否变迁
长寿会	无	发生变迁
红礼会	无	发生变迁
齐摇会	无	发生变迁
抬丧费	无	发生变迁
油蜡年货会	无	发生变迁
房社	无	发生变迁
看青会	无	发生变迁
积钱社	积钱会	没有变迁

2. 借贷习惯规范

民初习惯规范	当代习惯规范	是否变迁
本利贯	本利贯	没有变迁
偿还债务之顺序	偿还债务之顺序	没有变迁
借贷利率因母金多寡而异	借贷利率因母金多寡而异	没有变迁
野猪还愿	野猪还愿	没有变迁
指地作保	无	发生变迁

3. 买卖习惯规范

民初习惯规范	当代习惯规范	是否变迁
寄根树	寄根树	没有变迁
麦秋债	无	发生变迁
增契实为卖契	增契实为卖契	没有变迁
吃割食	吃割食	没有变迁
田房出卖先尽亲邻	无	发生变迁

4. 雇佣习惯规范

民初习惯规范	当代习惯规范	是否变迁
雇佣契约之期间	无	发生变迁
定金规范	定金规范	没有变迁
试工规范	试工规范	没有变迁
中人规范	中人规范	部分变迁
议价规范	议价规范	部分变迁

5. 租佃习惯规范

民初习惯规范	当代习惯规范	是否变迁
二八锄地	无	发生变迁
转赁	转赁	没有变迁
赁房修缮费	赁房修缮费	没有变迁
赁房解约	赁房解约	没有变迁
佃户分粮有差等	无	发生变迁

通观上述28条债权习惯规范,可以看到没有变迁的习惯规范有13条,占全部债权习惯规范的46.4%;发生变迁的习惯规范有13条,占全部债权习惯规范的46.4%;部分变迁的习惯规范有2条,占全部债权习惯规范的7.2%。一如上文,没有变迁的习惯规范仍旧通行于H村,继续规范着村民间的债权交往,构织着当地的经济秩序。发生变迁的习惯规范主要集中于会社习惯规范,变迁的原因将在下文予以介绍。部分变迁的习惯规范包括"中人规范"和"议价规范"。其中,"中人"规范的部分变迁在于,民初雇佣习惯规范中的"中人"或者是雇工和雇主的亲戚或者是朋友,间或有职业中人,如尚海涛调研的山东邹平县临池村的王世庆就是民国时期的职业中人;①而现今雇佣中的"中人"主要是乡村劳务市场,如H村的村民主要通过H村附近的双沟劳务市场达成雇佣,间或有通过朋友或者亲戚介绍的。"议价规范"的部分变迁体现在,民初雇佣市场中普遍存在着"顺价规范",即每日农业雇佣市场上的第一例交易工价为此日雇佣市场的基本价,随后雇工交易的所有工价只能比此价格高,而不得比它低,也就是顺着业已确定的工价往上走;而现今的劳务市场中普遍没有此种规范的约束。

(三)婚姻继承习惯规范的变迁情况

《调查录》中列举的山东省婚姻继承习惯规范有41条,加上物权习惯规范中的2条,山东省婚姻继承习惯规范共计43条,在合并重复且查清H村适用的基础上,共得到13条习惯规范②。此外,根据笔者对村落中诸位老者的调研访谈,另有孀妇招夫养子、父子相守、打幡、倒插门、相看、订婚礼、"女辞彩礼退一半,男辞彩礼全不退"7条习惯规范也流行于H村。依据习惯规范所调控的社会关系不同,下述分婚姻家庭习惯规范和继承习惯规范两类对于这20条习惯规范进行比对。

---

① 关于民初和现今的具体中人规范,分别参见尚海涛:《民国时期华北地区农业雇佣习惯规范研究》,中国政法大学出版社2012年版。
② 不适用调研村落社区且合并的习惯规范包括:早婚、赘婿冠女姓、侧室扶正、订婚只传大柬、大柬、小帖、登科社、红帖、换号、待嗣、悬亲和允亲、下柬、婚柬书姓不书名、订婚不用钱财、管家婆、有义子无义孙、看孩子、坐山招夫、顶支妻、女户、择贤择爱须经亲族认可、平处、抓土、婚柬之方式、大柬小柬及名号帖之区别、织布养夫、翁父为子女协议离婚、婚约分三种、指路送浆及顶盆。

1. 婚姻家庭习惯规范

民初习惯规范	当代习惯规范	是否变迁
男子早婚及女大于男	无	发生变迁
团员媳妇	无	发生变迁
成阴亲	成阴亲	没有变迁
离婚必盖指印	无	发生变迁
转亲	无	发生变迁
族长有处理同族重大事故之权	无	发生变迁
倒赔妆奁	倒赔妆奁	没有变迁
红帖	无	发生变迁
翁姑为子媳离婚	无	发生变迁
孀妇招夫养子	孀妇招夫养子	没有变迁
倒插门	倒插门	部分变迁
相看	相看	没有变迁
订婚礼	订婚礼	没有变迁
女辞彩礼退一半,男辞彩礼全不退	女辞彩礼退一半,男辞彩礼全不退	没有变迁

2. 继承习惯规范

民初习惯规范	当代习惯规范	是否变迁
打幡	打幡	没有变迁
长房长子不许出继	长房长子不许出继	没有变迁
摔漏盆	摔漏盆	没有变迁
带产过继	带产过继	没有变迁
长孙地	长孙房	部分变迁
父子相守	父子相守	没有变迁

综观这20条婚姻继承习惯规范,我们看到没有变迁的习惯规范有11条,占全部婚姻继承习惯规范的55%;发生变迁的习惯规范有7条,占全部婚姻继承习惯规范的35%;部分变迁的习惯规范有2条,占全部婚姻继承习惯规范的10%。一如上文,没有变迁的习惯法继续规范着村内的婚姻继承秩序,完全变迁的习惯法已被村民废弃不用,重点介绍的是部分变迁的习惯规范,这包括"倒插门"和"长孙地"。现今"倒插门"习惯规范的大部分仍沿用民初的规范,唯一不同的是:民初H村"倒插门"的女婿需要冠女姓,即改变自己的姓氏;而现今已无此种要求,只是出生的孩子随母姓而非父姓,并以儿子的身份对于岳父母行生养死葬的义务。"长孙地"习惯规范的权利义务内容没有变迁,变化的只是由

地改为房屋。

三、习惯法历史变迁的机制

对于习惯法的变迁机制,若我们单纯在习惯法的视阈内探讨,也许无法获得满意的答案,因此只能借助于更大范围内的文化变迁机制对此予以解释。由此,本文讨论的第一个问题就是习惯法和文化之间的关系。

(一)习惯法和文化

对于习惯法和文化之间的关系,我们主要是在解析两者概念的基础上,窥探二者之间的可能联系。在借鉴诸位学者观点的基础上,本文认为习惯法是指在长期的生活和劳动过程中,民众就某一特定事项反复实践所逐步形成的通行于某一区域的具有权利和义务分配性质的一系列社会规范。① 由这一概念可知,习惯法属于社会规范,从而社会规范就是习惯法的上位概念。与之相区别,文化的概念稍显复杂,其原因在于文化概念界定的多样性。根据某些学者的统计,现今学界中关于文化的概念有数百种②,由这一点也可见文化概念的纷繁复杂。当然,此种现象比较容易理解,毕竟不同的概念界定是服务于不同的学术对象和目的的。由此,本文既然是在文化变迁的意义上谈及文化的概念,则学者们对于文化是如何界定的? 于此,笔者主要考察了古迪纳夫、斯特劳斯和格尔茨等人类学家对于文化的界定。

古迪纳夫认为,所谓文化就是指"人们为了以社会成员所接受的方式行事而需要知道和信仰的东西"。由此,"文化是存在于人们头脑中的事物的形式,是人们洞察、联系和解释这些事物的方式"③。同样,斯特劳斯也认为,"文化是人类心智积累性创造的一种共享的符号系统"④。承续两位学者的见解,格尔茨认为,文化是社会成员所共有的一种"交流体系",从而是"由人自己编织的意义之网",它不是由"头脑窟窿之中的神秘过程所构成",而是"由能指符号的交流所构成",由此研究文化就是研究"人们之间共知的代码"。⑤ 基于上述三位学者对于文化概念的界定,本文认为在文化变迁的意义上,所谓文化就是指导人类行为的一套知识系统。对于文化概念的如此界定,本文主要是从文化和人类行为间的关系入手,由此而言文化就是由社会规范、行为准则、价值观等人们精神或观念中的存在所构成。前述言及习惯法的上位概念是社会规范,而文化又是由社会规范所构

---

① 对于习惯法界定的详细论述,参见尚海涛:《法规范学视野下习惯规范的界定——以雇佣习惯规范为例说明》,载《甘肃政法学院学报》2012年第3期。
② 参见韦森:《文化与制序》,上海人民出版社2003年版,第8页。
③ Goodenough W. H. *Cultural Anthropology and Linguistics*, in Report of the Secenth Annual Round Table Meeting on Linguistics and language Studies, Washington D. C. :Georgetown University.
④ Keesing. R. M. *Theories of Culture.* 转引自韦森:《文化与制序》,上海人民出版社2003年版,第16页。
⑤ [美]克利福德·格尔茨:《文化的解释》,韩莉译,译林出版社2008年版,第5、12、14页。

成,由此习惯法与文化之间就是一种从属关系。由习惯法文化和文化之间的从属关系,则文化的变迁机制就可以借用于对习惯法的变迁机制展开分析。

(二)习惯法变迁的濡化机制

文化的变迁包括两种机制,分别是文化濡化和文化涵化。所谓文化濡化(enculturation),是指"人类个体适应其文化并学会完成适合其身份与角色的行为的过程"①。濡化的概念是美国人类学家赫斯科维茨在其《人及其工作》一书中提出的。具体而言,它是指在一个文化体系内部,文化拟子在同种文化主体之间复制和传承的一种变迁机制。文化濡化的特征有:首先,文化濡化主要表现为一个历史的过程,"这样一个过程是极其曲折漫长的,对每一个体,可纵贯其整个生命历程"②;其次,文化濡化的手段主要是教化和学习,通过教化而注入文化拟子,通过学习以保持文化传递;再次,文化濡化的对象主要是某一文化区域内部的个体,从而濡化主要指的是对于某种文化拟子的学习和模仿过程;最后,文化濡化的目的是使得某种文化模式得以保存、维系和传承。借鉴上述文化濡化的讨论,习惯法变迁的濡化主要包括两种机制,分别是习惯法的教化适应机制和习惯法的内化学习机制。

1. 习惯法的教化适应机制

由于民初至今华北乡村基本是处于一种同文化的传承状态,因此包括习惯法在内的社会文化的变迁就主要表现为一种濡化机制,即习惯法由上一代人传递给下一代人,从而是一种代际的传承。"人由于'出生'的偶然性而被'抛到一个特定社会里',这个特定的社会自然有一整套特定的传统。如果这个人要展开自己的生命历程,就必须适应,或者说大体上适应这套传统。"③在这套传统中很重要的一部分即是习惯法,在村民的成长过程中,这些习惯法就会慢慢地深入其意识和观念之中,最终成为其心理结构不可或缺的一部分。格尔茨认为,濡化机制中所传承的是"一种共享和共知的代码",而赖尔称其为一种"默会知识"。在这种心理结构的影响下,其外在的行为表现就是遵守习惯法的规定,而不做那些有违习惯法的事情。就华北地区的乡村而言,乡村内部的家庭有许多种促使习惯法获得遵守的技艺,而其中最为典型的是教化的方法。所谓教化,是指通过说明一种观念或事物的价值、功效等来使被说服者相信它们存在和延续的合理性,它是一个年长者向年幼者、位尊者向位卑者传输和教导的过程。对于乡村中此种教化的作用,费孝通认为是一种权力,名之为"教化权力"。费孝通认为,"每个要在这逆旅里生活的人就得接受一番教化,使他能在这些众多规律下,从心所欲而不碰着铁壁"。同时在教化的过程中,须"不怕困,不惮烦,又非天性;于是不能不加以一些强制。强制发生了权力"④。

---

① 吴泽霖:《人类学词典》,上海辞书出版社1991年版,第230页。
② 钟年:《文化濡化及代沟》,载《社会学研究》1993年第1期。
③ 秋风:《立宪的技艺》,北京大学出版社2004年版,第67页。
④ 费孝通:《乡土中国 生育制度》,北京大学出版社1998年版,第65页。

自然就是教化权力,对于习惯法的教化也是同样的过程。

教化的首要场所在于家庭,包括父母在内的长辈皆是村民受教化的传承者。元代《礼记集说·冠义》曾言:"所谓成人者,非谓四体肤革异于童稚也,必知人伦之备焉。亲亲、贵贵、长长不失其序之谓备。"由此而言,孩童与成人的区别,不仅在于形体这一生物指标,更在于所掌握的社会规范方面。在孩童所接受的社会规范中许多就属于习惯法的范畴,H村的王洪涛给笔者讲述了孩童时他认识"拾花生"习惯规则的过程:

"有年俺和俺二哥去捡花生,到东山一块地里,看人家刨完了,俺们接着刨,那回捡的多,差不多得有小半袋。俺和二哥挺高兴,可第二天前街王家就找来了,原来人家只刨了一遍,还没有捡,俺爹给人家说好听的,最后还把俺刨的还给人家了。听俺娘说才知道,拾人家东西也有规矩。麦子人家割一遍,拾一遍,你才能拾;地瓜和花生是人家刨一遍,还得再翻一遍,你才能去拾。"①

教化的主要场所在于社会,家庭所教化给村民的习惯法毕竟只是一小部分,大部分的习惯法是村民在社会经济生活中习得的,正如康芒斯所指出的:"个人不是凭空从'新人'开始的——他们作为婴儿开始,然后继续作为儿童,后来参加工作,学习使自己适合于习俗。"②H村的尚贞伟给笔者讲述了他认识"本利贯"③习惯规则的例子:

"咱没借过高利贷,不懂其中道道。去年时候,俺干活那厂子趴了,听说老板就是借高利贷还不起和老婆、孩子跑了。那高利贷可狠了,俺老板借了他们一百万,十个月还清,打借条的时候,就直接打了二百万的借条。听说他们借高利贷的都这样打借条,一分息这还是看面子,要是别处,有一分半、二分的。你说咱庄家百姓的谁敢碰那玩意。"④

2. 习惯法的内化学习机制

对于单个的村民和家庭而言,当他面临着一个村落社区内部其他村民和家庭皆遵守习惯法时,此时习惯法就会赋予他一定的义务感和道德感,让这一村民和家庭觉得自己有必要遵守此种习惯法。青木昌彦曾言:"这种道德判断既不是来自抽象的超自然的公理,也不是被外在的权威所强加,而是可能从习俗中演化出来的。"⑤村民们所察觉的此种义务感和道德感,不单在于其他村民和家庭的遵守,且其他村民和家庭的遵守对于维护一个良好的秩序具有好处,还在于此种规范在长时间的施行过程中已经内化入主体的意识和心灵中,从而自己给自己一定的压力和满足感去执行此种习惯规范。换句话说,村民自身之所以具有动力去遵守习惯法,一是基于利害关系,即良好的秩序对于自己的利

---

① H村王洪涛口述,37岁,2012年8月。
② [美]约翰·康芒斯:《制度经济学》(下),于树生译,商务印书馆1962年版,第268页。
③ 所谓本利贯,指借取钱债者,约定利息几分,预计至清偿之期止,共本利若干,统载于借券上,成为总债额,谓之本利贯,但此项借券不再另订利息。见南京国民政府司法部编:《民事习惯调查报告录》(下册),胡旭晟、夏新华、李交发校,中国政法大学出版社2000年版,第471页。
④ H村尚贞伟口述,32岁,2012年8月。
⑤ [日]青木昌彦:《比较制度分析》,周黎安译,上海远东出版社2001年版,第80页。

益维护具有益处;二是基于自己的心理意识,即遵守和按习惯法行为已成为这一主体的第二性本能。在这其中,心理意识对于习惯法的遵守更具有根本性和基础性。

对于习惯法遵循的心理意识主要源于习惯法的价值内化。所谓价值内化是指把习惯法"作为一种社会信息和社会刺激符号对人们的思想、意识、价值观念等发生作用和影响,内化进人们的主观需要之中而对人们的行为所进行的控制。这种控制主要是通过了人的精神因素的影响进行的,是一种间接的内在控制"①。整体而言,习惯法的价值内化首先是一种学习的过程。这一过程自家庭开始,而后通过学校、工作单位和社会等其他机构得以加强。赫斯科维茨曾将学习界定为"濡化经验的那个部分,通过了学习的过程,使一个人能够进到他的位置上而成为他社会中的一个成熟分子"②。习惯法内化为个人的价值观念,同时也是一个社区主体模仿与适应的过程。生活于村落社区的内部,村民每天都与社区内的其他主体打交道,每一位村民要想获得生存并有所发展,就必须获得适应社会和改造社会的能力,这种能力的获得必须遵守相应的习惯法。通过每一个村民的不断学习,习惯法就被内化为个人的价值观念。对于此种内化学习作用,林毓生曾言:"在一个稳定而不僵固的传统架构之内,当学习与模仿在我们工作范围之内我们信服的权威人士具体行为所展示的典范的时候——亦即当学习与模仿他们在遵循普遍与抽象规则而获得的创造活动与风格的时候——我们始能于潜移默化中学到普遍与抽象的规则。因为抽象的规则无法形式化,所以没有按图识路、明显的步骤可循,只有在学习与模仿具体范例的时候,才能于潜移默化中学到,并使之变成'支持意识'的一部分,借以发挥我们的创造能力,经由这种过程学到的普遍的与抽象的规则,对其权威性自然是志愿地服膺与遵从的。"③

(三)习惯法变迁的涵化机制

与文化濡化相对应,文化涵化(aculturation)也是文化变迁的一个重要概念,它是由赫斯科维茨在《涵化——文化接触的研究》中提出,主要是指"由两个或多个自立的文化系统相连接而发生的文化变迁"④。具体来说,涵化主要指在不同文化系统之间文化拟子的复制和传播的一种变迁机制。一般而言,文化涵化主要有下述特征:首先,文化涵化或者发生于力量和发展程度相当的文化系统之间,相互借鉴和模仿;或者发生于力量和发展程度不相当的文化系统之间,强势文化整合弱势文化。其次,文化涵化的手段是传播,此种传播主要表现为是在平行文化系统之间文化拟子的传递。再次,文化涵化的目的是使得某种文化模式得以繁衍和扩散。如若说在封闭的社会中,习惯法的传承主要是濡化在起作用的话,那么在开放的社会中,规则的传播和交流主要是涵化机制在发生着作用,

---

① 姚建宗、李宪明:《试论法律行为的社会控制》,载《经济·社会》1994年第2期。
② 王云五、芮逸夫等:《云五社会科学大辞典·人类学》,商务印书馆2000年版,第297页。
③ 林毓生:《中国传统的创造性转化》,生活·读书·新知三联书店1988年版,第79~80页。
④ 黄淑娉:《文化人类学理论方法研究》,广东高等教育出版社2004年版,第224页。

这一点在转型时期的乡村地区体现得尤为明显。基于上述观点,本文认为所谓习惯法变迁的涵化机制,主要是指习惯法文化系统在与国家法文化系统相接触时,由于国家法文化的强势入侵和整合而导致习惯法文化发生变迁的社会机制。对于涵化的研究,主要聚焦于涵化过程。借鉴勒斯戴尔和马克对于涵化过程的研究①,习惯法的涵化过程可以分为三个阶段,分别是不统一阶段、否定性阶段和独立性阶段。

1. 不统一阶段。这一阶段中,拥有习惯法文化背景的村民在初始接触与习惯法相异的国家法时,往往表现出对于国家法文化的诧异和不适应,由此引发自己对于习惯法文化和国家法文化的思考。H村原村书记王福坤就给笔者讲述了他认识《婚姻法》彩礼规则的例子。根据笔者的调研,H村彩礼习惯规则主要是"女辞彩礼退一半,男辞彩礼全不见",即若女方在订亲后辞婚,须退一半彩礼;若男方订亲后辞婚,女方无须退还彩礼。此种习惯规则与我国最高人民法院颁发的《婚姻法》司法解释②是相冲突的,下述这个例子恰恰体现了此种冲突:

"俺庄郭方为家的大闺女说了前坡婆婆家,两家2005年10月份订的婚,后来还没结婚小男孩就出了点事,郭家不太愿意,想散亲。男方家算了算账,彩礼、首饰、订婚酒席加上平时给女孩买的东西大概得4万来块钱,就叫郭家赔。郭家说赔一半,男的家不愿意,叫他们全赔。为这两家闹出事了,咱就调解。咱这边是俺和村长加上老郭,人家那边是小孩他爸加上个叔,那叔听说是干法院的。一上来商量,他叔就说了,现在不能按老规矩办了,得按法律来,法律规定的是全赔,他们法院现在就这样判,要不行咱就打官司。咱这一听就有点愣怔,心里嘀咕着这法律咋还和咱平时处理的不一样了呢。俺和村长就赶快往中间和稀泥。最后商量一上午才商量好,郭家把首饰和彩礼还给人家,平时买的东西折合5000块钱给人家,酒席钱给人家出一半,这退亲赔的绝对是破天荒头一遭。"③

在这个例子中我们看到,纠纷双方间的争议根源与双方所持有的规范间的冲突,女方所持有的是习惯规则"女辞彩礼退一半、男辞彩礼全不见",而男方由于他叔这一国家法代表的加入所秉行的是最高人民法院的司法解释。当习惯规则与国家法规范出现冲突时,纠纷双方的处理结果是倾向于国家法规范,之所以如此在于国家法规范拥有最后的处理手段"要不行咱就打官司"。这一协商的结果使得村书记的王福坤出现了一定的不适应。借由此种感受和认识,他一直疑问以后碰到这样的事按啥规矩处理?

2. 否定性阶段。这一阶段中,拥有习惯法文化背景的村民察觉到习惯法与国家法之间的差异,并经由某些事项体验到国家法给他们带来的压力和困惑,同时对于国家法文

---

① See Drew Nesdale & Anita S Mak, *Immigrant Acculturation Attitudes and Host Country Identification*, 10 Journal of Community & Applied Social Psychology 485 (2000).

② 《婚姻法》司法解释(二)第10条规定:当事人请求返还按照习俗给付的彩礼的,如果查明属于以下情形,人民法院应当予以支持:(一)双方未办理结婚登记手续的;(二)双方办理结婚登记手续但确未共同生活的;(三)婚前给付并导致给付人生活困难的。

③ H村王福坤口述,63岁,2012年8月。

化产生了否定性的倾向。作为 H 村红白事大总的尚克淮给笔者讲述了一个"赠契实为卖契"的例子,正是经由此案使得 H 村村民对于国家法的不认同和否定性评价提升到了一个新的高度。

"王家兄弟两个,老宅子大门朝南,北屋和西屋分给老二了,东屋分给老大了。老二想翻盖屋,想老大在外头工作东屋也不用,就想买过来。他这找了俺,还有他二叔老王做见证人,作价七百五买了老大东屋。这不还没翻盖,国道改路正好把他家宅子占了。那东屋补偿了 2 万来块钱。老大看到这不干了,想把钱要过去。叫咱说哪有那么轻巧的事,找的见证人,立的文书,你说不干就不干了。后来老大就到法院起诉了,结果法院判那东屋是老大的,你说法院这么判还有天理嘛!"①

听了尚克淮所讲述的案子后,笔者生出了诸多疑虑。带着这些疑虑,笔者找到了当事人王福兵(老二)和地方法院的法官了解到了法院如此判决的两个原因:一是王家兄弟之间所签订的是一份"赠契"而非"卖契"。原来在 H 村的买卖习惯法中,若是亲兄弟之间买卖房屋田产,基于兄弟之间不言利的规矩,则在立契约时不写"卖契"而写"赠契"②。二是当事人王福文(老大)没有收受王福兵的 750 元钱。王福文之所以没有收王福兵的钱,主要在于他长年在外,基本是王福兵在家照顾双亲,因此为了补偿弟弟照顾父母的情分就没有收这 750 元。基于上述两点理由,法院判决这是一份赠与合同而非买卖合同,加之房屋没有办理过户手续,因此法院最终将房屋判决给王福文所有。

由这一案例我们看到,纠纷的发生还是由于双方对所持有的规范认识不同。习惯法认为赠契就是卖契,而国家法认为赠契就是赠契,由此产生了双方间的对立和冲突。当然,这其中不得不提及王福文,基于对习惯法和国家法的深入理解,他在这一案例中采取了机会主义行为,使得自己的利益最大化。经由这一案例后,村民们对于习惯法和国家法的关系又有了新的认识,即"和村里人讲规矩,和外头人讲法律",这颇有些属人主义的味道。需要提及的是,王福文自这一案件后再也没有回过 H 村。

3. 独立阶段。在这一阶段中,村民们开始正视习惯法与国家法间的差异,并能够较为自如地在国家法和习惯法之间进行选择适用,由此也引发了习惯法向国家法靠拢的方向性变迁。下面试以 H 村发生的一例雇佣纠纷进行说明。

郭方仁的工作主要是贩运木材,其所使用的工具是一辆自己购买的农用三轮车。有次贩运木材时,由于木材的体积较大,他就从劳务市场中雇佣了一名雇工,年龄 65 岁。不幸的是在往车中装木材时发生了意外,致使车上的木材滚落,砸伤了装车的这一雇工,且伤势比较严重。在发生这一事故后,雇主郭方仁和雇工的儿子达

---

① H 村尚克淮口述,77 岁,2012 年 8 月。
② 附该案中的赠契:"立赠契:奉祖母命、奉父母命,王福文将现有东屋三间,东屋南头过道一间,其东屋门窗俱全,宅基地北至墙外,布尺半尺滴水檐为界,南至合伙巷,东至叔父王炳坤西屋后边,南北取直布尺半尺滴水檐为界,西界合伙天井。四至说明因与胞弟同居一院,胞弟(房屋)修建不便,经全家同意,愿将宅基赠与胞弟王福兵,永远居住为业,胞弟王福兵蒙兄之情,将现金七百五十元赠与兄王福文,以作互赠之情,空口无凭立赠契为证。"

成了协议:对于雇工的医疗费用,郭方仁需要负担45000元;在这之外,若还需要医疗费用,将由雇主郭方仁与雇工的儿子对半负担,即各自承担50%。对于纠纷的这一处理结果,我们既可以看到《劳动法》的痕迹,同时也可以感受到雇佣习惯法的印记。《劳动法》的适用痕迹主要表现在雇主对于雇工赔付的45000元方面,这部分赔偿完全符合《劳动法》的规定,同时雇主之所以赔偿如此多的数额也在于主雇双方都明了《劳动法》的规定;遵循雇佣习惯规范的印记主要表现于后续的处理方面,之所以由雇工与雇主各负担一半的医药费用,也是在于雇佣习惯规范的影响,毕竟雇佣习惯规范中对于工伤的处理有着一定的限度和范围。

从这一案例中我们看到,纠纷双方既明了国家法和习惯法的区别,同时又创造性地将有差别的二者结合起来以处理所面临的纠纷。由此而言,秉持习惯法文化的村民们已经能够正视习惯法文化和国家文化之间的差别,从而较为自如地选择适用国家法和习惯法。

论转型时期民间治理的规范与心理
——从一次基层法律实践调研说开[*]

陈 光[**]

(大连理工大学人文与社会科学部公共管理与法学学院 辽宁 大连 116024)

摘要：在社会转型时期，民间治理有着独特的时代发展内涵，对此可从结构与功能两个层面分析。民间治理结构包括治理主体、依据、内容和程序等要素，具有保障秩序、协调利益和增进福祉三种基本功能。作为治理依据的规范包括国家法律、民间法、软法和公共政策等多种形式。合理的规范结构应该是一种多元平衡的状态。对民间治理主体行为及规范作用效果的研究，离不开对治理主体规范心理的分析。民间治理主导主体与参与主体在规范心理方面存在很大的差异，前者的辛劳似乎并没有提升后者对规范的信任。这也表明，实现心理层面的社会转型依然道路漫长。

关键词：社会转型；民间治理；结构与功能；规范；心理

当下我国正处于社会转型时期。学者们对法律的研究可以有多种视角，无论是从法律的内部还是外部，都可以作很多文章。然而，苏力告诫道："在这样一个时期，你可以用'中国'或'转型时期'或'法治'这样的大概念抹去一切差别，但是你不能用这些概念本身来解决任何问题。"[①]的确如此，我们不应仅仅停留在概念推演和逻辑思辨层面上，而应深入到中国法律实践的真实生活中，去发现现实问题并有针对性地提出解决问题的建议。2012年暑期，笔者与几位同事和学生一起赴辽宁沈北新区进行调研。几日下来，笔者感悟到：无论是怎样的法律术语和理论，终究都要受到法律是实践理性这一特性的检验，唯有在社会现实尤其是基层法律实践中才能更好地检视各种法律理论。

一、转型中国语境下民间治理的结构与功能

"民间治理"概念本身的表述需要加以明确。"民间"是一个本土化的词语，但它不等同于"乡土"或"乡村"，也即"民间"所指称的社会范畴或属性不唯独包括乡村或农村，我们可将其理解为一种与"官方"相对(对应而非对立)相融的场域。传统语境中的"治理"

---

[*] 2012年度辽宁省社会科学规划基金项目：社区治理中软法问题——以辽宁省为例(L12CFX012)。

[**] 【作者简介】陈光(1982—)，男，山东莱州人，法学博士，大连理工大学人文与社会科学部公共管理与法学学院讲师，硕士生导师，主要研究方向为立法学、法律社会学。

[①] 苏力：《送法下乡——中国基层司法制度研究》，中国政法大学出版社2000年版，第5页。

主要包括"统治、管理"和"处理、整修"两种含义(见《现代汉语词典》)。在我国法律文本中,"治理"这一概念也经常出现,但其沿用的是传统语境下的含义,即在某种意义上等同于"管理"。例如,《治安管理处罚法》第6条规定:"各级人民政府应当加强社会治安综合治理,采取有效措施,化解社会矛盾,增进社会和谐,维护社会稳定。"我们在对沈北新区某乡镇司法所进行调研时,在所长办公室墙板上载明的"司法所主要职责"及"工作目标"中分别有关于"治理"的表述(后来在其他司法所中也发现相同的墙板,虽然墙板挂的地点不同但有关这两项的内容是一致的),而且在条款数目有限的情况下出现了三次。在"司法所主要职责"一栏中,第8条载明:"参与社会治安综合治理工作。"在"工作目标"一栏中有关"依法治理"的目标是这样表述的:"积极开展依法治乡镇(街)、依法治村(社区)活动,开展民主法制示范村(社区)创建活动。辖区内依法治理达标单位达70%以上。"当笔者询问该所长如何理解"治理"的含义时,他认为治理就是整治,或者是制定一些规章办法,然后根据这些制度进行管理。这或许也是大部分基层法律工作人员对"治理"的一般性理解。

然而,当前国内外公共管理学者所使用的"治理"与我们传统语境下的"统治、管理"的定位相反,它反映的基本理念是在协调社会利益关系过程中应改变单纯依靠政府统治的方式,而应引进市场竞争机制和网络化的合作等方式。从这个意义上讲,"治理"是一个舶来词,其所对应的理念及理论更是本土难以生成的。虽然如此,我们仍然可以将治理理论放在中国语境下进行理解和探讨,赋予其新的本土化的含义。或许在中国实现该理论所描绘的社会结构或状态与西方相比会有很大差异,但是治理理论所强调的协商、分享与合作等理念却是可以在我们的社会结构的重整、制度内容的设计以及价值理念的重构中予以反映的,并且这些也应该成为社会转型的目标或方向。对于民间治理的时代内涵,我们可从结构与功能两个方面加以理解。

一方面,从结构上看,民间治理由治理的主体、内容、依据和程序等要素构成。在当前中国语境下,治理主体包括主导主体和参与主体。主导主体包括各类政府机构尤其是基层部门、具有社会管理功能的事业单位以及社会自组织团体等,他们具有相应的政治权威或公共权力,是各种民间治理活动的主导者。参与主体则是一般的社会民众,根据其社会身份或职业等可具体分为城镇居民、村民以及处于两者之间的群体(如进城务工者)等。从内容上看,民间治理涉及的事务非常广泛,它涵盖社会生活的方方面面,包括政治的、经济的、文化的以及环境的等。由于我国尚处于社会转型时期,国家公权力或称官方的力量依然强大,市民社会及社会公共自治领域尚未形成,所以在涉及这些事务的民间治理过程中,主导主体的权威和权力依然会比较重要,民间治理与官方治理的分离不是很明显。治理依据指的是民间治理过程中所遵循的各类规范。在这些规范中,与官方权力密切相关的法律依然是主要的,但诸如民间法、软法等规范形式的作用也逐渐被重视。民间治理是一种程序性治理,只不过不同事项的治理所适用的程序也不同。例如,执法人员要严格按照法定程序进行,而进行民间调解时对程序的要求则比较灵活。

对于民间治理结构,我们可结合调研中所了解的纠纷排查机制进行解析。在一司法所的制度文档中有关于纠纷排查制度的专门规定,即所谓纠纷排查制度是"司法行政机关和人民调解组织,根据本地区纠纷的特点、规律及问题,有针对性地采取措施,进行民间纠纷摸底、登记、分类处理的一项工作制度"。该司法所同时还设置有登记簿。在该登记簿上简要记载了司法所近年来所调解的民间纠纷。其中有这样一起纠纷:当事人赵代瑞将 1.44 亩承包土地转包给马守玉耕种,后来当地土地承包价格上涨,赵代瑞要求马守玉每亩增加 100 元租金被拒绝而发生纠纷。在司法所与村调解组织进行纠纷排查时得知了该纠纷的存在,司法所工作人员遂介入该纠纷并进行调解。经司法所工作人员的调解,最终当事人双方达成调解协议,承包人马守玉同意按每亩增加 100 元的标准加付租金,赵代瑞则保证在土地转租期间不再对租金进行涨价。在该案中,司法所工作人员和纠纷当事人双方属于治理主体。由于该纠纷是在有着官方身份的基层司法机关在进行纠纷排查时被发现并主动介入,调解方案也主要是司法所拟定的,所以司法所工作人员属于主导主体。纠纷当事人双方最终接受了调解方案,纠纷也确实化解了,这表明主导主体的行为离不开纠纷当事人双方的参与和配合。双方当事人土地转包金的纠纷属于治理内容,这一点是比较明确的。在治理依据方面,本案所反映出的问题非常值得深思。《农村土地承包法》等国家正式法律条文并没有被引作纠纷处理依据,但纠纷的处理也的确不是任意的并且具有实践合理性。从最终的处理结果来看,对纠纷双方当事人的利益遵循公平原则进行现实性的衡量或许是司法所工作人员进行调解时潜在的依据,并且据我们对司法所调解的其他民间纠纷的了解和分析,几乎都是遵循这一原则性依据,或许我们可以称这一原则性依据为民间(或习惯)法。由于是调解的方式,所以治理程序并不严格,大体经过司法所工作人员先是分别听取双方当事人诉说,再进行劝解调和,最终达成一致并签署协议这样的程序。

另一方面,从功能上看,民间治理具有保障秩序、协调利益和增进福祉三项基本功能。任何社会都内含相应的民间治理机制,只不过在不同的历史时期和社会形态中,民间治理结构会有很大的不同。例如,马林诺夫斯基通过对特罗布里安德岛的土著居民纠纷调解的考察发现:"难得一见的争吵一旦发生,就要采用公众规劝(yakala)的形式,将得到各自的朋友和亲戚支持的双方召集碰面,双方相见,各人慷慨陈词,互相指责。"[①]当前我们社会中从属于民间治理的纠纷调解机制则与之迥然相异,也丰富得多。但无论何种历史时期或社会形态下的民间治理,都承载并发挥着保障秩序、协调利益和增进福祉三种功能,并且每种基本功能对应着不同的价值理念。其中,保障秩序功能以秩序或稳定为基本价值追求,协调利益功能以正义或公正为价值定位,而增进福祉则对应着效益或功利的价值。

民间治理的这三种职能之间并非天然协调的,不同的社会形态下所形成的民间治理

---

① [英]马林诺夫斯基:《原始社会的犯罪与习俗》,原江译,云南人民出版社 2002 年版,第 38 页。

结构不同,其所强调和发挥的实际功能也会有所侧重。例如,压制性政权或专制政权下的民间治理首要的功能是保障有利于维护专制利益的秩序,稳定便是这种社会形态下民间治理的首要价值,因为"压制性政权是把所有的利益置于危险之中的政权,尤其对那些不为现行的特权和权力体系所保护的利益来说,就更是如此"①。转型时期的中国正由前现代社会向现代社会过渡,民间治理结构中仍保留了大量的前现代因素(尽管这种情况在不同的地域或民族中会有很大的不同),民间治理的功能仍以保障秩序和增进经济福利为主,以正义或公正为价值定位的利益协调功能尚未得到充分的发挥。

民间治理的结构与功能只是我们分析民间治理的一个理论框架或模型。若要更加清晰地发现特定时期的社会发展存在的问题并提出针对性的改进建议,离不开对民间治理两个重要参数——规范和心理的研究。其中,作为民间治理依据的规范,其形式、内容及结构关系在很大程度上决定着民间治理结构的类型或属性,并反映着民间治理结构所对应社会的形态及特点。对治理主体规范心理的研究则有助于我们从治理主体的角度切入来更好地理解民间治理为何以此种结构存在并运行。

二、民间治理结构的依据之规范的多元平衡与适用问题

治理依据是民间治理结构的核心要素,民间治理的功能及所对应的价值也同样体现在作为治理依据具体表现的各类规范之中。其中,由国家特定机关制定的法律在这些规范中显然处于主导地位,尤其自国家从社会中分离出来之后,便属于基本的治理依据。美国社会法学家庞德认为:"在近代世界,法律成了社会控制的主要手段",而且"在当前社会中,我们主要依靠的是政治组织社会的强力"。② 然而,马克斯·韦伯也曾指出:"在共同体中被认为有效的规范不一定都是'法律规范'。构成共同体强制力机制的人所起的官方功能并不都是与法律强制力有关。"③笔者认为,民间治理中可以作为治理依据的规范形式是多元的,除了国家法律外,还包括民间法、民族习惯法、软法、公共政策以及其他对治理主体行为能够产生有效影响的规则。公平正义的理念在很多情形中也独立发挥着规范的功能。对于这些规范类型,无论是各自的含义与特征还是相互间的关系,学者们都有着较丰富的论述。然而,将各类规范形式置于民间治理的结构框架内,并且同样以结构性的眼光来探讨各类规范形式之间的综合性关系,则较为少见。

所谓以结构性眼光来探讨各类规范形式之间的综合性关系,指的是我们可以在民间治理结构框架内,将国家法、民间法、民族习惯法、软法及公共政策等视为承载不同功能却又相互关联的规范形式,其相互关联性具体表现为界分、冲突、互助与融合等。不同形

---

① [美]P.诺内特、P.塞尔兹尼克:《转变中的法律与社会:迈向回应型法》,张志铭译,中国政法大学出版社2004年版,第32页。
② [美]罗斯科·庞德:《通过法律的社会控制》,沈宗灵译,商务印书馆2010年版,第12页。
③ [德]马克斯·韦伯:《论经济与社会中的法律》,张乃根译,中国大百科全书出版社1998年版,第15页。

式的规范在不同的民间治理场合中单独地或共同地出现并发挥相应的规范功能。只要规范之间有界分或差异便可能会产生程度不同的冲突,但是规范冲突在不同的民间治理结构运行中会经由相应的冲突解决机制来避免、解决或减小影响。更多的场合中,各类规范之间会在功能分工基础上进行互助或合作,共同实现民间治理所承载的功能。也正是在冲突与互助的过程中,各类规范之间的界限会出现程度不同的模糊,相互间的转化与融合也是一种不可避免的关系或现象。理想的规范结构应该是一种"各美其美、美人之美、美美与共"的多元平衡的结构状态,即各类形式的规范首先很好地实现各司其职,又能在治理实践需要的时候自觉地实现互助,以在最大限度上保障民间治理各种功能的实现。

寻求民间治理中多元平衡的规范结构建立的前提是合理地界分各类规范的内涵与外延,并正确地认识各类规范之间的融合关系。目前学者们对国家法与民间法的界分与融合关系的分析较为透彻,而在国家法与软法以及民间法与软法的关系问题上则缺少深入研究,有些分析或观点也不甚妥当。例如,在对待国家法与软法关系问题上,梁剑兵曾论述道:"在合理存在的官僚政治体制中,即使是经过正式立法程序的国家制定法,如果其功能仅仅限于表明立法者的态度、立场、观点、看法,或者某具体规范本身仅仅具有告示、指引、评价、预测和教化功能,却不被附加上实现其硬法律应有的强制功能的可操作性时,这样的法律即使具备规范性法律文件的外表形式却在实际的法律生活中不可能具有法律实效,它们也可以被界定为软法。"① 在讨论习惯法与软法的转化关系时,郑毅认为,习惯法可以通过直接承认或间接承认的方式实现向软法的转化,国家也可以通过制定软法的方式对软法加以尊重与承认。② 可见,两位学者都认为软法与国家(或官方)权力或国家机关的行为有关。这种观点值得商榷。虽然两人都指出了软法与国家法或习惯法的转化关系,但是没有对国家法、软法和习惯法三者作明确地界分,甚至混淆了软法与国家法的界限。根据笔者的理解和界定,软法是社会成员基于公共生活尤其是团体生活的需要而自觉创制的一种规范形式,它存在并运行于社会公共关系领域,其典型表现形式是各类社会团体或公共组织共同制定的社团章程或组织规约。③ 总之,国家法对应着国家公权力运行领域,民间法对应着公民的民间私域交往领域,而软法则对应着公民社会公共活动领域。

此外,在国家权力运行领域及社会公共活动领域还存在大量的纪律性和操作性规则,这些规则是国家机关或社会团体针对其成员而制定,涉及的内容也非常广泛,从考勤到仪表,从会议规则再到具体的工作细则,这些也都会在具体的民间治理过程中对治理主体尤其是主导主体的行为产生实质影响。例如,在前文提到的司法所制定的人民调解规范准则文档中有调解主持人规则、记录人规则、调解人规则和当事人规则。这些规则

---

① 梁剑兵:《论软法与民间法的耦合与界分》,载《法治论丛》2009 年第 6 期。
② 郑毅:《论习惯法与软法的关系及转化》,载《山东大学学报》(哲学社会科学版)2012 年第 2 期。
③ 陈光:《多元规则平衡中软法与民间法的界分与互助》,载《太平洋学报》2012 年第 8 期。

中既有纪律性的要求、原则性的规定,还有程序性的规则。如"主持人规则"中有关于主持人义务、品德及形象的综合性的原则性的要求,即"调解主持人廉洁公正,匡扶正义,主持公道,以理服人,不徇私情,大公无私,真正体现调解干部的良好形象"。在"调解人规则"中对调解人与主持人的关系,以及调解人的职责也有规定,即"调解人在调解主持人领导下进行依法调解,要认真熟悉案情,掌握双方当事人的心理活动情况";"调解人要严肃认真,深明大义,主持公道,掌握调解过程和调解技巧,指导人们认识错误事实所造成的社会危害和想象不到的后果,真正做到调解一案,教育一片"。应该说,在强调"依法治理"的基层司法实践活动中,此类纪律性和操作性规则的数量越来越庞大。如果从立法技术的角度来评价这些规则条款,显然在立法语言和规则表述等方面都存在很多问题,但是这些规则在民间治理过程中却发挥着不可替代的作用,它们不仅对民间治理主体尤其是主导主体施加了有效的约束,而且还是实现国家法和软法与民间治理活动有机连接、推动民间治理在各个环节有效运转以及民间治理规范结构趋向多元平衡的必要中介。

在民间治理过程中,治理主体会根据具体情形中的需要来选择适用特定形式的规范或者规范组合。选择适用何种规范往往会基于后果主义考量,也即从实现民间治理三种基本功能中的一种或多种出发来作选择。这正如美国大法官卡多佐在论述法院职能时所指出的那样:"在我看来,法院的职能并不是必然接受那些100年前或150年前被认定为是政策规则的东西,而是要以一种为情况许可的、最接近精确的方式来确定,什么是适合目前时代的政策规则。"① 具体到个案,就是要求治理主体尤其是主导主体应结合具体案件来选择和构建最适用裁判本案的规范,并且在很多情况下要辅之以恰当的法律解释、法律论证和利益衡量等法律方法。在沈北新区法院进行调研时,一位法官向笔者提到了法律解释的问题。在一起民间借贷案件中,当事人之间立有书面欠条并设定了担保,但有关担保的表述为:"刘某自愿以自家所住房屋为借款人王某作担保",担保人处落款为"刘某",而在"刘某"名字的正下方还署有"郭某"(系刘某的妻子)的名字。后因借款人无力偿还借款被诉至法院。案件审理过程中,关于郭某的法律地位发生了争议。出借人主张郭某为连带保证人,而刘某和郭某则主张郭某只是见证人,其签名仅表示郭某同意刘某以其夫妻所住房屋作担保。法官最终支持了郭某的说法。对此,法官的解释是要综合考虑欠条订立时当事人的心理、法律知识和一般人的习惯等因素,以最能合理反映当事人在当时情景中的想法或意图来解释欠条上的有关文字和签名的法律意义。法官的这一回答使笔者对法律解释的含义和运用有了新的认识。

根据治理内容的特点及需要选择规范并对规范作最合理的解释,这是民间治理中规范适用的一般样态。而在有些案件的规范适用中,治理主体用来作为治理依据的规范的选择并不是很恰当,但是这并没有从根本上影响案件的处理结果或纠纷的化解。例如,

---

① [美]本杰明·卡多佐:《司法过程的性质》,苏力译,商务印书馆1998年版,第59页。

在一司法所的法律咨询登记簿中有这样一条记录:咨询人佟某的老伴与其分居并到儿子家住了好多年了,老伴向他索要三亩地的转包费和粮补款,佟某询问是否该给老伴这两笔钱。就本案涉及的法律问题而言,最准确的规范应该是婚姻法中关于夫妻共同财产的规定,但司法所工作人员在解答时并没有选择这方面的规范,而是作出了这样的解答:土地是国家赋予每个公民生存最基本的条件,佟某没有理由不给老伴土地转包款和粮补款。对此,我们可以从适用法律规范准确性的角度来给予指正,也可以从民间治理功能之保障秩序和协调利益的角度来给予肯定,毕竟在司法所工作人员对该案咨询问题所做的解答中,其选择的规范与依据婚姻法规定所得到的结论是一致的。当民间治理以后果主义考量也即以最终是否有利于实现治理的功能作为评价治理效果的首要标准时,治理主体是否选择了准确的规范依据似乎并不是很严格的要求,而这也是转型时期民间治理的一个重要特点。

三、治理主体的规范心理及其转型

民间治理最终所指向的对象是个体的行为及相应的交往关系,而任何个体的行为都是在一定的心理状态支配下作出的。若要更好地理解民间治理主体的行为以及治理规范的作用效果,离不开对治理主体规范心理的分析。不仅如此,社会的全面转型不仅包括政治、经济、文化和社会等领域制度、器物层面的转变,更包括民众在从事上述领域活动时心理层面的转变。法国学者勒庞对此也有相同的判断,他认为:"真正的历史大动荡,并不是那些以其宏大而暴烈的场面让我们吃惊的事情。造成文明洗心革面的唯一重要的变化,是影响到思想、观念和信仰的变化。"[①]在调研过程中,笔者与法官、司法所工作人员、派出所警察以及普通百姓等的不同社会角色进行交流,从他们关于法律实践和认识的言谈举止中能够隐约感受到当前民间治理主体规范心理的复杂性,更感慨社会在心理层面实现完全转型的艰难性。

作为民间治理的主导主体,他们对规范的理解和态度反映了国家公权力和社会公权力享有者和行使者的规范心理,也直接影响到他们在民间治理中所追求的目标及所采取的措施。对于主导主体的规范心理可从以下几个方面来把握和分析:

一是无论是基层法院的法官、司法所负责人,还是派出所的警察,他们都认为规范尤其是国家法律应该得到尊重和遵守,也都认为自己在处理案件中基本做到了依法公正。沈北新区法院的一位法官告诉笔者,她本人毕业于省内某名牌大学法律系,受过系统的法学教育,对于法治理念和要求也有很好地理解,在司法实践中会遵循"以事实为依据、以法律为准绳"的原则来裁判案件,但由于社会转型时期民众的法治观念和法律知识比较薄弱,她会尽可能地做到既依照法律规定裁决案件又针对个案实际情况进行利益衡

---

① [法]古斯塔夫·勒庞:《乌合之众——大众心理学研究》,冯克利译,中央编译出版社2005年版,第1页。

量。当问到在审判案件中是否会受到法律以外的因素影响包括来自领导的压力时,她的回答是这种情况极少,因为有法律的明确规定,谁也不敢枉法裁判,这是一个原则性立场。其实,不仅这位法官有这样的认识和做法,司法所工作人员以及派出所警察也都认同并表示会严格秉持这样的立场和原则。对于国家法律之外的其他形式的规范,如民间法和民族习惯法等规范,上述人员也都表示会在不违反国家法律的前提下,尽量予以尊重并根据需要加以适用。这些都表明,尊重并遵守规范已经成为绝大多数民间治理主导主体基本的规范心理,尽管在具体的民间治理实践中其对尊重和遵守规范的严格性可能会有所损益。

二是让民间治理主导主体感到苦恼的是他们在承担繁重的治理事务的同时,还要面临参与主体对其治理过程和治理结果不信任所带来的压力,尤其是对于法官来讲,当事人的上访活动给予了他们工作以很大的压力。当前,在基层法院中每位法官的工作量是非常繁重的,尤其是民事审判庭的法官,有的每年甚至要审理300多起案件。调研中一位民庭的庭长告诉笔者,其实选择法官这个职业,所付出的劳动和收入并不成正比,即使是下班后和节假日脑子里也常常在考虑某个案件该如何裁决的问题。此外,不止一位法官对笔者提到当前当事人针对法院裁决进行信访给他们所带来的重大压力。虽然法官们都认为自己能够并已经做到了依法公正裁判案件,但是由于有的当事人对法院和法官的不信任或者苛求,即使对裁决结果有微小的不满也试图通过上访或找媒体来给法院和法官施加压力,部分当事人的这些举动给他们依法裁判案件造成了潜在的负面影响,使得他们在许多情形下不能也不敢完全按照法律规定进行裁决。

社会心理学研究者认为,自我效能是个体对自己能力的一种自我评价,"在日常生活中,自我效能指引我们制定有挑战性的目标,并在面对困难的时候具有较强的韧性"[1]。然而,当个体的努力加坚持并没有获得预期成就时,个人的自我效能感就会降低并产生挫败感,此时也容易产生偏见。对此,著名社会心理学家A.班杜拉指出:"当没有行为能够产生一个择定的结果,或者外在的结果与行动的水平或质量联系不紧密时,结果预期就可与自我效能的评判相分离。这样的结构安排会导致社会偏见的介入,使相同的行为成就产生不同的乃至不平等的结果。"[2]对于法官以及其他一些从事民间治理的主导主体而言,他们认为自己在工作岗位上已经足够努力,但是这些努力在很多时候会因为来自业务外的压力而得不到认可,时间一久,他们中的许多人便会逐渐产生挫败感和社会偏见,并在不同程度上放弃之前对规范的敬畏与严格遵从的态度。部分主导主体还会产生屈从心理。作为一种心理机制,屈从"使个体的行为在违背人格特征的情况下束缚于权威系统"[3]。例如,在司法尚未完全独立,法官裁决案件时不仅要考虑法律规定,还要兼顾

---

[1] [美]戴维·迈尔斯:《社会心理学》,侯玉波等译,人民邮电出版社2006年版,第41页。
[2] [美]A.班杜拉:《思想和行动的社会基础——社会认知论》(下册),林颖等译,华东师范大学出版社2001年版,第555页。
[3] 李维:《社会心理学新发展》,上海教育出版社2006年版,第213页。

所谓的"社会效果"。但在很多情况下,法官依法裁决本身没有问题,甚至也本不该发生所谓的社会问题,但是由于当事人的自私行为而引致裁判的"社会效果"问题时,法官往往会陷入一种尴尬的局面,有时甚至会危及到其工作的稳定性。这就导致部分法官在裁决一些特殊案件(无论是案情还是当事人的特殊)时,会主动选择那种能够最大限度避免当事人"闹事"的裁决方案,至于法律的权威以及法官独立的人格都会不自觉地屈从于这种选择。

三是有些民间治理主导主体对自身社会角色或功能的定位,影响了他们对规范的认识和适用,这也可以视为治理主体规范心理的范畴。例如一位司法所负责人告诉笔者,他们的职责除了墙板上载明的那些之外,还有一项重要的职责,那就是认真执行好政府和上级部门交付的任务。用他的话讲就是:"既然吃共产党的饭,就应该给共产党做好事情。"至于法律或其他规范,只是进行社会管理的一种工具而已。像这种将自己的工作视为为共产党做事,将法律作为一种统治和管理工具的认识和心理,在民间治理主导主体中并不少见。当然,对于这样的定位及现象也有很多质疑甚至抱怨的声音。在唐峰(一位来自基层派出所的法学博士)《纠纷和解》一书中,他提到前些年为了重树公安形象,进一步密切党群关系,"有警必接、有难必帮、有险必救、有求必应"被提了出来。如果对这"四有一必"作机械理解,就可能出现民警应工人要求为其买早点的现象。对此,唐峰博士不无深刻地分析道:"国家试图包揽一切,变成社会的保姆,而公安机关作为一个行政权最大的政府工作部门,作为一个直接干预社会的行政机关,就首当其冲地成为国家作为社会保姆的表征——公安机关成了'社会的保姆'。"①

虽然作为民间治理主导主体的法官、司法所负责人以及派出所警察认为自己是依法的、公正的并且也是非常辛苦的。遗憾的是,在很多民众的心目中并没有得到应有的认可或积极评价,他们对规范尤其是国家法律的认识以及民间治理主导主体适用规范的行为则有着不同的认识和心理。调研中我们曾来到某村庄,在村头遇到几位六七十岁左右的老人,当我们说明来历并请他们发表对国家法律的看法时,他们中有的闭口不言,有的表示出不屑,还有一位老汉用一种奇怪的语调说了三个字:"哼!法律?"然后马上离开了。后经同行的向导告知,刚才所经过的那几位老人所在的村庄有两个"地霸"(向导语),其中一个担任村长,另一个承包村头的矿山,这两人曾将村里一人打死(不知何故),虽然公安机关介入调查并且好像法院也进行了审理,但最后的惩罚非常轻而且没影响到他们两人在村里的地位和事业。据向导分析,那位生气离开的老汉可能是受害人的亲属,那几位闭口不言或表示不屑的老人可能慑于"地霸"的权势,担心被他们知晓而不敢随便说什么。听到这些,笔者感到愕然,同时也诧异于为何在民间治理的主导主体和参与主体的口中及心中对规范特别是国家法律的实践状况之评价相差如此之大。尽管不排除我们调研的局限,包括接触的对象有限以及遇到的事情或现象有偶然性,但是这毕

---

① 唐峰:《纠纷和解》,中国政法大学出版社 2012 年版,第 101 页。

竟是一种真实的存在,至少从那几位老人的言谈举止中,笔者感受到了规范尤其是国家法律在他们的心中是如此的不堪,这样的规范心理对于民间治理而言绝非积极性的因素。

  在调研中,我们还在当地一座山上见到了一座低矮的土庙,庙宇里供奉着三个上了年纪的男性石灰雕像,并标着"胡大太爷"、"胡二太爷"和"胡三太爷",他们衣着清朝时的服装。正对着三个泥雕摆放着香案,香炉中有燃烧过的香灰。在庙墙外侧写有四个大字:"有求必应。"在庙宇外有专卖香火等供奉之物的摊位。向导告诉我们,当地传说山上有三只成了仙的"狐狸狗",当地百姓如果遇到结婚生子、孩子上学甚至打官司等事情,有的会到这里来烧香求保佑。对此种现象或许我们可以迷信视之,但是这里向导提到了有人会在遇到官司时来拜求,这也在一个层面上反映了部分民众的规范心理,折射了民间治理依据——规范在实践中所遇到的不幸。这让笔者想到了另外的情景:在某次乘出租车时,司机与笔者聊到了当前的官员腐败和法律实施情况,司机认为,如果在"文化大革命"时期,当官的就不敢这样贪污受贿,现在法律也不管用,有钱有权的就可以随便解释法律。笔者认为,这两件事情看似无关,实际都在某种程度上反映了当前部分民众的规范心理。

  最后,就参与主体而言,他们无论是向神异求助,还是期待"伟人"的复活,抑或诉诸上访,这些"礼失求诸野"的心理真实地反映了当前在民间治理中许多参与主体对规范特别是国家法律缺乏基本的信任,他们依然更加信任附着于神异、已故领袖以及上级政府之上的权力。这种现象再一次证明:在民众受"权力规训"如此之深的社会里,要想在制度和心理上完全实现向现代文明的转型,使民众真正接受"规则规训",是如此的艰难。在这一漫长的转型过程中,无论是民间治理的主导主体还是参与主体显然都不自觉地成为了时代的试验品,成为了社会转型所带来的一切美好与折磨的承受者,而这或许也是中国社会由前现代走向真正的现代社会所不可避免的宿命。

法律、习惯与村民卫生行为
——一个傣族村寨的考察

沈寿文*

(云南大学法学院　云南　昆明　650031)

摘要：曼刚寨反映出来村民具备很强的集体凝聚力和热心村寨公共卫生事务、村寨良好的公共卫生环境，政府卫生法律和政策的实施得力等图景，展现了法律、习惯与村民卫生行为的互动关系。它至少表明："国家法律"与"村寨习惯规则"交织成一股调整村寨人们行为和观念的行之有效的综合性社会规范。而现实生活中"国家法"的专横，可能源于立法违背了民主原则以及政府(立法)过渡干预社会，它并不必然预示着存在另一类型的"法律"。

关键词：法律；习惯；村民卫生行为

国内学术界关于"习惯法"、"民间法"、"软法"等概念的使用和讨论，表达了部分学者对于"国家法中心主义"的专横与滥用的不满。① 这种表达认为，不单单是政府(Government)按照特定程序制定的具有普遍约束力的社会规范才属于"法律"范畴，民间社会(包括广大农村——尤其是少数民族农村)同样存在约束人们行为的社会规范，这些社会规范同样属于"法律"的范畴。然而，与政府制定的"法律"(被称之为"国家法")不同，"习惯法"、"民间法"、"软法"等社会规范到底是什么，有何判断标准，能否由司法机关加以适用等问题则似乎是一个见仁见智的微妙问题。显然，这种"法律多元理论"的前提，恰恰是以"国家法"与"习惯法"(或者"民间法"、"软法")两元格局，甚至是以二者存在对立的假设为前提的。然而，事实果真如此？为了检验这种思路是否可行，笔者对一个傣族村寨进行了考察。这一考察主要着眼于法律、习惯与村民卫生行为关系的如下方面，即：这个村寨是如何结合本村寨存在的各种社会规范(包括国家的法律规范)，将国家的法律性文件、政府的措施渗透、贯彻到每家每户中去的？村寨与村民的医疗卫生习惯在这种渗透和实施过程中到底起到了什么作用？是否存在着国家医疗卫生的法律规范与村寨的习惯规范之间冲突与矛盾？

---

* 【作者简介】沈寿文，男，福建诏安人，云南大学法学院副教授，研究方向为宪法学、法理学。
① 胡兴东：《习惯，还是习惯法：习惯在法律体系中形态研究》，载《时代法学》2011年第3期。

一、傣族村民卫生意识与村寨环境卫生

作为中国成千上万的村寨，曼刚寨①因其地处西南边陲、人员流动性相对封闭、基本上属于单一的少数民族（傣族）而成为笔者了解法律、习惯与村民卫生行为关系的一个切入点。

疾病的预防与救治是一对关系密切的范畴，笼统上讲，预防做得好了，生病的几率自然就少，救治的成本自然就低；反之，预防做得不好，生病的几率自然就大，救治的成本就高。而疾病的预防在笔者看来有"有意识的预防"和"无意识的预防"，村民的卫生意识往往属于"无意识的预防"。众所周知，傣族（特别是其中的"水傣"）有讲究卫生的习惯。20世纪60年代初的一份调查便曾经描述过傣族村民良好的卫生习惯。② 半个世纪后的今天，这种习惯并没有改变，只是随着科技的进步、生活条件的改善有了新的表现。曼刚寨令人注目的一个特点是大多数村民并没有像内地村寨那样养殖牲畜。村寨里除了个别农户养有牲畜家禽外，很少看到牲畜家禽在村寨里游荡。因此，牲畜、家禽的粪便对村寨道路和环境卫生的影响十分微小。加之传统上村民建盖房屋客观上形成了一定的规律，在某种程度上吻合了所谓"村寨规划"的格局；而且村民的住房一般是单门独户，很少有自家的房子紧挨着别家的房子的状况，因此房子之间的空间相对较为宽敞，不易形成卫生死角。特别是2005年村寨集资将村寨中的道路修成了水泥路后，整个村寨十分整洁。在饮用水上，尽管自来水系统20世纪70年代就已经建成了，但由于使用、维护的费用高昂，早就没有使用了，③村民几乎家家户户在院子里挖了水井，但主要用来洗漱、冲洗卫生间，饮用的水还是从村后竹林边上的全村公共水井挑来；盛水的器具也由陶制水缸、塑料桶等取代了传统的竹筒、土罐、葫芦。就个人卫生而言，按照村民的介绍，他们一天洗几次澡很正常。④ 随着家家户户盖了新楼房，许多人家也在自家院子里建盖了卫生间，特别是房子靠近村寨里面水泥路的房子，可以将卫生间的污水直接排放到水泥路两旁的排水沟内。除了私人的卫生间外，全寨子有五个公共厕所：村子后面最高处的缅寺有一个，但只供佛爷和和尚们使用；缅寺围墙外有一个简陋的厕所，似乎是为白天到缅寺的村民准

---

① 曼刚寨是云南省西双版纳傣族自治州勐海县勐遮镇曼恩村委会的一个自然村。曼刚是曼恩村委会所在地，位于国道214沿线旁，处于勐海县城和勐遮镇政府所在地之间，距离勐海县城不足10公里；截止到2007年8月全寨96户人家，523人，平均每户5.4人；除了3个村民是汉族外，其他均为傣族，这三个汉族村民分别是第91户户主上门的丈夫（1960年3月生）、第85户户主上门的丈夫（1970年7月生）和第79户户主的上门女婿（1979年2月生）；有三个诊所，其中一个是作为合作医疗定点医疗单位的村卫生室；共有乡村医生3人，此外曼恩村委会妇女主任（是曼刚寨村民小组的村民）还负责接生；诊所共有简易病床14张。
② 刀永明、刀述仁、曹成章调查（刀永明、曹成章整理）：《傣族的饮食和卫生》，载云南省编辑委员会编：《西双版纳傣族社会综合调查（二）》，云南民族出版社1984年版，第147页。
③ 张晓辉主编：《傣族——勐海县勐遮乡曼刚寨》，云南大学出版社2001年版，第187页。
④ 2007年7月27日笔者在村民岩超家，对岩超的访谈。

备的;村寨左侧的"曼恩九义学校"①有一个厕所,主要是供学校教师和学生使用的;村寨前面国道214对面的村委会里也有一个厕所,主要是供村委会干部使用的;此外,村寨大门旁(村委会对面)也有一个厕所。每天清晨,有部分村民仍然上村后的小山岗竹林、灌木丛中方便,部分村民则骑着自行车、摩托车到村寨大门旁的厕所或者曼恩九义学校的厕所方便,形成一幅别具特色的画面。这种现象与传统村民上山、到竹林和灌木丛里方便的做法有了区别。

如果说村民的日常卫生习惯属于疾病的"无意识的预防"的话,垃圾处理问题则是一个夹杂着"官方"行政命令和村民爱好环境卫生的措施。在这个过程中,作为"基层群众性自治组织"的机构——曼恩村委会发挥了积极的作用。村委会表面上看似乎完全是一个符合官方定位的"基层群众性自治组织";但实际上,村委会更多地充当了镇政府行政命令的执行机构。按照曼恩村委会的资料,该村委会2007年共投资9000多元修建了30个垃圾池,②大多数村民小组(村寨)有了专门的垃圾堆放设施。在曼刚寨,全村实行卫生轮值制度,在全寨子96户人家中,每家人96天才轮到一次,负担也不重。具体办法是:全村的房子共有六排,比较有规则,一排排轮流,每排房子按照挨家挨户连着轮流,村里要制作值日牌子,轮到谁就把牌子转给谁;之所以不按照门牌号轮流,是因为门牌号的排列没有什么规律,如果按照门牌号的话,可能会出现前一个号码的人家在村寨的东头,后一个号码的人家在村寨的西头,给转牌子带来麻烦。村寨里公共道路(水泥路)卫生是由村委会老年人协会每十天组织老年人清扫一次,遇到上级政府检查或者上级领导视察,则临时组织清扫;如果有人随地乱丢垃圾,任何见到的人都可以说他(她)一顿,农户自家门口的垃圾一般自己扫,因为等老年人协会来清理自家门口的卫生被村民视为是"丢人的事"。当然,村里每户每年各自出一块钱给老年人协会作为活动经费,老年人协会每年便有96元,可以组织公共卫生活动。③ 即使是要求挨家挨户到指定地点投放垃圾并组织老年人协会定期清扫,但如果没有村民自觉的卫生意识,要保持村寨的环境卫生还是不容易的。可喜的是,从日常状况观察,整个村寨道路和空地都显得较为整洁,虽然水泥路上偶尔也有一些垃圾,但是乱丢垃圾的主要是小孩,大人乱丢垃圾的现象很少见。

与垃圾处理问题不同,曼刚寨美化村寨环境采取的措施则带有更为浓厚的"村民自治"的色彩。按照村委会和村民小组的决策,曼刚寨在村寨大门内留出了两块公共用地栽种树木,用以美化环境。按照村民的介绍,村里的公共活动如果不参加,村规民约规定要罚款20元,一户人家一般出一个劳动力,比如搞绿化等,如果家里有人生病,那么就让

---

① 位于曼刚寨的一所初级中学。
② 《勐遮镇曼恩党支部汇报材料》(2007年6月,内部资料)(资料来源:曼恩村委会)。
③ 2007年7月27日晚7点多在曼刚寨(村民小组)会计岩甩家吃饭时,村民小组长岩翁介绍的情况;2007年8月7日上午7点差5分,曼刚村寨老年协会的广播忽然响起《东方红》的歌曲,接着广播传来傣语的通知,笔者问一个傣族老人广播通知的内容,老人告诉说:"是老年人协会通知老人们去扫村马路、清理卫生,说是本来时间还没到,每十天老年人协会搞一次卫生,现在时间还没到,但是今天州、县、镇领导要来检查,所以提前让大家搞。"

没有生病的人参加,如果实在出不了劳动力,可以请假,请假就不用罚款了。① 在这里,集体组织对村寨的公共事务发挥着重要的作用,这种作用来源于集体组织巧妙地将"行政命令"融入了傣族村寨传统伦理控制模式中去。美国社会学家B.F.斯金纳指出:"群体主要通过强化或惩罚的权力对其每一个成员实施一种伦理上的控制。群体的强化或惩罚的权力起源于纯粹的数量和他人在每个成员的生活中所占据的重要性。"② 通过《村规民约》的方式,曼刚村民小组将参加美化环境的活动融入了傣族村寨传统的集体出工、集体娱乐的活动中去,或者换句话说,参加植树种花的集体活动,本身就是傣族村民村寨集体认同的方式之一,只是对这种认同的违背除了传统上村民的舆论谴责与交往的疏离这种"软性"的惩罚办法外,加进了带有"法律性质"的金钱惩罚措施而已。在这种复杂而又有效的规范之下,曼刚寨村民们的集体劳动确实是颇为有效的——比起一些汉族村庄缺乏有效的公共事务管理、村民漠视公共事务的状况,③曼刚寨的状况甚至是令人感动的。

二、公共卫生与新型农村合作医疗的实施

曼刚寨和曼恩村委会在力所能及的范围内自主处理一些环境卫生事务外,举凡计划生育、妇幼保健、传染病防治与艾滋病防治、新型农村合作医疗的实施等事项则是需要曼恩村委会和曼刚寨(村民小组)协助落实的上级政府和政府职能部门工作任务。这些工作,一般采用签订"工作责任目标书"的形式落实到每一个村委会和村民小组。这种通过村委会与镇政府签订"目标责任书",再由村民小组与村委会签订"目标责任书"的形式落实上级政府医疗卫生措施的做法带有浓厚的行政化色彩,它是以"村委会"在事实上成为镇政府的一个行政执行机构、"村民小组"在事实上是村委会一个行政执行机构为前提的。这或许是为什么从基层政府(县级政府、乡镇政府)官员到村委会、村民小组的"村官"们都习惯称之为"干部"的原因之一。在这个前提之下,村委会、村民小组的"干部"在医疗卫生政策措施的落实中充当了非常重要的角色:一方面,他们必须是镇政府所支持的人;另一方面,他们又必须是村民们信任的人。在曼恩村委会,现任党支部书记兼任村委会主任,是远近有名的能人,当了村支书已经10多年了;副支书和副主任是侄叔两人,均属十分敬业的人员,其中副支书现已被提拔为副镇长;妇女主任是曼刚寨人,家境比较富裕,家里开办一个茶厂,还捐了十多万元为村寨修了公共水井、建盖了傣族妇女传统农闲唱歌跳舞的亭子。整个村委会班子看来十分得力,也较为得人心,计划生育、妇幼保健、传染病防治与艾滋病防治、新型农村合作医疗等事项的组织实施看来也较为得力。

---

① 笔者2007年8月10日上午8—9点在曼刚寨(村民小组)第89户家,对户主和他的妻子的访谈。
② [美]B.F.斯金纳:《科学与人类行为》,谭力海等译,华夏出版社1989年版,第311页。
③ 骆建建对苏北小河村的调查后发现:"小河村的卫生状况实际上发生了严重的两极分化:一方面是各个农户自家的卫生状况得到了大幅度改善;另一方面则是村庄集体层面的公共卫生和公共防疫状况急剧恶化。"见骆建建:《十字路口的小河村——苏北村治们模式初探》,山东人民出版社2009年版,第157页。

新型农村合作医疗的贯彻实施也是属于这类由村委会和村民小组与上级政府签订"目标责任书"的方式落实的医疗卫生项目。作为坝区曼恩村委会的一个村民小组,曼刚寨参加新型农村合作医疗的比例略高于全镇的比例,这种成绩镇合管办主任认为应归功于曼恩村委会主任和曼刚村民小组组长工作能力强、工作较到位。按照镇合管办主任的介绍,整个曼恩村委会村民参加合作医疗的比例相比较其他村委会来说,是比较高的;①而按照曼恩村委会合作医疗定点卫生室的乡村医生的介绍,曼刚寨村民参加合作医疗在曼恩村委会各个村民小组中的比例也是比较高的。尽管曼刚寨地处县城与勐遮镇之间,距离县医院比距离镇卫生院要近,村民不一定到镇卫生院看病,但还是参加了镇政府所要求的新型农村合作医疗。

这种现象并不表明曼刚寨的村民普遍觉悟一定很高,具有较强的相互医疗保险的意识,更重要的因素是村委会和村民小组很有"力量",以及该村村民普遍较为富裕等综合因素。所谓村委会和村民小组很有"力量",指的是村委会和村民小组仍然保留着许多计划经济体制时代的权威角色和能力,比如对村民的罚款的"权力"等,这样的力量使得村民们能够贯彻执行基层政府的意志;同时,傣族村寨中世代形成的一套潜在的村寨行为规则,也使得不参加公共活动(合作医疗也被视为是"公共活动"之一)者面临可能被边缘化的窘迫境况;最后,普遍的相对富足,也使得村寨的村民有能力负担起每人每年10元的费用。因此,参加合作医疗,与其说是为了自身医疗保健考虑,毋宁说是为了参加村寨的公共活动。事实上,曼刚寨的公共活动种类很多,形式多样:既有村民到缅寺参加传统宗教的集体祭祀活动,也有妇女农闲时间在傣族亭子内或球场等空地上参加村寨集体舞蹈活动这样的有明确"公共空间"的集体活动;也有像参加合作医疗、参加集体劳动等没有明确"公共空间"的集体活动。这些集体活动背后蕴含着村庄(寨)舆论的压力。按照一般的理解,"社会学意义的公共空间,研究者通常把它界定为社会内部业已存在的一些具有某种公共性且以特定空间相对固定下来的社会关联形式和人际交往结构方式,即社区的人们可以自由进入并进行各种思想交流的公共场所,如中国乡村聚落的寺庙、祠堂、集市等等。而村庄舆论则是指村庄为了维系共同的规则而进行的或言论鼓励或言论鞭策活动,一旦村庄里有人不遵守业已形成的规则或者是潜规则,他就要承受到相应的舆论压力"②。参加合作医疗,尽管没有明确的"公共空间",但却是村寨人们日常生活中谈论的话题之一,有没有参加合作医疗不仅仅是一个关心自家卫生保健的问题,更为重要的是涉及村民个人乃至家庭在村寨的"面子"问题。杨懋春说,当一个人生活在完全陌生的环境中时,不管他犯了什么过失,都没有面子问题,因为没有人认识他。他去不体面的地方或干不道德的事,只要不让朋友和乡亲知道,就不会感到不安。这就是一个人在当

---

① 2007年7月31日下午笔者在勐遮镇中心卫生院院长办公室(也是镇合管办)与院长(合管办主任)沈睿熙的访谈。

② 王小军:《转型之痛——赣中南路东村调查》,山东人民出版社2009年版,第125~126页。

地行为总很规矩而在大城市行为可能完全不同的原因。① 事实上,"社会竞争和社会合作是两种最基本的互动方式,无论是个人之间、群体之间、组织之间,还是地区之间、国家之间,谁能正确地把握竞争与合作,谁就立于不败之地。在村庄社会中,村民之间的关系也主要是由竞争关系和合作关系构成的。而村民之间的竞争与合作,也是村庄秩序的一个重要内容"②。这种竞争最为直观的体现便是上述的"面子"问题。据笔者观察,大到村民倾家积蓄举办"赕佛"③、建盖洋房,小到同龄人开的摩托车、衣着服饰,傣族村民们都存在某种"竞争"。参加合作医疗也不例外,这种现象也可以很好地理解为什么一些全家外出打工、做生意的人家尽管不可能从本地合作医疗中受益,但也同样交纳合作医疗费用的行为。

尽管实施了新型合作医疗制度,但村民看病的费用仍然是许多村民操心的问题。在曼刚寨,当家里有人生病钱不够时,村民一般找信用社贷款;村民一般不愿向邻居借钱,认为向别人借钱"害羞";只是在没有信用社贷款之前,当然也只能向亲朋好友借。显然,在筹集看病费用上,曼刚村民同样存在"面子"问题,经济的窘迫——哪怕是由于天灾人祸——也表明了自己在村寨中竞争地位的下降,因此村民并不倾向于向邻居借钱,而是倾向于向一些公共服务机构借贷,一方面可以避免邻居的优越地位,另一方面也可以使借贷行为相对处于秘密状态,因为村寨毕竟是一个熟人社会,一有风吹草动便举村皆知。

三、法律、习惯与村寨医疗卫生

与十年前的一篇介绍性文章反映的状况不一致,④目前曼刚寨所反映的傣族村寨良好的公共卫生环境、村民热心村寨公共卫生事务、村民有很强的集体凝聚力,政府医疗卫生法律和政策的实施十分有力等方面给人十分深刻的印象。按照台湾学者张德胜的分析,法律是"大人群社会"的产物,由"小人群"所组成的原始部落和农村社区,并不是孕育它的温床,因为农村聚落是个讲人情的熟人社会,而法律是认事不认人的,所谓刻酷寡恩、铁面无私,本来就是法律的特色;而作为"小人群社会"的村寨也是杨庆堃所说的"具体社会",在这里,人们在足迹可及的范围内生活,因此每一件事务都是看得见、听得到、触摸得及的,个人的家庭、邻里、学校、村里的商店、村外的山岗、树林、田野、溪流,都可以通过五官的直接知觉而认识,生活在这里的人,可以闭起眼睛,周围环境的整个图像随时可以浮现出来;由于事务是具体的,经验是个别的,因此用不上抽象的普遍原则。所以一个由熟人所组成、以家族为核心的社会,法律派不上用场。⑤ 然而,曼刚寨医疗卫生的良

---

① 杨懋春:《一个中国村庄:山东台头》,张雄等译,江苏人民出版社2001年版,第164页。
② 王小军:《转型之痛——赣中南路东村调查》,山东人民出版社2009年版,第128页。
③ "赕佛"是云南西双版纳等地傣族祭祀佛祖的活动;"赕",傣语"供奉"、"布施"之意;其仪式隆重,耗费大。
④ 王启梁等:《少数民族农村的公共卫生状况问题及对策研究——来自云南的田野调查报告》,载中挪《中国民族区域自治制度》项目组编:《中国民族区域自治法研究文集》,云南大学出版社2003年版,第403~405页。
⑤ 张德胜著:《社会原理》,巨流图书公司1986年版,第94页。

好状况反映出村民日常行为背后社会规范的有效性,不管这种规范是否称之为"法律"。事实上,在诸如曼刚寨这样的"小人群社会",社会规范是复合性、错综交叠的,用一个人类学家的话是:"在较复杂的社会中,由于发展出正式的法庭和法律专家,政治和法律才有某种程度的分离。在比较简单原始的社会中,遇到发生冲突的案例时,通常是透过政治力量来作出具有约束力的判决。但如果我们想釐清或消除政治和法律的界限,将只是徒费工夫罢了。我们最好把政治和法律当作是看事情(有时是同一件事)的两种方法;每种观点说明一个不同的层面。"①这种村寨的社会规范在曹锦清看来,一方面受到"上层观念"的影响,一方面也受到"下层社会"的制约:就其形式来说,更多地受"上层观念"的影响;就其实际运行过程或内容来说,更多地受"下层社会"的制约。② 因此,就曼刚寨医疗卫生状况来看,至少有两套相互依存、相互交叠的"法律系统":一是由村委会和村民小组承受的来自乡镇政权的国家法律系统,这个系统以冠冕堂皇的姿态运载着某种"上层"的观念形态,代表着国家"法制"和政令的统一。在这一系统中,医疗卫生法律政策一视同仁,举凡传染病防治、计划生育、合作医疗、禁毒防艾、预防接种、爱国卫生等都是自上而下、以泰山压顶之势贯彻到千村万寨、千家万户。在这一系统中,中央政府要求地方政府层层以签订"目标责任书"的形式将贯彻国家医疗卫生法律和政策纳入政府的年度考核中,而村委会便演化为最终的执行载体——尽管它在国家法律中的定位恰恰不属于政府执法机构或部门。因此,村委会和村民小组的成员是否得力,便成为整个"国家法律系统"能否得以实质性维持的关键性环节。曼恩村委会和曼刚寨(村民小组)可能是这一系统中运行较为良好的众多村委会和村民小组之一。而它们之所以能够运行良好,除了"村干部"能力强外,整个傣族社区特殊的氛围、相对静止的社会结构以及传统的村寨规范系统则又是重要的因素——因为即使是村委会和村民小组成员的威望也跟社区独特的氛围和环境关系密切。这就涉及曼刚寨医疗卫生状况背后蕴含着的另一个"规则系统"。

从组织机构和人员上看,在曼刚寨,除了以曼恩村委会、曼刚村民小组等带有官方色彩的所谓"村民自治组织"外,还有以缅寺佛爷、村寨"布章"等传统神职人员构成的村寨权威体系,甚至村寨的"老人"群体在某种意义上对村寨的传统秩序和价值观念的维持,都起到了重要作用。曼刚寨傣族青年男女一般结婚比较早,通常情况下符合结婚年龄便结婚了,因此一般情况下当爷爷奶奶、外公外婆的年龄都比内地要低,有的甚至40岁出头便成为祖父母、外祖父母的,他们通常与儿孙共同生活,在家庭经济的安排、人情世故、村寨传统节日的操办、农作物的播种耕作等方面对儿孙起到了示范的作用;并在儿孙年龄达到一定阶段、社会阅历比较丰富时,逐渐从家庭领袖和主导地位中退了出来,儿孙逐渐接替了父祖辈的职责和地位。美国著名人类学家露丝·本尼迪克说,降生在任何社会的绝大多数个体,无论其所属社会的习俗有什么特质,他们总是采取那个社会所需要的

---

① [美]基辛(R. Keesing):《文化人类学》,张恭启、于嘉云译,巨流图书公司1989年版,第373页。
② 曹锦清:《黄河边的中国:一个学者对乡村社会的观察与思考》,上海文艺出版社2000年版,第452~453页。

行为;大多数人被依其文化形式而受到塑造,这是因为他们有着那种与生俱来的巨大的可塑性(malleability)。面对他们降生其中的社会模铸力量,他们是柔软可塑的。① 曼刚寨这种世代传递的模式在效果上起到了"师傅带学徒"的功效。由此,"老人"群体在村寨里拥有较高的地位;他们往往在儿孙独立承担家庭责任后退隐出来,有较多的空闲时间参与包括公共卫生大扫除、植树种花等内容在内的村寨集体活动,女性"老人"群体也往往成为村寨里常见的载歌载舞的群体。

从经济条件上看,曼恩村委会的各个自然村,自然条件好,人均田地1—2亩,比起内地可谓地广人稀,衣食无忧。特别是近年来普洱茶价格高涨,曼刚寨村民的经济收入普遍较高,这也是为什么村寨里鲜有村民养殖牲畜和家禽,村寨鲜有牲畜和家禽粪便污染的原因之一。从社会结构上看,尽管市场经济的大潮已经席卷了神州大地,农村的青壮年纷纷到城市寻找就业机会——或打工,或经商等,社会流动性极大,但是这种现象在曼刚寨显得异常例外,在外务工、做生意或者读书的人非常少,既跟曼刚寨自然资源相对丰富、生存条件较好有关系,当然也跟曼刚寨中小学教育(特别是汉语教育)水平偏低有关系。在这样一种环境下,整个村寨村民的流动性很弱,青壮年受到外来的好的或坏的思潮影响相对较小,对持续傣族村寨的传统价值观念和行为准则客观上起到了举足轻重的作用。在这种相对"封闭"的村寨社区,古老的村寨习惯夹杂着现代法律因素(通过村委会和村民小组)形成了一个特殊的"小人群"社会的"行为规则系统"。美国著名社会学家帕森斯指出,制度是规范的一般模式,这些模式为人们与他们的社会及其各式各样的子系统和群体的其他成员互动规定了制定的、允许的和禁止的社会关系行为的范畴;在某种意义上,它们总是有限制的模式;如果你在社会群体或社会关系中占据一定的地位,并且如果出现一定类型的情境,那么,你就被期望表现与被指定、允许和禁止有关的一定方式的行为。② 由此我们可以理解为什么曼刚寨老年人协会集体大扫除活动时,村民们因怕自家门前脏乱差没面子而"自觉"清扫自家门前的垃圾;为什么村寨组织集体美化环境的活动时,村民怕被"罚款"而不敢不参加植树种花;为什么村委会和村民小组能够通过"集体活动"的方式,较为圆满地贯彻上级政府关于传染病防治、计划生育、合作医疗、禁毒防艾、预防接种、爱国卫生等法律政策。因为一旦被纳入村寨的"集体活动"中去,在传统规则强劲地影响着每一个村民——特别是其中的"老人"群体的社会,似乎再也没有比被孤立于"集体"之外更为可怕的事了,与其说他们是担心被"罚款"(对不参与某些集体活动《村规民约》规定要罚款)而遭受经济受损,不如说更关心的还是"面子"问题,因为被"罚款"这样的坏消息会在极短的时间内成为村民茶余饭后的笑料。贺雪峰指出,村庄价值生产能力强的地区,就是具有强地方性规范的地区;强地方性规范使地方上的人们具有明确的行动目标和道德标准,强地方性规范织就一个地方人们的生活目标和道德理

---

① [美]露丝·本尼迪克:《文化模式》,何锡章、黄欢译,华夏出版社1987年版,第197页。
② [美]帕森斯:《现代社会的结构与过程》,梁向阳译,光明日报出版社1988年版,第144~145页。

想;而正是地方性规范为人们提供了实践的准则和方向。① 曼刚寨的医疗卫生实施的良好状况正是依赖于这种强地方性规范。

代结语:"法律多元理论"的中国情结

曼刚寨的个案至少表明:"国家法律"与"村寨习惯规则"这种"地方性规范"并不必然以截然对立或者截然分离的方式存在着,恰恰相反,它们交织成一股调整村寨人们行为和观念的行之有效的综合性社会规范。在这一图景中,"国家法"与"习惯法"("民间法"、"软法"等)的两元格局的假设,以及这种假设所强调的政府(Government)制定的某些法律或者法律的某些条款脱离民间社会实际、难以实施的现象必然预示着存在与之对立的另一类"法律"的观点显得十分苍白。事实上,现实生活中政府的立法脱离实际,可能另有原因:最为根本的原因是立法违背了民主原则。按照代议制度的原理,立法机关是一个民意机关,是由平等人组成的代议机关,如果立法真正民主,立法便应当考虑各个地方的实际情况(包括习俗),各个地方和人民的利益自然能够得到反映。当前,有的学者抱怨"国家法"不顾民间社会存在"习惯法"、"民间法"、"软法"等的事实,导致"国家法"窒碍难行,正是立法不民主惹的祸。政府过度干预社会可能是另一原因。法治国家(或者追求法治的国家)的基本要求之一是有限政府(Limited Government),这种有限政府不仅是政府内部各个分支或者部分之间的权力是有限度的,更为重要的政府作为一个整体的权力是有限度的,这种限度是以人民的基本权利和自由作为界限的;这种有限政府意味着政府不得非法干预人民的权利和自由、不得干预人民的私生活、不得非法干预自生自发形成的民间秩序(借用哈耶克的术语)。从经验上看,即使是法治发达国家,政府制定的法律也并非幽灵般无所不在地笼罩、渗透到社会生活各个领域的。因此,"习惯法"、"民间法"、"软法"等论题本身便是当下中国立法民主不足、政府(特别是立法机关的立法)存在过度干预社会的某种产物。

---

① 贺雪峰著:《村治模式:若干案例研究》,山东人民出版社2009年版,第28页。

侗寨民间防火规范研究*

郭 婧 吴大华**

(云南大学法学院 云南 昆明 650091)

摘要：火灾一直是美丽的侗族村寨的经济建设和发展巨大威胁。而勤劳、聪明的侗族人民在生产、生活中形成了一套与自己文化、历史、生活环境息息相关,且又富有成效的地方性知识——民间防火规范,在今天的侗寨仍在或多或少地延续。在地处偏远,交通不便的侗族村寨,现代的消防技术不能发挥最大效用,这就需要发挥、发展侗族民间智慧——防火规范来将空白填满。

关键词：侗族；火灾；民间法；防火规范

一、侗族的传统建筑与火塘

侗族的先民定居在当今的湘、桂、黔毗连地带的密林山地,为防御蛇、兽袭击,也为防潮,以木架空作屋悬居,逐步演变成架空式的民居形式,称之为"干栏民居"。侗族在宋代史称"仡伶"。关于"仡伶"人的住宅,宋代朱辅《溪蛮丛笑》曰："所居不著地。虽酋长之富屋宇之多,亦皆去地数尺,以巨木排此,如省民所居不著地。虽酋长之富屋宇之多,亦皆去地数尺,以巨木排此,如省民羊栅,杉叶覆屋。名羊楼。"内部使用则为席居,"睡不以床,冬不覆被,用三叉支阔板,旁燃火炙,背板焦则易,盖以板之易得也"①,居室中用火以取暖,可视为火塘的前身。

火塘的产生源于人类对火的倚赖以及由此产生的"火敬畏"。一方面,保存火种促使了火塘的产生；另一方面,火能很好地满足烤火取暖、烹煮食物、添光增亮,驱虫避害等人类基本的生理需求和心理安全的需求。火塘不仅集炊事、取暖、照明三种功能于一体,作为家庭的象征。在侗族聚居区内的大部分地区,一个火塘就代表社会的最基本的单位——一个家庭,一般指以父系血缘为中心而建立起来的最小的社会集团。当一个家庭

---

* 2010 年国家社科基金(青年项目)课题"西南地区减灾防灾经验与科学减灾防灾长效机制建设研究"(项目编号:10CSH011)阶段性研究成果。

** 【作者简介】郭婧(1983—),女,汉族,贵州贵阳人,云南大学 2010 级民族法学博士研究生；吴大华(1963—),男,侗族,湖南新晃人,贵州省社会科学院院长、教授,法学博士,博士后,博士生导师。

① 〔宋〕朱辅：《溪蛮丛笑》。

扩大了，人口增多要进行分化之后，并不是说分为了几家，而是说分出了几个火塘。迁新居之前"烧进屋火"的仪式，充分表明了火塘代表的是一种血缘上的传递和延续。新房建好了，首先设置的是火塘，搬进新居居住，也是以火塘开火为标志。主家在火塘里早准备好了炊具、柴火，等"财帛星"①来吹燃火种。火种是从旧屋的火塘里出来的，存放在火钵里。"财帛星"将火钵里的火种引燃火塘中的干柴后，便唱道：

  一个火塘四四方，三角架架在中央，

  火神被请进火塘，主家时刻都吉祥；

  塘内不断千年火，鼎罐不断万年粮，

  家业兴旺又发达，子子孙孙代代昌。②

  侗族人认为，不灭的灵魂和后辈子孙们共同生活在火塘周围，并给后代们以庇护。由此衍出以火塘为对象的反映祖先崇拜观念的种种祭祀仪式，其目的在于求得家庭兴旺发达，子孙兴盛不衰。火塘具有的文化象征使得火塘对于侗民而言，不仅是生活的中心，也是文化活动的中心，是人们平时祭祀祖先和诸神灵的地方。火塘中的火，是侗族先民生存、繁衍的依靠，由此，必然会产生与火有关的生活、宗教禁忌与习惯。

  火塘是侗族人民生产生活中使用、运用火的必备设施，但因为侗族建筑以木质为主，容易导致火灾发生，所以自侗族先民始，就与火、防火有关的习惯与禁忌。并且这些习惯与禁忌，只要火在侗族人民生活生产中仍在使用，它们就会得以沿袭与传承。或者可以这样归纳，侗族习惯法形成于侗族人民日常生活、劳作中，以及与自然的交感中，而与防火有关的很多禁忌与规范形成于侗族人民使用火、运用火的过程中。同时，笔者认为，火塘（火的使用）在侗族人民生活中的不可替代的地位与作用，奠定了侗族民间防火习惯法在侗族人民心中不会消失的生命力。

二、侗寨的防火规范

（一）关于火的禁忌

  关于侗人对火的禁忌，《侗族通览》这样记载。侗人认为火凶恶，常与人为祸，视之为恶神，称之为"向背"（xangp buil），意为穷凶极恶之火，或曰"火殃"。如发生火灾，或至岁终，选择一日，集体买头小猪，从各家灶里，取一撮灰，盛入特制"小船"，众人于夜静更深，携之与其他祭品，一起前往河边，举行驱除"火殃"仪式，将"船"投入水中，任其漂流，大家就地而餐。餐后洗净炊具碗筷，剩余饭菜，全部倒光，表示扫除干净，不留祸根。寨内灯火熄灭，不许有丝毫光亮和半点星火。派人把守路口禁生人闯入，否则无效。罚违者承

---

① 财帛星由一位能说会道、有福气的中年男子扮演。
② 余达忠：《侗族民居》，华夏文化艺术出版社2001年版，第137页。

担用费,重新举行。① 另外,侗族人认为家中火塘里居有火神。架在火上的三脚架,不准敲打;非净之材,不可生火;不允许让小孩向火里撒尿,否则会激怒火神,引起火灾。年终辞旧迎新,侗族人须于火塘内燃起熊熊烈火,通宵达旦,寓意来年"红运",万事称心;迁居新屋之,亦复如此,以为"火旺家昌,塘火不熄,子孙绵长",视之为吉祥象征。② 因此,在侗族人举行婚礼时,新房要"迎新灯(火)",且"不可熄灭"③。此外,笔者于2011年和2012年两次在贵州黎平县茅贡乡地扪村寨调研时,了解到当地有这样的习俗:若哪家失了火,失火者在火灾发生时不能到处跑,要顶着一个锅盖或遮掩物跑到河中或水中站着,如此火才不会四处蔓延,也有利于火灾的扑灭。这个禁忌在一些资料中也得到了印证。黎平县的九龙村九龙寨就有这样一个真实的案例。1979年,该村曾失过一次大火,损失严重。当地人就认为,是因为失火者不守禁忌,到处乱跑,他跑到哪里火就跟到哪里,全寨才被烧光。④

侗族有句俗语为:"古树保村,老人管寨。"1949年前,贵州黎平县九龙寨对于"风水林"中的一草一木和村边古树,任何人都不敢乱动,即便枯死,也无人敢拾到家中当柴烧,如冒犯此禁,轻则生病,重则眼瞎。当地传说村中有一位老人由于拾"风水林"中的枯木到家中烧火而造成双目失明。"风水林"中枯死树木及村边枯死的古树,传统上只能拿到鼓楼下"烧鼓楼",供大家取暖,而且多由老人先动手拿取,或象征性动手,年轻人方能扛到鼓楼下供大家"烧鼓楼火"。如此可避免害年轻人,要有什么不测,尤其是"树精"作怪,全由老人承担。⑤

这些民间禁忌虽然看起来与"神"有关,都通过超自然力来控制,但实际上却起到了防止火灾发生的可能。例如驱"火殃"仪式中,将剩余饭菜,全部倒光,表示扫除干净,不留祸根,并且寨内灯火熄灭,不许有丝毫光亮和半点星火,起到了警示日后防止火患,同扫除残余饭菜(有的地方是连炊具一并丢弃)防止了火星的续燃。同样,失火者在火灾时要顶着锅盖跳到水中,禁止乱跑,就避免了失火者身上的可能带有的"火星"点燃其他易燃物,造成更大的损失。林中枯木,有的可能是遭雷劈过,有的经风吹日晒可能藏有隐患,因此禁止拾回作柴烧,在一定程度上也能避免隐患的发生。可见,这些与火有关的禁忌,虽然带有一些"迷信"的色彩,但它们却是侗族人民的祖祖辈辈在生活、生产中长期积累的经验总结,是侗族人民的智慧的结晶。

(二)关于火的规范

1. 款约法中关于火的规范

---

① 根据笔者实地调研,不同侗族地区的驱"火殃"仪式略有不同。黔东南从江地区的驱"火殃"仪式,没有制作小船,而是请法师或称道士与长老带领在一个特定场域,如鼓楼或火源处,做杀鸡、念经、烧香等一系列仪式。
② 参见冼光位主编:《侗族通览》,广西人民出版社1995年版,第200页。
③ 参见冼光位主编:《侗族通览》,广西人民出版社1995年版,第210页。
④ 参见刘峰、龙耀宏:《侗族 贵州黎平县九龙村调查》,云南大学出版社2004年版,第292页。
⑤ 参见刘峰、龙耀宏:《侗族 贵州黎平县九龙村调查》,云南大学出版社2004年版,第289页。

火是人们生活中离不开的元素,火患一直以来又是侗族村寨中最大的灾害。以黎平为例,据史料记载,道光八年(1828)七月,德凤镇东门大街发生火灾,烧毁400多户。道光二十二年(1842)九月,潭溪发生火灾,烧毁700百余户。1956年21日,尚重区前进乡上洋寨发生火灾,烧毁房屋114幢,烧死20人烧伤19人;烧死耕牛20头,生猪70头,鸡320只;损失粮食1000多吨。① 因此,在侗族的传统习惯法中就有很多关于火的规范。"六面阴规"、"六面阳规"和"六面威规"是侗族成文的"约法款",是不同时代、不同地域、不同类型"约法款"的集大成者,是侗族古代社会的"民间法典",也是侗族古代社会的"基本大法"。② 在"六面阴规""三层三步"中对放火行为这样规定:"如果谁人的子孙……火烧草丛中人,惊吓蕨堆里人;放火烧屋,放火毁林……这事态大呀,这事体重呀;事态大得登十,事体大得登百。拿进十三坪坛,推上十九款坪。有财财去当,无财命去偿;有财财去顶,无财莫想生。打桩平地,事惊天庭。四千家聚齐,八方村邀齐。让他成一堆木,让他成一堆石,要他命归阴曹,要他身归地府。牛尾两边刷,马尾两边扫,你村这样办,我村依样行。款约这样说,人人道太平。"③意思是说,防火行为是很严重的过错,为这种行为的人要被处以死刑,并且按照款约的规定,合款的村寨都要适用这条规定。在从江寨坪、加勉两乡习惯法中就有这样的规定"凡是杀人放火,拦路抢劫,拐卖妇女,强奸妇女的罚三头黄牛,当时兑现。若无兑现的拿到埋岩的地方活埋或杀死"④,"能秋曦尝"埋岩组织的习惯法规定"行凶杀人或蓄意纵火烧寨、造成严重损害的,处以溺水或开胸剖肚"⑤。

2. 岩规、碑规中关于火的规范

在侗族的岩规、款碑中也能轻松寻见关于放火行为的规定。如融水苗族自治县滚贝侗族乡还保存着比较完整的岩规。据《滚贝侗族乡乡志》记载,该乡有八处栽岩,每块栽岩的内容不同。其中之尕村栽岩就是专门讲对付杀人放火的。这些栽岩虽然分布在不同的村寨中,但在滚贝乡范围内都有约束力。把这些岩规合起来,就是滚贝地区过去的一部习惯法法典。⑥

侗族款碑条款一般涉及的内容主要有治理偷盗,严惩勾生吃熟、吃里扒外,严禁砍伐林木、破坏风水树林,解决山林田地纠纷,规定婚约彩礼、处理男女社交纠纷及婚配纠纷,卖田当山、木材贸易等方面,其中处理失火烧寨、防火烧山是组成款碑条款的必要内容。

"高增寨款碑"刻于清朝康熙十一年七月初三(1672年7月26日),是目前在侗族地区见到的时间最早、刻字较多的一块款碑。高增位于贵州省从江县北8公里,属于古代

---

① 参见贵州省黎平县志编纂委员会编:《黎平县志》,巴蜀书社出版社1989年版,第12、13、31页。
② 参见吴大华等著:《侗族习惯法研究》,北京大学出版社2012年版,第116页。
③ 参见吴大华等著:《侗族习惯法研究》,北京大学出版社2012年版,第112页。
④ 从江县民族事务委员会《民族志》编写组编印的《从江县民族志·卷一·苗族篇》(油印讨论稿)。张子刚先生提供。
⑤ 从江县民族事务委员会《民族志》编写组编印的《从江县民族志·卷一·苗族篇》(油印讨论稿)。张子刚先生提供。
⑥ 参见龙耀宏:《"栽岩"及〈栽岩规例〉研究》,载《贵州民族学院学报》(哲学社会科学版)2012年第3期。

侗族"二千九"地区的首寨,是古代丙梅(今从江县城)通往永从(古永从县)驿道上的主要村寨,也是侗族地区较早接受汉文化的村寨之一。该碑内容丰富,有关禁止偷盗、砍伐林木、通奸强奸、内勾外引、山场纠纷、行蛮生事、嫁祸于人的条文,以及男女拐带、婚姻关系、失火烧房、防火烧山等都有明确的规定和处罚数额。关于防火,石碑这样刻载:"议或失火烧屋,烧自己之物,惟推火神与洗汗(洗寨——驱邪气出寨),须用猪二个,若临寨四五家、拾余家,猪二个外,又罚铜钱三百三十文;失火烧坟墓者亦同罚处。"

"马胖永定条规碑"存于广西三江侗族自治县马胖村。1875年,是广西侗族地区重要的款碑之一。此碑对30种不轨行为作出了不同的处罚规定。其中"放火烧山"者,"公罚钱一千二百文"。

从江县往洞乡的平楼自古以来就是侗族地区"九洞"款活动的中心,这里也是"九洞"的斗牛塘所在地。"九洞"地区立有多处款碑。其中现存于增冲鼓楼内的"万古传名"碑,刻于1672年七月,是侗族地区现存最早的款碑之一。而1992年立的这通"议款条约"碑又是"九洞"款18村38寨同立,是侗族地区现代款碑之一。增冲"万古传名碑"碑文这样记载:"失火烧屋,自己之屋推火神……临寨四五家、十余家,铜钱一千二百文,其失火烧坟墓亦同罚处。""平楼议款条约碑":"由大意而引发的山火寨火损失在2000元以下的,对当事人罚款5000元,迷信用火加倍(包括鬼师),小孩失火由父母负责,损失在2000元以上的(含2000元),以5000元为起点,由款内决定罚款数额,上不封顶,情节严重的,追究法律责任。"

清水江流域的侗族林农习惯封山育林,称这类山林为"禁山"。禁山有禁约,不准随意砍伐林木,严禁破坏森林行为。封山禁林的条款制定得十分具体,在执行中也严格彻底。凡属封山地区,均立有禁碑,标明四至界限,周围树上捆好草标,或挂上涂上鸡血的白纸,以示此山已封禁,众人盟誓,不得有犯。封禁期限一般是永久性的,也有10年、20年、30年、40年不等的。凡属封山地段,自宣布被封禁之日起,公推专人看管。所定条款有:禁止放牧牛羊、禁止打柴割草、禁止砍伐林木、禁止林地烧灰刨土取肥、禁止放火烧山。对于违反者,林农合众予以处罚,有的罚以重金,有的罚了还要进行补栽,对于严重者交官府究治,或按侗族习惯法进行严厉制裁。有些家族还将他们"禁山"的理由、处罚的规则刻在石碑上以告诫后人。

3. 现代村规民约中关于火的规定

新中国成立后,随着人民民主专政制度的确立和国家法的深入推行,侗族款约演变成一种新的形式,即"乡规民约"、"村规民约"。这些规约往往是由乡村干部、寨老、族长、离退休回乡干部等协商提出并征求当地群众意见后制定的,它具有较广泛的民主性和鲜明的地方自治性。它一般除了结合本地民族风俗习惯外,还会参照国家有关的法律、法规和法令制定。其形式也多种多样,有的印在纸上分发到各家各户,有的写在纸上或木板上张挂于鼓楼边或街道旁。村规民约的最初出现形式是由一些特殊公约的形式出现的。如"防火公约"、"禁放耕牛公约"、"封山育林公约"等等。在内容了涉及管理全村大小公共性事物的综合性公约出现后,这些特殊公约仍在作为特别公约的形式存在。如笔者在2012年2月和9月在黎平、从江调研时,就常能见到悬挂或张贴在家家户户门前的"防火公约"。还有的"防火公约"是张贴在村委会办公处。如笔者在茅贡乡地扪村的村委会就收集到了他们村的防火公约。

村民防火公约

为了维护村寨消防安全管理,预防火灾,减少火灾危害,保护村民生命财产安全,保障村寨经济发展,特制定本防火公约:

1. 每个村民都要自觉遵守消防法律法规和县消防管理制度及村规民约防火公约,都要维护村寨消防安全,保护消防设施,预防火灾,报告火警的义务,任何成年公民都有参加灭火的义务。

2. 每个村民都要注意安全用火用电用气,自觉清理门前屋后的环境卫生,不准乱倒垃圾,不准侵占防火线、防火塘,不准将柴草等易燃物搬进家、进寨存放,要严格执行防火安全十不准制度。

3. 村民要加强自己防火安全教育,对自家的小孩、老人、病人、精神病患者、醉酒人员进行安全监管,他们用火必须有人守护,严防他们乱用火玩火引发火灾。

4. 户主要做好自家防火安全检查,积极动员家人参加全寨的消防基础设施建设和灭火预案演练,参加邻户连防轮流巡查检查。

5. 每个村民都要自觉爱护和维护村寨消防泵、消防栓、防火池(塘)、防火线、高位水池、供水管网等消防设施,寨内的消防池(塘)无论是谁家都要管好,保证时刻蓄满水,谁损坏消防设施谁赔偿,并按村规民约从严处理。

6. 凡年内发生寨火火警等,每次罚款500—1000元。发生山火火警的,每次罚款300—500元,造成重大损失的移交司法机关追究其法律责任。

7. 凡年内评得先进个人的,村委会将予以表扬和奖励。

类似规约在现代侗寨的村规民约中很容易就能找到,只是在惩罚金额上因各地经济收入不均而略有不同。这些非官方的规约在民间防火自治措施中起到了良好的作用。

(三)规范的宣传

1. 讲款

规约制定了,就需要先宣传,让人知晓。传统侗寨宣传规约的主要方式就是讲款。春天的"讲款"活动称为"约青",以保护庄稼不受侵害,维护正常的生产活动;秋天的"讲款"活动称为"约黄",以保护应得的劳动果实和维护正常的社交活动。这实际上就是一种自发性的民间普法教育。有时村寨与村寨之间、鼓楼与鼓楼之间还要进行"讲款"比赛,优胜者被人们称为"款师",因而受到人们的敬重和崇拜,年轻的一代还主动去向他求教。传统的"口诵法"就是这样一代代地流传下来的。各地的"讲款"活动都是非常严肃、非常认真的。"讲款"时还要举行庄严的祭祀仪式:先祭祖母神"萨岁"(sax siis),再祭六郎神、飞山神等。然后跳"芦笙踩堂舞",再由款师登台"讲款"。讲款人身穿百鸟衣,手持茅草,站在台上或板凳上,旁边还有人为他打伞。讲款人每讲完一条款词,就要打一个草节摆到神坛上。若不按传统仪式讲款,据说会触怒神灵,给村寨带来不幸。1986年2月,广西三江独洞乡有一个村寨在鼓楼坪上举行"讲款"活动时,因事前没有祭神和跳"芦笙踩堂舞",第二天村里正好发生火警,所以有人就说:"这是飞山大王发怒了,他先给个眼色警告我们。如果执迷不悟,就要出大事了!"于是第三天,全村人立即聚到飞山庙前祭拜,又到鼓楼坪上补跳了一次"芦笙踩堂舞"。类似这样的巧合事件,大多数人认为"宁可信其有,不可信其无"。正因如此,所以今天的讲款仪式,基本上还是沿袭旧制。

2. 喊寨

在黔东南侗寨地区,几乎所有的村寨都有一种习俗,就是敲锣喊寨。每当晴天的夜晚,久旱的日子,炎热的夏季,极易发生火灾。这时节,寨老都要安排声音洪亮的一位男子敲锣喊寨。他在寨子里按路线巡查,边走边敲锣边喊道:"注意防火啊","夏天热得像火燃,随身不要带火镰。"人们听到后,纷纷行动起来,检查自家火炉等有火的地方,或检查身上的打火工具,不要把它在容易引燃物品的地方使用,以消除火灾隐患。每当过节或有喜庆活动之时,用火多,容易失火,寨老也派人喊寨,如"逢年过节喜事多,大家注意用好火"、"亲友在一起,用火请注意"等,提醒村民防火。每当严冬腊月极为寒冷之时,人们往往除了在火炉里烤火外,还在房间里或睡觉的地方用火取暖,也是火灾多发期。所以,在黔东南的民族村寨,越是冰天雪地,严寒刺骨,越能听到喊寨防火的声音,如"要用火取暖,莫让火行凶"、"火炉把火埋,人才能离开"、"火在人要在,火埋人离开"等等。黔东南的冬天和春天比较漫长,冷风一吹,草地和山林都很干燥,冬阳普照,更是干燥,容易引发火灾。首领或寨老常常派人喊寨,如"冬春草木干,莫拿火上山"、"上山莫拿火来玩,玩火莫上草木场"、"拿火上山玩,迟早坐牢房"等等,以告诫大家注意用火安全。长期以来,敲锣喊寨成了防火训诫和防止火灾发生最为有效的一种优良传统。[①] 笔者在黎平从江侗族地区调研时了解到,这种通过喊寨来防火的方式至今还在使用。例如在黎平县肇兴乡安堂侗寨还在使用这种方式。2007年12月1日7时,该村发生了一场大火。火是从村民卢吉贤家燃起来的,由于气候干燥等方面的原因,火势迅速蔓延,造成"火烧连营",威胁到了安堂族文化生态博物馆、寨内鼓楼、花桥、戏台及上坎大寨的安全。大火烧毁房屋21栋48间,造成了27户农户受灾,无人员伤亡。笔者在该村调研时已是2012年2月,当时该村受灾户已逐渐恢复了生产、生活。但是他们在这次火灾后采取了以家家户户轮流值日的方式"喊寨"。即制定一个"值日牌",牌上写明值日户职责(即值日内容),每天上午9时至10时,晚上10时至11时以敲打竹筒的方式各巡查一次。

---

① 参见傅安辉:《黔东南侗族地区火患与防火传统研究》,载《原生态民族文化学刊》2011年第2期。

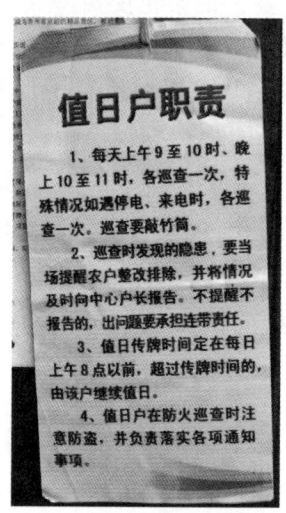

图 2：贵州黎平县肇兴乡安堂侗寨值日牌①（笔者所摄）

在有的侗族地区，喊寨的工具已有锣或竹筒演变成现代的扩音器材，如喇叭等。但这种通过定时警示村民小心火灾，注意防火的方式还在今天的侗族村寨使用。

（四）规范的实施

在侗寨，如果发生了火灾，按照习惯法：除了年迈的老人、儿童和病残者外，所有的中青年人都要到现场来灭火。不准抢救财物，只能救人和灭火。为了救人和救火，可以拆房毁物。这样的规定，促使人们万众一心，以最快速度、最佳选择，全力以赴去扑灭大火，把损失减少到最低限度。对于火灾的肇事者（起火人家户），侗族的款词都规定要重罚，往往罚得肇事者倾家荡产。1940年三江县横岭乡（现为通道侗族自治县坪坦乡），某侗族同胞的理发店遭火灾。火灾不仅烧毁了理发店，周边的房屋也被殃及。按照当地习惯法，肇事者被赶出村寨。由于独自在外与世隔绝，生活非常艰难与孤独，犯事者在村外住了三年后，向村里头人提出，想回村。经商量后，头人决定让犯事者罚一只猪，请全村吃。犯事者便杀了猪，并伴上自己家的粮食，请全村人在鼓楼吃饭。吃完饭，以前的过错就算了了，该犯事者又回到了村里，与村民们和睦相处。②据笔者调查，在现代的很多地区，对于起火的人家（村里人称为"火殃头"）常常按习惯法处以驱逐出寨，三年不能回寨居住。并且要出资作"退火殃"仪式，以驱除"火鬼"。"火殃头"家的原住地也不能再修建住房，"火殃头"三年期满回村居住也不能再选原住地建房，需另选地。在笔者对黎平和从江的调研中，这种对"火殃头"的处罚和灾后"退火殃"的仪式，在近年发生的火灾中仍在使用。

---

① 郭婧于2012年2月15日在贵州省黔东南苗族侗族自治州黎平县肇兴乡安堂村摄。
② 本案例由冼光位老人于2011年7月15日在湖南省通道侗族自治县提供，郭婧记录、整理。

三、民间防火制度对现代村寨消防制度的启示

随着我国社会经济的发展,民族村寨对于消防安全环境的需求逐步提高,而现有的消防法律法规,虽也将民族村寨消防工作纳入了管理,但仍偏重于城市管理,特别是公安消防部队的队(站),按照国家标准划分的责任区的范围,均无法全面涵盖农村,民族村寨消防工作滞后、与乡村经济和社会发展不相适应的问题尤为尖锐,导致了村寨火灾形势十分严峻,重特大火灾事故时有发生,人员伤亡和财产损失严重,直接影响了少数民族村寨经济和社会的健康、稳定发展。因此,加强和规范民族村寨消防安全管理的必要性日益突出,民族村寨消防制度的完善已成为关系到少数民族地区经济、社会发展的重大问题之一。

少数民族地区农村火灾发生的根源很多,总的来说可分为主观和客观两个方面。这两个方面既是火灾发生的原因,也是民族村寨防范火灾存在的困境。主观方面存在五个"不到位":一是政府消防工作责任制不到位。《消防法》实施以来,虽然政府着手抓消防工作,但存在重城市轻农村的现象,农村消防工作部署少、检查少、总结少,没有真正实现消防工作从公安消防机构负责向政府负责的转轨,尚未形成县、乡(镇)、村三级消防工作网络;二是消防安全责任不到位,特别是乡镇、村消防工作薄弱;三是消防投入不到位,对公共消防设施建设也缺乏足够的资金投入,消防基础设施建设滞后;四是消防宣传教育不到位,群众自防自救能力差;五是对违法违章行为和火灾事故责任查处不到位,干部群众未受到应有的教育。在客观方面:少数民族地区农村火灾发生的原因与其深厚的民族、历史、经济、文化和环境根源密不可分。一是木质结构房屋多,耐火等级低,靠山筑屋,住房密集,防火间距小,一旦发生火灾,火势蔓延快,导致火烧连营,一户失火,全村遭殃。二是消防水源缺乏。大部分村镇地处半山腰,地势落差大,水源缺乏,遇上干旱季节,不仅农业生产用水无法满足,就连人畜饮水都很困难,消防用水更无从落实,一旦发生火灾,难以实施扑救。三是用火方式落后。用火大多以木材、木炭、柴草为主,不少地方至今还是楼上住人和楼上生火取暖做饭的习惯。四是用电不规范引发火灾。随着农村电网的改造,电器设备缺乏维修保养,电线在没有任何绝缘措施的情况下穿屋而过,极易引发电器火灾。五是用气不规范,液化气不按安全操作规程进行,想怎么用就怎么用。同时,为了方便出行,大部分农户家中都购买了摩托车等交通工具,随之带来的就是大量易燃液体如汽油等违规存入家中。①

奥地利法学家欧金·埃利希(Eugen Ehrlich)在考察西方社会的社会控制方式后,在其论著《法律社会学基本原理》中提出"无论是现在或者是其他任何时候,法律发展的重心不在立法,不在法学,也不在司法判决,而在社会本身",在分析法律概念时他反对法律

---

① 参见鄢生智:《少数民族地区农村消防工作的现状及对策》,载《时代消防》2002年第2期;何勇:《浅谈少数民族地区农村消防工作存在的问题及对策》,载《中国西部科技》2008年第24期。

是一种由国家维护的强制秩序的传统的概念,认为法律有两种:一种是国家制定的法律,即"国家法",另一种是"社会秩序"本身,并认为"人类联合的内在秩序不仅是法律的最初形式,而且直到现在为止,还是它的基本形式"。他不仅认为"活法"比国家法出现更早,而且认为即使现在国家对社会关系的作用已比以前大大扩大了,"活法"的作用也仍比国家法的作用大。① 习惯法就是具有强制力的行为规范和社会控制的手段,是以法律为内容的文化现象,是一种行动在民间的地方性知识。侗族民间自生的防火规范根植于其民族特有的历史、文化、习俗中。它在人们不自觉的日常行为中就得以贯彻。此外,侗族传统的门前建水塘,水田上建禾仓的村寨规划方式,也能起到火灾防控的作用。但随着历史的发展与现代化的推进,这些传统规范与传统规划方式"被迫"遗忘。但在地处偏远,交通不便的侗族村寨,现代的消防制度效用是具有一定有限性的,这些未填补的空间就需要民族自身的那些"被"遗忘的传统来填满。因为它们才是更因地适宜。笔者认为,现代侗寨的消防制度要实现最大效用就必须要发挥村民自救的作用,而要实现村民自救就离不开传统防火规范与制度的回归。

---

① 参见沈宗灵:《现代西方法理学》,北京大学出版社1992年版,第209页。

青海藏族婚姻习惯法遗存探微
——以青海省黄南藏族自治州同仁藏族婚姻个案为例

刘军君　包哲钰[*]

(兰州大学　甘肃　兰州　730107)

摘要：藏族婚姻习惯法是民主改革前藏族各部落普遍施行的部落习惯法中有关婚姻嫁娶、家庭纠纷解决等内容的行为规范，是维系藏区家庭秩序和生活秩序的重要法律依据，时至今日在青海藏区仍不同程度地适用。本文试图通过田野调查，对在青海藏区遗存适用的婚姻习惯法进行整理，并与国家法比较分析，以揭示青海藏区婚姻习惯法对社会生活的重要意义，为民间法与国家法的良性互动提供启示。

关键词：藏族；婚姻；习惯法

青海省同仁县在藏语里称为"热贡"，意为金色的谷地，是安多藏区的文化辐射中心之一。该县位于青海省东南部、黄南藏族自治州中部地区，东与甘肃甘南藏族自治州夏河县毗连，西与海南藏族自治州贵德县接壤，南临泽库县，北连尖扎县，全县面积3275.35平方公里，大小相当于上海市市区，下辖隆务镇、保安乡、年都乎乡、麻巴乡、瓜什则乡等十二乡一镇[①]。据第六次人口普查，全县共有人口89019人，其中藏族人口65135人，[②]占总人口的73.2%。

笔者于2012年7月至8月间深入青海省黄南藏族自治州同仁县各乡、村、牧业生产队，对其婚姻家庭进行了田野调查。拙文之目的在于整理遗存适用的"民间权威"，昭示其在"依法治国"的今天仍然左右着土著的生活。

一、藏族婚姻习惯法厘定

婚姻是指："得到习俗或法律承认的一男或数男与一女或数女相结合的关系，并包括他们在婚配期间相互所具有的以及他们所生子女所具有的一定的权利和义务，这些权利

---

[*] 【作者简介】刘军君，女，汉族，兰州大学西北少数民族研究中心助理研究员，主要研究方向为民族学；包哲钰，男，汉族，兰州商学院法学院教授，主要研究方向为民商法。
① 同仁县志编撰委员会编：《同仁县志》(上)，三秦出版社1995年版，第75页。
② 本数据系2012年7月间访问青海省同仁县民政局所得。

和义务因民族而异……"①我国台湾地区已故"大法官"杨日然认为：习惯法"源于习惯；就本质而言，二者并无区别；在法学上，一部分因为具有法律规范的效力，称其为习惯法，一部分因为尚无法律规范的效力，称其为单纯习惯"②。藏族婚姻习惯法是民主改革前藏族各部落普遍实行的有关婚龄、婚约、婚姻形态、婚姻缔结原则、通婚规则、婚姻缔结方式、婚姻解除、再婚、婚姻纠纷解决方式等内容的行为规范。它源于吐蕃王朝时的律令、成于各部落对族内事物的规定、含有藏民族宗教习俗的成分，还包括历代中原王朝对藏区政令的影响，在上至吐蕃王朝下至新中国成立的1000余年间持续不断地显效，成为民主改革前维系藏区家庭秩序和生活秩序的重要法律依据。特别是新中国成立以来经历了民主改革及"文革"取缔的历史磨难，在广泛推进"依法治国"、健全国家法律体系的当代，这些"古制俗规"不仅在藏族人心中根深蒂固，更是生长进化、偶有回潮，在特定的空间范围内部分制约着人们的家庭生活，充当现实中的"活法"。

二、青海藏族婚姻习惯法遗存的表现

（一）初婚年龄的习惯法遗存

据民主改革前各部落的惯常做法，男18岁，女15岁即为成年。尤其是对女孩，藏族人普遍认为女性到了15"虚岁"即已成年，最好的结婚年龄为16周岁，这点在部落习惯法中有明确规定。如，千卜录部落制度及法规中规定："女子通常15—16岁结婚，男子一般在20岁左右。结婚须请活佛或者密宗僧侣算卦合八字。"③成年的标志表现为"上头"（部分地区为"戴天头"）仪式，即选择一个冬天的早晨将少女发式改为妇女发式的一系列仪式。仪式完成意味着该名女子享有了结交男性朋友与性自由的权利，父母会为她准备一处单独的居室以便她留宿来访的情人。

据2012年7月间对同仁县瓜什则乡郭进村牧业生产队牧民索南才让（男，藏族，40岁，已婚，育有一子一女）的访谈：

"草原上总共500多户人家，3200多人，这些人家里有丫头的大概有1/5，丫头15岁以上就可以结婚了，我们这里的姑娘都是15岁'上头'（戴天头）。一般17岁、19岁嫁人的多，讲究是18岁不嫁人，一般的姑娘17岁、19岁就都嫁过人了，没有拖到20岁以上的，除非是上学，或者嫁到外头了。不然的话，20岁以上在我们这里就是老姑娘了，我们对老姑娘还是好好没看起（看不起），她肯定有什么毛病吧，在这嫁人的没有拖到20岁以上的。"

对于这点，四合吉村的农民阿妈万德吉（女，藏族，52岁，已婚，育有3女）也予以证实：

"我们这里，尤其是在牧区，除非是出去上学再不回来的，一般嫁人都不能超过20

---

① ［芬兰］E.A.韦斯特马克著，李彬、李毅夫、欧阳觉亚译：《人类婚姻史》（第1卷），商务印书馆2002年版，第33页。
② 参见杨日然：《法理学》，三民书局2005年版，第133页。
③ 张济民著：《渊源流近——藏族部落习惯法法规及案例辑录》，青海人民出版社2002年版，第55页。

岁,超过20岁就成老姑娘了,对象再不好找了,必须18岁、19岁就嫁出去。像我结婚就是18岁,20岁以上已经有了大丫头(即20岁已经生了大女儿)。我家里现在就一个小丫头20岁,在西安上学还没嫁人,大丫头和二丫头早都给掉着(意为嫁过人了),孙子都几个了。"

(二)结婚、离婚程序适用的习惯法遗存

据部落习惯法,结婚必须经过头人或者父母同意,如:玉树刚察部落婚姻习惯法规定:"男女相爱,须征得双方父母同意,请人做媒,向部落头人送礼,批准结婚。"①阿曲乎部落法规定:"男女双方要求离婚时,经头人调解无效予以准许后,还得交一定数量的调解费。"②黄科部落法规定:"不经头人允许,擅自结婚、离婚者罚款。"③经历了民主改革后,尽管由头人控制所辖区域内属民婚姻的现象已不存在,但是,藏族群众却因袭了上述传统:只要双方举行婚礼,就算是履行了结婚手续;或者双方不举行婚礼但公开长期的同居生活,周围人就认定他们具备夫妻关系,是"合法"夫妻。因此对结婚或者离婚的注册登记均不重视。

保安乡个体经营者洛桑(男,藏族,32岁,离异,育有二子,两次婚姻均未领证)称:

"我们藏民的结婚证在心里。我们对领结婚证不习惯,不需要,因为过日子全凭良心,不靠那一张纸。可是现在不领证生了儿子(孩子)不给上户口,没有户口的娃娃学校不收,上不了学。不然,我们就不领证。领不领证都是政府规定的,以前(我父亲那一辈)也没领证照样过得好好的,现在要求领证都是政府的政策问题,跟过日子没有关系,而且也麻烦。以前我找的那个比我大8岁,就没领证,后来过不下去了也就分开了,尼玛(洛桑的大儿子,系与前妻所生,今年4岁)他妈妈带着(离异后,儿子随母亲生活)。现在找的这个正怀娃着(洛桑目前的'妻子'已在妊娠期,被全家人接受),也不打算领证,能过下去的话就等儿子们上小学了再说吧。"

如上访谈在同期对同仁县民政局访谈调查中得到落实,据同仁县民政局婚姻登记处的工作人员马玉琴(女,回族,34岁,已婚)2010年度以来的统计:

"现在政府为了农牧民方便,婚姻登记的不光我这(指县城)有,各个乡上都有……我2010年接手的这项工作(指婚姻登记),到今年为止,汇总过来的情况看,平均每年来我们这领取结婚证办理结婚手续的藏民是115对,而这115对夫妻中只有大约1/3是'新人',更多的是结婚几年有了孩子,为给孩子上户口或者为了买房子、买车需向银行贷款,需要一张'结婚证'才来走程序补领证的'旧人'。即使是这样的旧人,也大多数是我们当地的农民或者生意人,前来补证的牧民比较少见。"

(三)离婚子女以及非婚生子女权益保障的习惯法遗存

部落习惯法规定:对非婚生子或者私生子不得歧视,非婚生子女与婚生子女地位平

---

① 张济民著:《渊源流近——藏族部落习惯法法规及案例辑录》,青海人民出版社2002年版,第86页。
② 张济民著:《渊源流近——藏族部落习惯法法规及案例辑录》,青海人民出版社2002年版,第86页。
③ 张济民著:《渊源流近——藏族部落习惯法法规及案例辑录》,青海人民出版社2002年版,第62页。

等,权利、尊严相同,如:莫坝部落的习惯法规定:"未婚女得私生子,男方要给女方一头牛作为抚养费。"①玉树部落的制度与法规中亦有类似规定:"私生子不受歧视,但男方必须给女方抚养费,其数量有下列两种:(1)1头怀犊乳牛、1只怀羔母羊、1只怀羔山羊。此外,负担孕妇分娩期间的费用。(2)给女方3头牛、3只山羊、3只绵羊和抚育费。"②再例如玉树部落法规对夫妻离婚时子女享有财产分割权的规定有:"夫妻离婚,孩子尚小,尤其是婴儿,财产都留给抚养婴儿的一方。"③果洛部落法规中规定:"夫妻失和,官佐设法使之和好,仍不能和好则审夫妇何方过失及其大小判离……财产除去纳税之本,父母各得双份,儿女各得一份,婴儿幼女各得半份……"④但是,也有部分部落对离婚时财产如何分割、子女如何抚养规定不明,如阿巴部落规定男女离婚的其中一种方式是:一方一走了之即可。⑤

据2012年7月间对同仁县瓜什则乡郭进村牧业生产队牧民儿童德吉(女,藏族,5岁,年龄最小的被访者,被遗弃的非婚生女)的访问:

"爸爸再没来过了,妈妈有时候能见。现在的妈妈是妈妈的妈妈(姥姥),放羊去了,晚上才能回来,我看家着。"

据对同仁县瓜什则乡郭进村牧业生产队牧民夏吾当周(男,藏族,46岁,已婚,育有一女,系德吉的舅舅)的补充访谈:

"德吉的阿爸不是本地人,她的阿爸具体是哪里人我们也不知道。之前她爸爸经常来找她妈妈,在一起生活了有2年多。在别人的眼睛里,他俩就是夫妻,我们家里人也认为他俩是夫妻。后来因为俩人有了一些矛盾,这个男人就再没来过,老婆不要了,娃娃也不管了。我们不知道对方到底是哪里人,找也没地方找,她的妈妈前不久又嫁过人了,瓜什则乡很少回来,所以,娃娃现在是由我和我的母亲在抚养。"

(四)骨系血缘外婚制的习惯法遗存

骨系是藏人禁婚的范围,据格勒博士《藏族早期历史与文化》,藏族的骨系(Rus pa)本身是指由一个男性祖先繁衍下来的子孙血缘集团。⑥ 即,一个祖先的共同继嗣群。藏人朴素地认为,一个人的骨头系父亲所传(精液变成骨),血肉为母亲所育(月经变成肉)。⑦ 同胞兄妹的骨肉相连,自然禁止一切性行为;即使不为同父母所育,但如果骨系一脉相承,亦不得婚配。因此,同骨系的人不论隔了多少代,也严禁发生性关系、严禁通婚,

---

① 张济民著:《渊源流近——藏族部落习惯法法规及案例辑录》,青海人民出版社2002年版,第21页。
② 张济民著:《渊源流近——藏族部落习惯法法规及案例辑录》,青海人民出版社2002年版,第48页。
③ 张济民著:《渊源流近——藏族部落习惯法法规及案例辑录》,青海人民出版社2002年版,第47页。
④ 张济民著:《渊源流近——藏族部落习惯法法规及案例辑录》,青海人民出版社2002年版,第31页。
⑤ 张硕勋、王洲塔:《现代化转型过程中青海藏族婚姻家庭文化的变迁与调适——以青海玉树藏族自治州上拉秀村为例》,载《甘肃联合大学学报》(社会科学版)2010年9月第26卷第5期。
⑥ 格勒:《藏族早期历史与文化》,商务印书馆2010年版,第135页。
⑦ 星全成:《藏族继承的内涵及特征试析》,载张济民主编:《诸说求真——藏族部落习惯法专论》,青海人民出版社2002年版,第276页。

否则必然玷污祖先神灵,紊乱纲常伦理,人们认为"这种人踏过的地方不长草,生出的孩子会长尾巴","社会上最低贱等级的人是猎人和吃旱獭的人,近亲婚配者比猎人还贱,比吃旱獭的人还脏,会使整个村庄连续八代不吉利","青草要干枯,水源要枯竭,老天都不下雨"。① 此外,由于人们认为母亲的骨系会发生变化而父亲的骨系世世代代永不改变,因此针对血缘外婚制的限制显示出了一定的区别:对父系血统(如兄妹、堂兄妹)的通婚限制十分严格,无论相隔多少代均不得婚配;对于母系血统(如舅表、姨表等)的限制相对松弛,大多数藏区按照藏族习惯的手关节数数法,从手指头的关节开始数,一个骨节为一代,到肩膀时是第七代,即可通婚。

由于藏族人普遍认同"烂亲不烂族"的婚姻观念,这条规矩到如今都被人们坚定地恪守,为避免传宗至今的同姓男女具有血缘关系而误结婚姻坏了规矩,不少藏人甚至将骨系外婚制扩大到了"同姓不婚"、"同宗不婚"。② 如阿巴部落习惯法规定:"同一骨系(父系血统)的人禁止通婚,严禁两性关系。"③庙顶村藏族习惯法规定:"坚持烂亲不烂族,严禁同族开亲。本姓男子娶亲,必须是旁姓。……同姓结婚者,都被绑在石磨上,推下雅砻江淹死。"④发展至今,除了极个别老人能记得清楚自己属于哪一个骨系阶级以外,大多数年轻人对骨头高低的要求已不那么苛刻。但是,有一点是经久不衰和至死不渝的——"纯洁"骨系的人绝不能和"不洁"骨系的人通婚。对于骨头纯洁与否的判断,以当事人本人或者他的祖上有没有得过"狐臭"为标准。有过狐臭病史的人家其骨头被视为"不干净"。

据对黄南州中学的教师南措(女,藏族,33 岁,已婚,育有 1 女)的访谈:

"我们藏族人找对象先看对方骨头高不高,一般亲戚们的骨头一样肯定不能找,找的都是外面的人(即不具备亲戚关系的人),麻风病的不结婚、有味道(指狐臭)的不结婚。这是祖祖辈辈传下来的规矩,谁也不能改变。基本上我知道的、周围的亲戚或者县城里的、包括我自己结婚都是这样找对象。骨头不干净,两个人感情再好这门亲事也得作罢。这也就是我们的'法'吧。村上或者乡上这个更讲究,不过我们这也算是个熟人社会,基本上谁家的骨头高、骨头低、干净不干净都清楚着。"

(五)悔婚罚则的习惯法遗存

婚约是指男女之间为结婚所作的一种事先约定,我们将成立婚约的行为称之为订婚。⑤ 在藏族习惯法中,婚约占有很重要的位置。按照藏族的婚姻习惯,男女在订婚时往往有诸如彩礼、金银首饰、聘金、牛羊等的财物往来。由于藏族是一个诚实守信的民族,

---

① 参见张济民著:《寻根理枝——藏族部落习惯法通论》,青海人民出版社 2002 年版,第 301 页;陈金全主编:《西南少数民族习惯法研究》,法律出版社 2008 年版,第 184 页。
② 参见扎洛:《卓仓藏人的骨系等级婚制及其渊源初探》,载《民族研究》2002 年第 4 期。
③ 张济民著:《渊源流近——藏族部落习惯法法规及案例辑录》,青海人民出版社 2002 年版,第 100 页。
④ 张济民著:《渊源流近——藏族部落习惯法法规及案例辑录》,青海人民出版社 2002 年版第 138、140 页。
⑤ 祁妲选措:《藏族婚姻家庭习惯法研究——以青海安多藏区为例》,中央民族大学硕士学位论文,2011 年,第 27 页。

尤其注重人与人之间的相互信任和友好关系,所以一旦订婚就不能单方随意毁约①,否则不光要受到熟人社会的舆论谴责,还要承担处罚责任。如果是女方悔婚,在未来的一段日子里她将面临"婆家难寻"的尴尬局面。

在部落习惯法中针对"悔婚"有诸多处罚的规定,如:阿什姜部落规定:"已经起誓订婚而悔婚违誓者,按对方的身份,分为上、中、下三等向对方缴纳名誉损失费。"②果洛藏区的规定:"夺妇"付身价。一般情况下,男方悔婚便不得向女方索要彩礼,有的还要给女方一些补偿;女方悔婚则要退还全部彩礼并送给男方红段子,以示道歉。

在调研中,四合吉村的农民阿妈万德吉(女,藏族,52岁,已婚,育有3女)称:

"如果是男方悔婚,彩礼就不要了;如果是女方悔婚,此前已经当着大家的面把酒喝了的,不管过多长时间都要买同样的酒和彩礼给人家男方退回去。谁反悔了,谁给对方补偿,到现在都是这样。"

三、青海藏族遗存婚姻习惯法与《婚姻法》的比较

(一)习惯法与《婚姻法》的冲突

第一,法定婚龄的冲突:《婚姻法》第6条对于法定婚龄的规定:"结婚年龄,男不得早于22周岁,女不得早于20周岁。晚婚晚育应予以鼓励。"为尊重少数民族历史上遗留的婚俗习惯,各少数民族聚居区均根据自己的实际情况对婚龄作出了适当变通。如,1982年黄南藏族自治州《关于施行〈中华人民共和国婚姻法〉的补充规定》:"结婚年龄,男不得早于20周岁,女不得早于18周岁。提倡晚婚,实行计划生育。……本规定适用于本自治州尖扎、同仁、泽库三个县的各少数民族群众。"可即便如此,调研中同仁县牧业乡和部分农区的女性婚龄仍然保持在17~19岁,略低于法定婚龄。

第二,结婚、离婚程序的冲突:据《婚姻法》第8条及第31条:要求结婚,自愿离婚的男女双方必须亲自到婚姻登记机关进行结婚(离婚)登记。访谈中,当地藏族农牧民大多数都知道有《婚姻法》这回事,但基于对习惯法认同的心理和对国家法律的不信任,普遍认为只履行了"共产党"定下的结婚手续不足以使婚姻成立,因此在结婚程序的履行上能不领证就不领证,离婚时大多数藏族都选择"协议离婚",既然没有依法领取结婚证,离婚手续也就无从办理,一拍两散的居多。然而,这种只注重婚姻实质不注重婚姻形式的做法为重婚及其他婚姻纠纷的发生埋下了隐患。

第三,离婚子女以及非婚生子女权益保障的冲突:

《婚姻法》第21条规定:"父母对子女有抚养教育的义务……父母不履行抚养义务时,未成年或不能独立生活的子女,有要求父母付给抚养费的权利。"第25条规定:"非婚

---

① 参见华热·多杰:《藏族古代法新论》,中国政法大学出版社2010年版,第57页。
② 张济民、戈明:《寻根理枝——藏族部落习惯法通论》,青海人民出版社2002年版,第303页。

生子女享有与婚生子女同等的权利,任何人不得加以危害和歧视。不直接抚养子女的生父或生母,应当负担子女的生活费和教育费,直至子女能独立生活为止。"第37条规定:"离婚后一方抚养子女的,另一方应负担必要的生活费和教育费的一部分或全部……"表面上看,历来的部落习惯法在此问题的规定上似乎与《婚姻法》一致,非婚生子女与婚生子女地位平等,权利、尊严相同,不允许旁人对非婚生子或者私生子歧视,但是部落习惯法中并不体现对这类子女权益如何落实的制裁措施。

倘若依《婚姻法》,身为父母的一方不履行责任时另一方可以将他(她)诉诸法院,要求一个公正的第三方裁判当事人履行义务,而部落习惯法对离婚子女与非婚生子女的抚育责任如何落实立法缺位。这使得在地域广阔、居住分散的牧区,一旦发生父母失和或者男女双方本身就过着"暮和晨离"的生活时,离婚子女或者非婚生子女得不到父亲应有的照顾。因为大多数情况下这类子女均随母亲生活,部落习惯法并未有相关惩罚措施去制裁不尽抚养子女责任的"落跑父亲"。司法实践中,得不到生父养育的离婚子女、非婚生子女,得不到丈夫帮助的单亲妈妈在心理上并未形成丈夫应当承担抚养责任的观念,更加没有运用法律捍卫权益的思想,造成草原上的"落跑父亲"比比皆是。

不仅如此,鉴于大多数藏族农牧民深受传统文化影响,认为能生、多生是男性或女性性魅力的体现,性观念相当开放、法制观念淡薄、不拿抚养责任当己任,类似的"单亲儿童"在草原上还有一层,再加上被害人及其亲属在此类事件中"受害"观念不强、不愿将家庭琐事诉诸公堂,类似的"落跑父亲"与"落跑母亲"在草原上也有一层,那么,无辜的孩子们在上述家庭中受到"亏待"是意料中的事,习惯法中私生子"不受歧视、具有同等地位"的规定显然成为一句空话。

(二)习惯法与《婚姻法》的兼容——骨系婚制与直系旁系血亲禁婚的兼容

我国《婚姻法》第7条第1款规定:"禁止直系血亲和三代以内的旁系血亲结婚。"骨系外婚制无疑与《婚姻法》的立法精神高度一致,并将禁婚的范围提升到了七代以上,排除了近亲结婚在医学上带来的遗传疾病,从优生学的角度为优化人种提供了良好的制度保障。同时,如访谈所现,骨系婚制不仅体现了血缘外婚还突显了对部分疾病的婚姻禁忌,这条习惯法规定与《婚姻法》第7条第2款"患有医学上不应当结婚的疾病的禁止结婚"不谋而合。尽管在医学上并不将麻风病和狐臭认定为禁婚疾病,但是藏族的骨系婚制无疑为在高寒恶劣环境下生存的族群提供了优生优育的制度保证。所以,藏族中除了后天的残疾外,鲜见聋哑或者痴呆等先天性、遗传性疾病的残疾人。

(三)习惯法对《婚姻法》的补充

藏族婚姻习惯法中对男方悔婚放弃彩礼,女方悔婚退还彩礼追加补偿的规则与《合同法》中的"定金罚则"①颇为相像,这点在《婚姻法》中未见体现。《婚姻法》认为:"不要求婚约必须履行,当事人任何一方不履行婚约时,另一方不得请求法院强制执行。"②可见婚约不属于法律的调整对象、不是结婚的必经程序,解除与否也不需经过法定的程序。因此,《婚姻法》条文及配套解释中未见相关规定。然而,现实生活中悔婚以及依仗结婚骗财的案例为数不少。就在2011年,江苏卫视"非诚勿扰"栏目征婚成功的北京籍女嘉宾因"以结婚为名"接受了男嘉宾赠与的宝马车却不与其成婚并拒绝退还车辆被男嘉宾诉诸法庭。不能不说藏族婚姻习惯法的此项规定具有远见卓识,如果《婚姻法》中可以采纳有关婚约以及悔婚的规定"小惩大诫",那就能一定程度上对现下因婚骗财骗物的拜金男女起到防范作用、维护公平正义、减少婚姻纷争。

四、对青海藏族婚姻习惯法遗存的原因分析与评价

苏力认为:"我的研究将显示,尽管当代制定法对于习惯采取了某种贬抑、有时甚至是明确拒绝的态度,但在司法实践中,习惯还是会顽强地在法律中体现出来,对司法的结果产生重大的影响,实际上置换了或改写了制定法。"③青海藏区的民间"婚嫁权威"也大抵如此。究其原因,主要是两个方面:

第一,观念的支撑。"习惯法"来自传统的累积与继承,承载着厚重的民族文化和地域文化,它既记录在历史典籍之中,也活在人们的观念与行为方式之中,是一种固化了的人们的习惯行为模式。尤其是在藏族这样一个伦理社会特征远重于法治社会特征的民族自治区域内,一些部族观念和农奴制度沿袭下来的旧习俗根深蒂固,整个社会以格言、谚语、寓言故事和史诗作为载体因袭传统,再加上佛教关于人在"业"④方面的解释,部落习惯法也就具备了扎实的传承基础。例如面对5岁女孩儿德吉的"落跑父亲"时,舅舅夏吾当周认为:这是自己的妹妹和外甥女"命"不好,才会摊上这么一个不负责任的男人,也坚定地认为有了这一遭,妹妹就还清了"上辈子"欠下这个男人的,以后各不相欠好好过日子。他从没有产生过将当事人诉诸法院请求法律给予公正裁决的想法,并且觉得如果这么"告"下去,"业障"就会纠缠不清,妹妹和外甥女就永无宁静之日。

由此见得:将信仰、伦理掺杂在一起的习惯法,在深信神灵与宿命的藏族面前是多么大放异彩,由此可以解释:为什么制定法条文中一旦有和习惯法相矛盾之处,即会受到习惯的强烈抵抗——只要人们的观念依然,国家法律在这一地方必然上令不行,下行不效。

第二,国家干预的欠缺。据对同仁县法院民事审判庭法官才让(男,藏族,42岁,已

---

① 定金罚则是指缴纳定金方违约则放弃定金,收受定金方违约则双倍返还定金的法律规定。
② 杨大文:《婚姻家庭法》(第2版),中国人民大学出版社2002年版,第100页。
③ 苏力:《送法下乡》,中国政法大学出版社2000年版,第240页。
④ "业":佛教术语,指做事的结果。"业"常分为善业与恶业,也就是我们通常意义上的善报和恶报。参见:旦增遵珠、多庆、索南才让:《从习俗与惯例中考察藏区草场纠纷行为》,载《中国农村观察》2008年第2期。

婚)的访谈:"我们县法院每年受理的案子大多是刑事案件,对民事纠纷提起告诉的很少,一个月10起案子都不一定有,能把婚姻家庭纠纷提交法律裁决的更少。"

原因之一是同仁县地处偏僻,历代中央的皇帝对这片土地无暇顾及均采"因俗而治",法律供给不足,所以即便是在新中国成立后进行大面积普法以及自治州变通条例的广泛宣传下,同仁藏族在遇到婚姻家庭纠纷时也宁愿自己解决,找长辈、头人解决而不愿把"家里的丢人事"拿到大庭广众下解决。

原因之二是新中国成立以后,国家法律的确在刑事案件当中起到了打击犯罪、震慑罪犯的绝佳作用,但在民商事案件中对婚姻家庭类的"民间细事"绝少干预,处理边远农、牧区婚姻家庭纠纷时都唯恐浪费司法资源、拖延案件审理。诚如县法院法官才让所言:"不仅是在藏区,在中国农村,人们认为有效的婚姻成立要件也是举行结婚仪式。只要举行了仪式,在这个小小的熟人社会里,没有人不认为他们是夫妻,也没有人认为他们的同居是非法同居,难道我们能把这种违反婚姻法的人都绳之以法?"

立法的目的和价值在于实现社会的公平正义,更好地保护人民的权利,维护社会稳定。然而,私法本身具备一定的自治空间,当某个民族以自己特殊的方式来规划生活秩序时,只要它未侵害到他人的合法权益,哪怕它违反了现行法,那么,即便大法官在此,也只能是任其存在。

五、结　语

遗存适用的藏族婚姻习惯法,是青海藏族各部落在长期的历史发展过程中经年积淀而成的意识形态与生活模式的直观反映,与青海藏族的族群变迁及民族心理相互作用、相互影响,既是民族法律更是民族文化,因此有着深厚的社会基础。越南土民至今称道:"乡村的习惯远胜皇帝的法律。"①说的就是浮现在表层的、看似粗陋的、滞后、不合时宜、早该被取缔的习惯法规范因反映了沉淀在内的民族心理、民族传统与民族文化而屡试不爽,即便制定法早已将之摒弃。如苏力教授所言:"立法之局限还在于,即使有国家强制力的支撑,它也并不能废除任何一种流行于社会中的习惯性秩序。只要社会还需要,只要社会没有其他的制度性替代品,即使为立法所禁止或宣布无效的传统规则仍然会发生作用。"②我们既要维护法律的权威性,不为人所轻视;又要创造藏区的全面进步,至少使之在法治上与现行法同步,对习惯法进行简单的否定是无效的,也是短视的。那么,试图从保护传统文化的多样性、维持少数民族多元存在的角度出发,对陈规陋习辩证否定、对无害法条"扬弃"接受,配套实现藏族地区法律文化的"与时俱进"任重而道远。

---

① [美]博西诺格等著:《法律之门》,邓子滨译,华夏出版社2002年版,第323页。
② 苏力:《道路通向城市》,法律出版社2004年版,第26页。

山东安丘、临朐等地的酒宴礼仪风俗

王月峰*

(北京政法职业学院　应用法律系　北京　100160)

摘要：山东安丘、临朐等地的正式酒宴有近20种，各种不同酒宴的礼仪风俗存在些许差异，但主要内容则大同小异。正式酒宴的礼仪风俗一般分为迎客礼、酒桌礼和送客礼三大部分，酒桌礼是整个酒宴礼仪风俗的主体。酒桌礼仪风俗中的座次排位、斟酒、劝酒、罚酒等各种礼仪规范都具有较强的地域性特征。法社会学视野中的酒宴礼仪风俗，主要通过对规则及其生成环境、机制的研究来划定研究领域和探寻规则的意义世界。

关键词：酒宴；礼仪风俗；迎客礼；酒桌礼；送客礼

"礼仪"就是"礼节和仪式"。礼节是人们在社会生产生活中形成的以修身和尊重他人为主要内容的行为规范，比如：问好、鞠躬、握手。礼节主要是指个体行为的方式；仪式则是指典礼的秩序形式，主要是指群体的行为方式。《诗》曰："仪式刑文王之典，日靖四方。"[①]朱熹解释说："仪、式、刑，皆法也。"[②]可见，仪式和法紧密相连，具有强制性、规范性特点。所以，作为一种行为规范的礼仪具有一定的强制性、规范性和指引性。在一定意义上，礼仪如同法律，通过规范和塑造人的生活方式形成一定的规则制度和社会秩序。风俗则不同，风俗具有很强的地域差异性和文化差异性，人们习惯于把由于自然环境差异而产生的礼仪规范称为"风"，把因为文化差异而产生的礼仪规范称为"俗"。具有地域性和文化性的风俗同样以一定程度的规范性指引着人们的行为，影响并塑造着我们的生活和社会秩序。我们正是在这种认识的基础上，来记录酒宴的礼仪风俗。

酒桌礼仪风俗源远流长，据说周代已经形成了比较完备的酒桌礼仪制度和风俗习惯。《诗》曰："献醻交错，礼仪卒度。"[③]意思是，主客敬酒杯盏交错，礼仪全部合乎法度。这是关于酒桌礼仪风俗比较早的成文记载。这个记载也反映出了酒桌礼仪风俗的规范性特点。笔者在山东生活了30多年，对于山东省部分地区，尤其是安丘市、临朐县的酒桌礼仪风俗有比较多的了解，在小范围的社会调查和查阅相关资料的基础上，把有关安

---

* 【作者简介】王月峰，女，汉族，北京政法职业学院应用法律系副教授，研究方向为民间法、法社会学。
① 《诗·周颂·我将》。
② 〔宋〕朱熹注，赵长征校：《诗集传》，中华书局2011年版。
③ 《诗·小雅·楚茨》。

丘、临朐等地正式酒宴的礼仪风俗和相关非正式酒宴的一些简易礼仪风俗记录在案。

一、正式酒宴的种类

1. 满月酒:新生儿出生第 30 天,新生儿的父母要举办满月酒。参加人包括新生儿的爷爷奶奶、姥爷姥姥和七大姑八大姨等亲友,还包括新生儿父母的同学、同事和朋友。计划生育政策实施以来,独生子女的满月酒尤其隆重,常常要在一个酒店摆满十几桌,甚至几十桌酒宴。满月酒一般由新生儿的父亲主持,也有请专业主持人的情况。

2. 寿酒:为老人祝寿的酒宴。按照安丘、临朐等地的风俗,一般在老人 60 岁以后才在小范围内开始为老人祝寿。60~70 岁之间的寿酒,主要是家庭内部的儿女子孙参加的小规模宴会,因为是家庭内部的酒宴,礼仪规范不严格。安丘、临朐等地一直遵循"逢十大寿"的规矩,因而,"70 大寿"、"80 大寿"的祝寿酒宴规模骤然增大,礼仪规范也开始严谨。

3. 团圆酒:家庭大型聚会酒宴。有些家庭规模较大,子女在不同的城市生活和工作,平时难得一聚,安丘、临朐等地有利用中秋节、春节等传统节日举行家庭大聚会的习俗。这种聚会由于规模大,人员多,经常在酒店举行,也比较注意礼仪规范。

4. 订亲酒:也叫订婚酒。订婚习俗在山东比较普遍,安丘、临朐等地的订婚酒也较正式,参加人员有男女双方及其父母、亲朋好友、媒人等。近几年来,订婚酒的规模和档次与喜酒越来越接近,只是缺少来宾送红包的环节。因而,订亲酒的礼仪规范也日趋严谨。

5. 喜酒:也叫红公事酒、结婚酒、喜事酒。"喜酒"是民间酒宴规模最大、礼仪规范最严谨的一种酒宴。参加人数多,少则几十人,多则数百人;人员构成复杂,双方家庭成员、亲朋好友、同学、同事、战友……需要讲话的人多;程序复杂,礼仪规范较多;场面气氛热烈,秩序掌控困难。这些因素决定着"喜酒"之礼仪规范的复杂性和严谨度。

6. 出嫁酒:有"嫁"才有"娶",或者说有"娶"才有"嫁"。但是,嫁和娶的酒宴有很大区别。娶的酒宴叫"喜酒",嫁的酒宴叫"出嫁酒",依传统观点看来,嫁女是一件令人伤心的事情。因而,"喜酒"用"囍"表示,而"出嫁酒"则用"喜"表示。但是,自古至今,"出嫁酒"一直是安丘、临朐等地的一种正式酒宴。"出嫁酒"是一种款待迎娶新娘的新郎及家人、帮忙的酒宴。安丘、临朐等地有一个风俗,新娘家人常常要把来迎亲的负责人(往往是新郎的叔叔或者伯伯)"灌醉",时间能拖多久就拖多久。因此,往往是迎亲队伍找个机会抢了新娘就跑,"出嫁酒"也就在迎亲队伍的仓皇逃跑中匆忙结束了。

7. 白公事酒:葬礼后的酒宴。参加葬礼的人在葬礼结束后要参加葬礼主办方举办的宴会,俗称"白公事酒"。白公事酒气氛凝重,少有人高谈阔论,眉飞色舞,喝酒也比较文明规范。但酒宴的礼仪规范还是要遵守的,比如坐席次序,迎客、送客礼仪,敬酒次序等等,依然严谨规范,秩序也井然有序。

8. 答谢酒:对帮助过自己的人进行答谢的酒宴。酒宴规模和档次根据需要答谢事情的重要性而定,重大事项的答谢,比如孩子溺水被人救起后对恩人的"答谢酒",需要规格较高,礼仪规范随之也较多。而"喜宴"后对"帮忙人"的"答谢酒"则比较简单,礼仪规范也较少。

9. 和解酒:安丘、临朐等地有利用"和解酒"解决民间矛盾和纠纷的习惯。一位或几位"公道人"在征求纠纷双方意见的基础上,把纠纷双方召集到一起,在酒桌上动之以情、晓之以理,达到化解矛盾、解决纠纷的目的。"公道人"就是"和解酒"的召集人和主持人。"和解酒"的出资人往往是纠纷中过错较大的一方当事人。

10. 拜师酒:传统的拜师酒是师徒关系正式确定的标志,属于一种正式的民间法制度。师徒关系基本确定后,新徒弟或其家长要通过宴请师傅的"拜师酒"来确定和公示师徒关系。拜师酒的传统礼仪规范比较严谨,包括给师傅磕头、跪拜敬酒、师傅教诲等严格程序。现代社会礼仪规范相对宽松,但是双手把酒杯举过自己头顶给师傅敬酒的程序还是必需的。

11. 结义酒:异姓男子之间义结金兰的酒宴,有交换"金兰帖"、歃血盟誓、焚香叩拜等仪式。传统社会多见"结义酒",现代社会已少见。但是,在安丘、临朐的部分地区和人群中也有存在。比如,黑社会组织、盗窃团伙的入伙,常有"入伙酒"和"结义酒"。

12. 同学酒:安丘、临朐等地比较正式的"同学酒"一般是"逢五(年)逢十(年)"的酒宴,这种同学大聚会的酒宴参与人员多,还要请老师,规模浩大,程序复杂,礼仪规范也较严谨。现代社会的"同学酒"多采用 AA 制,也有同学中发达人士赞助的情况。一般小型同学聚会,酒宴规模小、礼仪规范少,属于非正式酒宴。

13. 战友酒:现代社会渐渐兴起了复员军人组织的战友聚会酒宴。其组织方法和程序与"同学酒"近似,不赘述。

14. 上梁酒:安丘、临朐等地的农村盖房子和城里建楼房的不同阶段有不同的酒局,比如开工前的"开工酒",收工后的"收工酒",最重要的是房屋主体盖好后的"上梁酒"。上梁仪式必须在中午前完成,必须把写有"上梁大吉"的红色横批贴在房梁上,红色横批上还要注明年月日。临朐有的地方的红色横批需要用栓有铜钱的绳子系在房梁上。上梁的同时,还要鸣放鞭炮。上梁仪式之后,所有参加人员开始豪饮"上梁酒"。酒宴期间,主人要感谢建筑方所有人员,有的主人还发红包,临朐的农村地区多以每人两盒香烟为酬谢。

15. 送行酒:也叫"饯行酒"。亲朋好友要远行,比如出国定居或工作之需调往外地,需要设宴送行,此所谓"送行酒"。送行酒的主要仪式是"送行代表"的讲话和"被送行人"的答谢讲话,这两个讲话都以表达依依不舍之情为主题。"送行酒"也属于需要豪饮的酒局,"被送行人"喝得酩酊大醉是常事。

16. 接风酒:给从外地归来的亲朋或者新任领导接风洗尘的酒宴。接风酒的规模和档次视"被接风人"的身份和地位而定,多数情况下,酒宴的规模较大,礼仪规范也比较复杂。尤其是给新领导接风,需要了解新领导的酒量、脾气、酒风和爱好等一些重要问题,为酒局做好充分准备很重要。

17. 团拜酒：机关、事业和企业单位的年终总结酒宴。无论单位大小，人员多少，团拜酒在安丘、临朐、济南等山东多数地方一直很流行。团拜酒需要考虑是否需要邀请上级领导参加，不同级别领导讲话的时间和顺序，领导之间敬酒、下属敬酒的分寸把握，等等。团拜酒需要注意的礼仪规范比较多，一些传统的酒宴礼仪规范未必适用。

18. 开业酒：酒店、银行、商店等商业机构开业，一般要宴请前来祝贺的嘉宾。有些单位的"开业酒"场面很大，程序复杂，礼仪规范繁多。开业酒最大的特点是传统和现代礼仪交织在一起，比较难以把握。比如开业酒要红红火火，这就要求嘉宾的着装要鲜艳明快，男嘉宾最好扎红领带；女嘉宾最好着套裙。酒桌以欢快的气氛为主，音乐可以声音很大，而且多数伴随现场录像。这些现代因素都增加了礼仪规范的复杂程度。

19. 祭祖酒：祭祖仪式在中国传统文化中占据很重要的位置，因而，"祭祖酒"在传统酒桌文化中也有很重要的位置。当代社会，"祭祖酒"离现代文明渐行渐远。"祭祖酒"一般由家族中的家族长主持，家族中所有男人按照辈分跪拜在"家堂"所供奉的列祖列宗面前行"叩拜礼"（临朐风俗是叩四个头、安丘规矩是叩三个头）。然后，成年男子拿起面前已经盛满酒水（白酒或米酒）的杯子一饮而尽。传统的"祭祖酒"程序简洁，时间短暂，但气氛凝重，参与人员在整个祭拜过程中不可讲话。①

二、酒宴的礼仪风俗

（一）迎客礼仪风俗

1. 请帖（请柬）：邀请客人参加一些重大活动的简易书信。婚丧嫁娶等重要酒宴，安丘、临朐、潍坊、济南等地仍习惯使用请帖，北京地区的婚宴使用请帖具有普遍性。请帖一般由家庭男主人亲笔或请人代笔书写，现代社会也有打印统一制式请帖的做法，但民间仍有"亲笔书写请柬才算对人尊重"的说法。请帖一般使用一纸对折方式，竖排多见，精美为要。

2. 电话、短信邀请：现代社会也有使用电话、短信，甚至网络邮件邀请客人的做法，但主要见于路途遥远，请帖送达不方便，或者关系甚密，无须过多繁文缛节的情况下。传统社会，不方便送达请帖时，也有托人捎口信的习俗，口信具有与请帖同等的效力。

3. 总管和帮忙人：像婚宴等人数众多的正式酒宴一般都事先安排好"总管"和"帮忙人"。"总管"就是整个酒宴的策划者、管理者和联系人，一般由当地较有名望、热心助人、腿脚勤快的中年人担当，主要职责是策划酒宴、安排酒桌座次、差遣"帮忙人"和一些临时事件的应急处理。"帮忙人"一般由主人的亲朋好友充任，主要职责是负责招呼客人、搬

---

① 马永芳：《祭祖酒》，载《语文教学与研究》2002年第1期。

运各色杂物、跑腿、听候差遣等杂事。"总管"和"帮忙人"没有报酬,主人一般事先和事后宴请他们,再送一些烟酒以示感谢。

4. 迎客礼:按照酒宴的礼仪风俗,请客的男、女主人要站在举行酒宴的大门口迎客,男女主人身边还侍立着"帮忙人"。当主人与来宾寒暄之后,由"帮忙人"导引来宾到指定酒桌落座。如果是领导或者尊长者等贵宾,须由男、女主人亲自导引落座。大门口迎宾的主人须对所有来宾一一握手,并对来宾的光临表达感谢之情。如果家中男主人已经故去或者因为其他原因不能在门口迎客,需要由男主人的兄弟担当此任。

5. 餐前待客:在宾客正式落座前,主人或者"帮忙人"要给客人敬烟敬茶,拉拉家常,不能冷落、慢待客人。现代社会,临朐也有为客人准备瓜子、点心等零食的做法,有先"垫垫肚子"之说。

(二)酒桌礼仪风俗

1. "酒陪":就是陪宾客喝酒的人。山东安丘、临朐等地的酒陪一般是亲朋好友、左邻右舍中酒量较大的男子。在正式酒宴上,"酒陪"一般坐"副陪"位,坐"主陪"位的"酒陪"往往是男主人的兄弟或者同辈分的其他好友。"酒陪"的主要职责是陪宾客喝酒,尤其是让"主宾"等贵宾喝高兴。所以,酒陪不仅要酒量大,而且还要能说会道,否则自己喝醉了,宾客还意犹未尽,那算"酒陪"失职。临朐有句俗语:"待要喝得好,'主陪'把'副陪'办倒。"意思是,要想活跃酒桌气氛,调动大家喝酒的积极性,"酒陪"不能完全一致对外,也要打打"内战","酒陪"喝酒要率先垂范。所以说,"酒陪"的酒量至关重要。

2. 分桌习俗:如果宾客较多,酒宴需分多桌,安丘、临朐等地有按照宾客相互熟悉的程度分桌的习惯,也有按照宾客辈分、地位分桌的做法。比如,婚宴酒桌,就有同学桌、战友桌、亲戚桌等分桌方法。"总管"需要就分桌原则事先与主人协商后再行定夺,不可自作主张。安丘、临朐还有男女分桌的习俗,有些地方也有按照酒量大小分桌的习惯做法。酒宴分桌需要照顾到尊长者和领导等贵宾的感受,比如辈分高的年轻人也应被安排在"主宾桌",否则,会被认为主人和"总管"不懂规矩。从宾客角度看,宾客须按照主人对分桌和座次的安排就座,所谓"客随主便",一般不随便调换坐席和座次。

3. 酒桌座次:正式酒宴一般是圆桌,方桌在农村也多见。无论什么类型的桌子,面向门口出入的正中位置为"主陪","主陪"相对的位置(也就是离门口最近的背门位置)为"副陪",如果酒桌人数超过10人,还需设"三陪"和"四陪"。"主陪"右手位和"副陪"等距离的中间位置是"三陪","三陪"的对面位置是"四陪"。"主陪"的右手位是"主宾",左手位是"次宾"。"主宾"的右手位是"三宾","次宾"的左手位是"四宾",依次排开。如果宾客偕夫人参加酒宴,夫人可安排在宾客的下位邻座就座。山东的济南、莱芜等地,"三宾"、"四宾"的座次略有不同,"副陪"的右手位是"三宾",左手位是"四宾"。

现代社会,从酒店里酒桌上餐巾的叠法就可以窥见主陪、副陪及宾客的座次。"主陪"的餐巾一般是折叠成高高的圆筒状,比较醒目;"副陪"的餐巾折叠成扇面状,相对较矮;其他位置的餐巾则折叠成三折花瓣状。整个酒桌上的餐巾形状有些神似展翅的凤凰。

4. 白酒当家,啤酒漱口:安丘、临朐等地的正式酒宴必须上品质较高的白酒,最好是高度白酒,红酒(包括干红)、黄酒(米酒)、啤酒只能是白酒的补充。"无酒不成席"指的是白酒,不喝白酒不能算是真正的喝酒,没有白酒的宴席不算是正式酒宴。另外,酒桌必备茶饮和香烟。每位酒桌上的客人面前都要有茶饮,每个酒桌上有香烟两盒、打火机两个。

5. 斟酒礼:斟酒礼除了"斟酒必满"原则之外,还需要注意酒瓶的拿法,要右手握酒瓶中部的商标(据说为了不炫耀酒的高档),左手托着酒瓶的脖颈位置,酒瓶的嘴面向酒桌中央,切忌瓶嘴面对客人。如果"主陪"斟酒,顺序是:主宾→次宾→三宾→副陪→四宾→主陪。如果是服务员斟酒,顺序是:主宾→主陪→次宾→三宾→副陪→四宾。总原则是:从主宾开始斟酒,斟酒顺序是逆时针旋转。

6. 叩指礼①、遮杯礼:主人斟酒时,长辈客人或主要领导应行"叩指礼",即用拇指、中指、食指指尖合拢处在自己杯子前轻轻扣动,表示"已斟满、谢谢"。平辈或者同学、战友等客人既可以行"叩指礼",也可以行"遮杯礼",一般是用左手半遮着自己的酒杯,右手轻托酒瓶,传达"不好意思、不胜酒力"等意涵。

7. 酒满茶浅:安丘、临朐等地的斟酒礼仪风俗是"酒满茶浅"。也就是斟酒要满满的一杯,"高出酒杯但不出酒杯"是最高境界。茶水要略多于半杯,大概3/5的样子。

8. 开宴仪式:酒宴开始须由男主人正式宣布。开宴仪式的程序是,一般由"总管"向男主人点头示意:可以开始了! 男主人端着盛满酒的酒杯站立起来,在男主人侧后的"帮忙人"会把男主人的座椅往后稍微移动一下,方便男主人环顾四周。此时,所有宾客须保持安静,并面向男主人。男主人发表一个简短的讲话,内容至少包括:举办酒宴的原因、感谢宾客的光临、请大家吃好喝好。男主人带领大家共同举杯喝第一杯酒,这一杯酒虽说主人倡导"干杯",但习惯做法是只要抿一小口即可,因为这杯酒只具有象征意义。

9. 祝酒词:男主人发表的旨在对宾客表示感谢,并倡议大家一起就餐的讲话。男主人的态度须热情洋溢,不能不苟言笑;祝酒词须言简意赅,不能拖沓冗长。现代社会,也有主人请尊长者、领导等贵宾讲话的做法。但一般应事先征求贵宾的意见,不得强人所难。

10. 行酒②:酒宴正式开始后,酒桌上所有人共同喝酒的阶段叫"行酒"。"行酒"分为三个阶段:"主陪"提议喝三杯,"主陪"带三杯,和"副陪"带三杯。"主陪"提议喝三杯,倡议词应该是酒宴的主题,比如婚宴倡议词,可以说为了新郎新娘的美满幸福,我提议大家

---

① 据说,叩指礼来源于乾隆皇帝的微服私访。是乾隆皇帝对属下不要斟酒太多的暗示。此后,一般用来指尊长者对斟酒人的尊重和感谢,后来适用范围被不断扩大。参见姜得祺:《中国饭局里的潜规则》,中国画报出版社2011年版,第122页。

② 明代的冯梦龙在《东周列国志》中有"(齐)景公命晏子行酒"的说法,这里的"行酒"是"监酒在席间主持酒政"的意思,与山东安丘、临朐等地的"行酒"意义相近。临朐还有劝酒词"走一个",即"喝一杯"的意思。可见,"行"、"走"等动词在酒宴中的使用具有很强的灵活性。

共同干三杯！此后，"主陪"再带酒三杯，"主陪"带酒讲话就应以酒桌上的来宾为主题，往往是祝福来宾身体健康、家庭幸福之类的话语。"主陪"带酒三杯之后，需要明确地向"副陪"交权，授权"副陪"可以开始了。"副陪"需要向"主陪"表示感谢，然后发表简短的祝福语，既可以是酒宴的主题，也可以是对来宾的祝福。"行酒"被通俗地称为"三、六、九"，也就是说，"行酒"程序结束，无论是宾客，还是"酒陪"，酒桌上的每个人分别经过了三（杯）、六（杯）、九（杯）三个阶段，最后都喝了九杯酒。

11. 敬酒："三、六、九"结束就进入了一对一敬酒阶段。"敬酒"分为"对打"和"散打"两个阶段。"对打阶段"，"主陪"向"主宾"敬酒的同时，"副陪"也向"次宾"敬酒，如果有"三陪"、"四陪"，依次向"三宾"、"四宾"敬酒。这个阶段结束后，敬酒进入"散打阶段"。所谓"散打"并非毫无规矩，一般是主、副陪互换向主、次宾敬酒，"三陪"、"四陪"也依次互换向"三宾"、"四宾"敬酒。直到每位"酒陪"向酒桌上所有宾客敬酒完毕，"散打"才告结束，至此，整个敬酒阶段宣告结束。敬酒的每个环节，一般只敬一杯。如果敬酒对象是尊长者或领导，敬酒人需把自己的酒杯低于对方酒杯碰杯，敬酒者必须一饮而尽，尊长者或领导可以随意。

12. 端酒：酒桌上如果有比自己高两辈的尊长者，也就是相当于自己爷爷辈分的人，无论你是酒陪，还是宾客，"三、六、九"结束后，晚辈应首先给自己的尊长辈端酒。晚辈须到尊长辈面前，用双手把尊长辈的酒杯端起来，恭敬地端到尊长辈面前，说：晚辈给您端一个酒，祝您健康长寿！如果对方很年轻，就说：祝您万事如意！端酒的晚辈不需要喝酒，但一般情况下尊长者需要把晚辈端的酒一饮而尽。

13. 回敬酒：当酒陪的敬酒阶段结束后，宾客就成为酒桌上的主动出击者。一般先有"主宾"向"主陪"回敬，"次宾"向"副陪"回敬，此后所有程序与敬酒程序大致相同，只是来宾敬酒、"酒陪"被敬而已。

14. 劝酒："敬酒"、"回敬酒"结束后，就进入俗语戏称为"混战"的"劝酒"阶段。一般是主、副陪在喝酒过程中观察确定主宾之外酒量大的来宾，然后，把"主宾"和酒量大的来宾作为劝酒的主攻目标，所有"酒陪"集中力量对主要目标劝酒。劝酒阶段，"酒陪"可以找种种说辞与劝酒目标喝酒，此时彰显"酒陪"的能力和水平。有的"酒陪"用划拳行令、游戏方法劝酒，有的"酒陪"只凭一张三寸不烂之舌就能让来宾酩酊大醉。

15. 灌酒：灌酒分为"文灌"和"武灌"。所谓"文灌"就是"劝酒"。所谓"武灌"，顾名思义，就是有一定的强制力加入"劝酒"行为中。安丘、临朐等地的酒桌文化中向来有"武灌"的风俗。一般发生在以下几种情况：一是划拳行令输了不喝，还强词夺理。二是女陪男喝酒，讲好了比例，男士中途反悔，就会"武灌"。三是违反斗酒规则者。四是偷偷把酒倒掉者。如果出现以上几种情况，"副陪"为首的"执法队伍"就会强制执法，把酒给违反规则者灌下去，如果实在闭嘴不喝，按照惯例，把酒顺着脖颈倒进去。"武灌"的风俗习惯现在已经比较少见，有时在年轻人的聚会中还偶有发生。

16. 代酒：长辈或者领导如果实在酒力不支，而又非喝不可的酒，可以找酒桌上的人代替喝酒,此所谓"代酒"。但是,按照安丘、临朐等地的风俗习惯,"代酒"存在很大风险,代酒人很容易迅速变为"酒陪"的主攻目标。所以,一般情况下,不要轻易代替别人喝酒。还有,"代酒"也不意味着全部喝光,也可以只代一部分,而且说清楚只代一次或者几次,否则就会被推定为全代。

17. 挡酒:"挡酒"就是通过阻挡而不喝酒。"挡酒"分两种:一是为自己挡酒;二是为尊长者和领导挡酒。为自己挡酒需要以恳切、真诚的态度婉言相拒。为尊长者、领导或已经喝高的客人挡酒,需要运用幽默的语言和智慧的方法行为,迫不得已的情况下,有时可能转化为"代酒"。

18. 罚酒:安丘、临朐等地的罚酒一般有以下几种情况:迟到者自罚三杯、说错话者罚一杯、违反酒桌程序者罚一杯、干杯未净者罚一杯。罚酒须有"副陪"充当"监酒",罚酒必须喝干,须把杯子倒过来示众,如果倒立的杯子流出几滴酒,就要再加罚几杯。罚酒的惩罚力度和执行力都很强。

19. 斗酒①:比酒量。不是所有酒宴都有斗酒,但是,一些正式酒宴常常出现斗酒的场面。临朐一些农村地区,斗酒比较常见,尤其是一些相互比较了解酒量、又互不服气的青年男子容易斗酒。斗酒一旦发生,一般由"副陪"或其他"酒陪"做"监酒",以保证斗酒的公正性。常见的斗酒方法有三种,需要斗酒者事先商定。斗酒最常见的方法是"平喝",比如两个人面前分别摆上一瓶白酒,一杯一杯地喝,谁先喝完谁胜。第二种方法"让着喝",即不平均喝,两个人事先商定一个比例,比如2∶1或者3∶1,也就是你喝两杯或三杯,我喝一杯。这在男女之间斗酒,或者为了炫耀酒量等情况下常见。第三种斗酒方法叫"吆喝着喝",就是划拳行令,谁输拳谁喝酒。

20. 鱼头鱼尾酒:主菜鱼上席之后,"主陪"就开始通过酒桌中间的转盘"转鱼",如果没有转盘,就以服务员放盘的方向为准,鱼头指向的人喝三杯酒,鱼尾指向的人喝四杯,鱼脊梁骨指向的人喝五杯,鱼肚指向的人喝六杯,所谓"头三、尾四、脊五、肚六"。山东济南、莱芜等地也有这个风俗。

21. 饭后酒:饭后喝的酒。安丘、临朐等地有"饭后酒,从来有"的俗语。一般发生在以下几种情况:一个人突然造访,碰到酒局,就借口已经吃了饭不再入席了。此时,主人或"主陪"会说"饭后酒,从来有",盛邀突然造访的客人入席饮酒。另一种情况是,连续几个酒局,有的人就以不胜酒力为由拒绝,主人往往以"饭后酒,从来有"相邀。临朐还有"喝饭后酒,不容易醉"的说法。

22. 菜品:正式酒宴一般需要至少16道菜,其中,凉菜4—6个,热菜10—12个。主菜中必须有肉(一般是猪肘子)、鸡(吉)、豆腐(都"富")和鱼(年年有"余")。凉菜上桌没有讲究,一般是一起上桌。热菜上桌有顺序:"头鸡"、"猪二"、"(豆)腐三"、"鱼四",其他

---

① 古代有关斗酒的记录很多,多反映在诗词歌赋之中。由此可以看出,斗酒有助兴、娱乐、造就欢愉气氛等功能。唐代杜牧的《街西长句》:"游骑偶同人鬬(斗)酒,名园相倚杏交花。"清代陈于王的《燕九竹枝词》:"观傍培塿甑瓺新,酒市争看鬬酒人。"

热菜可以穿插在这四个热菜中间上。

23. 全家福:也叫满上红,喝酒的最后一道程序。喝了"鱼头鱼尾酒"之后,"主陪"往往征求一下"主宾"的意见:"再喝点?"主宾一般回应说:"喝好了。"此时,"主陪"就可以宣布:"大家把杯子的酒盛满,咱们喝个'全家福'('满上红')!"喝了"全家福",喝酒程序就算正式结束了,酒宴进入吃饭阶段。

24. 清汤面:由于正式酒宴以喝酒为主,喝酒程序结束后,能吃饭的人寥寥无几。但是,正式酒宴仍必须按照规矩,每人一碗面条。面条以"清汤面"居多,因为多数人酒后不愿意吃油腻的主食。也有的正式酒宴,每人一碗清汤面的基础上,再加一大盘水饺,以防个别宾客吃不饱。

25. 坐相、吃相①:正式酒宴场合,无论主人、酒陪,还是宾客,都要穿戴整洁,坐姿端正,举止文雅。不可跷二郎腿,不可不停地摇腿,不可左顾右盼,不可一味地玩弄自己的手机或不停地接打电话、不可大声喧哗。一般情况下,主人不动筷子,客人不能先拿筷子夹菜;夹菜要夹自己面前的菜,不可"够不着、站起来",不可用自己的筷子搅动饭菜或者挑拣菜品中自己爱吃的东西;咀嚼饭菜、喝水不要出很大的声响;不可嘴里嚼着饭菜,还不停地说话;不可拿着筷子对别人指指点点(这被认为是"大不敬",属于一种挑衅行为);不可把自己爱吃的菜品一股脑地吃干净;不可当众剔牙,实在要剔牙,需要用一只手遮住自己的嘴巴;喝酒时,筷子一定要放在自己面前,不可一手拿筷子,一手举酒杯(否则,让人感觉你是一个贪吃的人)等等。

26. 酒桌话题:除了"白事酒"和传统的"祭祖酒"很少说话外,一般酒桌上的气氛很热烈,话题也很广泛。话题范围一般包括:(1)酒宴的主题,比如"寿酒"会颂扬老寿星的公德。(2)叙旧是永恒的话题。(3)奇闻趣事,小道消息。(4)大家熟识的人近况,等等。切忌谈论一些凝重的话题,不谈引发别人猜忌和生疑的问题。酒桌上的谈话礼仪有几个原则:一是不高谈阔论,不当演讲者;二是不教训、不蔑视、不侮辱他人;三是"主随客便";四是临朐俗语说得好:"喝酒无多,说话无少。"提醒客人,酒可以多喝点,但是说话越少越好。

(三)送客礼仪风俗

正式酒宴的送客礼仪风俗比较简单,主人要表达"照顾不周、多多包涵"和"希望来日再聚"的愿望;客人则要表示感谢,表达找机会回请主人的愿望。除此之外,还有几条送客礼仪:

1. 送客送到大门外:安丘、临朐等地,送客人一般要送到大门外。现代社会,乘车的宾客较多,要把客人送到车上,并帮助客人把车门关上,等待车辆起步走出一段距离,再转身回去。

---

① 《礼记》中有关于"吃相"的"十四毋":毋抟饭、毋放饭、毋流、毋咤骨、毋反鱼肉、毋投与狗骨、毋固获、毋扬饭、饭黍毋以箸、毋嚺羹、毋絮羹、毋刺齿、毋歠醢。

2. 握手礼：送客人到大门外之后，主人要与所有欲离开的客人一一握手，并表达欢迎再来之意。

3. 目送礼、挥手礼：在客人转身离开之后，主人要行目送礼，目送客人走一段距离，等到客人回头时，要向客人行"挥手礼"，表达"再见"之意。

4. 回头礼：客人走出一段距离一定要回头、挥手，请客人回家。如果是车辆，司机在车辆走出一段距离后要轻声鸣笛两下，表达"谢谢、再见"之意。

5. 代问好：临朐一些地方还有一种代问好礼仪。无论是正式酒宴，还是非正式酒宴结束后，主人送客人到大门外，除了表达欢迎再来之意，还要表达对来宾父母的问候之情："回去代我向叔叔阿姨问好哈！"

三、结语：法社会学视角的酒宴礼仪风俗

法国社会人类学家克洛德·列维—斯特劳斯对一些神话进行潜心研究后发现，"神话昭示，餐桌礼仪乃至一般良好习俗是对世界的敬服，而礼貌是对世界承担的义务"[①]。如果说，安丘、临朐等地的酒宴礼仪风俗是一种对世界的敬畏、服从和义务担当的话，这里所说的世界可能就是我们生活其中的社会和国家，而且，就我们的发展模式而言，在更大意义上可能是对国家承担的一种德性义务。虽然国家和社会两分不是中国的法治理论，但是国家与社会的不同品性在现代中国还是清晰可见的。当我们通过酒宴礼仪反思酒桌为什么有时会变为一个盛大的交际场，甚至名利场的时候，我们其实是在反思和批判我们自己的生活方式和社会构造模式。

一个处于法治起始阶段的民族，一定会在糅杂着种种非法治因素的道路上磕磕绊绊，一定会经历着社会难以自我拯救和发展的种种阵痛。当"领导"角色和西方礼仪这些现代因素突然闯入我们传统酒桌的时候，传统礼仪习俗会因着这些现代因素的进入而迅速转化，规则的稳定性和文化的连续性在这个时刻、这个地点消失得无影无踪。为什么甚至当我们的文化和心理还没有做好准备的时候，我们的行为竟然表现出了如此强大的适应能力呢？是因为我们的文化，还是因为我们这些人呢？其实都不是，是因为我们的生活构造方式和我们的社会构造方式。所以，当我们在潜心研究《礼记》所说的"君子不尽人之欢，不竭人之忠……"的时候，其实我们依然没有走出传统文化的窠臼，还停留在仅仅从研究人与人之间关系的视角来审视礼仪风俗的阶段，还停留在不断地追问这是什么的本体论问题上，而现代社会已经裹挟着我们的礼仪风俗走到了学术研究几乎遥不可及的地方，我们已经无法看清它、难以描述它，更遑论研究分析了。因此，我们必须在其生成路径上堵截它，通过解剖其生成机制，我们才能看清楚它是什么，才能追问为什么？才能找到我们真正想探寻的礼仪风俗的领地和意义世界。

[①] ［法］克洛德·列维—斯特劳斯：《神话学：餐桌礼仪的起源》，中国人民大学出版社2007年版，译者序第3页。

域外视窗

◎ 对"习惯"的俘获、重构和排斥
◎ 法的解释与原则衡量

对"习惯"的俘获、重构和排斥*

[美]帕特里克·格伦 著　魏治勋 译**

在管理圈内,有这样一个故事,它阐明了笔者将阐发的关于习惯的一个论点。在第二次世界大战的早期阶段,英国军队仍然使用着一种发射速度很慢的旧式火炮,问题不仅仅存在于武器自身,还存在于发射的礼仪(protocol)上。特别是,炮手班的两名成员会在发射之前生硬地立正三秒钟,并且保持这一姿势直到发射后的三秒钟,这使得他们自身在装卸炮弹的过程中本质上毫无用处可言。没有人知道为什么要这样做,直到为了进行"工时与动作"的研究将它们做成影片,并在一位年老的炮兵上校面前展示,当这位炮兵上校被问及对这些行为是否有任何解释时,据说他是这样说的:"噢,是的","他们在等待"①。

为什么这个故事是对西方习惯概念的一个说明,并且作为一个概念,尤其是对它(习惯)被俘获、重构,并且是作为前述必然结果的排斥(marginalization)的表达?这个故事向我们讲述了很多事情。首先,我们通过它的外部和当前表现来判断其行为。其次,在这样做的过程中,我们无法洞察其当下行为的历史合理性。最后,在重复性的行动中,我们看到的是本质性的惯习和当下合理性的缺乏。这个故事流传下来并且在今天被一贯地转述为一种关于管理工作必须与人类组织中各种形式的惰性进行斗争的标志性样式。习惯或惯习即使并非不能证明自己的正当性,它要证明自己的正当性也相当困难;它必须被持续不断地按照当下合理性的严酷标准(the rigorous standards of present rationality)去处置。

然而这种面向重复性社会行为(笔者将试图避免"习惯"这一表达)的态度,是西方思维尤其是与新近的西方思维相关的一种独特特征。世界上的大部分法律传统,包括那些被西方法律人总体上被描述为"习惯性的"传统,都没有这样一个特征。因此,面向我们主题的这种西方态度,在这个世界上是一种例外的和特殊的事物。那么,西方法律思维

---

*　本文译自:H. Patrick Glenn,"The Capture,Reconstruction and Marginalization of 'Custom'",*The American Journal of Comparative Law*,Vol. 45,No. 3,American Society of Comparative Law(Summer,1997),pp. 613～620.

**　【作者简介】帕特里克·格伦(H. Patrick Glenn),加拿大著名比较法学家,麦吉尔大学法学院教授,曾任麦吉尔大学比较法研究所所长,现为加拿大皇家协会和海牙国际比较法科学院的成员。格伦教授的代表作《世界法律传统:法律的持续多样性》已在国内翻译出版,该书在在1998年8月召开的第16届国际比较法大会上获得大奖,被认为是"对文明冲突的有效的解毒药",并被誉为"新的经典"。其他著作还有《共同法》(On Common Laws)。【译者简介】魏治勋,山东大学法学院副教授,法学博士,研究方向为法哲学、政治法学、法社会学。

① See A. Kantrow,*The Contraints of Corporate Tradition*(1987)at 86.

是如何能够俘获和重构一种"习惯"概念的？并且，为什么"习惯"一旦被重构，就会导致排斥的观念？

一、非正式法律传统

在西方世界，非正式法律直到被法典编纂的过程所俘获之前，都一直享有特权地位。这一（法典编纂）过程看起来始自12世纪和13世纪，这与罗马法的复兴和正式法律职业的成长以及法律领域的大学教育开始的时间相吻合。正式的和非正式的法律（lex and consuetudo）在9世纪被康斯坦丁诺普家族的族长圣·尼斯福尔（Saint Nicephore）规定为具有相同的效力，并且三个世纪之后格雷丁（Gratian）仍然能够声称法律是以成文与不成文两种形式存在的。① 罗马法律传统对非正式法律（consuetudo）和习俗（mos or mores）都有谈及，并且所有这些表达都具有今天的习惯概念所没有的内涵（connotations）。Consuetudo（非正式法律）一词来源于词根"suesco"，而"suesco"又来源于"sui"，后者被用于"sui generis"（独特的，自成一格的），意为对某一个人或群体而言具有独特性，并且因此是身份认同的定义性的和规范性的要素（a defining and normative element of identity）。② Mos（习俗，道德）或者它的复数形式 mores，与惯例的含义相差不远，意味着意愿、倾向或者道德，卡泽尔（Kaser）认为它"融合了道德的命令和没有拘束力的习惯（惯例，usage），而道德的命令是指对什么是人的良心问题的尊奉"③。在那时人们尚不知道持续性的行为将能够以某种方式创生法律（continuous behaviour could somehow create law）这一观念。④ 在一个社会内部，人们的注意力不是锁定在什么事情已经做了，而是集中于什么是已知的和被传播的，它被作为社会凝聚力和社会认同的手段（means of social cohesion and identification）来使用。存在下来的非正式法律被认为有能力战胜正式法律，只不过后者在起源上是正式的和书面的（这样一种观念尽管出现在现代西方法律人之中，但仍然是不可思议的），⑤非正式法律并且能够以精确和详细的形式存在，甚至达到对因特定行为的履行而欠的金钱的数量作出规定这样一种清晰度。⑥ 因此在我们的思考中，习惯这一事物是可知的、详细的和极为重要的，至少在它被俘获、重构和衰落之前是这样。

---

① See J. Gilissen, *La coutume* (1982) at 16.

② See Ph. Malaurie & L. Ayn/es, *Cours de droit civil: Introduction da l'etude du droit* (1991) at 219.

③ M. Kaser, *Roman Private Law* (R. Dannenbring trans., 2nd ed. 1968) at 21; and on the "vagueness" of Roman texts, see A. Watson, *The Evolution of Law* (1985) at 44,45.

④ Kaser, supra n. 4.

⑤ See J. Kelly, *A Brief History of Western Legal Theory* (1992) at 185 (citing Duaren). 关于地方习惯在英国"取代"普通法的论述，see W. B. Odgers & W. B. Odgers, *The Common Law of England* (1911) at 74 (尽管并没有胜过议会法案)。非正式法律在印度法律传统中亦有胜过正式法律的例证。See J. D. M. Derrett, *Introduction to Modern Hindu Law* (1963) at 13; S. Venkataraman, *N. R. Raghavachariar's Hindu Law: Principles & Precedents*, (1987) 8th ed. at 14.

⑥ See Odgers & Odgers, supra n. 6, at 77 ("A local custom ought to be certain").

二、对非正式传统的俘获

直到启蒙运动时代,通过理性的和形式化的决策程序制定法律的观念才成为压倒一切的和极其重要的。在 16 世纪的法国,居亚斯(Cujas)领导了这一过程。到了 19 世纪,这一情形在边沁(Bentham)的影响下同样发生于普通法之中。① 然而,在立法或先例的新的形式与非正式法律的旧的形式之间的关系上,却出现了问题。问题存在于赋予非正式法律的(什么样的)历史重要性(这一点)上。如果非正式法律胜过立法,则立法就不能废弃它。居亚斯被迫承认古老的方式能够被视为"基于更好的理性之上",并且被视为代表着"沉默的和不成文的一致性认识"。② 因此,即使在既定的新思想之下,仍然存在正在进行的对旧的法律的辩护。它(old law)将被更精妙、更具渗透性的(现代性)技术所俘获。

这些过程的第一步是那种显然无害的但却深具动摇性的将旧的非正式的法律记录下来的过程(即俘获"习惯"的过程,译者注)。这一过程起先偶然是以一种非官方的私人的方式发生的,并且我们所拥有的第一部对不成文法的成文记录(coutumiers, Rechtsbücher, rechtsboeken)归因于那些私人编校者的努力,他们对那些之于特定的人们具有特殊性或是他们自己的不成文法进行了编订。③ 然而这里,习惯(coutumes)仍然被认为是实质的知识体系。它们的内容必须来自于对口头规范的忠实转述。在法国"习惯认可调查"(enquete par turbe)的情形中,被调查者必须达到 10 人;对大众智慧的信赖不会赋予单个的被调查者。④

一旦成文化,习惯就被认为具有了更多的实证的形式,尽管它们的知识性特征仍然是可论证的和假定的。"巴黎习惯"逐渐扮演民法典的角色,并且被移植或有形地输送到海外地方,比如新法兰西。为了达到更加明晰和一致性的目的,在对成文习惯进行官方陈述的观念中,一种主导的然而再次增强的变化到来了。⑤ 这里,新法(得以形成)的方式正在侵入到对旧法的改造之中;人们不再控制它(即编订新法律的方式的侵入,译者注);它可以在实证的形式中被发现;习惯的内容(它至少仍然还有一种内容)被博学的作者们篡改并被重新阐述。那些控制了笔的人也就控制了语词。对这一过程的抵抗当然是不

---

① 关于使用诸如"法官制定法"和"具有拘束力的"法律这一类表达在 19 世纪英国的发展情况,see Evans, "Change in the Doctrine of Precedent during the Nineteenth Century," in L. Goldstein(ed.), *Precedent in Law*(1987) at 45~65,68.

② *Paratitla* C. 8. 52, cited in J. Kelly, supra n. 6, at 185,186;至于罗马人按照其内容对习惯的正当化论证方面的内容,see A. Watson, supra n. 6, at 44,45.

③ 关于迄自 12 世纪的这一历史进程,see Gilissen, supra n. 2, at 80~92;Dawson, "Codification of the French Customs," (1940)28 Mich. L. Rev. 73.

④ Gilissen, supra n. 2, at 66.

⑤ Gilissen, supra n. 2, at 93 and following;R. C van Caenegem, *An Historical Introduction to Private Law*, (D. Johnston trans. 1992)at 36~45,68(论从习惯法到学术性法的"转化",以及在选择性的编写与确定习惯的过程中诸多习惯的灭失).

可避免的,①但是这种抵抗看起来实在是太微弱了,也来得太迟了。在旧的法律已经被严重削弱为仅仅是一种可变的选择的时候,习惯通过对现代法律的具侵略性的形式和法典化的抵抗表明了自身(的存在)。在英格兰,非正式法律的口头形式通过英国审判的口头形式和发挥陪审团作用的方式得到保护。在明确支持他们这种做法的特定框架之内,他们能够简单地记住他们的法律并适用它。法官们并不适用法律,或者甚至并不决定案件,这样就较少有制度性的压力(要求)把这些事物记录下来。然而,在先例的成长过程中,最晚迟至19世纪的遵循先例观念(的确立),存在着一个对国家法律的司法重塑的缓慢过程。不管是在民法法系的欧洲还是普通法的欧洲,无论何种对那一俘获人民的法律的缓慢过程的反对,都不会成功。欧洲之外的非正式法律更加奋力地反对这一过程。今天,非欧洲的非正式法律作为西方殖民管理者、人类学者和比较法学者工作的结果,(已然)以成文的形式存在着。②

三、重构习惯

旧的非正式法律的内容一旦被写下来、被研究、被重新表达、被重订,并且最终转化成现代的形式,那么它的旧的教义(old teaching)还剩下什么呢?就它被重订成新的法律的程度而言,它不再是必要的;就它没有被重订为新的法律的程度而言,它是成问题的并且仍旧是潜在分裂性的。因此,重构是必要的。既然对顽抗者旧的生活方式保留下来的作用现在已经被极大地削弱了,那么,现在重构就能够进行了。新的法律占据了许多生活领域;对旧的法律的表述填补了更多的生活领域。非正式法律的当代形式能够令人信服地继续存在,但是,它们现在必然比以前较少具有重要地位。为了防止习惯的复辟,重构是必要的;因为对习惯的俘获已经发生了,所以重构是可能的。

通过审视习惯的当前定义,就能够很容易地理解将非正式法律重构成习惯这一事件。习惯固定地包含两大要素,这两大要素都被视为本质上是事实性的。第一个要素是存在长久性和固定的惯行,即重复性的人类行为,习惯这个词反映了这样一种需求,它源自非正式法律[consuetudo(costudne,costumne,coustume,coutume)],现在意味着对某人或某个团体具有特殊性的外在标记或外衣。第二个必要条件是尊奉者对习惯的"判断"和"确信",这一要素具有义不容辞的特性。③ 这两个要求的共同之点,和作为整个重

---

① See, for example, G. Strauss, *Law, Resistance and the State: The Opposition to Roman Law in Reformation Germany* (1986).

② See J. Vanderlinden, *Coutumier, manuel et jurisprudence de droit Zande* (1969).

③ See, as examples, Tindal, C. J. in *Tyson v. Smith* (1838) 9 A. & E. 421("已经获得法的强制力"的惯例"是在一个独特区域内具有拘束力的真正的法律……"); *The Restatement (Third) of the Foreign Relations Law of the United States*, s. 102("基于一种法律义务感而被他们遵循的国家的普遍的和一致的实践")。然而就像在 Malaurie & Aynes 中表明的那样,有时с义务的感觉或信任之要素会变得非常微弱,supra n.3, at 219 ("un ensemble d'usages juridiques, devenus obligatoires par une répétition durable, paisible et publique")。

构过程的必然结果的,就是支配了整个(习惯)概念的"现代主义"(presentism)。过去时代的非正式法律仅仅是信息资料。它是被记录在习惯(costudne)中的信息。然而,在经由微妙的过程之后,习惯经由人们变成了对他们非正式地接受的信息的当下的外在反应。的确,对过去时代人们的反应被包括在了新的定义之中,但是,它是他们对旧的教义的当下之回应的反应,这一反应视教义本身而非教义的内容为有价值的。当前的反应,乃是从当下的视野中去衡量过去以断定什么是有价值的。习惯之重构就这样以不断进行的平民制定法的形式存在于它的再形成之中,在这一进程中,重构的本质存在于具有超凡魅力的当下决定的那一时刻,而不是存在于内在于习惯本身的任何事物之中,因此,所有的习惯在本质上都是一样的;没有人需要认真地关注它们本身达成了何种明显的或者隐含的论证;非正式传统长久以来履行的群体认同功能现在在很大程度上变成了民俗性的(folklorique)存在。

  这一切是如何发生的呢?我们需要花费巨大的历史探索的努力以追溯这一过程,但是,它的激励性要素看起来是显而易见的。"现代主义"被潜在的时间概念所促进,以激进的方式与许多非正式社会流行的时间观念相冲突。西方社会在宗教的巨大推动之下已经逐渐接受了一种历史的、流动的、暂时性的时间观念,在这一时间观念中,当下与过去和未来都有尖锐的界分。既然死人已经死了并且已经离开了,而且那些还没有出生的人仍旧是无法测算的,因此,除了在生态学的理论上,我们不再有代际平等(inter-generational equity)的观念。许多非正式的社会都没有这种时间观念,而宁可把时间视作一种简单地围绕着我们所有人的覆盖物或者一种环境,这些人既包括已经死去的,也包括现在活着的,还包括将要出生的。在这种时间观念之下,当下并不享有任何特别优越的地位,因此,过去的教义自然就对当下的时刻具有显著价值。这就是为什么老人在非正式的社会具有如此重要地位的原因。他们还没有被"现代主义"折损价值(discounted by presentism)。因此,我们对当下对我们称之为习惯的事物的外在表现的关注,被我们逐渐养成的思考时间的方式非常深刻地塑造着。然而,它可能不是我们在今天称之为未来的观念中思考时间的方式。至少科学家现在不会以西方人传统的方式来思考时间。当下的科学时间观将时间视为本质上静止的、简单地存在于空间之中,①这一观念正是非正式社会长久以来所持有的看法。

  在对习惯的重构过程中,第二个主要要素涉及在概念上给予当下的个人以重要性。在这里,在重构习惯的过程中,我们再次看到西方主导思想中"历史发展"(historical de-

---

① See, e. g. , S. Hawking, *A Brief History of Time*; From the Big Bang to Black Holes(1988) at 143-53(科学规律即不与向前取向的时间也不与向后取向的时间相区分;时间素朴地存在于空间之中;无论时间之矢如何被察觉,它都遵循当下占优势的宇宙之熵的指引;熵的指向的反转能够产生对未来而不是过去的记忆,如果那时人类仍旧存在的话);R. Penrose, *The Emperor's New Mind*; Concerning Computers, Minds, and The Laws of Physics(1989)at 304 ("而且,根本就不存在时间之流。我们仅仅拥有'空间—时间'而根本没有关于未来的任何界域……")。然而,非线性的时间观在西方流行文化中只是偶尔浮现。Thus Sarah, in *The Hustler*:"某一天与任何其他日子没有区别,人们来了又去,去了又来"("A day like any other; people come and people go.")。

velopment)观念的重要性。个人已经作为人世间的理性的拥有者、权利的承担者和上帝的代理或代表而获得了重要地位,因此,民主和社会契约的观念就变得非常重要了。于是,习惯就必须转变为:不是作为过去的教义,而是作为当下对它的反应来看待。习惯将不再从它所表达的任何事物的有效性获得其合法性来源,而是从那些将它转化为习惯的人们所赋予的隐含性内容获得其合法性来源。洛克已经被詹姆斯·塔利(James Tully)确认为这一过程中的关键性人物,对于洛克而言,习惯变成了"经由参与一个社会的实践和制度而获得的事实性惯习"①。约翰·吉利森(John Gilissen)则没有将洛克看作这一过程的关键性人物,但是,在罗马法学家和宗教法学者的影响下,他声称,从中世纪晚期的法学家的视角看,人民的默示性同意证明了习惯权威的正当性。②

最后,一个更具社会学性质但同样具有关键重要性的因素,是西方世界的教育过程。它教授不是习惯法的法律。对那些没有在习惯法中受到熏陶的人们而言,习惯法中仅存的、可见的和可以理解的部分,是那些遵循它的人们的(外在)行为。你可以看见炮兵军官,但是没有人能够知道"他们在等待"(这一行为背后的内涵性因素,译者注)。随着记忆艺术的衰退③和写作技巧的提升,那些希望遵循被重构的习惯的人们越来越难以继续做到这一点了。④

四、对习惯的排斥

对习惯的排斥是必须从所有上述这些情况得出的结论,但是对习惯的排斥有许多有趣的特征。其一存在于对欧洲之外的习惯的发现以及对待它们的方式之中。承担发现习惯之任务的人类学家们看起来绝非要挑战习惯的根本观念,尽管他们挑战的是那种试图承认习惯为法律的超人的尝试(super-human task)。据说,他们是在 19 世纪和 20 世

---

① J. Tulley, *Strange multiplicity: Constitutionalism in an age of diversity* (1995), citing Locke's *An essay concerning human understanding* (1690) and *Thoughts concerning education* (1694) at 88, 89. 习惯作为曾经的事物,能够被重组和打造,以使人们特别是劳工阶层适应它。当然,这种看待习惯的观念在其所适合的程度上也适用于所有西方实在法,事实上,这种观念在历时中产生了顺从的反应。当代西方理论的确认识到了这一点,虽然在经验主义基础上这一结论很难获得确立。然而西方法律人无法得出这样的结论,即西方正式法律的内容能够以对待非正式法律的同样方式而被忽视。

② Gilissen, supra n.2, at 28.

③ See, for earlier memory arts, J. D. Spence, *The Memory Palace of Matteo Ricci* (1985) notably at 12, 13(在各种不同尺寸与结构的宫殿的建造上,辅之以适当的装备和装饰,用以作为大脑的储存场所,将无数构成了人类知识的观念存储其中;对记忆艺术的贬低开始 16 世纪,并在作为发达的科学思维模式的弗朗西斯·培根的破坏性批判中达到高潮。然而当前科学工作对"正电子放射地形学"的运用表明,大脑的各个不同部分都参与到记忆过程中去,并且在对大脑的存储检索中需要有意识的、更高水平的思维。

④ 西方列强在殖民化过程中对教育的运用的相关论述,see E. Goldsmith, *The Way: An ecological world view* (1992) at 285. 在一些例证中非正式法律观念仍然继续流行,如在瑞士人的"公共所有权"(communal ownership)和"公用地"的观念中,有关论述 see L. Carlen, *Rechtsgeschichte der Schweiz*, (3rd ed. 1988) at 61. 然而这些会在书面的形式中得到"再表述"(be reformulated in written form)。

纪早期占据支配地位的进化论的语境中,在既定的衡量西方进步之方法的未经言说的目标指引下这样做的。因此,非正式法律在这里便成了"原始"或"野蛮"人的法,这些原始人和野蛮人在素质上和性情上都明显有别于欧洲人。按照这种观点,即使在今天,他们仍然生活在一种不发达的过去状态之中。然而带有绝妙反讽意味的是,今天,我们看到,人类学的研究已经给人类学家自身带来了巨大压力,对于那些被19世纪的"习惯进化观念"(evolutionary ideas of custom)打上印记的人类学家来讲,尤其如此。① 这些学者,其中有不少人拥有杰出的才能,不得不承认他们发现的非正式法律是具有规范性(normativity)的,但他们觉得他们除了用与主流的西方思维相一致的方式表达它们之外,别无选择。这使得他们进一步沦为了对非正式传统进行排斥的帮凶。现在它(custom)被认为本质上是原始的事物并且尽可能快的予以消除的对象,因为这样做甚至对其尊奉者(adherents)都有好处。

"现代主义"(presentism)在当下的一个进一步特征具体体现在定义习惯时对经济分析的服从。作为由当下的行动者作出决定的目标或领域指向,所有这些行动者可能都会假定,根据西方"普遍人"(universal person)(理性的,财富最大化的,个人主义的)的概念,习惯能够作为市场运作方式的直观的献祭仪式(consecration)而被重铸(re-cast)。的确,就新的商事法律而言,尽管拥有书面的甚至是可计算的形式,它仍然经常被引证为活的当代习惯的首要例证。然而,与人类学的视角相类似,经济学的观点是一种与世界上大多数非正式传统相冲突的激进进路。因为,这些非正式传统将其自身理解为这个世界中首要的、永恒的知识系统,而它们处于其中的则必定是一个重生的、再循环的却并非那种原则上服从于个人之决定和市场力量的世界。在法律术语中,"分析习惯"(Analyzing custom)作为经济学的术语是对排斥过程的继续。它是外在于正式认可的法律和习惯可能表达的任何规范内容的事物。

五、习惯的复活

世界上有迹象表明,习惯可能会被重估。它可能会被重新视为知识体系。克雷福德·吉尔兹(Clifford Geertz)已经强调指出,传统法律(adat law)不是习惯。他说:"在人类学中,通过把思想简化为习性,经由'习惯'一词带来的损害,可能仅次于这一词语在法律史中的损害,在那里思想被简化为惯行(practice)。"② 最近,奥斯卡·考瑞斯(Oscar Correas)在讨论墨西哥土著法律(aboriginal law)时倡导抛弃"习惯"的观念,转而支持成文或

---

① See A. Kuper, *The Invention of Primitive Society:Transformations of an Illusion* (1988); and see, for contemporary cultural relativism as "[a]lmost by way of apology" for previous western attitudes, Bennett, "Human Rights and the African Cultural Tradition," in W. Schmale ed. , *Human Rights and Cultural Diversity*(1993)269 at 275.
② C. Geertz, *Local Knowledge*(1983)at 208. 2.

不成文法律的观念。① 这样做意味着重新回归对不成文法律内容的关注,为此我们将被迫像法律人那样去对待不成文法领域的许多东西,尤其在北美更是这样。不成文法的内容被那些仍旧记得它的人们论证着。② 如果论证成立,这些论证通常就必须得到回应,而现在,习惯的观念在这一进程中显然无所助益。

---

① O. Correas,"La teoria general del derecho frente al derecho indigena,"(1994)14 *Critica juridica* 15 at 21.
② And by those who have recently learned it, notably for ecological reasons. See E. Goldsmith, supra n. 20.

法的解释与原则衡量

[日]平野仁彦* 著　张小宁** 译

摘要：本文从法系统的自立性出发，针对法规范体系的原则构造、为法体系奠定基础的法正义的相关原则，以及法原则平衡与法系统平衡的所谓二重均衡化构造进行了论述。法解释并非从法系统的外在性观点出发，也并非针对每个案件的个别化处理，而应当是从法系统的内在观点出发寻求原则统合性。在原则衡量中重要的是：法系统可以在维持自立性的同时又能够进行对外性应答。为了使法支配成为可能，需要以法系统的自立性作为前提，而法系统的自立性则需要以其内部统和与对外应答为必要，并且，在法解释中，其结合点在于法解释中的原则衡量。法系统的自立以对外性自立、内部统合性以及对外性应答等三个条件为必要。

关键词：法系统；法原则；自立性；法解释

一、前　言

对于立法与行政而言，司法的意义在于依法而司。作为司法机关的法院必须实施的是：针对构成问题的案件，适用早已制定好的法律进行判断，而在是否适用法律并不明确的情形中，需要对和案件相关的法律进行解释，通过解明其含义，以推导出针对该案件的合适的法律判断。因此，司法中的法解释是指：与是否适用于某案件相联系，解明作为一定的判断根据的法规范的相关含义。

关于法解释的方法，迄今为止，法学界存在着各种各样的议论。① 在个别法领域的法规解释中存在着各种对立的学说或判例。在关于法解释的一般理论中，也存在着扩大解释、缩小解释、反对解释、类推、当然解释等包摄技巧，以及论理解释、体系解释、历史解释、目的解释等解释方法。

---

*　平野仁彦，日本立命馆大学法学部教授。
**　张小宁：日本立命馆大学衣笠综合研究机构博士后研究员。
①　在日本，关于法解释方法论的论述，请参照田中成明：《法思考是指》(有斐阁，1989年)。以及，在平井宜雄提出问题后引发的第二次法解释争论中，田中成明："关于法思考的备忘录——以 R. Alexy 与平井宜雄的理论展开为契机——"，载山下正南编《法思考的研究》(京都大学人文科学研究所，1993年)，同"论法思考——实践知＝卓见与法议论·判断"(司法研修所论集116号，2006年)。

但是,在具体案件出现前,对法律进行合适的解释的基本意思是什么呢? 如果将"法支配"作为法秩序形成的指导理念的话,法解释便不是作为实现某种目的(即,法系统外的目的)的手段而实施的,而是应当遵循一定的,可以由法本身予以支配的方法而进行的。这究竟是什么呢? 其中的法究竟是什么呢? 解释法又究竟是什么呢?

关于这一点,使用解释学手法以体系性的论述法解释方法论的 R. 德沃金的议论①颇受关注。② 笔者也曾经以德沃金的理论为线索,试图对法正当化进行构造分析。③

本文的宗旨在于:为了进一步阐明此前的论考中展开的考察的含义,论述的视野将不限于法体系,而是扩展至法与正义的关系问题,以此对使法支配成为可能的法规范系统的全体构造与——作为合适的法解释指针的——法解释方法进行考察。其整体性的构思是:为了使法支配成为可能,需要以法系统的自立性作为前提,而法系统的自立性则需要以其内部统和与对外应答为必要,并且,在法解释中,其结合点在于法解释中的原则衡量。本文试图将这种方法适用于存在讨论余地的三个日本案例中,对于存在价值的部分进行探讨,以便能使该方法散发出的新的光芒照射到各种案例中。因此,下文中将要展开的是:以——作为促成法的原则构造的——法体系论为基础,进行——对法解释学方法进行再考察的——一种法哲学式的尝试。

二、规则与原则

在司法判断中,引发困难问题的是疑难案件(hard case)。

围绕法律产生争议的并非是通过提出关联法规便可以一义性解决的单纯的案件(easy case),而是因为:或者欠缺关联法规(法欠缺),或者虽有关联法规但是否适用问题尚不明确(暧昧法或疑法),或者法律上的正统权利或利益相互冲突(权利冲突)等的,法律判断较为困难的情形(疑难案件)。在类似于后者的存在议论余地的案件中,对于关联法规的合适的解释便是不可或缺的了,并且,在对其进行解释时,对于一定的解释方法的采用必须获得法律上的正统性认可,即,应当从法系统的内在性法根据上寻求其解释根基。

R. 德沃金认为:在究竟什么是法的问题上产生争议的疑难案件中,法判断的正当化应当取决于——依据于法原则的——整合性法解释。法体系并非仅仅由法实证主义者

---

① Ronald Dworkin, *Law's Empire*, 1986.
② Ronald Dworkin, *Law's Empire*, 1986. 其法理论对于日本的法解释方法论产生了深远的影响,例如,内田贵:"探访《法律帝国》(1)(2·完)",载《法学协会杂志》第 105 卷第 3 号、第 4 号(1988 年),卷美矢纪:《宪法的动态与静态——以 R. 德沃金法理论的"连续战略"为线索——(1)(2)(3)(4)(5)(6·完)》,载《国家学会杂志》117—1·2 号~120—7·8 号(2004—2007 年)。内田教授是民法学家,而卷教授是宪法学家。此外,针对德沃金的论述所涉及的哲学问题进行批判性考察的论集有,宇佐美诚·滨真一郎编:《德沃金:法哲学与政治哲学》,劲草书房 2011 年版。
③ 平野仁彦:《法正当化中的法原则的位置》(Structured Principles and Dual-Balancing in Legal Justification),载《立命馆法学》2010-5·6 号(2011 年)。

所称的"规则"(rule)构成,还应当包含原则(principle)。以成人年龄的认定标准或违章停车的交通规则为例,规则的适用与否是全有全无形式的,是比较明确的。与之相对,关于法原则,无论是公序良俗、诚实信用,还是正当补偿,都并非全有全无地适用于某案件,而是一个重要性程度渐趋改变的问题。但是,正是这种法原则为各种规则提供了基础,并在维系法体系统合性的层面上发挥着重要的作用。

德沃金认为,区分这种规则与原则的是以司法统合性理念为基础的法解释方法论。司法决定需以过去所确定的法决定(法令与判例等)为基础,与——以过去的法决定与案件为先导的——现在的决定相联系的途径(即法解释方法)有如下三种:1. 存在适用于案件的关联法令或判例时,则严格受其约束,在欠缺时则立足于立法者的角度以制定对于现在与将来的社会而言都是最为妥当的规则基准[惯例主义(conventionalism)];2. 对于过去的法决定做道具性援用以使依据某规则基准作出的实质性妥当判断获得论理性的正当化[法实用主义(legal pragmatism)];3. 不像惯例主义般依赖于狭义的法概念(法规则概念),而是以包含法原则在内的广义的法概念为基础,但也不像法实用主义般对过去的法决定做道具性运用,而是将其作为一次性的重要的判断根据的"作为统合性的法"(law as integrity)。采用不同的理念会产生不同的法解释方法,但德沃金认为,与传统的法解释实践最吻合,且能提供最好的说明的是"作为统合性的法"。因此,德沃金将以这种司法理念作为基础的法解释作为构成性的解释方法而展开。即,在司法中,作为一种法体系,可以追求的是作为原则贯穿始终并在整体上尽可能整合的法实现。在法的解释方面,追求的是原则的一贯性与原则的整合性。换言之,是在保障"脉络"通畅的同时,又寻求安稳的决定。其目的在于维持司法的统合性。

但是,怎样才能保障原则的一贯性与整合性呢?该问题与法体系中的原则是以何种形式存在的问题相关联。此外,由于整合性的追求包含有存在不整合的意思(即,因为存在无法实现整合性把握的不整合,所以才需要追求整合性),所以,在原则式不整合的情形中,在哪种法原则的方向上追求整合性的问题也是重要的论点。对于德沃金的法解释理论提出批评的批判法学的论述也与之相关。尽管法体系中并不存在"根本矛盾"(fundamental contradiction),但原则式不整合与原则竞合却是存在的。此时应当如何进行法解释呢?特别是在判例变更以及法的规范性指引出现微妙变化的复杂问题中,仅仅追求整合性是无法构成充分的法解释指针的吧。①

三、法原则构造

对于这一问题,在此前的拙稿中,笔者曾通过分析三个被视为疑难案件的案件,以解明法的原则构造。此外,笔者还尝试将——下降至原则标准的——法解释为了维持系统

---

① 关于该问题敬请参照,平野仁彦:《法的解释与整合性》,载山下正南编:《法思考的研究》,京都大学人文科学研究所(1993年)。

内统合性而实施的均衡化思考作为二重平衡加以说明。

首先,关于法的原则构造,法体系是由规则与原则构成的,而规则是以原则为基础的。并且,法原则在适用范围由窄到宽,程度由浅至深上呈现出多样性、多层性的变化。笔者将其定位为阶层式的五种法原则。即,特定的法规则的宗旨或目的(法原则1);包含特定的法规则的该法令的整体性宗旨或目的(法原则2);作为该法令的上位法的总则性或原则性规定(法原则3);在基本权相互冲突的情形中发挥着调整机能作用的解释原则(法原则4);作为基干支撑着各种法规与个别的法原则的现行实定法体系的基本原则(法原则5)。

例如,药店的适量配置为100米规则①的根据规定②是法原则1,规定——药品的品质与安全性等事项的——药事法目的的药事法第1条是法原则2,民法的诚实信用原则与宪法规定的正当程序保障原则是法原则3,关于行政规制的合宪性审查的二重基准论与关于表现自由的保障范围的"明确且急迫的危险"的法理等是法原则4,关于国民主权与基本权之保障的宪法上的规定是法原则5。在法体系的前面或表面上存在着的是规则,为其提供基础的法原则在从1至5的由浅入深的程度上阶段性地定着。因此,其程度越深,便越是与正当化相联系的,适用范围越广的法原则。

如果将法体系理解为这种原则构造的话,如下基础性原则间的竞合性也就同时明了了。例如,以保障基本权为目的的公共福利实施的制约、契约中的意思自由与诚实信用或交易安全、作为法的责任根据的主观性与客观性等。因此,在这种原则竞合的情形中,发挥着调整功效的,类似于法原则4的原则是极其重要的。

维系着法系统的内在统合性的是更为基础的法原则,在基础性的法原则发生竞合时,应根据案情寻求衡量。这便是原则衡量。深程度上的法原则调整着浅程度上的法原则之间的竞合,并进行自体衡量(balanced principle),但当不存在具备关联性的深程度上的调整原则时,以维系法系统的内在统合性为目的的原则间衡量(principle-balancing)便是必须的了。展现这种衡量的构造性特征的是二重平衡,但在论述二重平衡之前,首先需要对法与正义的关系略作探讨。

四、法与正义

"法"这一概念中原本便包含"正义"的含义。在法思想史上,以——作为正义的法的——自然法为主体的自然法论经常谈到这一点。但是,19世纪之后,法系统作为形成社会秩序的优越性规范制度而得以自立,法与道德在概念上被区分开来,法被认为是对正义的实现,法的运营被视为是实现正义的共同企划。③ 如此一来,法要实现的正义究竟

---

① 日本药事法旧第6条2项·4项曾规定:在街面上设置药店时,各药店之间的间隔距离应超过100米。
② 日本最高裁于1975年4月30日作出的判决确定药事法旧第6条2项·4项因违宪而无效。
③ Lon L. Fuller, *Law in Quest of Itself*, 1940;井上达夫:《称为法的企划》,东京大学出版社2003年版等。

是什么的问题被提上台面。

关于法正义的观念,过去曾有种种议论,但在目前,在讲学上一般整理为如下三个要素。即,合法正义、形式正义以及实质正义。此外,作为法传统上重视的正义要求,还有衡平(个别正义)以及程序正义。

关于法正义观念的构成要素问题,在此无法展开详细的论述,但概念要素的基本含义是:合法正义遵循法,实现法;形式正义公平地追求平等对平等,不平等对不平等;实质正义赋予形式正义的形式要求以内涵,追求自由、平等、人权、和平等正义的实质标准。此外,衡平(个别正义)追求的是个别具体案件中的合适的妥当性,程序正义意味着程序的公平支配与"提取他方意见"的程序性公正,是引发适正程序要求的基础概念。

这种法正义的概念应当如何定位于上述法原则构造中呢?笔者在此仅提出如下两点。

其一,如果法应当实现正义的话,法系统的原则构造便可以理解为是由共通的正义观念提供基础支撑的。如果做模式化的表述的话,是指:自立的法系统原则体系(其本身难言是法系统的明确的组成部分)是以肉眼看不见的正义原则的基础作为基石的。如果从原则关联的观点来看,是指:法的阶层性原则构造在其基础关联上与地球上的正义原则相联系,并由正义原则提供根枝性支持。

其二,在价值观多元化,多元的社会构成原则并立的现代社会中,即使是法要实现的正义要求,关于其实质正义的内涵,也会随着立场以及价值观的不同而做不同的理解,这会引发为谋求法实现而对立争斗的现状。因此,法的基本作用也比以往更注重合法正义与形式正义。合法正义中的"法"并不是由特定的实质正义观念所决定的,而是中立性的,或者在追求某种实质正义的情形中也是共通且必要意义上的公共性的事物。因此,在这种中立性或公共性的法之下,形式正义追求的是公平对待所有人,不实施特别对处与差别看待。

程序正义意味着以形式正义为基础的程序性公正,要求公正地保障相关当事人参加公共决定过程的机会。此外,关于衡平即个别正义,要求的是在法的框架内实现实质公平的处理,而在法并不充分的情形中通过补充法的方法实现实质性公平的处理,其追求的是社会可以容许的具体而妥当的解决方法。因此,社会中的法系统的安定性也可以得到确保。

五、双重平衡

法系统的安定性是实现法支配的不可或缺的前提。如果法系统不安定的话,它便无法充分发挥维系社会整体秩序的机能。因此,前述法正义的观念,不仅在理解法系统的自立性问题上与法原则构造相关联,而且也与法系统的安定性息息相关。

法系统的自立以三个条件为必要。即,(1)在系统要素不依赖于法系统外的要素意义上的对外性自立;(2)法系统内部是规范性·机关性统合而非分崩离析意义上的内部统合性;(3)法系统作为自立系统而存在并应当贴切地发挥缔造社会整体秩序这一法的本来机能意义上的对外性应答。

法系统规范层面上的内部统合与追求法规范的原则一贯性相联系。如果认为它甚至包含正义观念的话,就如同树木是由眼睛看不见的根干支撑着一般,其一贯性是因为垂直性的连接而得以维系。与之相对,对外性应答是法系统对于社会产生的各种规范性要求的对应,是水平性连接着的。只要法与社会共同存在,法便无法拒绝听取社会的要求。在该意义上,为了与社会的变化相契合,法必须在保证自立性的同时不断变化。

使这种对外性应答成为可能的只能是法系统的原则衡量。

原则衡量与二重平衡相关。

其中之一是:旨在确保系统内的规范统合性的,存在于相互竞合的法原则之间的平衡。之二则是:为了使社会中的法系统安定地存在并有效地发挥机能,而调节法系统的内部与外部的平衡。针对来自于外部的规范性要求,需要与内在原则间实现均衡。法系统平衡可以理解为:将与维持法系统的内部统合性或整合性相关的调整,与法原则系统、自立性法系统与社会的关系调整相联系的,法系统的内对外、外对内以及法系统的内外均衡化。既然法系统存在于社会内部,那么这种内内以及内外的均衡化的起因便不可能与社会无关。两种均衡化是在法系统内部运动的,因此,是一种二重平衡。

并且,如果将法系统的自立性视为基础,那么可以将这种二重均衡化视为:在与法解释的基础相连接方面,经历着由法原则平衡向法系统平衡,由内内平衡向内外平衡的演化。

以法系统的自立性为前提时,回应社会的规范性要求的法的对应方法呈现于"应答性法"的理念之中。不可能对所有的社会要求直接作出回应。即使在已经与法系统的规范实现了整合的限度内,也只能在确保整合性的范围内回应社会的要求。应答性法不是公权选定的一定的政策目标式的法律导致的强制,也并非对于一定的法外在的合理性基准或正义基准的法的适用。此外,提高法的应答性并不意味着对于法系统的自立性或自同性的轻视。应答性法是以法系统的自立性为前提的,并且是需要由法原则的整合性提供支持,由平衡对社会的要求作出对应。

六、三个事例

下文中将采用上述方法对三个疑难案例进行研讨。

这三个疑难案例都引发了法解释学方面的极其困难的问题。第一个是关于消费借贷契约的事件,第二个与民事损害赔偿请求权的除斥期间相关,而第三个则与刑事法的可罚违法性的判断相关。

(一)诚实信用原则

首先是关于契约的问题。

因为契约法主要调整的是私人利害关系,以私人自治为基本原则,所以,与其他法领域相比,契约法更强调要考虑法系统外的社会实态。故而,在疑难案件中,在原则衡量方面,法系统平衡较为重要。

关于无法凭借法条进行一义式解决,而在契约法中产生争论的是,关于借贷学费的案例①。

在学生 B 进入准护士学校时,医疗法人 A 与 B 签订了借贷学费的契约。在 B 上学的两年间,A 除了承担 B 的学费外,还支付给 B 住宿费(由 A 提供宿舍)等一切的必要经费。与之相对,B 承担将来返还该费用的义务。契约中还特别约定:如果 B 毕业后在 A 的医院内工作两年的话,则上述一切贷款全部免除。这是 A 为了改善医疗场所护士人手不足的现状而设置的护士养成制度。

B 努力学习顺利毕业。毕业取得资格后,以准护士的身份在 A 的医院内工作了两年。但是,在上学期间,为了取得正式护士资格,B 在 A 医院上班的同时,还在其他的看护高等专科学校学习。而 A 医院方面为了能让 B 更为负责地工作,在允许其住宿的同时,主要安排其上夜班与准夜班。但是,在从护士高等专科学校毕业并取得正式护士资格后,B 搬出了宿舍,转职到其他医院。A 以 B 未能完成免于返还贷款的条件为由,诉请 B 返还贷款。

争论事由是,当事人双方对于资格取得后在 A 医院"工作两年"的免除条件意见不一。B 认为自己虽然没有常勤工作,但还是以部分性的变通值班满足了该条件。

法院在审理事实的基础上,认定学费借贷契约存在,免于返还的条件是以常勤形式工作两年。因此,既然 B 在这两年间并未常勤工作,那么 A 可以请求 B 返还全部贷款。

但是,法院也指出:虽然 B 没有常勤工作,但在这两年间却始终值准夜班或夜班,因此,B 只需要返还 60% 的贷款额即可。而该判断的法根据便是作为契约法基本原则之一的诚实信用原则(《民法》第 1 条第 2 项)②。

从形式上来看,正如法院所认定的,既然 B 应承担返还责任,那么理应依据契约返还全额。但是,判决并未依据借贷债务,而是根据更为基本的原则——诚实信用原则,划定了更为妥当的返还额度。B 考虑的是,以变通的方式连续工作两年的话便无须返还了,因此,在上学的同时尽可能地到 A 医院值班。对此,法系统外的考虑是,虽然契约上有规定,但如果要求全额返还的话,显然是过于严酷的。因此,虽然在法系统内无法免除债务(存在返还义务),但可以根据该借贷契约的习惯或社会内规范计算返还额。

在本案中,法院根据作为契约规则之基础的诚实信用原则,将法系统外的社会性——共同体性规范纳入考虑之中,以贯穿于法系统内外的原则衡量了妥当的解决方法。对此,双方当事人都没有提起上诉,本案一审便告审结。

---

① 东京地裁 1989 年 10 月 25 日判决。
② 《日本民法》第 1 条第 2 项:权利行使及义务履行必须遵守信义,以诚实为之。

(二)除斥

《日本民法》规定:侵权行为的损害赔偿请求权受期间限制(第724条)。① 该期间限制不同于普通的损害赔偿请求权(债权)的时效,无须援用,且不会停止。自侵权行为发生之时起经过20年后,该损害赔偿请求权将自动消灭。

出现问题的案例是因预防接种出现问题而引发的损害赔偿请求。②

原告X出生后不久便接受了当时在日本国内义务接种的预防传染病的疫苗。该接种是为了预防孩子感染传染病等公共卫生方面的目的而强制推行的集体接种。在出生后半年,X也像其他孩子一样被继母带到附近的保健所注射了种痘。但是,接种后便开始发烧,发烧持续了一周,并伴有痉挛,此后,X的身体与精神状况都出现病患,不得不长期卧床。

因这种强制接种的副作用而死亡或重伤的人们以国家为对象在各地提起了集团损害赔偿诉讼。一般称之为"预防接种祸诉讼"。X也加入了该诉讼。但是,在他提起损害赔偿诉讼时,距离接种时间已经过去了22年,法院不得不遵循民法第724条,在一审、二审中驳回了X的诉讼请求。但是,最高裁却以如下理由认可了X的赔偿请求。

民法第724条规定的是除斥期间而非损害赔偿请求权,但如果参照民法第158条的法意,即时效制度中的关于保护无行为能力人的规定——在时效期间届满前六个月以内的时间里,没有法定代理人时,自未成年人或成年被监护人成为行为能力人时或自其法定代理人就任时起经过六个月之间,对未成年人或成年被监护人,其时效不完成——的话,在本案件中,因为到提起诉讼为止,并不存在法定代理人,所以损害赔偿请求权的除斥效果并不发生。

在该最高裁的判决中还附有法官提出的结论相同但理由有别的意见。与法庭的多数意见不同,该意见从损害的公平负担与救济这一"侵权行为制度的终极目的"出发,认为对于该案件,不适用第724条才是符合正义的。

与之相对,法庭的多数意见认为:应通过追求法体系内的原则整合性,以寻求法内在救济的可能性。如果在法原则构造之下看问题的话,20年后损害赔偿请求权消灭这一除斥原则,与国家行为导致受害人受损害的损害赔偿救济这一原则,在法原则平衡方面出现了竞合。当接受预防接种而产生重度伤害的公共卫生政策的受害人经过20年后将被置之不理时,该原则间衡量应当迎合——认为这种置之不理是非道德的·不正义的——法系统外的道德要求以追求平衡。因此,法院诉诸民法上的保护无能力人的时效制度的调整原则,在法系统内在救济的解决方向上解决了该问题,从中可以看到——追求原则整合性的——均衡化的努力。

---

① 《日本民法》第724条:因侵权行为发生的损害赔偿请求权,自受害人或其法定代理人知道其损害及加害人时起三年间不行使时,因时效而消灭。自侵权行为时起,经过二十年时,亦同。

② 最高裁第二小法庭1998年6月12日判决。

(三)可罚违法性

另一个案件是——20世纪50至60年代发生在日本的著名的公害案件中的——水俣病公害诉讼过程中发生的伤害事件。被称为氮水俣病川本事件。

氮水俣病的原因是位于九州的熊本县水俣市的氮水俣工厂排放的有机水银,附近的居民深受其害。该事件是日本公害事件的起源。水俣病患者提起了集体诉讼,民事判决最终认定氮是治病元凶,命令该工厂承担损害赔偿责任。而在诉讼过程中,出现了引发问题的伤害事件。

患者团体前往工厂的东京本部,直接交涉补偿问题,但公司不愿作出答复。并强行驱逐了坐在公司本部以及大门口的患者团体。在强行驱逐过程中,有患者受伤,但警察与检察方都置之不理。

在遭受驱逐时,患者团体的领头人之一的Y(他本人也是水俣病患者)咬了——不愿意交涉并强制驱逐患者的——公司从业员与人事部长的手腕并殴打其面部,因此,Y被诉构成伤害罪。检察官提起诉讼,要求以伤害罪为由判处Y一年零六个月的惩役。负责一审的东京地方裁判所判决罚金5万元,缓期执行一年。检察官提起控诉,负责二审的东京高裁驳回了一审的有罪判决,认可了辩护人提出的检察方滥用公诉权的主张,并驳回公诉宣判Y无罪。此后,最高裁认为滥用公诉权的认定不合法理,但维持了二审判决。①

在本案中,也需要对原则衡量进行困难的判断。对立的是:因触犯刑法的伤害罪规定(《刑法》第204条)②而提起的诉讼,与检察官可以根据犯人的性格与境遇、犯罪的轻重及情节而不提起公诉的起诉便宜主义的法原则(《刑诉法》第248条)。③

关于本案件存在各种争论,在法系统外,针对检察官的批评极其猛烈,认为检察官无视公司的强制驱逐行为,而只针对Y等的违法行为提起诉讼的做法是在偏袒公司。而可以采纳该主张的是以起诉便宜主义为基础的不起诉裁量的法原则。但是,Y的行为显然是触犯刑事法规的,置之不理的话也会出现法理问题。一审判断便是根据法系统的内在措施,将这种竞合的原则间衡量在量刑层面上加以考虑,以试图维系法系统的规范统合性。在伤害罪中5万元的罚金原本便是很轻的,再附加上缓期执行一年的话,可以说是极其宽大的法措施了。针对系统外批判,推导出检察方滥用公诉权的法理,并驳回公诉的做法虽然并不违法,但如果参照——认为针对同种案件应依法作出同样处理的——形式正义以及——要求程序公正的——程序正义的要求的话,通过系统内的原则衡量,认为该伤害行为具备可罚违法性但在量刑方面可以从宽处理的一审判决的做法才是更符

---

① 最一小1980年12月17日判决。
② 《日本刑法》第204条:伤害他人身体的,处十五年以下惩役或者五十万元以下的罚金或科料。
③ 《日本刑诉法》第248条:因犯人的性格、年龄已经境遇、犯罪的轻重、情状以及犯罪后的情状而无追诉之必要时,可以不提起公诉。

合法系统的自立性要求的吧。

七、结　语

　　本文从作为法支配的前提的法系统的自立性出发,针对法规范体系的原则构造、为法体系奠定基础的法正义的相关原则,以及与系统内统合性与对外性应答相关的法原则平衡与法系统平衡的所谓二重均衡化构造进行了论述。

　　法解释并非从法系统的外在性·超越性观点出发,也并非针对每个案件的个别化处理,而应当是从法系统的内在观点出发寻求原则统合性。此时,特别是在疑难案件中,原则衡量是至关重要的。法原则是历史的产物,无论深浅,其反映的都是位于相互对立的规范要求之间的一定的均衡点。但这种法原则有时会发生激烈的对抗,相互竞合的原则间的衡量也是生成法系统的构造的源泉。在原则衡量中重要的是:法系统可以在维持自立性的同时又能够进行对外性应答。

　　从上述问题中可以看到法支配可能性的些许端倪。

学术评论

◎规范性的民间法道路——《大、小传统的沟通理性》读后
◎基于法律实证主义立场的民间法研究——评王林敏《民间习惯的司法识别》
◎中国民间法研究学术报告（2012年）

规范性的民间法道路
——《大、小传统的沟通理性》读后

周 力[*]

（西南政法大学 重庆 401120）

摘要：谢晖先生的《大、小传统的沟通理性》一书可能算是一部关于民间法的著作，但其中更多的关注点在于法律的规范性来源问题。通过民间法来寻求我们这个时代的规范性问题，对于民间法理论而言是一个重大的突破。谢晖先生试图通过民间法来实现我们自身规范性的重塑，实则意味着将规范性问题本身诉诸我们对自己的认同感。

关键词：《大、小传统的沟通理性》；民间法；规范性

一、导　言

谢晖先生的《大、小传统的沟通理性》[①]摆在案头已有些时日，以怎样的方式去进行阅读却成为了破费踌躇的事情。以法理学的方式进行阅读，则意味着必须从先生的书中感悟出"正当"或"超越"；以社会学的方式阅读，则意味着笔者在了解某种叙事。如若不是教条式地去接受先生在书中的结论，那么笔者可以从中获得什么？从这本以文集方式串联起来的著述中，我们何以理解蕴含于其中的关键？

长久以来，国家法与民间法的关系问题成为了民间法研究的重点。这本是一个有趣的二元叙事，即认为在国家法之外还存在一套权威系统，这样一个二元的叙事经由西方学者而展开，并在当代中国逐渐形成了影响。[②] 但是，这其中有一个特别奇妙的不同，西

---

[*] 【作者简介】周力（1976—），法学博士后，西南政法大学行政法学院教师，西南政法大学人权教育与研究中心研究员。

[①] 谢晖：《大、小传统的沟通理性》，中国政法大学出版社2011年版。

[②] 多元主义的两位重要思想先驱是吉尔克和梅特兰。他们认为，永久性社会团体具有人格的属性、独立的思想和意志。国家是多样性的社会团体之一，并不是法律的唯一来源，其他社会团体也是法律的创制者。对二元或多元叙事国内最具代表性的议论来自梁治平先生早期之论述，梁先生认为，在中国传统语汇中，与"官府"相对的是"民间"，因而在国家法之外，可用"民间法"的概念来做区别，国家法"可以被一般地理解为由特定国家机构制定、颁布、采和自上而下予以实施的法律"，而民间法主要是指"这样一种知识传统，它生于民间，出于习惯乃由乡民长期生活、劳作、交往和利益冲突中显现，因而具有自发性和丰富的地方色彩"。参见梁治平：《习惯法和国家法》，载《清代习惯法、社会和国家》，中国政法大学出版社1996年版。这个论述在国内非常的流行，后期的研究者几乎都同意了梁先生的判断，并在此观念上展开。

方学者关注地方性知识,是在后工业革命时期对现代性的反思;①而中国学者关注地方性知识、民间法却并不存在这样一个反思的过程,我们的现状是:现代性距离我们还很远,法治话题几乎都未展开,权利与权力话语体系尚未有效建立,一套有意义的在逻辑上成立的国家法体系尚未形成。由此,与之相对应的民间法的概念似乎不应该成立,因为"民间法"应当是一个对应性概念。

在现有国内的民间法研究中,主要有两种倾向:其一是力图展现现代社会与传统社会相对立,将民间法与国家法对立,从而去回答民间法与国家法的对接问题,这种对接要么是通过国家法的效力去否定民间法效力,要么是通过民间法的效力去否认国家法的效力,或者在两者兼而有之中迷失;其二是直接面对乡土而不考虑对接,进行彻底的描述,以便显示出民间规则所具有的生命力。② 描述性思路和规范性思路故各有可取之处,但描述性叙事的研究逐渐已经占据上风,对村规民约的描述,对行业习惯的描述,乃至于对城市特定人群生存状况的描述等等,但是这样研究在力图摆脱宏大叙事的同时,并未注意到我们关于"法律"的宏大叙事几乎没有建立起来。

现阶段的民间规则研究,尽管已经非常"民间",但这样的一个"民间"或许是宏大叙事前的民间,是前现代的民间,它能否承担现代性的重任是令人疑惑的问题。要知道,现代性的结构化叙事恰恰是建立在宗教和理性基础之上的,我们从后现代的立场看待民间法,非但无助于我们去建构法治,可能还意味着灾难。

如果认为我们这个时代的话题是法治,那么民间法承担什么样的角色?现有的民间法研究几乎很难涉及这一话题。我们怎么在现有的场景中给民间法定位,难道仅仅是猎奇般的惊愕于它的存在?或者是从民间法与国家法都为实然的立场去审视二者的关系?有无可能为"民间法与国家法"论题开辟第三条道路?这条道路意味着我们可能借由这种民间法去完成规范性,换言之,通过民间法去完成我们自身的宏大叙事。这似乎与"民间法"的旨趣全然不同,也在违背民间法的基本逻辑,但是不通过这样的方式,我们这个时代的规范性如何而来?法律的整体性如何得以保证?

谢晖先生的《大、小传统的沟通理性》一书在封底有这样一句或许值得关注:"失去了

---

① 20世纪初期,面对大规模的工业化和国家权力的日益膨胀,多元主义者认为个人日益失落于群体之中,处于异己的国家权力控制之下,他们攻击以博丹、霍布斯、卢梭、黑格尔和奥斯丁为代表的主权学说。认为主权理论是一种虚构,不符合事实,国家不是唯一具有主权的机构,如果赋予国家至高无上的和独占的权力,必然产生极权主义,扼杀个人自由。在反对个人主义和国家至上的同时,多元主义者把现代社会中宗教的、职业的和经济的社会团体作为个人与国家之间的中介。他们极力推崇社会团体的作用,维护社会团体的权利。认为这些自愿组成的小规模的社会团体是真实的人类共同体,它们一方面把分散的个人组织起来,使人们有一种团体感;另一方面,它们抵御国家权力的侵犯,保护成员的个人权利。这些团体具有独立的人格,它们对内部事务享有自主权,国家不能干预。国家的作用在于维护公共利益,调解各团体之间的冲突。它不是凌驾于各种社会团体之上的主权者,而是众多社会团体中的一个。过于集中的国家权力应被分解,尽可能转移给各种社会团体,实现政治权力体系的多元化。

② 这样的研究数量庞大,主要以人类学的方法进行,主要是通过对研究社会的行动者社会行为的描写,揭示其行动的社会意义。这在一定程度上借鉴文化人类学的方法,并进行适度深描,具体可参见格尔茨:《深描:迈向文化的阐释理论》,载《文化的解释》,上海人民出版社1999年版。

小传统,大传统便失去了基础。"如果把小传统理解为民间法,把大传统理解为国家法,谢晖先生不就是力图为国家法寻求正当性吗?并且,这种正当性不来自于别处,而是来自于"民间法"。这几乎可以算是在民间法研究领域的一种突破,这种突破不是在寻求某种二元化的权威,甚至不在法律社会学的框架之中,而可能是在法理学的立场上寻求法的正当。

二、我们的危机

在现今中国的法学理论中,有一个基本的问题一直在产生困扰:法律的效力来自何处?这是关于法律的正当性问题,只要法律规则存在,这个问题便会幽灵般地迸发出来,或迟或早!我们的法律从何而来?法律缘何对我们有约束力?这些约束力背后的力量是什么?这些论题看起来是如此关键的法理学问题,要回答这些问题都必须从规范性的观念展开。我们曾经流行过强制论,我们已经明白一种强制力的有效,缺乏了规范性,只能短暂的有效,强制的后果只能是反强制;①如果我们仅仅把法律视为一系列的规则,需知我们迟早会迷失在无数规则的海洋中。② 这个问题是如此的迫切,但从何种层面上回答则成为了我们不得不面对的一个问题。借由宗教式的方式来回答这一问题对我们显得苍白,我们完全缺少这样的传统;借由自然权利与仁义道德的历史衔接,达致"内圣"与"外王"新的统合,③从而迈向"道德的"法治也可能存在问题,我们缺少对"道德如何可能"的回答。那么如何面对这一问题?我们的规范性寻求之路到底为何?我们有无可能走出新路?

从民间法的思路来获取规范性是一种非常有趣的做法,这意味着"要在民间规范研究和规范法学研究的结盟,要打通民间规范和法律方法的关联"④。这种"尝试"旨在"提供足够的学理",并以此建立"法学的中国范式"。⑤ 谢晖先生的书中已经毋庸置疑地给出了这个寻求"规范性"的暗示,并将自己与传统的民间法观念区分开来。如果我们接受先生的暗示,那么我们似乎要从规范性的来源层面对著作进行阅读者意义上的勾勒。但法理学教给我们的是对一个论题的前提不能如此简单的认同,我们需要回答一个问题:为什么谢晖先生如此认为?这恐怕得从我们遭遇的危机论起。

我们这个时代最伟大的话题或许就是"转型",我们总在面对不同的转折与选择,我

---

① 伯尔曼对于这一论点这样进行论述:"法律只在受到信仰,并且因而并不要求强力制裁的时候,才是有效的……法律不仅是世俗政策的工具,而且还是生活终极目的和意义的一部分。"[美]伯尔曼:《法律与宗教》,梁治平译,中国政法大学出版社2003年版,第17~18页。
② 伯尔曼认为:"法律主要不是法规或者适用这些法规于案件的法律观点的汇编,不是对如何把法规应用于案件的各种方法加以分析的博学论著和文章的汇集。这些都是专家们头脑中法律的残迹……"[美]伯尔曼:《法律与宗教》,梁治平译,中国政法大学出版社2003年版,第66页。
③ 胡水君:《中国法治的人文道路》,载《法学研究》2012年第3期。
④ 谢晖:《大、小传统的沟通理性》,中国政法大学出版社2011年版,第92页。
⑤ 谢晖:《大、小传统的沟通理性》,中国政法大学出版社2011年版,第93页。

们逐渐在进入一个现代性的剧场。确实,现有的"转折"给我们带来种种阵痛迫使我们去审视这其中的问题,社会制度的深刻变革迫使我们去关注由这种"改变的秩序"所产生的问题。这里社会秩序的变更,我们把它表述为转型,它主要表现为我们从农业社会向工业社会①乃至后工业社会的转变,其间包含了从一个封闭社会向开放社会的转变,从人治社会向法治社会的转变等等。这些问题,就是在这种转变下我们迫切需要面对乃至寻找可能的方案去解决现存的疑难。

这些疑难多种多样,同时也表现在我们的法律制度变革如何应对这种"现代性实验"②,单纯讨论转型下的法律制度,容易把我们的视野限制在制度的建构上,似乎制度的完备就会完成我们现阶段的法制建设。但是,我们面对的状况是:即使我们拥有制度,也难以保证制度的普遍遵循。我们的立法在"快车道"上行进了多年,但立法最根本的基础被有意或无意地忽略了。近些年来,我们所关注的法律地信仰问题、法律解释问题从某种程度上就是为了解决制度的有效。这不是一种制度的单一有效,而是一种普遍有效,这意味着法律具有其规范性的来源。

如果认为法律规则都有其基本统领,那么这些统领就是我们现时代的法理。法理经常都被认为是规范性的,它不只描述我们对自己行为的如何进行调节,它还对我们提出要求,它通过笼统的方式给了我们"不得、应当、必须、可以"。当我们为这些要求寻求基础时,我们不只是寻找对法律实践的说明。我们会这样进行提问:法理是如何而来的?这就是规范性问题。那么,我们能从哪里找到关于规范性问题的答案呢?这个答案需要以一种深刻的方式诉诸我们对自己的理解,即诉诸我们对自己的认同感。如果说我们从传统走向现代是一种转型,那么我们的规范性置于何处?这是我们这个时代的话题。

在这个问题的探讨上,我们不妨先了解一下关于这个论题的各方观念。

规范性问题之于西方而言,是通过宗教获得其保证,宗教在某种程度上维系了法律最根本的规范来源。在相当长的一段时间里,世俗法律被认为应当与上帝的规则相一致,世俗法律的有效性被认为来自于上帝律法的有效性。宗教改革运动之后,这一面貌尽管得以改观,但现代的宪政学说创始人洛克却还是依赖于上帝的观念给出了"自然权利"③,换言之,实在法的规范性源头并未发生根本的变化。这一面貌自康德的"人"的形象得以改观,在其《纯粹理性批判》中的第三个二律背反中,康德将"自由"作为不可认识

---

① 现代性"首先意指在后封建的欧洲所建立而在20世纪日益成为具有世界历史性影响的行为制度与模式。'现代性'大略地等同于工业化的世界。"参见[英]安东尼·吉登斯:《现代性与自我认同》,生活·读书·新知三联书店1999年版,第16页。

② 所谓"现代性实验",是吉登斯的观点,他说:"在全球范围内,现代性已带有实验性质。我们全都不由分说地卷进了一场宏大的实验;这场实验由我们来进行,同时又在极大程度上超越了我们的控制。这不是那种实验室中的实验,因为我们不能把实验结果固定在一定的参数范围内——它更像是一次冒险,我们无论是否乐意都得参加。"参见乌尔里希·贝克、安东尼·吉登斯、斯科特·拉什:《自反性现代性》,赵文书译,商务印书馆2001年版,第76页。

③ [英]洛克:《政府论》(下篇),叶启芳、瞿菊农译,商务印书馆1964年版,第77~80页。

的,从而确立了"我们能做什么"的基础。① 后来,无神的观念本身也遭遇了危机,这场危机后来在伯尔曼的书中得到了体现"对作为一种文明、一种社会共同体的西方本身的信念和对 19 世纪以来维系西方文明的那种法律传统普遍丧失了信心"②。

在法学领域,实证法学运动也从休谟开端,后来经边沁发展,法律已经不再是源于某种神秘莫测的教条而被作为了一种"事实"。③ 由此,"事实命题"成为了广义法律实证主义的标志,用事实陈述替代规范性陈述,④用"习惯命题"替代合法性命题成为了 19 世纪和 20 世纪西方法学的主流。⑤ 然而,由实证主义带动的这场运动却为自己留下了难解之谜:基于科学的法律体系无法保证其完整性,法律存在漏洞无法避免,逻辑本身不能替代现实的生活。由此,之后的法学思潮便专注于反实证主义(反逻辑)和反形而上学(反自然法),规范性问题被消解,逻辑性问题被放逐,法律在一朝之间几乎被彻底的现实化。在那个时代,霍姆斯曾用尖酸刻薄的话语揶揄自然法,他认为自然法只是"醉汉"眼中的"绝代佳人"⑥;他提出的观念"法律的生命在于经验而非逻辑"⑦,几乎将实证主义逼得理屈词穷。在此,由形而上学来予以保证的法的整体性成了玩笑,由逻辑来保证的整体性已经让位于"经验",法律不再是整体的,多元论者大行其道,现实主义法学的口号"法律既没有那么确定又没有那么明晰"⑧几乎使得法律成为一地碎片。法律的这种过分的分崩离析使得人们的生活已经缺乏安全感,"规则的怀疑"⑨使得规则本身遭受了质疑。面对 20 世纪规范性问题面临的解构,对法律本身"丧失"信心几乎成为了必然,我们还可能重新拾回法律的整体吗? 这一任务又几乎占据了 20 世纪的思想家们的思考。

20 世纪最著名的规范性论证来自于一位伟大的政治哲学家罗尔斯。罗尔斯试图通过康德式的自识性反思来建构整体性。法哲学中经典的"人"的形象又被重申,规范性来

---

① 关于自由与必然的"二律背反",参见[德]康德:《实践理性批判》,李秋零译,中国人民大学出版社 2004 年版,第 378～383 页;另参见[德]康德:《纯粹理性批判》,邓晓芒译,人民出版社 2004 年版,第 374～378 页。
② [美]伯尔曼:《法律与宗教》,梁治平译,中国政法大学出版社 2003 年版,导论。
③ 边沁曾言:"所有这些关于自然、天赋人权、自然正义和非正义的话……都是旧的偏执在假借新的名义泄愤;当你不同我的意时,虽不再说你是异端,但叫你暴君。""个人所拥有的一切权利,只能来自法律。"边沁就认为法律是符号的集合(an assemblage of signs),这不涉及价值,仅仅只是事实。参见 Jeremy Bentham,*Of Laws In General*,1782,H. L. A. Hart ed. ,London:Athlone Press 1970,p1.
④ 奥斯丁认为,如果不诉诸制度事实,就无法说明构成法律的规范是什么,也无法说明作为行为理由的规范是什么。参见 John Austin,*The Province of Jurisprudence Determined*. 1832,Ed. W. E. Rumble,1995. Cambridge:Cambridge University Press,p. 1.
⑤ 对法律这种制度事实之正当性的判断,不能诉诸其有效性不依赖于人类意志和制度的先验标准。恰恰相反,制度的正当性根据不是社会理想,而是社会成规——习惯和惯例。参见 Jules L. Coleman," Rules and Social Facts",14 Harv. J. L. & Pub. Pol'y 723(1991).
⑥ 霍姆斯曾在《哈佛法律评论》撰文《自然法》,开篇之处便把自然法喻为"绝代佳人",他认为法学家追寻普遍有效的准则注定是失败的。参见 Oliver Wendell Holmes ,"Natural Law",32 Harvard Law Review,1918.
⑦ Oliver Wendell Holmes,*The Common Law*,The Belknap Press of Harvard University Press,2009,p. 3.
⑧ Morton J. Horwitz,*The Transformation of American Law*,1870-1960 - The Crisis of Legal Orthodoxy,New York:Oxford University Press,1992,P. 187.
⑨ 霍姆斯在《法律与宗教》一书中,两次论述了怀疑主义的倾向,一次是举例,另一次是批判。参见[美]伯尔曼:《法律与宗教》,梁治平译,中国政法大学出版社 2003 年版,第 19、78 页。

罗尔斯的思考中得以延伸。我们耳熟能详的"处于无知之幕下的人"进行的反思性实践则是最为有力的表达，①这种"思想实验"式的或先验式的反思实则是完成人的自我立法工作，人在反思中寻求最为基础性的规则，继而得出正义原则，②同样最后得出的正义原则由于会被一致同意从而保证了基于正义原则的规则体系的正当。在其中，法律的整体性由于正义原则而得以保全。罗尔斯不仅反对了直觉主义，也反对了实证主义源头的功利主义，整体性问题作为了规范性问题的一部分。③ 由此，规范性问题本身在20世纪几乎又站稳了脚跟。

20世纪挽救法律规范性思潮的另一重大命题来自一个天才般的人物——德沃金。德沃金力图用"帝国"这样一个古典的词语来重新统合法律的整体性。德沃金的最初论述见于他的著作《认真对待权利》，其中的"正确答案"④论题实则就是在解决法律的整体性问题，⑤之后在《法律帝国》中，德沃金用"续写章回小说"和"超凡的法官"⑥来对这一命题进行重审，后来他还用及其诙谐的语调写出《客观性与真理：你最好还是信仰它》给出了整体性的方案，这种持续化的努力使得他的正确答案论题与规范性问题相联系。⑦ 德沃金的企图也是基于"反思性实践"，这在《法律帝国》的第一部分已经展现。但是，这种反思性实践的方式与罗尔斯式的先验式的方式完全不同，德沃金的方案是"朝向事情本身"，在实践（事情）中，规范性会"被"给予我们，因为"公平与正义的原则提供了共同体法律实践最佳的建构性解释"。⑧ 有意思的是，德沃金的方法是基于"现象学"的，他力图通过"实践性反思"来回答整体性问题，现实主义者在其中被赋予了开"荒唐的玩笑"⑨之名，这恐怕是对现实主义最尖酸刻薄的论述。

伯尔曼采用了宗教与法律类比的方案来得出自己的结论，其方法主要是历史主义的，他的方法可能并不稀奇但其论述过程却极具某种震撼人心的力量。在伯尔曼那里，法律的纯粹国家化是令人担忧的问题，这将使得法律丧失规范性的来源。伯尔曼从西方法律传统的衰落入手，指出每一革命的过程都是法律的宗教性消解的过程，法律逐渐地

---

① John Rawls, *Justice as Fairness: A Restatement*, The Belknap Press of Harvard University, 2001, p.222.
② 无知之幕并没有排除道德人的"合理性"欲求，也没有排除他们对善之观念所拥有的种种能力，它只是排除了欲求的特定对象与特定环境，使得道德人只是在高度抽象的层面上去把握一种概括式的"基本善"。罗尔斯的观念在于：如果我们在不同情况下回到自身，我们应该能找到一种答案。
③ [美]克里斯蒂娜·科尔斯戈德：《规范性的来源》，杨顺利译，上海译文出版社2010年版，第303页。
④ Ronald Dworkin, *Taking Rights Seriously*, Cambridge: Harvard University Press, 1977, p.279.
⑤ 德沃金在《认真对待权利》一书的最后，提到正确答案论题本身是一种"前后一致方式的陈述"，并认为"正确答案论题的神话，不仅顽强，而且成功，这种顽强和成功可以证明这并不神秘"。See Ronald Dworkin, *Taking Rights Seriously*, Cambridge: Harvard University Press, 1977, p290. 中译本对此句话翻译有误，意思与愿意出入较大。
⑥ See Ronald Dworkin, *Law's Empire*, Harvard University Press, 1986, p.226.
⑦ See T. Endicott, *Vagueness in Law*, Oxford University Press, 2000, p.63.
⑧ See Ronald Dworkin, *Law's Empire*, Harvard University Press, 1986, p.255.
⑨ 在《法律帝国》的导论中，德沃金对其论点进行了这样的说明："法律是一种实践，一种不断完善的实践，它可能由于其缺陷而无效，乃至于完全无效，但这绝非是一种荒唐的玩笑。"这其中的"实践"是反思性实践，"荒唐的玩笑"实则在讥讽现实主义。See Ronald Dworkin, *Law's Empire*, Harvard University Press, 1986, p.44.

世俗化对于法律本身而言是其神秘化逐渐消退的过程,20世纪这一问题更加尖刻:法律似乎完全世俗化,用伯尔曼的话来说是:"没有信仰的法律退化为僵死的教条。"①由此,伯尔曼提出了与上述思想家几乎相同的问题:我们如何走向未来?由此,他用宗教和法律的相似性指出法律需要某种对规范性的虔诚与神秘的态度,法律乃是整体的,其规范性的来源使其获得整体性的保证。②当然,伯尔曼也企图通过这种观念来激发公众对于法律的忠诚,因为"确保遵从规则的因素如信任、公正、可靠性和归属感,远较强制力更为重要"③。

但是这诸种思路对于我们而言似乎都存在难题,从洛克的方式而言,我们没有西方的"无上权威"的上帝概念,通过上帝来保证的基本权利从而获得规范性的方式注定落空;从罗尔斯的观念来诉诸规范性,我们似乎缺少某种反思性的基础;从德沃金的观念看,我们缺少相应的法制实践;从伯尔曼的角度看,我们本来没有信仰的传统,此路基本不通。那么,我们的道路在哪里?希冀于西方的道路几乎是全然落空,但我们必须走出这一步,我们在走向规范性的道路上可以凭借什么?

谢晖先生的著述几乎就在这关头展开。在10多年前的一篇文章中,他对这个问题予以评析:首先,法治在中国的本土化意味着具有时间意义和全人类价值的法律理念、原则、规则、组织框架、行为方式等为我理解、掌握和运用的复杂过程;其次,这一过程也必然是以中国文化载体表达法治内在要求,是中国文化主体以其固有文化工具理解、消化与运用法治精神及其规则的过程;再次,法治中国化也意味着法治精神及其规则必须寻求中国固有文化传统的内在支持,以求以国家法为代表的显规则和传统文化隐规则的契合统一;最后,法治中国最终要求法制理念转化为国人的精神情感认同。所以"……中国实现法治的过程,在本质上是一个以法治文化精神重构中华民族文化精神的过程"④。

这几乎算一个宣言,表明先生试图寻找中国的"规范性"的达成,先生既未站在多元主义的立场上,也未站在纯粹西学的立场上,而是将中西方在当下可能面临的交汇摆上台面,然后考问我们"如何做?"

三、作为规范性来源的民间法

希冀从中国社会的固有规则从而走入规范性问题的确称得上是一种可贵的尝试,这不仅意味着和旧有的法学理论分道扬镳,也意味着是一种崭新的"价值重建与规范选择"过程。这意味着民间法的研究可能会关涉我们现代性的建立。这是否可能?民间法能

---

① [美]伯尔曼:《法律与宗教》,梁治平译,中国政法大学出版社2003年版,第12页。
② 伯尔曼试图"使法律的理想与原则具有普遍性"。这种整体性实则是规范性的诉求。另外,伯尔曼还论述道:"对法律报以虔诚敬畏之情,并在此基础上来构筑逻辑和政策",也在引证伯尔曼的规范性诉求。参见[美]伯尔曼:《法律与宗教》,梁治平译,中国政法大学出版社2003年版,第30页。
③ [美]伯尔曼:《法律与宗教》,梁治平译,中国政法大学出版社2003年版,第17页。
④ 谢晖:《法治保守主义思潮评析》,载《法学研究》1997年第6期。

否承担起这样的重担？或许我们可以通过谢晖先生的论述来看待这种可能性。

谢晖先生从20年前开始关注法律的规范性问题，这在他的《价值法律化和法律价值化》一文中得到明晰：价值作为描述主体需求与客体本质之间的关系范畴，它从人的内在需求转化为作为人类行为标准的符号表达——法律，是通过主权者的立法过程得以完成的，我们称之为价值的法律化；而已然符号化的价值欲真正中介人际交往关系，就必须从对人的内在需求的外化返回人自身，此一过程即法律适用，我们称之为法律的价值化。①

在这个论题之下，谢晖先生这样作出判断：我们注目的焦点应从法律应用转向法律规范自身，价值法律化始成一基础问题，这必然"有利于促进立法进程的科学化与民主化，使法律最大限度地表达主体的终极价值追求，并同时最大限度地保障实现主体的终极价值追求"②。

这对于处于法治化进程的中国而言，是多么有益的一个开篇性的论述。需知"法治"实则是对法律工具论的抛弃，是法律的"自治"。谢晖先生以此作为自身理论性的文字，几乎一开端就表明了自己的学术立场：为法治的展开描绘一个基石。可惜，后来实践不仅使法律被工具化，法治本身也被工具性的理解，这是我们法治的遗憾。

如果是说法律本身承载了价值，那么我们身处的时代是一个价值重建的时代，能在这个时代重新追寻价值，而非教条化的理解法律的诸价值，是每一法律人几乎无法逃避的问题。

那么这里将出现一个棘手的问题：中国的法治化道路凭借什么展开？是依赖于本土资源还是完全的移植？需知，没有规范性的法治顶多只能是"法律的统治"而不是"法律自治"，先生在此问题上所采取的方案是"法律化"道德。在其《价值重建与规范选择》一书中，先生比较了规范性的两种形式：一是以中国为代表的道德化法律，它的价值输送方式是"以经注律"，它的实践表达方式是"春秋决狱"，这是一种与自然经济和宗法制度相对位的对法律与道德关系的处理方式，其实质是作为人治表现形态的德治；二是以西方为代表的法律化道德，它的文化基础是源远流长的与正义不可分的自然法观念，它要求法律至上，必须以法律为基准设计一种和法治精神相适应的社会道德，从而达成法治社会中法律与道德的互契。③ 如此理解的法治，就必然是一种人化的道德需要和制度安排。法律化道德之所以是我们必定选择的价值改造方案，在于"它决定着中国法制现代化的价值取向；如果是道德化法律，则在中国依然维持了流传久远的价值结构，因此，无所谓中国的法制现代化；相反，如果是法律化道德，则意味着中国精神价值的重建，意味着中国向法制现代化的必然发展"。而对法律化道德的肯定，必然有助于建立根植于民众内心的具有价值亲和性的法治秩序。

问题似乎进一步被推进了。我们可以从中知晓：法治如果可以展开，必须依据规范

---

① 谢晖：《价值法律化和法律价值化》，载《法律科学》1993年4期。
② 谢晖：《价值法律化和法律价值化》，载《法律科学》1993年4期。
③ 谢晖：《价值重建与规范选择》，山东人民出版社1998年版，第7页。

性的力量,此后才谈得上法律自治。丧失掉规范性的法治可能意味着一系列的程序安排、方法铺陈乃至授权体系都可能是空中楼阁。那么这个问题如何解决,先生在其《大、小传统的沟通理性》一书的开篇运用了这样的话语"以日常生活为据,发现人们生活中的规定性"①。继而接着论述:"不是法律派生了人们的日常生活,而是日常生活和主体的交往关系决定了法律的内容与面向。"这表明先生欲求通过把握动态化的民间法追问法律规范性的力量,即"在不同文化背景的日常生活之间不硬性的推行所谓普适性的规范"②,而是通过我们自身去对规范性予以把握。在此,我们可以从书的开篇看出先生所欲完成之宏论并对其间的立场进行一个基本的判断。

书的前六个部分,似乎可以算作先生对现今规范性达成的民间法思路。在"大、小传统与沟通理性"部分中,先生从文化的角度审视了中西的规范性论题,否定了规范性得以达成的放任性沟通模式、强控式沟通模式和劝导式沟通模式,认为当代中国法律建设须更为自觉地沟通大、小传统,而这种沟通必须是"契约式"的,而后者(小传统或民间法)则是国家法得以理性协调的规则化标准。先生在这一部分行文的末尾似乎在急迫地告诉我们,"民生与人权"观念将是国家法规范性的起点,这似乎可以算作整本书的关键,先生将规范性之后的诸问题论述为"长久的期待",而迫在眉睫的问题则是规范性论题本身。

在其后,先生论述了中国法学的路向、法理学与民间法等问题。先生似乎有意让我们在其中发现端倪,他让民间法与法理学产生联系。这里我们可能产生某种迷惑:以民间法理论本身而言,绝非我们平常意义的法理学或法律哲学,而属社会学之域。如果他不是在广义上使用法理学的概念,那么他想告诉我们什么?他为何急于将民间法与法理学的关联展开论述?就法理学或法律哲学的基本问题而言,主要在于探求正当性,即规范何以成为规范,这在某种程度上属于规范性问题。由此,我们可以从中揣测出先生的用意:他可能要将民间法的研究与正当性问题展开论述。从这本书的安排而言,先生也是如此进行的:

我国法学对民间规则的关注和探寻,并在民间规则基础上发现、创新和总结法理,和以规范法学为主,构筑我国的法学体系,并不矛盾。③

在法理的全球对话中,民间规则的基础作用是迫使法学者寻求对话的地方性资源,论证这些地方性资源存在的现实性、合理性和有效性。一方面,形成足以和其他国家的地方性因素对话的条件和学理;另一方面,寻求在和"普适性"价值对话时,使地方性因素结构到普适性的逻辑体系中,表明地方性本身的普适性,并在此基础上缔造在地方性基础上的普适性。④

法学者站在整体的立场上,关注民间规范研究和规范法学研究的结盟问题,以期为

---

① 谢晖:《大、小传统的沟通理性》,中国政法大学出版社2011年版,代序。
② 谢晖:《大、小传统的沟通理性》,中国政法大学出版社2011年版,代序。
③ 谢晖:《大、小传统的沟通理性》,中国政法大学出版社2011年版,第47页。
④ 谢晖:《大、小传统的沟通理性》,中国政法大学出版社2011年版,第69页。

既有社会观念、社会结构和规范矛盾的克服,寻求一种理论上的支持力量,并进而建立一种在规范法学和民间规范研究其用支持基础上的回应型社会结构,使国家法律和民间规范称为回应型社会结构建立的结构性因素,而不是解构性因素。①

以上三段论述几乎表明了先生所欲达成之目标:在民间法的研究中开拓出一个新的领域——一条实践性的规范主义的思路。单纯的民间法研究往往是描述性的,将可能停留于民间(或习惯)本身,描述性的观念是解构的观念而非建构的观念。对于当代中国而言,建构一套有逻辑体系的规则固然重要,但这套体系背后的规范性支撑更为重要。先生在此将民间法作为国家法治建设的基础,而把民间法的研究路向指向了国家法最深层次的问题,将规范的逻辑前提交给了民间法,这是一种可贵而又大胆的创造。

之后的问题又将进行转换:民间法如何承担起重建规范性的任务?先生在书中通过民间法与"权利"、"人权"和"民生"的勾连来对这个问题予以说明。须知,现今世界的法学话语围绕"人权"与"民生"展开,这似乎算是规范性论题的主旨。先生在此需论述的是民间法能否在某种程度上承担起重构"人权"或"民生"等话语的重任,这将意味着我们可能以自身的话语体系与世界进行对话,也意味着我们从自身秩序的原生处去发现我们自身的规范性。在此,先生论述道:

一个国家的立法和法制建设,如果彻底抛开其既有的规范体系,如果不顾其国民在既有规范体系下的生存样态,如果一定要通过"破坏一个旧世界"来"建设一个新世界",那么,那"新世界"的模样也只能起一种"流行"的效果,而很难成为"经典"。②

人类的存在离不开规范,规范存在自身意味着人之于规范的不可或缺性。因此,只有把习惯权利置于某种规范的视角上时,习惯权利才有其寄居的基本场所。③

这两段话意味着先生欲通过习惯权利的方式来重构我们关于"权利"或"人权"的概念。权利的先验获得在洛克笔下成为规范性的来源,谢晖先生则认为基于我们的习惯的实践也会产生相应的权利观念,这些权利的获得将使我们以一种非常特殊的形式来获得规范性。源于民间法的实践体现出的权利,未必如现代法律所具有的规范形式,但此中所体现出来的权利本身不就是我们在法理学上不断追问的、我们力图借以展开法治的规范性吗?

至于民生之观念,本应属于社会学法学的贡献,常由社会之共同目的予以阐释。然而,这个论题由现代政治学家罗尔斯的论证使其具有了规范性的色彩,在康德式的自我立法(罗尔斯用反思均衡)中,罗尔斯也在面对社会福利这种不平等的分配方案何以正当的问题?这似乎也可以算作现代面对福利制度的规范性论证。谢晖先生也在书中直面此问题,希冀从民间法中不断开放出来的不仅是权利,还有民生。先生在"法律、民生与民间规则"部分中这样作出总结:

---

① 谢晖:《大、小传统的沟通理性》,中国政法大学出版社 2011 年版,第 91~92 页。
② 谢晖:《大、小传统的沟通理性》,中国政法大学出版社 2011 年版,第 134 页。
③ 谢晖:《大、小传统的沟通理性》,中国政法大学出版社 2011 年版,第 135 页。

法律尊重了由民间规则所构造的民生方式，自身才有可能是合法的、有效的；反之，法律不能尊重由民间规则所构造的民生方式，则法律的非法也就毋庸置疑，其效力也只能大打折扣。①

在著作的后续部分，先生似乎打算从司法实践的角度去面对规范性问题，这部分的研究旨趣来自于诠释学。在诠释学的意义上，法律在某种程度上可以被视为实践本身。在当下的理论研究中，这种从"意向"到"规范性"也可能成为规范性论题的另一种可能，但因此中牵涉论题过多，只能另著文章。

四、结　语

谢晖先生的《大、小传统的沟通理性》，就其形式而言似乎可以算作一本论文集，但这可能只是某种"只见树木"的观念；就其内容而言似乎可以算作民间法，但这可能只是"浅尝辄止"的想法。如果我们愿意去理解这些论题之间的逻辑联系，那么我们可以看到这是一本有内在逻辑联系的著作；如果我们看到先生早年对习惯法的关注和先生对民间法理论持续不断的努力，那么我们可以断定这是一本关于法理学的著作。尽管在这个思路下，有许多论题尚未展开或尚未完全展开，但恐怕无法否认这是对规范性问题的另辟蹊径。中国学人在当下的重任，恐怕就在于规范性论题本身，这别无选择。

---

① 谢晖：《大、小传统的沟通理性》，中国政法大学出版社2011年版，第181页。

基于法律实证主义立场的民间法研究
——评王林敏《民间习惯的司法识别》

姜福东[*]

(青岛科技大学法学院,山东青岛 266061)

摘要: 王林敏博士的《民间习惯的司法识别》一书,基于法律实证主义(规范法学)的学术立场,探讨民间习惯进入司法的技术路径和制度建构问题。在对习惯法的概念谱系进行细致区分的基础上,探讨了民间习惯进入司法的程序规则、识别方法和识别标准,以及习惯规范的核心要素与合法性检验等问题。通过对"民间习惯的司法识别"这个问题的研究,作者最终发现了习惯法的边缘化问题,并认为这是习惯法自身的现代性命运。本书是将法律实证主义方法论引入中国民间法研究的一个成功范例。

关键词: 民间法研究;学术立场;法律实证主义;方法论

近年来,民间法研究从边缘到中心,已经成为当下中国法学界的一场声势浩大的学术运动和学术"亮点"[①]。这场学术运动正在发生一个显著的变化:从论者的理论预判和话语结构来看,正在从"国家法与民间法的冲突"转向"民间法与国家法的对接";相应的,从研究场域来看,论者们的研究重心正在从"社会"转向"国家",特别是司法领域;而从研究方法来看,则正在从法律社会学和法律文化学转向法律实证主义(规范法学)。近期由中国政法大学出版社出版的、王林敏博士的《民间习惯的司法识别》一书,堪称体现上述转变的代表作。这部作品,一方面用作者本人的话来讲,是在谢晖教授所倡导的民间法与法律方法研究相结合方面所进行的尝试,[②]另一方面则是将西方法律实证主义(规范法学)方法论引入中国民间法研究的一个成功范例。

一、法律实证主义方法论的基本立场

任何一种学术研究,必须首先明确自己的学术立场。没有学术立场的研究是没有锚点的研究,也是没有方向感的研究。王林敏博士对此有着清醒的认识,在其《民间习惯的司法识别》的导论中,他就自身研究的学术立场问题进行了旗帜鲜明的阐释,从而为其研

---

[*] 姜福东,法学博士,青岛科技大学法学院副教授,吉林大学法学博士后科研流动站在站博士后。
[①] 魏敦友:《民间法话语的逻辑》,载《山东大学学报》2008年第6期。
[②] 王林敏:《民间习惯的司法识别》,中国政法大学出版社2011年版,第291页。

究奠定了坚实的方法论基础。他对自身学术立场的这种阐释,是在整个民间法研究的学术背景中进行的。① 此前,很少有学者对民间法研究的学术立场进行系统的梳理。而他的这种梳理使人们对民间法研究混杂的学术立场有了清晰的认识,也对作者本人在整个民间法研究谱系中的学术坐标有了清晰的认识。

我们知道,传统的法律实证主义即规范法学是伴随着法制现代化而兴起的。在欧洲大陆,法律实证主义自拿破仑法典之后统治了学界一个多世纪,即使在法律社会学兴起之后仍然余音不绝;而在英美世界,法律实证主义自奥斯丁以来便一直占据主流地位,二战期间虽遭遇短暂动摇但至今仍然居于主导地位。法律实证主义是对法制现状的一个摹写,在法律实证主义的理论框架中,习惯和习惯法是处于边缘地位的,习惯并非法律而是一种实在道德。所以,在西方学术史中,正是法律实证主义的出现,导致了习惯和习惯法研究的暂时衰落。② 这与当下中国的情形正好形成对照,较之于法律社会学等研究立场,法律实证的方法论在中国进入民间法研究的时间更晚一些。

为何民间法研究需要秉持法律实证主义立场的研究呢?方法论是针对具体问题的,有什么样的问题,便会有什么样的方法论。其实,并非所有的民间法研究都需要法律实证主义,而是民间法研究中的某些问题需要运用法律实证主义的立场。比如,"民间习惯的司法识别"、"民间习惯的司法适用"、"民间习惯的法典化"等问题,均需要从法律实证主义的立场切入。正如王林敏博士指出的,"当基于司法的视角探讨习惯的司法识别与应用时,就需要一种法律内部的视角,即基于法律内部的视角考察法律与习惯之间的对接、探究习惯进入司法的制度路径。显然,这是法律社会学等路向的研究所力不能及的"。③ 目前,国内民间法研究的主流,正在出现"国家—社会"对抗模式与"司法—应用"吸纳模式的分化与转变。在"司法—应用"的模式下,探讨正式制度对民间法的吸纳问题,法律实证主义方法论就是不可缺场的。"本文所要进行的'民间习惯的司法识别'……必须要回到法律实证主义立场上来。因为离开法律实证主义立场,此种研究根本无法展开,我们所处的这个时代背景已经决定了法律实证主义必须在习惯法研究中出场。因为法律是国家的产物,离开国家的意志,法律(包括习惯法)根本从形成,而国家意志一旦介入,法律与习惯的分野就无法避免——这正是法律实证主义的根本立场。"④

作者的立场是鲜明的。那么,作为一名批判性的读者,要想明了作者是否真的贯彻了法律实证主义的方法论,一个重要的任务是要判明法律实证主义方法论到底包括哪些要素。这样,我们才能批判的阅读作者的文本,提出建设性的意见。哈特曾经概括出法律实证主义的五大立场:(1)法律是人之命令;(2)法律和道德之间分离命题;(3)对法律

---

① 参见王林敏:《民间习惯的司法识别》,中国政法大学出版社 2011 年版,第 12~15 页。
② 参见 Kunal M. Parker, Context in History and Law: A Study of the Late Nineteenth-Century American Jurisprudence of Custom, *Law and History Review*, Vol. 24, Fall 2006, p.482.
③ 王林敏:《民间习惯的司法识别》,中国政法大学出版社 2011 年版,第 14 页。
④ 王林敏:《民间习惯的司法识别》,中国政法大学出版社 2011 年版,第 15 页。

进行概念分析,而非采取其他研究方法;(4)法律是一个封闭的逻辑体系;(5)伦理学的不可知论。① 哈特认为,并非每一个法律实证主义都同时秉持上述五种立场,具体的法律实证主义者可能只是坚持上述五种立场中的一种或者多种,哈特的目的在于寻找法律实证主义学术立场的最小公分母。② 因此,坚持分离命题大体上可以视为法律实证主义的基本立场。魏治勋认为,除此之外,规范分析是法律实证主义(规范法学)的基本方法,其中概念分析具有核心地位,逻辑分析、语言分析、描述等方法则围绕概念分析展开。③

王林敏博士在其《民间习惯的司法识别》一书中至少坚持了法律命令说、分离命题、规范分析、概念分析等立场和方法。自始至终、一以贯之的坚持法律实证主义的上述学术立场,是本书的立基所在,也是本书的一大特色和成功之处。因此,围绕这几个方面对该书展开批判性阅读也是可能和必要的。

二、法律实证主义方法论的展开

概念分析方法自奥斯丁以来就是就法律实证主义方法论的基本工具,奥斯丁的分析法学能够屹立英伦上百年,秘诀正在于其细密的概念分析。概念分析方法运用得当,对于排除分歧、澄清认识有着无与伦比的作用。正如德国学者魏德士所言:"在借助语言描述事实或问题的时候,明确的定义是科学研究成功的前提。只有语言表达方式统一才能使科学交流成为可能。……没有确定的定义就不能清晰地思考、科学地认识。……'术语'进而成为对话者能否相互理解的问题。"④而对于目前中国的民间法研究而言,最大的尴尬莫过于该领域的核心概念仍然处于混沌状态。大家表面上在使用相同的概念,但这些表面相同的文字符号所指向的含义却迥然不同,由此引发了很多不必要的混乱,也遮蔽了很多问题。因此,对民间法领域的核心概念进行辨正与界定,就显得极其迫切,也是诸如"民间习惯的司法识别"之类的题目能够顺利开展的先决条件。

王林敏博士所进行的对习惯法概念谱系的分析和界定,是建立在对学界已有认识的梳理基础之上的。其采取的思路是,先以概念本身为索引,把学界对习惯和习惯法这两个概念的界定分别梳理出来,然后进行比较。经过比较发现,学界所运用的习惯和习惯法这两个概念各有两层含义,而这两个概念的两层含义之间存在着重叠。把两个概念的两层含义分别列出就可以清晰地看到这个事实。

习惯的两层含义分别为:⑤

习惯 D_1:一定社区或者地域的社会主体由于行为的重复性而形成的某种行为模式。

---

① Hart, *Positivism and the Separation of Law and Morals*, *Harvard Law Review*, Vol. 71, No. 4(Feb., 1998), pp. 993~629.
② 参见范立波:《分离命题与法律实证主义》,载《法律科学》2009年第2期。
③ 魏治勋:《禁止性法律规范的概念》,山东人民出版2008年版,第30页。
④ [德]魏德士:《法理学》,丁晓春、吴越译,法律出版社2005年版,第9页。
⑤ 王林敏:《民间习惯的司法识别》,中国政法大学出版社2011年版,第28页。

习惯 D_2：一定团体或区域的社会主体就特定事项作反复行为而形成的具有一定拘束力的行为准则。

习惯法的两层含义为：①

习惯法 D_1：在一定区域内的社会主体就特定事项反复实践而形成的带有权利义务分配性质的社会规范。

习惯法 D_2：经有权的国家机关以一定方式认可，赋予其法律规范效力的习惯和惯例。

在上述概念体系中，很显然，习惯 D_2 和习惯法 D_1 的含义是重合的。进而，作者通过一种类似于数学上的"换元法"，将习惯法概念体系的三重含义重新进行了命名和定义，其定义的前提是法律实证主义的法律概念。学界中就习惯和习惯法概念所产生的很多争论，通过这个概念体系就可以得到很好的澄清。就笔者的阅读范围所言，对习惯和习惯法的定义所进行的分析界定，王林敏博士的结论是最清晰的之一。② 其结论的真实性，是可以进行验证的。习惯不同于习惯法，按照法律实证主义的观点，习惯只是一种实在道德；因此，法官在司法中要运用习惯作为判案依据，就需要进行合法性论证。这正是《民间习惯的司法识别》一书的问题指向。

《民间习惯的司法识别》贯彻法律实证主义立场的另一个表现，是作者贯穿全书的规范分析。在"民间习惯作为法源"、"举证责任分配"、"民间习惯的合法性检验标准""民间习惯的效力识别"、"法官适用民间习惯的合法性前提"等具体问题的探讨中，都贯穿着规范分析方法。其中，以对民间习惯司法识别的最核心的问题——"民间习惯的合法性检验标准"——的分析最为突出。从比较法的角度来看，民间习惯的合法性检验，在大陆法系和普通法法系分为两种不同的路径，在大陆法系表现为习惯法的构成要件，在普通法法系表现为习惯法的合法性检验标准，但两种表面不同的路径实则是殊途同归。

中华民国时期，大理院通过判例确立的习惯法构成要件是大陆法系的习惯法构成要件的典型表述：(1)要有内部要素，即人人有法之确认心。(2)要有外部要素，即于一定期间内就同一事项为同一行为。(3)要系法令所未规定之事项。(4)要无悖于公共秩序、利益。③ 对如何理解这种抽象的表述，如什么叫"法的确信"，作者提出了自己的理解，并在此基础上对大陆法系的"法的确信"问题进行了深入探讨。④ 而对普通法法系的习惯法的合法性检验标准，作者首先引用了已有研究成果，可以作为法源、从而成为个案裁判规范的习惯必须具备下述条件：一是久远性；二是必须合理；三是必须确定；四是必须具有强制力；五是从未间断。⑤ 然后通过一个注释对相关问题进行了补充探讨。

在上述比较的基础上，王林敏博士从内在因素和外在因素两个方面对民间习惯的合

---

① 王林敏：《民间习惯的司法识别》，中国政法大学出版社 2011 年版，第 32 页。
② 之所以说是"最清晰的之一"，是因为魏治勋博士在其《民间法思维》一书中，运用不同的资料和不同的分析进路，得出了相同的结论。参见魏治勋：《民间法思维》，中国政法大学出版社 2010 年版，第 177 页以下。
③ 参见李卫东：《民初民法中的民事习惯与习惯法》，中国社会科学出版社 2005 年版，第 131 页。
④ 王林敏：《民间习惯的司法识别》，中国政法大学出版社 2011 年版，第 109、133 页。
⑤ 参见何勤华主编：《外国法制史》，法律出版社 2001 年版，第 202 页。

法性检验标准进行了梳理。内在标准解决习惯的存在以及具体习惯规范的内容问题,涉及习惯基于"出身"的正当性,包括四个方面:(1)具体习惯应为受其规制的社会主体所认同;(2)该习惯具有强制力;(3)该习惯应明确清晰,即应具有明确的权利义务配置功能以及规范的表达形式;(4)该习惯具有一定的历史厚度,因此可以证明其自身的文化合理性。外在标准即合法性检验:该习惯不能违背普遍的正义观念;并且要合乎制定法的规定及其精神。此类外部标准有制定法、政策、公共利益等等。① 识别标准问题是民间习惯司法识别和司法适用的最核心的问题之一,但此前国内民间法研究者们只有少数几人关注过此问题,且并未对其进行细致推敲和论证。因此,王林敏博士的上述努力,可以说是填补了民间法研究的一个空白。其两个层面的划分视角独到、逻辑周密,体现了规范分析方法的学术旨趣,即分析法学要"建立一个能够最大限度地解释现有法律资料的逻辑蓝图,从而指导司法判决,批判那些仍然残留的不合逻辑的律令"。② 至于其结论是否真正揭示了这个问题的全部真理,则有待于日后学界的进一步推敲和验证。

三、法律实证主义的出场与习惯法的现代性命运

法律实证主义方法论引入民间法研究,一个不可避免的结果就是导致论者对习惯和习惯法的地位问题产生迥然不同于法律社会学或者法律文化学的看法。法律社会学立场的民间法研究,都倾向于强调习惯和习惯法的根基性作用;而法律实证主义者则更关注习惯和习惯法不断边缘化事实和趋势,这种观点有意无意地"贬低"了习惯和习惯法的地位。法律社会学和法律实证主义之间的这种学术分野,在国内民间法研究中同样存在。在这一点上,秉持法律实证主义立场的王林敏博士同样也不例外。通过对"民间习惯的司法识别"这个问题的研究,王博士最终发现了习惯法的边缘化问题,并且认为这是习惯法自身的现代性命运。

根据王博士的总结,习惯法的现代性命运表现在如下三个方面:

第一是"公众的习惯"和"法庭适用的习惯"之间的分野。③ 如果说习惯法的形成包括官方因素和社会因素两个方面,那么,上述区分就恰好折射出官方因素与社会因素两个方面之间的相互关系。"区分法官所做的以及可能做的和无组织的或者非官方的群体所做的以及可能做的,不仅是可能的,而且是极为重要的。……大众习惯如果不是通过先例进入法律,至少通过司法实践进入法律;先例也是通过司法实践而成为法律;结果便是习惯和先例这两者的权威在司法实践中找到了一个共同基础。"④习惯只产生规范而不

---

① 王林敏:《民间习惯的司法识别》,中国政法大学出版社 2011 年版,第 111~115 页。
② [美]罗斯科·庞德:《法理学》(第一卷),余履雪译,法律出版社 2007 年版,第 58 页。
③ 王林敏:《民间习惯的司法识别》,中国政法大学出版社 2011 年版,第 256 页。
④ W. Jethro Brown, Customary Law in Modern England, *Columbia Law Review*, Vol.5, No.8,(Dec.,1905), p.583.

创造法律,"法院适用的习惯"这个概念深刻揭示了司法对习惯的影响。

第二是"法的确信"的转移,即大陆法系中的所谓"法的确信"的基础发生了变化。它包含了"公众的确信"和"法官的确信"两种因素,并且"法官的确信"超越了"公众的确信",在习惯法的形成中起着主导作用。"只有成文法所期待的,才能成为习惯法",马克思的这个判断充分揭示了上述变化。甚至于按照拉伦茨的观点,形成新的习惯法的基础可能只是法院的判决,最高法院的长期判例足以引导人们相信它是毋庸置疑的法律要求。① 使习惯成为法律的,毋宁是两种因素:一是习惯自身的规范性,二是法官对这种规范性的确认,并且"法官的确信"已经成为主导因素。②

第三是"公众的行为模式"被"法律的思维方式"所固化。经由习惯的司法适用而产生的习惯法并非大众的行为模式,而是司法活动、职业思维、法律教学的一种模式;它也不是习惯性模式的产物,而是司法活动和法学研究的产物,是法官或者法律职业共同体的一种共享的知识。③ 习惯法形成之后,当它们再度得到司法适用时,就可能通过档案资料进入后来的法官视野中。"这样,就在法律人实践中形成一种积累、一种在法律人之间共享的知识、一种与现实中存在的习惯并行存在的书本中的习惯法。因此,通过司法实践和相关的学术研究以及法学教育,传统中的习惯因素被提炼出来并通过'重构'固定下来,成为与大众行为模式并存的法律人的思维模式。"④

通过上述三个方面变化的论证,我们可以得出一个结论:习惯法的现代性命运是一个客观的历史事实,这是法制现代化衍生的一个结果。在法律社会学和法律文化学都在强调习惯和习惯法的重要性、反对国家法的话语霸权的背景下,基于法律实证主义提出的习惯法现代性命运问题显得似乎有点残酷,使法律社会学和法律文化学的论点更有一种悲情的色彩。但是,事实就是事实,它是真假的问题,而不是感情倾向的问题。从感情的角度来看,历史法学派所强调的"法律是民族精神的体现"进而呼唤对本民族习惯法的关注,更能引起感情共鸣。就此而言,法律社会学强调国家应当注意对传统因素的吸收和接纳,注意习惯法在法律运作中的作用,无疑是对的。然而,这种强调否定不了习惯法自身的命运。

四、代结语:法律实证主义立场的民间法研究的前景

法律实证主义立场的研究,其重点在于民间习惯如何与国家正式制度对接。在当前司法实务界对民间习惯的重视方兴未艾的条件下,法律实证主义方法论角度的研究肯定是有市场的,因为国家正式制度对习惯因素的吸收,无论如何也绕不过制度建构这个关

---

① [德]卡尔·拉伦茨:《德国民法通论》,王晓晔等译,法律出版社2003年版,第14~17页。
② 王林敏:《民间习惯的司法识别》,中国政法大学出版社2011年版,第255页。
③ [美]罗斯科·庞德:《法理学》(第三卷),廖德宇译,法律出版社2007年版,第334~335页。
④ 王林敏:《民间习惯的司法识别》,中国政法大学出版社2011年版,第262页。

口。不过,法律实证主义所揭示的习惯法的现代性命运问题,似乎在暗示民间法研究的衰微乃至衰亡。对此,王林敏博士引用一位英格兰学者的观点说:"法律规则的统一和格式化以及民间习惯的边缘化对法律人来说没有什么令人遗憾的,因为我们只不过是这个历史进程的旁观者,我们的任务是忠实地记录和反思这个进程,丰富和发展法律人自己的'思维模式'"。①

的确,如果真的是一种历史规律,我们又如何能够螳臂挡车呢?

---

① 王林敏:《民间习惯的司法识别》,中国政法大学出版社2011年版,第267页。

中国民间法研究学术报告(2012年)

尚海涛[*]

(天津师范大学法学院 天津 300387)

摘要:承续去年研究,2012年度的民间法研究继续在平稳推进中稳步提升,各位研究者分别在民间法本体、民间法社会实证、民族习惯法和民间法司法运用四个方面作出自己的学术贡献。在本体研究中,学界对民间法进行综合性和深层次研究的作品渐趋增多;在社会实证研究中,研究历史领域中民间法的文章数量增多;在对民族习惯法持续研究的基础上,学者们增强了对民族习惯法综述性和整合性的研究;同时民间法司法运用的法律方法研究和纠纷解决中的民间法研究日趋成熟。

关键词:民间法;习惯法;实证研究;司法运用

审视本年度民间法的研究成果我们看到,承续去年的研究①,2012年度的民间法研究继续在平稳推进中稳步提升。其中,在学术会议方面,共有5次与民间法相关的学术会议成功举办②;在学术著作方面,共有14本民间法著作③出版,既包括总结本土经验的

---

[*] 作者简介:尚海涛(1982—),男,汉族,天津师范大学法学院讲师,法学博士,研究方向为民间法。

① 具体参见尚海涛、张晓萍:《中国民间法研究报告(2011)》,载《山东大学学报》(哲学社会科学版)2012年第2期。

② 2011年12月31日以"民族法制与少数民族习惯法"为主题的中国法律文化研究会2011年年会在中央民族大学召开,6月30日由北京大学政治发展与政府管理研究所与北京大学宪法与行政法研究中心联合主办的"软法与人权保障"学术研讨会在北京大学召开,9月21日至25日由中国人类学民族学研究会和西北民族大学共同举办的中国人类学民族学2012年年会在兰州举行,10月20日至21日第八届民间法·习惯法学术研讨会在西北政法大学召开,12月25日第三届中国原生态民族文化高峰论坛在怀化举行。

③ 2012年民间法研究的学术著作和译著有,高其才编:《当代中国婚姻家庭习惯法》,法律出版社2012年版;徐晓光:《款约法:黔东南侗族习惯法的历史人类学考察》,厦门大学出版社2012年版;尚海涛:《民国时期华北地区农业雇佣习惯规范研究》,中国政法大学出版社2012年版;姜世波、王彬:《习惯法规则的形成机制及其查明问题研究》,中国政法大学出版社2012年版;唐峰:《纠纷和解研究》,中国政法大学出版社2012年版;陈文华:《民间规则在民事纠纷解决中的适用》,中国政法大学出版社2012年版;[日]中岛乐章:《明代乡村纠纷与秩序——以徽州文书为中心》,江苏人民出版社2012年版;叶英萍:《黎族习惯法:从自治秩序到统一法律秩序》,社会科学文献出版社2012年版。[英]罗伯茨:《秩序与争议:法律人类学导论》,上海交通大学出版社2012年版;苏永生:《刑法与民족习惯法的互动关系研究》,科学出版社2012年版;韩立收编:《查禁与除禁:黎族标习惯法研究》,上海大学出版社2012年版;巴旦日火、陈国光:《凉山彝族习惯法调解争端的现实案例》,中国民族大学出版社2012年版;何小平:《清代习惯法——墓地所有权研究》,人民出版社2012年版;莫金山编:《金秀瑶族村规民约》,民族出版社2012年版。

专著,也包括介绍域外制度的译著;在学术论文方面,本年度共有367篇①民间法方向的论文发表。对上述民间法的研究成果,我们主要从民间法本体研究、民间法社会实证研究、民族习惯法研究和民间法的司法运用四个方面进行梳理和分析。

一、民间法的本体研究

民间法的本体研究是民间法研究的理论基础,既是民间法研究创新的源泉,也是推动民间法学科发展的基石,因此本文首先展开对民间法本体研究的分析。

随着民间法研究的深入,学者们对民间法宏观性和深层次的问题进行了总结和研究,这包括民间法研究的学术视野、学术进路和研究使命等。有学者认为,当前民间法研究有两种学术视野,一是社会—人类学视野,其基本特点是把民间法作为社会事实的有机组成部分予以学理总结和提升;二是法学视野,其基本特点是把民间法作为一种制度事实予以学理总结和提升。民间法研究的社会学视野和法学视野,在研究的出发点、对象、方法及制度功能上都有明显区别。② 有学者认为,由于法律人类学进路对国家-社会框架做单一的支配性理解,使得研究往往停留于对民间法运行较为表层的分析上。同时,学界对法律社会学价值基础没有认真检讨,未对中国当代自身的价值理论做认真研究,因此存在思维在西方传统模式中摇摆的情况。虽然当下法律人类学研究对民间法乃至整个法学界研究都有所贡献,但其所开放出来的问题还没有为学界足够重视。③ 有学者认为,当前民间法研究要走出迷思与困境,必须践履四大使命:一是收集整理民间法规范,并使之系统化,重建民间法规范的话语系统;二是从理论上分析论证民间法的功能、地位和正当性,使之合法化;三是探讨民间法的特性和运作机制,协调其与国家法的互动、互补关系;四是规制民间权威,重建社会信任系统,促进社会稳定和谐与社会公平发展。④

民间法与国家法的关系问题作为民间法研究中的主要问题,始终受到学者们的青睐。有学者研究了民间法与国家法互动中的习惯权利问题,认为习惯是法的渊源之一,某些习惯权利作为一种自发权利先于法定权利存在,后经国家立法程序确认与吸收而成为法定权利。习惯权利不仅可以纳入民事立法,也可以成为宪法权利的前身。即使没有被纳入宪法和法律,一般也应受到法律保护或不予干预。这也是衡量宪法的民主性的一个标尺,是对公民权利保障广度的体现。⑤ 有学者认为,我国当代法律、行政法规中的习

---

① 统计包括中国知网中2011年11月—2012年12月所发表的民间法论文、《民间法》期刊中刊发的论文和在第八届全国民间法·民族习惯法会议上首次发表的论文。
② 谢晖:《论民间法研究的两种学术视野及其区别》,载《哈尔滨工业大学学报》(哲学社会科学版)2012年第2期。
③ 李瑜青、张建:《民间法研究中的法律人类学进路》,载《社会科学辑刊》2012年第1期。
④ 胡平仁、陈思:《民间法研究的使命》,载《湘潭大学学报》(哲学社会科学版)2012年第2期。
⑤ 郭道晖:《习惯权利与宪政立法》,载《哈尔滨工业大学学报》(社会科学版)2012年第1期。

惯在近十几年中出现了许多新的规定:在习惯这一概念的文字表述上存在着多种表达方式;在内容上主要集中于民商法、行政法和宪法等部门当中。我国当代法律、行政法规中习惯的发展与变化代表了一种"为生活而立法"的新的立法理念。① 有学者认为,我国当代法治通过吸收近现代西方法治理论后,在习惯与国法的关系上醇化出三个基本命题,由此形成三种互有联系的制度性理念:习惯与国法之间的"进化命题",由之形成工具论的处置理念;习惯与国法之间的"分离命题",由之形成二元化的规制理念;习惯与国法之间的"指向命题",由之形成差序化的调适理念。② 有学者基于埃利希的"活法"理论,认为国家法与民间法之间存在着冲突、互动和共谋三种辩证关系。构建当代中国国家法与民族法的良性关系应从坚持法制统一原则、充分行使立法自治权和在立法、执法、司法实践中灵活对待民间法三个方面入手。③ 有学者认为,习惯难以进入地方立法的原因主要是习惯具有"僵化"特性,习惯与地方立法有着不同的秩序机理。习惯进入地方立法的路径体系有兼容性的立法观念、区分习惯的具体情况、隐性路径、推动公众参与地方立法等。④ 有学者认为,民间法是产生于乡村内群体的一种社会心理认同,根植于乡民内心;而制定法是以体现国家意志并以国家强制力为保障的具有普适性的行为规范。在农村法治化建设以及乡土社会转型的背景之下,农民对法律的需求表现得越来越强烈,制定法下乡成为趋势,正确认识和处理二者之间的关系成为农村法治化建设的前提。⑤ 有学者认为,当下的中国法学正面临着严重的文化"认同危机",即中国法学受到"西方现代化范式"的支配。实现真正的法学"中国化",应当融汇西方、传统和社会主义三种因素,并实现某种超越。建构中国自身的法律理想图景,应重视对儒家文化传统中"民本"、"仁"和"孝"的转出和提炼。⑥

民间法的概念问题和各概念间的关系问题作为民间法研究的基点,一直受到学者们的重视。有学者在研究了习惯和习惯法的关系后认为:法律文化的三部曲是从习惯到习惯法,再到国家法,抽离国家认可的标准,习惯和习惯法是一回事;习惯的适用须以法律和政策缺位为前提,习惯的优先适用只能作为例外,且须依法律之规定;习惯是一个自然生长的过程,也有一个自然消亡的过程。⑦ 有学者探讨了习惯法和软法的关系和转化,认为软法是习惯法和硬法进行互动的基本媒介。习惯法向软法转化的原因有低层次法形式向高层次法形式转化是法作为一种社会规则的必然发展趋势,向软法乃至于硬法转化

---

① 张哲、张宏扬:《当代中国法律、行政法规中的习惯——基于"为生活立法"的思考》,载《清华法学》2012年第2期。
② 李可:《习惯如何进入国法——对当代中国习惯处置理念之追问》,载《清华法学》2012年第2期。
③ 冯广林、刘振宇:《"活法"视域下国家法与民间法的关系》,载《内蒙古大学学报》(哲学社会科学版)2012年第2期。
④ 吕金柱、石明旺:《论习惯在地方立法中的实现路径》,载《学术探索》2012年第4期。
⑤ 于语和、雷园园:《乡土社会转型时期的制定法与民间法关系论纲》,载《湖南警察学院学报》2012年第1期。
⑥ 钱锦宇:《儒家文化与法学"中国化"——基于新儒家文化视野的初步思考》,载《西北大学学报》(哲学社会科学版)2012年第6期。
⑦ 刘作翔:《习惯与习惯法三题》,载《哈尔滨工业大学学报》(社会科学版)2012年第1期。

是习惯法自身发展的必然结果。习惯法向软法转化的渠道有直接承认和间接承认(不否认、制裁违反习惯法的行为)。① 有学者认为,习惯规范的界定首先需要明确界定的学术立场。站在法规范学立场上的习惯规范,是在某一时期的一定区域内,诸多社会主体就某种特定事项反复实践,从而所形成的带有权利和义务分配性质的社会规范。习惯规范与惯例虽同属于社会规范,但习惯规范属于规范范畴,而惯例仅是一种实然的事实;习惯规范与道德规范虽同属于规范范畴,但二者在权利与义务方面具有较大的差异性。② 有学者分析了"民间法"这一语词,认为我们首先应当承认"民间法"这一语词本身并不是一个合理名称,原因就在于它违背了分析法学对"法"与"非法"的区分。但是,在语言符号任意性的意义上,我们还是能够以"民间法"这一符号指称法学研究中的"民间社会规范"这样一个对象领域,而且不会将民间法混淆于国家实在法。③

民间法自身的语言问题、机制问题和秩序问题也为不同学者所分析和研究。有学者研究了民间法语言的模糊性问题,认为民间法语言的模糊性具有普遍性,其成因具有多元化特点。民间法语言的模糊性既有扩大民间法规范的解释力、促进民间法规范效力的实现、形成与国家法语言的互补等积极作用,也有消极影响规范的指引作用、为社会权力滥用提供方便、不利于民间法文化塑造等消极作用。④ 有学者对习惯法的变迁机制进行了研究,认为习惯法的变迁主要有濡化机制和涵化机制。濡化机制具体包括教化适应机制、内化学习机制和自我纠错机制;涵化过程分为不统一阶段、否定性阶段和独立性阶段。濡化机制主要表现为习惯法在纵向的代际的传承;而涵化机制主要是习惯法对其他规范体系的借取。⑤ 有学者认为,秩序的萌发、形成与维系并非完全以法律为依托,社会规范在前政府时代社会秩序维持中起着重要的作用。博弈论和信号传递理论为理解社会规范的出现和运作提供了一个更加清晰的视角,同时也为社会规范的弱点及法律的功能提供了一个较为有力的解说。⑥

二、民间法的社会实证研究

民间法的社会实证是对社会生活中的民间法进行的描述和分析,是在深入总结民间规范基础上探究其中所蕴含的理论维度。作为民间法研究的经验基础,学界对民间法的社会实证研究重视有加。

---

① 郑毅:《论习惯法与软法的关系及转化》,载《山东大学学报》(哲学社会科学版)2012年第2期。
② 尚海涛、龚艳:《法规范学视野下习惯规范的界定——以雇佣习惯规范为例说明》,载《甘肃政法学院学报》2012年第3期。
③ 魏治勋:《"民间法"概念问题辨谬》,载谢晖、陈金钊主编:《民间法》(第11卷),厦门大学出版社2012年版,第23~30页。
④ 王月峰:《论民间法语言的模糊性》,载《北京政法职业学院学报》2012年第2期。
⑤ 龚艳、尚海涛:《论习惯法的历史变迁机制——基于山东省H村的调研》,载《甘肃政法学院学报》2012年第6期。
⑥ 梁光勇:《社会规范的形成与运作——以合作为视角》,载《学术探索》2012年第2期。

在民间法的社会实证研究中,学者们最先着手且研究数量最多的是历史领域中的民间法。有学者认为,古代民事实体法主要表现为礼仪、风俗,古代民事程序法主要是诉讼习惯。民事诉讼习惯不仅反映制度生成的具体环境和条件,而且展现了制度运行的细节及其作用、功能和价值。民事诉讼习惯是包括官府和当事人在内的所有诉讼主体必须遵循的规范,随着时间和地域的差异,表现出了多样性和灵活性,服务于国家和地方政府的社会治理目标。① 有学者认为,传统中国中政府对商人及商业的平衡政策导向及不断发展的商业形势,为商事习惯的形成和发展奠定了社会基础,而儒家学说与国家制定法则为其提供了法律支撑。在长期的商业交易往来和行业自治过程中逐渐形成以商人的道德价值观为原型的商事习惯。② 有学者对清末民初民间借贷习惯进行了研究,认为借贷利率与借贷期限、借贷数额、借贷对象及银根松紧形势等市场因素有关。借贷利率有"零利率"、"低利率"、"高利率"之分;借贷担保有以中人与房屋、土地、粮食、牲畜甚至妻女之分;债务履行有利息滚入母金、利息不滚入母金、停利归本、先偿利后归本、打账与摊账或摊还、立发财票或兴隆票之分。③ 有学者对清末民初习惯法的效果进行了研究,认为转型时期习惯法的积极效果有尊重情感,团结互助,维护和谐;保护农业,鼓励农耕,崇尚自然;保护交易,权力均衡,追求公平;合理规划,减少纷争,爱护环境。④ 有学者对清末民初债务问题的解决途径与方式进行了研究,认为在清末民初社会政治、经济等各方面处于新旧交替的过渡和动荡情形下,债务纠纷的解决,体现出制订法与习惯法并存,商会传统理案方式与近代审判厅的司法程序新旧相结合的客观存在。⑤

与历史相对照,当前经济社会生活中也通行着众多的各类型的民间法和习惯法。有学者研究了浙江慈溪蒋村的订婚习惯法,蒋村订婚有自愿、必要、协商三个基本原则,相识与媒人规范、订婚程序规范、彩礼规范等为订婚的主要规范。在订婚习惯法的发展中,经济因素日益突出。⑥ 有学者研究了公民行为习惯法,认为民谚作为公民行为习惯法的一种特殊载体,主要包括自身行为规范、家庭家族行为规范、社会交往行为规范和经济交往规范。行为习惯法的核心价值是"情"、"理"、"和"。情与理是和的基础,是人行为的维度;情与理冲突时舍情取理;和是情与理的归属,是人行为的目的。⑦ 有学者研究了跨国民间法,所谓跨国民间法是指由全球公民社会创立并监控执行的独立于国家法体系(包括国际法和国内法)之外的规则体系。目前在国际上具有重要影响的跨国民间规制领域有跨国商法的民间造法模式、跨国民间食品安全规制、会计公司对财务方面的规制和国

---

① 汪世荣:《中国古代的民事诉讼习惯》,载《法律科学》2012年第4期。
② 张松:《中国传统商事习惯的形成及其近代演变》,载《求索》2012年第8期。
③ 郑永福、李道永:《清末民初民间借贷中的民事习惯》,载《江西财经大学学报》2012年第1期。
④ 马珺:《清末民初社会转型期习惯法的积极社会效果》,载《史学月刊》2012年第12期。
⑤ 王雪梅:《官方与民间合力,制定法与习惯法并用——清末民初债务问题的解决途径与方式探析》,载《四川师范大学学报》(社会科学版)2012年第6期。
⑥ 高其才、罗昶:《传承与变异:浙江慈溪蒋村的订婚习惯法》,载《法制与社会发展》2012年第2期。
⑦ 冉瑞燕:《清江流域公民行为习惯法研究——以民谚为视角》,载《中南民族大学学报》(人文社会科学版)2012年第1期。

际金融监管标准、跨国公司社会责任规制和对环境问题的规制等。① 有学者研究了宪法惯例,认为宪法惯例作为一种默示的宪法规则,应当与一国的宪法精神、制宪宗旨和宪法原则相契合,同时亦应具有确定的规范性和拘束力。现阶段,为了促使宪法惯例在引导我国立宪、修宪、宪法解释、实施方面起到其应有的作用,有必要探索某些反映宪法自身运行规律的程序性惯例。② 有学者研究了保险惯例,认为保险惯例作为一项有待评价的事实,其特有的形成背景和实际功效决定了法院应从强制规范审查和专业技术查证两个路径进行评判,以通过个案的审查令交易双方对保险惯例形成最大限度的共识。③ 有学者借助社会资本的理论框架,以宁波市人力资源行业协会为例,探讨了行业协会自治权的社会基础、保障机制和运行模式,认为随着我国行业协会的不断发展,协会自治权的运行模式正从人际信任趋向于普遍信任,如何建立起一个行业的系统信任,尤其政府如何发挥应有的作用,将成为行业协会未来发展的关键。④ 有学者研究了遗产民间规则,认为我国现有相关法律制度未能给一个遗产地自发形成的民间规则提供发挥其调整功能的基本平台;对各种潜在的侵害遗产资源的行为缺乏有效的预防和监督机制;不能为遗产资源合理开发方式的探索和创新提供稳定的制度预期和风险保障;也没有就如何处理相关利害关系人的利益矛盾与冲突提出解决的机制和办法。未来改革的目标应该是构建国家法与民间规则的互动平台,共同确立恰当的遗产资源产权安排机制,以促使各方当事人采取集体行动实现可持续发展。⑤

三、民族习惯法研究

我国地域辽阔和民族众多的国情决定了我们在研究法治转型的过程中,无法忽视同一时空中不同民族存在不同的法治观念、权利观念和仪式文化的社会现实。因此,对民族习惯法的研究一直是民间法研究的重点。

在本年度的民族习惯法研究中,对民族习惯法综述性和整合性研究的成果较多。有学者通过重大事件、标志性成果、理论创新三个方面梳理了改革开放30多年来我国民族习惯法研究状况,重大事件主要是七次民间法·民族习惯法会议和一次当代中国少数民族习惯法研讨会;标志性成果主要有《民间法》、《中国习惯法》、《清代习惯法》等书籍的出版;理论创新主要有法律多元理论、本土资源理论、民间法/习惯法理论等。⑥ 有学者对

---

① 姜世波:《跨国民间法的兴起及其与国家法体系的互动》,载《甘肃政法学院学报》2012年第4期。
② 张义清:《宪法惯例的理性思考》,载《社会主义研究》2012年第4期。
③ 方志平:《论保险惯例——以商业车险条款为中心》,载《中外法学》2012年第3期。
④ 李学兰:《论社会资本视野下的行业协会自治权》,载《甘肃政法学院学报》2012年第1期。
⑤ 赵海怡:《我国遗产资源使用管理规则的重构——一个集体行动的逻辑》,2012年全国民间法·民族习惯法会议交流论文。
⑥ 周世中、龚波:《改革开放三十多年来我国民族习惯法研究状况》,载《广西师范大学学报》(哲学社会科学版)2012年第5期。

30年来中国少数民族习惯法研究进行了综述,认为30年来国内少数民族习惯法研究得到蓬勃发展。呈现出研究的跨学科性、研究类型的多样性、所研究民族在地域分布上的南多北少、学者研究习惯法的业余性和兼职性、法律多元主义观点的认同等特点。存在着诸如具体实证研究不足、未形成固定研究团队、研究方法单一等问题和不足。① 有学者认为,少数民族与民族地区纠纷解决机制的研究主题在2005年以前的中国法学界来说几乎是无意识的。2005年后,为了应对化解社会矛盾政策的现实所需,部分学者才陆续将目光投向这个领域。民族纠纷解决机制的研究不仅为当下构建多元纠纷解决机制、实现社会秩序提供了更广阔的思路,而且有助于提升民族法学研究的现实价值。② 有学者从问题意识、发表论文、学术团队、课题立项、成果获奖等几个方面入手对30年间的苗族习惯法研究进行了考察,认为苗族习惯法研究分三个阶段,分别是改革开放后苗族习惯法研究的发端,20世纪90年代至21世纪初苗族习惯法研究的兴起和21世纪苗族习惯法研究的高峰期。苗族习惯法研究要想在我国学术界占据一席之地,就要在不同学科、交叉学科的理论指导下,用多学科的研究方法,开展深入的研究。③ 有学者对近30年来国内藏族习惯法研究进行了考察,认为藏族习惯法的研究可以分为起步阶段(1984—1990年)、蓬勃发展阶段(20世纪90年代)和深入开展阶段(2000年以后)。所研究的具体内容有藏族习惯法与国家制定法的关系、刑法与"赔命价"问题、藏族习惯法的"回潮"问题和"转型"问题等。④

关于藏族习惯法,有学者认为所谓藏族习惯法指藏民在日常生活中加以确认或制定,并通过部落组织赋予其强制力或法律效力,由藏区各部落强制保证实施并靠盟誓约定的方式调解部落内外关系的具有法律效力的社会规范。在司法审判领域中,法官对藏族习惯法的适用更多地体现在庭前调解、诉讼调解等判决以外的机制中(包括刑事附带民事案件的调解)。⑤ 有学者对藏族习惯法中的惩罚性赔偿规则进行了研究,所谓惩罚性赔偿规则是指在加害人侵害受害人某些利益的场合,加害人所赔付给受害人的金额或者财物远远超过受害人所遭受损失的一类规则。这些规则的特点表现为刑事处罚与民事处罚并存、较强的阶级等级性和惩罚的严厉性。这些惩罚性赔偿规则具有赔偿功能、制裁功能和遏制功能。⑥ 有学者认为,藏族赔命价起源于对原始复仇的否定并具有浓厚的原始宗教因素,以赔命价方式解决命案,主要表现为两种形式:当命案发生后,无论国家司法权是否介入,当事人之间都会通过调解的方式确定命价了结案件;当事人与国家司法机关进行谈判,民间调解与司法权共同介入命案。赔偿命价的私力性并不构成其存在

---

① 牛绿花:《回眸30年:当代中国少数民族习惯法研究综述》,载《云南大学学报》(法学版)2012年第2期。
② 蒋鸣湄:《民族法学研究新境界——少数民族与民族地区纠纷解决机制研究评述及展望》,载《甘肃政法学院学报》2011年第6期。
③ 文新宇:《三十年来苗族习惯法研究回顾与展望》,载《甘肃政法学院学报》2012年第6期。
④ 曾丽容:《近三十年来国内藏族习惯法研究综述》,载《西藏民族学院学报》(哲学社会科学版)2012年第5期。
⑤ 周世中、周守俊:《藏族习惯法司法适用的方式和程序研究——以四川省甘孜州地区的藏族习惯法为例》,载《现代法学》2012年第6期。
⑥ 匡爱民、黄娅琴:《藏族习惯法中的惩罚性赔偿规则研究》,载《中央民族大学学报》(哲学社会科学版)2012年第1期。

的非合理性,我们的法学更应该客观地站在当事人或者说被害人的立场上,去还原正义,去认识赔命价。[①] 有学者认为,甘南藏族聚居区部落习惯法中的调解人——"斯哇"在藏族社会变迁中的调解实践为解决国家法与民间法之间的紧张与冲突提供了经验:一方面,国家法应当从尊重地方性知识出发,为寻求互动作出认知民间法知识体系的努力;另一方面,民间法也应当积极自我扬弃,自觉挖掘其间所蕴藏的,既符合国家及民族发展实际又具有沟通两种知识体系的力量的"现代性",以寻求与国家法的沟通与衔接。[②]

关于瑶族习惯法,有学者考察了《大瑶山团结公约》,认为《大瑶山团结公约》是新中国成立初期金秀瑶族自治地方各族人民共同制定和实施的得到中央、自治区认可的新石牌,具有民族自治地方单行条例的性质。瑶族固有习惯法的基本精神、议订程序、某些规范在《大瑶山团结公约》订立中得到了全面的体现,这充分表明了瑶族固有习惯法具有现代价值。[③] 有学者考察了广西金秀瑶族自治县金秀镇司法所、人民调解委员会处理的一起相邻排水纠纷调解,认为借鉴瑶族传统的纠纷处理习惯法,吸纳瑶族固有习惯法的现代价值,能够圆满地解决村民之间的冲突,并取得较好的社会效果。这表明瑶族习惯法在当代中国纠纷解决中是有现实意义的。[④] 有学者认为存在多种习惯法文化,即道教习惯法、遵神道礼习惯法、口耳相传习惯法、分配习惯法、租贷习惯法、婚姻习惯法、歌谣习惯法、传说习惯法、故事习惯法、生养习惯法等。[⑤]

关于回族习惯法,有学者将回族婚姻习惯法与《婚姻法》进行了比较,认为回族婚姻习惯法与我国《婚姻法》的冲突主要表现在结婚的条件、结婚的程序和禁止结婚等几个方面,从而提出加大《婚姻法》的普法力度、积极寻求民间协调平台、重新诠释《古兰经》以及自治县法律变通权的合理运用等调试的构想。[⑥] 关于土家族习惯法,有学者分析了社会管理中民族传统习惯的利用方式,认为在社会管理中充分重视民族传统文化的现代价值,在国家社会管理活动中尊重与承认民族习惯法,社会管理中利用民族习惯法加强村民自治,国家法律与民族传统相结合是实现社会管理目标的重要保证。[⑦] 关于羌族习惯法,有学者认为婚姻缔结有正聘、入赘、转房、抢婚等形式,同时有同姓不婚、近亲通婚、早婚、强制包办、神灵定亲、婚姻尚财、多妻、禁止离婚、容忍性乱等原则,以维护婚姻稳定,

---

① 杜文忠:《"赔命价"习惯的司法价值及其与现行法律的会通》,载《法学》2012年第1期。
② 常丽霞:《"斯哇":在国家与社会之间——甘南藏族聚居区两起个案的法人类学考察》,载《甘肃政法学院学报》2012年第5期。
③ 高其才、罗昶:《尊重与吸纳:民族自治地方立法中的固有习惯法——以〈大瑶山团结公约〉订立为考察对象》,载《清华法学》2012年第2期。
④ 高其才:《传承和弘扬:瑶族习惯法在人民调解中的运用——以广西金秀一起相邻排水纠纷的调解为例》,载《北京航空航天大学学报》(社会科学版)2012年第2期。
⑤ 周书尧、盘福东:《瑶族千家洞民族习惯法的历史作用》,载《社会科学家》2012年第9期。
⑥ 魏彦芳:《论回族婚姻习惯法与〈婚姻法〉的冲突及调适——以甘肃省张家川回族自治县为例》,载《西北民族大学学报》(哲学社会科学版)。
⑦ 卢明威:《论社会管理中民族传统习惯的发掘与利用——以湖北省五峰县土家族习惯法为个案》,载《湖北社会科学》2012年第8期。

刺激人口增长。① 关于黎族习惯法,有学者研究了黎族传统中的"禁"习惯法,认为禁鬼附体于人变为禁母、禁公,然后用禁术害人生病。禁母、禁公害人包括"无意禁人"和"有意禁人"两种类型。娘母、道公利用占卜等方式来"查禁",查出后人们对于"无意禁人"的禁母进行"警告"、"抽打"、"洗澡"等处理,而对于"有意禁人"的禁母、禁公则采取判处死刑等严厉的处罚。② 关于侗族习惯法,有学者认为,随着时代的变迁,侗款在组织形式、活动方式、规约等方面发生了一系列变化,其当代的存续形式主要表现为村规民约。侗款纠纷解决功能的运作方式,可以分为两种相互作用的传统运作方式与现代运作方式。通过侗款解决纠纷与通过国家司法解决纠纷之间存在一定的冲突之处,应该从治理的角度来正确对待侗款,从而更好地发挥其对侗族地区民族团结的促进作用。③

有学者认为,民族习惯法适用于民事司法存在体制保障的缺失、对民族习惯法缺乏必要的调查和汇编、民族地区法官适用民族习惯法的意识有待加强等方面的困境。民族地区应该通过建立善良民族习惯法的认定标准、整理和汇编民族习惯法民事司法适用案例、加强对民族地区民众利用民族习惯法的引导、培育民族地区法官自觉运用民族习惯法的意识理念等方面的措施,以为民族习惯法在民事司法中的适用提供保障。④ 有学者研究了少数民族环境习惯法的作用机制,认为少数民族环境习惯法的效力基础有物质生活条件的制约、自然禁忌或宗教信仰、内容与程序的民主性和惩罚的严厉性;少数民族习惯法的生成有俗成和议定两种形式。在少数民族地区,实施习惯法、管理村寨事务的,既可以是一个可以随时组织起来的机构,也可以是某些人或某个人。⑤

四、民间法司法运用研究

在近年来的民间法研究中,民间法的司法运用获得了极大关注和发展,一方面源于近几年司法实践的转向,即一些法院将民间法引入司法活动,从而将司法的法律效果与社会效果有机结合起来,促进司法获得法律支持的同时,也获得了民意的接受;另一方面源于民间法研究的转向,即民间法研究向司法领域的迈进,从而赋予了民间法研究更为深层的理论内涵与现实关怀。在民间法司法运用的研究中,学者们主要在两个路向上深入挖掘、着力推进:一是纠纷解决中的民间法应用研究;二是民间法司法运用的法律方法研究。

对于纠纷解决中民间法应用的研究,首先需要关注的是民间法在纠纷解决中的表现形态和适用方式。有学者认为,文明时代的纠纷解决方式一般分为三种:第一种是司法

---

① 龙大轩:《羌族婚姻习惯法述论》,载《广西师范大学学报》(哲学社会科学版)2012年第2期。
② 韩立收:《"禁"之罪与罚——黎族传统"禁"习惯法概述》,载《甘肃政法学院学报》2012年第2期。
③ 郭剑平:《侗款的变迁及其与侗族地区纠纷解决机制研究》,载《现代法学》2012年第5期。
④ 郭剑平:《论民族习惯法在民事司法中的适用》,载《湘潭大学学报》(哲学社会科学版)2012年第2期。
⑤ 张军辉:《论少数民族环境习惯法的作用机制》,载《中国政法大学学报》2012年第4期。

诉讼方式,其规范运用的特点是以法律为主,以民间法为辅。第二种是诉讼替代性纠纷解决方案,如调解、仲裁等,其规范运用的特点是在法律、民间法的选择上难分彼此,说不上谁主谁辅,在这种纠纷处理中,当事人本身具有规范适用的选择权和权利处分的选择权。第三种是私力救济,它可以分为启动形式合法的私力救济和启动形式非法的私力救济。在私力救济中,其规范运用反倒是以民间法为主,国家法最多只为辅助。① 有学者认为,在新时期西南少数民族地区多元纠纷解决机制的构建中,应该坚持调解组织与法院审判两大体系为中心,具体是人民调解组织必须坚持运作机制上的非国家性,纠纷解决过程和形式上要体现非司法特点;司法机关运作机制上要体现国家性,解决过程中遵循严格形式主义和法治主义;治安调解机制应采取严格的"法治"主义,即"严格的依法而为"。在传统纠纷解决机制上应正视、承认传统纠纷解决机制的补充作用,采用不同途径和机制让传统纠纷解决机制成为此地区纠纷解决有机部分。② 有学者认为,吵架是生活中人们以激烈的语言交流应对纠纷的一种方式。在中国语境下,它打破了那种稳态的熟人关系模式,直接面向了冲突本身,成为人们在利益和要求方面自我表达的平台。国人之规则信任缺失是现象背后的真相。以伦理和强力主导的交往模式中,由规则来治理的良序社会尚不明朗。③ 有学者认为,根据纠纷解决取决于何方主体之意愿,纠纷解决方式分为自决、合决、他决。合决即和解,和解是根据合意解决纠纷的方式,具有解决纠纷、形成规则、归属责任、恢复关系的功能。④ 有学者认为,侗族地区林权纠纷是指发生在侗族地区的公民与公民之间,公民与法人和其他社会组织之间涉及林业民事权利义务争议的各种纠纷。要解决这些纠纷和矛盾,除了要适用国家法之外,还必须利用侗族习惯法。侗族习惯法在解决林权纠纷中仍起到国家法不能替代的作用,利用好这些习惯法,对促进侗族地区的林权改革与和谐稳定是大有裨益的。⑤

对于民间法司法适用的法律方法研究,学者们主要从法律渊源、漏洞补充和司法查明等法律方法入手。有学者认为,从区分法律规范与法律渊源的角度,民俗习惯可以定位为一种民商法法源。因社会变迁以及地域差异而出现法律漏洞时,民俗习惯具有补充强制法以维护正常秩序之功能,这是其作为法源的主要法理依据。民俗习惯作为法源的效力依据,在法有明文规定的情况下来自于成文法规则,而当法无明文规定时则通过公序良俗等基本原则得以体现。⑥ 有学者认为,习惯是特殊情形下的权威理由,也是可供论证的实质理由,所以习惯具有法律渊源地位。从理论上看,法律渊源可以根据位阶的不

---

① 谢晖:《论民间法与纠纷解决》,载《法律科学》2011年第6期。
② 胡兴东:《西南民族地区多元纠纷解决机制研究》,载《中国法学》2012年第1期。
③ 刘祥超:《论"吵架"现象背后的规则信任缺失》,载谢晖、陈金钊主编:《民间法》(第11卷),厦门大学出版社2012年版,第371~382页。
④ 唐峰:《纠纷和解的功能——个案解决视角》,载谢晖、陈金钊主编:《民间法》(第11卷),厦门大学出版社2012年版,第56~70页。
⑤ 周世中:《侗族习惯法在解决侗族地区林权纠纷中的功能及路径选择——以广西三江侗族自治县林权改革为例》,载《山东大学学报》(哲学社会科学版)2011年第6期。
⑥ 厉尽国:《论民俗习惯之民商法法源地位》,载《山东大学学报》(哲学社会科学版)2011年第6期。

同分为必须的法律渊源、应该的法律渊源和可以的法律渊源。可以的法律渊源,是对习惯法源地位的经典描述。① 有学者认为,在商事合同视域下,交易习惯的规范功能贯通整个合同行为,是合同订立的方式根据、合同成立的时间根据、合同义务的发生根据、合同内容的确定根据、合同条款的解释根据。交易习惯的认定标准包括客观标准、主观标准、时间标准和价值标准。② 有学者认为,英属殖民地的法官们对"作为事实的习惯"和"作为法律的习惯法"适用不同的查明方法。"对作为事实的习惯",法官采取征召助理法官、咨询地方贤达、查阅经典教科书、传唤目击证人、查阅司法裁决等方法;而"作为法律的习惯法",习惯的法典化,判例法和司法认知,则是法官识别习惯法的重要途径。③ 有学者认为,民间规则作为一种不同于国家法的社会规范。它具有地方性、圆融性和经验性,可以补充国家制定法的不足。在普通法系,法官以民间规则为主要法源,严格限制国家制定法的适用范围,一旦制定法模糊不清则可以以民间规则取而代之。在民法法系,尽管民间规则不是主要法源,但是制定法的缺陷是不争的事实,因此,法官常常运用民间规则消除制定法歧异、填补制定法的漏洞以及借助民间规则具体化不确定概念和一般法律条款。④ 有学者认为,民间规则的司法适用只是为了填补国家法的漏洞,应当严格适用条件以防止滥用。民间规则的司法适用必须进行识别程序,这个识别程序包括民间规则的主张、举证以及查明三个环节,其中当事人与法官承担着不同的责任:当事人主张存在某项民间规则并予以举证,法官识别与适用该项民间规则。法官对民间规则的识别内容包括规范识别与效力识别两个方面。在相关的制度设计上,我国应当建立民间规则的司法识别机制,主要包括设立法官识别民间规则的标准、以民间规则的汇编建立案例指导制度等。⑤

除了研究现实实践中民间法的司法运用外,还有部分学者将目光投向于历史过程中,考察古代民间法司法运用的情况,以期对当今具有一定的启示和教育。有学者认为,民初大理院在援用习惯时,通常会依次从强行法有无明文规定、当事人之间有无合法有效的契约、该习惯是否确实存在并且善良三方面加以考量。而对于商事习惯,大理院的态度则更为积极、肯定。这些无疑都是当下司法领域可以借鉴的宝贵经验。⑥ 有学者认为,习惯在司法近代化以前不具有作为裁判依据的法源性特征,在司法近代化过程中,习惯被作为本土资源被"发现"和利用,这与固有民法中制定法的缺乏和不足以及近代西方法政思潮中习惯和习惯法观念在近代中国的传播等因素密切相关。与此同时,民初大理院对某些习惯的限制和导正政策,导致习惯在司法领域不仅被"发现"和利用,而且被进

---

① 彭中礼:《论习惯的法律渊源地位》,载《甘肃政法学院学报》2012年第1期。
② 李绍章:《商事合同视域下交易习惯的规范功能及其裁判技术》,载《新疆社会科学》2012年第2期。
③ 王林敏:《英属殖民地民间习惯的司法查明》,载谢晖、陈金钊主编:《民间法》(第11卷),厦门大学出版社2012年版,第410~418页。
④ 陈文华:《民间规则与法律方法——以比较法为视角》,载《甘肃政法学院学报》2012年第2期。
⑤ 瞿琨、戴燚:《民间规则的司法识别:程序、内容与机制》,载《山东大学学报》(哲学社会科学版)2012年第5期。
⑥ 尹萍:《民初大理院援用习惯之考量因素探析——以〈大理院判例要旨汇览〉(1912—1918)为主要考察文本》,载《山东大学学报》(哲学社会科学版)2012年第5期。

一步"现代化",这对地方司法实践产生了一定的影响。① 有学者认为,清末民初的天津商会裁判以法制转型和社会转型为背景,体现出近代中国国家与社会关系的演变、传统与现代的碰撞,因而具有国家强制与社会自治、形式理性与实质理性交响互动的悖论特征。中国近代社会转型中的商会裁判之所以未能发展出西方资本主义的法治秩序,根本原因在于近代中国的商事法律并未完全成为高度分化的社会自治系统。②

五、民间法研究简要评价

通过对2012年度民间法研究中代表性观点的介绍,并与以往的研究相比较,我们可以发现当前民间法研究主要呈现这样几个特点,对它们进行概括既是对本年度研究总结的必要,同时也为以后民间法研究明确进一步发展趋势。

首先,在民间法的本体研究中,对民间法进行深层次和宏观性研究的作品渐趋增多,同时在今后的研究中此类研究还有待进一步加强。民间法要展现自己的学科自立性,形成自己的学术研究共同体,深层次和宏观性的研究既是一个必经的学术研究阶段,同时也是学科独立性和学术共同体的坚实基础,只有在廓清深层次问题的基础上才可以谈及民间法这门学科的自立性问题。

其次,在民间法社会实证方面,历史领域中民间法作品数量较多,还需要加大对现今社会生活中民间法的实证研究。各个领域的社会关系既接受正式制度的调整,同时也受非正式制度的制约。不单是历史领域中的民间法有其作用的业域,即便是在法治突飞猛进的当今社会生活中也有部分内容是可以纳入到民间法研究视野之内的,因此应加强对当今民间法的实证研究。

再次,在民族习惯法研究方面,对民族习惯法研究进行总结、评价和反思的作品渐趋增多。如果从李延贵和酒素两位先生的《苗族"习惯法"概论》③的发表算起,民族习惯法的研究已有30余年时间。经过这30余年的突飞猛进,当前的民族习惯法研究正步入一个总结、反思和提升的阶段,这集中表现在对民族习惯法研究所进行的研究已经起步并逐渐获得一定发展。

最后,在对民间法司法适用研究的基础上,加大对纠纷解决中民间法研究的力度。民间法的司法适用研究中,只有面向社会纠纷和司法实践,从社会纠纷和司法实践中获得真实的民间法司法运用情形,才能一方面回应对民间法司法运用的质疑,另一方面促进司法建设本身。由此,这就需要我们在注重历史经验总结和学理方法探讨的基础上,更为关切实践中具体制度和机制的研究。

---

① 张勤:《清末民初的典习惯与司法裁判——以奉天省为中心的考察》,载《北方法学》2012年第5期。
② 王彬:《社会转型中的商会裁判——以清末民初的天津商会为分析对象》,载《甘肃政法学院学报》2012年第5期。
③ 参见李延贵、酒素:《苗族"习惯法"概论》,载《贵州社会科学》1981年第5期。

图书在版编目(CIP)数据

民间法. 第12卷/谢晖,陈金钊主编. —厦门:厦门大学出版社,2013.5
ISBN 978-7-5615-4632-1

Ⅰ. ①民… Ⅱ. ①谢… ②陈… Ⅲ. ①习惯法-中国-文集 Ⅳ. ①D920.4-53

中国版本图书馆CIP数据核字(2013)第100865号

厦门大学出版社出版发行

(地址:厦门市软件园二期望海路39号 邮编:361008)
http://www.xmupress.com
xmup@xmupress.com

厦门市金凯龙印刷有限公司印刷

2013年5月第1版 2013年5月第1次印刷
开本:787×1092 1/16 印张:29.25 插页:2
字数:606千字 印数:1～1 200册
定价:58.00元

本书如有印装质量问题请直接寄承印厂调换